La réforme des administrations douanières : le cas du Tchad

Logiques Juridiques

Fondée par Gérard Marcou

Dirigée par Jean-Claude Némery et Thomas Perroud

Le droit n'est pas seulement un savoir, il est d'abord un ensemble de rapports et pratiques que l'on rencontre dans presque toutes les formes de sociétés. C'est pourquoi il a toujours donné lieu à la fois à une littérature de juristes professionnels, produisant le savoir juridique, et à une littérature sur le droit, produite par des philosophes, des sociologues ou des économistes notamment.

Parce que le domaine du droit s'étend sans cesse et rend de plus en plus souvent nécessaire le recours au savoir juridique spécialisé, même dans des matières où il n'avait jadis qu'une importance secondaire, les ouvrages juridiques à caractère professionnel ou pédagogique dominent l'édition, et ils tendent à réduire la recherche en droit à sa seule dimension positive. À l'inverse de cette tendance, la collection « Logiques juridiques » des éditions L'Harmattan est ouverte à toutes les approches du droit. Tout en publiant aussi des ouvrages à vocation professionnelle ou pédagogique, elle se fixe avant tout pour but de contribuer à la publication et à la diffusion des recherches en droit, ainsi qu'au dialogue scientifique sur le droit. Comme son nom l'indique, elle se veut plurielle.

Dernières parutions

Hugues RABAULT, *La constitution financière de la France Sources fondamentales du droit des finances publiques, Seconde édition actualisée et augmentée*, 2024.
Eric FÈVRE, *Comparaison du chef de l'Etat et du chef du Gouvernement en France et en Allemagne*, 2024.
Henri BOUILLON, *Droit de la laïcité*, 2024.
Nadine NAJEM, *Théorie des intérêts moratoires*, 2024.
Caroline PELOSO, *L'autorité de la chose jugée au pénal à l'égard des décisions européennes, Essai de droit comparé franco-italien*, 2023.
Bamba Nonféni Michel ZARATIONON, *Les mesures provisoires de la CourADHD. Le contentieux du provisoire*

Djargollo Jairus

La réforme des administrations douanières : le cas du Tchad

Préfaces de Philippe Luppi
et Georges Cavalier

L'Harmattan

5-7, rue de l'École-Polytechnique ; 75005 Paris

http://www.editions-harmattan.fr/

ISBN : 978-2-336-47058-0
EAN : 9782336470580

Djargollo Jairus

La réforme des administrations douanières : le cas du Tchad

Préfaces de Philippe Luppi
et Georges Cavalier

L'Harmattan

5-7, rue de l'École-Polytechnique ; 75005 Paris

http://www.editions-harmattan.fr/

ISBN : 978-2-336-47058-0
EAN : 9782336470580

*Je dédie cet ouvrage à mon feu père, **Djargollo YACOUB Lenoir**, décédé le 29 septembre 2015. Paix àson âme !*

Remerciements

Nous tenons, à cœur ouvert, à remercier tous ceux qui, de près ou de loin, nous ont apporté leur soutien, tant matériel que moral, à la rédaction de cet ouvrage. Qu'ils trouvent ici l'expression de notre profonde reconnaissance.

Préface de Philippe Luppi

Maître de conférences HDR de droit public, Faculté de droit, de science politique et de Management de Nice, École universitaire de recherche (EUR) Lex Société, Directeur adjoint de l'École doctorale DESPEG ED 513, Directeur du Master 1 et du Master 2 Droit et procédures fiscales de l'entreprise(DPFE), CERDACFF-UPR 7267 – Université Côte d'Azur, France

Monsieur Jairus DJARGOLLO est, depuis quinze ans, inspecteur principal des douanes au Tchad. Son expérience lui a permis d'avoir un certain recul par rapport à l'objet de l'ouvrage proposé sur la réforme des administrations douanières, le cas du Tchad. L'ouvrage présenté est issu de la thèse qu'il a soutenu à l'Université Côte d'Azur le 8 avril 2022 devant un jury composé de Monsieur Sébastien JEANNARD, alors Maître des requêtes en service extraordinaire au Conseil d'Etat et, à ce jour, chef de mission recodification du code des douanes français à la Direction générale des douanes et droits indirects (Rapporteur), Madame Marie MASCLET DE BARBARIN, Professeure, Université d'Aix-Marseille (Rapporteur), DIEMER Marie-Odile, Maître de conférences, Université Côte d'Azur (Membre), Monsieur Georges CAVALIER, Maître de conférences de droit privé habilité à diriger des recherches, Université Jean Moulin Lyon 3, Codirecteur de la thèse et de Monsieur Philippe LUPPI, Maître de conférences de droit public habilité à diriger des recherches, Université Côte d'Azur, Codirecteur de la thèse.

Les thèses en droit douanier sont encore rares. Monsieur Jairus DJARGOLLO aborde son sujet sous l'angle de la réforme des administrations douanières, et plus largement du système douanier. L'appareil scientifique utilisé est abondant et le plan général de l'ouvrage est équilibré, bien que relativement classique. Cependant, l'approche est courageuse. Mettre en avant les contraintes économiques, politiques et financières de la réforme (objet de la première partie) dans un pays gangrené par la corruption et le népotisme n'est pas aisé. Une telle approche s'inscrit dans le cadre de la mondialisation des échanges. Elle a le mérite de concilier à la fois l'économique (développement de la croissance économique) et le social (développement social et des ressources humaines). Elle a également le mérite de concilier l'approche territoriale (développement économique local au sein de la zone CEMAC) et internationale (OMC, OMD). On peut cependant regretter que certains points soulevés pendant la soutenance n'aient pas été repris, comme la différenciation d'effets juridiques des normes internationales.

Monsieur Jairus DJARGOLLO s'efforce de cerner les difficultés sous-jacentes à toute réforme, de soulever la confusion dans les missions de protection des produits du territoire douanier et de procurer des recettes de l'Etat. Il analyse les difficultés rencontrées et les réponses à apporter pour rendre les Douanes plus performantes, plus efficaces, plus sécurisées. Certains passages peuvent paraitre descriptifs mais sont utiles à la compréhension des rouages administratifs. La pratique dénoncée (corruption, politisation) peut parfois heurter les grands principes du service public (neutralité, égalité, éthique). L'ouvrage ne se contente pas d'opérer des constats, d'avoir un regard critique sur les modalités de fonctionnement de l'administration douanière. Il ouvre des perspectives au travers des propositions et des solutions, notamment parle biais du développement de l'informatisation, sans occulter la dimension humaine des relations avec l'usager. Il apporte une contribution supplémentaire à la délimitation de la bonne gouvernance.

La tentation de la réforme est toujours périlleuse car elle n'est pas toujours synonyme de succès. Le mérite de Monsieur Jairus DJARGOLLO est sans doute d'avoir su faire preuve de lucidité face aux chantiers à engager.

Fait le 11 juillet 2024

Préface de Georges Cavalier

Maître de conférences HDR, Droit privé et sciences criminelles, Université Jean Moulin - Lyon 3. Faculté de Droit.

L'ouvrage que propose Monsieur Jairus Djargollo au lecteur est issu d'un travail de recherche conséquent l'ayant conduit à obtenir un doctorat en droit, délivré par l'Université de Côte d'Azur où le soussigné a eu le plaisir d'enseigner. Mais cela ne serait pas faire justice à ce travail que de passer sous silence la codirection de thèse menée avec la Faculté de droit de l'Université Jean Moulin Lyon 3 où la première rencontre avec Jairus Djargollo a eu lieu alors qu'il cherchait un directeur de thèse.

Inspecteur principal des douanes de la République du Tchad, chef de la surveillance douanière, et enseignant en droit douanier dans diverses institutions publiques et privées africaines, Jairus Djargollo s'est inséré avec un grand mérite dans un contexte spécifiquement français après avoir obtenu une Maîtrise de droit public, option administration générale à l'Université d'Abomey-Calavi.Muni de ce bagage et conforté par ses enseignements, Jairus Djargollo avait une idée en tête : contribuer, en la pensant de manière systématique et sans dogmatisme, à la réforme de l'administration qui l'emploie au Tchad.

Héritée de la colonisation, l'histoire de la douane tchadienne se confond avec celle de l'organisation coloniale ; aujourd'hui les administrations douanières dans le monde sont confrontée à un vent de réforme soufflé notamment par l'Organisation Mondiale des Douanes, la Banque mondiale et d'autres bailleurs de fonds. L'auteur identifie un certain nombre de difficultés, pas seulement au titre des questions techniques qu'il dépasse en évoquant les questions sociales et déontologiques, lesquelles sont un véritable enjeu, sans doute encore davantage qu'en Europe.

Devant ces obstacles, quelles solutions peuvent être envisagées pour les surmonter ? La place du contribuable par rapport à l'administration (transactions, médiations, commissions de conciliation) doit-elle évoluer ? Faut-il s'engager dans un mouvement de pénalisation ou transformer l'administration en Agence (comme aux Etats-Unis d'Amérique ou au Canada), voire en institution privée ? Cette réflexion devrait-elle être commune aux Etats membres de la Communauté économique et monétaire de l'Afrique centrale à laquelle appartient le Tchad ?

Parmi les pistes proposées par M. Djargollo, un renforcement de la déontologie des agents des douanes paraît s'imposer ; tout autant qu'une dépolitisation des fonctions techniques, et une accélération de l'informatisation de l'administration des douanes du Tchad. Pour parvenir à ces résultats, la démarche de l'auteur va consister à entreprendre, dans une première partie, l'analyse des contraintes économiques et financières de la réforme douanière au

Tchad, puis, dans une seconde partie à entamer un cheminement prospectif sur ce que pourrait être la réforme douanière au Tchad.

Cette façon de procéder confère à cet ouvrage son intérêt et témoigne de son ambition et de son courage, puisqu'il fait œuvre de propositions. Sans doute encore, l'analyse et les critiques peuvent ne pas inspirer directement l'édiction de nouvelles règles de droit positif, mais elles contribuent à faire exister de nouvelles façons de penser les réformes douanières, et cela n'est pas son moindre mérite.

Fait à Lyon, le 2 juillet 2024

Liste des abréviations, sigles et acronymes

ABRÉVIATIONS, SIGLES ET ACRONYMES	SIGNIFICATION
A.C.P	AFRIQUE, CARAÏBE, PACIFIQUE
A.E.F	AFRIQUE ÉQUATORIALE FRANÇAISE
A.E.S	ADMINISTRATION *ECONOMIQUE*ET SOCIALE
A.F.D	AGENCE FRANÇAISE DE DÉVELOPPEMENT
A.F.E	ACCORD SUR LA FACILITATION DES ÉCHANGES
A.F.P	AGENCE FRANCE-PRESSE
AGETAC	ACCORD GENERAL SUR LES TARIFS DOUANIERS ET LE COMMERCE
A.HA.D	ASSOCIATION POUR L'HISTOIRE DE L'ADMINISTRATION DES DOUANES
ALE	ACCORD DE LIBRE-ECHANGE
APE	ACCORD DE PARTENARIAT ÉCONOMIQUE
ATER	ATTACHE TEMPORAIRE D'ENSEIGNEMENT ET DE RECHERCHE
ATN	ADMISSION TEMPORAIRE NORMALE
ATS	ADMISSION TEMPORAIRE SPÉCIALE
BAD	BANQUE AFRICAINE DE DÉVELOPPEMENT
BAE	BON A ENLEVER
BM	BANQUE MONDIALE
BEAC	BANQUE DES ÉTATS DE L'AFRIQUE CENTRALE
BDEAC	BANQUE DES ÉTATS DE L'AFRIQUE CENTRALE
BNT	BARRIERES NON TARIFAIRES
CAF	COUT, ASSURANCE ET FRET
CC	CHAMBRE DES COMPTES
CCI	CONTRIBUTION COMMUNAUTAIRE

	D'INTÉGRATION
CCSRP	COLLEGE DE CONTRÔLE ET DE SURVEILLANCE DESRESSOURCES PÉTROLIÈRES
CD	CODE DES DOUANES
CEA	COMMISSION ÉCONOMIQUE POUR L'AFRIQUE
CEEAC	COMMUNAUTE ECONOMIQUE DES ÉTATS DE L'AFRIQUE CENTRALE
CEDEAO	COMMUNAUTE ECONOMIQUE DES ÉTATS DE L'AFRIQUE DE L'OUEST
CEMAC	COMMUNAUTE ECONOMIQUE ET MONETAIRE DE L'AFRIQUE CENTRALE
CERDO	CENTRE D'ÉTUDES ET DE RECHERCHE POUR LA DYNAMIQUE DES ORGANISATIONS
CEPII	CENTRE D'ÉTUDES PROSPECTIVES ET D'INFORMATIONS INTERNATIONALES
CKR	CONVENTION DE KYOTO REVISÉE
CDMT	CADRE DE DÉPENSES MOYEN
CBMT	CADRE BUDGÉTAIRE AMOYEN TERME
CEFOD	CENTRE D'ÉTUDES ET DE FORMATION POUR LE DÉVELOPPEMENT
CEVEBHIRA	COMMUNAUTE ECONOMIQUE DU BETAIL, DE LA VIANDE ET DES RESSOURCES HALIEUTIQUES
CIRDI	CENTRE INTERNATIONAL DES DIFFÉRENDS RELATIFS AUX INVESTISSEMENTS
CNUCED	CONFÉRENCE DES NATIONS UNIES SUR LE COMMERCE ET LE DÉVELOPPEMENT
CNRT	CAISSE NATIONALE DE RETRAITE
CP	COMITE DE PILOTAGE
CF	CONFER
CFA	COMMUNAUTE FINANCIERE AFRICAINE
COBAC	COMMISSION BANCAIRE DE L'AFRIQUE CENTRALE
COSUMAC	COMMISSION FINANCIERE DE L'AFRIQUE CENTRALE
CPAC	COMITE INTER-ETATS DES PESTICIDES D'AFRIQUE CENTRALE
DA	DROIT D'ACCISE
DEA	DIPLOME D'ETUDES APPROFONDIES
DEP	DIRECTION DES ETUDES ET DE LA PREVISION
DGI	DIRECTION GÉNÉRALE DES IMPOTS

DGDDI	DIRECTIONGÉNÉRALE DES DOUANES ET DES DROITS INDIRECTS
EHT-CEMAC	ÉCOLE D'HOTELLERIE ET DE TOURISME DE CEMAC
EIED	ÉCOLE INTER-ETAT DES DOUANES
EVI	EXPANSIONS VOLONTAIRES D'IMPORTATIONS
FGF	FONDS POUR LES GÉNÉRATIONS FUTURES
FIR	FONDS D'INTERVENTION RURAL
FMI	FONDS MONETAIRE INTERNATIONAL
FAB	FRANCO A BORD
FOB	FREE ON BOARD
GABAG	GROUPEMENT DE LUTTE CONTRE LE BLANCHISSEMENT EN AFRIQUE CENTRALE
GATT	ACCORD GÉNÉRAL SUR LES TARIFS DOUANIERS ET LE COMMERCE
GCF	GESTION COORDONNEE DES FRONTIERES
GRADIS	GROUPE DE RECHERCHE ET D'APPUI AU DÉVELOPPEMENT DES INITIATIVES DÉMOCRATIQUES
GUCE	GUICHET UNIQUE DU COMMERCE EXTERIEUR
IGF	INSPECTION GÉNÉRALE DES FINANCES
INSEED	INSTITUT NATIONAL DE LASTATISTIQUE, DES ÉTUDES ECONOMIQUES ET DEMOGRAPHIQUES
ISTA	L'INSTITUT SOUS-REGIONAL MULTISECTORIEL DE TECHNOLOGIE APPLIQUEE :
ISSEA	INSTITUTION SOUS-REGIONAL DE STATISTIQUE ET D'ÉCONOMIE APPLIQUEE
ITC	CENTRE DU COMMERCE INTERNATIONAL
LAREM	LABORATOIRE DE RECHERCHE ÉCONOMIQUE ET MONETAIRE
LTA	LETTRE DE TRANSPORT AERIEN
MBA	MAITRISE EN ADMINISTRATION DES AFFAIRES
MFB	MINISTERE DES FINANCES ET DU BUDGET
MNT	MESURES NON TARIFAIRES
NTIC	NOUVELLES TECHNOLOGIES DE L'INFORMATION ET DE LA COMMUNICATION
OCEAC	ORGANISATION DE LA COORDINATION POUR LA LUTTE CONTRE LES ENDEMIES EN AFRIQUE CENTRALE

OCDE	ORGANISATION DE COOPERATION ET DE DÉVELOPPEMENT ECONOMIQUES
OHADA	ORGANISATION POUR L'HARMONISATION EN AFRIQUE DU DROIT DES AFFAIRES
OMC	ORGANISATION MONDIALE DU COMMERCE
OMD	ORGANISATION MONDIALE DE LA DOUANE
OMS	ORGANISATION MONDIALE DE LA SANTE
ONASA	OFFICE NATIONAL DE SECURITE ALIMENTAIRE
ONU	ORGANISATION DES NATIONS UNIES
OTC	OBSTACLESTECHNIQUES AU COMMERCE
OUA	ORGANISATION DE L'UNION AFRICAINE
P	PAGE
PACIR	PROGRAMME D'APPUI AU COMMERCE ET À L'INTÉGRATION REGIONALE
PAMFIP	PROGRAMME D'APPUI À LA MODERNISATION DES FINANCES PUBLIQUES
PED	PAYS EN DÉVELOPPEMENT
PFAS	PAYS FRANCOPHONES D'AFRIQUE SUBSAHARIENNE
PMA	PAYS LES MOINS AVANCES
PM	PRIMATURE
PNUD	PROGRAMME DES NATIONS UNIES POUR LE DÉVELOPPEMENT
PNUE	PROGRAMME DES NATIONS UNIES POUR L'ENVIRONNEMENT
PRR	PROGRAMME REGIONAL DES REFORMES
PIB	PRODUIT INTERIEUR BRUT
PRASAC	POLE REGIONAL DE RECHERCHE APPLIQUEE DU DEVELOPPEMENT DES SAVANTS D'AFRIQUE CENTRALE
PTF	PARTENAIRES TECHNIQUES ET FINANCIERS
PUF	PRESSES UNIVERSITAIRES DE FRANCE
RCA	REPUBLIQUE CENTRAFRICAINE
RST	REDEVANCES STATISTIQUES
RSE	REDEVANCES STATISTIQUES À L'EXPORTATION
ST	SURTAXE TEMPORAIRE
TCA	TAXE SUR LES CHIFFRES D'AFFAIRES

TCC	TAXE DU CONTRÔLE DU CONDITIONNEMENT
TCI	TAXE COMMUNAUTAIRED'INTÉGRATION
TEC	TARIF EXTERIEUR COMMUN
TOFE	TABLEAUDES OPÉRATIONS FINANCIÈRESDEL'ÉTAT
TPC	TAXE PREFERENTIELLE COMMUNAUTAIRE
TRC	TAXE DE RECHERCHE
TTA	TAXE TEMPORAIRE ADDITIONNELLE
TVA	TAXE SUR LA VALEUR AJOUTEE
UEAC	*UNION ÉCONOMIQUE DE L'AFRIQUE CENTRALE*
U.D.E.A.C	UNION DOUANIERE ET ÉCONOMIQUE DE L'AFRIQUE CENTRALE
U.D.E	UNION DOUANIERE ÉQUATORIALE
UE	UNION EUROPEENNE
UEME	UNION ÉCONOMIQUE ET MONETAIREEUROPEENNE
UEMOA	UNION ÉCONOMIQUE ET MONETAIRE OUEST AFRICAINE
UFR	*UNITE DE FORMATION ET DE RECHERCHE*
UMAC	UNION MONETAIRE DE L'AFRIQUE CENTRALE
RCA	REPUBLIQUE CENTRAFRICAINE
RVE	RESTRICTIONSVOLONTAIRESD'EXPORTATIONS
SYDONIA	SYSTEME DOUANIER AUTOMATISE
TP	TARIF PREFERENTIEL
TTA	TAXES TEMPORAIRES ADDITIONNELLES
TIC	TECHNOLOGIES DE L'INFORMATION ET DE LA COMMUNICATION
TVA	TAXE SUR LA VALEUR AJOUTEE
ZLE	ZONE DELIBRE-ECHANGE
ZLEA	ZONE DE LIBRE-ECHANGE DES AMERIQUES

Introduction générale

> *« La dépolitisation et la disponibilité de la volonté politique à soutenir la réforme de l'administration douanière sont des éléments clés pour garantir le succès de cette réforme. Il est impératif que les autorités politiques nationales consentent, par le biais d'actions concrètes, à accorder un statut spécial au corps des douanes. Cela représente un premier pas essentiel dans la réforme douanière. Il est primordial qu'elles désignent des agents compétents, dévoués, intègres et conscients de l'importance de mettre en œuvre les outils et instruments de l'OMD en mettant l'accent sur la gestion des ressources humaines dans les douanes. Il est également nécessaire que les douanes collaborent avec le pouvoir judiciaire afin de renforcer l'État de droit. »*

1. La question de la réforme douanière, d'une manière générale, est préoccupante et intéressante. Choisir un tel sujet impose une réflexion qui va au-delà du domaine douanier. C'est-à-dire, qu'il est permis d'aborder les contours de la réforme de façon large. Mais avant d'aborder ce sujet, de la réforme douanière proprement dite, que faut-il entendre par la réforme d'une manière générale ? En effet, l'expression *« réforme »* qui vient du latin «*reformare* [1]», c'est-à-dire reconstituer, former à nouveau, s'impose tantôt aux services publics, à l'État et aux pouvoirs. Elle est comprise dans un contexte général, dans le Petit Larousse 2005, comme *« un changement important, radical, apporté à quelque chose, en particulier à une institution, en vue de l'améliorer* [2] ». Les auteurs ont tout de même, donné leurs différents points de vue, sur la notion de la réforme. C'est dans ce cadre que Gérald CAIDEN pensait que *« la notion de réforme est fondée sur la simple idée qu'il ne faut rien attendre des changements naturels et surtout des moyens artificiels susceptibles d'améliorer un ordre donné de choses* [3] *»*. Selon une approche de droit, précisément dans le lexique juridique et fiscal de Bruno BEDARIDE, le terme de *« réforme »* se comprend, comme une modification du droit existant, *« soit par une loi nouvelle, soit par décret* [4] *»*. Sur le plan financier, *« la réforme est un changement profond qui va permettre de réelles économies à*

[1] - Le Petit Robert de la langue française de 1967.
[2] -Voir petit Larousse, 2005 au sujet de la définition de la réforme dans un contexte général.
[3]-CAIDEN (Gerald E), La réforme administrative. Revue internationale des sciences administratives, 1968, vol. ; 34, n°4, p.345-354.
[4]-Voir : « lexique-juridique-et-fiscal mis en ligne» par Bruno BEDARIDE sur le site suivant : http://www.bruno-bedaride-notaire.fr/.[Consulté le 18/02/2018].

condition d'adopter une stratégie claire et ferme[5] *»*. Sur le plan administratif, la réforme vise à modifier *« les mentalités administratives*[6] *»*.Autant de définitions, peuvent être données, mais l'essentiel de ce travail, est de tenir compte de tous les aspects importants de ces définitions, pour construire cette réflexion. De plus, dans cette analyse, faut-il considérer la notion de réforme, comme une modernisation ou révolution ? En effet, si la réforme ici, est considérée comme l'amélioration de la performance, la rationalisation de la gestion publique[7], le recentrage sur les besoins des citoyens et l'amélioration de l'information et de la transparence[8], mais aussi *« la gestion du changement au sein de l'administration publique nécessitant des approches adaptées aux divers contextes et une gestion itérative des solutions*[9] *»*, la révolution par contre, est comprise comme un renversement brusque. Elle est aussi définie, par Larousse, comme un *« changement brusque et violent dans la structure politique et sociale d'un État, qui se produit quand un groupe se révoltant contre les autorités en place, prend le pouvoir et réussit à le garder*[10] *»*.Mais aujourd'hui, de plus en plus, le mot *« réforme »* disparaît au profit du vocable *« modernisation »*. Par rapport aux différentes explications sur la notion de réforme, l'idée de modernisation, renvoie *« à une modernité et donc à un rapport au temps qui passe*[11] *»*. Toutefois, la *« modernisation de l'État »* par exemple, est employée concurremment à la place de *« réforme de l'État »*. Dans ce contexte, la réforme s'appelle communément modernisation, pour le fait, que celle-ci se lance à la recherche de la modernité.

2.Le sujet sur lequel porte cette présente réflexion, est liée au domaine du droit douanier. Il s'agit de réfléchir sur la réforme des administrations douanières d'une manière générale et particulièrement, du TCHAD. Selon certains auteurs, tels que Jean-Luc ALBERT, Claude J. BERR et Henri TREMEAU, il y a des difficultés pour définir le terme *« droit douanier*[12] *»*. Il peut prendre diverses significations. À cet effet, il est considéré par Paulin IBANDA KABAKA, comme un *« ensemble des règles édictées par le législateur et qui régissent l'entrée et la sortie des marchandises du territoire national*[13] *»*. Il est identifié dans le dictionnaire

---

[5] -DENNERY (Marc), Réforme de la formation professionnelle : les clés pour réussir sa mise en œuvre, Montrouge (France) : Esf Editeur, 2004, p. 77.

[6]-Xavier HUETZ DE LEMPS, L'archipel des épices : la corruption de l'administration espagnole aux Philippines (Fin XVIIIe *siècle* –Fin XIXe *siècle*), Casa de Velázquez.2006, p.161.

[7]-Voir : gestion des finances publiques : la réforme des finances publiques en Afrique de l'Ouest, Les innovations, les enjeux et les enseignements. Document interne, réalisé et produit par Vanessa STOZ, experte gestion des finances publiques, p.3 sur :
https://luxdev.lu/files/documents/Finances_publiques_AFR.pdf.

[8] - *Idem*.

[9] - *Idem*.

[10] -Grand dictionnaire Encyclopédique Larousse, éd. Larousse, tome 13, Lizy-sur-Ourcq, 1985.

[11]-*Idem*

[12] -ALBERT (Jean-Luc), Douane et droit douanier, Paris (France), Presses Universitaires de France - P.U.F, 2013, p.10.

[13]-Voir : article de Paulin IBANDA KABAKA, « Le droit douanier congolais : missions d'intérêt général versus enrichissement des agents ». L'article est vérifiable sur le site suivant : https://www.legavox.fr[consulté le 26/08/2017].

encyclopédique de finances publiques[14] comme étant un *« ensemble de règles juridiques concernant la taxation des produits importés ou exportés, le contrôle des prohibitions et restrictions ainsi que la répression des infractions commises lors des mouvements internationaux de marchandises[15] »*.Malick FAYE, fait plutôt une analyse sur l'évolution de la définition du droit douanier.Il estime qu'à l'origine, *« le droit douanier a pu être présenté comme l'ensemble des règles, dont l'application rentre dans les attributions exclusives de l'administration[16] »*. Il pense qu'aujourd'hui, cette conception est dépassée, dans la mesure où le droit douanier embrasse, en effet, d'autres réglementations, et cela, particulièrement compte tenu de la crise actuelle. Il s'agit par exemple des réglementations sanitaires et phytosanitaires, mais aussi des normes techniques, de la législation des changes et dont on admet aisément qu'elles font partie de l'orbite du droit douanier Selon Florian BEDET, *« le droit douanier est en constante évolution, du fait de la disparité des sources juridiques que l'on retrouve[17] »*. Pour revenir à Jean-Luc ALBERT, ce dernier voit dans le droit douanier l'*« ensemble de règles juridiques régissant l'entrée et la sortie de marchandises sur un territoire dit douanier[18] »*. Dans les travaux de recherche de Pape DJIGDJAM DIOP, le droit douanier est considéré comme *« l'ensemble des règles codifiées qui permettent à la douane d'accomplir ses différentes missions : mission fiscale, mission économique, mission d'accompagnement des autres administrations et mission de facilitation et de sécurisation de la chaîne logistique internationale[19] »*. En fin de compte, le droit douanier régit et réglemente, non seulement, les mouvements de marchandises, de capitaux et des personnes entre États, mais aussi regroupe l'ensemble des dispositions juridiques. Il s'agit des dispositions régissant les divers champs d'intervention de l'administration des Douanes. L'administration douanière connue quelquefois sous le nom de la douane est une dénomination officielle du service des douanes. C'est un *« service gouvernemental chargé de l'application et du contrôle de l'ensemble des mesures en vigueur pour assurer l'exécution des lois et règlements[20] »* en matière douanière. Cette administration met en œuvre la politique du gouvernement à travers l'application de la réglementation douanière. Elle doit s'engager dans ce sens pour l'accomplissement de la mobilisation des ressources budgétaires de l'État, de la promotion et de la protection de l'espace économique national, ainsi que de la protection de la population. C'est *« une administration en charge de la perception de droits imposés sur la circulation des biens, à la frontière du pays. La douane contrôle et vérifie les marchandises qui entrent ou*

14-ALBERT (Jean-Luc), Douane et droit douanier. Op.cit. p.11.

15 -Dictionnaire encyclopédique des finances publiques, (nouvelle édition sous la direction du Professeur de Gilbert ORSON), Économisa, 2017, p. 671.

16-FAYE (Malick), Le droit douanier sénégalais, Paris (France) : L'Harmattan, 2015, p.18.

17- BEDET (Florian), Essai sur la définition d'un statut juridique de la procédure de dédouanement des envois postaux, Thèse de doctorat de l'Université, soutenue à Sceaux, le 9 décembre 2016, en Sciences juridiques. PARIS-SACLAY., p.12.

18-ALBERT (Jean-Luc), Douane et droit douanier. Précité supra n°14

19- DJIGDJAM DIOP (Pape), Le droit douanier des pays africains et la mise en œuvre de la Convention de Kyoto révisée et du Cadre SAFE de l'OMD, Sénégal, Côte d'Ivoire et Bénin, Sénégal : L'Harmattan, Collection 2020.p 358 pages. Voir résumé.

20-Voir : dictionnaire des termes commerciaux sur le site : www.sice.oas.org/.[Consulté le 08/10/2018].

sortent du territoire et réprime l'importation ou l'exportation de produits prohibés[21] *»*. Selon l'Ordonnance-loi n° 10/002 du 20 août 2010 portant code des douanes de la république démocratique du Congo, l'*« administration des douanes ou douane : administration ou organisme public chargé (e) de l'application de la législation douanière et de la perception des droits et taxes à l'importation et à l'exportation et qui est également chargé(e) de l'application d'autres lois et règlements relatifs à l'importation et à l'exportation*[22] *»*. Ces droits perçus, faisant de la douane une administration fiscale, ne sont rien d'autres que les droits de douane. À ce niveau, pourquoi ne faut-il pas faire ressortir, les nuances entre *« droit douanier » ou de « droits de douane »* ? En effet, les droits de douane sont *« inscrits au tarif des douanes et dont sont passibles les marchandises qui entrent sur le territoire douanier ou qui en sortent*[23] *»*. Ils sont appliqués par l'organe ou service chargé du contrôle des opérations douanières, qui est l'administration des douanes. Alors que le droit douanier est une *« discipline*[24] *»*, un *« droit de l'administration des douanes*[25] *»* ou un *« droit des douanes*[26] *»*, mais hybride. Il est classé dans la branche du droit public, parce qu'il a pour but de régir et de réglementer les mouvements de marchandises, de capitaux et des personnes entre États et circulation internationale des marchandises. Il s'intéresse à l'ensemble des règles juridiques qui régissent l'organisation et le fonctionnement sur le plan politique, administratif et financier de l'institution de l'État en charge des opérations douanières et des échanges commerciaux internationaux. Le droit douanier est également classé dans la branche de droit privé, pour le fait qu'il édicte des règles s'appliquant aux personnes privées surtout intervenantes dans ses activités telles que : importateurs ou exportateurs. Ces règles visent les responsabilités de ces personnes pour les sanctionner en cas de violation des lois et des règlements douaniers. Dans ce contexte, pourquoi, ne pas définir le droit douanier, comme un ensemble des règles juridiques organisant les administrations douanières et les rapports avec leurs partenaires qui sont du droit privé ?

3. Cet ouvrage peut susciter des réflexions à caractère historique de l'administration des douanes. Dans tous les pays, les origines de la douane sont anciennes. Mais déjà, il y a lieu de comprendre ici que Saint-Matthieu est considéré comme étant le patron des agents des douanes, car avant d'être l'un des douze apôtres[27], Matthieu *« était percepteur d'impôts pour le compte d'Hérode. À ce titre, il protège plusieurs corporations, dont celles relevant de la Douane, des impôts, de*

---

[21]-Voir : l'Histoire de la douane sur le site suivant : https://www.concours-douane.fr.[Consulté le 08/10/2018].
[22]-Voir : l'Ordonnance-loi n° 10/002 du 20 aout 2010 portant code des douanes sur le site : https://www.leganet.cd.[Consulté le 08/10/2018].
[23]-Voir : glossaire sur le site suivant : https://www.douane.gov.dz/spip.php?dictionnaire4.
[24]-Voir : journée d'études — 9 mai 2016, Musée national des douanes de Bordeaux « Approche globale de la fraude. Frontières et comportements illicites » sur le site suivant :
http://publications.ut-capitole.fr/.[Consulté le 08/10/2018].
[25] -*Idem.*
[26]-Voir : droit des douanes sur le site des cours de droit https://cours-de-droit.net.[Consulté le 08/10/2018].
[27]-Selon Luc, vi, 12-16, et Actes, i, 13, les Douze apôtres sont Pierre et André, **son** frère, Jacques, Jean, Philippe, Barthélemy, Matthieu, Thomas, Jacques, fils d'Alphée, Simon, appelé le zélote, Jude « de Jacques », et Judas l'Iscariote.

la comptabilité et de la banque[28] *»*. En se confiant à la présentation de l'histoire de la douane par le musée national des douanes, créé en 1984, et établi à Bordeaux[29]dans l'ancien Hôtel des fermes, du Roi, écrin de la ferme générale, ancêtre de la douane[30], il se démontre qu'elle est intimement liée à la constitution progressive de l'État[31]. Ainsi, les douanes existent depuis la création des premiers États. Selon les travaux qui ont été impulsés dans le cadre du réseau de travail que constitue l'Association pour l'Histoire de l'Administration des Douanes (AHAD), participant aux activités de ce Musée, la douane *« permet aux gouvernements d'assurer la sécurité et l'intégrité du territoire, de maîtriser les frontières, mais également de disposer de ressources financières pour son fonctionnement*[32] *»*.Ainsi, l'histoire de la douane remonte à l'Antiquité où on assiste déjà à *« des systèmes permettant de réguler les échanges des biens entre l'année -3500 avant J.C. et + 750 après JC*[33] *»*. Il s'agit de la perception des impôts sur les marchandises en mouvement qui franchissent les frontières, afin de participer au financement des caisses de l'État. Dans ce contexte et avec le développement du commerce, les Grecs et Romains mettent en place une fiscalité. Il est question de la mise en œuvre d'un impôt spécifique appelé teloneion ou portoria imposé sur la circulation des marchandises, afin notamment de permettre l'entretien des voies de circulation et des routes commerciales[34].À cet effet, Bruno DOMINGO aborde l'histoire de la douane dans ses travaux de recherche en expliquant que *« le teloneionou portoria était ainsi perçu à l'importation et représentait un fragment (un quarantième ou cinquantième) de la valeur des marchandises. Le recouvrement de cet impôt de circulation était alors réalisé par des compagnies privées sous la supervision des autorités publiques*[35] *»*. Ainsi, *« les portitores ou les publicani romains peuvent décharger, inspecter la marchandise pour en évaluer la valeur et ce, même si elles sont la propriété de hauts personnages. Cette pratique dite de l'affermage est d'un usage largement répandu dans le monde jusqu'à la fin du XVIIIème siècle*[36] *»*. Mais entre 58 et 51 avant J.-C, la conquête de la Gaule[37] permet à Rome d'introduire un impôt nouveau douanier à l'entrée de certaines frontières de la Gaule, nommé le *« Quarantième des Gaules*[38] *»*. C'est-à-dire, c'est une *« taxe de*

---

[28] -Voir : concernant Matthieu sur le site suivant : https://www.lemondedutabac.com/

[29]- PERISSERE (Michèle), La mémoire de la lutte contre la contrebande et la contrefaçon au Musée national des Douanes, Gérard BÉAUR, éd, *Fraude, contrefaçon, contrebande de l'Antiquité à nos jours.* Librairie Droz, 2007, pp. 739-745.

30 -Voir : histoire de la douane sur ce site : https://www.bordeaux.fr/.[Consulté le 14/12/2018].

[31]-Voir : histoire de la douane sur ce site : https://www.douane.gouv.fr/.[Consulté le 08/10/2018].

[32]-*Idem.*

[33] -Voir : histoire de la douane, précité supra n°21

[34]- DOMINGO (Bruno), Douanes et gouvernement de la sécurité, Étudier le policing et le champ de la sécurité par ses marges. Thèse en vue de l'obtention du doctorat de l'université de Toulouse, École doctorale : Droit et Science politique, présentée et soutenue le 6 décembre 2017, p.120.

[35]-*Idem* p120.

[36]-Voir histoire de la douane. Précité supra n°21.

[37]-La conquête de la Gaule https://archeologie.culture.fr.[Consulté le 08/10/2018].

[38]- France(Jérôme), Quadragesima Galliarum. L'organisation douanière des provinces alpestres, gauloises et germaniques de l'Empire romain : 1er siècle avant J.-C.-3er siècle après J.-C, École Française de Rome (15 février 2001), 498 pages. Voir résumé du document.

2,5 % qui pesait sur la circulation des marchandises aux frontières d'une circonscription formée par les Trois Provinces et la Narbonnaise[39] *»* et qui se distingue des autres portoria de l'Empire Romain. Ce sont des provinces gauloises[40]. C'est dans ce contexte que la *« première administration douanière est créée*[41] *»*. Après la chute, de l'Empire romain, les taxes vont se multiplier d'une manière anarchique.

4. Au début du Moyen Âge, Charlemagne (742-814) tente d'organiser le domaine de la douane avec des péages douaniers, mais avec l'éclatement de son empire, ils retombent en dehors du domaine royal, au bénéfice des puissances féodales locales[42]. Dans ces conditions, *« leur recouvrement est assuré soit par des fonctionnaires locaux, soit par des fermiers qui agissent pour le compte de l'autorité en achetant le droit de prélever les taxes : c'est le système de l'affermage*[43] *»*.Dans le cadre de la multiplication des taxes, même si sous le règne de Philippe le Bel (1268 – 1314), il n'y avait pas eu de nouveaux impôts, son successeur Charles IV (1294-1328) met *« au point un certain nombre de taxes sur les exportations de marchandises comme le vin, la viande ou le poisson*[44] *»*. Des nouveaux impôts ont également été imposés pour financer une rançon astronomique pour la liberté du Monarque Jean le bon (1350 à 1364) retenu par les Anglais, lors de la bataille de Poitiers. Dans cette évolution mouvementée de l'histoire de la douane, Jean-Baptiste Colbert (1619-1683), contrôleur Général des Finances au temps de Louis XIV, apparaît ici comme le père de la douane moderne, parce que *« ses ordonnances, qui codifient et précisent le droit douanier, sont toujours à la base de la législation douanière*[45] *»*. Il s'agit de ses ordonnances de 1681 et 1687. À travers ces ordonnances, la marine marchande est encouragée, les productions nationales protégées dans le cadre du rôle économique des droits de douane et la naissance du tarif douanier de 1664 qui instaure une protection modérée. À ce niveau, les droits de douane sont désormais considérés comme un levier des politiques économiques. Toutefois, malgré cette nouvelle politique commerciale mise en œuvre par Colbert, la pratique de l'affermage continue à fonctionner. C'est-à-dire que *« les droits de douane, y compris la plus impopulaire, la fameuse gabelle (l'impôt sur le sel), sont affermés par bail de 6 ans à une compagnie de financiers, la ferme générale. Les fermiers généraux agissent "au nom du Roi" et bénéficient à ce titre de privilèges et de la protection de la loi*[46] *»*. Une telle situation crée une révolution populaire en France. Cette révolution va entraîner la suppression de la ferme générale et sa nationalisation pour donner

---

[39]- France(Jérôme), Administration et fiscalité douanières sous le règne d'Auguste : la date de la création de la *Quadragesima Galliarum* [article],Mélanges de l'école française de Rome. Année 1993 105-2pp. 895-927.

[40]-Voir : "Douanes", in: Dictionnaire historique de la Suisse (DHS), version du 03.02.2015, traduit de l'allemand. Online : https://hls-dhs-dss.ch/fr/articles/013765/2015-02-03/, consulté le 03.02.2022. Dictionnaire historique de la Suisse (DHS).

[41]-Voir : Histoire de la douane. Précité supra n°21.

[42]-Histoire de la douane : http://www.musee-douanes.fr.[Consulté le 08/10/2018].

[43]-*Idem.*

[44]-Voir : histoire de la douane. Précité supra n°21.

[45]-Voir : sans douane, pas d'État ! Retour sur l'Histoire de la douane française sur le site suivant : https://www.tourmag.com/.[Consulté le 08/10/2018].

[46]-*Idem.*

naissance à l'administration des douanes modernes qui sera appelée Régie nationale des douanes.

5. En France, la création de la Régie nationale des douanes remonte en 1791[47], et celle de la Direction Générale des Douanes proprement dite en 1801[48], alors que les administrations douanières de l'Afrique centrale dont fait partie la République du TCHAD, deviennent fonctionnelles à partir de la signature du Traité de Brazzaville le 8 décembre 1964. Mais elles fonctionnent avec les réglementations calquées sur celles des douanes françaises. Cela est dû au fait que la France, en exerçant sa souveraineté sur certains territoires africains, a développé l'image de sa politique douanière dans ces zones, pour fonder les douanes des colonies. Ainsi, les avis des spécialistes dans le domaine tels que : Fabrice JACOB, Jean CLINQUART, Hélène CROCQUEVIEILLE, Jean-Luc ALBERT, Nathalie SILBERT, même certains rapports et comptes rendus administratifs, démontrent que la douane, a connu une grande évolution de ses missions. Pour Fabrice JACOB, il y a bien eu *« évolution[49] »* des missions de la douane. Selon Jean CLINQUART, dans l'administration des douanes en France de 1914 à 1940, l'évolution des réglementations douanières et fiscales a d'incidence sur les missions et les procédures de l'administration des douanes[50]. De même Hélène CROCQUEVIEILLE, Directrice générale des douanes et droits indirects, note que *« les différents métiers douaniers (mission d'action économique, mission fiscale et mission de protection des citoyens, des consommateurs et des acteurs économiques) nécessitaient une réflexion globale, dans un environnement en constante mutation. La douane s'adapte continuellement aux différentes évolutions qui s'imposent à elle[51] »*. Jean-Luc ALBERT va au-delà dans un contexte général, par rapport à l'évolution du droit douanier, prenant aussi en compte celle des missions de la douane. Ainsi, selon Jean-Luc ALBERT, *« le droit douanier est un droit fiscal particulier qui connaît de régulières évolutions tout en conservant une dimension "identitaire" qui peut surprendre[52] »*.Du côté des Cahiers d'ADMINISTRATION, la douane est considérée comme une *« administration aux missions variées et évolutives[53] »*. Dans la synthèse d'une enquête de Cour des Comptes en France relative à l'exercice 2013-2019 de la Direction Générale des Douanes et Droits Indirects, un rapport est consacré à *« l'évolution des missions de*

---

[47] -Voir : présentation sur « les missions de la direction générale des douanes et droits indirects (D.G.D.D.I.) française » disponible sur http://www.vie-publique.fr/. [Consulté le 30/05/2018].

[48] - CREN(Rozenn), Poursuites et sanctions en droit pénal douanier, Thèse de doctorat en droit privé spécialité droit pénal, soutenue le 16 novembre 2011, Université Panthéon-Assas école doctorale de Droit privé, p.12.

[49]-JACOB(Fabrice), Les douaniers français aux frontières de la sécurité intérieure / Fabrice Jacob Déviance et Société, Genève, V.19, n.4 (Déc. 1995), p.339-354.

[50]- CLINQUART(Jean), L'administration des douanes en France de 1914 à 1940, Paris : Institut de la gestion publique et du développement économique, Comité pour l'histoire économique et financière de la France, année d'édition 2000, Voir Chapitre IV L'évolution des réglementations douanières et fiscales. Son incidence sur les missions et les procédures de l'administration des douanes

[51]-Voir : intervention d'Hélène CROCQUEVIEILLE, Directrice générale des douanes et droits indirects sur le site suivant : https://s77829e409f0ffbf3.jimcontent.com/. [Consulté le 16/10/2018].

[52]- ALBERT(Jean-Luc), Douane et droit douanier. Op.cit. précité supra n°12. Lire la partie concernant le résumé du document.

[53]-Les cahiers d'ADMINISTRATION, hors-série de la revue ADMINISTRATION, Supplément au n° 264 : décembre 2019, imprimé en U.E.

l'administration des douanes, devant faire face à l'intensification des fraudes internationales et à l'augmentation des flux internationaux de marchandises et de personnes[54] *».*Ce rapport démontre, que la douane est *« une administration polyvalente, en adaptation continue pour tenir compte des évolutions du contexte dans lequel s'inscrit l'exercice de ses missions*[55] *»*. Dans un article abordé par Nathalie SILBERT, il apparaît clairement que *« les missions de la douane ont évolué ces vingt dernières années*[56] *»*.

6. Pendant longtemps, la douane se contentait de remplir deux missions [57]: une mission fiscale et économique. Sur le plan fiscal, la douane est chargée de percevoir ses recettes pour le compte des trésors publics. En matière économique, les douaniers assurent la protection, la promotion des industries locales et le respect des accords commerciaux. Dans ce contexte historique de la douane, la doctrine du protectionnisme[58] était fortement dominante dans le fonctionnement des États. Cette théorie, développée par les principaux auteurs protectionnistes[59] tels que Friedrich LIST[60], Henry Charles CAREY[61], Simon PATTEN, Paul CAUWES[62] et David TODD[63].D'une manière générale, les instruments des productions nationales utilisées par un État rapport à la concurrence étrangère sont : droits de douane, quotas d'importation, normes, autorisations administratives. Il se développe par exemple à travers l'adoption de la politique tarifaire plus élevée. Cela oblige à appliquer un taux élevé des tarifs douaniers sur les importations, dans le but de protéger les industries locales. Malgré le rôle capital de la douane, voué au protectionnisme économique pendant longtemps, un changement va s'opérer. Selon un rapport du dossier politique d'Economiesuisse[64] en Suisse, *« le rôle du système douanier doit être redéfini à la lumière de la mondialisation. Les taxes douanières*

---

[54]-Voir : rapport de la Cour des comptes sur les missions de la Douane sur le site suivant : https://www.enerlex-avocat.fr/.Consulté le 08/10/2018.

[55]-Rapport public thématique, Cour des comptes, La Direction générale des Douanes et Droits Indirects, Exercices 2013-2019, Un recentrage nécessaire, France, septembre 2020.

[56]-Voir : article de SILBERT(Nathalie) sur le site suivant : https://www.lesechos.fr/.[Consulté le 08/10/2018].

[57]-Voir « Journal du Parlement, concernant la douane française ». Siège : 59, avenue Victor Hugo - 75 116, Paris .sur le site internet suivant : www.lejournalduparlement.fr, p.12/. [Consulté le 16/10/2018].

[58]-BOUËT(Antoine), La théorie économique du protectionnisme en 1950 [article], revue économique , Année 2000, 51-5, pp. 1281-1296. Fait partie d'un numéro thématique : revue économique : 1950-2000, un demi-siècle en perspective.

[59]- HARSIN(Paul). MORINI-COMBY(Jean), *Mercantilisme et Protectionnisme. Essai sur les doctrines interventionnistes en politique commerciale du XVe au XIXe siècle, 1930. In: Revue d'histoire moderne,* tome 6 n°36,1931. p. 496.

[60]-Voir les idées de Friedrich List (1789 - 1846) : Le théoricien du protectionnisme « temporaire » sur le site: https://www.capital.fr/economie-politique/friedrich-list-1789-1846-le-theoricien-du-protectionnisme-temporaire-740579.

[61]-Voir : document de Jacques SAPIR, Le protectionnisme. Éditeur : Presses Universitaires de France - P.U.F., Collection : Que sais-je ? 1re édition, Parution : 12/01/2022 qui présente les principaux théoriciens : Georg Friedrich List (1789-1846) ou encore Henry Charles Carey (1793-1879).

[62] -Voir : article de LE VAN-LEMESLE(Lucette), Cauwès et Colson, le juriste et l'ingénieur : une ou deux conceptions du service public ?, *Revue d'histoire moderne & contemporaine*, vol. nº 52-3, no. 3, 2005, pp. 75-87, qui démontre ici que Cauwès prône le protectionnisme et l'interventionnisme au nom de l'économie nationale.

[63]- TODD(David), *L'identité économique de la France. Libre-échange et protectionnisme (1814-1851)* Paris, Grasset, 2008, 490 p. ISBN : 978-2-246-71181-0. 22,50 euros

[64]-Économiesuisse est une organisation patronale suisse. C'est le résultat de la fusion en 2000 entre la Société pour le développement de l'économie suisse et l'Union Suisse du commerce et de l'industrie.

ne doivent plus avoir comme objectif principal de générer des recettes en faveur de l'État ou de protéger l'économie nationale de la concurrence étrangère. Par ailleurs, de nouveaux défis devront être relevés par l'économie et les autorités douanières : il s'agit notamment de la facilitation du commerce international et des mesures relatives à la sécurité[65] ». C'est une modification profonde pouvant permettre à cette institution de s'adapter, d'une part, à la libéralisation du commerce dans le cadre de la globalisation des échanges et d'autre part, pour répondre aux objectifs de sécurisation de la chaîne logistique, condition essentielle de la réalisation des flux[66].La douane fait donc face à ce défi de changement de doctrine économique. Il s'agit de libre-échange[67] prôné par de nombreux auteurs. Parmi les partisans de cette théorie de libre-échange, Adam SMITH développait clairement la *« suppression de toutes barrières douanières entravant le commerce international*[68] ». Ainsi, cette théorie, reposant sur l'absence des quotas et des barrières douanières, impose des réformes douanières, pour favoriser le développement du commerce mondial. Toutefois, les notions importantes qui intéressent ces travaux de recherche, tels que : développement du commerce international, protectionnisme, libre-échange et barrières tarifaires seront abordées tout au long de cette réflexion, parce qu'elles sont également concernées par cette réforme douanière.

7. Face aux défis innombrables évoqués ci-dessus, ne va-t-on pas soutenir les efforts de réforme des administrations douanières engagées dans le contexte de la mondialisation ? Pourquoi s'impose-t-elle véritablement, surtout dans de nombreux pays en voie de développement ? Pour quelle raison, faut-il prendre conscience de la nécessité d'une réforme des douanes[69], particulièrement au TCHAD ? Ces questions poussent à comprendre, le rôle important que joue la douane dans les États. Cela se perçoit à partir des échanges, qui se développent depuis l'Antiquité[70], à travers les continents organisés, dans la taxation des marchandises franchissant leurs frontières et notamment faisant face au commerce. Aujourd'hui encore, avec les évolutions actuelles des systèmes douaniers, la douane devient un acteur majeur du secteur économique mondial et du commerce international.

8. Fonction régalienne par excellence, la douane constitue le pilier de la construction des États, dès la plus haute antiquité, où les droits sont perçus sur les marchandises étrangères à leur entrée et même sur les produits nationaux à leur sortie. Ils taxent ces marchandises dans le but d'alimenter les caisses publiques.

---

[65]-Voir : rapport du dossier politique d'Économiesuisse sur le site suivant : https://www.economiesuisse.ch/.[Consulté le 08/10/2018].

[66]- TESSAUD(Gérard),, La douane : partenaire du commerce international, optimisation et sécurisation douanière des flux internationaux. Connaissances et Savoirs, 2012, p.10.

[67]- MARNOT(Bruno), Chapitre 2 - un nouveau credo : le libre-échange, dans la mondialisation au XIXe siècle. (1850-1914), sous la direction de Marnot Bruno. Paris(France), Armand Colin, « U », 2012, p. 41-68.

[68]-Voir : article sur le site suivant : file:///C:/Users/AFBT/Downloads/SSRN-id3315426.pdf.[Consulté le 10/11/2018].

[69]- GAËL(Raballand) et THOMAS(Cantens), Réforme des douanes et développement en Afrique subsaharienne, Afrique contemporaine, 2009/2 (n° 230), p. 19-31.

[70]- SABLÉ(Véronique), Les échanges dans l'Antiquité : le rôle de l'État. Textes rassemblés par Jean ANDREAU, Pierre BRIANT et Raymond DESCAT, 1994 [compte-rendu]. Topoi, année 1996, volume 6 numéro 1, pp. 291-295.

L'intérêt le plus immédiat, de taxer les marchandises entrantes ou sortantes de ces États en question, répond, pour l'essentiel, à des préoccupations financières[71]. Dans l'histoire de la douane française, par exemple, le recouvrement de ses taxes douanières, est effectué sur la base d'un usage largement répandu dans le monde jusqu'à la fin du XVIIIe siècle, par des employés des compagnies privées auxquelles, l'État rétrocède la perception de l'impôt. C'est la pratique de l'affermage[72]. D'après le dictionnaire de l'Histoire de France, Éditions 2005, c'est la technique de l'affermage de l'impôt de douane[73]. Cette situation va perdurer pendant longtemps et sera reformée plus tard avec la disparition de la ferme générale le 20 mars 1791[74], à la suite de la Révolution française. Cette période révolutionnaire donnera naissance à une administration des douanes *« modernes »*. Elle permet aussi d'opérer la suppression des barrières intérieures que la monarchie avait laissée prospérer. Désormais, cette *« nouvelle »* administration douanière doit se soucier de l'utilité économique des droits de douane, en les utilisant comme moyen de protection des manufactures nationales et de soutien au commerce. Progressivement, au cours du 19e siècle, il fallait considérer les droits de douane comme des principaux instruments de protectionnisme dans l'appareil d'État.

9. Avec l'expansion coloniale, qui s'étale du 19e siècle jusqu'au début du 20e siècle, la douane s'installe en Asie, en Algérie, en Tunisie, au Maroc et particulièrement en Afrique Noire à partir de 1880[75]. Elle s'établit dans ce continent dans le but d'encadrer les services douaniers sous le régime colonial. Entre-temps, ces douanes, sous la coupe du régime de la colonisation, ne dépendent pas administrativement des douanes françaises. Mais les colonisateurs ont pour objectif de pousser les douanes africaines en gestation, d'adopter une organisation et des méthodes semblables à celles de la douane française. Et c'est précisément en 1881 que les colonies françaises[76] acquièrent des tarifs douaniers.

10. L'organisation douanière coloniale commence par s'installer à partir du 19e siècle et 20e siècle en Algérie et envoie des fonctionnaires pour encadrer les services douaniers locaux dans les différentes colonies au Maghreb (Tunisie, Maroc), en Afrique subsaharienne ou encore en Indochine et en Océanie[77]. En Afrique centrale, précisément, la douane existait sous la dépendance du Congo français, différent du Congo belge devenu colonie belge[78] à partir du 15 novembre

---

[71]- PASCAL(Lionel), La privatisation des missions douanières en République Centrafricaine (RCA) : une opportunité d'amélioration des finances Publiques? Doctorat en Droit soutenu à l'Université de Bordeaux, France, le 10 juillet 2014, p.12.

[72]-Voir : article de Gilbert FROMAGER, « Le douanier du bord de Seine ou gabelou, un métier disparu », sur le site http://jumieges.free.fr/. [Consulté le 01/07/2018].

[73]-Voir : Dictionnaire de l'histoire de France, édition 2005, sur le site : https://www.larousse.fr[Consulté le 16/10/2019].

[74]-ASAKURA(Hironori), L'histoire mondiale de la douane et des tarifs douaniers, Genève : Organisation Mondiale des Douanes, 2003, p.205.

[75]-Voir : ESPACE DOUANE n° 25 /11, Cinquantenaire de la douane congolaise, une célébration réussie. n°025, 2015 p.15.

[76]- CERISIER(Charles), Les colonies françaises, Journal de la société statistique de Paris (France), tome 26 (1885). p.69-88.

[77]- Voir : le site de l'Histoire de la douane française précité supra n°21.

[78]- GÉRARD-LIBOIS(Jules), VERHAEGEN(Benoît), Le Congo. Du domaine de Léopold II à l'indépendance, Courrier hebdomadaire du CRISP, 1985/12 (n° 1077), p. 1-34.

1908. Le Congo français est une colonie française, comprenant deux pays : la République du Congo et le Gabon. Sa capitale était Libreville. Ces deux colonies, réunies sous la direction de Brazzaville, reçoivent la dénomination du Congo français le 11 décembre 1888[79].À la fin du 19e siècle, leurs bureaux principaux sont situés à Loango, Libreville, Brazzaville, Cap Lopez, SettéKama, Ouesso, Bangui, Manyanga[80]. Compte tenu de l'organisation administrative coloniale, un décret instaure le gouvernement général de l'Afrique équatoriale française – AEF[81] en « 1910[82] » pour remplacer l'entité « Congo français » et une nouvelle division voit alors le jour. Elle est composée du Gabon, du Congo, de l'Oubangui-Chari, actuelle République de la Centrafrique et du Tchad. De plus, dans cette même année, les services douaniers se réorganisent au sein de cette *« nouvelle »* organisation. Ce qui pouvait permettre, pendant cette période, que Fort Lamy[83], actuel N'djamena, fasse partie de la direction fédérale de Brazzaville, comme l'un de ses six (6) bureaux centraux douaniers.

11. Au seuil de leur accession à l'indépendance et précisément le 17 janvier 1959, la Centrafrique, le Congo, le Gabon et le Tchad, se constituèrent en Union Douanière Équatoriale, en sigle U.D.E. Ce regroupement se fait à travers une convention du 7 décembre 1959. Jusqu'en 1964, tous les services des douanes de l'U.D.E. avaient une direction unique. Elle s'appelait Direction des Bureaux Communs des douanes de l'U.D.E., à la tête de laquelle se trouvait un Français. Cependant, le traité de Brazzaville, qui institua l'Union Douanière et économique de l'Afrique Centrale (U.D.E.A.C.) le 8 décembre 1964, supprima cette direction. Cette suppression intervient dans le but de laisser à chaque direction nationale le soin de conduire elle-même ses destinées. Ce sont des principes inscrits dans le nouveau cadre tracé par l'UDEAC.C'est donc en vertu de ces normes que la direction nationale des douanes tchadiennes, à la tête de laquelle se trouvait Tambai NGUESSE jusqu'en 1967, devrait conduire sa destinée. Après l'UDEAC, c'est la CEMAC qui nait, une organisation sous régionale, instituée par un traité signé le 16 mars 1994 à N'djamena (Tchad). Ses activités ont démarré en juin 1999 après la ratification du traité par les États membres. C'est un regroupement des six pays d'Afrique Centrale qui sont le Cameroun, la République Centrafricaine, la République du Congo, le Gabon et la Guinée-Équatoriale et le Tchad. La CEMAC a pour mission principale la promotion d'un développement harmonieux de ses États membres dans le cadre d'un marché commun[84].

79- JAMFA CHIADJEU (Moïse Léonard), Comment comprendre la "crise" de l'État postcolonial en Afrique ? : un essaie d'explication structurelle à partir des cas l'Angola, du Congo-Brazzaville, du Congo- Kinshasa, du Libéria et du Rwanda, Peter Lang, Éditions scientifiques européennes , 2005,Bern, p110

80-Voir : ESPACE DOUANE. *Op .cit.*, p.11.

81- BAT(Jean-Pierre). « Les archives de l'AEF », *Afrique & histoire*, vol. 7, no. 1, 2009, pp. 301-311.

82 - BRUEL(Georges), L'Afrique Équatoriale Française. Le Pays - Les Habitants - La Colonisation - Les Pouvoirs publics, Paris(France), Larose, 1918, p .466.

83-FORT-LAMY est le nom donné par les colons français à la ville actuelle et capitale du Tchad, N'djamena. Elle a été fondée par Émile Gentil le 29 mai 1900

84-Région de l'Afrique centrale, Communauté européenne, Document de stratégie de coopération régionale et Programme indicatif régional, pour la période, 2003-2007, p. 12.

12. Ce rappel historique met en évidence qu'il y a eu une lente évolution dans la modernisation des douanes. Il s'agit, véritablement, d'une réforme des douanes qui s'est imposée au cours de l'histoire de la douane. Les réformes qui ont marqué l'histoire des douanes commencent par l'apparition des concepts de *« commerce extérieur »* et *« échanges commerciaux »,* obligeant ces services à se mettre au service d'une politique de protection et de la promotion des relations commerciales internationales. La douane reste, d'une part, une administration nationale et, d'autre part, une organisation à vocation internationale, faisant d'elle, un véritable partenaire du commerce international[85]. Pour développer encore davantage les activités douanières dans le but de les conformer au contexte de la mondialisation, il est devenu nécessaire d'appliquer l'informatisation des douanes. Elle décrit l'application des technologies de l'information et de la communication (TIC) pour l'accomplissement de la mission des douanes. Aujourd'hui, l'importance de nouvelles technologies de l'information est ressentie dans les missions fiscales[86] d'une manière générale. À ce sujet, en Afrique centrale, la CNUCED[87]développe le SYDONIA[88] +++ et SYDONIA World comme moyens de l'informatisation du système douanier. Au TCHAD, l'administration des douanes met en œuvre SYDONIA++ pendant longtemps, mais depuis le 13 octobre 2021, le ministre des Finances et du Budget, Tahir HAMID NGUILIN, a procédé, *« dans les locaux des douanes, à N'djamena, au lancement officiel de la migration du système Sydonia++vers Sydonia World[89] ».*Le Sydonia World peut être considéré comme une *« version plus évoluée et améliorée que son prédécesseur Sydonia++ et qui se base sur les nouvelles technologies de l'Internet. Sydonia World utilise en effet les standards définis par les organisations internationales reconnues comme le système ISO, l'ONU, l'OMC et l'OMD[90] ».* Elle est considérée comme une *« véritable version électronique pour les douanes, introduite en mars 2002 et compatible avec les principaux systèmes de gestion de base de données et d'exploitation (Oracle, DB2, Sybase MS/Windows et Linux, HP- UX, respectivement[91] ».*

13. Prenant la relève de la colonisation, les douanes de l'Afrique Centrale poursuivent des profondes mutations. Il s'agit, après les indépendances en 1960, d'apporter des innovations aux services douaniers au niveau communautaire ou national. La question de la réforme des douanes[92], devenant une actualité de nos

---

[85]- CHADI(Mohamed), La douane face à la mondialisation du commerce international, L'économiste, Éditions n° : 1241

[86]- LUPPI(Philippe), Fiscalité et nouvelles technologies : étude de l'apport des nouvelles technologies de l'information aux missions fiscales des administrations financières. Thèse de doctorat en Droit, soutenue en 1999 à Aix-Marseille 3 en France.

[87]-Conférence des Nations unies sur le commerce et le développement.

[88] -Le système informatique douanier, programme de la conférence des Nations Unies sur le commerce et le développement développé par la Conférence des Nations unies sur le commerce et le développement(CNUCED).

[89]-Voir : à-propos de migration du système Sydonia++ vers Sydonia World sur le site suivant : https://tchadinfos.com/.[Consulté le 08/10/2018].

[90]-Voir : Sydonia World sur le site : https://www.midimadagasikara.mg.[Consulté le 08/10/2018].

[91]-Voir : système douanier automatisé (SYDONIA) sur le site : https://unctad.org/. Consulté le 11/09/2018]

[92]- BILANGNA(Samson), La réforme des douanes camerounaises : entre les contraintes locales et internationales, Afrique contemporaine, 2009/2 (n° 230), p. 101-113.

jours dans cette sous-région, intéresse le pays comme le Tchad où les faibles performances des recettes douanières sont toujours déplorées par les autorités nationales et par des analystes indépendantes. C'est pourquoi Kebir MAHAMAT ABDOULAYE reconnaissait en 2017 que la douane tchadienne qui *« fait en moyenne 300 milliards de FCFA de recettes fiscales et administratives pour le trésor public par an. Cependant, la douane tchadienne devient depuis plusieurs décennies le secteur où la pratique de la fraude fiscale, l'organisation et la puissance des groupes mafieux (bien organisés), le népotisme, l'instabilité des responsables sont érigés en modèle et se sont bien développés. Ces phénomènes faisaient perdre de centaines de milliards de FCFA de recettes au trésor public*[93] *»*. Face à ces défauts constatés dans l'administration des douanes, n'y a-t-il pas l'indispensable réforme pour cette institution afin d'accroître ces recettes au Tchad ?La mise en œuvre d'une telle réforme, peut-elle intervenir dans le contexte de la crise économique, provoquée par la chute de pétrole ? Selon les analyses, *« l'économie tchadienne, fortement dépendante de l'activité pétrolière ces dernières années, a continué d'être affectée par la baisse des cours mondiaux des matières premières*[94] *»*. La réforme douanière peut être sollicitée dans ce contexte, pour le fait qu'après l'exploitation du pétrole de Doba[95], la douane qui était considérée comme le poumon de l'économie du Tchad semblait être négligée par les autorités nationales. Cette crise énergique peut annoncer la conscience de ces autorités sur le retour à l'économie traditionnelle à travers la mobilisation des recettes douanières. Même si d'autres facteurs exogènes, tels que l'imposition de la facilitation du commerce international et la réduction des coûts budgétaires pour le secteur privé, etc., s'imposent derrière cette réforme, il est possible de considérer ces observations ci-dessus comme les causes directes de la réforme douanière au Tchad.

14. Il convient d'insister sur le fait qu'au plan national et régional, les administrations douanières sont confrontées à des difficultés. Elles prennent des proportions importantes et ne peuvent permettre un réel développement, à travers les activités douanières, représentant le poumon de l'économie en Afrique. À cet effet, Pauline de CASTELNAU et Jean-François MARTEAU, démontrent que les systèmes douaniers*« sont au cœur du budget des États, en tant que premiers percepteurs des recettes fiscales*[96] *»*.Certains auteurs, tels que Raballand GAËL et Cantens THOMAS, ont toujours placé les douanes au cœur de l'économie africaine[97], pour le simple fait qu'elle demeure la principale institution capable de collecter elle-même des revenus publics. Ainsi, les difficultés évoquées ici et même par les analystes ci-dessus, affectent immédiatement les recettes douanières. A titre

---

[93]-Voir : chronique de l'économiste et analyste Tchadien, Kébir MAHAMAT ABDOULAYE sur le site suivant : http://www.regards-dafricains-defrance.com/.[Consulté le 08/10/2018].

[94]-Voir : article de TIASSOU(Kossivi), la chute des revenus du pétrole frappe l'économie tchadienne, disponible sur le site https://www.dw.com/. [Consulté le 14/09/2018].

[95]- TULIPE(Simon). Le bassin tchadien à l'épreuve de l'or noir. Réflexions sur la *"nouvelle donne pétro-politique" en Afrique centrale »*, Politique africaine, vol. 94, no. 2, 2004, pp. 59-81.

[96]- DE CASTELNAU(Pauline) et MARTEAU(Jean-François), Quel accompagnement des douanes par la Banque mondiale en Afrique subsaharienne ?, Afrique contemporaine, 2009/2 (n° 230), p. 115-134.

[97]- GAËL (Raballand) et THOMAS(Cantens), Réforme des douanes et développement en Afrique subsaharienne, Afrique contemporaine, supra à la note n° 69.

d'exemple, ces administrations font face aujourd'hui à la corruption et aux mauvaises pratiques au sein de l'administration publique[98], telles qu'énoncées par Arthur SETONDJ, un auteur béninois. En effet, la corruption est citée parmi les mauvaises pratiques qui gangrènent les administrations publiques en général, y compris celles du Tchad. Ainsi, devant cette situation, faut-il une loi spéciale et un observatoire contre la corruption au Tchad ? De plus, il faut citer la politisation de l'administration et la mauvaise gouvernance. Ces mauvaises pratiques ont été perçues comme faisant partie des causes de la mise en œuvre des réformes douanières. Arthur SETONDJ considère précisément, comme mauvaises pratiques, *« l'absentéisme et la politisation de cette même administration[99] ».*

15. En ce qui concerne, *« l'intensification des contraintes internationales sur les règles douanières nationales [100]»,* relevées par M. Sébastien JEANNARD, cela ne date pas d'aujourd'hui. Mais ici, les réflexions ne peuvent que se limiter aux exigences des règles du commerce international[101]. Elles s'imposent par des accords internationaux dans le cadre de la facilitation des échanges. Il s'agit de se situer dans un contexte historique de la libéralisation des échanges, qui vise à réduire le protectionnisme dans l'histoire mondiale. Toutefois, de nos jours, les organisations mondiales exigent aussi, les réformes douanières, pour que les douanes s'adaptent au nouvel environnement économique international.

16. La soumission des administrations douanières aux influences des organisations telles : Organisation mondiale du commerce, Organisation mondiale des douanes et des organisations des droits régionaux et des droits nationaux, donne une ouverture aux réformes. La douane au Tchad, comme dans les autres pays d'Afrique subsaharienne, est confrontée aux multiples défis, lesquels ont d'ailleurs été abordés par l'OMD. Même si en Afrique, les douanes sont considérées comme les administrations *« les plus décriées, étant bien souvent décrites comme le symbole même de la corruption et un terrible frein au commerce[102] »* elles en sont aussi affectées par la *« politisation ».* Le document de synthèse des défis de la Région OMD-AOC et esquisses de solutions, énonce clairement que *« la frontière entre la sphère politique et la sphère administrative n'est pas étanche du fait que c'est le même personnel qui se retrouve souvent dans ces différentes entités[103] ».*Particulièrement, au Tchad, les bureaux des douanes fonctionnent « de manière autonome sur le modèle du commerce informel ». Il convient de souligner le manque de transparence dans les procédures douanières ou contrôle du

---

[98] -Voir article SETONDJ (d'Arthur), politisation de l'administration publique : que pense Yayi du cas Julien KPOVIESSI ? 27 octobre, 2009 / Par lautrefrat / Rubrique : Actualité nationale Bénin, publié sur http://lautrefraternite.com, consulté le 28 mars 2018].

[99]-*Ibid.*

[100]-JEANNARD(Sébastien), Les transformations de l'ordonnancement juridique douanier en France. Thèse pour le doctorat en droit, soutenue à l'Université Paris I (Panthéon-Sorbonne), le 15 avril 2010,. LGDJ 2011, Préface de Michel BOUVIER, Avant-propos de Jérôme FOURNEL, Bibliothèque Finances publiques et fiscalité, T 52, p.6.

[101]- GADJIYAO(Abraham), Libéralisation du commerce international et protection de l'environnement, Thèse de doctorat en droit nouveau régime, présentée et soutenue à l'Université de Limoges, faculté de droit et des sciences économiques, CRIDEAU, le 26 janvier 2007, p.1.

[102]-Voir : article de RABALLAND(GaeL), Les douanes camerounaises se regardent dans le miroir sur le https://blogs.worldbank.org/.[Consulté le 08/10/2018].

[103] -*Idem*

mouvement de biens, le problème crucial de la gestion de ses ressources humaines, de l'insuffisant niveau de formation et de rémunération du personnel dans cette administration. Compte tenu de la problématique du développement de sa douane et étant, membre l'OMC depuis le 19 octobre 1996[104], et de l'OMD à partir de 2005[105], le Tchad, a pu s'engager depuis les années 1990 dans d'importantes réformes du secteur des finances publiques. C'est un engagement pris, pour redresser non seulement son économie, mais aussi répondre aux exigences des organisations internationales. Intéressées par les activités douanières nationales. Et c'est aussi dans ce contexte que les douanes tchadiennes sont soumises à des réformes. Ces facteurs déterminants, qui mobilisent l'administration des douanes tchadiennes vers la modernisation, sont considérés comme porteurs d'un grand changement. C'est pourquoi, l'on est en droit de se poser la question de savoir, comment et dans quelles conditions, la réforme douanière peut-elle réussir au Tchad ?

17. L'administration des douanes au Tchad est une administration publique, rattachée au ministère des Finances et du Budget. Cette douane, qui s'applique sur des tâches d'intérêt général, joue un rôle important dans le développement économique, surtout pour les pays en voie de développement. Les recettes douanières demeurent alors des sources importantes de financement public des politiques et programmes des gouvernements. En effet, les pays d'Afrique subsahariens sont confrontés à la difficulté de prélever suffisamment de ressources fiscales. En abordant cette préoccupation, Mahamane LAOUALI SIDI SANI démontre, dans sa thèse de doctorat, qu'il y a lieu de reconnaître que *« le rôle de révélateur historique des relations entre l'État et les citoyens, qui échoit à l'impôt, présente des implications sociales et politiques*[106] *»*. Il faut alors une mobilisation sociale et politique pour avoir accès suffisamment au financement des recettes douanières .Le rôle fiscal de la douane est donc reconnu indéniable. Jean-Luc ALBERT émet le même point de vue, surtout lorsqu'il estime qu'il *« n'est pas sans intérêt de noter que la recette douanière demeure encore aujourd'hui une recette essentielle pour de nombreux États*[107] *»*.Quand Lionel PASCAL s'interroge dans sa thèse intitulée, « la privatisation des missions douanières en République Centrafricaine (RCA) : une opportunité d'amélioration des finances publiques ? ». Jean-Luc ALBERT continue à défendre que *« même pour les États développés, les recettes douanières demeurent importantes : malgré tous les accords de libéralisation des marchandises dans le cadre de la*

[104]-Voir : « renseignements par membre de l'OMC, le Tchad et l'OMC » sur le site : https://www.wto.org [consulté le 13/06/2018].

[105]-Voir : présentation de « L'OMD sur les membres » sur http://www.wcoomd.org/consulté le 11/10/2018].

[106]- LAOUALI SIDI SANI (Mahamane), Gouvernance et mobilisation des ressources fiscales au Niger : appréciation de l'influence des mutations socio-politiques sur le prélèvement fiscal dans un pays d'Afrique subsaharienne. Thèse de doctorat, Droit public, soutenance le 04/05/2017,École Doctorale Sciences Juridiques et Politiques (Aix-en-Provence), France. Voir résumé du document.

[107]- ALBERT(Jean-Luc), Douane et Droit Douanier. *Op, cit.*, p. 16.

mondialisation[108] *».*Ainsi, les recettes douanières constituent des *« sources des finances publiques de l'UE et de ses États membres*[109] *»*.

18. En Afrique, les systèmes douaniers sont au cœur du budget des États. Les recettes douanières, import et export confondus, représentent couramment de 30 % à 70 % des recettes budgétaires[110]. À cet effet, quelques pays en Afrique sont retenus pour illustrer ces démonstrations. Il s'agit par exemple de l'Union des Comores, du Maroc, de la Centrafrique et de Madagascar dont les recettes douanières représentent respectivement 41,8 %[111], 39 %[112], 70 %[113],44 %[114] des recettes budgétaires. Au Tchad, par exemple, avant l'exploitation du pétrole dans le bassin de Doba au sud du pays, démarrée en 2004, les recettes douanières représentaient environ 70 % du budget national[115]. Avec cette exploitation pétrolière, les recettes douanières sont descendues à 28 %[116] du budget national sur la période 2010-2012. Ce taux remonte difficilement compte tenu de la faible incitation du gouvernement à s'impliquer davantage dans la mise en œuvre des réformes nécessaires à une meilleure mobilisation des recettes douanières. Selon l'analyste Guy DABI GAB-LEYBA *« bien qu'il y ait, une prise de conscience de la nécessité d'une réforme de la douane, l'arrivée des recettes pétrolières, semble avoir réduit les incitations des dirigeants à les mener, et cela, malgré les signaux d'alarme envoyés par les partenaires au développement (FMI et Banque Mondiale notamment)*[117] *».*Toutefois, il a été constaté qu'à partir de l'année 2018, les recettes douanières ont connu une légère augmentation de 43,30 %[118] sur le budget national. Ainsi, avec les difficultés liées à l'exploitation du pétrole, le pouvoir public veut désormais s'orienter vers les recettes douanières pour pallier le problème de financement de ses caisses publiques. C'est pourquoi, il est question de relancer la réforme douanière au Tchad, mais comment faire ?

19. Avant de répondre à cette question combien importante, il faut comprendre que c'est à partir de la mise en œuvre des missions douanières que les recettes douanières ci-dessus abordées sont perçues. Ces missions ont été abordées d'une manière laconique. Toutefois, il convient de les aborder d'une manière approfondie, à cause des missions dites particulières qui s'y ajoutent. À cet effet,

---

108 -*Ibid.*

109-Voir : article sur « les droits de douane signifient des recettes » sur le site : https://ec.europa.eu/. [Consulté le 05/04/2019].

110 -« Éditorial », Afrique contemporaine 2/2009 (n° 230), p. 5-7.

111-Voir : article sur « Les missions de la douane » sur le site suivant : http://douane.gov.km/fr [consulté le 07/04/2019].

112-Voir : article sur « Les recettes douanières en légère hausse » dans le site suivant : https://www.libe.ma/.[Consulté le 07/04/2019].

113- PASCAL(Lionel), La privatisation des missions douanières en République Centrafricaine (RCA) : une opportunité d'amélioration des finances Publiques ? .*Op.cit,* p.55.

114-Voir : article « Comment une meilleure gestion des ressources humaines peut-elle accroître les recettes douanières ? » sur https://www.banquemondiale.org.[Consulté le 08/10/2018].

115-Voir : « BLOG ACTUTCHAD, économie : une réforme douanière en vue au Tchad », sur http://actutchad.over-blog.com[consulté le 11/12/2018].

116 -Voir : article de GAB-LEYBA(Guy Dabi), sur les FAITS : à la découverte de la douane tchadienne, sur http://www.croset-td.org/.[Consulté le 07/10/2018].

117 -*Ibid.*

118-Voir : article de WICHE WAHILI(Djimet), Tchad : les recettes de l'État en hausse de 67 % au 1er trimestre 2018 , sur le site suivant ; https://www.alwihdainfo.com/. [Consulté le 02/01/2018].

les douanes, entretemps, remplissaient en principe deux types de missions, considérées comme traditionnelles. Mais au fil du temps, les douaniers se sont vus confier de nouvelles tâches dans le cadre d'assistance aux autres services publics. Elles s'impliquent désormais dans la facilitation des échanges commerciaux[119] internationaux et de protection des intérêts des États, de leurs citoyens et biens.Il s'agit, par exemple, de lutter contre les trafics des organes humains, des armes de guerre, de drogue et des stupéfiants. Les douanes peuvent également mener une lutte contre la sortie illégale des biens culturels, d'espèces animales et végétales protégées et faire respecter les réglementations en matière de qualité des produits alimentaires industriels importés, etc. Il faut donc convenir avec Gilles MONTAGNAT-RENTIER et Gilles PARENT que les douanes, à travers le monde, remplissent de nos jours *« trois missions principales :(1) la perception de recettes ; (2) la mise en œuvre des politiques commerciales et tarifaires, comme fondement des politiques de concurrence et de développement ; et (3) la protection[120] »*.Jean-François DUTHEIL aborde ces *« trois missions fondamentales sont assurées par l'administration des douanes[121] »*, en précisant concernant la troisième mission de protection, qu'il s'agit de *« protection du citoyen[122] »*.

20. Les missions traditionnelles ou principales de la douane sont celles qui se situent sur le plan fiscal et économique et qui sont évoquées ci-dessus par les spécialistes en droit douanier. Mais leurs mises en œuvre mobilisent fortement les douaniers, tant à l'intérieur qu'aux frontières. Ainsi, les agents de la douane ont une lourde responsabilité en matière d'application des politiques commerciales et de contrôle de la régulation des échanges commerciaux imposée par les accords internationaux dans le contexte actuel de la mondialisation économique. Ils accomplissent leurs missions, en concentrant la plupart de leurs activités tout autour des frontières, et cela peut encore se poursuivre jusqu'à l'intérieur du territoire douanier. Ils soutiennent la politique du développement commercial et luttent contre les pratiques déloyales, etc. C'est devant ces différents gestes que les douaniers mettent en œuvre les missions économiques.

21. La douane est un instrument de contrôle et de surveillance. Les douanes, de façon générale, sont investies de pouvoirs importants en matière du contrôle et de surveillance douanière. L'objectif visé à travers ces activités, c'est la lutte contre la fraude et la contrebande sur l'ensemble du territoire. Claude J. BERR et Henri TREMEAU estiment, en effet, que *« la surveillance de la douane revêt un double aspect. Elle a d'abord pour objet d'assurer le respect de la réglementation des échanges extérieurs et s'exprime de larges pouvoirs de contrôle qui confère à l'administration la maîtrise des mouvements internationaux des*

[119]- RADU(Ghenadie), L'origine des marchandises : un élément controversé des échanges commerciaux internationaux. Thèse en droit soutenue à l'Université Pierre Mendès-France - Grenoble II, 2007. p.4.

[120]- MONTAGNAT-RENTIER(Gilles) et PARENT(Gilles), Réforme et modernisation des douanes en Afrique subsaharienne francophone, 1995-2010, revue d'économie du développement, 2012/3 (Vol. 20), pages 105 à 146

[121]-Intervention DUTHEIL(Jean-François) dans le journal du Parlement sur le site suivant : https://www.douane.gouv.fr/.[Consulté le 12/09/2019]

[122] -*Idem*

marchandises[123] *».*C'est aussi à travers cette surveillance que la douane lutte contre des sorties illicites des capitaux. Gérard CORNU dans le vocabulaire juridique, considère une surveillance comme *« une action préventive qui, fondée sur la vigilance de celui qui surveille (marquée par des actes de vérification et de contrôle)*[124] *».*En matière douanière, la surveillance s'applique sur l'ensemble du territoire par les agents de la brigade, considérés comme des hommes de terrain. Ils assurent une garde permanente aux frontières, dans les aéroports et même à l'intérieur du territoire douanier dans le but non seulement d'orienter tant des personnes que des marchandises vers les bureaux des douanes pour les formalités douanières légales, mais aussi de s'opposer contre les entrées et les sorties frauduleuses des marchandises. Ces brigadiers du service actif assurent donc les contrôles de marchandises aux frontières. C'est un travail qui leur confère le pouvoir de la police du commerce extérieur[125]. Ils assurent aussi la surveillance du territoire dans les aéroports, les ports et les maritimes.

22. Dans un glossaire des termes douaniers internationaux de l'Organisation Mondiale de la Douane (**OMD**), la frontière douanière est comprise comme *« la limite du territoire douanier ».* C'est, en réalité, une limite soit nationale, soit communautaire. À l'intérieur de ces frontières, l'article 70 du Code des douanes donne des pouvoirs importants aux agents des douanes, de contrôler des marchandises, des moyens de transport dans le cadre de la fraude et de la contrebande. Selon les termes du glossaire, la contrebande est considérée comme *« toute importation et exportation de marchandises en dehors des bureaux de douane ainsi que toute violation des dispositions légales relatives à la détention ou au transport des marchandises à l'intérieur du territoire douanier*[126] *».* En ce qui concerne la fraude, faut-il la définir sous deux formes ? Ces travaux de recherche permettent de distinguer la fraude douanière de la fraude commerciale. Et cette distinction est clairement établie par l'**OMD** dans son glossaire. Selon ce glossaire, la fraude douanière est *« tout acte par lequel une personne trompe ou tente de tromper la douane et, par conséquent, élude ou tente d'éluder en tout ou en partie, le paiement de droits et taxes, ou l'application de mesures de prohibition ou de restriction prévues par la législation douanière, ou bien obtient ou tente d'obtenir un avantage quelconque en enfreignant ces dispositions, commettant ainsi une infraction douanière (*) »*[127]. Quant à la fraude commerciale, peut être décrite comme suit : *« toute infraction aux dispositions législatives ou réglementaires que les administrations sont chargées de faire appliquer, commise en vue : a) d'éluder ou de tenter d'éluder le paiement des droits, redevances ou taxes applicables aux marchandises b) d'éluder ou de tenter d'éluder les prohibitions ou les restrictions applicables aux marchandises c) de percevoir ou de tenter de percevoir de manière*

---

[123]-BERR (Claude J.) et TREMEAU(Henri), Le droit douanier, communautaire et national. Paris (France), Économica, 2006, p.29.

[124]- CORNU(Gérard), Vocabulaire juridique, Paris(France), Presses universitaires de France – P.U.F,13ᵉ édition, 2020.

[125]- CLINQUART(Jean), La douane et les douaniers. Paris (France), tallandier1990, p 10.

[126]-*Idem*

[127]- Glossaire des termes douaniers internationaux, éditeur Organisation mondiale des douanes. OMD : Édition juin 2018, p17.

indue des remboursements, subventions ou autres versements (d) d'obtenir ou de tenter d'obtenir des avantages commerciaux illicites portant atteinte aux principes et aux pratiques de la concurrence commerciale licite.[128] » Les agents des services actifs sont aussi habilités à contrôler les personnes. Dans ce domaine, il existe, en général, trois types de techniques de contrôle à appliquer sur les personnes. Il s'agit de la palpation administrative de sécurité, de la visite à corps et de la visite incorpore.

23. La CEMAC, une zone d'intégration économique et monétaire de l'Afrique centrale, où fait partie le Tchad, dispose d'un code des douanes. L'article 70, de ce code signalé précédemment, autorise les agents des douanes à contrôler les personnes, dans le cadre de la recherche de la fraude. C'est pourquoi, ils peuvent procéder à une fouille par palpation de sécurité sur *« des personnes suspectées de fraude*[129] *».* Mais aussi, un tel pouvoir, permet au douanier de pratiquer cette palpation, pour voir si la personne contrôlée ne dispose pas d'objets susceptibles de mettre en danger son intégrité physique ou sa vie, celles des agents des douanes ou des personnes circulant dans l'environnement proche du contrôle[130]. Cette palpation doit se distinguer de la visite à corps ou fouille à corps et de la visite incorpore ou fouille dans le corps. La fouille à corps, ou encore visite à corps, est une recherche sur le corps où souvent la personne peut être amenée à se faire, déshabiller[131] d'une manière progressive. En France, la fouille à corps n'est possible que dans trois cas : flagrant délit ; enquête préliminaire, avec l'accord exprès de la personne ; commission rogatoire. Pour la visite, incorpore ou fouille dans le corps, prévu de façon très claire dans les textes français, ne se réalise, que lorsqu'une personne est soupçonnée de transporter ou dissimuler des stupéfiants à l'intérieur de son corps (vagin, rectum, etc.)[132]. Elle est faite par un médecin dans les trois heures. Par contre, un agent des douanes peut faire effectuer par un médecin cet examen médical si la personne donne son accord. Dans le cas contraire, l'agent doit demander au juge qu'il désigne un médecin pour pratiquer l'examen. En cas de refus, cette personne concernée par le contrôle est soumise à une sanction d'un an de prison et de 3 750 € d'amende[133]. Toutefois, les douaniers se heurtent à des difficultés, lorsqu'il s'agit de contrôler les autorités nationales et les diplomates. Les douaniers ne peuvent contrôler les autorités nationales à cause de leur attachement aux idées morales. Il peut s'agir, par exemple, du président de la République, du Premier ministre, des Ministres, des Gouverneurs, des Préfets, des sous-préfets, des élus du peuple, des chefs partis politiques et des hauts fonctionnaires de l'État, etc. Ils ne peuvent non plus contrôler directement les agents diplomatiques, des fonctionnaires internationaux ainsi que de leurs valises et leurs objets qui sont inviolables au regard de la convention sur les privilèges et

128 -VLAMYNCK(Hervé), Droit de la police, France, Vuibert Sup Droit, 6e édition 2017, p. 434

129- DEGRAVE(Elise) et VANDEROSE(Benoît), Privacy by design et e-gouvernement : un modèle inédit en Belgique, Pyramides, 26/27 | 2016, 71-86.

130- Rapport annuel 2020, Réclamations - Médiations - Dossiers du Défenseur des droits, Direction Générale des Douanes et Droits Indirects, Inspection des services, France, p.9.

131-Source : www.interieur.gouv.fr/. [Consulté le 11/10/2018].

132-*Idem*

133-*Idem*

immunités des Nations unies approuvée par l'Assemblée générale des Nations Unies le 13 février 1946 et la convention de Vienne de 1961 sur les relations diplomatiques ratifiées par le gouvernement tchadien. Cependant, les bagages peuvent être contrôlés que s'il existe des motifs sérieux prouvant qu'ils contiennent certainement des objets dangereux ou interdits à l'importation ou l'exportation et surtout sur la base d'une autorisation des autorités. La douane peut donc exiger une inspection, mais qui doit se dérouler en présence de l'agent diplomatique ou de son représentant.

24. Au Tchad, l'aéroport principal autour duquel se concentrent les activités de la surveillance douanière, est dénommé *« aéroport international Hassan Djamous »*.Il se trouve à N'djamena dans la capitale tchadienne, où sont reçus régulièrement les passagers et leurs bagages ainsi que les cargaisons venant de l'étranger. Les aéronefs qui effectuent un parcours international ne peuvent se poser que sur cet aéroport douanier en suivant la ligne aérienne qui leur est imposée. Les contrôles douaniers se font par une brigade touristique, en se soumettant au régime de travail 24 heures sur 24. Il existe des brigades mobiles, déployées non seulement à N'djamena, mais aussi au niveau régional correspondant au découpage territorial. Ces brigades sont décomposées en secteurs sur l'ensemble du territoire national. Elles ont pour mission principale de contrôler les importations et exportations de marchandises frauduleuses et de récupérer les droits et taxes. Par contre, il n'y a pas de brigades motorisées, ni canines[134].Avec, les avancées technologiques, les agents des douanes sont dotés des instruments un peu sophistiqués, parmi lesquels il convient de citer précisément les scanners, les machines à rayons X[135], pouvant les aider à contrôler les bagages à l'entrée comme à la sortie. En tant que technologie de pointe adaptée vers la lutte contre la fraude et la criminalité dans le commerce international, les scanners facilitent l'inspection des biens. Les marchandises restent protégées et le traitement des opérations en douane est fortement accéléré, particulièrement lorsqu'il est fait appel à des outils d'analyse du risque inhérent à chaque transaction commerciale. La mise en place des outils scanners constitue par conséquent un élément-clé en faveur de l'allègement des procédures, car elle facilite grandement le contrôle des passagers et de leurs bagages. Ainsi, par rapport au développement de la technique qui s'offre aux douanes, il existe le système de blockchain. Le*« blockchain »* est une technique technologique de stockage et de transmission d'informations. Il*« offre de hauts standards de transparence et de sécurité, car elle fonctionne sans organe central de contrôle. Plus concrètement, le blockchain permet à ses utilisateurs - connectés en réseau - de partager des données sans intermédiaire[136] »*.Dans les conclusions de Yotaro OKAZAKI, *« les applications fondées sur la chaîne de blocs pourraient contribuer à transformer la douane en un véritable régulateur des frontières dotées de capacités accrues à l'avenir[137] »*.Appliqué en France, ce système tend à s'appliquer dans quelques pays

---

134 -*Idem*

135- LINHARDT(Dominique), L'économie du soupçon. Une contribution pragmatique à la sociologie de la menace. *Genèses* 3/2001 (n°44), p. 76-98

136-idem

137 - OKAZAKI(Yotaro), Révéler le potentiel de la chaîne de blocs pour la Douane. Document de recherche de l'OMD n° 45.site à consulter : http://www.wcoomd.org.[consulté le 11/10/2018].

en Afrique, tels que : Nigeria, Égypte, Maroc, etc., mais pas encore dans la zone CEMAC.À cet effet et compte tenu de son importance, n'y a-t-il pas lieu de l'expérimenter en profondeur en Afrique centrale et particulière au Tchad ? Dans cette étude du contrôle du commerce extérieur, il apparaît nécessaire de soulever celle qui est orientée sur la fuite des capitaux et qui semble être intéressant sur le plan économique. Mais aussi, il convient de faire relever l'importance de l'établissement des statistiques douanières.

25. Les pouvoirs des agents des douanes, sont très clairs, en matière du commerce extérieur et des échanges et permettent aux services douaniers de s'en servir dans le cadre de la lutte contre la fuite des capitaux. Mais aussi, il convient de soulever la question de l'établissement des statistiques douanières, qui intéresse particulièrement l'État, les banques et les opérateurs économiques. Les pouvoirs des agents des douanes de contrôler le commerce extérieur et les échanges, sont clairement prévus à l'article 53 du code de la douane CEMAC qui dispose qu'*« indépendamment des obligations par le présent code, les importateurs et les exportateurs doivent se conformer à la réglementation du contrôle du commerce extérieur et des échanges*[138] *».*Cela donne, en réalité, le plein pouvoir aux agents des douanes de faire respecter la réglementation en matière du commerce extérieur et des échanges. Ainsi, le contrôle du commerce extérieur et des échanges se constitue par l'ensemble des mesures réglementant les échanges de marchandises et de capitaux entre le territoire douanier de la CEMAC et les pays étrangers. Le contrôle des échanges est un instrument de lutte contre la fuite ou l'évasion des capitaux. L'évasion des capitaux est considérée par un document de cadrage d'une réunion des Ministres de l'Économie et des Finances des pays membres de la zone franc comme une *« exportation clandestine de capitaux pour les soustraire à la fiscalité d'un pays, ou à ses conditions économiques et politiques. Plus particulièrement : l'argent de la corruption, l'argent du crime organisé et l'évasion fiscale. Cette dernière comprend également la tarification illégale des transferts, qui permet à des multinationales de transférer leurs profits vers les pays à faible fiscalité, notamment en manipulant la réalité des coûts*[139] *».* À travers le contrôle des mouvements de capitaux en provenance ou destination de l'étranger[140], les douaniers participent aussi à la lutte contre le blanchiment d'argent et le financement du terrorisme.

26. Les statistiques douanières sont considérées comme principales sources des lignes qui retracent les échanges de biens, tant dans la Balance des paiements[141], élaborée par les banques sur le plan national que dans les comptes nationaux. Au Tchad, les statistiques du commerce extérieur, sont toujours fournies par la douane qui d'ailleurs dispose d'une direction spéciale dénommée Direction de la

---

138-Code des douanes, CEMAC 2001, Article 53.

139-Réunion des ministres de l'Économie et des finances des pays membres de la zone franc, Paris les 28 et 29 septembre 2009 sous le thème : La lutte contre l'évasion des capitaux, p1. Document consultable dans le site suivant : http://www.izf.net/.[Consulté le 13/10/2019].

140-CREN(Rozenn), Poursuites et sanctions en droit pénal douanier, op.cit, .p 2

141-DARRACQ-PARIES(Matthieu), PIERSON (Jean-Hugues), Des statistiques douanières aux échanges de biens, de la balance des paiements et des comptes nationaux .Économie & prévision, 1/2002 (n° 152-153), p. 207-214

Comptabilité et des Statistiques du Commerce Extérieur. Selon le décret n° 1818/PR/PM/MFB/2012 portant organigramme du Ministère des Finances et du Budget, la direction concernée par les statistiques douanières, s'occupe de la collecte et du traitement des données statistiques du commerce extérieur, de la préparation des écritures comptables des recettes douanières, du suivi des émissions et du recouvrement en collaboration avec les services compétents de la Direction générale du trésor et de la comptabilité publique. Il faut aussi relever que l'intervention de la douane dans ce domaine économique apparaît comme un soutien indispensable au développement des entreprises en luttant contre les pratiques déloyales.

27. La douane est un instrument de soutien à la compétitivité de l'économie nationale, de la lutte contre les pratiques déloyales. La protection des industries nationales devient l'une des exigences de la douane à l'heure actuelle. C'est alors dans le souci de protéger véritablement ces entreprises qu'elle se trouve dans une grande obligation de lutter contre les pratiques déloyales et de prendre certaines mesures visant à contrecarrer l'évasion fiscale. La douane, une administration spécialisée aujourd'hui, accorde une importance particulière aux entreprises en ce sens qu'elle les place au cœur de la problématique du développement économique et social. Elle est guidée par une mutation contrainte et s'oblige à protéger ces entreprises qui sont exposées aux concurrences internationales. Ce phénomène mondial préoccupe aussi l'administration des douanes tchadiennes, se trouvant concernée par cette lourde charge de la protection de ces entreprises locales, menacées par cette concurrence. Comment faut-il comprendre les méthodes douanières pour la protection des entreprises locales et le niveau de participation des services douaniers à la relance économique par l'encouragement de l'investissement ?

28. De nombreux États ont toujours affiché l'esprit du protectionnisme. Selon les analyses de Frédéric Daniel ROUGET, le protectionnisme est une doctrine défendue par certains économistes, qui proposent de ; *« protéger la production nationale de la concurrence des entreprises étrangères*[142] ». Les États utilisent les mesures protectionnistes dans le but de freiner les importations à travers des barrières douanières, des normes contraignantes et des procédures administratives compliquées. Ces mesures encouragent *« les exportations (subventions diverses, incitations fiscales, dévaluation, dumping comme le « protectionnisme offensif*[143] ») pour *« privilégier les entreprises nationales dans les appels d'offres de marchés publics, ou empêcher les investisseurs étrangers de prendre le contrôle d'entreprises nationales*[144] ».Pourtant, les organisations du commerce international soutiennent que le protectionnisme est une anomalie nuisible aux activités économiques dans un État. Ainsi, de nombreux États se basent sur les droits de douane pour garantir la protection contre la concurrence déloyale qui nuit terriblement à leurs entreprises. Ces États persistent dans l'utilisation des droits de

---

142-Voir : intervention de Frédéric Daniel ROUGET, CP de SES Mayotte (2006-2009), le 06 octobre 2008, sur le site suivant : http://qcmtest.com.[Consulté le 08/10/2018].

143-Voir : https://www.lexpressiondz.com/.[Consulté le 10/10/2019].

144- https://www.etudier.com/.[Consulté le 10/10/2019].

douane comme instruments ou mesures tarifaires pour la protection de leurs productions. Pour eux, imposer des droits de douane consiste à taxer les produits importés, afin d'augmenter considérablement leur prix et ainsi de diminuer la quantité achetée par les consommateurs. Au Tchad, l'idée de ce protectionnisme se développe de la même manière à travers les droits de douane dans ses relations commerciales dans le but d'assurer tout comme les autres États à travers le monde, la protection de ses entreprises locales, contre les transactions illicites[145].Avec le temps et dans le but de renforcer le développement du protectionnisme, une mesure qui s'oppose aux principes ouverts du libre-échange[146], d'autres pratiques appelées barrières non tarifaires vont naître et se distingueront les unes des autres. Ce sont des normes contraignantes et des procédures administratives compliquées dans les opérations douanières. Il s'agit par exemple des « quotas » ou les licences d'importation, l'accord sur les mesures sanitaires et phytosanitaires (SPS), l'accord sur les obstacles techniques au commerce (OTC), etc.

29. D'une manière générale, l'administration des douanes, participe normalement à la relance économique en encourageant ou accompagnant les opérateurs économiques dans leur programme d'investissement. Elle accorde aussi des facilités douanières, dans un État quelconque, pour ses activités économiques. C'est en tenant de l'importance capitale de la participation de la douane à la relance économique par l'encouragement de l'investissement[147] et le soutien qu'elle peut donner aux entreprises que cela est devenu une préoccupation nécessaire dans un contexte régional en Afrique Centrale. Ainsi, cette préoccupation engendre l'esprit des réformes du système douanier dans la zone CEMAC, qui vise trois objectifs majeurs, à savoir :

- La simplification des procédures et du système douanier pour décourager la contrebande et la fraude, et se conformer à la réglementation internationale ;
- L'adoption d'un régime douanier commun au sein de la sous-région et l'élimination des distorsions pour l'égalité de traitement des entreprises en matière douanière ;
- La facilitation des procédures de dédouanement. Au niveau régional, les États membres réfléchissent sur l'amélioration des infrastructures de la sous-région[148]. Ils ont aussi des réflexions sur la question de la rationalisation du nombre de contrôles sur les corridors de transit à travers la prise en compte des exigences sécuritaires et du respect des dispositions réglementaires douanières concernant les règles d'origine qui sont conçues pour déterminer la source d'un produit dans une situation où la valeur ajoutée se constitue progressivement le long de la filière de production dans divers pays. Établir le pays d'origine d'un produit est une exigence fondamentale de la formulation d'une politique commerciale et fait partie

---

145-Plan Stratégique des Douanes élaboré par la Direction Générale des Douanes du Tchad avec l'assistance de l'OMD-2012-2015 p 18

146-SÉROUSSI(Roland), Introduction aux relations internationales, Paris (France) : Dunod 2010, p. 182 – 224 pages

147-Voir : article de HOURA(Salim) sous le thème : La douane s'ouvre aux investisseurs et publié dans le magasin promotionnel de l'Algérie El Djazair n°96, mai 2016.

148- LIPCHITZ(Anna), MEZOUAGHI(Mihoub), L'enjeu de la croissance économique. *Confluences Méditerranée* 4/2007 (n°63), p. 45-56.

intégrante des accords commerciaux préférentiels que sont notamment les zones de libre-échange. Mais aussi, ils se préoccupent de l'harmonisation d'une réglementation de transit. Ils estiment que les administrations des douanes doivent agir sur tous les fronts, à savoir : se reformer, investir dans les nouvelles technologies et créer un cadre de dialogue entre Douanes-entreprises dans le but de renforcer une démarche partenariale. Sur le plan national, l'administration des douanes tchadienne, soucieuse d'accompagner les opérateurs économiques, cherche à créer des conditions d'encouragement pour les investissements. Elle estime alors que la procédure de dédouanement, en vigueur, semble être dépassée et se caractérise par une lourdeur dont les conséquences pénalisent les opérateurs économiques. Mais aussi, il faut évoquer la question des procédures de transit, longues et coûteuses envers le Tchad, qui aggravent non seulement les coûts d'importation, mais aussi encourage le commerce informel. Dans ces conditions, pour aider réellement les activités économiques, la Direction Générale des douanes au Tchad sollicite des réformes sur le plan des procédures, de la gestion des ressources humaines et la lutte contre la fraude, etc.

30. La lutte contre les pratiques déloyales est exercée contre la contrefaçon et le dumping. Les pratiques déloyales telles que la contrefaçon et le dumping menacent considérablement les secteurs économiques. C'est devant une telle inquiétude qui prend de l'ampleur que les douanes sont responsabilisées à protéger cette économie contre des phénomènes devenus mondiaux. La contrefaçon est un phénomène très ancien. Elle est pratiquée déjà plus de 2000 ans[149]. La contrefaçon se définit comme *« la reproduction, l'imitation ou l'utilisation totale ou partielle d'un droit de propriété intellectuelle sans l'autorisation de son propriétaire. Il peut s'agir d'une marque, d'un modèle, d'un brevet, d'un droit d'auteur, d'un logiciel, d'un circuit intégré ou d'une obtention végétale. On assimile aussi à de la contrefaçon les atteintes portées aux droits voisins (par exemple les droits des artistes-interprètes) et aux Appellations d'origine (AO) et Indications géographiques protégées (IGP)[150] »*.Plusieurs auteurs qui se sont lancés dans cette étude ont toujours démontré le caractère dangereux de contrefaçon, tant pour l'économie mondiale, pour les entreprises que pour les consommateurs. Dans le site officiel de la Direction générale des douanes et droits indirects français, il se démontre très vivement que la contrefaçon *« fausse le libre jeu de la concurrence, trompe le consommateur en lui faisant courir des risques pour sa santé et sa sécurité, et constitue une menace pour l'emploi et la compétitivité des entreprises[151] »*.Les douaniers de la zone CEMAC, disposent des pouvoirs importants de recherche de contrefaçon qui constitue une violation d'un droit de propriété intellectuelle. Le Code des douanes de la CEMAC qualifie la contrefaçon, dans son article 405, al 3, d'un délit douanier de 3e classe et la réprime sévèrement à travers ses dispositions.

---

[149]-FAURE(Yves), Le contentieux de la contrefaçon, La réponse du droit français à l'atteinte aux droits de propriété intellectuelle, Thèse En vue de l'obtention du Doctorat de l'Université de Toulouse, 2014, France 13.

[150]-Voir : article ; Qu'est-ce qu'une contrefaçon ? | INPI.fr, 7/9/2021, https://www.inpi.fr/. [Consulté le 12/08/2018]

[151]-Voir : le site officiel de la Direction générale des douanes et des droits indirects française, suivant : http://www.douane.gouv.fr/.[Consulté le 10/10/2019].

31. Pour la compréhension de dumping, le Dictionnaire de l'économie sous la direction de Pierre BEZBAKH et Sophie GHERARDI, le définit comme *« une pratique fréquente dans le commerce international, permettant à des entreprises exportatrices de s'implanter sur un marché nouveau, où les habitudes des consommateurs ne leur permettraient pas de vendre leurs produits s'ils étaient proposés au même prix que ceux de leurs concurrents locaux*[152] *»*.Il s'agit d'instaurer la vente des marchandises à des prix inférieurs par rapport aux prix de revient dont l'objectif serait d'éliminer la concurrence. Ainsi, les entreprises occidentales voulant s'installer ou vendre dans les pays en développement, baissent souvent considérablement leurs prix comparativement à ceux, qu'elles pratiquent en Occident et peuvent même aller jusqu'à vendre à des prix souvent inférieurs à leurs coûts de production[153]. Ces situations, considérées comme dumpings, sont aujourd'hui interdits par l'OMC (Organisation mondiale du commerce), parce qu'elle les considère comme une concurrence déloyale. Comme il avait été signalé par rapport aux deux catégories des missions traditionnelles exercées par les administrations des douanes, il serait normal d'aborder présentement celles qui sont dites fiscales.

32. L'administration des douanes au Tchad, un service exerçant des missions fiscales. La perception des recettes douanières se situe à deux niveaux. Ces recettes sont perçues d'une part au profit du trésor public et d'autre part en faveur des communautés qui sont : la CEMAC, la CEEAC et l'UA. Tout comme les autres administrations douanières, celle du Tchad perçoit normalement les droits et taxes. De façon générale et particulièrement au Tchad, les droits perçus à l'importation, sont plus nombreux que ceux perçus à l'exportation. En principe, toutes les marchandises importées pour la mise à la consommation sont frappées par des droits d'entrées qui sont : le droit de douane ; la redevance statistique (RST) ; et les autres taxes intérieures telles que la TVA, l'ACOMPTE et les droits d'accise, etc.

33. Selon Bernard GUILLOCHON, *« un droit de douane est un impôt fixé par l'État sur une marchandise qui franchit la frontière du pays. Chaque droit s'applique à un produit bien spécifié et l'ensemble des droits est rassemblé dans un document appelé tarif douanier. On distingue les droits d'entrée (ou droits à l'importation) et les droits de sortie (ou droits à l'exportation)*[154] *»*. Le droit de douane, abordé spécifiquement dans ce contexte, concerne ce qui est payé à l'importation. En Afrique Centrale, les droits des douanes sont extraits de l'Acte n° 7/93-UDEAC-556-CD-SE1 du 21 juin 1993 et perçus selon un tarif extérieur commun. C'est un tarif commun adopté par la Communauté économique et Monétaire de l'Afrique Centrale, appliqué sur des marchandises importées de pays non-membres de cette communauté, dont les taux des droits des douanes sont formellement établis. Il s'applique aux produits des pays tiers importés dans l'UDEAC/CEMAC, selon leurs catégories. Ainsi, ce régime douanier

[152] -Dictionnaire de l'économie sous la direction de BEZBAKH(Pierre) et GHERARDI(Sophie), Paris (France) : Larousse, 2000, , p. 76.

[153]- DIALLO(Ousseini), Oui, le développement est possible en Afrique, Paris (France) : L'Harmattan, 2011, p. 112

[154]- Voir article écrit par GUILLOCHON(Bernard), Commerce international - Politique du commerce : https://www.universalis.fr/.

distingue quatre catégories de produits ayant différents taux : les produits de première nécessité (5 %), les matières premières (10 %), les équipements et consommations intermédiaires (20 %), les produits de consommation courante (30 %)[155].Après une étude sur les droits de douane à l'importation, il est convenable de se souvenir des autres taxes intérieures perçues sur le cordon douanier.

34. Au Tchad, la douane perçoit de nombreuses taxes intérieures au profit de certaines directions techniques des autres services publics. Il s'agit des Droits d'accises, de la TVA, d'acompte et des redevances statistiques. Dans la zone CEMAC, c'est la directive n° 1/99/CEMAC-028-CM-03 qui édite des règles relatives à la perception de la taxe sur la valeur ajoutée (TVA) et des droits d'accises (DA). Dans son article 1, elle dispose que *« sont soumises à la taxe sur la valeur ajoutée (TVA) les opérations faites par des personnes physiques ou morales, relevant d'une activité économique*[156] *»*.

35. Au Tchad, la TVA est perçue au taux général de 18 pour cent en admettant certains produits en franchise de TVA conformément à la liste de la CEMAC. Concernant les droits d'accise prévus par la présente directive, ils sont compris comme des taxes indirectes de consommation frappant certaines catégories de produits et codifiés par des directives communautaires et le Code général des impôts[157]. Selon l'article Art. 57 de ladite directive, *« le taux applicable au droit d'accises est arrêté librement par chaque État membre dans une fourchette allant de 0 à 25*[158] *»*.Ainsi, dans l'administration des finances tchadiennes, il existait l'arrêté n°357/MFB/IGF/2004 du 08 novembre 2004 qui arrête la liste des marchandises frappées par les droits d'accises. Aujourd'hui, il existe un autre arrêté n°045/MFB/SE/2009 portant modification des taux du droit d'accise. Les pays membres de la CEMAC prélèvent donc des droits d'accise sur une liste de biens tels que les produits du tabac, les boissons, les parfums et cosmétiques, les articles de bijouterie, les appareils vidéos, photographiques et de télévision, les véhicules à quatre roues tractées et les armes et munitions, de toute origine (y compris CEMAC)[159].

36. En principe, la TVA et les droits d'accise sont perçus aux cordons douaniers, mais pour le compte de la Direction Générale des Impôts, de la même manière que l'acompte qui est perçu au cordon douanier au taux de 4 %, et au titre de l'impôt sur les sociétés (IS). Cette avance, perçue sur l'impôt sur les sociétés, est imposée comme charge de l'entreprise. Elle est liquidée sur la base de sa valeur en douane au point d'introduction à la frontière tchadienne. Concernant les redevances statistiques, elles sont prévues par le tarif des douanes et ordonnance

[155]-Rapport de Recherche du FR-CIEA n° 68/13, L'incidence des Politiques Fiscale et Douanière sur les PME dans la CEMAC : Une Analyse Comparative du Congo et de la RCA. Centre d'Études et de Recherche sur les Analyses et Politiques Économiques (CERAPE), Congo, Brazzaville. 68/13. Fonds de Recherche sur le Climat d'Investissement et l'Environnement des Affaires, Dakar, octobre 2013, p. 5.

[156]-Directive n°1/99/CEMAC-028-CM-03 du 17 décembre 1999 portant Harmonisation des Législations des États Membres en matière de T.V.A et de Droit d'accises (D.A), Article 1.

[157]-Voir : définition des droits d'accise dans le site suivant : www.glossaire-international.com/. [Consulté le 08/10/2018].

[158]-Directive n°1/99/CEMAC-028-CM-03 du 17 décembre 1999 : op cit Art.57.

[159]-Voir : annexe 2 de la directive n° 1/99-CEMAC-028-CM-03.

n°042/CSM/MFBM du 31/12/76. Selon les dispositions de ces textes, les redevances statistiques sont prélevées au taux de 2 % sur toutes les déclarations de mise à la consommation (D3 ou IM4), Admission Temporaire Normale (ATN D18 ou IM5) et Admission Temporaire Spéciale (ATS D18 bis ou IM5). Elles sont considérées comme des rémunérations des services rendus. Elles sont liquidées sur la base de leur valeur, au point d'introduction de la frontière CEMAC. En plus des droits de douane et des autres taxes prélevés sur les importations, certaines charges ou frais de services sont également perçus sur toutes les importations : frais de stockage (en fonction du nombre de jours de stockage dans les hangars des douanes) ; et divers droits affectés à la Caisse Nationale de Retraite (CNRT) ou à l'Office National de Sécurité Alimentaire (ONASA), ou prélevés sur le transit du pétrole[160] et les frais d'inspection avant expédition, etc.

37.À l'exportation, la douane tchadienne perçoit les droits de sortie et d'autres taxes sur ses productions. Il s'agit essentiellement des produits agricoles et d'élevages qui sont le coton, les arachides, le sésame, les oignons, les gommes arabiques, le bétail sur pied et des produits pétroliers, etc. Le droit de douane à l'exportation est le droit de sortie. Il est donc perçu sur les produits exportés. C'est un droit ad valorem, dont le taux varie[161]en fonction de la nature des produits. Ce droit de douane à l'exportation est fixé entre 5 et 30 % de la valeur de la marchandise, contre 1 % pour la TCI[162]. Ainsi, son taux applicable à la valeur FAB[163] des exportations sur les animaux est de 8 % ;2,5 % sur les produits de pétrole et 2 % sur les autres produits. Mais de façon spécifique, au Tchad, les droits de sortie perçus sur les animaux vivants s'effectuent sur la base des valeurs mercuriales élaborées par un arrêté du Ministère des Finances. Il faut toutefois relever la tendance générale qui conduit à la détaxation de produits de l'agriculture et de l'élevage (peaux et cuirs)[164].

38. En dehors des droits de sortie, l'administration des douanes perçoit à l'exportation des redevances statistiques à l'exportation (RSE) au taux de 2 % de la valeur d'exportation, des droits d'exportation, prélevés sur des produits agricoles et piscicoles pour financer le « Fonds d'intervention rurale » à l'exportation (FRE) au taux de 1 ou 2 pour cent, la taxe du contrôle du conditionnement (TCC) au taux de 0,5 pour cent de la valeur C.A.F d'exportation, et s'applique sur la gomme arabique, le coton, le cacao, les agrumes, l'huile de palme, sur certains tabacs, le savon, le caoutchouc et sur certains cuirs et peaux. La « taxe de recherche » (TRC) à l'exportation de 0,5 à 1 pour cent de la valeur C.A.F[165]d'exportation de beurre, de

160-Rapport final approuvé par UNDP, Tchad, Étude diagnostique sur l'Intégration Commerciale, 18 octobre 2006, p. 33.

161-Ministère des Finances, Mécanisme de fiscalisation des marchés publics, guide du soumissionnaire. Volume 1, édition 08/2000, TCHAD, p 34

162-Voir : article de Henrie Lucie NOMBI, CEMAC : L'intégration économique est effective, publié le 19/07/2013 dans le site suivant :http://www.journaldutchad.com/ .[Consulté le 12/09/2019]

163-Les exportations sont recensées d'après leur valeur en douane sur la base des factures FAB (Franco A Bord), c'est-à-dire y compris les frais de transport jusqu'au passage en douane, à l'exclusion de ceux qui sont encourus hors du territoire pour acheminer la marchandise jusqu'au destinataire

164-Nomenclature par nature des ressources et des charges du budget de l'État, réactualisée par arrêté du Ministère de l'Économie et des Finances du 17 juillet 2000, Tchad, p. 8-9.

165 C.A.F : Cout Assurance Fret.

tabac brut et de bois brut ou scié, est également en vigueur et la taxe sur les chiffres d'affaires à l'exportation, dont sa perception par la douane est aujourd'hui supprimée lors de la sortie des marchandises de façon générale. Toutefois, le prélèvement se fait pour l'exportation du bétail.

39. Les institutions sous-régionales de l'Afrique Centrale et régionale trouvent leur financement à partir du recouvrement des recettes douanières. Sur le plan national, les administrations douanières font distinguer deux types de recettes douanières. Il s'agit de la perception des droits douaniers au profit des trésors publics nationaux et ceux au profit des activités communautaires. Ainsi, les taxes communautaires à l'importation sont perçues au profit de la CEMAC, de la CEEAC et de l'Union africaine. La taxe communautaire d'intégration est perçue pour alimenter la caisse de la CEMAC, la contribution communautaire d'intégration réclamée au profit de la CEEAC et la taxe de l'Union africaine alimente l'Union africaine.

40. Les États membres de la CEMAC, font financer les activités de leur communauté à partir de la taxe communautaire d'intégration (TCI). Ce mécanisme autonome de financement de cette communauté est institué par l'ACTE ADDIONNEL n 08/CEMAC-046-CCE-11 Portant modification de l'acte Additionnel n° 01/01-CEMAC-046-CE-05-du 14 décembre 2000. Cette taxe communautaire, qui fait partie intégrante du tarif des douanes de la CEMAC, s'applique aux importations des États membres des produits originaires des pays tiers mis à la consommation. Les TCI liquidées sur la valeur en douane aux taux de 1 % sont collectées par les administrations nationales des douanes des États membres de la CEMAC et déposées quotidiennement pour encaissement par les agences nationales de la BEAC. Cependant, l'article 3 de l'acte précité donne une liste, des objets exonérés de cette taxe. La CEEAC est aussi une organisation sous-régionale comme la CEMAC. Elle est instituée par un traité signé en octobre 1983 à Libreville, République gabonaise et est entrée en vigueur au mois de décembre 1984. Elle comprend dix États membres : la République d'Angola, la République du Burundi, la République du Cameroun, la République Centrafricaine, la République du Congo, la République Démocratique du Congo, la République gabonaise, la République de Guinée-Équatoriale, la République démocratique de São Tomé et Principe et la République du Tchad. Elle est financée par la contribution communautaire d'intégration. Son taux est de 0,4 % des importations des États membres en provenance de l'extérieur de ladite communauté et s'applique aux produits originaires des pays tiers, exception faite des produits importés sous les régimes douaniers suspensifs[166]. Il convient aussi d'évoquer le cas de la taxe préférentielle communautaire.

41. La taxe préférentielle communautaire (TPC) est perçue dans un cadre communautaire au profit de la CEMAC tant à l'importation qu'à l'exportation. Elle est aussi prévue initialement pour financer la CEVEBHIRA. La Communauté économique du Bétail, de la Viande et des Ressources Halieutiques, dont le sigle est (CEBEVIRHA - UDEAC) est une organisation de coopération économique

---

[166]- MVELLE(Guy), L'Union africaine face aux contraintes de l'action collective, Cameroun : Harmattan, 2013, p. 55.

sous-régionale, créée le 18 décembre 1987 par Acte n° 20/87-UDEAC-475 portant adoption de l'accord de création de la CEBEVIRHA. Cette commission doit intervenir dans le domaine du bétail, de la viande et des ressources halieutiques. Son siège est à N'djamena. Présentement, c'est un organisme spécialisé de la CEMAC. La mission principale de la CEVEBHIRA est de favoriser le développement harmonisé et équilibré des secteurs de l'élevage et de la pêche, des États membres en vue de parvenir à une amélioration aussi rapide que possible du niveau de leurs populations par l'accroissement du disponible en protéines animales[167].

42.À l'importation comme à l'exportation, la taxe préférentielle communautaire est perçue au taux de 0,4 pour cent sur les produits animaux, halieutiques en provenance ou vers les pays UDEAC[168].Aujourd'hui, beaucoup de pays membres de la CEMAC, ne perçoivent plus cette taxe, compte tenu de la création du TCI, alors qu'au Tchad, elle est toujours prélevée. De façon générale, les missions principales des douanes qui viennent d'être abordées de long en large, visent beaucoup plus à soutenir l'État dans ses activités économiques. D'une part, il faut contenir la fraude et la contrebande pour permettre à l'État de réclamer ses droits auprès des importateurs ou exportateurs récalcitrants, d'autre part, il faut que les agents des douanes perçoivent normalement les recettes douanières par des voies légitimes à travers des procédures de dédouanement. À côté de leurs activités proprement dites et surtout pour celles exercées autour des frontières d'une manière permanente, les douaniers apportent leur contribution qui se situe non seulement sur le plan sécuritaire, mais aussi sur le plan social, sanitaire et environnemental. Ces interventions deviennent légales et sont considérées comme des missions particulières apportées dans le cadre d'une collaboration entre les services publics.

43.À côté des missions principales ou traditionnelles, la douane développe des missions dites particulières, de protection ou d'assistance aux autres services publics. En réalité, l'image de la douane, à notre avis, reste très attachée à la poursuite des contrebandiers et autres fraudeurs[169] et à la perception des droits de douane au profit du trésor public. Mais alors qu'il y a lieu de montrer l'importance des activités douanières à travers l'intervention de la douane dans plusieurs domaines des services publics dans le cadre d'une collaboration entre services publics. Étant donné que les douaniers sont dans les points de passage des mouvements transfrontaliers de marchandises[170] de façon permanente, ils interviennent aussi dans d'autres secteurs de l'État : échanges économiques, flux migratoires, lutte contre la fuite des capitaux, contrôle sanitaire, lutte contre le terrorisme[171], défense de la patrie, protection des citoyens et de l'environnement, etc. Le contrôle douanier, au niveau des frontières, n'est pas seulement utile pour la recherche des marchandises. Mais ce fut toujours démontré qu'à travers ce

---

[167]-Échos d'Afrique Centrale n°27 - octobre 2012.Une publication du Bureau sous régional pour l'Afrique Centrale de la commission économique des Nations Unis pour l'Afrique, Yaoundé – Cameroun, p. 8.

[168]-*Idem*

[169]-ORDF : Les relations entre la Douane et les entreprises face à l'évolution du commerce mondial, France, mai 2006, p. 9.

[170]- RENOUE(Jean-Claude), La Douane, Paris (France) : Presses Universitaires de France - P.U.F, 1992, p. 3.

[171]- CLINQUART'(Jean), La douane et les douaniers. *Op cit.* Lire la partie de la présentation du document.

contrôle, la douane assure la sécurité de l'État, de ses citoyens et de ses biens, etc. Ces interventions sont nécessaires dans le cadre de collaboration entre les services publics. Selon le vocabulaire juridique, élaboré par Gérard CORNU, la sécurité *« consiste dans la prévention des risques concrets qui peuvent affecter la personne ou le groupe et qui se matérialisent par les accidents, par les atteintes matérielles ou encore par les agressions*[172] *»*.

44. La question de la défense de la patrie mobilise tout le monde. Au Tchad, cette mobilisation s'appuie sur une base constitutionnelle. Cela est compris à travers l'article 56 de la constitution qui dispose que la *« défense de la patrie et de l'intégrité du territoire national est un devoir pour tout tchadien*[173] *»*. Sur cette base, les douaniers sont aussi impliqués lorsque cette patrie est menacée par des hommes armés dans le but de déstabiliser les institutions étatiques. L'intervention de la douane, comme acteur de la sécurité de l'État tout autour des frontières, est nécessaire et se matérialise de plusieurs manières. Les douaniers interviennent, principalement, dans la protection contre les menaces à la sécurité de l'État. En tant que paramilitaire, la douane peut, par exemple, dans certaines situations, apporter son concours pour la défense de l'intégrité territoriale, dans le contrôle des importations d'armes de guerre, des munitions et du trafic des produits dangereux de façon illégale. Les agents peuvent aussi aider les services de gendarmerie et de police, aux actions entreprises de lutte pour démanteler les réseaux du banditisme et du terrorisme.

45. La douane est un instrument de protection des droits humains, de lutte contre le crime transfrontalier. Il faut comprendre que ces droits humains imposent le respect de l'individu et son traitement avec dignité, quelles que soient ses coutumes au niveau local, son ethnie, sa religion et sa nationalité, dans un endroit où il se trouve, même s'il se trouverait dans un autre État. Cette question des droits humains est pourtant très ancienne, mais aujourd'hui, elle devient de plus en plus un sujet d'actualité. Même si déjà, à partir de 1789, on pouvait parler de l'universalisation des droits de l'homme, il fallait attendre la Déclaration universelle des droits de l'homme adoptée par l'ONU le 8 décembre 1948[174], qui pose véritablement les bases du droit international en matière des droits de l'homme. Donc, à l'heure actuelle, cette déclaration place alors les droits de l'homme sous la protection de la communauté internationale. Sur le plan national, la Déclaration universelle des droits de l'homme, intègre le bloc de constitutionnalité. Dans le préambule de la constitution tchadienne, il existe une forte volonté de s'attacher aux principes des droits de l'Homme tels que définis par la Charte des Nations Unies de 1945, la Déclaration universelle des droits de l'homme de 1948 et la Charte africaine des droits de l'Homme et des peuples de 1981. Ainsi, l'article 17 de cette constitution, dispose que *« la personne humaine*

---

[172]-BAZEX(Michel), BUISSON(Jacques), CABANNES(Xavier), CAMBY(Jean-Pierre), La sécurité financière et l'État, bilan et perspectives, Paris (France) : L'Harmattan, 2004, p. 9.

[173]-Constitution promulguée le 04 mai 2018 et révisée par la Loi Constitutionnelle n°017/PR/2020 du 14 décembre 2020

[174]-Emmanuelle DANBLON et de Emmanuel de JONGE, Introduction. Argumentation et Analyse du Discours [En ligne], 4|2010, mis en ligne le 15 avril 2010, Consulté le 02 avril 2016. URL : http://aad.revues.org.[Consulté le 08/10/2018].

est sacrée et inviolable. Tout individu a droit à la vie, à l'intégrité de sa personne, à la sécurité, à la liberté, à la protection de sa vie privée et de ses biens[175] ». Ces dispositions sont renforcées par l'article 18 qui prévoit que *« nul ne peut être soumis, ni à des sévices ou traitements dégradants et humiliants, ni à la torture*[176] ».Dans ces conditions, les gouvernants ont des obligations de mettre en place toutes les stratégies pour garantir la protection des droits humains. Ils doivent poser des actions concrètes en vue de promouvoir l'État de droit et des droits de l'Homme au quotidien. Étant donné qu'ils sont les premiers responsables du pouvoir politique, ils disposent alors d'une administration chargée d'exécuter leurs décisions. Dans ce cadre, il est donc incontournable de reconnaître que la douane fait partie de cette administration. En impliquant les douaniers de façon tacite dans la protection des droits de l'homme, c'est parce que les gouvernants savent que les douaniers assurent leurs fonctions de façon permanente au niveau des frontières. Autrement dit, ils sont mieux placés pour les aider dans la protection des droits de l'homme au niveau des frontières.

46. La douane lutte contre le terrorisme, le trafic de la drogue et des produits stupéfiants. Le terrorisme et le trafic de la drogue sont des phénomènes mondiaux et sont quelquefois liés. Selon Alain JUILLET, le terrorisme se nourrit de *« l'achat et la revente de drogue*[177] ». Le 5 février 2013, François Hollande déclarait devant le Parlement européen en tant que président français que *« la lutte contre le trafic de drogue est un élément essentiel si nous voulons lutter contre le terrorisme, parce que le terrorisme se nourrit du trafic narcotique partout dans le monde et notamment en Afrique de l'Ouest*[178] ».Ce lien, très étroit entre le terrorisme et la drogue, devient une réelle préoccupation pour le monde entier, si bien que les États s'organisent de plus en plus pour les combattre. Aujourd'hui, la mobilisation de la lutte contre le terrorisme et le trafic de la drogue est très grande et oblige également les douaniers à y entrer dans la danse. Les douaniers soutiennent la lutte contre la drogue, en soutenant des instruments adoptés et ratifiés au plan international. Il s'agit par exemple de la convention unique sur les stupéfiants de 1961, la convention sur les substances psychotropes de 1971 et la convention des Nations unies contre le trafic illicite de stupéfiants et de substances psychotropes de 1988, ainsi que sur leurs protocoles additionnels[179], etc. Il est bien intéressant de définir ce qu'on entend par la drogue et les produits stupéfiants qui constituent d'ailleurs le même groupe. Sur le plan de médecine, la drogue est considérée comme *« toute substance psychoactive capable de modifier les fonctions psychiques et/ou physiologiques d'un individu, à savoir l'humeur, la pensée, le comportement ou l'émotion. Une drogue est susceptible de créer une dépendance psychologique ou*

---

[175]- Constitution tchadienne adoptée par le referendum du 31 mars 1996 et révisée par la loi constitutionnelle n°08/PR/2005 du 15 juillet 2005.. *Op cit.* Article 17.

[176] -Constitution tchadienne adoptée par le referendum du 31 mars 1996 et révisée par la loi constitutionnelle n°08/PR/2005 du 15 juillet 2005. *Op cit.* Article 18.

[177]- JUILLET(Alain), La lutte contre les ressources du terrorisme, *Pouvoirs*, 2016/3 (n° 158), p. 25-37. DOI : 10.3917/pouv.158.0025. URL : https://www.cairn.info/.[Consulté le 10/09/2018].

[178]-Voir : déclaration de l'ancien président M. François Hollande devant le Parlement européen le 5 février 2013 sur le site suivant : https://www.mediapart.fr/.[Consulté le 26/08/2019].

[179]-Voir :rapport des réunions des Nations Unies, Assemblée Générale, troisième commission, soixante-treizième session, 5e & 6e séances – matin & après-midi, AG/SHC/4228 , 4 Octobre 2018.

physique[180] ».Selon des études ou des réflexions menées par plusieurs auteurs tels que : Jean DANET, Virginie GAUTRON, Daniel SANSFAÇON, Olivier BARCHECHAT, Dominique LOPEZ, Chantal VALADE, Albert OGIEN, etc., la drogue crée des dommages sociaux[181].Selon Jean DANET et Virginie GAUTRON *« la drogue détruit. On ne doit pas la laisser détruire nos enfants*[182] ».Ils démontrent que la drogue est à l'origine de *« l'augmentation de la criminalité, des accidents, la désunion des familles*[183] » et de problème de *« santé publique »* en général. Du côté de Daniel SANSFAÇON, Olivier BARCHECHAT, Dominique LOPEZ et Chantal VALADE, ils estiment que les *« dommages sociaux »* créent par la drogue sont par exemple : *« accidents et suicides, criminalité et violence, dépendance, voire folie*[184] ».Pour Albert OGIEN, *« la drogue développerait l'immoralité, ferait perdre le goût du travail, ruinerait la santé physique et mentale des personnes, conduirait à la délinquance, causerait l'échec scolaire, détruirait les familles, aggraverait l'insécurité, propagerait des maladies, désagrégerait les banlieues, ferait prospérer la grande criminalité, déstabiliserait les démocraties, etc. Et cette liste n'est qu'indicative*[185] ». Devant une telle situation, la communauté internationale se mobilise pour lutter contre le trafic et la vente de ces produits. Et c'est aussi sur cette base que les services douaniers se trouvent concernés par le refus leur importation. Au Tchad, l'administration des douanes saisit régulièrement les produits stupéfiants, dans le cadre d'une bonne collaboration avec les services de la police. Ces produits sont souvent incinérés en présence des services de la douane, de l'office central de lutte contre la drogue et ses dérivés et de la justice. À cet effet, il existe des Conventions internationales relatives au contrôle des drogues[186]. Il s'agit de : - de la convention unique sur les stupéfiants de 1961 telle que modifiée par le protocole de 1972 ; - de la convention de 1971 sur les substances psychotropes ; - de la convention des Nations unies contre le trafic illicite de stupéfiants et de substances psychotropes de 1988.

47. Concernant le terrorisme qui est une réalité concrète et repérable, trouve difficilement une position commune sur sa définition. Dans sa thèse de doctorat intitulée : les discours de la presse écrite française sur le terrorisme perpétré dans le cadre du conflit israélo-palestinien et du conflit tchétchène, face à la guerre contre

---

[180]-Voir : définition de la drogue au plan médicinal sur le site suivant : http://sante-medecine.journaldesfemmes.com/.Consulté le 13 juin1993.

[181]- SANSFAÇON(Daniel), BARCHECHAT(Olivier), LOPEZ(Dominique) et VALADE(Chantal), Drogues et dommages sociaux revue de littérature internationale, Observatoire français des drogues et des toxicomanies (OFDT), France, juillet 2005, p. 21

[182]- DANET(Jean) et GAUTRON(Virginie), Réflexions sur les fondements de l'incrimination d'usage de stupéfiants, *Archives de politique criminelle*, vol. 31, no. 1, 2009, pp. 43-78.

[183]-*Idem*

[184]- SANSFAÇON(Daniel), BARCHECHAT(Olivier), LOPEZ(Dominique) et VALADE(Chantal), Drogues et dommages sociaux, revue de littérature internationale, précité supra, n°181.

[185]- OGIEN(Albert), L'usage de drogues, un "problème social" ? Quelque chose a-t-il changé depuis vingt ans ? , *Après-demain*, vol. 44,nf, no. 4, 2017, pp. 5-7.

[186]-Office des nations unies contre la drogue et le crime, Vienne, Les Conventions internationales relatives au contrôle des drogues, Convention unique sur les stupéfiants de 1961 telle que modifiée par le Protocole de 1972 Convention de 1971 sur les substances psychotropes Convention des Nations Unies contre le trafic illicite de stupéfiants et de substances psychotropes de 1988, Édition révisée, 2013, Nations Unies, mars 2014.

le terrorisme, Amandine KERVELLA fait comprendre que *« le terrorisme ne possède pas une définition unique et consensuelle*[187] *»*.Ce point de vue est renforcé par Rémi BRULIN qui affirme dans sa thèse de doctorat intitulé : le discours américain sur le terrorisme : constitution, évolution et contextes d'énonciation (1972-1992), *qu'il « n'existe toujours pas, au niveau international, de définition du "terrorisme" acceptée par tous*[188] *»*.Il existe donc une diversité des définitions utilisées du terrorisme[189]. À cet effet, Gérard CORNU le définit, dans son vocabulaire juridique, comme *« des agissements criminels destinés à semer l'épouvante dans la population civile, par leur caractère meurtrier systématiquement aveugle*[190] *»*. Selon le Petit Larousse en couleurs, *« le terrorisme est un ensemble d'actes de violence commis par une organisation pour créer un climat d'insécurité ou renverser le gouvernement établi*[191] *»*.Pour Yves JEANCLOS, *« le terrorisme peut être défini, de manière liminaire, comme le recours à des moyens essentiellement physiques et mécaniques destinés à imposer, par la terreur, une transformation de la vie sociale et politique des populations*[192] *»*. Parmi ses nombreuses définitions, il existe aussi celles données au niveau des États-Unis d'Amérique, où la définition du département d'État sur la notion du terrorisme diffère de celle du Federal Bureau of Investigation (FBI), ou de la Maison blanche[193].L'article 22 de l'United States Code, Section 2656f(d) définit ainsi le terrorisme comme une *« violence préméditée, à motivations politiques, exercée contre des cibles non-combattantes, par des groupes sub-nationaux ou des agents clandestins, dont le but est généralement d'influencer une opinion*[194] *»*.Le Federal Bureau of Investigation, en se basant sur le Code ofFederal Regulations, donne ainsi une définition du terrorisme comme *« l'usage illégal, ou la menace de faire usage de la force ou de la violence, par un groupe ou un individu basé et opérant entièrement à l'intérieur des États-Unis et de ses territoires sans ordre venu de l'étranger, contre des personnes ou des biens, pour intimider ou contraindre un gouvernement, la population civile, ou une partie de celle-ci, dans le but de promouvoir des objectifs politiques ou sociaux*[195] *»*.En

---

187-KERVELLA(Amandine), Les discours de la presse écrite française sur le terrorisme perpétré dans le cadre du conflit israélo-palestinien et du conflit tchétchène, face à la « guerre contre le terrorisme », École doctorale EPIC (Éducation, Psychologie, Information et Communication), Thèse de doctorat de Sciences de l'information et de la communication, Université Jean Moulin Lyon 3, soutenue le 5 décembre 2008, p.13.

188- BRULIN(Rémi), Le discours américain sur le terrorisme : Constitution, évolution et contextes d'énonciation (1972-1992), Thèse En vue de l'obtention du Doctorat de l'université de la Sorbonne nouvelle – PARIS 3, soutenue le 19 Novembre 2011, p.6.

189-Voir : article de Philippe BONDITTI concernant L'organisation de la lutte anti-terroriste aux Etats-Unis sur le site suivant : https://ciaotest.cc.columbia.edu/ . [Consulté le 26/08/2021].

190- CORNU(Gérard), Vocabulaire juridique, précité supra n°124.

191-Petit Larousse en couleur, 1 décembre 1988.

192- JEANCLOS(Yves), « Terrorisme et sécurité internationale », sous la direction de Stan Kirschbaum, Bruxelles, 2004, Collection Études Stratégiques Internationales, n° 2, pp. 13- 45

193-BAUD(Jacques), Encyclopédie des terrorismes et violences organisées, in Renseignement Histoire et Géopolitique, Lavauzelle, mars 2009, p. 1174

194-Office of the coordinator for terrorism, Patterns of global terrorism 2002, US department of state publications. Consultable en ligne à l'adresse suivante :
http://state.gov/document/organisation/20177.pdf.Consulté le 26/10/2011.

195-BONDITTI(Philippe), L'organisation de la lutte anti-terroriste aux États-Unis, Cultures & Conflits, n° 44, avril 2001, p. 65.

France, le terrorisme est aussi défini dans son code pénal. Selon ce code, *« constituent des actes de terrorisme, lorsqu'elles sont intentionnellement en relation avec une entreprise individuelle ou collective ayant pour but de troubler gravement l'ordre public par l'intimidation ou la terreur*[196] *»*.

48. Le cadre juridique universel contre le terrorisme[197] est toujours en réflexion sur le plan international. Selon un rapport du programme de formation juridique contre le terrorisme de l'Office des Nations unies contre la drogue et le crime, service de la prévention du terrorisme *« l'expression "cadre juridique universel contre le terrorisme", si elle ne correspond pas à une notion juridiquement définie, constitue néanmoins une formule générale qui renvoie à un ensemble d'instruments adoptés à l'échelle mondiale et qui contiennent une série de normes juridiquement contraignantes pour permettre aux États de prévenir et de combattre le terrorisme international*[198] *»*. Ce rapport, précise que les instruments en question, *« élaborés sur plusieurs années, prennent la forme de traités et de résolutions du Conseil de sécurité de l'Organisation des Nations Unies*[199] *»*. Alors qu'il n'existe, pour le moment, aucun traité global des Nations unies sur le terrorisme. Toutefois, il convient de soulever la question des sources des obligations juridiques pouvant constituer le cadre juridique universel contre le terrorisme. Ces sources peuvent être divisées en deux groupes : le premier groupe concerne les résolutions du Conseil de sécurité (en vertu du chapitre VII de la Charte des Nations Unies), précisément de *« résolutions du Conseil de sécurité relatives au terrorisme, contenant des termes contraignants à l'intention de tous les États, Membres et leur imposant certaines obligations*[200] *»*. Le second groupe concerne les seize (16) Instruments universels relatifs au terrorisme. Le terrorisme est un phénomène, complexe et inquiète véritablement le monde. Même si certains pays considèrent qu'ils sont plus touchés, il est vrai avec évidence que ceux qui en restent ne sont point à l'abri de ces inquiétudes. C'est en quelque sorte une panique qui ne fait que gagner du terrain dans le monde et qui oblige des États à y faire face, par une réponse internationale cohérente, exhaustive et coordonnée, fondée sur des valeurs, des institutions et des objectifs communs. Les États africains considèrent qu'ils ne sont pas aussi à l'abri du terrorisme et par conséquent sont engagés par cette mobilisation de lutte contre ce mal que certains auteurs considèrent comme une guerre mondiale. Bruno TERTRAIS, qualifie cela comme une *« guerre mondiale contre la terreur*[201] *»*. Pour se mettre sur les mêmes diapasons que les autres États à travers l'univers. Ces États d'Afrique renforcent cette lutte en s'organisant non seulement au sein de *« l'Organisation de l'Union africaine (OUA)*[202] *»*, mais au

[196] -Voir : Code pénal en France, sur la notion du terme terrorisme, (Article 421-1 et 421-2).

[197]-Office des Nations Unies contre la drogue et le crime, Service de la prévention du terrorisme, Vienne, Programme de formation juridique contre le terrorisme, MODULE 2 Le cadre juridique universel contre le terrorisme, Nations Unies, octobre 2010.

[198]-*Idem*

[199]-*Idem*

[200]-*Idem*

[201]- TERTRAIS(Brunon), La guerre mondiale contre la terreur, 2001-2004. Politique étrangère. Année 2004, volume 69 Numéro 3pp. 533-546.

[202]-Organisation de l'Union africaine (OUA), créée en 1963 et dissoute en 2002. Elle est aujourd'hui devenue l'Union africaine. Acte constitutif de l'Union africaine, fait à Lomé (Togo), le 11 juillet 2000.

niveau aussi de leurs communautés respectives. C'est ainsi que par exemple, au sein de l'Organisation de l'Union africaine (OUA), ils ont adhéré à une convention sur la prévention et la lutte contre le terrorisme. En Afrique Centrale, l'article 70 du Code des douanes, qui donne des pouvoirs élargis aux agents des douanes de contrôler les personnes, facilite cette lutte mondiale contre le terrorisme aux frontières.

49. Les agents des douanes apportent leur soutien indéniable au service de l'environnement et de la santé dans l'application de leurs nombreuses réglementations tant sur le plan national qu'international. Ces interventions sont très utiles pour la protection de la santé humaine, animale et environnementale. Selon Catherine ROCHE, *« la protection de l'environnement est devenue une des préoccupations majeures des citoyens, dans de nombreux pays*[203] *».*Au Tchad par exemple, la protection de l'environnement devient une exigence constitutionnelle. La Constitution, dans son article 52, dispose que *« l'État et les collectivités territoriales décentralisées doivent veiller à la protection de l'environnement. Les conditions de stockage, de manipulation et d'évacuation des déchets toxiques ou polluants provenant d'activités nationales sont déterminées par la loi. Le transit, l'importation, le stockage, l'enfouissement, le déversement sur le territoire national des déchets toxiques ou polluants étrangers sont interdits*[204] *».* La vision de cette protection est assurée par le ministère de l'Environnement. Ce ministère impose l'application des conventions, protocoles, lois et actes réglementaires en matière de droit de l'environnement. Mais il éprouve d'énormes difficultés, compte tenu du manque des moyens matériels, financiers et surtout humains pour se faire représenter sur l'ensemble du territoire national, C'est pourquoi la douane en tant que traditionnelle gardienne des frontières[205], est sollicitée pour la protection de cet environnement. En France, par exemple, les autorités douanières reconnaissent que la douane constitue un acteur particulièrement impliqué dans la protection de l'environnement[206].

50. Le risque de disparition, de certaines espèces animales et végétales sauvages de la planète inquiète la communauté internationale, depuis 1973. C'est pourquoi, il est convenu d'élaborer une réglementation sur le plan mondial, qui doit assurer la protection de ces espèces en contrôlant leur commerce. En fait, la protection d'espèces animales et végétales menacées d'extinction s'appuie sur une convention sur le commerce international des espèces de faunes et de flore sauvages menacées d'extinction (CITES). Cette convention, appelée encore convention de Washington, est signée le 03 mars 1973, et entre en vigueur le 01 juillet 1975. Si le Tchad est actif dans la protection des espèces protégées, c'est parce que, déjà, le 02 février 1989, il adhère à cette convention et la volonté politique de l'appliquer, se réaffirme concrètement à travers la naissance des lois et des règlements. Il s'agit par exemple

---

[203]- ROCHE(Catherine), L'essentiel du Droit de l'environnement, Paris, France, Gualino, 2020, 11e édition, p.15.

[204]- Constitution tchadienne, précitée, supra n°173.

[205]- NATAREL(Elisabeth), La Douane face aux enjeux de la protection de l'environnement. La Douane face aux enjeux de la protection de l'environnement, Alger : ITCIS éditions, 2012, Voir Préface. Berr

[206]-Douane Magazine. 5 : La douane mobilisée pour la protection de l'environnement. Direction générale des douanes et des droits indirects, France, novembre 2005. Voir le titre du document.

de la loi n° 141/PR/08, portant régime des forêts, de la faune et des ressources halieutiques, la loi n° 014/PR/98 définissant les principes généraux de la protection de l'environnement, loi n° 014/PR/95 relative à la protection des végétaux, Ordonnance n° 72-33/PR/MELEF/PNR portant protection intégrale des Adda et des oryx, qui développent les questions environnementales de façon générale et s'intéressent aussi aux problèmes de la protection de la faune et de flore. Ainsi, le contrôle lié à la protection des espèces de faunes et de flore sauvages menacées d'extinction ne peut véritablement être assuré par le service en charge du ministère sur l'ensemble du territoire national. Mais pour que les conventions et des actes légaux nationaux, soient appliqués avec rigueur, d'autres services y sont aussi sollicités. C'est dans ces conditions que la douane est visée compte tenu du fait qu'elle exerce ses activités de manière permanente au niveau des frontières et des aéroports.

51. Les agents douaniers aux frontières contrôlent les produits nuisibles à l'environnement. Dans son apport sur le plan environnemental, la douane surveille et protège un territoire des menaces qui pèsent sur l'environnement, lutte contre les diverses pollutions et contre l'exploitation illégale de déchets contaminés et dangereux qui entraînent des risques graves pour l'environnement, en effectuant sur ce trafic un contrôle systématique de la qualité et de la sécurité environnementale, etc. Les services douaniers interviennent donc dans ce domaine pour faire appliquer de nombreuses conventions internationales et des actes nationaux. La douane apporte également son soutien sur le plan sanitaire. Le contrôle de la douane favorise énormément l'application de la politique sanitaire. La bonne collaboration entre les services publics autorise les douaniers à vérifier si l'importation des marchandises telles que les denrées alimentaires et végétales, les médicaments et les produits toxiques sont conformes aux mesures sanitaires et phytosanitaires. C'est une exigence qui répond aux préoccupations de l'article 51 du Code des douanes de la CEMAC qui dispose que *« certaines marchandises à l'importation peuvent être soumises à une autorisation, une licence, à des règles de qualité ou de conditionnement, ou à des formalités particulières*[207] *»*.

52. L'importation des produits pharmaceutiques ne se fait jamais librement. Elle doit se conformer à la réglementation de la santé publique. Au Tchad, c'est la loi n° 024/PR/2000 relative à la pharmacie qui réglemente ce secteur. L'article 1 de cette loi, dispose qu'elle a pour *« objet l'organisation de la pharmacie, qu'elle soit à usage humain ou vétérinaire*[208] *»*.La rigueur de cette loi impose que toute importation de matières premières, de médicaments et d'objets de conditionnement, qui se réalise pour le compte d'un établissement de fabrication en République du Tchad, soit soumise à une déclaration préalable visée par les autorités de la santé. Ce visa vaut l'autorisation d'enlever auprès du service des douanes sous réserve du paiement effectif des éventuels droits et taxes afférents. Ce visa ne dispense pas du contrôle de qualité, institué par la République du Tchad dans le cadre des importations. L'assistance de la douane aux services sanitaires, se situe à deux niveaux au Tchad. Dans un premier temps, la douane vérifie la déclaration

---

[207]-Code des douanes de la CEMAC. *Op. cit* Article 5.

[208] -Loi n° 024/PR/2000 relative à la Pharmacie, Article 1.

préalable visée par les autorités de santé par rapport aux importations des spécialités pharmaceutiques et des médicaments génériques enregistrés en République du Tchad dont le Ministère, chargé de la santé tient à jour au fur et à mesure la liste. Ensuite, cette loi ne s'oppose à aucun moment au contrôle de qualité, institué par la République du Tchad dans le cadre des importations[209]. Ce dernier aspect permet à la douane d'effectuer un contrôle par rapport aux importations non seulement des médicaments à usage humain, mais aussi à usage vétérinaire contrefait et périmé pouvant mettre en danger la santé des habitants et des animaux. Pour ce faire, ces importations se font en principe sur la base d'un certificat sanitaire délivré par les services compétents.

53. La douane assure les contrôles sanitaires et phytosanitaires des denrées alimentaires et végétales. En principe, pour des raisons de santé ou de sécurité des personnes, toute importation des denrées alimentaires, végétales et des produits d'origine animale de façon générale doit être soumise à l'autorisation ou au visa des services techniques des ministères compétents pour rassurer de la qualité de ces produits importés. Ces exigences permettent de mettre à la consommation des produits sains sur le marché intérieur. Il convient de noter qu'il est souvent possible que des abus se produisent, lorsque les aliments importés ne subissent aucun contrôle à l'entrée. Le risque existe en effet que des aliments refusés sur d'autres marchés ou interdits à la vente dans le pays d'origine viennent trouver refuge sur des marchés dépourvus de contrôles efficaces. Il va de soi, que cela mette en péril la santé publique, si le produit alimentaire est dangereux et si le danger n'est pas décelé avant que le produit n'arrive pas au niveau du consommateur[210]. Cette inquiétude est d'ailleurs une préoccupation réelle qui se situe sur le mondial à travers l'application des normes Sanitaires et Phytosanitaires (SPS), qui ont pour but de protéger la santé et la vie des personnes et des animaux contre les risques sanitaires véhiculés par les animaux et les végétaux[211] ou des denrées alimentaires générales. Aujourd'hui, dans toutes les organisations communautaires, cette conscience prise ne peut admettre une importation des denrées alimentaires, végétales et des produits d'origine animale sans certificat phytosanitaire. C'est pourquoi au niveau de la CEMAC par exemple, les certificats phytosanitaires sont obligatoires pour l'importation de différentes plantes et produits végétaux, dont les plantes de banane, de cacao et de café, la canne à sucre, le coton brut, les graines de coton et plantes de coton, ainsi que les récipients contenant de la terre et/ou du compost[212], etc. Par contre, le certificat sanitaire est exigé pour les produits d'origine animale. Ce sont des formalités qui imposent, avant la mise à la consommation de ces produits d'origine animale, une inspection vétérinaire ou

---

[209]-Loi n° 024/PR/2000 .*Op cit* Article 56.

[210]-Manuel sur le Contrôle de la Qualité des Produits Alimentaires. 15 : Inspection des Denrées Alimentaires Importées. (Étude FAO: Alimentation et Nutrition - 14/15), p. 2.

[211]- NGONGANG NONO(Jean-Claude), Exposé sur le thème : Vue d'ensemble de l'application des normes Sanitaires et Phytosanitaires (SPS) et contraintes SPS au Cameroun. Atelier Régional sur le renforcement des capacités SPS en Afrique pour atténuer les effets nocifs des résidus de pesticides dans le cacao et maintenir l'accès au marché du 07 au 10 juin 2011 à Yaoundé - Cameroun, Ministère de l'Agriculture et du développement rural. p. 4.

[212]-Source : Examen des politiques commerciales, ref. WT/TPR/S/187, en bas de page n°81.

sanitaire. Mais ces genres de contrôle ne peuvent épargner les animaux vivants qui doivent être accompagnés obligatoirement avec leurs cartes de vaccination à l'importation. Ainsi, ce contrôle sanitaire, instrument de protection du consommateur, se fait par les services concernés qui sont, le ministère de la Santé, de l'agriculture et les services vétérinaires avec le concours de l'administration des douanes. Si la douane se trouve impliquée dans ces genres de contrôle, c'est fondamentalement parce qu'elle se trouve directement aux portes d'entrée pour le dédouanement de ces objets ou marchandises.

54. En dehors des services cités ci-dessus qui en bénéficient du soutien des services douaniers en matière des contrôles, il en existe encore d'autres qui ne peuvent s'en passer de l'appui de la douane. Il s'agit d'une assistance que les douaniers apportent aux autres domaines tels que la culture, la protection spéciale de l'enfant, la perception des droits à caractère fiscal, des frais pour services rendus et application des règles de droit communautaire et international, etc. Le ministère de la Culture est autant soutenu par les services douaniers de la même manière que les autres services de l'État. L'administration des douanes apporte son soutien dans la protection de la propriété intellectuelle et du patrimoine culturel national. Mais aussi, dans cette démarche, il convient de faire remarquer les efforts, de la douane dans la lutte contre la pornographie, la pédophilie, le trafic d'enfants et la commercialisation des organes dans le cadre de la protection des droits spéciaux des enfants. La protection du patrimoine culturel national et des œuvres intellectuelles et artistiques, tire sa base légale déjà à partir de l'article 37 de la constitution tchadienne. Selon les dispositions de cet article, *« tout citoyen a droit à la création, à la protection et à la jouissance de ses œuvres intellectuelles et artistiques. L'État assure la promotion et la protection du patrimoine culturel national ainsi que de la production artistique et littéraire*[213] *»*.Cette opération relève en principe d'un service de l'État représenté par le ministère de la Culture. La protection est un défi constant tout d'abord pour le Ministère en charge du domaine concerné. Même si l'administration des douanes doit y intervenir, c'est par une nécessité en mode coopératif. La douane contribue, dans ce sens, dans la lutte contre le trafic illégal des œuvres intellectuelles, artistiques et culturelles. La douane intervient pour la protection des œuvres intellectuelles et artistiques. Les œuvres intellectuelles et artistiques sont des créations intellectuelles qui se rattachent aux œuvres de l'esprit et profitent au Tchad de la protection de la loi n° 005/PR/2003 du 2 mai 2003 portant protection du droit d'auteur, des droits voisins et des expressions du folklore. L'œuvre d'esprit se définit dans un document de Bernard EDELMAN, intitulé : la propriété littéraire et artistique, comme *« une création réalisée par un travail intellectuel, libre et s'incarnant dans une forme originale*[214] *»*.Il convient de viser non seulement ici les inventions, les œuvres littératures et artistiques, mais aussi les symboles, les noms, les images et les

---

213- Constitution tchadienne précitée, supra n°173.

214-EDELMAN(Bernard), La propriété littéraire et artistique, Paris (France) : Presses universitaires de France – P.U.F, Que sais-je ?, 2008, p. 25.

dessins et modèles dont il est fait usage dans le commerce[215]. De façon générale, il importe de considérer que ces œuvres intellectuelles et artistiques sont des propriétés intellectuelles.

55. La propriété intellectuelle se présente sous deux aspects : la propriété industrielle d'une part, qui comprend les inventions (brevets), les marques, les dessins et modèles industriels et les indications géographiques ; et la propriété littérature et artistique d'autre part, qui regroupe[216] le droit d'auteur et les droits voisins au droit d'auteur. Sur la base de la loi indiquée, le droit d'auteur protège les œuvres écrites (livres, brochures et autres écrits littéraires, artistiques et scientifiques), les œuvres orales (conférences, allocutions, sermons, plaidoiries et autres de même nature), les œuvres dramatiques ou dramatico-musicales, les œuvres chorégraphiques, les numéros et tours de cirque, les pantomimes, dont la mise en œuvre est fixée par écrit ou autrement, les compositions musicales avec ou sans paroles, les œuvres cinématographiques et autres œuvres consistant dans des séquences animées d'images, sonorisées ou non, dénommées ensemble œuvres audiovisuelles, les œuvres de dessin, de peinture, d'architecture, de sculpture, de gravure, de lithographie, les œuvres graphiques et typographiques, les œuvres photographiques et celles réalisées à l'aide de techniques analogues à la photographie, les œuvres des arts appliqués, les illustrations, les cartes géographiques, les plans, croquis et ouvrages plastiques relatifs à la géographie, à la topographie, à l'architecture et aux sciences, les programmes d'ordinateur, les compilations de données ou d'autres éléments, sous quelque forme que ce soit, qui, par le choix ou la disposition des matières, constituent des créations intellectuelles, les *« expressions du folklore »*. En ce qui concerne les droits voisins au droit d'auteur, ce sont des droits que possède par exemple l'artiste - interprète ou exécutant par rapport au respect de son nom, de sa qualité et de son interprétation. Comme pour les autres administrations publiques, la douane intervient dans le domaine du ministère de la Culture pour l'aider dans le cadre de l'application de ses textes relatifs à la protection de ces œuvres intellectuelles et artistiques. C'est donc dans ce contexte que la douane est associée, par exemple, à la lutte contre la piraterie au niveau des points d'entrée et de sortie.

56. Concernant la protection du patrimoine culturel national et naturel, la constitution tchadienne impose aux autorités publiques de sauvegarder le patrimoine culturel et naturel. Il faut donc préserver les objets d'art, de collection ou d'antiquité qui présentent un intérêt, d'un patrimoine historique. Sur le plan international, la protection de ce patrimoine devient un phénomène universel et un défi. C'est l'UNESCO[217] en tant qu'institution des Nations unies qui peut se charger d'aider ses membres à sauvegarder ce domaine. C'est une

---

[215]-Guide pratique de perception des rémunérations par les services de la douane au profit du bureau burkinabé du droit d'auteur, bureau burkinabé du droit d'auteur (bbda), Burkina Faso, réédition, novembre 2011, p. 11.

[216]-*Idem*

[217]-Organisation des Nations Unies pour l'éducation, la science et la culture (UNESCO) a vu le jour le 16 novembre 1945. La mission de l'UNESCO est de contribuer à l'édification de la paix, à l'élimination de la pauvreté, au développement durable et au dialogue interculturel par l'éducation, les sciences, la culture, la communication et l'information et se concentre, en particulier, sur deux priorités globales : l'Afrique et l'égalité entre les genres.

organisation internationale qui a toujours mené une action permanente en vue de la protection du patrimoine culturel contre les dangers de dommages ou de destruction qui le menacent et, notamment, contre ceux qui résultent du vol, de fouille clandestine ou du trafic illicite[218]. Aujourd'hui, elle a initié plusieurs conventions internationales dans ce domaine qui sont ratifiées par beaucoup de pays, y compris le Tchad. Il en existe encore d'autres conventions internationales et régionales qu'il en a ratifiées. Ce sont par exemple les cas de la convention concernant la protection du patrimoine mondial, culturel et naturel de 1972, de la convention pour la sauvegarde du patrimoine culturel immatériel de 2003, convention sur la protection et la promotion de la diversité des expressions culturelles, la charte de la renaissance culturelle africaine de 2006, etc. Sur le plan national, l'État tchadien matérialise sa volonté de contribuer à la protection du patrimoine national culturel en transcrivant cette action dans sa constitution. Mais déjà, entre-temps, il y avait la loi n° 14-60 du 2 novembre 1960 ayant pour objet la protection des monuments et des sites naturels, des sites et monuments de caractère préhistorique, archéologique, scientifique, artistique ou pittoresque, le classement des objets historiques ou ethnographiques et la réglementation des fouilles. Mais, ce qui est important dans cette démarche, c'est la considération du rôle important que joue la douane dans la protection du patrimoine culturel et naturel. Il s'agit de mettre l'accent sur le soutien considérable que les services des douanes apportent au ministère de la Culture en obligeant l'application de ses différents textes cités aux frontières. Pour assurer cette bonne collaboration, la douane contrôle par exemple l'autorisation délivrée par le ministère de la Culture concernant toute sortie de ces patrimoines.

57. La lutte contre la pornographie, la pédophilie et le trafic d'enfant implique la douane compte tenu de sa position permanente au niveau des frontières et dans un cadre de collaboration avec les services de sécurité et des défenseurs des droits de l'homme. En Afrique, la pornographie et la pédophilie sont considérées comme des actes contraires aux bonnes mœurs. Aujourd'hui, les douanes sont sollicitées dans la lutte de ces mauvaises pratiques, y compris le trafic d'enfant qui est un type de trafic d'êtres humains[219]. Spécifiquement, la douane s'oppose à l'importation des films pornographiques et aux publications obscènes.

58. Le dictionnaire de français Larousse considère la pornographie comme *« une présence de détails obscènes dans certaines œuvres littéraires ou artistiques ; publication, spectacle, photo, etc., obscènes[220] »*. Aujourd'hui, les pouvoirs publics, surtout en Afrique, s'inquiètent à cause de l'ampleur émergente de ce phénomène, qui produit des conséquences négatives sur le plan social. Il s'agit des répercussions tout à fait négatives sur le développement sexuel, chez les enfants et les adolescents. C'est un acte qui transforme leur comportement et les déstabilise sur le plan éducatif et moral. La pornographie est donc considérée alors comme une

---

[218] -UNESCO : Recueil de textes législatifs concernant la protection du patrimoine culturel mobilier Honduras, UNESCO, 1986. Voir préface

[219]-Voir : article concernant le Trafic d'êtres humains sur le site de l'Union Mondiale des Organisations Catholiques Féminines suivant : http://www.wucwo.org/. [Consulté le 16/11/2018].

[220] -Le dictionnaire de français Larousse, Éditions Larousse, 2021.

injure à la culture africaine[221] notamment en milieu scolaire. Dans la législation française, les dispositions correspondant à la pornographie, sont prévues à l'article 227-23 du Code pénal français, selon lequel *: » Le fait, en vue de sa diffusion, de fixer, d'enregistrer ou de transmettre l'image d'un mineur lorsque cette image présente un caractère pornographique est puni d'un an d'emprisonnement et de 300 000 F d'amende. »* Le fait de diffuser une telle image, par quels moyens que ce soit, est puni des mêmes peines.» Les peines sont portées à un an d'emprisonnement et à 500 000 F d'amende lorsqu'il s'agit d'un mineur de 15 ans[222]. Au Tchad, même s'il n'existe pas en réalité, une législation visant l'interdiction ferme de la production, de la détention et la diffusion de matériel pornographique, par assimilation, les articles 271 272 273 du Code pénal réprimant les attentats et outrages à la pudeur sur la personne d'un mineur, consommés ou même tentés peuvent être appliqués contre les auteurs de la production, de la détention et de la diffusion de matériel pornographique. Une commission de censure pour la diffusion des films a été créée[223]. Les douanes, dans ces conditions, sont impliquées, en tant que compétence nationale, dans des activités de lutte contre la pornographie pour soutenir l'action de la masse. Elle interdit l'importation des films et des documents à caractère pornographique dans le but de protéger les mineurs.

59. Concernant la pédophilie, le dictionnaire Larousse la perçoit comme *« une attirance sexuelle d'un adulte pour les enfants, filles ou garçons ; relation physique avec un mineur[224] ».*C'est en réalité une atteinte grave à l'intégrité des enfants. La pédophile peut donc s'expliquer par le fait qu'un majeur entretient surtout une relation sexuelle avec une mineure. Le trafic d'enfants est considéré également comme un acte qui porte atteinte aux droits des enfants. Ce sujet, très brûlant, est fréquent en Afrique. Les douaniers aux frontières interviennent pour interdire toute sortie illégale des mineurs. Cette collaboration avec le service chargé des droits des enfants, permet aux douaniers d'informer rapidement les forces de l'ordre sur les cas d'enlèvement des enfants ou encore sur l'organisation des réseaux de leur trafic. C'est aussi dans l'optique de protéger les droits des enfants que les douaniers s'opposent à l'importation des produits et des objets à caractère pédophile. La pratique de la commercialisation des organes humains, est considérée comme immorale dans la société africaine. Administrativement, au Tchad, aucun texte ne permet cette opération de commercialisation des organes humains. Par contre, la loi pénale au Tchad s'applique au trafic de personnes, à la traite des personnes. Ainsi, la douane s'oppose aux frontières contre l'exportation ou l'importation des organes humains sans autorisation. C'est pour cette raison, que les douaniers exigent le respect de certaines règles pour le rapatriement du corps d'un défunt, depuis ou vers l'étranger. Il s'agit de mener les démarches pour obtenir les causes de la mort du défunt auprès des médecins, qui délivre par la suite un certificat médical

---

221-Démonstration de Mathieu GAMSONRE dans son article intitulé : Pornographie en milieu scolaire : Une injure à la culture africaine, consultable sur le site : http://www.lefaso.net/.[Consulté le 16/10/2018].

222-Source : https://www.senat.fr/lc/lc22/lc220.html consulté le 16/10/2020].

223-République du Tchad : violences contre les enfants, réponses du gouvernement du Tchad, septembre 2004, consultable dans le site suivant : http://www2.ohchr.org/.[Consulté le 16/10/2018].

224-Définition de la pédophilie par le dictionnaire Larousse 2021.

rassurant la douane et attestant que le défunt ne souffrait pas d'une maladie contagieuse. Cela permet à la douane, de prendre ses responsabilités en cas de maladie contagieuse.

60. Parmi les différentes missions particulières de la douane, il faut relever le domaine de l'assistance que la douane apporte aux autres services chargés de la perception des recettes fiscales non-douanières. Mais aussi, elle perçoit certains frais pour services rendus. Le Code des douanes a prévu la perception des droits à caractère fiscal et des frais pour services rendus dans son article 4. Ce sont des taxes intérieures perçues au profit d'autres services, tels que la Direction Générale des Impôts et autres services du ministère des Finances. Les droits à caractère fiscal concernent la T.V.A[225]., l'acompte et les droits d'accises. La TVA est un impôt assis sur la valeur ajoutée réalisée par l'entreprise[226]. Elle est perçue certes par la douane lors des opérations de dédouanement, mais pour le compte de la Direction Générale des Impôts. En Afrique centrale, la taxe sur la valeur ajoutée est perçue lors du franchissement du cordon douanier sur les acquisitions intracommunautaires[227], de même que les droits d'accises qui sont tous deux des taxes, régis par la directive n° 1/99/CEMAC-028-CM-03 et le Code général des impôts sur le plan national. Selon l'article 4 du Code des douanes CEMAC, ces droits à caractère fiscal s'appliquent *« aux marchandises quelles que soient leur origine et leur provenance*[228] *»*.Au Tchad, un acompte est également prélevé au cordon douanier au titre des impôts sur les sociétés, comme une avance. Cet acompte fait aussi partie de nombreuses mesures du Code général des impôts. L'administration des douanes tchadiennes, peut percevoir des frais en guise du service rendu[229] et autres charges. Elle perçoit par exemple les redevances statistiques qui constituent des rémunérations pour services rendus, des frais de stockage, des divers droits affectés à la Caisse Nationale de Retraite (CNRT) ou à l'Office National de Sécurité Alimentaire (ONASA), ou prélevés sur le transit du pétrole et les frais d'inspection avant expédition, etc.

61. Même si dans ce contexte, il est indispensable d'aborder les questions relatives aux missions douanières, cela ne conduit pas vers l'oubli du sujet proprement, qui est la réforme douanière au Tchad. Réfléchir sur la réforme des douanes tchadiennes, est un travail qui engage des réflexions et analyses neutres. Mais, l'engagement, pour qu'il soit crédible, doit s'affranchir de toute coterie partisane[230]. D'abord, il faut faire le diagnostic de cette administration, pour mesurer ses capacités d'abriter une opération de réforme. Ensuite, voir dans quelle mesure peut-elle évoluer en se nourrissant d'autres expériences.

62. Ainsi, l'objectif général, poursuivi dans la réforme des douanes, reste le changement important et radical, à travers des actions concrètes, sur la base des lois

---

[225]-La taxe sur la valeur ajoutée (TVA) ne s'applique que sur le taux normal de 18 %. C'est un impôt sur la consommation qui s'applique au taux normal de 18 %. Elle est perçue sur le cordon douanier au TCHAD.

[226]- DISLE(Emmanuel) et SARAF(Jacques), Droit fiscal, Paris(France) : Dunod, 2004, p.21.

[227]- IREH ASSIM(Thomas), La TVA en Afrique centrale, Paris(France) : Harmattan, 2012. p .377.

[228]-Code des douanes CEMAC. Op.cit Article 4 al 2.

[229]-Code des douanes CEMAC. Op.cit Article 4 al 3

[230]- DA COSTA (Avelino Gomes), Réforme d'État et modernisation administrative en Guinée-Bissau., Paris, (France) : Édi livre, 2016, p.12.

et des actes réglementaires. C'est aussi, ce cadre, qui peut apporter un changement des mentalités administratives. Cela devient alors une réelle préoccupation autour de laquelle le travail est organisé. Même si l'étude, sur l'impératif d'un changement des mentalités et des comportements[231], peut concerner les États en général, moins encore l'Afrique, il faut ainsi mesurer l'ampleur dans le pays comme le Tchad. L'objectif, ici, est de renforcer l'efficacité et l'efficience de l'administration publique et particulièrement celle de la douane qui fait face aux exigences de la douane du 21e siècle. C'est une douane qui se conforme au contexte de la mondialisation, tant souhaitée par les organisations mondiales comme l'OMD et l'OMC. Ainsi, les modes de fonctionnement de ces administrations, sont bouleversés depuis quelques années.

63. Le bouleversement des administrations douanières semble, s'imposer au cours des célébrations du 50e anniversaire, de l'Organisation Mondiale des Douanes en 2002[232]. C'est au cours de cette rencontre, que les responsables des douanes, membres de l'OMD, en réfléchissant principalement sur les questions intéressantes du secteur douanier, pensent organiser les administrations douanières, en les rendant efficaces et rentables, à l'avenir. Il fallait également mettre l'accent non seulement sur la mondialisation des échanges, mais aussi sur le système de sécurisation et de contrôle des chaînes internationales. Il s'agit donc d'adopter de nouvelles stratégies pour assurer tant pour du fonctionnement continu et durable des services de la douane que de la gestion des frontières au 21e siècle.

64. En tenant compte des exigences de la performance de ces douanes du 21e siècle, les administrations douanières, en général, se mobilisent pour s'y adapter. Elles doivent alors favoriser la croissance et le développement, par la facilitation des échanges commerciaux[233] et le renforcement de la sécurité aux frontières. Les stratégies pour le renforcement des capacités et des responsables en charge de la réforme, ont été discutées lors de la 6e rencontre régionale des points de contact qui a eu lieu du lundi 12 au vendredi 16 octobre 2015 à Dakar au Sénégal. Cette rencontre ne pouvait se consister dans un cadre des décisions, mais tout simplement de réflexion. Toutefois, des propositions, faites, peuvent influencer les décisions des États. Elles ont donc été faites pour que les douanes de l'Afrique de l'Ouest et du Centre, mutualisent leurs efforts[234] pour contenir les directives des nouvelles stratégies des douanes du 21e siècle[235]. La douane au 21e siècle a ainsi un nouveau rôle dynamique, dicté par l'Organisation Mondiale des Douanes. Même s'il convient d'aborder l'importance de la problématique des douanes dans les États, de manière générale, le cas particulier du Tchad, retient l'attention. Il s'agit de réfléchir sur tous les contours de la réforme douanière dans ce pays. En effet,

---

231-Voir : analyse de MRABI (Mohamed Ali), dont le titre est intitulé : réforme de l'administration : L'impératif d'un changement des mentalités. Éditions n°:5182 ; le 04/01/2018, l'économiste.

232-Document de l'OMD de la douane au 21e siècle, favoriser la croissance et le développement par la facilitation des échanges et le renforcement de la sécurité aux frontières. Juin 2008, p. 2.

233 -« Chapitre 3. Améliorer la qualité de l'administration publique », études économiques de l'OCDE 2006/17 (n° 17), p. 129-163.

234-Voir : « 6ème rencontre régionale des points de contact pour le renforcement des capacités et des responsables en charge de la réforme » sur http://www.douanes.sn/.[Consulté le 10/10/2018].

235-Voir Revue semestrielle des douanes sénégalaises/n° 53, janvier 2016.

le Tchad est un pays d'Afrique centrale sans accès à la mer, situé au sud de la Libye, à l'est du Niger et du Nigeria, au nord du Cameroun et de la République Centrafricaine et à l'ouest du Soudan et sa capitale est, N'djamena. Géographiquement et culturellement, le Tchad constitue un point de passage entre l'Afrique du Nord et l'Afrique Noire. Doté d'une superficie de 1 284 000 km², il est le cinquième pays le plus vaste d'Afrique[236]. En ce qui concerne ses secteurs d'activité, en dehors de l'exploitation pétrolière sur lequel l'État tchadien faisait reposer fortement son économie, le Tchad est avant tout agropastoral. Étant membre de la CEMAC, il se soumet à l'harmonisation de son droit douanier en appliquant son tarif, son code et sa réglementation douanière.

65. Au Tchad, l'administration des douanes ne fonctionne pas en agence comme au Canada où les services douaniers sont incorporés au sein de l'Agence des services frontaliers du Canada[237], dépendant du Ministère de la Sécurité et de la protection civile. Aux États-Unis, il s'agit du Service des douanes et de la protection des frontières, une agence du département de la Sécurité intérieure. L'administration des douanes du Tchad n'est jamais confiée à une société privée, comme c'est le cas en Centrafrique où le gouvernement décide de confier ces missions régaliennes, à une société paramilitaire russe Wagner en signant un protocole de collaboration le 7 mai 2021[238]. C'est un service public rattaché au Ministère des Finances et du Budget. Ainsi, l'intention de développer la réforme de la douane au Tchad, en tenant compte de la vision de l'OMD, vient de la déclaration du directeur Général de douanes et droits indirects. C'est le 19 juin 2006, que le responsable des douaniers au Tchad, Oumar Abderrahmane HASSAN, ancien directeur général des douanes et des droits indirects du Tchad, décide de faire appliquer la vision de l'Organisation Mondiale des Douanes (OMD). Il a informé officiellement le secrétaire Général de l'OMD, de sa volonté de mettre en œuvre le cadre de normes. Ce cadre était adopté à l'unanimité par le conseil de l'OMD, le 22 juin 2005 à Bruxelles[239]. À l'issue de cette déclaration, une mission est conduite par trois experts[240] de l'OMD au Tchad. Il s'agit, de Bernard ZBINDEU, Richard DELATTRE et de Frédéric KOFFI KOFFI arrivés le 23 janvier 2011, à N'djamena pour présenter la nouvelle vision de l'OMD.

66. Les échanges entre les différents responsables de la douane du Tchad et les experts de l'OMD, ont permis de mettre en place un concept du renforcement des capacités dans l'esprit des douaniers. C'était aussi une occasion de s'accorder sur

---

[236]-Voir : Tchad, pays le plus vaste d'Afrique, sur le site suivant : http://www.reseau-espaces-volontariats.org/. [Consulté le 18/03/2018].

[237]-L'Agence des services frontaliers du Canada (ASFC) est l'agence du gouvernement du Canada responsable des services d'entrée et de sortie aux frontières du Canada. Elle désigne le service des douanes canadien.

[238]-Voir article : Le président TOUADERA confie les douanes centrafricaines aux Russes de Wagner sur le site https://mondafrique.com/.[Consulté le 08/10/2018].

[239]-OMD actualités i n° 48 i octobre 2005. Ce document est mis à jour régulièrement sur le site des membres de l'OMD sous la rubrique « réunions » et sur le site des évènements de l'OMD : http://events.wcoomd.org.[Consulté le 16/04/2018].

[240]-ZBINDEU(Bernard), DELATTRE(Richard) et KOFFI KOFFI(Frédéric). Rapport au gouvernement du Tchad concernant le diagnostic (COLOMUBS, Phase I) de l'Organisation Mondiale des Douanes sur la mise en œuvre du programme SAFE, (cadre de normes visant à sécuriser et à faciliter le commerce mondial), janvier-février 2011 au Tchad.

les objectifs de la mission de diagnostic. Il s'agissait précisément de convenir sur l'élaboration d'un rapport présentant la situation de l'organisation et du fonctionnement des services douaniers tchadiens, suivi d'une analyse de leurs carences et d'une formulation des recommandations. Mais depuis que la mission de diagnostic, financée par les fonds de coopération douanière, a pris fin par une séance de restitution le mercredi 2 février 2011, avec le directeur général et son équipe de gestion, les experts ne sont plus revenus pour les prochaines étapes de la réforme.

67.À partir d'une appréciation globale, les experts ont trouvé une administration des douanes effectuant sa tâche dans des conditions réellement très difficiles. Il s'agit, par exemple, des problèmes des ressources humaines. Pourtant, elles sont considérées comme les facteurs clés du succès de la réforme. De sérieux problèmes se posent sur le plan de recrutement du personnel et de l'ambiance de travail, vicié par des pratiques peu orthodoxes, etc. Il y a également d'autres soucis relevés, tels que les problèmes des matériels, la question de l'organisation interne du service et de la corruption. Les Experts constatent que leur diagnostic, établi sur la base des critères définis par l'OMD et portant sur les composantes principales des douanes au Tchad, révèlent des insuffisances importantes. Ces défauts ont été déjà identifiés par d'autres bailleurs de fonds, tels que FMI[241], BANQUE MONDIALE[242], UE[243], d'où la nécessité que cette administration opte pour le changement. Elle doit s'engager sur la voie des vraies réformes visant l'amélioration de la gouvernance, l'optimisation de la gestion du capital humain, de la lutte contre la fraude douanière et le renforcement d'éthique dans cette institution. Il convient aussi de soulever la réelle question de réforme organisationnelle, procédurale, législative et réglementaire solide, pour contrer le phénomène de la politisation et de l'incompétence dans la douane tchadienne. Dans ce contexte, il faut noter les inquiétudes du secteur privé (commissionnaires en douanes agréées, transporteurs, Chambre de commerce et patronat, etc.), intervenant dans le domaine de l'importation et de l'exportation. Ce secteur s'inquiète sur le fait que le projet de l'informatisation douanière ne se développe suffisamment pas et rapidement pour rendre les procédures de dédouanement plus simples. Son inquiétude se porte aussi sur le manque de dialogue ou de collaboration entre lui et la douane. Pourtant, ces éléments sont à la base de la construction d'une administration douanière moderne.

68. En choisissant ce sujet, il était question de s'obliger, par un souci, d'inscrire la question des réformes douanières tchadiennes dans le cadre des recherches universitaires et scientifiques. S'il s'inscrit réellement dans ces domaines, cela peut

---

[241]-Fonds Monétaire International (FMI), une institution financière à caractère international. Né lors de la conférence de Breton Woods, le FMI a été mis en place officiellement le 27 décembre 1945 après 29 ratifications.

[242]-Banque Mondiale, une institution financière située sur le plan international, regroupant cinq institutions internationales : la Banque internationale pour la reconstruction et le développement, l'Association internationale de développement, est créée en juillet 1944. Le Groupe Banque mondiale a deux objectifs ambitieux : Mettre fin à l'extrême pauvreté et promouvoir une prospérité partagée.

[243]-L'Union européenne (UE) est l'association volontaire d'États européens, dans les domaines économique et politique, afin d'assurer le maintien de la paix en Europe et de favoriser le progrès économique et social. L'UE a été créée par le traité sur l'Union européenne (TUE) signé à Maastricht, le 7 février 1992 et entré en vigueur le 1e novembre 1993.

aider à constituer les archives des recherches universitaires au Tchad. Les résultats qui en découlent peuvent offrir aux techniciens en douanes de nouvelles stratégies en matière de réformes. Enfin, les autorités politiques tchadiennes bénéficieront d'une analyse tout à fait universitaire et objective, distancée de leurs actions en faisant des critiques systématiques, sans parti pris. De tout ce qui précède, l'objectif assigné à ce projet de recherche est de faire une étude concrète sur la question de la réforme des administrations douanières de façon générale, mais en abordant spécifiquement le cas du Tchad. Il s'agit de s'interroger sur les possibilités de mettre en œuvre cette réforme et de proposer des pistes de solutions pouvant booster les douanes tchadiennes à l'heure actuelle. Un tel travail doit également permettre de voir comment apporter des nouveaux éléments par rapport à la mission de diagnostic de l'OMD de 2011, telle qu'énoncée ci-dessus. Mais toujours, est-il qu'il faut s'interroger principalement sur les raisons pour lesquelles il faut réformer l'administration douanière au Tchad et sur le contenu de cette réforme.

69. Notre ouvrage vise spécifiquement à réfléchir sur l'amélioration de l'administration douanière ou de la douane du futur au Tchad. Cette réflexion devrait se fonder sur ses réformes. En réalité, il s'agit d'approfondir l'étude de ce sujet, en cherchant à comprendre ses tenants et aboutissants. Mais avant de cerner les contours de ce travail, il convient de répondre précisément, à la question de recherche suivante : est-ce que la réforme douanière engagée au Tchad, peut véritablement se réaliser, sans respecter des règles douanières, sans aucune base juridique de statut des agents des douanes, sans se baser sur des services douaniers stables et sans volonté politique ? Cette préoccupation conduit vers divers questionnements qui cherchent à comprendre : dans quelles conditions cette réforme douanière va-t-elle être organisée ? Cette préoccupation conduit vers divers questionnements qui cherchent à comprendre : comment mettre en œuvre une telle opération dans une administration des douanes comme celle du Tchad, gangrenée par de mauvaises, pratiques et semblant souffrir du dysfonctionnement fonctionnel[244] ? Cette réforme, trouvera-t-elle une solution à la mauvaise performance actuelle de l'administration douanière ? Quels sont les moyens et les garanties qu'il faut offrir tant sur le matériel, humain et financier que sur la base des textes juridiques en vue de rénover l'administration des douanes au Tchad ? Quels sont les principaux axes sur lesquels faut-il se baser pour réussir une telle réforme ? À quels obstacles la réforme de l'administration des douanes au Tchad doit-elle faire face ? Quels changements seront-ils nécessaires au Tchad pour assurer l'efficacité de la mise en œuvre de cette réforme ? Parmi ces multitudes d'interrogations, il apparaît également indispensable, de savoir, la place du juge dans cette réforme douanière au Tchad. Existe-t-il de la jurisprudence tchadienne, notamment sur le contrôle de l'administration par le juge ? En effet, l'intervention du juge peut, dans ce contexte, aider à faire respecter les actes nationaux et communautaires en faveur de la réforme douanière.

---

[244]- ALKAZAGLI(Mohamed), La Réforme Administrative et son rôle dans la construction d'un nouvel État Libyen. Doctorat Droit. Université Grenoble Alpes, 2017, p.181.

70. La réponse méritée à tous ces questionnements, dépendra de l'adoption d'un plan qui se divise en deux grandes parties. La première partie est intitulée : les contraintes économiques et financières de la réforme douanière au Tchad. Il s'agit de savoir, pourquoi les services douaniers tchadiens doivent s'adapter aux conditions des échanges commerciaux et de la douane du 21e siècle. Quelles sont les vraies raisons de cette adaptation ? Ces raisons, s'imposent-elles aux douanes du monde ou uniquement au cas spécifique tchadien ? C'est en réponse à toutes ces questions que le (Titre I) est intitulé : l'adaptation des services douaniers tchadiens à la mondialisation des échanges et de la douane du 21e siècle. Cette partie permet de comprendre avec exactitude les raisons avancées obligeant la réforme douanière au Tchad à tenir compte de l'aspect du développement du commerce et de la douane du 21e siècle. Dans le premier cas, la réforme douanière au Tchad tient compte de la réduction des barrières tarifaires ou non tarifaires pour faciliter le développement du commerce international, grâce à l'engagement pris par les autorités tchadiennes vis –vis du GATT[245]. En fait, il y a lieu de comprendre que la facilitation des échanges dont il est question implique d'améliorer l'efficacité des procédures douanières, afin de diminuer le coût des transactions commerciales pour les entreprises. Le second cas concerne la mise en œuvre de la douane du 21e siècle, prônée par l'Organisation Mondiale de la Douane. Mais aussi, c'est dans cette partie qu'il faut aborder la question des impératifs de développement économique local. La crise financière et économique qui a durement frappé les pays en développement en général, et particulièrement le Tchad, peut être l'une des causes de la réforme des services douaniers tchadiens. Au Tchad, le choc des prix du pétrole a gravement et durablement affecté son économie si bien qu'il se tournerait vers la douane en voulant mettre l'accent sur sa réforme. C'est aussi autour des soucis des finances publiques qu'il faut intituler (Titre II) : l'adaptation des services douaniers en zone CEMAC et au Tchad, aux impératifs de développement économique local.

71. Les préoccupations les plus profondes du sujet sont traitées dans la **deuxième partie intitulée : une réforme douanière en prospective**. Il s'agit en fait d'aborder les vrais problèmes de la réforme douanière au Tchad et de proposer des solutions possibles pour sa réalisation. En effet, si cette réforme, engagée depuis 1990, ne se réalise pas jusqu'à aujourd'hui, c'est à cause de multiples obstacles. Il faut alors citer ici, comme problèmes ou obstacles, l'inefficacité, la corruption, le manque des moyens financiers, la mauvaise gestion de ressources humaines et surtout la politisation de l'administration des douanes à outrance. C'est dans ce contexte, qu'il a été choisi comme **(Titre I) : les obstacles à la réforme douanière au Tchad**. Il convient de relever la question de l'organisation actuelle de la douane au Tchad, avant d'aborder les obstacles auxquels elle fait face. Aujourd'hui, ces obstacles mettent en doute la réalisation de cette réforme. C'est pourquoi certaines réflexions démontreraient qu'au Tchad, *« la réforme de la*

---

[245]-Le General Agreement on Tariffs and Trade (GATT, en français : accord général sur les tarifs douaniers et le commerce) est signé le 30 octobre 1947 par 23 pays, pour harmoniser les politiques douanières des parties signataires

douane est impossible[246]». C'est, en réalité, une hypothèse qui ouvre un grand débat et qui conduit essentiellement à savoir pourquoi la réforme douanière ne réussit pas au Tchad ? Que faire pour qu'elle réussisse ? C'est pourquoi le **(Titre II) est intitulé : propositions de solutions.**

[246]-Voir : article sur « économie : une réforme douanière en vue au Tchad », sur le site du BLOG ACTUTCHAD suivant : http://actutchad.over-blog.com.[Consulté le 13/04/2018].

PARTIE I.

LES CONTRAINTES ÉCONOMIQUES ET FINANCIÈRESDE LA RÉFORME DOUANIÈREAU TCHAD

72. Les contraintes économiques et financières de la réforme douanière au Tchad résultent directement des organisations internationales telles que l'Organisation mondiale du commerce (OMC), l'Organisation Mondiale de la Douane (OMD), Fonds Monétaire International (FMI) et la Banque Mondiale (BM) et de leur soutien aux PED[1]. Elles estiment, en effet, qu'il faut recourir au changement radical de ces administrations, pour plusieurs raisons. Parmi ces raisons, il y en a une sous-tendue d'économie : amener les douanes à faciliter les échanges internationaux. Il s'agit en fait de donner un peu plus d'ouvertures au développement des échanges internationaux et de maîtriser les pratiques douanières conformément aux exigences de la douane du 2e siècle. Le développement des échanges commerciaux passe par l'abandon des restrictions quantitatives, la consolidation et l'abaissement des droits de douane[2]. Ce sont ces exigences qui s'imposent aux administrations de douane au 21e siècle. Pour l'OMD, *« la douane du XXIe siècle fait partie intégrante des structures du commerce international et elle constitue un moteur important des politiques économiques et commerciales[3] ».*

73. Même si la réforme des douanes, fait l'objet d'une préoccupation réelle à l'échelle mondiale, il convient aussi de tenir compte de celles qui s'expriment, autant, sur le plan local. Aujourd'hui, les pays africains faisant face à une crise économique, l'accueillent comme une probable solution aux difficultés de mobilisation des recettes douanières. Selon Élisa PAULIN, *« une crise économique favorise l'applicabilité des réformes[4] ».*Si les pays en voie de développement, et particulièrement les États africains, mettent l'accent sur les recettes douanières, c'est parce qu'ils n'ont pas pu atteindre un niveau d'industrialisation convaincante comme en Europe. Selon Li YONG directeur général de l'Organisation des Nations

[1]-PED- PAYS EN DÉVELOPPEMENT

[2]-Raymond BARRE, Les échanges internationaux comme dynamisme de la croissance. In : *Revue économique*, volume 16, n°1, 1965. pp. 105-126. DOI : https://doi.org/10.3406/reco.1965.407642www.persee.fr[Consulté le 13/04/2019].

[3]-Voir : thème : soutenir les mesures de réforme et de modernisation de la douane de l'Organisation mondiale des douanes sur : http://www.wcoomd.org/. [Consulté le 13/04/2018].

[4]-PAULIN(Élisa), La libéralisation commerciale en concurrence imparfaite. Dans Vie & Sciences de l'entreprise 2006/3 (n° 172)

Unies pour le développement industriel, *« l'industrialisation a toujours joué un rôle moteur dans le processus de diversification économique. Elle a aussi contribué au développement, au renforcement et au maintien des conditions favorables à la croissance économique et au développement*[5] *».*Mais comme les pays africains ont des difficultés pour s'industrialiser, ils mettent leurs espoirs dans leurs activités douanières. La douane dans ces zones, comme l'évoque Jean-Bernard SAMANSOU, journaliste, du journal ABBA GARDE au Tchad, *« est une importante mamelle de l'économie nationale*[6] *»*, d'où la nécessité de la réformer. Ce constat est partagé par l'OCDE[7], pour laquelle *« l'Afrique gagnerait le plus à moderniser ses douanes*[8] *».*

74. Compte tenu de tout ce qui précède, n'y a-t-il pas de problème entre les pressions extérieures qui réclament l'abandon des restrictions quantitatives, l'abaissement des droits de douane pour favoriser le commerce extérieuret l'espoir des pays africains, qui se fonde encore davantage sur la perception de ces droits ? C'est une question gênante pour les pays africains, compte tenu de l'impact de la libéralisation commerciale sur leurs finances publiques. Autrement dit, les économies africaines sont confrontées à la libéralisation commerciale impulsée par l'OMC[9], dont elles sont membres.

75. Certes, des réformes sont entreprises par les douanes des pays francophones d'Afrique subsaharienne (PFAS) du milieu des années 1990 à 2010[10]. Au-delà de la question des recettes, ces administrations doivent prendre en compte l'impératif de facilitation du commerce dans le contexte d'une concurrence économique mondiale plus aiguë[11]. C'est l'accord de l'OMC, qui impose, dans le cadre de l'ouverture plus large du commerce international, d'abaisser ou de supprimer les barrières douanières et les restrictions administratives au commerce[12].

76.Même si les restrictions quantitatives des échanges peuvent être supprimées, la question de l'élimination des droits de douane reste toujours d'actualité. Julian MELISSA souligne que *« cette situation engendre des inquiétudes de la part des pays africains du fait des engagements réciproques dans l'élimination des droits de douane*[13] *».*C'est un problème crucial, dans la mesure où beaucoup de

---

[5]--Voir : article de Li YONG, « les défis de l'industrialisation de l'Afrique » sur le site : ; https://www.jeuneafrique.com/. [Consulté le 20/05/2018].

[6]- SAMANSOU(Jean-Bernard), Passage de Hollande, Pied de nez de la société civile au régime MPS, Abba Garde, trimestriel d'informations Générales n° 077du 30 au aout 2014, Tchad, p. 4.

[7]-L'Organisation de coopération et de développement économiques est une organisation internationale d'études économiques, dont les pays membres, pays développés, ont en commun un système de gouvernement démocratique et

[8]-Voir : article de l'OCDE, *« l'Afrique gagnerait le plus à moderniser ses douanes »*, sur son site : https://www.euractiv.fr/ .Consulté le 30/06/2018].

[9]-Jean-Christophe BOUNGOU BAZIKA et Abdelali NACIRI BENSAGHIR, Repenser les économies africaines pour le développement. Dakar, CODESRIA, 2010, p. 177.

[10]-MONTAGNAT-RENTIER(Gilles) et PARENT(Gilles), Réforme et modernisation des douanes en Afrique subsaharienne francophone, 1995-2010, revue d'économie du développement, 2012/3 (Vol. 20), pages 105 à 146

[11]- GROSDIDIER DE MATONS(Jean), *Les instruments juridiques internationaux* de *facilitation du transport et du commerce en Afrique.* Deuxième édition, Jean Gros Didier de Matons, Programme de politiques de transports en Afrique (SSATP), mars 2014, p. 16.Revue d'économie du développement, 2012/3 (Vol.) 20), p. 105-146.

[12]-*Ibid.*

[13]- Julian MELISSA (2004)

pays africains comptent sur les recettes douanières pour alimenter leurs ressources publiques.

77. En effet, de nombreux États africains, y compris le Tchad, sont membres de l'OMC. Le Tchad, particulièrement, en est membre depuis le 19 octobre 1996 et il était auparavant membre du GATT depuis le 12 juillet 1963. Comptant parmi les organisations internationales, l'OMC a succédé à l'Accord général sur les tarifs douaniers et le commerce (GATT), créé au lendemain de la Seconde Guerre mondiale[14]. Il convient de rappeler que l'OMC complète les institutions de Bretton-Woods, c'est-à-dire le FMI et la Banque mondiale.

78.À la conférence ministérielle de Bali en 2013, les membres de l'OMC ont conclu les négociations sur un accord historique, l'accord sur la facilitation des échanges (AFE[15]).Mais aujourd'hui, le Tchad, aux côtés de la Jordanie, d'Oman, du Rwanda a ratifié l'AFE pour qu'il entre en vigueur dès le 22 février 2017. Cet accord contient de nombreuses exigences en matière douanière qui imposent la simplification, la modernisation et l'harmonisation des processus d'exportation et d'importation, l'accélération du mouvement des marchandises, la mainlevée et le dédouanement des marchandises, y compris les marchandises en transit. L'accord en question prévoit aussi des mesures permettant d'assurer une coopération efficace entre les douanes et les autres autorités compétentes sur les questions de facilitation des échanges et de respect des procédures douanières. Ces mesures douanières concernent aussi l'élimination des droits de douane existant dans le monde. L'application de cet accord dans son ensemble exige une réforme douanière. En réfléchissant sur le cas de l'île Maurice, Doorga prasad RAJCOOMAR, chef de la section des douanes de la direction des contributions de Maurice, pense que cela peut être appelé *« la réforme par-delà les douanes au service de la facilitation des échanges[16] ».*

79. À côté des règles de l'OMC, il faut aussi sans nul doute évoquer la question des engagements régionaux en matière de facilitation du commerce. En tenant compte de toutes ces démonstrations, il convient de tenter de répondre aux interrogations suivantes : est-il possible de considérer la portée des mesures de facilitation des échanges comme l'une des raisons de la réforme douanière au Tchad ? Comment la réforme des systèmes douaniers peut-elle favoriser le développement du commerce international ?

80. Ces questions, posées, ouvrent des débats théoriciens sur le principe même de l'adaptation des services douaniers tchadiens à la mondialisation des échanges et de la douane du 21e siècle (**Titre I**). La seconde inquiétude liée aux recettes douanières, constituant une préoccupation majeure pour des États, comme le Tchad. Faisant face, à une crise financière aiguë, due à la chute baril de pétrole ou au problème de sa gestion, le Tchad, comme de nombreux autres pays tels que : Venezuela, Algérie, pour ne citer que ceux-ci se lancent à la recherche

---

[14]- GUY(Caire), RAINELLI(Michel), *Le GATT.* In : *Tiers-Monde*, tome 35, n°138, 1994. Technologies de communication et d'information au sud : la mondialisation forcée, sous la direction d'Yvonne MIGNOT-LEFEBVRE. pp. 474-476., Le GATT, revue, Tiers Monde, année 1994 138, pp. 474-476.

[15]-Voir : le site de l'OMC sur « la facilitation des échanges », https://www.wto.org/. [Consulté le 13/05/2019].

[16]- RAJCOOAR (Doorga prasad), La réforme par-delà les douanes au service de la facilitation des échanges, le cas de Maurice. Direction des contributions de Maurice, septembre 2011.

d'autres voies de financement public. C'est dans ce contexte, que Ngabo Seli MBOGO, ministre des Finances et du budget du Tchad, à l'occasion de la journée Internationale de la douane qui s'est déroulée le 26 janvier 2017, met le cap sur la modernisation de la douane, en vue notamment d'une meilleure mobilisation et sécurisation des ressources budgétaires[17].

81. La question de la mobilisation des recettes douanières prend de l'ampleur, même dans la zone CEMAC de façon générale. Il importe de mesurer pourquoi les autorités politiques mettent un accent particulier sur la réforme douanière pour la mobilisation des recettes en zone CEMAC et particulièrement au Tchad ? Quelles sont les possibilités de ces services douaniers pour la mobilisation de ces recettes ?

82. Toutes ces préoccupations exprimées ci-dessus doivent être prises en compte dans les analyses des questions relatives à l'adaptation des services douaniers tchadiens à la mondialisation des échanges et de la douane du 21e siècle (**Titre.I**), à l'adaptation des services douaniers en zones CEMAC et sur le plan national aux impératifs de développement local (**Titre**).

[17]-Voir « déclaration du ministre des Finances et du Budget, Ngabo Seli MBOGO, à l'occasion de la journée Internationale de la douane, 26 janvier 2017 » sur le site suivant : http://www.finances.gouv.td/. [Consulté le 11/06/2018].

TITRE I.

L'adaptation des services douaniers tchadiens à la mondialisation des échanges et de la douane du 21e siècle

83. L'adaptation des services douaniers tchadiens à la mondialisation des échanges et de la douane du 21e siècle est devenue encore plus nécessaire depuis l'adhésion du Tchad à l'OMC le 19 octobre 1996. Comme il a été signalé, il fait partie des pays qui en ont ratifié l'accord sur la facilitation des échanges (AFE) faisant l'objet d'un consensus lors de la Conférence ministérielle de Bali de décembre 2013. Depuis que le Tchad a ratifié cet accord le 22 février 2017, il devient membre de l'OMC et, par conséquent, il se lie à l'AFE. Mais la véritable question apparaissant immédiatement est celle de savoir comment un tel accord peut-il être mis en œuvre par les pays signataires comme le Tchad ? Quel est le caractère contraignant de cet accord ?

84. Si la question des échanges commerciaux est évoquée dans cette thèse, c'est parce qu'à l'heure actuelle, la douane est considérée comme faisant partie intégrante du commerce international. Selon les experts de l'OMD abordant la question de la facilitation des échanges dans *« l'OMDactu »,* démontrent, en soutenant l'OMC, que la douane est sur le devant de la scène[1] de cet accord. Ils inscrivent formellement la facilitation des échanges à l'ordre du jour de la douane.

85. En fin de compte, le commerce international est encadré non pas seulement par l'OMC, mais aussi par les autres organisations internationales publiques telles que : l'OMD, la Banque Mondiale, le FM. Toutes ces réflexions démontrent que les douanes contribuent aux démarches de facilitation des échanges. Pour Cheikh TIDIANE DIEYE, les administrations douanières, sont *« des chevilles ouvrières de la mise en œuvre de l'accord[2] ».* Il pense, dans ce contexte, que dans de nombreux pays en développement, surtout les pays les moins avancés (PMA), les administrations douanières ont des faiblesses et qu'elles ne pourront faire face à ce défi. Cheikh TIDIANE DIEYE estime que ces administrations sont dans une *« situation matérielle, humaine et institutionnelle peu reluisante, qui ne leur laisse*

[1]-OMD actu, Accord de l'OMC sur la facilitation des échanges, la douane sur le devant de la scène, juin 2014 | n° 74 | www.wcoomd.org. [Consulté le 03/05/2017].

[2] -Voir : article de Cheikh TIDIANE DIEYE, sur la « facilitation des échanges : une exigence internationale ou un impératif de développement national ? » dans le site de International Centre for Trade and Sustainable Développent (ICTSD) suivant : https://www.ictsd.org/.[Consulté le 12/04/2018].

que peu de possibilités pour s'acquitter avec efficience de leur mission de facilitation des échanges[3] ».

86. Pourtant, les experts de l'OMD, démontrent avec insistance que *« la douane joue un rôle primordial dans les échanges internationaux, dans la mesure où elle met en place non seulement des processus de traitement accélérés, mais également des contrôles efficaces qui garantissent la perception des recettes, la conformité aux législations nationales, ainsi que la sécurité et la protection de la société*[4] ».Toutefois, ils ne font que développer les missions de cette institution. À ce sujet, Jean-Luc ALBERT partage ce point de vue, lorsqu'il souligne que *« si l'on s'en tient aux missions que s'assigne cette organisation, l'OMD s'inscrit clairement dans un processus d'ouverture des marchés et de facilitation des échanges internationaux (normes internationales-nomenclature des marchandises, application uniforme de l'accord OMC sur l'évaluation en douane, discussion sur les règles d'origine harmonisées préparées par l'OMD dans le cadre du processus d'élaboration de l'accord sur les règles d'origine de l'OMC-sécurisation chaine logistique internationale, sécurité et lutte contre la fraude, assistance et coopération avec et entre les administrations douanières*[5]*...) »*.

87. Ainsi, la question posée, face à ces démarches, est celle de savoir comment la facilitation des échanges implique-t-elle, vraiment, la réforme douanière ? Quelles sont en fait les raisons de la facilitation de ces échanges ? Comment l'OMC peut-elle s'organiser pour faire respecter les règles du libre-échangisme ?

88. En principe, l'administration des douanes accompagne le développement des échanges, internes puis externes, de marchandises. Si les échanges externes font allusion aux échanges extérieurs ou internationaux de marchandises, les échanges internes, eux, se développent au sein de l'union douanière et de la zone de libre-échange. L'union douanière est une zone d'échange commercial communautaire, comme la CEMAC. Les pays membres de cette communauté s'organisent autour de leur accord pour éliminer les barrières commerciales dans les échanges commerciaux internes de marchandises. En fait, les droits de douane sont supprimés aux frontières entre les pays membres de la CEMAC. Par contre, ils s'appliquent aux marchandises en provenance de l'extérieur de la CEMAC, lors de leur première introduction sur ce territoire communautaire. En fin de compte, les pays membres de la CEMAC, adoptent un tarif douanier commun dans leurs relations avec les pays tiers. Dans cet esprit de compréhension de l'union douanière, le GATT l'a clairement énoncé.

89. Selon l'Accord Général sur les Tarifs Douaniers et le Commerce (GATT de 1947), l'on entend par union douanière :

« *la substitution d'un seul territoire douanier à deux ou plusieurs territoires douaniers, lorsque cette substitution a pour conséquence, i) que les droits de douane et les autres réglementations commerciales restrictives (à l'exception, dans la mesure où cela, serait nécessaire, des restrictions autorisées aux termes des*

---

[3]-*Ibid.*

[4]-Voir : article sur le site de l'OMC, « en quoi consistent la sécurisation et la facilitation des échanges mondiaux licites », http://www.wcoomd.org/.[Consulté le 06/08/2018].

[5]- ALBERT(Jean-Luc), Douane et droit douanier. Op.cit., p. 38.

articles XI, XII, XIII, XIV, XV et XX) sont éliminés pour l'essentiel des échanges commerciaux entre les territoires constitutifs de l'union, ou tout au moins pour l'essentiel des échanges commerciaux portant sur les produits originaires de ces territoires ; ii) et que, sous réserve des dispositions du paragraphe 9, les droits de douane et les autres réglementations appliqués par chacun des membres de l'union au commerce avec les territoires qui ne sont pas compris dans celle-ci sont identiques en substance[6]».

Cependant, l'union douanière se distingue de la zone de libre-échange. C'est une distinction importante, faite par le GATT qui considère la zone de libre-échange comme *« un groupe de deux ou plusieurs territoires douaniers entre lesquels les droits de douane et les autres réglementations commerciales restrictives (à l'exception, dans la mesure où cela serait nécessaire, des restrictions autorisées aux termes des articles XI, XII, XIII, XIV, XV et XX) sont éliminés pour l'essentiel des échanges commerciaux portant sur les produits originaires des territoires constitutifs de la zone de libre-échange*[7] *»*.

90. Les zones dont il s'agit sont mises en place via des accords de libre-échange. Ainsi, un accord de libre-échange donne naissance nécessairement à une zone de libre-échange et dans un espace géographiquement délimité. Dans une zone de libre-échange simple, chaque pays membre conserve sa propre politique commerciale vis-à-vis des pays tiers. Mais lorsque les pays membres de cette zone adoptent le tarif extérieur commun, on se retrouve alors dans une union douanière. Dans ce contexte, cette zone de libre-échange s'accompagne par une politique commerciale commune envers les pays extérieurs.

91. Les exemples par rapport à la zone de libre-échange, peuvent porter sur l'ALENA (accord de libre-échange nord-américain) entre les États-Unis, le Canada et le Mexique, la naissance de la plus vaste zone de libre-échange du monde en Asie, composée de la Chine, le Japon, l'Australie et la Corée du Sud. Dès le 1er janvier 2022, ce bloc de l'Asie, appelé RCEP, représentera, à lui, *« seul le tiers du produit intérieur brut de la planète et le tiers de la population mondiale*[8] *»*.L'accent peut être mis sur la zone de libre-échange de l'ASEAN dont l'accord est signé le 28 janvier 1992 à Singapour entre les pays membres de l'Association des nations de l'Asie du Sud-est, l'Accord de libre-échange canado-américain (ALE), conclu en octobre 1987, etc. Dans le cadre de l'union douanière, l'union douanière de l'Union européenne constituée des États membres de l'Union européenne et de quatre de ses pays voisins : l'Andorre, Monaco, le Saint-Marin et la Turquie ; la Communauté économique et monétaire de l'Afrique centrale (CEMAC), une organisation internationale regroupant plusieurs pays d'Afrique centrale : Cameroun, Centrafrique, Congo, Gabon, Guinée-Équatoriale, Tchad ; l'Union économique et monétaire ouest-africaine (UEMOA) constituée de : Bénin, le Burkina Faso, la Guinée-Bissau, le Mali, le Niger, le Sénégal et le Togo ; la

[6]-Voir : Accord général sur les tarifs douaniers et le commerce (GATT DE 1947),8. a), p. 45.

[7]-Voir : Accord général sur les tarifs douaniers et le commerce (GATT DE 1947). Op.cit., p. 46.

[8]-Voir : article : En Asie, naissance de la plus vaste zone de libre-échange du monde sur le site suivant : https://www.lemonde.fr/.[Consulté le 12/04/2018].

Communauté d'Afrique de l'Est (EAC) le Kenya, dont les membres sont : la Tanzanie, l'Ouganda, le Rwanda et le Burundi, etc.

92. Si ces deux notions, à savoir l'union douanière et la zone de libre-échange, intéressent ce sujet de réflexion, c'est parce qu'en établissant une union douanière entre eux, les États membres entendent contribuer au développement harmonieux du commerce mondial, à la suppression progressive des restrictions aux échanges internationaux et à la réduction des barrières douanières[9]. De même, les zones de libre-échange ont des idées d'association entre États qui tentent de favoriser les échanges internationaux.

93. Au vu de tout ce qui précède, comment examiner le lien qui existe entre le développement du commerce international et la réforme douanière au Tchad ? Pourquoi la réforme douanière au Tchad doit-elle se conformer aux règles du GATT et de l'OMC ? Mais en plus, le fait de se conformer aux règles du GATT et de l'OMC est-il une nécessité ou une obligation pour la douane tchadienne ?

94. Concernant la douane du 21e siècle qui s'inscrit dans la vision de l'OMD, celle-ci fait apparaître également de nouveaux modèles et exigences en matière commerciale. Selon l'OMD, les douanes doivent *« favoriser la croissance et le développement par la facilitation des échanges et le renforcement de la sécurité aux frontières*[10] *»*.En décrivant ces modèles, l'OMD met ces douanes devant leur nouveau rôle qui est la gestion et la facilitation du commerce. Mais aussi, le nouveau rôle des douanes, les accule à faire face aux exigences liées à la sécurisation de la chaîne logistique internationale.

95. En fin de compte, la douane du XXIe siècle fait partie intégrante des structures du commerce international et constitue un moteur important des politiques sur le plan économique et commercial. Dans ce cas, la mise en œuvre de la douane du 21e siècle au Tchad connaîtra, les mêmes problèmes évoqués plus haut, puisqu'il s'agit de développer le commerce international à travers cette nouvelle vision de l'OMD. Cela n'empêche pas d'insister sur le fait que les partisans de la libéralisation des échanges, tels que l'OMC, le FMI, la Banque mondiale et l'OMD, prôneraient le développement du commerce international et la douane du 21e siècle comme des impositions. Mais dans ce cas, est-il facile de concilier la réforme douanière dans un pays pauvre comme le Tchad, comptant énormément sur les recettes douanières, avec l'esprit du développement des échanges commerciaux dans le contexte de libre-échange ?

96. La question posée est cruciale et inquiétante pour les pays en développement. C'est cette inquiétude qui oblige James T. WALSH, à estimer que *« dans un monde idéal où régneraient le libre-échange et la confiance entre pays, elles n'existeraient tout simplement pas. Pourtant, aujourd'hui, elles sont pour ainsi dire incontournables. En effet, même leur rôle de percepteur est encore important, et le restera sans doute dans l'avenir envisageable, car les taxes sur les échanges sont une source de recettes considérables pour de nombreux pays, en*

---

[9] -Voir : article 110 du Traité de Rome du 25 mars 1957.

[10]-Voir : document sur la douane du 21e siècle intitulé « favoriser la croissance et le développement par la facilitation des échanges et le renforcement de la sécurité aux frontières », OMD actualités, n°57, 2008, p. 10.

particulier les pays en développement »[11]. C'est, en réalité, une inquiétude fondamentale dans la mesure où la *« facilitation des échanges internationaux »* ou la*« facilitation du commerce »* conduirait vers la réduction des droits de douane.

97. La réduction des droits de douane dans les échanges internationaux est aussi largement décrite par Laila MKIMER-BENGELOUNE dans sa thèse en Sciences économiques. Pour Laila MKIMER-BENGELOUNE, *« les droits de douane ont fortement diminué dans les échanges commerciaux mondiaux*[12] *».*Ce point de vue conduit à se demander, est-ce que la diminution de ces droits de douane et des autres obstacles au commerce international est due aux réformes douanières ? C'est pourquoi, dans un premier temps, il convient d'aborder les contraintes du GATT et de l'OMC (**Chapitre I)** puis, dans un second temps, les exigences de la douane du 21e siècle (**Chapitre II**).

---

[11]- WALSH (James Thomas), « nouvelles douanes ». Finances & Développement, mars 2006, p. 48.

[12]-MKIMER-BENGELOUNE(Laïla), Modélisation des barrières non tarifaires et leur impact sur les échanges internationaux : une application aux pays méditerranéens. Economies et finances. Université de Toulon, 2013. Français. ⟨NNT : 2013TOUL2004⟩. ⟨tel-01004671⟩, p. 16.

CHAPITRE I.

Les contraintes du GATT et de l'OMC

98. Les contraintes du GATT et de l'OMC visent un contexte de la mondialisation de l'économie. Si la réforme des administrations des douanes est sollicitée dans ce contexte, c'est bien parce qu'elle, facilite les échanges commerciaux. Cette mutation profonde, qui doit intervenir à l'heure de la facilitation des échanges des biens et des services, permet en effet de lever les obstacles qui freinent le développement du commerce international. Selon Gustave NGUEDA NDIEFOUO, qui pourtant prend un exemple assez particulier sur la douane camerounaise à l'ère de la facilitation des échanges commerciaux, démontre de façon générale que *« le commerce international est resté très longtemps soumis à de nombreuses barrières tarifaires et non-tarifaires qui ont freiné son expansion*[1] *»*.

99. Dans ce contexte, comment faut-il en réalité comprendre la notion de la facilitation des échanges ? Il n'y a pas de définition commune de la facilitation des échanges, mais à ces questions, Cheikh TIDIANE DIEYE cette notion, *« comme la simplification et l'harmonisation des procédures du commerce international*[2] *»*.Dans le système de l'OMC, la facilitation des échanges s'entend par « la simplification et l'harmonisation des procédures internationales du commerce[3] » avec les procédures commerciales qui sont « les activités, les pratiques et les formalités utilisées pour collecter, présenter, communiquer et fournir des données permettant le mouvement des biens dans le commerce international[4] ».

100. Il est important de comprendre, que c'est la 9e conférence ministérielle de l'Organisation mondiale du commerce (l'OMC) à Bali (en Indonésie) en 2013 qui a

[1]-NGUEDA NDIEFOUO(Gustave), La douane camerounaise à l'ère de la facilitation des échanges commerciaux, Paris (France) : L'harmattan, 2011, p. 13.

[2]--Voir : article de ICTSD sur « facilitation des échanges : une exigence internationale ou un impératif de développement national ? » précité supra n°382.

[3]-Voir : rapport final du projet de recherche « Implications de la mise en œuvre de l'Accord sur la facilitation des échanges de l'OMC pour le Vietnam », Réalisé par : NGUYEN Ngoc Ha (dir.) DO Viet Anh Thai NGUYEN Kim Oanh Sous la direction de : Prof. Dr. Pierre SAUVÉ Avec le financement du SECO/WTI Hanoï, novembre 2016,p 9.

[4]-OMC, déclaration ministérielle de Bali, adoptée le 7 décembre 2013, WT/MIN(13)/DEC ; OMC, accord sur la facilitation des échanges – décision ministérielle du 7 décembre 2013, WT/MIN(13)/36, WT/L/911.

permis d'aboutir à l'adoption de l'accord sur la facilitation des échanges (l'AFE)[5]. Aujourd'hui, l'OMC[6]en mobilisant en son sein les administrations douanières, veut qu'elles expriment une volonté collective de démanteler tous les obstacles au commerce international[7]. C'est en fait un combat qui va à l'encontre des mesures douanières, considérées par le rapport produit par Marie DOREAU, Benjamin BARTHELET et Mathieu SIBIEUDE comme des comportements protectionnistes. Ce rapport définit le protectionnisme comme *« un ensemble de mesures étatiques protégeant ou favorisant la production nationale et entravant les échanges entre pays*[8]*»*.

101. La position exacte de l'OMC exprime aussi le point de vue global de l'ensemble des partenaires commerciaux et financiers qui prône la théorie de libre-échange international, tout en mettant l'accent sur le démantèlement des mesures de protection qui apparaissent de plus en plus comme une entrave au commerce international. C'est un grand débat qui alimente, de nos jours, l'économie mondiale et qui fait convaincre que la réforme absolue des administrations douanières, tant sollicitée par ses partenaires, peut-être perçue comme une condition nécessaire pour la facilitation des échanges commerciaux.

102. Même si les pays émergents en sont d'accord avec les règles de l'OMC, conduisant directement à la réduction des droits de douane et autres obstacles[9], les pays en voie de développement, surtout en Afrique dont fait partie le Tchad, se sentiraient lésés, à cause de cette situation. En visant la réduction des droits de douane, cela peut avoir pour principale cause, la baisse des recettes budgétaires et l'aggravation du déficit des finances publiques[10] dans ces pays en voie de développement.

103. En effet, quelles que soient les raisons avancées, l'accord de facilitation des échanges de l'OMD, n'impose-t-il pas aux pays qui l'ont ratifié de mener une série de réformes douanière ? Ou encore, bien que contraignant dans le cadre de l'OMC, incitera-t-il les pays à entreprendre des réformes douanières pour la facilitation des échanges en conformité avec leurs engagements ?

104. Le Tchad, faisant partie des pays signataires de l'OMC, est embarqué, comme les autres États, dans les négociations sur la facilitation des échanges, aussi bien au niveau multilatéral qu'au niveau bilatéral. C'est pourquoi le Tchad doit adapter ses services douaniers aux exigences du développement du commerce

---

[5]-OMC, déclaration ministérielle de Bali, adoptée le 7 décembre 2013, WT/MIN(13)/DEC ; OMC, accord sur la facilitation des échanges – décision ministérielle du 7 décembre 2013, WT/MIN(13)/36, WT/L/911.

[6]-Voir : rapport sur le programme de modernisation de la douane algérienne, 2007-2010, stratégie, évaluation, perspectives, septembre 2007. Consulter dans ce rapport « les objectifs de l'OMC », p.1.

[7]-NGUEDA NDIEFOUO(Gustave), La douane camerounaise à l'ère de la facilitation des échanges commerciaux. Op.cit., p. 9.

[8]-Voir : rapport produit Marie DOREAU, Benjamin BARTHELET et Mathieu SIBIEUDE sur le thème : les barrières tarifaires et non tarifaires : une entrave au commerce international, sous la direction de professeur : M. Zhan Su, Université LAVAL, faculté des sciences de l'administration, p. 2.

[9]- WILHELM(Sabine), Libéralisation commerciale et échanges internationaux : le cas de l'agriculture en Tunisie, Thèse en sciences économiques, soutenue publiquement le 10 décembre 2008, Université Nancy 2, faculté de droit, sciences économiques et gestion, CEREFIGE, p. 25.

[10]- KOYANGOZO(Alain-Douathé), communication à la 11e assemblée générale du Codesria (MAPUTO, décembre 2005), p. 3.

international. Il s'agit en fait pour le Tchad de créer des conditions de facilitation des échanges à travers les réformes douanières. C'est un effort d'adaptation mené depuis 1990. C'est une initiative des réformes entreprises par les douanes des pays francophones d'Afrique subsaharienne (PFAS) du milieu des années 1990 à 2010[11] dont fait partie le Tchad.

105. Selon Gilles MONTAGNAT-RENTIER et Gilles PARENT, *« au-delà de la question des recettes, les administrations douanières des PFAS ont cependant dû prendre en compte l'impératif de facilitation du commerce dans le contexte d'une concurrence économique mondiale plus aiguë »*[12]. Ils soutiennent, dans ce cadre, que *« la plupart des accords commerciaux régionaux auxquels participent les PFAS définissent des réformes tarifaires et des politiques d'harmonisation à mettre en œuvre par les douanes nationales »*[13].

106. De tout ce qui précède, il convient de comprendre que les pays membres de l'OMD, sont acculés au début par le terme *« facilitation du commerce »*. Aujourd'hui, la notion de facilitation du commerce a progressivement trouvé place dans les accords commerciaux régionaux et multilatéraux, notamment l'accord sur la facilitation des échanges, adopté à la neuvième Conférence ministérielle de l'Organisation mondiale du commerce (OMC), qui s'est tenue à Bali (Indonésie) du 3 au 7 décembre 2013[14].

107. Même si les accords signés par le Tchad dans le cadre de l'OMC peuvent se constituer comme des engagements, il y a toutefois une prise de conscience de la nécessité d'organiser certains assouplissements en faveur du commerce. Bien que l'accord sur la facilitation des échanges (AFE), arrive tardivement, de nos jours, les pays francophones d'Afrique subsaharienne (PFAS) aient pu prendre conscience de la question de la facilitation du commerce déjà à partir de 1990 dans leurs réformes douanières.

108. Il convient de faire ressortir les visions de l'OMC à travers ses accords commerciaux qui donnaient lieu entre-temps à une intégration *« négative »* en mettant l'accent sur l'abaissement des obstacles tarifaires et non tarifaires par les pays. Mais aujourd'hui, avec l'avènement de l'accord sur la facilitation des échanges (AFE) cela donne lieu à une *« intégration positive »*en sollicitant plutôt une concertation entre les pays pour simplifier les processus, échanger des renseignements et coopérer dans la poursuite d'objectifs en matière de réglementation et de politiques.

109. Dans tous les cas, l'AFE a pour objectif de rationaliser, d'harmoniser et de moderniser les procédures douanières. Même si les termes ont évolué, les principes des négociations menées au sein de l'OMC n'épargnent pas totalement la question de la réduction des tarifs douaniers qui ferait perdre des recettes pour les pays en

---

[11]-MONTAGNAT-RENTIER(Gilles) et PARENT(Gilles), Réforme et modernisation des douanes en Afrique subsaharienne francophone, 1995-2010, revue d'économie du développement, 2012/3 (Vol. 20), pages 105 à 146.

[12]-*Ibid.*

[13]-*Ibid,*

[14]-Voir : note du secrétariat de la CNUCED, Les règles de facilitation du commerce : options et besoins, Conférence des Nations unies sur le commerce et le développement, réunion d'experts pluriannuelle sur les transports et la facilitation du commerce, deuxième session Genève, 1er-3 juillet 2014, voire résumé.

voie de développement, dont fait partie le Tchad. C'est surtout autour de cette question que la réflexion se développe. Déjà, dans un rapport de l'OMD, Stefan ANISZEWSKI évoquait que *« la conclusion des négociations menées dans le cadre du Programme de Doha pour le développement aura très probablement un impact sur la perception des recettes douanières car la réduction des tarifs douaniers est un élément majeur de certaines négociations[15] ».* Ainsi, la libéralisation des échanges, telle qu'abordée par l'OMC, inscrit sur ses actions, l'élimination des obstacles tarifaires et non tarifaires. Ces préoccupations, gênantes, obligent à comprendre ces obstacles tarifaires et non tarifaires.

110. C'est autour de la question de l'élimination des droits de douane et autres obstacles, considérés pourtant comme des instruments protectionnistes, que les problèmes se posent. Ces problèmes sont vus sous deux angles à travers des questionnements. Dans un premier temps, est-ce que le développement du commerce international, tel que souhaité par l'OMC, n'aura-t-il pas d'impact sur les missions économiques de la douane ? Ensuite, est-ce que les principes de l'OMC ne poussent-ils pas la douane à ne conserver uniquement que son rôle de protection sociale ?

111. Ainsi, une étude théorique concernera, dans la (section I), le développement du commerce international et les mesures protectionnistes. Ensuite, il faut aborder les vrais problèmes entre la douane et le commerce international. Cette analyse sera faite sur la réforme des douanes, considérée cependant comme un facteur clé dans le développement des échanges commerciaux. Il s'agit en fait de démontrer le lien entre la réforme douanière au Tchad et les échanges commerciaux. C'est dans ce contexte qu'il faut aussi réfléchir sur les répercussions que peuvent avoir la libéralisation des échanges et les réductions tarifaires sur l'économie[16] d'un pays pauvre comme le Tchad.

112. La question du protectionnisme est abordée pour comprendre ses mesures apparaissant comme des barrières tarifaires ou non tarifaires au commerce international. La question est donc de savoir quelles sont les caractéristiques spécifiques des mesures protectionnistes et de quelle manière influent-elles le commerce mondial ? Si la réforme douanière, sollicitée par les organisations internationales, doit engager effectivement l'élimination de ces mesures qui font *« entorse au libre-échange »* quelles en seront les conséquences sur l'économie des pays en voie de développement et particulièrement sur celle du Tchad ? Pourtant, certains experts, comme Thomas LEONARD, et Pierre LAURENT, respectivement associé et consultant chez OKAN[17] arrivent à démontrer que *« le protectionnisme*

[15]-ANISZEWSKI(Stefan), Étude préliminaire concernant l'incidence sur la douane des négociations menées dans le cadre du programme de Doha de l'OMC pour le développement. Document de recherche de l'OMD n° 1, (juin 2009), p. 2.

[16]-ANISZEWSKI(Stefan), Étude préliminaire concernant l'incidence sur la douane des négociations menées dans le cadre du programme de Doha de l'OMC pour le développement. Op.cit. p.13.

[17]-OKAN CONSULTING STRATEGIE. Okan is a strategic consulting & financial advisory firm dedicated to Africa..Founded by former McKinsey passionate about Africa and with 30+ years experience in the field, Okan supports the key public and private players of the Continent..Okan covers the key sectors that support the economic take-off of Africa: France.

est un "mal nécessaire" pour les industries naissantes des pays africains »[18]. Il convient d'aborder ici la notion du développement du commerce international face aux mesures protectionnistes **(Section. I)** et ensuite, comprendre la réforme des douanes, un facteur clé dans le développement des échanges commerciaux **(Section. II).**

Section I.
Développement du commerce international et mesures protectionnistes

113. Les mesures protectionnistes constituent des freins au développement des échanges commerciaux internationaux, alors que les États de façon générale et particulièrement les pays en voie de développement restent très attachés à ces pratiques. Le terme *« protectionnisme »,* sous ses différentes formes (droits de douane à l'importation ou à l'exportation, contingentements, édiction de normes sanitaires, marchés publics réservés, etc.), est un des instruments les plus couramment utilisés par un gouvernement[19]. Elle fait partie des politiques commerciales et se développe en menaçant le principe du *« libre-échange ».*

114. Le libre-échange est favorable à la liberté totale de circulation des marchandises et vise à favoriser le développement du commerce international en supprimant les barrières douanières tarifaires et non tarifaires et les réglementations nationales susceptibles de réduire l'importation des biens et des services. Selon une définition donnée au sens large dans un rapport de stage de perfectionnement d'Elhassan LAACHACH, le protectionnisme est *« une doctrine défendue par certains économistes, qui propose de protéger la production nationale de la concurrence des entreprises étrangères*[20] ».Alors que d'une manière plus stricte, Bernard GUILLOCHON considère le protectionnisme comme*« des instruments utilisés par un État pour protéger les productions nationales de la concurrence étrangère*[21] ».Pour Béatrice de La ROCHEFOUCAULD, docteur d'État en sciences politiques, professeure d'économie, de management des organisations et de gestion, *« les pratiques protectionnistes visent à défavoriser la production étrangère par rapport à la production nationale ou à encourager cette production pour la rendre plus attractive*[22] ».

115. Cette politique protectionniste permet au pouvoir politique de prendre des mesures importantes qui font obstacle aux importations dans le but de protéger ou

---

[18]-Démonstration de LEONARD(Thomas) et LAURENT(Pierre), respectivement associé et consultant chez OkanTribune sur « pour un protectionnisme intelligent en Afrique, politique économique », sur le site suivant : .https://www.jeuneafrique.com /[consulté le 14/05/2018].

[19]- HENNER (Henri-François), Le protectionnisme : bilan, limites, réexamen. Revue économique, année 1982 33-6, pp. 957-980

[20]-Voir : Rapport de stage et de perfectionnement d'Elhassan LAACHACH sous le thème : position des règles d'origine dans le processus d'importation. Université Mohamed Premier, École Nationale de Commerce et de Gestion d'Oujda, année, universitaire, 2013/2014, p. 16.

[21]-GUILLOCHON(Bernard), Voir Protectionnisme, EncyclopædiaUniversalis sur le site suivant : https://www.universalis.fr/.

[22]- DE LA ROCHEFOUCAULD(Béatrice), économie du tourisme, Paris (France) : BREAL 2007, p. 161.

de favoriser la production nationale contre la concurrence étrangère. Ces mesures prennent la forme des barrières douanières, tarifaires ou non tarifaires. Aujourd'hui, le commerce international qui se développe à partir des échanges des biens se trouve face à ces barrières douanières qui empêchent son évolution. C'est une préoccupation réelle qui amène les économistes, les fiscalistes et les organisations internationales intéressées par les questions des échanges à s'accorder sur une opinion commune qui est celle de prôner désormais le démantèlement de ces barrières douanières. Mais avant de se préoccuper de ce démantèlement, il convient de savoir comment ces barrières douanières se comprennent-elles ? Elles se divisent, en effet, en deux catégories. Certaines sont appelées *« barrières tarifaires »*, d'autres considérées comme des *« barrières non tarifaires »*.

116. Les barrières tarifaires ne sont rien d'autre que les droits de douane. Les barrières non tarifaires, concernant des quotas, des contingents tarifaires, des mesures antidumping et des droits compensatoires, sont utilisées contre la menace des importations étrangères[23]. Selon Thomas ORLIAC, économiste, docteur spécialiste en facilitation des échanges des problématiques à la frontière, *« les mesures non tarifaires sont du point de vue économique des "barrières" ou "obstacles" qui empêchent le libre-échange. Cependant, certaines mesures sont parfois nécessaires pour des besoins sanitaires, environnementaux ou sociaux[24] »*.C'est pourquoi les barrières tarifaires (**Paragraphe. 1)** seront évoquées avant les barrières non tarifaires **(Paragraphe. 2).**

§1.Barrières tarifaires

117. Les barrières tarifaires permettent à certains pays d'augmenter considérablement leurs droits de douane sur les importations, ce que l'on désigne comme des mesures protectionnistes[25]. Ces pays agissent, en effet, sur les droits de douane en frappant fortement les marchandises étrangères importées pour rendre leur acquisition plus onéreuse, afin que leurs consommations sur le plan national soient réduites par le découragement de leurs prix. En réalité, les consommateurs nationaux sont dissuadés d'acheter ces produits étrangers jugés trop coûteux et préfèrent acheter la production locale[26]. Cette théorie très ancienne permet aux produits nationaux de devenir beaucoup plus compétitifs sur le marché intérieur. Ces barrières tarifaires ou non tarifaires, qui sont appréciées dans certains États, font, pourtant, infraction à la règle du libre-échange en entravant aux échanges commerciaux dus à l'application de ces comportements protectionnistes.

118. Comme il a été signalé, les mesures protectionnistes sont mises en œuvre à travers des droits de douane en prenant la forme des barrières tarifaires. Dans ce cas, elles sont appliquées directement sur les importations. À partir de ces

[23]- JULIUS OLATOUNDE (Kayodé Daniel), Comparaison des tarifs ad valorem et spécifiques dans un contexte d'aversion aux pertes, maîtrise en économique, maître ès arts (M.A.), Québec, Canada, 2013, p. 1.

[24]-Voir plan du cours de Thomas ORLIAC sur : //www.thomas-orliac.net/. [Consulté le 13/08/2018].

[25]- DELCOURT (Jacques) et De WOOT(Philippe), Les défis de la globalisation : Babelou Pentecôte ? Belgique, Displayed by permission of Presses universitaires de Louvain, 2001, p. 107.

[26]-Voir Rapport de stage et de perfectionnement d'Elhassan LAACHACH sous le thème : Position des règles d'origine dans le processus d'importation. Op.cit., p. 17.

démarches dans ce travail, ne convient-il pas de faire une étude sur les principaux types des droits de douane ?

A. Principaux types des droits de douane

119. Les différents types de droits de douane sont abordés ici, dans le cadre des barrières tarifaires. L'importance de ces droits de douane pour un pays, devrait être perçue sous deux angles. D'une part, elle se justifie par la perception des recettes qui constituent les ressources du trésor public et, d'autre part, par le fait que ces droits de douane se présentent comme des instruments de protection, des industries nationales. C'est un comportement protectionniste qui amène les économistes et financiers à qualifier cette imposition des droits de douane, des barrières tarifaires au regard du développement du commerce international, surtout lorsqu'il s'agit de les imposer très fortement sur les produits étrangers afin de décourager leur mise à la consommation. Sur ce point de vue, Richard Earl CAVES, Jeffrey A. FRANKEL, Ronald Winthrop JONES, économistes américains, estiment que *« l'instauration d'un droit de douane attire les ressources dans le secteur protégé et écarte la demande des produits étrangers*[27] *»*

120. Il existe plusieurs types de droits de douane. Certains sont considérés comme des droits douaniers réguliers à l'intérieur desquels il faut distinguer les droits ad valorem et les droits spécifiques. D'autres par contre, qui ont un caractère punitif, sont les droits compensateurs et les droits antidumping. Ainsi, les modalités d'application d'un droit de douane, sont nombreuses et dépendent de l'objectif recherché par le législateur.

1. Droits douaniers réguliers

121. De façon générale, les droits douaniers réguliers se déterminent facilement sur la base de leurs modes de perception et de calculs. Ces droits, appelés tarifs douaniers, sont concernés directement par les opérations majoritairement ad valorem ou spécifiques qu'Antoine BOUET et Estelle DHONT-PELTRAULT, considèrent, dans la lettre du CEPII, comme *« des mesures directes des barrières aux échanges*[28] *»*.C'est aussi sur la base de ces analyses qu'il sera possible de dégager une combinaison de ces deux types de droits qui deviennent alors soient des droits mixtes ou composites.

122. Si les droits sur la base ad valorem sont fixés en fonction de la valeur de l'objet ou des marchandises, les droits spécifiques se basent sur le poids. Les droits et taxes applicables à l'importation sont soit « ad valorem », soit « spécifiques ». Il convient alors de comprendre que l'assiette des droits et taxes applicables à l'importation est déterminée en tenant compte essentiellement des éléments qualitatifs et quantitatifs.

---

[27]-EARL CAVES(Richard), ALEXANDER FRANKEL(Jeffrey), WINTHROP JONES(Ronald), Commerce et paiements internationaux. Paris, Bruxelles, Éditions Deboek Université, 2003, p. 202.

[28]-BOUET(Antoine), DHONT-PELTRAULT(Estelle), Comment mesurer la protection commerciale ?, La lettre du CEPII, centre d'études prospectives et d'informations internationales, n° 195_ novembre 2000, Paris.

a. Droits ad valorem

123. Le droit de douane ad valorem est un type de droit très répandu et s'applique dans la quasi-totalité des pays[29]. En Afrique, tout comme en Europe, le système ad valorem, se fonde sur la valeur d'un produit. Selon une définition évoquée dans le recueil des cours de l'académie de droit international de la Haye, *« le droit ad valorem est essentiellement basé sur les valeurs des marchandises taxées dans le tarif et représente, par conséquent, un pourcentage de la valeur d'unités des marchandises[30] »*.Ces droits sont effectivement calculés sur ces valeurs, augmentées des frais de transport, d'assurance et si possible de commissions nécessaires pour l'importation sur un territoire national jusqu'à destination.

124. Selon José María CABALLERO, Geraldo CALEGAR et Carlo CAPPI *« les droits ad valorem correspondent à un pourcentage du prix CAF[31] »,le « CAF[32] »* se définissant comme Cout, Assurance et fret du montant importé. Dans le système du commerce international, si le taux de droit est un taux ad valorem, la valeur en douane est essentielle pour déterminer le montant du droit exigible sur un produit importé[33].Le droit ad valorem est calculé en fonction de la valeur en douane des produits importés[34].Toutefois, il convient de préciser que la particularité du droit de douane ad valorem est d'offrir un niveau de protection insensible aux variations du prix mondial du produit taxé.

125. En Afrique centrale, les activités douanières se développent en se conformant aux principes dictés par la réforme « fiscalo-douanière » de 1993, permettant aux États membres de la CEMAC de mettre en application, certains actes en matière douanière. Les droits, inscrits au tarif des États, membres de la CEMAC, sont des droits ad valorem : la valeur en douane des marchandises constitue l'assiette de ce droit et même bien d'autres taxes. Les droits de douane sont donc basés sur le tarif extérieur commun (TEC) de la CEMAC. Ce tarif douanier constitue dans cette zone le principal instrument de politique commerciale.

126. Selon l'OMC*« tous les droits de douane appliqués sont des droits ad valorem et il n'existe pas de taux saisonniers ou variables, ce qui renforce la transparence du régime. Par suite des négociations du cycle d'Uruguay, la CEMAC a consolidé ses droits à un taux plafond de 80 % sur tous les produits agricoles »*[35]. Ainsi, à côté de ces droits ad valorem exprimés en pourcentage de la valeur des marchandises importées et nécessitant la détermination de la valeur des

---

[29]- RENOUE(Jean-Claude), La Douane. Op.cit,, p. 17.

[30]-Académie de droit international de la Haye, recueil des cours, Volume 3 (1924/II), 1968 - Law, p.400.

[31]-Voir : interventions de José María *CABALLERO*, Geraldo CALEGAR et Carlo CAPPI, sur « module 3: Les instruments de protection et leurs conséquences économiques » sur le site suivant : http://www.fao.org [consulté le 19/07/2019].

[32]-CAF, Cout, Assurance et Fret

[33]-Voir : « renseignements techniques sur l'évaluation en douane » sur le site de l'OMC suivant : https://www.wto.org/. [Consulté le 03/08/2019].

[34]-Voir : interventions sur le « droits de douane » sur le site de l'académie des sciences commerciales suivant : https://academie-des-sciences-commerciales.org/. [Consulté le 18/05/2018].

[35]-Voir : communiqué de presse sur « les examens des politiques commerciales », Cameroun : juillet 2001, dans le site suivant : https://www.wto.org/.[Consulté le 03/06/2019]. Site consulté.

marchandises au moyen de procédures complexes[36]se développe les droits spécifiques mis en œuvre dans certains pays. Le droit de douane spécifique, en revanche, est un droit qui n'est pas lié à la valeur des marchandises importées, mais à leur poids, leur volume, etc. Il est exprimé sous la forme d'un montant déterminé par unité de quantité : par exemple, deux euros par kilogramme[37].

b. Droits spécifiques

127. Le vocabulaire Juridique, publié sous la direction de Gérard CORNU, définit le droit spécifique comme *« un type de droit établi sur une marchandise d'après son poids* [38]*»*. Jean-Claude RENOUE, aborde dans le même sens en faisant reconnaître que *« le droit spécifique est perçu sur l'unité de la grandeur mesurable d'une marchandise ; il comporte un montant fixé par unité de poids, de longueur, de volume* [39]*»*, autrement dit, il s'agit des caractères physiques du produit.

128. Comme le calcul des droits spécifiques ne se fonde pas sur la valeur des marchandises, il faut alors l'écarter des règles applicables sur la base de l'accord sur l'évaluation en douane. Pierre-Paul PROULX et Emmanuel NYAHOHO, démontrent dans leur ouvrage intitulé : le commerce international : théories, politiques et perspectives industrielles, que *« le tarif spécifique est un montant fixe par unité de bien*[40] *»* Par exemple, 500 dollars par voiture, 10 dollars par jean et 6 dollars par chemise en coton. C'est une opération qui ne peut alors se baser sur la valeur des marchandises, mais plutôt sur la quantité de la marchandise.

129. Même si tout porte à croire que la plupart des pays appliquent des droits ad valorem, il faut tout de même reconnaître que les droits spécifiques sont aussi répandus et appliqués spécifiquement sur certains produits. Un exemple pourrait concerner le maïs en Afrique du Sud qui est soumis à des droits spécifiques calculés en fonction de l'évolution des cours mondiaux. Il convient d'évoquer le cas du système tarifaire de Suisse, qui ne se repose essentiellement que sur les droits spécifiques. Aux États-Unis c'est l'application à la fois des tarifs ad valorem et spécifiques. L'examen de l'OCDE de la réforme de la réglementation fait montrer que les États, membres les plus progressistes de l'OMC appliquent les droits spécifiques pour les produits agricoles et des droits ad valorem pour quasiment tous les autres produits. Les pays européens font largement appliquer les tarifs ad valorem.

130. En abordant la question des mesures tarifaires, Pierre-Paul PROULX et Emmanuel NYAHOHO estiment que le tarif ad valorem *« présente, en effet, certains avantages. Comparativement, au tarif spécifique, il est plus équitable et protège davantage contre l'inflation*[41] *»*.Ceci va en conformité avec les analyses de l'OECD qui estiment que *« les droits ad valorem sont plus transparents que les droits spécifiques. Les droits spécifiques, sont plus régressifs et tendent, plus que*

[36]-OECD, La libéralisation du secteur de la pêche, sa portée et ses effets, OECD Publishing, 2003, France, Paris, p. 271.

[37]-*Ibid.*

[38]- CORNU(Gérard), Vocabulaire juridique. Op.cit, p. 373.

[39]-- RENOUE(Jean-Claude), La douane. Précité supra n°303

[40]- PROULX(Pierre-Paul) et NYAHOHO Emmanuel (), Le commerce international : théories, politiques et perspectives industrielles, Canada : 4e édition, Presses de l'Université du Québec, 2011, p.166.

[41]-*Ibid.*

les droits ad valorem, à fausser les schémas de production parce que le niveau de protection est fonction de la valeur du produit. De plus, les droits spécifiques rendent malaisée l'estimation des niveaux moyens des droits et compliquent les comparaisons entre pays[42] *»*.

131. Toutefois, les droits spécifiques comportent des aspects positifs. Cela a été démontré par l'OECD, lorsqu'il estime que *« les droits spécifiques sont parfois relativement simples à administrer et, du fait que leurs équivalents ad valorem ont en rapport inverse avec les prix, ils concourent à la stabilité des prix intérieurs lorsque les cours mondiaux accusent des fortes fluctuations*[43] *»*.

132. Des sensibilisations se font beaucoup plus sur les droits ad valorem que les droits spécifiques par l'Organisation mondiale du commerce (OMC) en incitant les pays à privilégier le droit de douane ad valorem. L'Organisation mondiale du commerce (OMC) prône pour la consolidation des droits de douane sur les produits industriels, selon une base ad valorem (droits fixés en fonction de la valeur). Tout de même, la plupart des pays utilisent les deux types de droits, mais les marchandises qui sont soumises aux droits spécifiques sont très réduits (produits pétroliers, or, argent, les alcools, etc.)[44].

133. Outre les droits ad valorem et des droits spécifiques, il existe également des droits *« composites » ou « mixtes »*.

2. Droits composites ou mixtes

134.Même si les droits composites ou mixtes font partie des droits de douane, ils sont appelés, comme les droits spécifiques, des droits non ad valorem. Ils sont obtenus à partir d'une opération de combinaison des droits ad valorem et des droits spécifiques. Ainsi, les pays qui associent parfois les deux types de droits *« droit ad valorem »* et *« droits spécifiques »* débouchent sur l'application des droits composites ou des droits mixtes.

135. En général, les droits mixtes, composites, y compris les droits spécifiques considérés comme des droits non ad valorem, sont peu utilisés par rapport aux droits ad valorem largement sollicités en Afrique et dans d'autres continents. Mais en Suisse particulièrement, la perception des droits de douane se fonde, beaucoup plus, sur des bases de calculs spécifiques.

a. Les droits composites

136. Les droits composites font partie des types de droits douaniers mis en œuvre en faisant appel à un système résultant du cumul des droits spécifiques et ad valorem. Toutefois, il faut plutôt se référer au rapport de l'OECD qui s'oblige à être un plus explicite sur la notion des droits composites. Selon ce rapport, *« un droit de douane composite est un droit composé d'un droit ad valorem auquel est ajouté ou, plus rarement, duquel est retranché, un droit spécifique, par exemple 10 % + 2 EUR par kilogramme*[45] *»*.

---

[42]-Voir : accord sur l'agriculture du cycle d'Uruguay, une évaluation de sa mise en œuvre dans les pays de l'OECD, OECD, 2001, p.25.

[43]-*Ibid.*

[44]-Voir : article sur « les droits de douane et les surtaxes douanières » sur le suivant : http://m-elhadi.over-blog.com. [Consulté le 14/09/2018].

[45]-OECD, La libéralisation du secteur de la pêche : sa portée et ses effets. Op.cit. p.371.

137. Le droit composite, appelé en anglais « Compound Tarif » est un droit calculé sur la base de la valeur de la marchandise importée (un droit ad valorem) et d'une unité de mesure de cette marchandise (un droit spécifique). Il est généralement calculé par l'adjonction d'un droit spécifique à un droit ad valorem[46].Par exemple, un droit ad valorem de 10 % majoré d'un droit spécifique de 2 € par tonne[47].C'est en ce sens que les droits composites se différencient un peu, des droits mixtes dans la pratique. Ils se différencient parce que le droit mixte prend la forme soit d'un droit spécifique, soit d'un ad valorem. Celui qui s'applique étant celui qui procure la plus forte recette douanière. Par exemple, un droit de 10 %, mais au minimum de 2 € par kilo[48].

b. Droits mixtes

138. Les droits mixtes portent sur une opération comportant à la fois les droits ad valorem et spécifiques, comme cela pouvait se constater dans les résultats des droits composites. Ces droits s'obtiennent à partir d'une combinaison des droits ad valorem et des droits spécifiques. Une réflexion, assez pertinente, est faite par des spécialistes à un programme de cours, dont la durée estimée : quatre heures, sur la question des droits de douane et négociations tarifaires en général et particulièrement sur le droit mixte en proposant un exemple de ce droit de façon convaincante. Selon les interventions sur les cours de droit, le droit mixte *« est un droit calculé sur la base de la valeur de la marchandise importée (un droit ad valorem) ou d'une unité de mesure de cette marchandise (un droit spécifique). C'est souvent le montant le plus élevé qui est retenu, mais il arrive que ce soit le montant le plus bas qui soit choisi (comme spécifié dans le droit mixte lui-même).Exemple : 5 pour cent ad valorem ou 10 dollars EU la tonne, le montant le plus élevé étant retenu[49] »*.

139. Il semble que d'autres types de droits renforcent les droits mixtes et les droits composés. Il s'agit des *« droits et impositions »,* cités parmi les droits réguliers. L'OECD met l'accent, par exemple, sur *« toutes les taxes à l'importation perçues en sus des droits de douane qui ne sont pas conformes aux dispositions de l'article 8 (redevances et formalités) de l'accord général. L'article II : 1 b[50] »*.

140. À côté de ces droits douaniers réguliers abordés dans ce contexte, d'autres types de droits appelés droits, antidumping et droits compensateurs se développent dans le domaine des droits de douane.

---

[46]-Voir : « module 3 des droits de douane et négociations tarifaires » sur https://ecampus.wto.org/.

[47]-ABDELMALKI (Lahsen), SANDRETTO(René), Le commerce international. Analyses, institutions et politiques des États, Belgique : Louvain-la-Neuve, De Boeck Supérieur, 2017, p. 125.

[48]-*Ibid.*

[49]-Voir : interventions sur les « droits de douane et négociations tarifaires » sur le site suivant: https://coursdedroit.files.wordpress.com/2017 , p.7. [Consulté le 11/07/2018].

[50]- OECD, La libéralisation du secteur de la pêche : sa portée et ses effets, Précité supra n°21 de l'introduction.

B. Autres types des droits de douane

141. Les autres types de droits de douane qu'il faut évoquer ici, comme les mesures tarifaires[51], concernent les droits antidumping et les droits compensateurs. Ce sont des prélèvements spéciaux sur des marchandises importées dont le but est de protéger les industries nationales, soit contre les dommages causés par la vente des biens, faisant l'objet d'un dumping dans le pays importateur ou des importations subventionnées[52]. Ils s'appliquent lors de l'importation sur certaines marchandises et sont ainsi autorisés par les règles de l'OMC pour être appliqués dans le cadre de la défense des productions nationales.

142. La mise en place des droits antidumping et des droits compensateurs est pour contrer les pratiques commerciales jugées déloyales par l'OMC. Ils sont considérés comme des instruments de défense commerciale qui luttent pour rétablir une concurrence loyale entre les produits importés des pays tiers et les produits fabriqués dans l'espace de la communauté.

1. Droits antidumping et droits compensateurs

143. Les droits antidumping et les droits compensateurs font partie des sauvegardes du GATT et de l'OMC. Ce sont des mesures de protection du commerce international qui peuvent être imposées par un pays lorsqu'il est confronté à une brusque poussée des importations[53] et/ou à une baisse anormale des prix des importations, l'un ou l'autre étant susceptible de provoquer des dommages sur le secteur d'activité intérieure en concurrence[54].

144. Les mesures antidumping et mesures compensatoires sont en effet, autorisées par les règles du GATT/ contre la concurrence déloyale[55], dans le respect du cadre juridique prévu par l'OMC pour être appliquées comme des mesures commerciales correctives ou des instruments de défense commerciale des États membres. Ces instruments, qui tirent leur légitimité des accords de l'OMC, ont pour vocation de lutter contre la concurrence déloyale, dans le respect du cadre juridique prévu par l'OMC[56].

145. Selon les règles de l'OMC, il faut appliquer les droits antidumping pour compenser ou encore empêcher le dumping, se définissant dans les accords de l'OMC comme *« une vente déloyale à bas prix[57] ».* Tout de même, il convient de signaler que ces droits antidumping et droits compensatoires ne peuvent être utilisés que dans certaines circonstances et sous certaines conditions.

---

[51]-Voir : les mesures tarifaires, les taxes contre la Chine : les géants de la tech veulent faire entendre raison à Trump sur le site suivant ; http://plus.lefigaro.fr/. [Consulté le 19/05/2019].

[52]-Conférence des Nations unies sur le commerce et le développement, classification internationale des mesures non tarifaires, version de 2012, Nations unies, 2015.

[53]-Voir : recueil de la jurisprudence ECLI:EU:T:2014:7 1 Affaire T-385/11 BP Products North America Inc. contre Conseil de l'Union européenne. Lire sur le site suivant : https://eur-lex.europa.eu/. [Consulté le 17/08/2018].

[54] -Voir : interventions de Rohit SHARMA, ...division des produits et du commerce international, « module 6. Les mesures de protection spéciale » sur le site de FAO suivant : http://www.fao.org/. [Consulté le 28/09/2018].

[55]-Voir : interventions du DG Trésor, sur « les instruments de défense commerciale de l'Union européenne », sur le site suivant : https://www.tresor.economie.gouv.fr/, publié le 01 janvier 2018,

[56]-*Ibid.*

[57] Voir : accords de l'OMC sur le site suivant ; http://www.wto.org/. [Consulté le 16/07/2018].

a. Droits antidumping

146. Les *« droits antidumping »* sont des mesures prévues par l'article XIX du GATT 1994 et autorisées par l'article VI du GATT1994, à prendre par ses membres contre le dumping. Le *« dumping »* est une pratique loyale[58]. Ce terme de l'anglais *« to dump »,* c'est-à-dire *« déverser »,* ou *« se débarrasser de »* désigne des pratiques commerciales consistant à vendre un produit moins cher à l'étranger que dans le pays où il a été fabriqué[59]. Selon la signification du dumping dans le cadre du GATT/de l'OMC *« le dumping est, d'une manière générale, une situation de discrimination internationale en matière de prix, dans laquelle le prix d'un produit vendu dans le pays importateur est inférieur au prix de ce même produit vendu sur le marché du pays exportateur[60] ».*

147. Les pratiques de dumping sont condamnées par les traités internationaux. Les actions pour contrer le dumping sont des mesures antidumping. Il faut noter, toutefois, que les conditions de mise en pratique des mesures antidumping sont clairement énumérées par l'OMC. Ainsi, les membres de l'OMC, peuvent imposer des mesures antidumping s'ils déterminent : qu'un dumping a eu lieu ; que la branche de production nationale produisant le produit similaire dans le pays importateur subit un dommage important, ou qu'il y a une menace de dommage important ; et qu'il existe un lien de causalité entre les deux.

148. Les pratiques commerciales déloyales concernent aussi la subvention tierce. Un produit est considéré comme faisant l'objet d'une subvention lorsque les pouvoirs publics du pays d'origine ou d'exportation accordent directement ou indirectement un avantage financier à la fabrication, à la production, à l'exportation ou aux transports de tout produit exporté vers l'Union européenne[61].

b. Droits compensatoires

149. Les *« droits compensateurs »* font partie des mesures de sauvegarde prévues par l'article XIX du GATT 1994.Précisément, les États membres sont autorisés à l'article VI du GATT 1994 à prendre des mesures contre les subventions. La définition du terme *« subvention »* est précisée dans l'accord sur les subventions. Selon cet accord, la définition de la subvention comporte trois éléments fondamentaux, *« i) une contribution financière, ii) des pouvoirs publics ou de tout organisme public du ressort territorial d'un membre, iii) qui confère un avantage. Pour qu'il y ait subvention, il faut que tous ces trois éléments soient réunis[62]. »*Mais aussi, un produit est considéré comme faisant l'objet d'un

[58]-- BARBET(Philippe), Du dumping comme pratique loyale et de l'anti-dumping comme barrière aux échanges. Revue française d'économie, année 1995, 10-2, pp. 3-33.

[59]-Voir : dumping, dans le Dictionnaire de l'Académie française (9e édition).http://atilf.atilf.fr/academie9.htm.

[60]-Signification du dumping dans le cadre du GATT / de l'OMC.

[61]-Voir : Circulaire « Les instruments de défense commerciale Droits antidumping – droits compensateurs (antisubventions) » signé par Hélène GUILLMENT le 30 mars 2015 pour le Ministère des Finances et des comptes publics de la République française.

[62]-Voir : « présentation de l'accord sur les subventions et les mesures compensatoires ("Accord SMC") » sur le site de l'OMC, https://www.wto.org/. [Consulté le 11/05/2018].

dumping, lorsque son prix, à l'exportation vers une communauté, est inférieur au prix comparable pratiqué sur le marché intérieur du pays exportateur[63].

150. Les *« droits compensatoires »* sont des mesures antisubventions prévues dans le système du GATT/OMC[64]. Ils interviennent dans le cadre de l'accord sur les subventions et les mesures compensatoires (« Accord SMC ») et visent à neutraliser l'effet des subventions instituées par le gouvernement d'un pays exportateur qui cause ou qu'il est susceptible de causer un dommage important à une branche de production nationale, de produits similaires[65]. Ces instruments de défense commerciale utilisés pour la protection contre les subventions publiques, sont considérés par l'OCDE comme des prélèvements supplémentaires à appliquer sur les *« biens importés pour compenser les subventions fournies aux producteurs ou exportateurs par le gouvernement du pays exportateur* [66]*».*

151. L'accord du système GATT/OMC impose à ses membres des conditions de mise des mesures compensatoires. Ainsi, un membre de l'OMC ne peut exiger de mesure compensatoire à moins de déterminer l'existence de trois facteurs : des importations subventionnées ; un dommage important ou une menace de dommage causé une branche de production nationale ; et un lien de causalité entre les importations subventionnées et les dommages[67].

152. Il convient, ici, d'aborder certaines notions qui semblent être intéressantes pour ces travaux de recherche. Mais dans un premier temps, il est question de réfléchir sur les réformes des droits antidumping et compensateurs. Ensuite, les réflexions conduiront vers le champ d'application de ces droits.

2. Formes et champ d'application des droits antidumping et compensateur

153. Cette étude permet de comprendre les formes des droits antidumping et compensateurs qui tirent leur légitimité des accords de l'OMC. Ils ne sont pas appliqués, pour punir les importations tierces ou augmenter artificiellement le coût des produits importés, mais c'est pour lutter contre des pratiques déloyales reconnues par l'OMC. À cet effet, des mesures prévues par l'OMC ne s'appliquent qu'à l'encontre des importations des pays où proviennent les pratiques commerciales jugées déloyales.

154. Comme il a été souligné, cette réflexion s'intéresse également au champ et aux modalités d'application de ces deux types de droits antidumping et compensateurs, instruments définis par deux accords internationaux annexés aux

---

[63]-Voir : Circulaire « Les instruments de défense commerciale Droits antidumping – droits compensateurs (antisubventions) » précité supra n°335..

[64]-Voir : article de Jean-Marie PAUGAM, Apres Cancun : La double crise de L'OMC, Revue du Marché Commun et de l'Union européenne, n°477 – avril 2004, sur le site suivant : www.ifri.org.[Consulté le 08/10/2018].

[65]-Voir : article développé par MARCEAU(Gabrielle) intitulé : « principes généraux du GATT/de L'OMC, le cadre juridique des relations commerciales internationales » sur le site suivant : http://www.ceim.uqam.ca/.[Consulté le 13/07/2018].

[66]-OECD, « politiques agricoles des pays de l'OCDE », suivi et évaluation. OCDE Publishing, 2002, France, Paris., p.252.

[67]- MBOW FALL(Fallou), Les mesures de défense commerciales de l'APE UE/AO. Dialogue régional multi-acteurs sur l'APE UE/AO, Hôtel Terrou Bi, Dakar, 27-29 octobre 2014.

accords de Marrakech de 1994, créant l'Organisation mondiale du commerce (OMC). Les dispositions de ces accords peuvent être intégrées dans le droit matériel de l'État ou de la communauté.

a. Formes des droits antidumping et compensateurs

155. Les droits antidumping et compensateurs prennent plusieurs formes. Mais leurs formes les plus connues sont : la forme d'un droit ad valorem et celle d'un droit spécifique. Ce sont des notions déjà évoquées dans le travail précédent. Il faut rappeler que la forme d'un droit ad valorem est un droit calculé sur la base du *« prix net franco-frontière de l'Union avant dédouanement »*. Il s'agit du prix, un produit assimilé à la valeur en douane. La mise en œuvre de ce droit, est encouragée par l'Organisation mondiale du commerce (OMC) du fait qu'il peut rendre le niveau de taxation plus transparent[68].L'OMC incite les pays à privilégier l'application de ce droit en raison de sa transparence du point de vue de la taxation. Pour la forme d'un droit spécifique, c'est un droit prélevé sur la base d'un montant fixe par quantité[69].

156. Après avoir pris connaissance des différentes formes des droits antidumping et compensateurs, il ne reste qu'à réfléchir aux pratiques de dumping ou de subventions tierces, considérées comme des pratiques commerciales déloyales. Il convient de préciser, que les instructions relatives aux mesures de défenses commerciales imposées sous forme de droits antidumping ou de droits compensateurs (antisubventions) sont applicables à l'importation.

b. Champ et modalités d'application des droits antidumping et compensateur

157. Les droits antidumping et compensateurs s'appliquent à un code de la nomenclature douanière (espèce tarifaire) et un pays d'origine (couple *« pays/produits [70] »*.Comme il a été relevé, l'OMC autorise ses pays membres à mettre en application les droits antidumping et compensateurs qu'il faut considérer comme des surtaxes douanières ou des surtaxes de sauvegarde. Les conditions d'application des droits antidumping et compensateurs sont clairement précisées par le Code des douanes de la CEMAC, en son article 12. Selon cet article :

« peuvent être soumises à l'entrée dans le territoire douanier à un droit, les marchandises qui causent ou menacent de causer un préjudice important à la production nationale d'une marchandise identique, ou, directement concurrente d'un État membre de la CÉMAC, dans les conditions suivantes ; -à un droit compensateur, les marchandises taxées ou non qui bénéficient à l'étranger d'une prime ou d'une subvention directe ou indirecte, quels qu'en soient la nature, l'origine ou le mode d'attribution ; -à un droit antidumping, les marchandises taxées ou non dont le prix payé ou à payer est inférieur au prix comparable

---

[68]-OLATOUNDE (Kayode Daniel Julius) , Comparaison des tarifs ad valorem et spécifiques dans un contexte d'aversion aux pertes. Mémoire du diplôme de maîtrise en économie, maître ès arts (M.A.) précité supra n°404.

[69]-Voir : notion des « droits antidumping et droits compensateurs » sur le site du gouvernement français, https://www.douane.gouv.fr/. [Consulté le 14/06/2018].

[70]-Voir : Circulaire du ministère des finances et des comptes publics sur « les instruments de défense commerciale droits antidumping – droits compensateurs (antisubventions) », ministère des finances et des comptes publics, République Française, NOR : FCPD1508219C, 30 mars 2015.

pratiqué au cours d'opérations commerciales effectuées pour des marchandises similaires destinées à la consommation dans le pays d'origine ou dans l'un des pays de transit ou dans le pays de provenance, déduction faite des droits et taxes applicables aux ventes réalisées dans ces pays dont les marchandises en cause auraient été exonérées ou dont le montant fait ou serait destiné à faire l'objet de remboursement du fait de leur exportation ; ou, en l'absence d'un tel prix, inférieur au prix comparable le plus élevé pratiqué au cours d'opérations commerciales effectuées pour une marchandise similaire exportée vers un pays tiers, ou inférieur au coût de production réel ou estimatif de cette marchandise dans le pays d'origine augmenté d'un supplément raisonnable pour les frais de vente et le bénéfice [71] *».*

Il convient aussi d'aborder les modalités d'application des quotités des droits dans les réglementations douanières de la CEMAC.

158. Les modalités d'application et les quotités de ces droits en question sont fixées nécessairement par des actes du Conseil des ministres l'Union Economique de l'Afrique Centrale (UEAC), un des organes de la CEMAC. Les actes du Conseil des ministres de l'UEAC, désignent les marchandises soumises à ces droits en faisant référence à leur définition technique ou commerciale. Ils visent aussi l'entreprise qui produit ces marchandises et qui les vend. Ces actes sont pris pour s'appliquer à tout le territoire douanier ou à la partie de territoire qu'ils définissent.

159. De tout ce qui précède, les notions sur les barrières tarifaires ne concernent essentiellement que les droits de douane qui font face au développement du commerce international de nos jours. Cependant, les barrières non tarifaires qui s'amplifient sans cesse donnent lieu également à un intérêt de réflexion dans le processus de libéralisation des échanges.

§ 2.Barrières non tarifaires

160. Les barrières non tarifaires sont des restrictions douanières[72], des sujets récents par rapport aux droits de douane. D'après Philippe NARASSIGUIN, spécialiste des questions monétaires et financières, les barrières non tarifaires sont *« un ensemble de mesures et de procédures qui visent à réduire les importations sans appliquer des droits de douane* [73] *».*Ce sont en fait des problèmes d'ordre technique, administratif ou juridique, qui sont perçus au regard de l'Organisation mondiale du commerce comme des obstacles aux échanges mondiaux.

161. Si les gouvernements optent pour l'application des mesures non tarifaire, c'est parce qu'ils considèrent cela comme une nécessité pour répondre à des objectifs de politiques publiques concernant la protection de la santé des consommateurs, de la sécurité et de l'environnement et même dans d'autres domaines. Les barrières non-douanières étant très diversifiées, l'OMC éprouve des

[71] - Code des douanes CEMAC 2001. Op,cit article 12

[72]- BUEB(Nathalie), Les régimes douaniers et fiscaux dérogatoires dans la Communauté européenne. Thèse pour l'obtention du grade de docteur en droit, Université de Strasbourg, 2009, p. 28.

[73]-Voir : réflexions de NARASSIGUIN(Philippe) sous le thème : « pédagogie économique – Du GATT à l'OMC » dans le site suivant : unionrepublicaine.fr/.[Consulté le 13/08/2018].

difficultés pour connaître avec exactitude leur nombre. Elles sont moins visibles, mais efficaces pour réduire les importations.

A. Types des barrières non tarifaires

162. Les barrières non tarifaires considérées aussi comme distorsions non tarifaires sont définies par I.S. FERGUSON spécialiste dans les enseignements forestiers et P.J. LLOYD, économiste à l'Université nationale d'Australie, comme *« toutes les mesures autres que les tarifs douaniers qui faussent le libre-échange international en faisant une discrimination entre biens de production nationale et biens importés, ou entre biens exportés et biens destinés à la consommation intérieure[74] »*.Ces distorsions non tarifaires prennent des proportions inquiétantes au niveau du commerce international.

163. Il faut comprendre, par ces obstacles, l'application abusive des accords internationaux et des comportements provenant des activités administratives imposées par les gouvernants dans le but de protéger les productions nationales. Dans ces conditions, il y a problème dans le développement du commerce international. Et pourtant, ces accords apparaissent, dans la pratique, comme des obstacles dits *« légitimes »* dans la mise en œuvre de la politique publique générale. Et dans ce cas, ces accords sont-ils considérés quelquefois comme des maux nécessaires ? Mais aussi, pourquoi faut-il citer les restrictions quantitatives et les obstacles procéduraux comme faisant partie de ces barrières non tarifaires ?

164. Les obstacles évoqués ne sont rien d'autre que les normes sanitaires, phytosanitaires et obstacles techniques au commerce, les restrictions quantitatives et autres obstacles non tarifaires au commerce.

1. Normes sanitaires, phytosanitaires et obstacles techniques au commerce

165. Les accords sur les normes sanitaires, phytosanitaires et obstacles techniques au commerce, régissant par des accords internationaux et signés dans la même année, ont des objectifs similaires. Dans le cadre de la mise en œuvre de ces accords, l'Organisation mondiale du commerce (OMC) autorise les pays membres à adopter des mesures destinées à protéger la santé humaine, animale et végétale ainsi que l'environnement, la faune et la flore et la sécurité humaine[75].

166. Malheureusement, les accords signés sous le regard de l'OMC sur les mesures sanitaires et phytosanitaires (SPS) et sur les obstacles techniques au commerce (OTC) ont des impacts sur les échanges internationaux de certains produits. Certains auteurs mettent l'accent sur l'impact des mesures SPS et OTC sur les échanges agricoles[76].Ces mesures deviennent des

---

[74]-I. S.FERGUSON et P.J. LLOY, Distorsions non tarifaires dans le commerce international des produits forestiers. Archives des documents de la FAO, département des forêts. Le document est consultable dans le site suivant : http://www.fao.org/ . [Consulté le 13/08/2018].

[75]-Voir : article d'Anne-Célia DISDIER, Normes sanitaires et phytosanitaires et obstacles techniques au commerce : quels impacts sur les échanges internationaux de produits agricoles ? INRA, Sciences sociales, recherches en économie et sociologie rurales, n° 3-juin, 2008.

[76]-*Idem*

barrières non tarifaires en cas de dérapages ou à cause de leur utilisation abusive ou non transparente.

a. Mesures sanitaires et phytosanitaires couvertes par l'Accord SPS

167. L'accord sur l'application des mesures sanitaires et phytosanitaires est mis en vigueur le 1er janvier 1995 au moment de la création de l'Organisation mondiale du commerce. Son objectif principal est de garantir l'innocuité des produits alimentaires, la santé des animaux et la préservation des végétaux[77]. L'accord en question permet aux pays signataires de disposer de normes propres, mais à condition que celles-ci aient un fondement scientifique, pour ne pas faire apparaître dans ces opérations les caractéristiques des barrières non tarifaires.

168. À travers l'accord sur l'application des mesures sanitaires et phytosanitaires, il se dégage une réelle préoccupation qui est celle de préserver la confiance des consommateurs et de réduire les pertes imputables aux parasites, aux maladies et aux contaminants, ainsi qu'aux espèces non-indigènes nuisibles[78].Il est appliqué strictement dans le but de gagner la confiance des consommateurs, de protéger leur vie ou leur santé avec des produits importés et consommables en toute sécurité, mais également, d'assurer la protection des animaux et des végétaux.

169. Cependant, l'OMC exige, en effet, que la mise en œuvre de l'accord sur l'application des mesures sanitaires et phytosanitaires se fasse en conformité aux principes de légitimité. Cela s'explique par le fait qu'il faut se baser sur un fondement technique, scientifique, de la transparence ou de la non-discrimination, de la nécessité, de la proportionnalité et de la cohérence. Mais en cas d'une application contraire aux objectifs voulus, cela peut ressembler immédiatement à l'esprit de protectionnisme ou des barrières douanières non tarifaires. Ainsi, l'accord ne doit pas apparaître comme un protectionnisme non tarifaire qui pourrait être mis en œuvre sous couvert de précaution[79]. Cet accord s'applique de la même manière que celui concernant les obstacles techniques au commerce OTC.

b. L'Accord sur les obstacles techniques au commerce OTC

170. Les intérêts légitimes évoqués par Faustin MUKELA LUANGA, économiste, sur les obligations et droits fondamentaux de l'accord sur les obstacles techniques au commerce[80], sont défendus à travers une politique générale de l'État qui prend en compte, la question de la protection de la santé et de la sécurité des personnes ou l'environnement. Mais les vrais problèmes apparaissent lorsque l'application de cet accord, est considérée comme abusive ou parce que les buts établis pour les intérêts légitimes sont déplacés. Ces mesures ne deviennent donc

---

[77]-*Ibid.*

[78]-Conférence des Nations unies sur le commerce et le développement : module de formation sur l'accord de l'OMC sur les mesures sanitaires et phytosanitaires, Nations unies, New York et Genève, novembre 2005, p.1.

[79]- BOY(Laurence), CHARLIER(Christophe), RAINELLI(Michel), REIS(Patrice), La mise en œuvre du principe de précaution dans l'accord SPS de l'OMC. Les enseignements des différends commerciaux. Revue économique 6/2003(Vol.54), p. 1291-1306

[80]- LUANGAMUKELA(Faustin), Comment faciliter et développer les échanges intrarégionaux, obligations et droits nécessaires de l'accord sur les obstacles techniques au commerce, Institut de formation et de coopération technique de l'OMC Îles Maurice, 20 - 23 novembre 2012, OMC, https://www.commissionoceanindien.org/.Consulté le 16/12/2012].

obstacles que quand elles sont mises en œuvre dans le but de faire accroître inutilement certains coûts ou d'entraver le commerce, ou qu'elles sont appliquées tout simplement d'une manière illégitime. C'est pourquoi, même si l'accord autorise les pays membres de l'OMC à restreindre le commerce international, il faut que les mesures ainsi prises ne restreignent pas le commerce non-nécessaire[81].

171. En réalité, c'est un accord qui cherche à empêcher, au maximum, la mise en œuvre de certaines réglementations techniques nationales ou accords régionaux injustifiés, qu'il n'aurait pour objectif que délimiter les échanges[82] commerciaux. Il exige aux États membres de l'OMC, l'application des normes internationales, soit en totalité, ou en partie, compte tenu des circonstances qui obligent, à moins que, pour certaines raisons fondamentales, qu'elles ne soient, à mesure, d'être mises en œuvre, par l'administration locale. Comme il avait été signalé, il est nécessaire, par la suite, de réfléchir sur les restrictions quantitatives et autres obstacles au commerce.

2. Les restrictions quantitatives et autres obstacles non tarifaires au commerce

172. Les restrictions quantitatives qui font partie des mesures de protection de l'économie nationale, sont interdites d'application par l'article XI du GATT de 1994. Leurs mises en œuvre constituent, en fait, des entraves aux échanges de marchandises. Il en est de même pour certains textes législatifs et d'autres obstacles non tarifaires au commerce. L'objectif premier est donc d'en débarrasser le commerce international.

173. Les restrictions quantitatives sont des prohibitions ou des restrictions autres que des droits de douane, ordinaires ou autres taxes instaurées par un membre de l'OMC à l'importation ou à l'exportation d'un produit dont l'application peut être faite grâce à plusieurs moyens. Il s'agit des moyens comme de contingents, de procédures de licences d'importation ou d'exportation ou de tout autre procédé.

a. Restrictions quantitatives

174. La question des restrictions quantitatives est abordée par l'article XI du GATT. Il n'y a pas à l'OMC de définition explicite de l'expression *« restriction quantitative »*. Une définition implicite est donnée à l'article XI : 1 du GATT de 1994. Cela s'explique par le fait que cet article *« proscrit toutes prohibitions ou restrictions autres que des droits de douane, taxes et autres impositions*[83] *»*.Il y a restriction quantitative lorsqu'un État met en œuvre certaines pratiques qui ont pour finalité de limiter les volumes à l'exportation ou à l'importation[84]. De telles

---

[81]-Voir : « Les accords de l'OMC et la santé publique », étude conjointe de l'OMS et du secrétariat de l'OMC, imprimé par le secrétariat de l'OMC 2002, p.12.

[82]- DURAND(Sandrine) et CHIARADIA-BOUSQUET()Jean-Pierre, Nouveaux principes de législation phytosanitaire, FAO, ROME, 1997, p.1.

[83]-Voir : article XI : 1 du GATT de 1994, pour comprendre que cet article proscrit toutes prohibitions ou restrictions autres que des droits de douane, taxes et autres impositions.

[84]- ZOURE(Théophane*)*, Le régime juridique du commerce des produits agricoles dans le droit de L'OMC. Thèse de doctorat : Univ. Genève, 2011 - D. 826 - 2011/03/21, p.8.

restrictions quantitatives ont un effet néfaste sur le commerce international et sont par conséquent interdites par le GATT.

175. Les restrictions quantitatives sont si nombreuses, mais celles qui sont fondamentalement les plus connues ou les plus courantes sont les prohibitions et les contingents (ou quotas).Ces mesures, appliquées à la frontière, ont des répercussions sur les relations commerciales internationales. Pour Julien GOURDON, économiste, il faut considérer que ces restrictions quantitatives, *« limitent de fait les importations* [85]*»*.L'étude de l'OCDE considère les prohibitions comme des *« interdictions absolues d'importation. Elles peuvent parfois contenir des dispositions fixant les conditions dans lesquelles les marchandises sont autorisées à entrer dans le pays* [86]*»*. Cette étude considère par ailleurs que *« les contingents restreignent l'importation de produits donnés en fixant un volume ou une valeur maximale aux marchandises dont l'importation est autorisée* [87] *»*.

176. Il y a lieu de faire une différence entre les contingents tarifaires et les contingents qui sont généralement prohibés ou plus restrictifs. Le régime de contingents tarifaires est surtout dénoncé dans le cas où il y a un constat d'un manque de transparence, d'uniformité et de prévisibilité de l'administration[88]de manière à fausser les échanges ou à imposer une charge administrative plus lourde que ce qui était absolument nécessaire[89]. Dans les réflexions émises dans le module 5 des travaux du WTO ECAMPUS[90], *« un contingent tarifaire consiste en un droit double associé à une quantité ; une quantité prédéterminée de marchandises peut être importée à un taux de droit préférentiel (c'est-à-dire moins élevé) ("taux contingentaire") pendant une période donnée. Une fois que le contingent a été entièrement utilisé, on peut continuer d'importer le produit sans limitation, mais en payant un droit plus élevé ("taux hors contingent"). En d'autres termes, on peut importer n'importe quelle quantité dès lors que l'on paie le droit hors contingent »*[91].

177. Ce n'est pas le cas avec les contingents qui ont pour objectif d'imposer une limite absolue aux importations de marchandises. Il est donc vrai que ces restrictions sont en principe interdites : néanmoins, elles demeurent tolérées

---

[85]-Voir : article de GOURDON(Julien), sur « mesures non tarifaires : que négocie-t-on avec les États-Unis ? Normes sanitaires, harmonisation, reconnaissance mutuelle... les échos du volet des négociations du TTIP portant sur les mesures non tarifaires sont remplis de ces mots. Que veulent-ils dire ? », L'actualité économique déchiffrée par les économistes du CEPII sur le site de CEPII suivant : http://www.cepii.fr/. [Consulté le 10/08/2018].

[86]-Études de l'OCDE sur la politique commerciale. Au-delà des tarifs, le rôle des obstacles non tarifaires dans le commerce mondial. Op. cit..p. 63.

[87]-*Ibid.*

[88]-Voir : rapport du groupe de travail de l'accession de la Chine, Organisation Mondiale du Commerce .WT/ACC/CHN/49, 1er octobre 2001, p.24.

[89] -*Ibid.*

[90]-The World Trade Organization (WTO) ECampus provides free online interactive training in international trade for government officials from developing countries and economies in transition, which have either WTO Member or Observer status. Learners from other countries, and in all walks of life, can also access the materials – but will not be given a WTO certificate.

[91]-Études de l'OCDE sur la politique commerciale. Au-delà des tarifs, le rôle des obstacles non tarifaires dans le commerce mondial *Op. cit.*, p. 62.

lorsqu'elles font l'objet d'un accord bilatéral entre les parties concernées[92]. En dehors de ces restrictions quantitatives, il existe bien d'autres obstacles non tarifaires.

b. Autres obstacles non tarifaires

178. Il existe, bien évidemment, d'autres obstacles non tarifaires, constituant des entraves au commerce et qu'il importe d'aborder. Ces obstacles sont soit imputables à des barrières ou des prescriptions techniques[93] ou encore des problèmes d'ordre administratif ou juridique et qui échappent au contrôle rigide de l'OMC. Les obstacles techniques, ici, concernent par exemple les régimes de licence à l'importation, les procédures d'évaluation en douane, les règles d'origine, le système de l'inspection avant expédition et la question de l'attribution des marchés qui sont régis par des accords de l'OMC.

179. Il est vrai que l'OMC encourage, dans ses accords, l'octroi du régime de licence à l'importation comme un permis d'importation. Et dans le même temps, elle estime que son obtention devrait se faire par des procédures simples, transparentes et automatiques dans le but de faciliter encore davantage les activités commerciales. Mais lorsque, ce régime se délivre avec autant de problèmes, c'est-à-dire que sa délivrance fait face aux procédures complexes, discriminatoires ou de nombreuses charges non notifiées au départ et qui ont souvent pour effet de retarder[94] l'accomplissement rapide des procédures engagées, cela devient une entrave au commerce international.

180. Concernant les règles d'origine, qui sont les critères permettant de déterminer le pays d'origine d'un produit ou qui définissent l'endroit où un produit a été fabriqué, sont fréquemment présentés comme des obstacles au commerce. Même si elles sont aujourd'hui indispensables dans le commerce international, les critiques viennent tout de même des opérateurs économiques qui estiment que ces règles d'origine sont quelquefois discriminatoires, non raisonnables ou incohérentes. Les difficultés s'expliquent par le fait, qu'il est difficile, pour les producteurs de machines, de se conformer aux règles d'origine, afin de bénéficier d'une réduction des droits de douane dans le pays importateur, dans la mesure où les pièces et matériels proviennent de différents pays[95]. Ces producteurs font, face à des formalités et des coûts supplémentaires, ou des tracasseries administratives. Dans ce sens, l'OMC reconnaît aussi que *« la mondialisation complique les choses ainsi que la façon dont un produit peut être transformé dans plusieurs pays avant d'être prêt à être mis sur le marché[96] ».*Les complications sont également signalées en matière de politique d'évaluation en douane.

---

[92]- CLERC(Denis), Dictionnaire des questions économiques et sociales, Paris, France : Édition de l'atelier, 1987, p.244.

[93]- TAMA LISINGE(Robert), Facilitation du commerce intra-africain : démantelé les barrières pour le commerce intra-africain. La présente publication a été réalisée avec le soutien du programme des Nations unies pour le développement. Division du commerce et de l'intégration régionale, mai, 2005, Addis-Abeba, Éthiopie, p.2.

[94]-OCDE, Analyse des obstacles non tarifaires touchant les pays en développement. Éditions OCDE, 2005, p.21.

[95]-Voir : article provenant du Centre du Commerce International, intitulé : « Comprendre les mesures non tarifaires », sur le site suivant : http://www.intracen.org/ consulté le 13/06/2018].

[96] -Voir : Obstacles non tarifaires : lourdeurs administratives, etc., sur le site de l'OMC suivant :

181. L'évaluation en douane est définie comme une procédure douanière appliquée pour déterminer la valeur en douane des marchandises importées. En effet, cette procédure est jugée transparente, juste et acceptable par les partenaires commerciaux, dans le cas où elles sont véritablement objectives et claires. Mais lorsque l'utilisation de valeurs en douane est arbitraire ou fictive, ceci est considéré comme obstacles de nature non tarifaire. Ainsi, les mesures floues peuvent constituer un obstacle non tarifaire aux échanges en augmentant artificiellement la valeur sur laquelle sont assis les droits et taxes[97]. Par exemple, un décret sur l'évaluation en douane est une pratique pour déterminer la valeur des biens par un décret, en vue de l'imposition de droits de douane et autres frais. Il est utilisé comme un moyen d'éviter la fraude ou de protéger l'industrie nationale. La valeur décrétée de facto transforme un droit ad valorem en un droit spécifique (exemple la soi-disant « valeur mercuriale » dans les pays francophones). Un décret sur l'évaluation en douane peut faire l'objet d'un appel, conformément aux règles de l'OMC[98].

182. Le système de l'inspection avant expédition évoqué dans ce travail de recherche peut être préoccupant pour les importateurs. C'est, d'abord, une pratique consistant à recourir à des sociétés privées spécialisées (ou « entités indépendantes ») pour vérifier l'expédition, essentiellement, le prix, la quantité et la qualité des marchandises commandées à l'étranger[99].

183. Prévue dans les accords de l'OMC, l'inspection avant expédition est utilisée par les gouvernements des pays en développement, pour protéger leurs intérêts financiers nationaux, en l'utilisant surtout pour la lutte contre la fuite des capitaux, la fraude commerciale et le non-paiement des droits de douane. Ainsi que dans le but de compenser les carences des structures administratives. Bien qu'indispensable pour le contrôle à l'exportation, l'OECD, la classe parmi les obstacles, tant dans les échanges entre pays en développement que sur les marchés des pays développés[100]. Les plaintes adressées concernent le plus souvent les retards induits dans ces opérations. Des problèmes se posent aussi lorsque les activités d'inspection sont menées de manière discriminatoire et non transparente, ceci conduit vers un blocus au commerce.

184. Le domaine des marchés publics fait également l'objet de préoccupation de l'OMC. Il est à noter l'existence d'un accord, à savoir l'Accord sur les Marchés Publics (AMP) de l'OMC, lequel vise principalement la réciprocité dans l'ouverture des marchés publics entre les parties concernées. Mais les problèmes qui se posent et qui inquiètent l'OMC dans cet accord sont le fait par exemple que leurs

---

https://www.wto.org/. [Consulté le 11/08/2018].

[97]-OECD, Politiques agricoles : économies émergentes et pays en transition, regards sur les mesures non tarifaires, France, OECD, 2001, p.59.

[98]-Voir : glossary sur le site suivant : https://www.macmap.org/. [Consulté le 15/08/2018].

[99]-Voir : article « l'Inspection avant expédition : un autre contrôle des importations » sur le site de l'OMC suivant : https://www.wto.org/. [Consulté le 11/08/2018].

[100]-OECD : études de l'OCDE sur la politique commerciale. Au-delà des tarifs, le rôle des obstacles non tarifaires dans le commerce mondial. *Op. cit.*p.282.

applications faussent les attentes du commerce international. Il s'agit là d'aborder surtout les conditions d'accès aux marchés publics.

185. Bien longtemps, l'existence de vastes marchés publics, était réservée aux producteurs locaux dans beaucoup de pays. Mais aujourd'hui, les règlements interrégionaux et internationaux(de l'Union européenne, de l'OMC) tentent aujourd'hui de libéraliser ce secteur en favorisant la diffusion des appels d'offres, en imposant la règle de non-discrimination et de traitement identique des firmes locales et étrangères et en facilitant les procédures internationales de contestation du résultat des adjudications[101].C'est ainsi que lorsqu'il n'y a pas de transparence dans l'attribution des marchés, par exemple en excluant des entreprises étrangères des marchés publics, cela devient obstacle au commerce international.

186. Les obstacles administratifs au commerce sont aussi très fréquents et échappent totalement au contrôle de l'OMC. Ces obstacles ne sont rien d'autre que les lenteurs administratives, l'élaboration de règlements administratifs compliqués destinés à lasser les vendeurs étrangers et le comportement des agents administratifs qui imposent souvent des contrôles administratifs abusivement, sans aucune raison. Dans ses recherches de façon spécifique, l'OMC fait une classification de ces barrières non tarifaires abordées précédemment, en les distinguant sur la base de leur caractère.

B. Classification des barrières non tarifaires selon l'OMC

187. Comme il a été annoncé très largement, il existe des barrières non tarifaires d'une manière générale. La littérature du commerce international a plusieurs définitions relatives aux barrières non tarifaires. Elles sont quelquefois appelées incorrectement[102] mesures non tarifaires. Il faut relever que les mesures non tarifaires sont des règlements imposés par les gouvernements de différents pays pour protéger leurs industries nationales. Lorsqu'elles sont restrictives pour le commerce, elles se transforment en barrières non tarifaires.

188. L'OMC fait une classification par rapport à ces barrières non tarifaires. La classification faite par l'OMC, à travers ses études sur les barrières non tarifaires, apparaît très pertinente, mais qui ne sont pas forcément protectionnistes. Certains pays profitent tout simplement de la forte ambiguïté de leur application. Elle fait distinguer deux types de barrières non tarifaires par rapport à leur caractère. Il s'agit des barrières non tarifaires (BNT) dites *« dures »* et des BNT *« douces* [103]*»*.

---

[101]-Voir : interventions DELGAY-TROISE(Denis), sur les « instruments protectionnistes » sur le site suivant : https://perso.univ-rennes1.fr/.[Consulté le 03/02/2018].

[102]- KHOUILID(Mustapha), L'impact des mesures non tarifaires sur le commerce extérieur marocain : Une investigation empirique à l'aide d'un modèle de gravité, Thèse pour obtenir le grade de Docteur en économie et gestion de l'Université Mohammed V de Rabat, Faculté des sciences juridiques économiques et sociales Souissi Centre des études doctorales droit et économie, Université Mohammed V de RABAT, Soutenue publiquement le : 05/07/2019,p.41.

[103]- SANDRETTO(René), Le protectionnisme au tournant du siècle : opacité et furtivité, L'économie du XXIe siècle de François Perroux à la mondialisation, Volume 29, Number 2, 1998

1. Barrières non tarifaires dures

189. Les barrières non tarifaires sont dites dures parce qu'elles agissent d'une manière directe sur la quantité de produits. Les BNT[104]« durs » agissant directement sur la quantité, plus faciles à identifier et à lever[105]. L'OMC met spécifiquement l'accent, sur les quotas et les restrictions dites volontaires aux échanges, faisant partie de mesures commerciales destinées à limiter les importations et les exportations d'un pays, ou d'un continent et fonctionnant sous l'autorisation de la décision politique dont les raisons et les motifs peuvent varier, selon les circonstances.

190. Les barrières non tarifaires dites dures sont des mesures utilisées traditionnellement dans la politique commerciale. Il s'agit donc des mesures de contingentement qui prennent la forme de quotas d'importation et des restrictions volontaires d'exportations (RVE) et d'expansions volontaires d'importations (EVI).

a. Les quotas

191. Les quotas, instruments commerciaux, très anciens et fréquents utilisés par les États dans le cadre de la protection de l'économie nationale, sont considérés par l'OMC comme des Barrières non Tarifaires (BNT) dures. Ils s'appliquent dans deux cas. Ils sont, soient mises en œuvre par l'octroi de licences à des entreprises nationales importatrices ou s'appliquent directement aux gouvernements des pays exportateurs.

192. Les restrictions quantitatives permettent aux États de déterminer les quantités des biens pouvant être importés durant une période donnée. Selon un article commenté par Pierre Michel EISEMANN, *« ces États fixent d'une manière arbitraire la quantité maximale d'un produit d'origine étrangère dont l'importation est autorisée pendant une période précise* [106]*»*.En plus, il soutient son commentaire par un exemple suivant : *« si l'État A décidera de limiter les importations d'automobiles originaires de l'État B à 50 000 unités par an ; une fois ce chiffre atteint, il ne sera plus possible d'effectuer de nouvelles importations jusqu'à la fin de l'année considérée* [107]*»*.

193. À côté de ces quotas qui sont qualifiés de barrières non tarifaires, dures, il faut aussi relever les cas de restrictions volontaires d'exportations (RVE) et d'expansions volontaires d'importations (EVI) qui en sont considérés de la même manière. C'est-à-dire que l'OMC les considère clairement comme des Barrières non Tarifaires dures.

b. Restrictions volontaires d'exportations (RVE) et d'expansions volontaires d'importations (EVI)

194. Les restrictions volontaires d'exportations et d'expansions volontaires d'importations, de nouveaux instruments, qui se développent de nos jours, font

---

[104] -Barrières non Tarifaires.

[105]-Voir : interventions de ORLIAC (Thomas) sur « les différents types des barrières non tarifaires », sur le site suivant : http://www.thomas-orliac.net/. [Consulté le 03/02/2018].

[106]- EISEMANN (Pierre Michel), Quotas commerciaux. EncyclopædiaUniversalis [en ligne], URL : http://www.universalis.fr/encyclopedie/quotas-commerciaux/.[Consulté le 13/10/2018].

[107] -*Ibid.*

l'objet des accords sectoriels importants. Une restriction volontaire des exportations ou RVE est présentée par Philippe ITHURBIDE, économiste, comme *« une alternative au droit de douane et au quota*[108] *»*.La RVE est le résultat d'une négociation qui aboutit à un accord entre deux pays dans le but de limiter la quantité de biens, qui pourrait être exportée d'un pays durant une période donnée. Par contre, un économiste chevronné comme Pierre-cyrille HAUTCŒUR enlève le caractère volontaire de cette restriction dite volontaire des exportations. Il estime *que « les restrictions "volontaires" des exportations (RVE) ne sont pas vraiment "volontaires" au sens commun du terme. Elles sont en fait mises en place par un pays sous la pression d'un pays étranger pour diminuer les exportations à destination de ce pays*[109] *»*. Il en est de même pour les expansions volontaires d'importations (EVI), qui font également l'objet des accords.

195. Dans les accords des expansions volontaires d'importations (EVI), par contre, un importateur peut s'engager volontairement à ouvrir son marché intérieur en concédant un % déterminé de progression de ses importations en provenance du partenaire avec lequel l'accord a été négocié ou en lui garantissant une proportion minimale de son marché intérieur. Il s'agit d'une protection (promotion) des exportations, obtenue par l'ouverture forcée des débouchés. Après une étude sur les barrières non tarifaires dures telles qu'énoncées et abordées, il convient aussi de s'attarder sur celles qui sont qualifiées des barrières non tarifaires douces.

2. Barrières non tarifaires douces

196. Les obstacles techniques au commerce, les normes sanitaires et environnementales qui imposent des mesures liées aux exigences de qualité de produit, sont considérés comme des barrières non tarifaires douces[110]. S'y ajoutent à ces barrières, les tracasseries administratives.

197. Pourquoi faut-il toujours considérer certaines barrières non tarifaires comme plus douces que les autres dites dures ? C'est un débat que certains auteurs comme Lahsen ABDELMALKI, René SANDRETTO estiment que l'expression BNT *« douces »* est trompeuse[111]. La position adverse pense que les BNT « douces » considérées comme obstacles, seraient, moins contraignantes que les BNT *« dures »*. Alors que Lahsen ABDELMALKI, René SANDRETTO, veulent démontrer le contraire, car pour eux, c'est loin d'être toujours le cas. Ils pensent que certaines BNT *« douces »* disposent d'une efficacité redoutable, qui n'a rien à envier aux restrictions quantitatives pures et dures. Ainsi, il s'agit d'aborder comme BNT *« douces »* les OTC et les normes sanitaires et environnementales et les Barrières bureaucratiques.

108- ITHURBIDE(Philippe), Les restrictions volontaires d'exportations. Revue économique, année, 1987, Volume 38 Numéro1, p.26.

109-Voir : article de Pierre-Cyrille HAUTCŒUR sur « Les restrictions "volontaires" des exportations » sur le site suivant : http://centreco.ac-orleans-tours.fr/.[Consulté le 23/02/2018].

110- KHOUILID(Mustapha) et ECHAOUI(Abdellah), « comparaison de l'impact des mesures non tarifaires et des tarifs douaniers appliqués aux exportations marocaines : Les enseignements d'un modèle de gravité », Revue "Repères et Perspectives Économiques" [En ligne], Vol.3, n° 5 / 2e semestre 2019, mis en ligne le 12 juillet 2019. URL:https://revues.imist.ma/. [Consulté le 19/10/2019].

111- ABDELMALKI(Lahsen), SANDRETTO(René), Le commerce international : Analyses, institutions et politiques des États. Op.cit. p. 137.

a. Les OTC et les normes sanitaires et environnementales

198. Les OTC[112]et les normes sanitaires et environnementales sont souvent considérées comme des obstacles au commerce et classées parmi les barrières non tarifaires douces. Comme il avait été dit, les États peuvent sur le plan national appliquer ces accords dans l'optique d'exiger des normes de qualité[113]requises pour l'importation des produits destinés à la consommation.

199. L'objectif des accords ci-dessus énumérés est de permettre aux États d'imposer des normes sanitaires, phytosanitaires et techniques sur les produits importés. Ceci dans le but de protéger non seulement les consommateurs, l'environnement, mais aussi d'accroître la qualité des produits, etc. Ces mesures doivent donc avoir des objectifs *« légitimes »,* à savoir : la protection de la santé ou la sécurité du consommateur ou encore la protection environnementale.

200. Mais lorsque les normes sanitaires, phytosanitaires et techniques développées à travers les accords ont des visées protectionnistes dites *« restrictives »,* ou qu'elles sont utilisées dans un but de discrimination et de protection du marché intérieur cela devient gênant pour le commerce international. Dans ces conditions, le but de ces barrières est de limiter, voire de rendre impossibles, les importations de biens et de services étrangers, notamment en vue de protéger l'économie locale. Elles vont donc à l'encontre des principes du libre-échange[114]. Les barrières bureautiques doivent aussi être abordées comme barrières non tarifaires douces.

b. Barrières bureaucratiques

201. Les barrières bureaucratiques[115] constituent des freins aux échanges commerciaux. Dans les activités des administrations douanières, de façon générale, il faut toujours s'attendre à des formalités administratives qui limitent considérablement le commerce tant international que régional. Ces difficultés sont perçues par exemple dans les procédures d'obtention des permis, des licences d'entreprise, dans le paiement de certains droits et taxes, dans les opérations de l'inspection préalable à l'expédition et dans bien d'autres formalités non réglementaires qui ralentissent ou limitent ces échanges.

202. Toutes ces démarches, suivies pour la compréhension des barrières douanières en général, permettent de distinguer les barrières douanières tarifaires de celles qui sont considérées comme non tarifaires. À l'intérieur des barrières non tarifaires, une distinction entre les barrières non tarifaires, dures, de celles qui sont appelées barrières douces.

203. Si toutes ces barrières douanières, évoquées tout au long de la (section I), constituent des difficultés au commerce international, ne faut-il pas considérer alors, ici, la réforme douanière comme un facteur clé dans le développement des

---

[112]-Obstacles techniques au commerce.

[113]-OECD, Entreprendre pour le développement, promouvoir le secteur privé, OECD, 2007, p.135.

[114]-Voir : article sur les « barrières non tarifaires » sur le site de finance de marché, financedemarche.fr/.[Consulté le 08/10/2018].

[115]- SCHMITT(Caroline), L'inclusion par la consommation ?. Les salons de coiffure afro en Allemagne comme lieu de transformation socioculturelle, Hommes & Migrations, 2018/1 (n° 1320), p. 41-48. URL: https://www.cairn.info/. [Consulté le 20/11/2019].

échanges commerciaux ? En effet, le Tchad, comme beaucoup d'autres pays dans le monde, ont signé l'accord du GATT lié à la mise en œuvre du principe de libre-échange. L'adhésion à cet accord entraîne l'application de ce principe de libre-échange. Ce libre-échange sera totalement réalisé le jour où il n'y aura plus aucune barrière, tarifaire et non tarifaire, à l'importation de marchandises étrangères[116].

204. La suppression de toutes les barrières douanières signifie qu'il n'y a plus de déclaration en douane[117] entre les États. Est-il possible que cette projection se réalise véritablement dans les pays en voie de développement développant le protectionnisme à outrance ? Toutefois, le GATT [118] dont le Tchad devint signataire le 4 juillet 1963, s'est imposé progressivement dans les réformes des pratiques douanières et l'on est à l'abaissement des barrières douanières.

205. Aujourd'hui, les réformes douanières ont conduit les États membres de la CEMAC, dans le cadre l'union douanière, à supprimer les barrières existantes au sein de cette intégration économique, même si cela entraîne d'énormes conséquences pour les États membres. Mais les vrais problèmes qu'il faut aborder ici, consistent à savoir si la suppression progressive des barrières douanières n'induit-elle pas un amenuisement des recettes prélevées sur les importations ? Pourtant, ces recettes constituent les piliers essentiels des finances publiques pour les pays en voie de développement en général.

206. Même s'il y a eu l'acceptation de supprimer les barrières douanières, la perte de recettes douanières préoccupait les gouvernements africains, confrontés à des situations budgétaires tendues[119]. Il faut donc que la question de la suppression des barrières douanières soit abordée pour mesurer les conséquences pour les pays africains et particulièrement pour le pays comme le Tchad. Mais déjà, il convient de comprendre que la suppression des barrières douanières ne peut se concrétiser qu'à travers les réformes douanières.

207. La suppression de ces barrières garantit la facilitation des échanges commerciaux. Dans la zone CEMAC par exemple, les réformes douanières ont imposé non seulement la suppression des droits de douane, la simplification des procédures et du système douanier pour décourager la contrebande et la fraude, et se conformer à la réglementation internationale, mais aussi l'élimination des restrictions quantitatives et la suppression des licences d'importation. D'une manière générale, les pays de la CEMAC n'utilisent plus les restrictions quantitatives comme moyen de protection de la production locale. En somme, la réforme douanière actuelle au Tchad doit tenir compte de nouveaux impératifs par

---

[116]-Voir : lexique en ligne, pour connaitre les « barrières tarifaires, non tarifaires » sur le site suivant : http://ses.webclass.fr/. [Consulté le 14/06/2019].

[117]-Voir : cours droit.net sur le « droit des douanes » sur le site suivant : http://www.cours-de-droit.net/. Consulté le 13/01/2019].

[118]- BLIN(Olivier), La Communauté européenne, le GATT et l'Organisation mondiale du commerce (OMC) : contribution à l'étude des rapports institutionnels entre la Communauté européenne et les organisations internationales. Thèse soutenue en 1997 en droit public à Toulouse 1,

[119]- LABORDE(David), L'impact Fiscal de l'APE en Afrique de l'Ouest ,29 July 2010, This article ispublished under Éclairage sur les négociations, Volume 9 - Nimber 6. Informations et analyses liées aux questions économiques et commerciales des pays d'Afrique, des Caraïbes et du Pacifique dans une perspective de développement durable publiée sur le site de International Centre for Trade and Sustainable Development suivant : https://www.ictsd.org/. Consulté le 16/01/2019].

rapport à l'évolution de l'environnement des échanges, dont fait partie l'informatisation douanière. Il s'agit d'une réforme qui s'oriente vers les exigences générales liées à la facilitation des échanges, comme le souhaitent les organisations internationales.

Section II.
Réforme des douanes, un facteur clé dans le développement des échanges commerciaux

208. Le problème réel à aborder ici est l'évolution ou développement du commerce international. Aujourd'hui, ce commerce doit se développer avec l'appui des administrations douanières, c'est-dire que celles-ci se modernisent dans le monde et dans ce cas, celle du Tchad ne se trouve pas épargné. C'est une modernisation qui impose la suppression des restrictions quantitatives, la réduction des tarifs, l'élimination des discriminations en matière de commerce international et la réduction des entraves au commerce[120] d'une manière générale, évoquée par l'accord du GATT, entré en vigueur au début de 1948 et qui ne s'appliquait qu'au commerce des marchandises.

209. L'OMC, qui prend la relève du GATT et devenant ainsi un organisme international, englobe non seulement les marchandises, mais aussi le commerce des services et les aspects des droits, de propriété intellectuelle touchant au commerce. L'OMC poursuit deux objectifs : favoriser autant que possible la liberté des échanges et poursuivre progressivement la libéralisation par voie de négociation et instituer un moyen impartial de règlement des différends. Selon Thomas COTTIER, *« l'OMC n'est pas un accord de libre-échange. Il vise à éliminer le protectionnisme et à libéraliser les échanges tout en cherchant un équilibre entre les différents objectifs politiques légitimes en cause. Les recours répétés aux mesures de sauvegarde pourraient indiquer que l'équilibre actuel devrait être réexaminé[121] »*.

210. Aujourd'hui, le FMI qui apporte son assistance technique dans les réformes douanières, souhaite, de la même manière que l'OMC, encourage la libéralisation du commerce[122]. En réfléchissant dans ce sens, James T. WALSH pense qu'il *« est de bon ton aujourd'hui de voir dans le travail de l'administration douanière, et dans son amélioration, un aspect de la « facilitation du commerce[123] »*. Alors que pour de nombreuses administrations douanières, il n'est pas simple de concilier sécurité et facilitation du commerce. Les difficultés résident dans la réduction des droits de douane, même si le rôle percepteur de la

---

[120]-Voir : accord général sur les tarifs douaniers et le commerce (GATT), ses objectifs et ses résultats ? https://docs.wto.org/. [Consulté le 13/01/2018].

[121]- COTTIER(Thomas), Les tâches de l'OMC :. "Évolution et défis", Revue internationale de droit économique, vol. XVIIIe, 3, no. 3, 2004, pp. 273-291.

[122]- AZMEH(Chadi), Le rôle de la libéralisation du commerce des services dans le développement économique : le cas des services financiers. Thèse présentée et soutenue publiquement le 07 mai 2009 pour l'obtention du grade de docteur de l'Université de Paris 1 Discipline : Sciences économiques.

[123]- WALSH (James Thomas), « nouvelles douanes ». Finances & Développement, mars 2006, p. 48.

douane des taxes sur les échanges demeure encore important, surtout dans les pays en développement dont fait partie le Tchad.

211. Les recettes douanières sont considérées dans les États en développement comme élément central des finances publiques. Malgré l'assistance technique apportée par le FMI à l'amélioration des administrations douanières pour compter moins sur les droits de douane et développer plus la libéralisation des échanges, cette question reste tendue. C'est pour cela qu'il convient d'aborder cet engagement de la suppression des barrières tarifaires ainsi que les obstacles non tarifaires, qui constituent une action importante pour les douanes de contribuer au développement des échanges commerciaux. En respectant cet engagement, il faudra apprécier les conséquences qui en découlent. Mais déjà, il faut comprendre que le Tchad fait partie des États signataires vis-à-vis du GATT et de l'OMC, pour la réduction des obstacles au libre-échange.

212. Même si, les États, d'une manière générale, sont d'accord pour l'application des accords du GATT et de l'OMC dans le cadre du développement du commerce international, il convient de signaler que les principaux acteurs directement concernés par ces opérations, sont les administrations des douanes. C'est parce qu'elles sont les principales agences gouvernementales chargées d'appliquer des lois et politiques fixées au niveau national, régional et international[124]aux marchandises traversant les frontières. Les États sont obligés alors de responsabiliser les douanes pour ces missions. Pour cela, il faut moderniser ces douanes pour tenir de ces nouvelles contraintes. Ceci fait partie des obligations du GATT qui impose dans son article VIII aux parties contractantes *« de simplifier, moderniser et normaliser les procédures d'importation, d'exportation et de douanes »*[125]. Pour Cheikh TIDIANEDIEYE, *« dans de tels contextes, les réformes en vue de la facilitation des échanges ne doivent pas être considérées seulement comme une exigence imposée par la signature de l'accord, mais bien comme un impératif national. Elles doivent être insérées dans les stratégies nationales, macroéconomiques et sectorielles pour mieux faire du commerce un levier de développement*[126]*»*.Ainsi, les réflexions portent dans un premier temps sur les réformes douanières en faveur de la mise du principe de libre-échange (**Paragraphe. 1**) et ensuite, sur les échanges, facteurs du développement (**paragraphe. 2**).

---

[124]-Voir : article sur « soutenir les mesures de réforme et de modernisation de la douane » sur le site de l'OMD suivant : http://www.wcoomd.org/.[Consulté le 01/01/2019].

[125]-Voir : rapport préparé par M. Constantin ABENA NGUEMA, consultant national, pour le ministère du Commerce, Cameroun et la CNUCED dans le cadre du programme intégré d'assistance technique (JITAP), « impact des accords de l'OMC sur l'économie du Cameroun, négociation et mise en œuvre », Février 2006, p.27.

[126]-Voir : article de TIDIANE DIEYE(Cheikh) sur la facilitation des échanges : une exigence internationale ou un impératif de développement national ?, précité supra n°2640.

§1. Réformes douanières en faveur de la mise du principe de libre-échange

213. Le FMI, la Banque mondiale et l'OMC, défendent plus que jamais un commerce ouvert[127] et sont contre le protectionnisme, parce qu'elles estiment que les tentations protectionnistes conduisent à moins de croissance[128]. Alors que ce principe de libre- échange ne peut être mis en œuvre qu'à travers les réformes douanières. Ces Organisations Internationales proposent des réformes souvent extrêmement sévères (exemple : les ajustements structurels dans les années 1980 et suivantes)[129].Il faut relever que la Banque Mondiale, par exemple, soutient les réformes douanières, particulièrement en Afrique subsaharienne, par rapport à ses projets centrés[130] sur la facilitation du commerce, même si cela peut viser le renflouement des caisses publiques. C'est dans ce sens que **LIONEL PASCAL**, dans sa thèse de droit intitulé : la privatisation des missions douanières en République Centrafricaine (RCA, considère que ces réformes, sont le plus souvent imposées en faveur de la libéralisation des importations[131].

214. Si les réformes douanières participent au développement du commerce international, c'est parce que dans ces opérations, elles doivent tenir compte de l'aspect de *« facilitation du commerce »*. En d'autres termes, aujourd'hui, les administrations douanières sont amenées à revoir leur rôle principalement fiscal pour assumer d'autres fonctions telles que la facilitation des échanges. Dans ces conditions, il faut aussi inclure la politique douanière, de la réduction des tarifs douaniers et du démantèlement des barrières non tarifaires dans le but de propulser encore davantage le libre-échange.

215. Dans ces démarches de réflexion, il apparaît des préoccupations qui se manifestent comme des interrogations suivantes : est-ce que les réformes douanières engagées au Tchad, répondent-elles aux exigences des accords internationaux dans le cadre du développement du libre-échange ? Peuvent-elles apporter la facilitation des échanges commerciaux ? Ou encore contribuent-elles à supprimer les barrières douanières ou à faciliter le commerce international de façon générale ?

A. Polémique autour de la suppression totale des droits de douanes

216. La suppression totale des droits de douane ne peut être possible, surtout pour les pays en voie de développement dont les économies ne tiennent que grâce aux recettes douanières. L'OECD s'inquiète même d'ailleurs dans un cadre

---

[127]-Voir : article de HIAULT(Richard), « FMI, OMC et Banque mondiale à la rescousse du libre-échange » sur le site des échos suivant :, https://www.lesechos.fr/.Consulté le 12/02/2019].

[128]-Voir : article concernant, « l'OMC, le FMI et la Banque mondiale réclament de nouvelles règles » sur le site de la croix suivant : https://www.la-croix.com/.[Consulté le 10/02/2019].

[129]- PASCAL(Lionel), La privatisation des missions douanières en République centrafricaine (RCA) : une opportunité d'amélioration des finances publiques ? . Op.cit. p.51.

[130]- DE CASTELNAU(Pauline) et MARTEAU(Jean-François), Quel accompagnement des douanes par la Banque mondiale en Afrique subsaharienne ? , Afrique contemporaine, 2009/2 (n° 230), p. 115-134.

[131]- PASCAL(Lionel), La privatisation des missions douanières en République Centrafricaine (RCA) : une opportunité d'amélioration des finances publiques ? Op.cit. p.52.

général, à travers ses études, en démontrant qu'*« une suppression totale des droits de douane entraînera inévitablement une perte de recettes et elle devra probablement être compensée par une augmentation des impôts dans des domaines autres que le commerce extérieur* [132] *»*.

217. C'est-à-dire, que décidément les pays membres du GATT et de l'OMC, s'engagent à réduire leurs droits de douane, de façon à atteindre progressivement le libre-échange[133]. C'est sur la base des règles du GATT et de l'OMC qu'il faut aborder la question de cette réduction des barrières douanières qui semble s'imposer aux réformes douanières engagées par les parties contractantes du GATT et pays membres de l'OMC.

1. La question de suppression ou réduction des droits de douane au Tchad

218. Dans le monde, tout comme au Tchad, la question de la suppression ou réduction des droits de douane a été toujours évoquée dans le cadre de la libéralisation des échanges. Particulièrement, le Tchad, étant membre de l'OMC depuis octobre 1996, applique en matière commerciale la clause de la nation la plus favorisée (NPF) à l'égard de tous les pays membres de l'OMC.

219. Au terme des accords de l'OMC, les pays ne peuvent pas, en principe, établir de discrimination entre leurs partenaires commerciaux. Si vous accordez à quelqu'un une faveur spéciale (en abaissant, par exemple, le droit de douane perçu sur un de ses produits), vous devez le faire pour tous les autres membres de l'OMC[134]. Il convient, de souligner qu'au Tchad, les droits de douane sont perçus tant aux importations et aux exportations.

a. Suppression des barrières tarifaires aux importations

220. Au Tchad, les droits de douane sont perçus sur toutes les marchandises importées. Mais comme le Tchad étant membre de la CEMAC, il ne peut qu'appliquer la législation de cette institution dans le cadre de l'union douanière. Le tarif extérieur commun (TEC) de la CEMAC comporte cinq taux (zéro, 5 %, 10 %, 20 % et 30 %), avec une moyenne de 18,1 % (sans changement notoire depuis 2006) et un coefficient de variation de 0,53 indiquant une dispersion modérée des taux[135]. Toutefois, le régime douanier de la Communauté économique et Monétaire de l'Afrique Centrale, distingue quatre catégories de produits importés. Les biens de première nécessité sont classés dans la catégorie I, avec un taux de 5 % ; les matières premières et bien d'équipement se classent dans la catégorie II, avec un taux de 10 %.; les biens intermédiaires et divers sont classés dans la catégorie III, avec un taux de 20 %. Ensuite, les biens de consommation courante sont identifiés dans la catégorie IV, avec un taux de 30 %.

---

[132]-OECD, Études de l'OCDE sur la politique commerciale. Dynamiser les échanges, les enjeux du développement dans le système commercial multilatéral, OECD 2006, France, p.124.

[133]- ANDRE(Charles), Le libre-échange et les pays sous-développés : stimulant ou frein de la croissance économique ?. In : *Revue économique*, volume 19, n°3, 1968. pp. 462-485. DOI: https://doi.org/10.3406/reco.1968.407820 , www.persee.fr /. [Consulté le 12/03/2019].

[135]-Voir : résumé du Rapport sur les activités de la CEMAC sur le site de l'OMC suivant : https://www.wto.org/ . [Consulté le 16/10/2019].

221. Il convient de rassurer que dans le cadre des accords commerciaux régionaux fondés sur la réciprocité et l'égalité de traitement[136] telle que souhaités par l'article XXIV du GATT, les États membres de la CEMAC suppriment au sein de cette dite institution les droits de douane et autres réglementations commerciales restrictives pour l'essentiel des échanges commerciaux entre les territoires constitutifs de l'union, ou tout au moins pour l'essentiel des échanges commerciaux portant sur les produits originaires de ces territoires[137] dans le cadre de l'union douanière. Les marchandises d'origine CEMAC doivent être justifiées à cet effet. Il faut prouver cette origine par le certificat d'origine et le certificat de libre circulation.

222. La suppression des droits de douane, se met effectivement en œuvre, surtout dans le cadre des intégrations économiques. C'est le cas, par exemple, de la Communauté économique et Monétaire de l'Afrique Centrale où toutes les barrières tarifaires ont été démantelées entre les six pays membres, permettant la libre circulation des marchandises entre eux. Pour protéger cet espace, le tarif évoqué a été adopté pour les transactions de marchandises avec les pays non-membres de la CEMAC[138].Ce tarif adopté dans l'espace CEMAC et considéré ici, comme une barrière tarifaire vis-à-vis du commerce international, risque d'être brisé, du fait de l'application des accords de partenariat économique (APE[139]) conclus entre l'Union européenne et une grande partie de l'Afrique subsaharienne. Ces accords, que de nombreux pays africains ont signés, prévoient la suppression des droits de douane sur les importations d'origine européenne[140].

223. Les APE sont apparues dans un contexte profondément marqué par le vent de la libéralisation commerciale et de la mondialisation impulsée par l'OMC[141]. Ces APE dont les États membres de la CEMAC en font partie, ont engagé les négociations avec l'UE depuis 2003, pour la mise en place de la zone de libre-échange sur leur espace, dans le but qu'elle se substitue aux préférences commerciales non réciproques accordées par l'UE aux pays ACP en application de la convention de Lomé[142]. Avec ces accords, les produits européens tels que laits, tomates, biens d'équipement, etc., pourront faire leur entrée dans les marchés sans droits de douane. Ces accords, qui doivent entrer en vigueur le 1er janvier 2008, entraîneraient inéluctablement des pertes de revenus tarifaires découlant de

---

136-DEBLOCK, Le régionalisme commercial. Y a-t-il encore un pilote dans l'avion ? ». *Revue interventions économiques* [Online], 55 | 2016, Online since 01 July 2016, connection on 14 May 2019. URL : http://journals.openedition.org. /[Consulté le 16/09/2019].

137-Voir : article XXIV du GATT.

138-Voir : article d'Abou DIOTTOU autour du thème : CEMAC : « menaces sur la libre circulation des marchandises » et publié dans le site suivant:www.journalintegration.com/.[Consulté le 13/01/2019].

139-*Ibid.*

140- D'ACHON(Eléonore), GERARD(Nicolas), Les accords de partenariat économique et le travail décent, quels enjeux pour l'Afrique de l'Ouest et l'Afrique centrale ? Organisation internationale du travail 2010, Genève, Suisse, p.1.

141- BOUNGOU BAZIKA(Jean–Christophe) (CERAPE), Les APE : atouts et freins a l'intégration régionale des pays de la CEMAC, Intervention lors du colloque « Quel cadre pour les politiques agricoles, demain, en Europe et dans les pays en développement ? » organisé par Pluriagri, notre Europe et FARM les 27, 28 et 29 novembre 2006, p.14.

142-*Ibid.*

l'application du principe de réciprocité et de la suppression des droits de douane, surtout pour les pays africains en général. Toutefois, en dehors du Cameroun qui a signé ces accords, les autres membres des États de la CEMAC continuent avec les négociations.

224. Mais déjà, il faut rappeler que la suppression des droits de douane au sein de la zone de la CEMAC devenant de plus en plus possible, en faveur de la *« libéralisation des échanges intracommunautaires*[143] *»*, affecte négativement les finances publiques des États, membres. Il convient alors, de comprendre que les tractations pour engager une marche progressive vers une intégration internationale sont visibles, mais les réticences seront très vives en Afrique, pour le simple fait que la plupart des pays africains font des recettes douanières, comme l'une, des sources des finances publiques. À côté de ces barrières tarifaires aux importations, faut-il aussi évoquer celles qui sont aux exportations ? Cela attire de nos jours de l'attention. Les questions qui se posent sont celles de savoir, faut-il considérer ces droits tout simplement comme des mesures tarifaires ou non tarifaires ?

b. Suppression des barrières tarifaires aux exportations

225. Les droits de douane sont toujours considérés comme des barrières tarifaires. En principe, ils sont payés à l'importation. Mais dans certains pays, des droits de douane existent aussi à l'exportation. C'est le cas pour les matières premières comme le bois par exemple, faisant l'objet de l'exportation dans plusieurs pays d'Afrique. Une taxation est aussi possible à la réexportation de produits importés. Ces droits imposés à l'exportation dans ces pays sont donc également considérés, par certains auteurs, comme des mesures protectionnistes dans le cadre de l'application des instruments de politique commerciale..

226. Les droits à l'exportation apparaissent souvent comme des mesures tarifaires de la même manière que les droits des douanes à l'importation. Sur cette question, Denis DELGAY-TROISE, Maître de Conférences, enseignant-chercheur, à la faculté des Sciences économiques (université de Rennes 1) démontre qu'à *« côté des droits de douane sur les importations, existent aussi des droits de douane ou taxes à l'exportation. La taxation des exportations, reste rare dans les pays développés. On la retrouve davantage dans les pays en développement exportateurs de matières premières, pour lesquels elle constitue une source de recettes publiques*[144]*. »*

227. Il semblerait que les droits à l'exportation n'existent toujours que dans les pays en développement et les pays les moins avancés (PMA). Cela est dû au fait que ceux-ci ne fondent leur espoir que sur la mobilisation des recettes douanières. Selon June KAZEKI, *« les droits à l'exportation servent en général à générer des*

---

[143]-Voir : Conseil des ministres de la zone franc, note sur l'intégration commerciale au sein de la zone franc, Avril 2016, p .5, lire sur le site suivant : https://www.banque-france.fr/.[Consulté le 12/05/2018].

[144]-Voir : « les instruments protectionnistes », travaux de recherche de Denis DELGAY-TROISE, maître de conférences, enseignant-chercheur, de l'Université de Rennes 1 et précisément de la faculté des sciences économiques, sur le site suivant : https://perso.univ-rennes1.fr/. [Consulté le 13/07/2019].

recettes fiscales ou à restreindre les exportations d'un produit particulier pour réserver la production nationale à l'usage des industries locales[145] *»*.

228. Le second point de vue pouvait par exemple rythmer avec les obligations du gouvernement russe qui annonçait en 2014, l'introduction prochaine de barrières douanières pour réduire les exportations de céréales, espérant ainsi augmenter la demande et faire baisser les prix sur le marché intérieur, dopés par la chute du rouble[146]. Il s'agit de considérer ici le comportement de la Russie comme une décision protectionniste pour des raisons économiques. Aujourd'hui, les droits à l'exportation apparaissent aussi comme des barrières tarifaires, surtout que les échanges entre pays en développement ont progressé rapidement et 40 % de leurs exportations sont maintenant destinées à d'autres pays en développement[147].Il semble en outre que 70 % de l'ensemble des droits de douane prélevés sur les exportations, des pays en développement font profiter aux pays en développement eux-mêmes[148]. Ces démonstrations sont faites pour montrer l'importance de la réduction de ces barrières par ces pays en développement, qui entravent fortement les échanges SUD-SUD.

229. Au Tchad et en matière douanière, il existe des taxes à l'exportation. C'est un *« droit de sortie prélevé sur les produits exportés. Son taux, applicable à la valeur f.a.b. des exportations, est de 8 % sur les animaux, 2,5 % sur les produits pétroliers et 2 % sur les autres produits. Pour les animaux vivants, le droit de sortie est appliqué à des valeurs mercuriales, établies par le ministère chargé des finances*[149] *»*.Même si les droits de douane sont supprimés à l'importation au sein de la CEMAC, le prélèvement des droits à l'exportation demeure pour le moment. Mais en réalité, la préoccupation actuelle est celle de savoir, est-ce que la suppression des droits de douane à l'exportation apparaît-elle, aussi, comme un facteur du développement des échanges commerciaux ?

230. Dans une certaine mesure, la suppression des droits à l'exportation peut aussi être considérée comme un facteur du développement des échanges commerciaux. Il est convenable de situer, par exemple, les problèmes sur le plan communautaire où la zone de libre-échange de la CEMAC met du temps à se concrétiser à cause des barrières mises toujours en place et qui ne sont pas de nature à promouvoir les échanges intra régionaux. Dans ce sens, des analyses venant du rapport de l'Organisation mondiale du commerce, démontrent, par ailleurs, que *« la panoplie de droits et taxes de sortie, appliqués par le Tchad, limite la compétitivité de ses produits et en décourage les exportations* [150]*»*.Toutefois, le Tchad, dans ses efforts, a procédé à l'élimination, par sa loi de finances de 1995, de plusieurs taxes à l'exportation sur les produits

---

145-OECD, Études de l'OCDE sur la politique commerciale. Au-delà des tarifs, le rôle des obstacles non tarifaires dans le commerce mondial Op.cit.p200.

146-Voir : les obligations de Russie : « droits de douane à l'export imposés » dans le site le figaro suivant www.lefigaro.fr.[Consulté le 16/07/2018].

147-Voir : étude du FMI sur « Libéralisation du commerce mondial et pays en développement », Services du FMI, novembre 2001, sur le site suivant : https://www.imf.org/.[Consulté le 13/01/2017].

148-Voir : Études de l'OCDE sur la politique commerciale. Au-delà des tarifs le rôle des obstacles non tarifaires dans le commerce mondial. Op.cit. p.240.

149-Voir :WT/TPR/S/285 • TCHAD, p411 sur le site suivant :https://www.wto.org/.[Consulté le 13/01/2017].

150 -Tchad, WT/TPR/S/174, p .27. Voir document de l'OMC.

agricoles. Il en subsiste cependant plusieurs autres taxes qui affectent principalement les exportations de bétail sur pied et de poisson séché[151].

2. Suppression de taxes et charges prélevée*s* **sur les importations**

231. Dans beaucoup de pays africains et particulièrement au Tchad, il existe de nombreux frais et des charges qui sont souvent perçues sur les importations pour diverses raisons. Même si ces taxes apparaissent très utiles pour l'accomplissement de certaines missions des gouvernants, il est logique de reconnaître qu'elles alourdissent, cependant, les activités du commerce mondial.

232. En effet, en dehors des droits de douane calculés rapport au tarif douanier, il existe des taxes perçues soit au profit des activités communautaires et régionales comme la taxe d'intégration communautaire (TCI) pour la CEMAC, la contribution communautaire d'intégration (CCI) pour la CEEAC et la taxe de l'Union africaine (TUA) pour l'Union africaine (UA) ou pour le compte de la direction générale des Impôts au Tchad tels que : la TVA, l'acompte et les droits d'accise. En plus de ces droits et taxes, il faut noter qu'il existe de nombreuses charges perçues sur les importations par les gouvernants. Il s'agit des redevances statistiques et d'autres taxes particulières ou frais de services prélevés sur les importations.

a. Suppression de taxes particulières

233. Présentement, certaines taxes à caractère fiscal sont simplement perçues au profit d'autres administrations publiques. C'est le cas de la TVA, de l'acompte, des droits d'accise et des redevances statistiques. Aujourd'hui, il y a un grand progrès dans la réforme des douanes, qui fait disparaître certaines taxes. C'est le cas par exemple des taxes temporaires additionnelles (TTA) prélevées exclusivement sur le sucre d'origine tierce pendant longtemps et ne sont plus perçus depuis 2004 ; de la surtaxe temporaire (ST), insérée dans la réforme fiscalo-douanière engagée au cours de l'année 1994 en U.D.E.A.C. et permettant aux industries de cet espace régional, de s'organiser durant un temps pour se restructurer, afin de faire face à leur concurrence. Cette taxe n'existe plus depuis 2000.

234. Dans certains pays comme le Congo où les techniciens réfléchissent déjà sur la possible suppression de la taxe statistique[152] et la réduction de la TVA au cordon douanier sur certains produits de large consommation telle : blé, huile végétale, sel, sucre, viande, poisson de mer, poisson salé, pâtes alimentaires, savon de ménage[153]. Face à cette initiative louable prise en faveur du développement du commerce international au Congo, il est intéressant de savoir, pourquoi une telle proposition ne pouvait-elle pas être mise en œuvre dans d'autres pays de l'Afrique centrale ?

---

[151]-Tchad, WT/TPR/S/174. *Op. cit.*, p. 45. Voir document de l'OMC.

[152]-Voir : compte rendu de la journée du partenaire du 16 mai 2008, de la directrice interdépartementale des douanes et droits indirects, Madame Florence LOEMBA au Congo, sur le site suivant : http://www.douanedepartementale.com/.[Consulté le 16/10/2018].

[153]-*Ibid.*

b. Suppression de charges ou frais de services prélevés sur les importations

235. Certains prélèvements ne font pas partie directement des droits de douane à l'importation. Ils sont imposés sur les importations pour répondre à certains besoins spécifiques. Ce sont des charges ou des frais de service qui sont par moment, vus par les analyses, comme des obstacles tarifaires aux échanges commerciaux. Au Tchad, par exemple, ces charges ou ces frais de services sont prélevés sur toutes les importations. Il s'agit des frais de stockage (en fonction du nombre de jours de stockage dans les hangars des douanes) ; et divers droits affectés à la caisse nationale de retraite (CNRT) ou à l'Office National de Sécurité alimentaire (ONASA), les frais d'inspection avant expédition. Ainsi, de nombreuses critiques sont toujours évoquées à l'encontre de la perception de ces genres, des frais qui surchargent non seulement les opérations douanières de façon abusive sur le plan national, mais font obstacle aussi à l'épanouissement des activités commerciales d'une manière générale.

236. La question de la suppression des barrières non tarifaires, devrait être abordée dans cette réflexion. Ces barrières, non tarifaires, sont différentes des droits de douane imposés à l'entrée des marchandises. Il s'agit, des mesures autres que les droits de douane qui peuvent aussi considérablement limiter les importations. Elles comportent des procédures douanières et administratives d'entrées excessives, c'est pourquoi, les États, membres du GATT et de l'OMC, sollicitent qu'elles en soient supprimées pour faciliter la libre circulation[154] de biens sur le plan mondial. Aujourd'hui, la suppression de ces barrières non tarifaires dans le cadre des accords régionaux est aussi sollicitée pour faciliter le commerce régional en Afrique.

B. La suppression des barrières non tarifaires

237. Au cours de ces dernières décennies, même s'il s'agit d'estimer que les barrières tarifaires se réduisent considérablement, il faut tout de même persister dans ce combat, dans la mesure où d'autres obstacles subsistent[155], empêchant le développement du commerce international. Il s'agit des barrières dites non tarifaires provenant quelquefois des accords internationaux, qui n'ont pas pourtant une vocation de freiner les échanges commerciaux[156].

238. À côté des barrières dites non tarifaires aux échanges, provenant quelquefois des accords internationaux, il faut aussi considérer les obstacles administratifs et autres qui se développent énormément, il convient d'insister surtout sur les retards sur le plan administratif et bureaucratique à l'entrée dans le traînement dossiers ou formalités douanières.

---

[154]- TSIGBEKOFFI(Nutefé) et KPAYEKOFFI(Bakayota), La question de la libre circulation des biens dans l'espace CEDEAO (1975 - 2015). *Revue Interventions économiques* [En ligne], Hors-série. Transformations | 2017, mis en ligne le 01 mars 2017, consulté le 08 novembre 2019. URL : http://journals.openedition.org/.[Consulté le 08/10/2018].

[155]-LOVE(Patrick) et LATTIMORE(Ralph), Protectionnisme ? Tarifs douaniers et autres barrières aux échanges, dans Le commerce international, libre, équitable et ouvert ?, Éditions OCDE, 2009. Consulter la partie introductive.

[156]- FONTAGNE(Lionel), GOURDON (Julien) et Jean SEBASTIEN, Les enjeux économiques du partenariat transatlantique, Paris(France), CEPII, 2013, p.1.

1. L'application des accords de l'OMC dans le commerce international

239. L'application des accords de l'OMC, qui sont des normes internationales en matière de santé publique et animale, pose souvent des problèmes au commerce international. Bien que provenant des accords internationaux, ces mesures peuvent être considérées dans certains cas comme des barrières non tarifaires.

240. Il n'y a pas d'ambiguïté dans l'interprétation des dispositions des accords de l'OMC sur les normes publiques. Le problème ne se pose pas aussi dans leur compréhension, mais il se pose dans leur application de façon stricte. Il faut également faire ressortir, dans ce contexte, les obstacles techniques au commerce considérés quelquefois comme entraves techniques au commerce.

a. Problèmes des accords sur les normes publiques

241. En principe, aucun problème ne pouvait se poser par rapport à la mise en œuvre des mesures sanitaires et phytosanitaires[157] dont l'objectif est d'approvisionner le consommateur en produits alimentaires, qu'il peut consommer en toute sécurité. Ces accords déterminent les véritables impératifs de sécurité alimentaire[158]. Ce sont donc des règles concernant l'innocuité des produits alimentaires, ainsi que les normes sanitaires pour les animaux et les végétaux[159]. Elles doivent être appliquées de façon transparente, sans discrimination, en se conformant à l'esprit visant des intérêts légitimes. Dans le cas où l'esprit de la défense des intérêts légitimes, ne se ressent pas et que ces règles, s'appliquent dans des conditions non transparentes et discriminatoires, il y a lieu de considérer cela comme un obstacle au commerce international.

242. Les pays signataires des accords sur les normes publiques peuvent tout même, disposer de leurs propres normes, mais à condition que leurs réglementations en question soient fondées scientifiquement, c'est-à-dire n'en s'appliquant que dans la mesure nécessaire pour protéger la santé et la vie des personnes, ainsi que pour les animaux ou pour préserver les végétaux. Par contre, ces réglementations seront critiquées négativement dans les échanges commerciaux lorsqu'elles entraînent des restrictions au commerce. Il faut plutôt que ces réglementations soient compatibles avec les normes, directives et recommandations internationales assurant réellement une protection sanitaire et phytosanitaire appropriée et de façon transparente, sinon elles se constituent comme un obstacle au commerce international.

157-Voir : Texte de la communication présentée au : dialogue régional « l'agriculture ouest africaine à l'épreuve de la libéralisation des échanges : situation, défis et opportunités », organisé par l'ICTSD, le ROPPA et la Coopération Suisse, 9 et 10 mars 2005, Ouagadougou, Burkina Faso. Voir site suivant : https://agritrop.cirad.fr/. [Consulté le 11/01/2017].

158- NGO (Mai-Anh), La conciliation entre les impératifs de sécurité alimentaire et la liberté du commerce dans l'accord SPS. Dans la revue internationale de droit économique 2007/1 (t. XXI, 1), pages 27 à 42.

159-Voir : série des accords de l'OMC, 4, mesures sanitaires et phytosanitaires, Organisation mondiale du commerce, 2000, p.5.

b. Les obstacles techniques au commerce

243. En ce qui concerne les obstacles techniques au commerce[160](OTC), il faut les comprendre comme étant des règlements techniques et des normes volontaires qui déterminent les caractéristiques spécifiques d'un produit. Ils déterminent les dimensions de ce produit, sa forme, sa conception, ses fonctions et ses performances, ou la façon dont il est étiqueté ou conditionné avant d'être commercialisé. Il faut aussi insérer dans ces obstacles techniques au commerce, les procédures techniques qui confirment que les produits respectent les prescriptions énoncées dans les règlements et les normes applicables[161].

244. En réalité, l'application de l'accord sur les obstacles techniques au commerce (OTC), est indispensable pour les pays signataires, en ce sens que cela leur permet d'atteindre des objectifs légitimes dans le cadre de politiques générales, dans le domaine de la protection de la santé et de la sécurité des personnes ou la protection de l'environnement. Malheureusement, les normes de produits et autres OTC exercent une forte influence sur l'accès aux marchés et les résultats des entreprises à l'exportation. Ils peuvent être coûteux et contraignants grâce à leur nature ou à leurs répercussions et nuire au commerce international.

245. Dans ces études, il y a lieu de souligner qu'à côté des entraves considérées comme des obstacles aux échanges provenant des accords internationaux, il existe des obstacles administratifs et autres obstacles qui échappent à la diligence de l'OMC et qu'ils ne sont pas pourtant faciles à surmonter.

2. Réduction ou suppression des obstacles administratifs et autres barrières non tarifaires

246. Les spécialistes en matière de commerce international ont toujours considéré les tracasseries administratives comme des obstacles aux opérations des échanges commerciaux. Ils considèrent que ces obstacles sont des charges administratives inutiles et invisibles. Mais aussi, d'autres barrières non tarifaires telles que des « faux frais » et d'autres tracasseries routières constituent autant des obstacles « invisibles » au commerce et sont vivement critiqués par M. Renato RUGGIERO, ancien directeur général de l'OMC. En mettant l'accent sur les faux frais et les autres tracasseries routières, M. Renato RUGGIERO, fait allusion aux coûts invisibles *« dus aux prescriptions en matière de documentation, aux retards entraînés par les procédures et au manque de transparence et de prévisibilité dans l'application des règles et réglementations officielles[162] ».*

247. Souvent, les tracasseries administratives, les faux frais imposés sur les transports et les formalités et certaines tracasseries comme des contrôles

[160]- PREVOST(Denise), Obstacles sanitaires, phytosanitaires et techniques au commerce dans les accords de partenariat économique entre « Union européenne et les pays ACP. Programme sur les APE et le régionalisme - ICTSD, publié par le centre international pour le commerce et le développement durable international, environnent house 2. Document thématique n° 9, novembre 2010, p.4.

[161]-Voir : interventions de l'OECD sur les « obstacles techniques au commerce » dans son site : http://www.oecd.org/.[Consulté le 12/06/2019].

[162]--Communiqués de presse 1998, rendu public dans le site de l'OMC https://www.wto.org.[Consulté le 12/07/2019]...

intempestifs accompagnés souvent de la confiscation des pièces administratives[163], sont négligés par les autorités administratives. Et de nombreux observateurs, intéressés par ces questions brûlantes, ont toujours estimé qu'il vaut mieux chercher à réduire ou à supprimer de telles entraves au commerce. Ces entraves au commerce sont largement évoquées par Abdou BONTIANTI et Issa Abdou YONLIHINZA, en abordant la question de l'intégration économique sous-régionale.

a. Simplification des blocages et des lourdeurs administratives

248. Les blocages et les lourdeurs administratives, freinent non seulement les activités du commerce, mais vont au-delà de ce secteur. Ils constituent des entraves au développement d'une manière générale. C'est ainsi, que dans la recherche de la croissance, le Président de la République française, M. François HOLLANDE, s'attaquait fermement, lors de son discours à la mairie de Dijon, le 12 mars 2013, à ces mots qui se résument tout simplement aux termes blocages. Il fait détacher ces blocages en trois catégories.

249. Selon le président M. François HOLLANDE, *« "le premier blocage, c'est la lenteur à laquelle trop de monde s'habitue partout ', le second blocage, 'c'est la lourdeur des procédures" et un troisième blocage, plus psychologique. "C'est la torpeur[164]" ».*Mais les problèmes qui se posent immédiatement ici, sont naturellement la lourdeur et la lenteur dans le traitement des dossiers administratifs, qui sont quelquefois créés à dessein dans un objectif de se conduire vers la corruption compte tenu du comportement des agents administratifs. De façon plus précise, ces genres, des manipulations sont dénoncées par le fait qu'elles participent au ralentissement de la facilitation des échanges commerciaux. Il convient donc non seulement de dénoncer, mais aussi de lutter contre ces comportements. Il s'agit d'encourager la simplification ou la réduction de ces charges ou lourdeurs administratives, un acte de contribution à l'ouverture commerciale[165].

b. Autres obstacles au commerce international

250. Il n'est pas du tout facile de répertorier tous les obstacles au commerce, c'est pourquoi à côté de ceux qui sont fondamentalement connus et abordés, il en existe encore bien d'autres. Mais dans ce contexte, l'accent est mis sur les taxes sauvages ou les faux-frais que perçoivent les agents des douanes lors de leur contrôle, les frais de transport, les tracasseries routières ainsi que les multiples postes de contrôle que sont des faits réels et les plus fréquents. Cette situation instaure des systèmes, des contrôles très intempestifs sur le parcours et il faut obligatoirement s'acquitter des surcroîts, des frais non-officiels pour traverser les pays du transit et ce même à l'intérieur du pays de destination.

---

[163]- BONTIANTI (Abdou) et YONLIHINZA (Issa Abdou), « La RN 6 : un exemple d'intégration économique sous-régionale et un facteur de désenclavement du Niger », *Les Cahiers d'Outre-Mer*, 241-242 | 2008, 185-208.

[164]-Hollande contre les « blocages » et les « lourdeurs » administratives. Le président de la République a affirmé mardi à Dijon qu'il comptait proposer une loi pour « alléger les normes et raccourcir les délais. Source AFP consultable dans le site suivant : www.lepoint.fr/.[Consulté le 11/04/2019].

[165]- LATREILLE(Thierry) , Les relations commerciales États-Unis /Afrique : qui bénéficie réellement de l'AGOA ?, Dans Afrique contemporaine, 2003/3 (n° 207), pages 41 à 58

251. À cela, il faut ajouter les multiples arrêts, accompagnés souvent de la confiscation des pièces administratives des véhicules. Ces tracasseries aux frontières et sur les axes de transport posent énormément de problèmes aux opérateurs économiques, surtout en Afrique centrale d'une manière générale. Ces difficultés abordées ci-dessus, deviennent de plus en plus préoccupantes et perturbent sérieusement les activités commerciales. Les efforts entrepris pour la lutte contre ces perturbations doivent être compris, aujourd'hui, comme des défis à relever pour l'épanouissement des échanges, considérés comme facteurs du développement du commerce, qu'il faut aborder dans la prochaine étape.

§ 2. Échanges, facteurs du développement

252. L'évolution du commerce international est marquée par un affrontement entre les partisans du libre-échange et ceux des économies protégées[166], qui étaient pendant longtemps prédominants. L'objectif n'est pas de faire une étude approfondie autour de cette confrontation, mais il semble être nécessaire de comprendre l'environnement dans lequel ce commerce international se développe et de faire ressortir les exigences de son épanouissement qui s'imposent aux administrations douanières à l'heure actuelle. Dans ce contexte, le libre-échange de nos jours est considéré comme un facteur du développement commercial et économique à l'échelle mondiale. Ce point de vue étant contesté par les protectionnistes, il est devenu normal que des débats et des arguments s'instaurent entre les économistes.

253. Toutefois, il faut se rassurer qu'en dehors d'une réflexion aussi laconique qui porterait sur le combat entre les libéraux et les protectionnistes d'une manière générale, il est question de développer beaucoup plus la doctrine de libre-échange qui tend à désarmer la puissance des administrations des douanes. Il s'agira de chercher à comprendre fondamentalement non seulement la notion de libre-échange, mais aussi les grandes idées des courants doctrinaux libre-échangistes[167].

A. Définition et évolution de la théorie du libre échange

254. Pendant longtemps et dans l'histoire économique, c'est le protectionnisme qui était toujours mis à l'œuvre dans les échanges internationaux. C'était une politique commerciale qui se pratiquait dans de nombreux États et qui continue jusqu'à aujourd'hui, surtout dans certains secteurs. Dans un « entretien accordé à Paul BAIROCH, il démontre que « *quand on examine l'histoire économique des pays les plus développés, on constate que le protectionnisme a été la règle et le libre-échange l'exception* [168]». Mais avec l'évolution du développement des idées, de nombreux auteurs conviennent que les actions protectionnistes freinent les importations des biens et services, ou encore soutiennent rarement les exportations,

---

166- BERR (Claude J.) et TREMEAU(Henri), Le droit douanier, communautaire et national. *Op. cit.*p.1.

167- Claude J. BERR et Henri TREMEAU, Le droit douanier, communautaire et national. *OP. cit.*, p.2.

168-Voir : « les paradoxes du libre-échange ». Entretien avec Paul BAIROCH économiste et historien, auteur de mythes et paradoxes de l'histoire économique. La Découverte, 1994. Propos recueillis par Philippe FREMEAUX, alternatives économiques n° 144 - janvier 1997

ce qui empêche un vrai décollage de l'économie mondiale. C'est en se basant sur cette logique que Bertrand BLANCHETON soutenait qu'en théorie économique, *« le libre-échange est la règle et le protectionnisme l'exception alors qu'historiquement, le protectionnisme apparaît comme la pratique la plus courante et le libre-échange la rare exception* [169]».

255. Ainsi, en se limitant considérablement, dans ce contexte, sur le principe de libre-échange, il convient d'aborder, dans un premier temps, sa définition et son évolution, pour ensuite dégager ses avantages et ses inconvénients.

1. Le libre échange et le protectionnisme

256. De nombreux auteurs ont donné leurs points de vue sur le *« libre-échange »* et le *« protectionnisme »* qui sont deux principes historiquement construits[170]. Il s'agira alors d'en choisir quelques-uns pour pouvoir comprendre leur importance dans les activités du monde commercial. Mais s'il faut insister beaucoup plus sur la notion du libre-échange, c'est parce que la question du protectionnisme a été très largement abordée dans les réflexions précédentes.

257. Le libre-échange se crée dans une zone spéciale, appelée zone de libre-échange, constituée des pays membres. Ces pays cherchent à éliminer entre eux les droits de douane ainsi que les restrictions quantitatives à l'importation. Il s'agit, en fait, pour ces pays, de retirer les barrières douanières limitant les échanges sur le plan commercial entre eux. Au même moment, que le problème du libre-échange est posé, la question des moyens de protection que les États utilisent à travers les douanes se soulève. La question du libre-échange et du protectionnisme s'inscrit dans la problématique de la concurrence entre les nations. Par l'ouverture des frontières et de la réduction des droits de douane, on met tous les producteurs dans une situation qui ressemble à l'égalité[171].

a. Définition de libre-échange

258. Une équipe Perspective Monde[172] donne une définition très intéressante sur le libre-échange. Elle le considère, comme *« un rapport économique fondé sur le principe que plus les pays échangent des produits, des capitaux et des services, plus leurs économies sont susceptibles de prospérer »*[173]. Mais dans la continuation de la recherche de la signification de sa philosophie, une définition adéquate semble retenir plus l'attention. Plus précisément, le libre-échange est considéré, par une réflexion libérale, comme *« un système de commerce international reposant sur l'absence de barrières douanières et non douanières à la circulation des biens et des services. Au sens strict, la notion ne s'étend pas aux mouvements de*

[169]- BLANCHETON(Bertrand), Histoire de la mondialisation. Bruxelles, Éditeur : de Boeck Supérieur, 2008, 1 vol., p. 24.

[170]- MOULLIER(Igor), La préférence française pour le protectionnisme. « Retour sur un débat historique », *La Vie des idées,* 1er décembre 2008. ISSN: 2105-3030. URL: https://laviedesidees.fr/.[Consulté le 08/10/2018].

[171]-Sapir Jacques, « Libre-échange ou juste échange ? », *Cités*, 2010/1 (n° 41), p. 71-87. DOI : 10.3917/cite.041.0071. URL : https://www.cairn.info/.[Consulté le 08/10/2018].

[172]-Perspective Monde est un site Web gratuit, proposant de l'information facile à trouver sur la situation mondiale depuis 1945 : événements, statistiques, et cartes, notamment ; il s'agit d'un site pédagogique soutenu par l'Université de Sherbrooke (Québec). Voir site : https://perspective.usherbrooke.ca/[consulté le 10/08/2019].

[173]-Brève définition par équipe Perspective Monde sur « le libre-échange » publiée dans le site de l'Université de Sherbrooke : perspective.usherbrooke.ca/....[Consulté le 11/08/2018].

travailleurs ou de capitaux. Il s'oppose au protectionnisme et au mercantilisme »[174]. Selon Bernard GAGNE, *« la question du libre-échange est une question vieille comme le monde, mais aussi une question très actuelle et récente »*[175]. C'est une théorie, de plus en plus développée par les économistes libéraux.

259. Selon les libéraux en général, qui font les louanges du libre-échange[176]parmi lequel il convient de citer Paul BAIROCH, pensent que les protectionnistes cherchent à mettre le marché intérieur, à l'abri de la concurrence internationale, aux moyens des taxes douanières et de nombreuses mesures non tarifaires.[177]. En s'exprimant en faveur du libre-échange[178], ils estiment que parallèlement au triomphe dans le monde entier de l'idée d'économie de marché des vingt-cinq dernières années, celle de la supériorité du libre-échange paraît de nos jours tout à fait acquise[179]. Ils défendent que le libre-échange seul peut assurer le bon fonctionnement du marché, donc garantir la qualité des produits et leur distribution. Ces auteurs s'opposent ainsi farouchement au protectionnisme en dénigrant sa crédibilité de nos jours.

b. Le libre-échange s'oppose au protectionnisme

260. Il faut reconnaître que certains économistes continuent à défendre avec fermeté le protectionnisme et en sont favorables à l'esprit de la protection des productions nationales[180] qui sont les seules moyennes pour eux de faire éviter la concurrence des entreprises étrangères. Cependant, les LIBERAUX, se défendent en démontrant que c'est grâce au libre-échange que le commerce international se développe, autrement dit, ils estiment que le libre-échange favorise le développement du commerce international et que c'est dans ces conditions aussi, qu'il facilite la prospérité économique de chacune des nations qui y participe contrairement au protectionnisme qui ferme plutôt les frontières ou élève des barrières au commerce.

261. Si la pensée libérale est hostile au protectionnisme, c'est parce qu'elle estime que de tels comportements limitent considérablement les échanges internationaux. Mais aussi, Jesús Cantera Ortiz d'URBINA, María Dolores Espinosa SANSANO font remarquer leur opposition *« à l'intervention de l'État en matière économique et à la constitution des monopoles et des oligopoles*

---

[174]-Voir article sur la « crise économique et capitalisme de nos jours » sur le site suivant pour comprendre la définition de libre-échange : http://groupetpe1.e-monsite.com/. [Consulté le 10/08/2019].

[175]-Voir : interventions de Bernard GAGNE sur « la question du libre-échange » sur le site suivant : http://eco99international.fr/.[consulté le 10/03/2019].

[176]-BAIROCH(Paul), Mythes et paradoxes de l'histoire économique, Paris : La Découverte 1994, p 63.

[177] - KOGEJ(Jean), Les mutations de l'économie mondiale du début du XXe siècle aux années 1970, Paris (France) : Bréal, 2008, p.159

[178]- KAYNAR(Erdal), Libéralisme et protectionnisme : Ahmed Midhat et les questions économiques de l'Empire ottoman, Anatoli, 5 | 2 014 129-146.

[179]- BOURGUINA(Henri), Le libre-échange : un paradigme en situation d'inconfort ?, Revue d'économie politique, 5/2005 (Vol. 115), p.531-543.

[180]- FONTAGNE(Lionel), Spécialisation et protection en présence de biens intermédiaires échangés. Revue économique Année 1991 42-1 pp. 51-74

privés [181]*».* Pour cette pensée, il faut plutôt *« laisser les lois naturelles agir dans l'activité économique. Particulièrement, pour les physiocrates, partisans de libre-échange entre les nations, l'État doit laisser le libre jeu à l'initiative privée* [182]*».*

262. Il faut en effet, noter que ces deux types de politiques commerciales, ainsi évoqués et qui rythment avec la vie économique, commerciale des États font l'objet de débats entre les partisans, dont à la tête du mouvement protectionniste, se trouvent à Thiers, défenseurs pour les petits propriétaires, Augustin POUYER-QUERTIER, manufacturier de cotonnades à Rouen, Méline FERRY. Ce débat prend de l'ampleur à partir du XIX au XXe siècle où les protectionnistes démontrent la nécessité de protéger les entreprises nationales par une imposition très élevée des droits de douane et de certaines prohibitions absolues. Il faut noter tout de même qu'avec une évolution mondialiste autour du commerce international, des pressions très fortes et favorables au libre-échange vont s'accentuer encore davantage. Et cela donne aujourd'hui des réductions tarifaires et non tarifaires pour permettre au commerce international de se développer.

2. Les fondements de libre-échange

263. La notion de zone de libre-échange résulte de l'Accord général sur les tarifs douaniers et le commerce (G.A.T.T.). Elle est comprise comme un groupe de deux ou plusieurs territoires douaniers qui acceptent de supprimer ou de réduire entre eux les droits de douane et autres réglementations restrictives des échanges commerciaux. En Afrique, des idées se développent en faveur de la zone de libre-échange Africaine (ZLECA). Selon Basillioh MUTAHI et Zawadi MUDIBO de BBC News, Nairobi, si la Zone de libre-échange africaine se réalise qu'est-ce qui va changer ? Est-il possible d'arriver réellement à la réduction des droits de douane entre les États africains ? Bien que cette zone de libre-échange africaine soit devenue une réalité le 1er janvier 2021[183].

264. De tout ce qui précède, il est quand même intéressant de chercher à comprendre le fondement de base du libre-échange qui préoccupe aujourd'hui toutes les économies et qui engage fortement les douanes dans une réforme à travers le monde. Mais déjà pour les économistes libéraux, il faut rechercher ce précepte dans les théories des avantages comparatifs (Adam SMITH et David RICARDO), des dotations en facteurs de production (HOS) et de la différenciation (Krugman)[184]. Ainsi, les théories développées par Adam SMITH et David RICARDO sont considérées comme classiques par rapport aux autres qui sont récentes.

---

[181]-ORTIZ D'URBINA (Jesús Cantera), ESPINOSA (María Dolores), Le français des affaires et de l'administration : guide pratique. secretariado de publicaciones ,universidad de murcia 1992, p.124.

[182]- CORPRON(Pierre-André), Économie et histoire des sociétés contemporaines, 1e année HEC .Bréal 2004, Paris (France), p. 31.

[183]-Voir : article de MUTAHI(Basillioh) et MUDIBO(Zawadi) de BBC News, Nairobi : Zone de libre-échange africaine : qu'est-ce qui va changer ?4 février 2021,https://www.bbc.com/.[Consulté le 10/08/2019].

[184]-Voir : article sur « quelle est la principale justification de l'échange international ? » sur le site suivant : http://sabbar.fr.[Consulté le 08/10/2018].

a. Théories classiques

265. Le philosophe écossais Adam SMITH est considéré comme le père de l'économie politique, de l'école classique en économie et du libéralisme à partir du 18e siècle. Il défend donc plusieurs idées, mais celles qui intéressent autant sont celles qui ont donné naissance au principe du libre-échange. Ainsi, pour Adam SMITH, *« chaque pays a intérêt à se spécialiser dans la production pour laquelle les coûts de production sont les plus faibles : c'est la théorie de l'avantage absolu. L'ouverture des frontières est alors bénéfique pour chaque pays. Mais cette théorie repose sur l'hypothèse selon laquelle chaque pays est meilleur que les autres dans au moins un domaine de production. Elle ne nous apprend rien dans le cas où un pays dominerait tous les secteurs de production*[185] *»*. Ses avantages s'expliquent par le fait qu'un pays se spécialise dans une production dont il est capable et efficace d'en faire des surplus, lui permettant de les échanger avec un autre pays contre d'autres produits que celui-ci, produit mieux que lui. Ses idées se développent autour de la théorie des avantages en mettant l'accent d'abord sur la spécialisation de production et ensuite sur les transactions de biens et de services entre les nations[186].

266. David RICARDO, libre-échangiste complétant la théorie d'Adam SMITH, a eu sensiblement les mêmes points de vue, que celui-ci dès le départ. Il démontrait déjà au 19e siècle qu'un pays a *« intérêt à produire et à exporter ce qui lui coûte le moins cher en coûts de production et à importer les produits pour lesquels il n'est pas spécialisé*[187] *»*.En abordant ce sujet des théories de libre-échange, Stéphane PAQUIN, Chaire de recherche du Canada en économie politique internationale et comparée, fait ressortir, dans ses analyses, les critiques faites par David RICARDO à l'endroit d'Adam SMITH.RICARDO qui va d'une simple démonstration, que *« si deux pays ont intérêt à commercer ensemble, même si un des deux est moins bon dans tout !* [188]*»*.C'est pourquoi, il se défend, dans sa thèse, en prenant comme exemple, entre la Grande-Bretagne et le Portugal. Selon lui, *« la GB produit moins bien des draps et du vin que le Portugal et a tout de même avantage à se spécialiser dans le produit où son désavantage est le moins marqué (avantage comparatif)* [189]*»*.

267. David RICARDO montre tout simplement que l'avantage comparatif d'un pays dans un produit donné, par exemple, est *« un avantage relatif de coût moyen*

---

[185]-Voir : cours d'économie sur « avantages absolus, avantages comparatifs » sur le site suivant : http://www.forum-scpo.com.[Consulté le 19/08/2018].

[186]-Voir : article sous le thème « les idées d'Adam SMITH dans la mondialisation : quels enseignements pour les pays d'Afrique de l'Ouest ? », publié dans le site suivant : http://www.creg.ac-versailles.fr/. [Consulté le 12/07/2019].

[187]-Voir : démonstrations de RICARDO(David), un pays a l'intérêt à produire et à exporter ce qui lui coute le moins cher en couts de production et à importer les produits pour lesquels il n'est pas spécialisé sur le site suivant : https://www.surfeco21.com/. [Consulté le 05/09/2019].

[188]-Voir : document écrit par PAQUIN (Stéphane). sous le thème : les théories du libre-échange , École d'été. Commercer dans un monde multipolaire, 14 août 2014, sur le site suivant : http://www.ceim.uqam.ca.[Consulté le 13/09/2018].

[189]-*Ibid.*

de production »[190]. Parler des théories très récentes sur les fondements des échanges internationaux, c'est prendre en considération celles qui se développent autour des dotations en facteurs de production (HOS) et la différenciation (Krugman).

b. Dotations en facteurs de productions (HOS) et la différenciation (Krugman)

268. Eli HECKSHER et Bertil OHLIN, sont des économistes suédois[191] qui se sont intéressés, au développement d'un modèle sur le commerce international en 1933. Ils auront la contribution de Paul SAMUELSON, économiste américain. C'est à partir de cette dernière intervention, en 1941, que ce modèle devient « HOS, Hecksher-Ohlin-Samuelson ». Ce modèle se développe en se basant tout de même sur les théories classiques, en tirant particulièrement leurs sources de réflexion à partir de celle de l'avantage comparatif de David RICARDO[192], reconnaissant ainsi la supériorité du libre-échange et les bénéfices de la spécialisation dans le commerce international.

269. Dans son cours d'économie de l'intégration européenne, M. Michele CINCERA, fait ressortir les particularités du modèle HOS par rapport à celui de David RICARDO qui ne prend en compte qu'un seul facteur de production, le travail[193]. Alors, il convient de montrer que les avantages comparatifs dans le modèle HOS, proviennent des différentes dotations en facteurs de production d'un pays à l'autre. Les facteurs de production dont il s'agit concernent par exemple le capital, le travail et la terre que disposent les pays.

270. Avant l'intervention de Paul SAMUELSON, c'est le théorème dit Hecksher-Ohlin qui évoluait et insistait sur le fait que ces pays *« ont intérêt à se spécialiser dans les productions mobilisant les facteurs de production qu'ils possèdent en abondance, et à importer les produits incorporant les facteurs de production qui leur manquent »*[194]. La participation pertinente de Paul SAMUELSON dans le débat à partir de laquelle s'est formalisé le modèle HOS en 1948, démontrait en réalité que *« l'extension des échanges et l'adoption, du libre-échange induisent la convergence mondiale de la rémunération des facteurs de production »*[195]. Les réflexions de Paul KRUGMAN, économiste américain, en défendant sa théorie de différenciation des productions, cherchent plutôt à introduire de la concurrence imparfaite dans les théories du commerce

---

[190]-Voir : interventions sur l'Université de rennes 1 concernant l'ouverture aux échanges dans le modèle HeckscherOhlin-Samuelson (HOS) sur le site suivant : https://perso.univ-rennes1.fr/.[Consulté le 10/02/2019].

[191]-Jean-Claude DROUIN. 2. DAVID RICARDO, théoricien du libéralisme économique, Les grands économistes. Sous la direction de Jean-Claude DROUIN, Dans les grands économistes (2012), pages 17 à 32

[192] *-Idem*

[193]-Voir : cours d'économie de « l'intégration Européenne » de Michele CINCERA, dans le site suivant : http://homepages.ulb.ac.be/.[Consulté le 15/08/2019].

[194]-DEUBEL(Philippe), RENOUARD(Gilles) , MONTOUSSE(Marc), D'AGOSTINO(Serge), Dictionnaire de sciences économiques et sociales, France : Éditions Bréal, 2008, p.210.

[195]-*Ibid.*

international[196], par rapport aux théories traditionnelles qui sont fondées sur la concurrence pure et parfaite.

271. Dans ses démonstrations, Paul KRUGMAN donne des appréciations critiques sur ces théories classiques par rapport à l'absence d'économies d'échelles. Il propose alors la présence de ces économies d'échelles de production, qu'il considère que c'est elle à seule que le nombre de variétés proposées aux consommateurs soit limité[197]. Il aborde ici, la différenciation des produits par rapport au développement du commerce actuel, qui est dominé par des échanges de produits similaires entre pays aux technologies très proches, le commerce intra-branche, contrairement aux théories précédentes, qui ne s'accordent que sur les échanges de biens différents entre pays différents.

272. De tout ce qui précède, il faut noter qu'à la différence du modèle ricardien, le modèle HOS *« engendre une spécialisation incomplète, c'est-à-dire que chaque région continue de produire le bien concurrent des importations, mais évidemment en quantités moindres qu'en autarcie. Ceci s'explique par la forme concave de la frontière des possibilités de production due aux coûts d'opportunité croissants*[198] *»*. Si le principe de libre-échange est considéré aujourd'hui comme le moteur principal du commerce international, pourquoi ne fait-il pas l'objet d'un accord ?Est-il concerné par l'accord du GATT ou de l'OMC ?Quels en sont ses avantages et inconvénients ?

B. Portée, avantages et inconvénients de libre-échange

273. La question de libre-échange a commencé à être évoquée dans le cadre de la *« Charte de la Havane »* en 1948, instituant une Organisation internationale du commerce en tant qu'institution spécialisée de l'ONU[199], et qui devrait conformément à l'esprit de la Charte de la Havane, restaurer le libre-échange[200]. Elle est chargée d'éliminer les barrières douanières[201]. Bien que les États-Unis bloquassent la création, l'esprit de la charte, développé dans le cadre des échanges de produits manufacturés a conduit les États dans les négociations, à mettre en œuvre l'Accord général sur les tarifs douaniers et le commerce (GATT), comme un simple traité entre *« parties contractantes »*[202].Accident historique, le GATT restera, jusqu'en 1994, date de création de l'Organisation mondiale du

---

[196]- CROZET(Matthieu), Commerce et géographie : la mondialisation selon Paul KRUGMAN. Revue d'économie politique 4/2009 (Vol. 119), p.513-534

[197]- SIROËN(Jean-Marc), La spécialisation internationale et les gains de l'échange dans la théorie de la concurrence monopolistique [article]. Revue d'économie industrielle, année 1991. Volume 55, Numéro 1 pp. 12-24, p.14.

[198]-Voir sur https://perso.univ-rennes1.fr/.[Consulté le 08/10/2018].

[199]-Voir : article de NIKONOFF(Jacques) sur le thème : revenir à la charte de la Havane dans le monde diplomatique consultable sur le site suivant : https://www.monde-diplomatique.fr/. [Consulté le 13/08/2019].

[200] - EISEMANN (Pierre Michel), charte de la Havane (1948), EncyclopædiaUniversalis [en ligne], consulté le 22 mai 2019. URL : http://www.universalis.fr/.[Consulté le 08/10/2018].

[201] - BAUD-BABIC(Marie-France), « G.A.T.T. (General Agreement on Tariffs and Trade) ou accord général sur les tarifs douaniers & le commerce », EncyclopædiaUniversalis [en ligne], consulté le 22 mai 2019. URL : http://www.universalis.fr/.[Consulté le 08/10/2018].

[202]-Voir : article de NIKONOFF(Jacques) sur le thème : revenir à la charte de la Havane déjà cité.

commerce (OMC), le seul instrument multilatéral régissant le commerce mondial.[203]

274. Dans ce contexte, il convient de réfléchir sur la portée du libre-échange, abordé de long en large dans ces travaux de recherche. Mais aussi, cela apparaît intéressant de comprendre les avantages et les inconvénients, qu'il comporte à l'heure actuelle dans sa mise en œuvre.

1. Portée du libre-échange

275.À partir du GATT jusqu'à l'OMC, le principe de libre-échange est bien défendu. Ce principe s'est formalisé aujourd'hui comme un accord. La définition d'un accord de libre-échange (ALE) s'avère nécessaire pour la compréhension même des accords internationaux, que le nombre d'accords de libre-échange (ALE), ne cesse d'augmenter[204]. Mais c'est avec le temps qu'apparaissent les accords commerciaux régionaux sous la forme d'union douanière et bilatéraux pour renforcer encore davantage l'esprit de cet accord.

276. Bien que la notion de libre-échange, en tant que doctrine, semble être comprise tout au long de cette démarche, il convient, toutefois, de l'aborder encore une fois de plus, pour la distinguer du libre-échange, matérialisé par un accord. C'est pourquoi il existe dans ce contexte des accords internationaux, régionaux et bilatéraux.

*a. Libre-échange, doctrine économique et **consécration** de libre échange*

277. Le libre-échange en tant que doctrine économique s'oppose au protectionnisme. Cette théorie prône alors, « *la liberté de circulation de tous les biens et services entre les nations (produits, services, capitaux, devises, etc.). La politique commerciale qui en résulte recommande comme principe de "laisser-faire" le marché et se traduit par la suppression de tous les obstacles aux échanges internationaux (droits de douane, quotas, etc.).* »[205]. Comme il a été dit ci-dessus, le libre-échange est une pensée des LIBERAUX. Aujourd'hui, les États s'inspirent de la pensée des libéraux pour développer un plan commercial du libéralisme[206]dans le monde. Selon Sabine WILHELM, le libre-échange ou le plan commercial du libéralisme est *« la libéralisation des échanges, par le biais de la réduction des droits de douane et autres obstacles »*[207]. Il considère cette libéralisation comme *« l'un des moteurs de la mondialisation »*[208]. Cette pensée se met à travers des accords entre deux ou plusieurs pays dans l'objectif de la développer sur des bases coopératives.

---

[203]-*Ibid.*

[204]-Voir : article sur le thème : qu'est-ce qu'un accord de libre-échange? Dans le site suivant : http://www.france5.fr/ .[Consulté le 11/08/2018].

[205]-Voir : Libre échange et protectionnisme sur le site suivant : https://www.vie-publique.fr/.[Consulté le 10/10/2019].

[206]-Doctrine recommandant la libre concurrence (ALBERTINI et SILEM, 2004).

[207]- WILHELM(Sabine), Libéralisation commerciale et échanges commerciaux : le cas de l'agriculture en Tunis, I/II. Thèse en vue de l'obtention du grade de Docteur en Sciences Économiques (Doctorat Nouveau Régime). Présentée et soutenue publiquement le 10 décembre 2008.

[208] -*Idem*

278. Ainsi, la mise en œuvre du principe de libre-échange correspond à des accords internationaux suivants : accords multilatéraux, accord de création de zones de libre-échange et accord bilatéral. Les accords multilatéraux sont des traités internationaux passés entre plusieurs États dans le domaine du commerce international. Ils se situent au niveau de plusieurs pays et se négocient auprès de l'Organisation mondiale du commerce. L'accord de création de zones de libre-échange est celui qui est déjà abordé ci-dessus. Alors que l'accord bilatéral est celui qui est passé entre deux pays pour faciliter les échanges. Exemple : l'accord entre le Maroc et les États-Unis entré en vigueur en 2006 qui prévoit une plus grande ouverture du marché américain pour les produits marocains.[209]. Ainsi, le principe de libre-échange se concrétise ainsi à travers les accords internationaux, régionaux et bilatéraux.

b. Les accords internationaux, régionaux et bilatéraux

279. Depuis la fin de la Seconde Guerre mondiale, tous, les échanges internationaux commerciaux sont régis dans le cadre du GATT et de l'OMC. Le GATT qui est un accord général sur les tarifs douaniers et le commerce (AGETAC) signé le 30 octobre 1947 par 23 pays, avait pour but d'harmoniser la politique douanière de ces parties signataires. C'est donc un accord multilatéral qui doit aider à faire fonctionner une liberté des échanges en faisant abaisser les droits des douanes et en réduisant les restrictions quantitatives ou qualitatives aux échanges. C'est aussi dans ces conditions qu'il doit aider à faire baisser les prix pour les consommateurs, aider à mieux utiliser la production et aussi favoriser véritablement l'emploi dans les secteurs dans lesquels chaque pays détient un avantage comparatif.

280. Le GATT ou AGETAC qui est un système purement politique et non un organe, n'a pas de personnalité juridique internationale et devrait laisser place à l'Organisation mondiale du commerce, instituée par les accords de Marrakech. Les États (enlever,) membres ont donc signé l'acte fondateur de l'OMC en 1994 et auront pour but principal de favoriser l'ouverture commerciale. Cela est considéré comme une ambition de réduire les obstacles au libre-échange, d'aider les gouvernements à régler leurs différends commerciaux et d'assister, les exportateurs, les importateurs et les producteurs de marchandises et de services dans leurs activités.

281. De nombreux accords définissent, aujourd'hui, les règles de fonctionnement de l'OMC[210]. L'accent est mis en premier sur l'accord l'instituant elle-même, ensuite en viendront d'autres accords qui sont : accord général sur les tarifs douaniers et le commerce (GATT), qui est toujours en vigueur, mais appelé *« GATT 1994 »* ; accord général sur le commerce des services (AGCS, en anglais GATS) ; accord sur l'application des mesures sanitaires et phytosanitaires (SPS) ; accord sur les mesures concernant l'investissement et liées au commerce (en

---

[209]-Voir : « exemple : accord entre le Maroc et les États-Unis entré en vigueur en 2006 qui prévoit une plus grande ouverture du marché américain pour les produits marocains », sur le site du dico du commerce international suivant : https://www.glossaire-international.com/. [Consulté le 14/09/2019].

[210]- LEMOINE(Mathilde), MADIES(Philippe), MADIES(Thierry), Les grandes questions d'économie et de finance internationales : décoder l'actualité, Bruxelles, De Boeck Supérieur,3e édition, p. 21.

Anglais TRIMs) ; accord sur les obstacles techniques liés au commerce (en anglais TBT) ; *a*ccord relatif à la mise en œuvre de l'article VI (mesures antidumping) ; *a*ccord relatif à la mise en œuvre de l'article VII (évaluation en douane) ; *a*ccord relatif à l'inspection avant expédition ; *a*ccord relatif aux règles d'origine ; *a*ccord relatif aux procédures en matière de licences d'importation ; *a*ccord relatif aux subventions et aux mesures compensatoires...

282. Les accords commerciaux régionaux, sont aussi si nombreux qu'il est alors difficile d'en retenir tout. C'est ainsi qu'il convient de mettre l'accent sur : la zone de libre-échange de l'ANASE, la zone de libre-échange de la mer Baltique, l'accord de Bangkok, le groupe Andin, le marché commun des Caraïbes, le marché commun centraméricain, l'accord de libre-échange d'Europe centrale, la communauté économique et monétaire de l'Afrique centrale, l'accord de rapprochement économique, la communauté des États indépendants, le marché commun de l'Afrique de l'Est et de l'Afrique australe, la coopération est-Africaine, la communauté économique Eurasienne, les communautés Européennes, l'organisation de coopération économique, l'Espace économique Européen, l'association Européenne de libre-échange, le conseil de coopération du golfe, le système global de Préférences Commerciales entre pays en développement ; Association latino-américaine d'intégration, le marché commun du sud, le groupe du fer de lance Mélanésien, l'accord de libre-échange Nord-Américain, le pays et territoires d'Outre-mer, l'accord portant création de la zone panarabe de libre-échange, l'Union douanière d'Afrique australe, l'association Sud-asiatique de coopération régionale, l'Union économique et monétaire Ouest-Africaine, l'accord de partenariat économique stratégique transpacifique.

283. En ce qui concerne les accords commerciaux bilatéraux[211], ils ne cessent de s'accroître, comme les accords commerciaux régionaux, et remettent en cause le rôle de l'OMC, sur de nombreux points[212]. Les accords de libre-échange bilatéraux étant également nombreux, il convient d'en retenir quelques-uns comme exemples : l'accord sur le commerce, le développement et la coopération, entre l'UE et l'Afrique du Sud, l'accord global Mexique-UE, l'accord d'association Chili-UE et les accords Euro-méditerranéens, etc.

284. Comme il avait été signalé précédemment, de nombreux économistes sont réellement convaincus des avantages du libre-échange. Il s'agit surtout d'un grand avantage dont bénéficie le système de commerce international reposant sur l'absence de barrières douanières et non douanières à la circulation des biens et des services. Mais cela ne peut empêcher que ses inconvénients se fassent ressentir tant sur le plan social qu'économique.

2. Avantages et inconvénients du libre-échange

285. Des études très soutenues ont étalé de nombreux inconvénients du libre-échange, même si ses partisans continuent à démontrer qu'il est avantageux surtout pour les consommateurs et favorise l'efficacité économique des pays qui le

---

[211]- SIMON(Patrick), Économie - Droit : BTS 2e année, Paris, France, Éditions Bréal., 2007, p. 3.

[212]-"The Changing Landscape of Regional Trade Agreements", par Jo-Ann Crawford et Roberto V. Fiorentino, WTO Discussion Paper n° 8, 2005. Voir aussi : « Comment les États-Unis contournent l'OMC », alternatives économiques n° 232, janvier 2005.

pratiquent. Dans une réflexion très pertinente faite par Camille A. SEGNIGBINDE, auteur béninois, lui permettant de dégager les différents avantages que procure cette théorie, finit par comprendre que cette *« pratique n'est pas non plus sans inconvénient*[213] *».*

286. L'application du principe de libre-échange ne peut être admise dans de nombreux États s'il n'y a pas des avantages ressentis. Mais en même temps, certains économistes démontrent ses inconvénients. Toutefois, le principe de ce libre-échange continue à être appliqué à travers le monde.

a. Avantages de la mise en œuvre du principe de libre-échange

287. Selon de nombreux économistes, le libre-échange est la meilleure théorie de l'économie qui répond à l'efficacité et à la dynamisation de la croissance économique des États qui la pratiquent. Ses avantages sont dus au fait qu'il permet à ces États de se spécialiser dans certaines productions et met les consommateurs[214] en face de la diversité des produits qui leur permet d'opérer un choix.

288. Cette théorie, dite libre-échange, peut aider à ouvrir des frontières aux produits étrangers dans le cadre des échanges commerciaux. Dans ces conditions, les importateurs peuvent, à travers ces échanges, disposer des biens et services que leur économie nationale ne produit pas. Ce mouvement fait intervenir une concurrence qui permet sans doute de baisser les prix des biens et services sur le plan national. Le libre-échange augmente le volume des échanges et réalise une économie d'échelle[215], c'est-à-dire une production à moindre coût. Il faut comprendre, néanmoins, que de tels principes peuvent comporter aussi des inconvénients.

b. Inconvénients du principe de libre-échange

289. Pour certains économistes, la théorie du libre-échange présente des inconvénients énormes, et même ceux, qui sont les plus palpables sur le plan économique et social. Il semble, qu'un tel système peut se constituer comme une menace pour l'économie d'un pays. Beaucoup d'économistes démontrent à travers leurs réflexions, que si de plus en plus les biens et services importés sur le territoire national sont vendus, moins chers sur le marché intérieur, qu'il est possible, qu'avec le temps qu'un secteur industriel d'un pays concerné par cette situation, soit enrayé.

290. Le second inconvénient, sur le plan social, concerne le chômage ou la perte d'emploi qui peut être provoquée par la mise en œuvre du libre-échange. Selon une équipe d'économie sociale, une *« rude concurrence va forcer certaines compagnies à mettre la clé sous la porte. Il y aura des pertes d'emplois, énormes dans certains cas*[216] *».* Une telle situation risque non seulement de ralentir la croissance

---

213-*Idem*

214- BUCOLO(Elisabetta), Le commerce équitable, une pratique d'économie solidaire. Écologie & politique, 1/2004 (n°28), p.27-44

215- SCHÖPFEL(Joachim), e PROST(Hélène) et FRANTSVÅG (Jan Erik), Efficience et économie d'échelle. Une étude sur l'édition de revues en libre accès. Études de communication, *38 | 2012, 167-185.*

216-Voir : analyse de l'équipe d'économie sociale sur les avantages et inconvénients de libre-échange sur le site suivant :http://www.economiesolidaire.com/.[Consulté le 28/09/2019].

économique, mais aussi de remettre en cause les acquis sociaux des travailleurs tels que les salaires perdus, compte tenu du chômage provoqué par la délocalisation des productions des entreprises qui ne tolèrent pas cette rude concurrence et préfèrent d'autres pays où les coûts sont moins chers.

291. Le principe de libre-échange qui a tendance à imposer la réduction de la manifestation du protectionnisme, telle que souhaitée par l'esprit de la mondialisation des échanges et l'évolution de l'environnement international, ne peut s'installer véritablement qu'à travers les réformes douanières. Il s'agit des réformes des services douaniers projetant la suppression des barrières douanières. De plus, de la suppression des barrières douanières, les tendances sur le plan mondial exigent qu'ils doivent se conformer aux exigences de la douane du 21e siècle. À cet effet, cette imposition ne vient-elle pas encore renforcer les exigences pour le développement des échanges commerciaux

CHAPITRE II.

Les exigences de la douane du 21e siècle

292. Les exigences de la douane du 21e siècle, s'inscrivent dans une extension considérable de ses missions : c'est ce que souligne, Madame le directeur des douanes, Minette LIBOM LILIKENG, à l'occasion d'une réunion organisée du 02 au 04 février 2010 à Yaoundé, capitale du Cameroun, lorsqu'elle déclare que *« la conjoncture internationale marquée notamment par la mondialisation des échanges et l'accroissement des accords commerciaux régionaux et multilatéraux »*[1] obligent *« les administrations douanières à opérer des mutations profondes pour s'adapter, s'affirmer, se moderniser et accroître ainsi leur efficacité ».*[2]

293. Cette déclaration de Minette LIBOM LILIKENG, pourrait faire allusion aux réformes des administrations douanières dictées par l'Organisation Mondiale des Douanes (OMD), une institution intergouvernementale qui prétend faire de ces services publics, des administrations douanières modernes, pouvant répondre aux défis de la douane au 21e siècle.

294. L'OMD souhaite que les douanes soient capables de favoriser la croissance et le développement par la facilitation des échanges et le renforcement de la sécurité aux frontières[3]. Au vu de ce raisonnement déjà engagé, quels sont les facteurs de déclenchement des réformes de ces douanes de Demain **(Section 1)** ? Quels sont en fait les facteurs liés aux exigences des principes de la douane de 21e siècle **(Section 1I) ?**

Section I.
Facteurs de déclenchement de la réforme des douanes de Demain

295. Une modernisation des administrations douanières s'impose aujourd'hui aux administrations des douanes, compte tenu des principes d'une mondialisation

---

[1]-Madame le directeur des douanes, LIBOM LILIKENG(Minette), faisait une déclaration à l'occasion d'une réunion du groupe de travail régional sur le renforcement de la gestion stratégique des administrations douanières des 2-4 février 2010 à Yaoundé. Cette déclaration est consultable sur le site suivant : http://scores2000.over-blog.com.[Consulté le 22/09/2019].

[2]-*Ibid.*

[3]-Voir page de garde du document de la douane au 21e siècle pour comprendre comment elle peut favoriser la croissance et le développement par la facilitation des échanges et le renforcement de la sécurité aux frontières. Voir sur le site suivant : http://www.wcoomd.org/.[Consulté le 22/09/2019].

qui se base surtout sur des échanges et de l'évolution économique. Elle doit s'accélérer pour faciliter particulièrement les échanges commerciaux. Ensuite, il convient d'ajouter, à cette préoccupation, le souci de poursuivre à la fois la croissance économique et le développement de façon générale.

296. Il s'avère nécessaire d'aborder, en premier lieu, les facteurs liés à la facilitation des échanges, au renforcement de la sécurité aux frontières et au développement (**Paragraphe. 1).**Ensuite, il faut aussi s'intéresser à la mise en œuvre des outils et mesures de l'OMD et de l'OMC. (**Paragraphe. 2).**

§ 1. Facteurs liés à la facilitation des échanges, au renforcement de sécurité aux frontières, et au développement

297. La pression internationale sur la réforme des douanes est un combat pour instaurer dans l'esprit des États membres de l'OMD et l'OMC, une vraie coopération commerciale sur le plan international, c'est-à-dire développe dans le commerce mondial, les outils pour le renforcement de facilitation des échanges. Mais dans cette réflexion de réforme, les institutions qui s'occupent du commerce international, des douanes et des questions financières trouvent dans cette opération une opportunité qu'il faut soutenir en faveur de la croissance et du développement.

298. La réforme douanière, telle que voulue dans le contexte de la mondialisation, concoure à la facilitation des échanges et au renforcement de la sécurité aux frontières. Elle peut également aider à stimuler la croissance et le développement dans les États d'une manière générale.

A. Facilitation des échanges et renforcement de la sécurité aux frontières

299. Giovanni VALENSISI et Robert Tama LISINGE démontrent dans leur rapport intitulé : facilitation des échanges dans une perspective africaine, que *« la facilitation des échanges est cruciale » dans le développement du commerce africain, alors que d'autres étendent ce point de vue dans un contexte mondial. Mais en fait, cette facilitation ne peut véritablement se concrétiser que par une politique douanière »*[4]. À partir de ce moment, la douane est incontournable dans la facilitation des échanges internationaux et dans la sécurité des frontières.

300.À partir des idées qui se développent dans cette réflexion, comment la douane peut-elle être considérée comme une clé de la facilitation des échanges internationaux ? Et comment le renforcement de la sécurité aux frontières peut-il se matérialiser ? Ce sont des préoccupations importantes dans la mesure où la douane se trouve au cœur de la facilitation des échanges et du renforcement de la sécurité au niveau des frontières.

---

[4]-Voir : rapport, Facilitation des échanges dans une perspective africaine. Commission économique pour l'Afrique, 2013 Addis-Abeba (Éthiopie), .p.4.. Le rapport a été préparé par VALENSISI(Giovanni) et LISINGE(Robert Tama).

1. Douane, élément clé de la facilitation des échanges internationaux

301.Si le rôle de la douane devient de plus en plus important dans la facilitation des échanges, c'est parce qu'elle se trouve au centre du commerce international, se définissant par les échanges des biens et des services sur lesquels sont imposés les droits des douanes. Mais pour que ce commerce se développe convenablement, il faut que l'administration douanière accorde ses facilitations dans ces échanges.

302. Selon l'OMD, *« la douane joue un rôle primordial dans les échanges internationaux, dans la mesure où elle met en place non seulement des processus de traitement accélérés, mais également des contrôles efficaces qui garantissent la perception des recettes, la conformité aux législations nationales, ainsi que la sécurité et la protection de la société »*[5]. Dans ce contexte, il semble être si nécessaire de chercher à comprendre la notion de la facilitation des échanges et de ses avantages et inconvénients.

a. Définir la facilitation des échanges

303. Comme la facilitation des échanges, est un instrument essentiel pour les activités du commerce international, il y a eu de nombreuses réflexions sur sa définition. C'est ainsi que Robert ZOELLICK ancien représentant du commerce des États-Unis, considère dans un contexte plus large, les mesures de facilitation des échanges comme étant *« essentiellement une extension des procédures d'accès aux marchés, qui réduit le coût des transactions et améliore les délais de transit*[6] *»*.Mais de façon spécifique, la définition avancée par l'OMC sur la facilitation des échanges, est celle qui sert, aujourd'hui, comme de référence. Ainsi, elle définit cette notion comme la *« simplification et l'harmonisation des procédures internationales du commerce*[7] *»*, avec les procédures commerciales qui sont *« les activités, les pratiques et les formalités utilisées pour collecter, présenter, communiquer et fournir des données permettant le mouvement des biens dans le commerce international*[8] *»*.

304. La question de la facilitation des échanges commerciaux[9]est devenue très préoccupante dans les négociations internationales, compte tenu de ses enjeux économiques. Il faut s'attendre à un compromis qui conduit aujourd'hui vers un accord sur la facilitation des échanges, eu égard aux négociations engagées au titre de la Déclaration ministérielle de Doha[10]en 2004. Comme il avait été annoncé ci-dessus, c'est donc en décembre 2013, à la Conférence ministérielle de Bali, en

[5]-Voir : article « en quoi consistent la sécurisation et la facilitation des échanges mondiaux licites » pour comprendre comment la douane joue un rôle primordial dans les échanges internationaux, sur le site suivant : http://www.wcoomd.org/.[Consulté le 15/10/2019].

[6]-Centre du commerce international (ITC), accord de facilitation des échanges de l'OMC - un guide du commerce pour les pays en développement. Op.cit .1.

[7] -Voir : accord de facilitation des échanges de l'OMC, guide du commerce pour les pays en développement sur le site suivant : https://www.intracen.org/.[Consulté le 15/10/2019].

[8]-Centre du commerce international (ITC), accord de facilitation des échanges de l'OMC — un guide du commerce pour les pays en développement, précité supra n°608.

[9]- RADU(Ghenadie), L'origine des marchandises : un élément controversé des échanges commerciaux internationaux. *Op. cit.*, p .3.

[10]-Organisation mondiale du commerce, WT/L/931, 15 juillet 2014.

Indonésie, que les membres de l'OMC, ont conclue des négociations sur un accord sur la facilitation des échanges dans le cadre d'un « paquet de Bali » plus vaste[11].

305. La conclusion de l'accord sur la facilitation des échanges apparaît comme une satisfaction totale dans le milieu des affaires. C'est par exemple le cas de SOGET, une entreprise de logiciels basée à Havre en France et représentée dans de nombreux pays, qui estime que cet accord de commerce mondial est en effet *« le plus important de ces vingt dernières années et place l'information douanière au cœur de la fluidité et de la prospérité* [12]*»*.

306. Selon les estimations de l'OCDE, *« la facilitation des échanges réduira les coûts de transaction d'un montant correspondant à 1 % de la valeur des échanges mondiaux, l'ensemble des gains de bien-être à l'échelle mondiale est estimé à environ 40 milliards USD, avec des bénéfices pour tous les pays et plus particulièrement, en termes de gains relatifs, les pays non-membres de l'OCDE »*[13]. Après avoir abordé la notion de la facilitation des échanges, quels en sont ses avantages ?

b. Les avantages de la facilitation des échanges

307. Dans un pays où les facilitations des échanges sont accordées par la douane, les avantages sont ressentis, non seulement par les opérateurs économiques et l'État, mais aussi, par les consommateurs. C'est une situation qui peut encourager les opérateurs économiques ou les entreprises à s'investir encore davantage. Ainsi, elle soutient les activités des entreprises en les aidant à renforcer leur compétitivité et en livrant plus rapidement leurs produits à leurs clients. Ainsi, elle favorise les activités des entreprises en les aidant à renforcer leur compétitivité[14] et en livrant plus rapidement leurs produits à leurs clients. Si un camion attend une semaine à la frontière, c'est en définitive le client qui paiera cette immobilisation et cette improductivité. Dans une pareille atmosphère, il faut reconnaître que l'État, en sort aussi gagnant parce qu'il y aura un impact prévisible sur les recettes[15].

308. L'importance de la douane ne se limite pas à la facilitation des échanges, comme il a été démontré ; elle doit également être justifiée par son rôle essentiel dans le renforcement de la sécurité aux frontières, notamment en matière de lutte contre la fraude, la contrebande et le terrorisme. Cependant, il convient de se demander si ses actions sont véritablement fondamentales pour contribuer à cette sécurisation des frontières.

---

[11]-Voir : conclusion des négociations sur un accord de facilitation des échanges dans le cadre d'un « paquet de Bali » plus vaste lors de la Conférence ministérielle de Bali en 2013. Ce document peut se consulter sur le site de l'OMC suivant : https://www.wto.org/.[Consulté le 12/09/2019].

[12]-Voir : interventions de SOGET dans son site : http://www.soget.fr/.[Consulté le 12/09/2019].

[13]- WALKENHORST (Peter) et YASUI(Tadashi), Évaluation quantitative des avantages de la facilitation des échanges, dans OECD, Surmonter les obstacles à la frontière : coûts et bénéfices de la facilitation des échanges, Paris.,OECD, 2009,

[14]-*Ibid.*

[15]- GEOURJON(Anne-Marie) et LAPORTE(Bertrand), L'analyse de risque pour cibler les contrôles douaniers dans les pays en développement : une aventure risquée pour les recettes ? Politiques et management public, année 2004. Volume 22, numéro 4 pp. 95-109, p.107.

2. Renforcement de la sécurité aux frontières

309. Le renforcement de la sécurité aux frontières devient un impératif pour la douane du 21e siècle. Il s'agit de sécuriser les frontières délimitées, juridiquement, par les autorités locales. C'est pourquoi il est important de comprendre la notion de la délimitation de ces frontières sur le plan juridique. Mais également, il convient de comprendre la notion de la sécurisation des frontières par les douanes à travers le monde.

310. En effet, les administrations douanières incorporent la sécurité dans leurs compétences, compte tenu de la menace du terrorisme, de la prolifération d'armes de destruction massive et de matières connexes, du trafic d'armes légères et d'explosifs[16], etc. Ces administrations ont été associées, en tenant compte du fait qu'elles exercent de façon permanente au niveau des frontières et qu'elles y gèrent les flux transfrontaliers des marchandises, des personnes et des moyens de transport. Le rôle important que jouent les douanes dans ce contexte est reconnu par l'ONU et inséré dans le cadre des normes SAF.

a. Délimitation des frontières Douanières

311. Lionel PASCAL disait dans son article que *« le rôle protecteur de la douane s'exerce aux frontières en terme militaire, mais aussi en terme économique afin de protéger l'emploi et le commerce intérieur »*[17]. Il s'agit précisément d'une frontière douanière faisant l'objet d'une délimitation et qui ne doit pas se confondre avec la frontière territoriale qui relève d'une fixation purement politique.

312. Selon Jean MAURICE DJOSSOU, originaire du Bénin, enseignant à l'institut québécois des hautes études internationales, la frontière douanière *« délimite le champ d'application de la législation douanière des États et le domaine de compétence d'un service public, le service des douanes. La frontière douanière vient confirmer les règles de fixation de la frontière politique que sont la délimitation et la démarcation, mais elle ne se confond pas nécessairement avec cette frontière »*[18]. Mais de nombreux auteurs considèrent que la frontière douanière est tout simplement la ligne qui délimite le territoire douanier. Et c'est donc à l'intérieur de la délimitation de cette frontière douanière que les agents des douanes mènent leurs activités du contrôle de la frontière. Ce qui intéresse ici, est savoir comment la sécurité des frontières douanières, peut-être assurée ? Et pourquoi considérer la douane, peut-elle considérer la sécurisation des frontières comme un défi ?

b. Sécurisation des frontières douanières, un défi pour la douane

313. La sécurité des frontières douanières se matérialise par la protection des frontières par des douaniers. Elle s'impose, compte tenu du fait que la douane fait face à certains phénomènes qui menacent dangereusement non seulement

---

[16]-Voir : programme sur la sécurité sur le site de l'OMD : http://www.wcoomd.org/.[Consulté le 12/09/2019].

[17]-Gestion des frontières, enjeux douaniers et corridors de transport : retours d'expériences douanières, un article écrit par PASCAL(Lionel), doctorant au centre de recherches et de documentations européennes et internationales (CRDEI) à l'Université Montesquieu Bordeaux IV. Ancien directeur Interrégional des Douanes françaises et publié dans le site suivant : www.faq-logistique.com/.[Consulté le 15/10/2019].

[18]- DJOSSOU (Jean-Maurice), L'Afrique, le GATT et l'OMC : entre territoires douaniers et régions commerciales, Canada, Presses de l'université Laval, 2000, p.74.

l'économie nationale et internationale, mais aussi la santé et l'ordre public, de façon générale. La question de la protection qui préoccupe réellement aujourd'hui, devient, un sujet d'actualité et un défi pour la douane. C'est en tenant de cette mobilisation générale des douanes et de ce défi, que Mohamed Abdou BOUDERBALA, directeur général des douanes algériennes, déclarait que la sécurisation des frontières, *« est notre priorité*[19] *»*.

314. Il existe des objectifs très pertinents pour lesquels les douaniers sont appelés à assurer la sécurité des frontières. Il s'agit d'abord d'assurer la compétitivité économique d'un État souverain et de ses intérêts sociaux. La douane, au vu des exigences de la douane du 21e siècle, a un grand rôle à jouer dans la gestion des frontières. Pour mener efficacement cette opération, elle se trouve dans l'obligation d'équiper suffisamment, ses agents actifs chargés de la surveillance douanière avec des moyens humains et des équipements de pointe pour qu'ils soient en mesure d'y faire face.

315. Ainsi, la sécurité efficace des frontières, qui convient d'être instaurée par les services douaniers, est un aspect essentiel de la lutte contre la fraude, la contrebande, les contrefaçons, la criminalité, le terrorisme et la drogue qui prennent des proportions alarmantes. Mais pour que cette sécurité des frontières se réalise, il est indispensable de passer les réformes douanières qui doivent déterminer le schéma d'actions et les moyens à accorder pour une telle opération. C'est aussi dans ces conditions qu'il faille se demander, peut-être, des réformes douanières qui sont souvent sollicitées d'une manière générale, peuvent-elles stimuler la croissance et le développement social dans un pays.

B. Des réformes pour stimuler la croissance et le développement

316. La réforme des douanes est considérée par de nombreuses instances financières internationales telles que la Banque Mondiale et le Fonds Monétaire International, comme l'une des conditions qui favorise la croissance économique et le développement social dans un pays. Un soutien important aux réformes douanières est beaucoup plus accordé dans les pays en voie de développement, particulièrement en Afrique où la pauvreté semble s'être accentuée. C'est pourquoi Pauline de CASTELNAU et Jean-François MARTEAU démontrent que *« les douanes sont au carrefour de plusieurs priorités stratégiques de la Banque mondiale pour le continent africain*[20]*»*.

317. Le FMI intervient aussi dans les réformes douanières, en consacrant une part importante de son assistance à l'amélioration des administrations douanières, dans le cadre de son suivi des politiques publiques. Ainsi, il apparaît indispensable d'aborder, ici, la question de la facilitation de la croissance économique par la

---

[19]- BOUDERBALA (Mohamed Abdou), La sécurisation des frontières est notre priorité. De nos envoyés spéciaux à Tlemcen Smail ROUHA et Abdessamed KHELIFA, reporter photographe. n° 95 - Mars 2016, le magazine promotionnel de l'Algérie.

[20] - DE CASTELNAU(Pauline) et MARTEAU(Jean-François), Quel accompagnement des douanes par la Banque mondiale en Afrique subsaharienne ? Dans Afrique contemporaine 2009/2 (n° 230), pages 115 à 134 Éditions De Boeck Supérieur.

douane et la contribution des services douaniers, tant dans le secteur des entreprises que dans le domaine social.

1. L'apport de la douane en faveur de la croissance économique

318. Si les réformes des douanes sont de plus en plus encouragées dans les pays en voie de développement, c'est parce que les institutions financières internationales, se rendent compte que ceux-ci, font financer leurs économies, pour la plupart du temps par les recettes douanières. Par conséquent, les conclusions de nombreux rapports rassurent, que la douane de Demain peut être considérée comme l'un des éléments de la croissance économique de ces pays. Mais si tel en est le cas, comment peut-on comprendre la notion de croissance économique ? Comment l'activité douanière peut-elle être considérée comme un élément essentiel de la croissance économique ?

319. Les économistes ont des difficultés, pour s'entendre sur une définition commune sur la notion de la croissance économique. Cette notion suscite plutôt de nombreuses polémiques et des débats doctrinaux, qu'il est difficile de cerner toutes les divergences autour de sa compréhension. Mais ce qui intéresse autant ces travaux de réflexion, c'est le fait de savoir comment l'activité douanière, apparaît-elle comme élément essentiel de la croissance économique et au développement des entreprises ?

a. La notion de croissance économique

320. Avant de traiter l'apport des services douaniers en faveur de la croissance économique, il convient de s'entendre sur la compréhension de cette notion, qui est un facteur important de création d'emplois et des richesses et qui s'inscrit dans une étude des sciences économiques. Selon la définition de François PERROUX, la croissance économique correspond à *« l'augmentation soutenue pendant une ou plusieurs périodes longues d'un indicateur de dimension, pour une nation, le produit global net en termes réels* [21] *»*. Il est indispensable de regarder le discours au moment de la réception du prix Nobel d'économie en 1971 de Simon Smith KUZNETS, considéré comme l'un des contributeurs importants à la théorie de la croissance économique et comme l'un des *« pères des comptes nationaux »*. Ainsi, sa définition va au-delà et affirme qu'il y a croissance lorsque la croissance du PIB est supérieure à la croissance de la population. Mais en se rapprochant de ce contexte général, un rapport sur les sources de croissance de l'économie marocaine, mentionne que *« la croissance économique est synonyme de production de biens et services, de créations d'emplois et de richesses* [22] *»*. Cette richesse peut être appelée produit intérieur brut (PIB). En réalité, il y a lieu de constater que le PIB est toujours considéré ici comme indicateur synthétique de la croissance économique. C'est pourquoi, de façon générale, la croissance économique se définit comme

---

[21]-PERROUX(François), Dictionnaire économique et social, Hatier, 1990.

[22]-Voir : rapport sur les sources de croissance de l'économie marocaine, Royaume du Maroc, haut-commissariat au plan, septembre 2005, p. 5.

l'augmentation du PIB (produit intérieur brut ou production nationale) sur une année[23].

321. Le PIB[24]était défini, par de nombreux auteurs, comme un indicateur économique qui permet de mesurer la production de richesses d'un pays. Il doit correspondre à la somme des valeurs ajoutées, constituées de la valeur de la production de biens et de services réalisées par les agents économiques à l'intérieur, qu'ils soient nationaux ou étrangers. Il peut aussi, se définir comme la somme de toutes les valeurs ajoutées brutes auxquelles s'ajoutent les impôts, en diminution des subventions, réalisées par les agents économiques sur le territoire national.

322. Du point de vue commun aux économistes, la croissance économique est définie comme *« une augmentation continue dans le temps du volume (quantité et/ou qualité) de biens et de services produits par habitant d'un espace économique donné[25]. ».* C'est au vu de ces définitions aussi importantes, qu'il faudra situer l'activité douanière pour mesurer son importance dans sa participation à la croissance économique et au développement des entreprises. Il est donc indispensable que les droits de douane entraînent un revenu important pour les gouvernements en Afrique, revenu qu'ils investiront plus tard dans leurs économies domestiques[26]et aident à protéger leurs économies nationales et régionales. Et c'est dans ces conditions qu'il faut reconnaître l'utilité de l'activité douanière dans la croissance économique et le développement des entreprises.

b. L'activité douanière, élément essentiel de la croissance économique, et au développement des entreprises

323. Dans un atelier organisé à l'hôtel Phoenicia au Liban, en marge d'un projet de jumelage entre les douanes libanaises et italiennes, et qui devrait être lancé en janvier 2013 pour une période de deux ans, le ministre des Finances, Ali Hassan KHALIL y déclarait que *« l'activité douanière est un élément essentiel de la santé du Trésor et de l'économie du pays »*[27].Ce point de vue veut montrer, clairement, l'importance de l'apport des services douaniers en faveur de la croissance économique. Si les institutions internationales soutiennent les réformes douanières, c'est parce qu'elles ont pour objectif d'obtenir un résultat positif de la croissance économique. Elles veulent donc utiliser la douane, qui est au centre des échanges commerciaux internationaux, pour créer des conditions favorables à la croissance

---

[23]- MATELLY(Sylvie), La croissance économique est-elle encore possible ? Est-elle encore souhaitable ? Qu'en est-il de l'Europe ?, Études sur la mort, vol. 148, no. 2, 2015, pp. 55-66.

[24]- CLARK(Andrew) et SENIK(Claudia), La croissance du PIB rendra-t-elle les habitants des pays en développement plus heureux ? Revue d'économie du développement, 2/2011 (Vol. 19), p.113-190

[25]-Voir : notion de la « croissance économique » abordée sur le site de l'université de Liège suivant : http://www2.ulg.ac.be/crepp/profiles/artige/Croissanceeconomique.htm[consulté le 18/08/2018].

[26]--Voir : article de GUISSE(Yéro Mamadou) sur le thème : pourquoi les APE sont dangereux pour l'Afrique ?, sur le site suivant : http://www.seneweb.com.[Consulté le 12/09/2019].

[27]-Voir : déclaration du ministre des Finances, Ali Hassan KHALIL, lors d'un atelier organisé à l'hôtel Phoenicia au Liban, en marge d'un projet de jumelage entre les douanes libanaises et italiennes, et qui devrait être lancé en janvier 2013 pour une période de deux ans dans le site suivant : http://www.lorientlejour.com/.[Consulté le 18/08/2019].

économique au profit des États de façon générale et particulièrement de ceux qui sont considérés comme des pays en voie de développement.

324. Ainsi, la croissance économique peut-être stimulée par la douane, mais à condition que ce service soit bien organisé dans ses activités de perception et de contrôle et qu'il soit aussi en mesure de garantir un commerce plus libre et plus stable. Par contre, une douane paralysée ne rend jamais service à la croissance économique. Son organisation dépend de nos jours de sa capacité de mobiliser des recettes douanières de manière transparente à travers son projet d'informatisation permettant d'offrir des procédures douanières simplifiées et de lutter contre les pratiques déloyales qui sont le dumping ou les contrefaçons et delutter avec efficacité contre la fraude et la contrebande aux frontières.

325. En réalité, la contribution de la douane à la compétitivité économique, dans la facilitation des échanges, dans le recouvrement des recettes douanières et dans la protection des sociétés d'une manière générale, peut-être considérée comme une source de la croissance économique. Alors que le troisième élément se développe encore davantage dans un cadre social. C'est pourquoi, il est souvent affirmé que la douane est un instrument au service du développement social. Il convient ainsi de se demander, comment la contribution de la douane peut-elle se ressentir sur le plan du développement social ?

2. La douane, un instrument au service du développement social

326. Même si la douane vise le renflouement de la caisse de l'État comme objet principal, il se dégage à partir de son rendement des sous-objectifs qui touchent convenablement le développement social. La douane est donc un outil qui facilite non seulement la création d'emplois, mais aussi contribue à la lutte contre la pauvreté.

327. Le rôle de la douane ne peut se limiter uniquement au plan économique. Les activités douanières sont ressenties positivement sur le plan du développement social. Elles participent à la création des conditions, aux emplois et autres activités sociales et à la lutte contre la pauvreté dans les États.

a. La douane, outil pour faciliter la création de l'emploi et autres activités sociales

328.S'il est réellement reconnu que le commerce crée de l'emploi, c'est aussi à cause des multitudes d'avantages accordés par la douane à ce domaine. La douane crée des conditions favorables au développement du commerce, tout en sachant, pertinemment, que les retombées sociales du commerce sont ressenties, dans la création d'emplois. La douane accompagne ici une orientation nationale qui est un impératif pour le développement social. De plus, il convient aussi d'ajouter que si la douane peut provoquer la croissance économique, cela va certainement dans l'intérêt de la création d'emplois. C'est une contribution indirecte que celle-ci apporte à la création d'emplois en soutenant la croissance économique, en protégeant les entreprises nationales.

329. La protection des entreprises ne dépend pas seulement des impositions des droits de douane, mais aussi du renforcement considérable des actions de lutte contre le commerce illicite aux frontières. Il y a lieu également de considérer les avantages douaniers accordés aux investisseurs étrangers tels que les exemptions au paiement de droits, taxes, et redevances de douane, sur les importations de biens d'équipement destinés à être utilisés pour leur programme d'investissement.

330. Même si cette stratégie, d'attirer les investisseurs étrangers à investir sur le territoire douanier avait pour objectif de faciliter le développement des activités économiques, il faut aussi comprendre que de tels investissements comportent de nombreux avantages qui se perçoivent sur le plan socio-culturel et environnemental en dehors de ces aspects économiques qui sont entre autres la création d'emplois, la lutte contre la pollution, le développement des activités sportives, culturelles et des activités d'intérêt public dans les zones rurales, etc., que l'État peut imposer à ces investisseurs dans cette opération comme conditions d'octroi de ces avantages douaniers. Il faut situer également l'importance des activités douanières dans la lutte contre la pauvreté.

b. La douane, outil de la lutte contre la pauvreté

331. La lutte contre la pauvreté de façon générale est un sujet qui préoccupe profondément les États. Ils sont obligés de concevoir un plan national de développement pour la réduction de la pauvreté dont le financement provient nécessairement des recettes fiscales nationales, parmi lesquelles celles de la douane sont citées. Pour renforcer encore davantage ce point de vue, il convient de se confier à une déclaration d'Antoine Manga MASSINA, ancien directeur général des douanes du Cameroun, qui rappelait lors de la cérémonie d'ouverture de la 12e conférence des directeurs généraux des douanes des pays de la région Afrique de l'Ouest et du Centre de l'Organisation mondiale des Douanes (OMD), l'importance de la douane dans les pays en développement pour soutenir la croissance et lutter contre la pauvreté à travers la collecte de revenus substantiels pour l'État[28].

332. En Afrique, d'une manière générale, il a toujours été démontré que les gouvernants accordent une importance capitale aux ressources douanières dans la politique budgétaire pour faire face aux projets sociaux, surtout en ce qui concerne la lutte contre la pauvreté[29]. Le Tchad n'échappe pas à cette règle dont la politique budgétaire nationale demeure le principal instrument pour faire face à ce problème de pauvreté qui devient assez préoccupant. C'est à cause de l'importance du rôle que jouent les douanes dans l'alimentation des budgets des États africains, dont une partie semble aider, à la lutte contre la pauvreté, que les organisations internationales encouragent les réformes douanières. Elles font de ces réformes douanières une exigence de la douane du 21e siècle. Et c'est dans ces conditions, qu'il apparaît nécessaire de faire une étude sur la mise en œuvre des outils et mesures de l'OMD et de l'OMC permettant aux administrations des douanes, de faire face à ces défis de la douane du XXIe siècle.

333. Il y a lieu de chercher à savoir comment la mise en œuvre des outils et mesures de l'OMD et de l'OMC peut-elle aider concrètement les douanes, surtout

---

[28] -Voir : déclaration du directeur général des douanes du Cameroun, Antoine Manga MASSINA Yaoundé le 29 mars 2007, sur le site suivant : www.cameroon-info.net/.[Consulté le 18/08/2019].

[29]-MARTIN(Benoît), Quelles "mesures" pour quantifier la pauvreté ? Les indicateurs produits par les organisations internationales, CERISCOPE Pauvreté, 2012, [en ligne], consulté le 14/11/2019, URL : http://ceriscope.sciences-po.fr/.[Consulté le 12/09/2019].

en Afrique, à se perfectionner efficacement pour atteindre aux objectifs des douanes de 21e siècle ?

§ 2.Mise en œuvre des outils et mesures de l'OMD et de l'OMC

334. Les institutions internationales chargées des affaires douanières et commerciales ont recommandé l'utilisation de certains outils techniques permettant aux administrations des douanes, de faire face aux défis de la douane du XXIe siècle. Il s'agit précisément des outils de l'OMD et de l'OMC qui sont complémentaires dans le cadre de la facilitation des échanges.

335. Aujourd'hui, les outils de l'OMD sont nombreux et s'appliquent particulièrement au monde de la douane. Elle apporte *son* soutien aux douanes à partir de cet instrument dans le contexte de la mondialisation pour qu'elles se modernisent. Le plan de modernisation des douanes évoqué par l'OMD est soutenu très largement par certains accords de l'OMC.

A. Principaux outils et mesures de l'OMD

336. Les principaux outils de l'OMD, retenus dans cette réflexion, sont utilisés pour la bonne marche des activités douanières par les pays membres de cette Organisation. C'est une organisation intergouvernementale, considérée comme le porte-parole de la communauté douanière. Son siège est à Bruxelles en Belgique. Son rôle est : améliorer l'efficacité des administrations des douanes des membres de l'OMD et, donc, de les aider à apporter une contribution positive aux objectifs de développement nationaux, en particulier dans le domaine de la facilitation des échanges, du recouvrement des recettes, de la protection des communautés et de la sécurité nationale[30]. C'est dans ce contexte que l'OMD met à la disposition de ses membres, des outils et des mesures pour leur amélioration.

337. Les outils et mesures de l'OMD, mis à la disposition de ses membres concernent par exemple le Cadre de diagnostic, la Convention de Kyôto révisée, la Convention d'Istanbul, du Cadre de normes SAF, la Déclaration d'Arusha révisée et Directives sur la mainlevée immédiate des marchandises qui aident à moderniser les administrations douanières par rapport aux exigences de la douane du 21e siècle.

1. Le cadre de diagnostic, la convention de Kyoto révisée et convention d'Istanbul

338. Trois différents outils de l'OMD, font l'objet ici d'étude. Ils sont expérimentés peu à peu par les administrations douanières des pays en développement depuis maintenant plusieurs années. Il s'agit d'aborder le Cadre de diagnostic, la Convention de Kyôto révisée et la Convention d'Istanbul.

339. Dans le cadre de la modernisation douanière, des missions de diagnostic, organisées par l'OMD, ont sillonné plusieurs pays africains. Ce sont des missions

---

[30]-Voir : protocole d'accord entre l'organisation mondiale des douanes et l'union postale universelle dans la convention de kyoto, directives relatives à l'annexe spécifique j, chapitre 2, trafic postal

organisées pour la mise en œuvre du cadre de diagnostic. Ces missions sont arrivées au Niger du 17 au 21 décembre 2018, en Gambie, Banjul, Gambie du 15 au 18 avril 2019, aux Seychelles, Mahé, Seychelles du 27 au 31 mai 2019, au Nigéria, Abuja, Nigéria du 17 au 19 juillet 2019, en Éthiopie, Addis-Abeba, Éthiopie du 24 au 26 juin 2019, Somalie, Addis-Abeba, Éthiopie, du 15 au 16 septembre 2019, au Lesotho, Maseru, Lesotho du 04au 08 novembre 2019, au Tchad en 2011, etc. La *Convention de* Kyôto *révisée*[31]est un accord international qui favorise à partir des procédures douanières la facilitation des échanges. Pour la Convention d'Istanbul, elle est adoptée pour la mise en œuvre le 26 juin 1990 pour l'application l'admission temporaire[32].

a. Le Cadre de diagnostic

340. Le cadre de diagnostic est une initiative de l'OMD, permettant aux pays membres de cette organisation internationale d'engager leurs différentes douanes sur la voie du renforcement de leur capacité pour se conformer aux standards internationaux. Dans un forum régional de l'OCDE, organisé les27 et 28 septembre 2006 à Yaoundé, le renforcement des capacités, est défini comme un *« développement d'aptitudes, de compétences et de ressources nécessaires à l'amélioration des capacités d'une administration pour remplir ses fonctions et atteindre ses objectifs de manière durable* [33] *».*

341. Le renforcement des capacités est constitué des programmes qui sont liés directement à la modernisation de l'administration douanière. Ces programmes font partie des exigences des réformes pour préparer les douanes du 21esiècleà l'efficacité, à la rentabilité, à la transparence et à l'amélioration du caractère prévisible des activités d'une administration douanière de manière que celle-ci puisse répondre au mieux aux exigences du monde moderne. Parmi ces programmes, y figure le plus significatif, appelé *« programme COLUMBUS ».*

342. Dans un rapport des tendances et des pratiques de l'OMD, il se révèle que le Programme Columbus a pour objectif de concourir à la mise en œuvre intégrale *« de Cadre de normes SAFE visant à faciliter et à sécuriser le commerce mondial, mais également d'engager des préparatifs en vue du résultat éventuel des négociations en matière de facilitation du commerce »*[34]. En plus des négociations pour la facilitation du commerce qui se déroulent au sein de l'OMC à Genève, l'objectif du Programme Columbus consiste aussi à favoriser la mise en œuvre d'autres normes de l'OMD, par exemple la Convention de Kyôto révisée.

343. Le Programme Columbus est constitué de trois phases :

- **La phase I**, s'intéresse à l'évaluation des besoins, qui ne peut conduire que par deux experts spécialisés dans le cadre du renforcement des capacités et agréés par l'OMD. Ils ont pour mission d'établir un diagnostic complet de la situation

---

[31]-Convention internationale pour la simplification et l'harmonisation des régimes douaniers amendée dite « Convention de Kyoto révisée », signée à Bruxelles le 26 juin 1999.

[32]- Convention relative à l'admission temporaire (Istanbul, 26 juin 1990), Corps de la Convention, Annexes A, B.1. à B.9., C, D et E.

[33]-Exposé de PIRAUX(Thierry) sur analyse des besoins dans le domaine de la facilitation des échanges, forum régional de l'OCDE, 27 & 28 septembre 2006, Yaoundé

[34]- Organisation Mondiale des Douanes / Programme Columbus, rapport des tendances et pratiques de l'OMD – une évaluation du renforcement des capacités, 2008

actuelle des pays membres de l'OMD, relever les insuffisances et proposer des solutions en faisant des recommandations sur un rapport en se fondant de diagnostic sur le Cadre de diagnostic de l'OMD, un outil bien reconnu par des organisations internationales telles que : les Nations unies, l'OCDE, la Banque mondiale, le FMI...

344. La phase II est la mise en œuvre. Elle comprend l'ensemble des mesures prises par les membres bénéficiant du programme pour progresser dans le cycle de développement. C'est un parcours qui commence par l'élaboration, en passant par l'approbation, d'un programme de modernisation en général, avant de bénéficier d'un soutien financier et politique indispensable pour mise en œuvre, complète, de ces activités pilotes et fonctions les nouvelles.

345. La phase III, concerne le suivi et évaluation des progrès réalisés dans la modernisation d'une administration qui devient alors performante. À côté de ce Cadre de diagnostic, il convient d'aborder les deux types des conventions qui sont la Convention de Kyôto révisée, Conventions Istanbul et A.T.A.

b. La Convention de Kyoto révisée, Conventions Istanbul et A.T.A

346. Les différentes conventions internationales visées ici font partie des instruments pertinents de l'OMD. Elles sont destinées à aider ses pays membres pour la modernisation de leurs administrations douanières. Il s'agit de la Convention de Kyoto révisée qui est une forme actualisée et révisée de la convention de Kyôto, adoptée en 1974 et axée sur la simplification et l'harmonisation des procédures douanières. Sous sa forme révisée, la Convention de Kyoto, mise en vigueur le 3 février 2006, est largement considérée comme le fondement des procédures douanières modernes et efficaces du 21e siècle[35].

347. Dans l'esprit de compréhension de la convention, la douane peut mener ses contrôles, mais tout en facilitant les échanges qui consistent à assurer la simplification et l'harmonisation des régimes douaniers. Il convient aussi de citer, dans ce contexte, les conventions ISTANBUL et A.T.A, qui sont relatives aux admissions temporaires de marchandises. Précisément, la convention d'Istanbul est adoptée par le conseil de coopération douanière, à ISTANBUL, en 1990[36], dans la plus grande ville commerciale, industrielle et culturelle de TURQUIE.

348. Dans la pratique, il existe le système A.T.A, qui est régi par ces deux conventions, qui permet d'assurer la libre circulation des marchandises à travers les frontières et leur admission temporaire en franchise de droits et de taxes[37] dans le territoire douanier. Le système ATA qui est entré en vigueur au MEXIQUE à partir du 16 mai 2011 est aussi appelé système de carnet ou carnet ATA, un document unique sur lequel sont déclarées les marchandises. Ce document est sécurisé par un système de garantie international. Parmi ses nombreux principaux outils et mesures, l'OMD met aussi régulièrement l'accent sur le Cadre de normes SAF, la Déclaration d'Arusha révisée et Directives sur la mainlevée immédiate des marchandises.

---

[35]-Organisation mondiale des douanes, Convention de Kyoto révisée, Convention internationale pour la simplification et l'harmonisation des régimes douaniers (amendée). Date de publication, février 2006, p.4.

[36]-Glossaire des termes douaniers internationaux. *Op. cit.*p .9.

[37]-Voir : article de l'OMD dans son site suivant : http://www.wcoomd.org/. [Consulté le 17/07/2019].

2. Le cadre de normes SAF, la Déclaration d'Arusha Révisée et Directives sur la Mainlevée immédiate des marchandises

349. Le Cadre de normes SAF, la Déclaration d'Arusha révisée et Directives sur la mainlevée immédiate des marchandises sont abordés ici en tant qu'instruments de l'OMD. Ils sont aussi nécessaires non seulement pour le bon fonctionnement d'une administration des douanes modernes, mais aussi indispensables pour la sécurité des frontières et du commerce international.

350. Le Cadre SAF est développé par la communauté douanière mondiale pour la facilitation des opérations commerciales internationales. C'est l'instrument ou programme de l'OMD, plus connu sous le nom de Cadre SAFE, qui offre un appui aux administrations douanières de ses États membres pour la sécurisation et la facilitation des échanges commerciaux internationaux. Concernant la déclaration d'Arusha révisée faisant partie des outils de l'intégrité de l'OMD, elle trace un schéma de lutte contre la corruption et du respect de l'éthique douanière. Enfin, dans la facilitation des échanges commerciaux, l'OMD s'oblige à adopter des *directives* relatives à la mainlevée immédiate des marchandises pour *« aider la douane et le secteur privé, par des procédures spécifiques, à accélérer la mainlevée / dédouanement des volumes croissants d'envois/colis de faible valeur issue du commerce électronique* [38]*».*

a. Le Cadre de normes SAF de l'OMD

351. Le Cadre de normes SAF est élaboré par un groupe de travail de l'OMD et adopté par son conseil en juin 2005. Il n'est pas du tout une convention. Il est considéré comme un instrument non obligatoire, parce qu'il contient des normes internationales d'application volontaire auxquelles la plupart des membres de l'OMD, se sont engagés à adhérer.

352. Les objectifs du cadre de normes SAF sont pertinents à l'échelon mondial, compte du fait qu'il vise la sécurisation de la chaîne logistique, la facilitation des échanges commerciaux internationaux, la gestion intégrée de la chaîne logistique pour tous les modes de transport, le renforcement du rôle, des fonctions et des capacités des douanes à pouvoir relever les défis de la douane 21e siècle. Ce cadre encourage également le renforcement de la coopération entre les administrations des douanes afin de mieux améliorer leur capacité à déceler avec prudence les envois à haut risque et le renforcement de la coopération douanes-entreprises.

353. Le Cadre de normes SAF en question se donne un objectif principal, de promouvoir la circulation ininterrompue des marchandises le long de chaînes logistiques internationales sécurisées[39]. Dans les contextes nationaux, il fait ressortir ses effets dissuasifs pour le terrorisme international et de sécurisation de la perception des recettes. Après une réflexion sur le Cadre de normes SAF, il faut aussi tenir compte des autres instruments de l'OMD comme la Déclaration d'Arusha révisée et les directives sur la mainlevée immédiate des marchandises.

---

[38]-Voir : Directives relatives à la mainlevée immédiate des marchandises, sur le site Directives relatives à la mainlevée immédiate des marchandises de l'OMD: http://www.wcoomd.org/.[Consulté le 12/09/2019].

[39]-Cadre de normes SAFE de l'OMD, visant à sécuriser et à faciliter le commerce mondial. Juin 2015, Organisation mondiale des douanes. p.4.

b. La déclaration d'Arusha révisée et les directives sur la mainlevée immédiate des marchandises

354. La déclaration d'Arusha et les directives sur la mainlevée immédiate sont des outils ou des instruments non négligeables de l'OMD. Elles contribuent à la modernisation des administrations douanières de façon très efficace, comme ceux abordés précédemment. La Déclaration d'Arusha révisée se fonde à partir de la déclaration d'Arusha en Tanzanie, adoptée le 7 juillet 1993. C'était une déclaration du conseil de coopération douanière concernant l'éthique douanière. La déclaration d'Arusha révisée adoptée en 2003 aborde dans le même sens que la déclaration dite originale qui met l'accent sur l'amélioration de l'éthique au sein des douanes en évitant la corruption et en faisant asseoir les exigences de la bonne gouvernance.

355. En effet, la question d'éthique préoccupe énormément l'OMD ainsi que ses pays membres aujourd'hui, qui trouvent dans cette pratique un préalable nécessaire et indispensable au bon fonctionnement des administrations des douanes, puisqu'elle devient ici un ensemble des mesures pouvant aider à lutter contre la corruption. Dans une de ses présentations, Mohamed MEDDEB, ancien DG de la direction des douanes de la Tunisie, relève que *« l'éthique n'est pas simplement une question de morale, mais relève plutôt de valeurs et de règles de conduite qui doivent régir le comportement de l'agent de douane pour ce qui nous concerne aujourd'hui* [40] *»*. L'amélioration de l'éthique douanière devrait se réaliser par le biais de toute une série de procédures d'auto-évaluation, de planification, de mise en œuvre et d'évaluation des mesures, en recourant aux différents outils de l'OMD élaborés, depuis plus d'une décennie, dans le domaine de l'éthique.

356. Quant aux directives de l'OMD sur la mainlevée immédiate des marchandises, elles sont beaucoup plus avantageuses dans les procédures de dédouanement en matière de mainlevée par les douanes d'une manière rapide, dont bénéficient les marchandises ou les chargements. Les directives relatives à la mainlevée immédiate des marchandises, qui sont adoptées en mars 2003 sont élaborées par l'OMD, pour aider, à la fois les services des douanes et le secteur privé en vue d'accélérer les procédures douanières de certains chargements, documents ou les correspondances transportées par des services de courrier et de courrier express et qui sont soient des faibles valeurs, des valeurs élevées ou sans valeur commerciale. Ainsi, les documents ou correspondances qui n'ont aucune valeur commerciale, sont libérés sur la base d'un document de transport ou même d'une déclaration orale.

357. Les différents instruments de l'OMD qui ont été abordés de long en large aident à atteindre deux objectifs : gagner du terrain dans les réformes douanières et apporter un soutien aux objectifs de l'OMC qui est à la recherche de la facilitation des échanges internationaux. En plus de ces instruments de l'OMD, l'OMC met à son actif, certains accords destinés à renforcer la facilitation de ces échanges.

---

[40]-Voir : communication présentée sur le développement de l'éthique douanière à Tunis, du 11 au 14 juin 2013, par la direction générale des douanes, en collaboration avec l'OMD, dans le cadre de la deuxième phase du programme « Columbus », titre : « l'impératif d'éthique douanière en Tunisie ».

B. Les accords de l'OMC

358. Les accords de l'OMC qui entrent dans les domaines de la douane intéressent l'OMD, car ils semblent soutenir la modernisation des administrations douanières. Les réflexions ici portent surtout sur les accords qui imposent une certaine coopération entre l'OMC et l'OMD pour leur mise en œuvre dans les activités douanières.

359. Les accords sont certainement nombreux, mais il convient de mettre l'accent sur ceux qui sont considérés comme indispensables dans le contexte de la modernisation des douanes. Il s'agit de toucher directement ici l'évaluation en douane, l'origine des marchandises et la facilitation des échanges.

1. Accords de l'OMC sur l'évaluation en douanes et les règles d'origine

360. La question de l'évaluation en douane et de celle de l'origine pose souvent un problème aux importateurs. Il n'est pas du tout aisé de faire une évaluation en douane, ni de déterminer facilement l'origine d'un produit étant donné que les matières premières et les pièces détachées circulent tout autour du globe pour servir d'intrants dans des usines de fabrication éparpillées aux quatre coins du monde[41].

361. Les différents accords de l'OMC abordés ci-dessus, peuvent répondre aux inquiétudes des importateurs par un système équitable, uniforme et neutre d'évaluation des marchandises en douane, en interdisant l'utilisation de valeurs arbitraires ou fictives qui peuvent constituer un obstacle à des échanges ouverts et équitables et de détermination de l'origine d'un produit sur des bases non transparentes.

a. Accords de l'OMC sur l'évaluation en douanes

362. L'accord de l'OMC sur l'évaluation en douane, adopté en 1994 à Marrakech, met en œuvre l'article VII du GATT de 1994. C'est un accord pris dans un contexte international, mais qui peut être transposé dans la législation douanière nationale de chaque pays membre de l'OMC. Cependant, cet accord a bouleversé l'ancien mode de détermination des valeurs en douanes dont pratiquaient les agents douaniers. Chaque administration douanière se basait tout simplement sur des prix des marchandises de son propre marché intérieur pour pouvoir déterminer les valeurs taxables. Dans le contexte international, ces valeurs sont considérées comme arbitraires. Et l'intervention de la douane dans la détermination de ces valeurs en douane est à l'origine de l'arbitraire.

363. Aujourd'hui, l'accord de l'OMC limite considérablement l'intervention de la douane dans la détermination de la valeur en douane et oblige de se référer qu'au prix facturé. Selon cet accord, dans son article, premier, *« la valeur en douane des marchandises importées sera la valeur transactionnelle, c'est-à-dire le prix effectivement payé ou à payer pour les marchandises lorsqu'elles sont vendues pour l'exportation à destination du pays d'importation, après ajustement*

[41]-Voir : « Les règles d'origine » sur le site suivant : http://www.wto.org/.[Consulté le 06/07/2018].

conformément aux dispositions de l'article 8[42]*».* Mais c'est lorsque la valeur en douane ne peut être déterminée en fonction de la valeur transactionnelle, qu'il faut appliquer les méthodes de substitution, qui suivent : méthode de la valeur transactionnelle de marchandises identiques, méthode de la valeur transactionnelle de marchandises similaires, méthode déductive, méthode de la valeur calculée et la méthode de dernier recours.

364. Les accords de l'OMC sur l'évaluation en douane sont fondamentalement indispensables pour la détermination des valeurs imposables lors des procédures de dédouanement. De même, il faut considérer, dans ces procédures, l'importance capitale de l'accord de l'OMC sur les règles d'origine, qui mérite d'être abordé à l'étape suivante.

b. Accords de l'OMC sur les règles d'origine

365. Selon l'OMD, *« il n'existe pas de définition internationale de l'origine bien que l'on distingue deux régimes : le préférentiel et le non-préférentiel. En préférentiel, tout est basé sur des accords bilatéraux ou multilatéraux. En non-préférentiel, chaque pays applique ses propres règles même si au sein de certaines unions économiques régionales les règles non-préférentielles sont harmonisées pour l'ensemble des États parties à ces Unions »*[43]. Elle définit à cet effet, dans la Convention internationale pour la simplification et l'harmonisation des régimes douaniers (convention de Kyôto révisée), les règles d'origine comme étant comme *« des dispositions spécifiques appliquées par un pays pour déterminer l'origine des marchandises et faisant appel à des principes établis par la législation nationale ou par des accords internationaux*[44] *».*

366. L'OMC démontre que les *« règles d'origine sont les critères appliqués pour définir l'endroit où un produit a été fabriqué*[45]*».* L'OMC, en les élaborant est convaincue qu'elles sont importantes pour la mise en œuvre d'instruments de politique commerciale tels que *« les droits antidumping et les droits compensateurs, le marquage de l'origine et les mesures de sauvegarde »*[46]**.** Ces règles sont désormais instituées à partir d'un accord conclu en 1994 dans le cadre de l'Uruguay Round de l'OMC. Sur cette base, l'origine nationale d'un produit sera déterminée, selon des critères pouvant respecter une unité de matière et se fera nécessairement accompagner par un document appelé certificat d'origine.

367. En principe, il appartient aux gouvernements nationaux de définir les règles d'origine que leurs administrations des douanes doivent appliquer, mais en se conformant toutefois à l'accord de l'OMC sur les règles d'origines. Selon le

---

[42]-Voir : article 1 de l'accord de l'OMC sur l'évaluation en douane adopté en 1994 à Marrakech, mettant en œuvre l'article VII du GATT de 1994.

[43]-Voir : définition des « règles d'origine » donnée par l'OMD sur son site suivant : http://www.wcoomd.org/. [Consulté le 11/06/2018].

[44]*Ibid.*

[45]-Organisation mondiale du commerce : comprendre l'OMC, édité par l'OMC 1995, 2000, 2001,200 3, 2005, 2007, 2008, p.50.

[46]-Voir : analyses sur le site du Centre International du Commerce autour du thème : « comprendre les mesures non tarifaires » sur le site suivant : http://www.intracen.org/itc/analyse-marche/mesures-non-tarifaires/comprendre-les- mesures-non-tarifaires/. [Consulté le 12/07/2018].

principe directeur, *« une règle d'usage simple stipule qu'un produit entièrement produit ou obtenu dans un pays appartient à ce pays. Mais il y a beaucoup de produits qui contiennent des composantes provenant de plusieurs pays. Une autre règle d'usage traite ce fait en stipulant que chaque composante "étrangère" utilisée dans un bien subit un changement dans la classification tarifaire ("transformation" tarifaire), résultant de la production qui s'est déroulée dans un seul pays »*[47]. Aujourd'hui, avec le développement des intégrations économiques, les États s'entendent sur le terme de l'origine communautaire.

368. Dans la zone CEMAC, cette origine communautaire est systématiquement accordée aux produits du cru et aux produits de l'artisanat traditionnel[48]. Mais, pour les produits industriels, la reconnaissance de leur origine, impose des conditions : d'une part, il faut que ces produits soient fabriqués dans le territoire de la communauté et d'autre part, qu'ils soient en mesure de remplir l'une des conditions suivantes citées : le *« produit est obtenu exclusivement à partir des matières premières d'origine communautaire ; les matières premières communautaires représentants au moins 40 % de la valeur des matières premières utilisées ; ou valeur ajoutée locale est au moins égale à 30 % de la valeur sortie-usine*[49] *»*.

369. Il faut tout de même faire ressortir des cas exceptionnels pour lesquels une telle règle ne peut s'appliquer. Il s'agit par exemple des produits provenant des opérations d'assemblage, de montage, de conditionnement ou de conservation, ainsi qu'aux produits qui proviennent des régimes de perfectionnement actif ou passif. L'origine communautaire doit être attestée nécessairement par un certificat de circulation. Ce certificat est délivré par tous les bureaux de douane surtout lorsqu'il s'agit des produits du cru. Mais pour les produits manufacturés, il ne peut être délivré que par les bureaux de douane, du lieu d'implantation de l'entreprise. Parmi ses différents accords abordés ci-dessus d'une manière générale, l'OMC se préoccupe également de celui préparé par rapport à la facilitation des échanges.

2. Accord de l'OMC sur la facilitation des échanges

370. La facilitation des échanges préoccupe énormément l'Organisation mondiale du commerce. Alors que cette facilitation ne peut être accordée que par les services douaniers, c'est pourquoi l'OMC s'oblige à collaborer avec l'OMD, porte-parole des administrations douanières, afin que cette préoccupation soit acceptée dans les milieux douaniers. Leur collaboration doit ainsi porter sur la mise en œuvre d'un accord de facilitation des échanges initié d'ailleurs par l'OMC dans les activités douanières.

371. Avant tout, l'accord de l'OMC sur la facilitation des échanges ne peut s'appliquer qu'aux membres de l'OMC qui l'ont accepté. Mais il est question ici, que cet accord, contenant des dispositions qui imposent une accélération du mouvement, de la mainlevée et du dédouanement des marchandises, y compris les

---

[47]-Voir : « document des règles d'origine », p.3, à consulter sur le site suivant : http://pdf.usaid.gov.Le site est consulté le 03 juin 2015.

[48]-Voir :Règlement n° 21/07-UEAC-1505 U-CM-16 du 18 décembre 2007 portant modification de l'article 10 de l'Acte n° 1/98-UDEAC-1505-CD-61 du 28 juillet 1998, portant modification des articles 9 et 10 de l'annexe à l'Acte n° 7/93-UDEAC-556-CD-SE1 du 21 juin 1993.

[49] -Voir : https://www.wto.org/french/tratop_f/tpr_f/s285_f.pdf.

marchandises en transit, puisse être accepté par les services douaniers dans le cadre de coopération efficace entre les douanes et les autres autorités compétentes sur la question de facilitation des échanges et de respect des procédures douanières[50].

a. Contenu de l'Accord

372. La négociation[51] portant sur un éventuel accord sur la facilitation des échanges faisait l'objet d'une grande préoccupation des membres de l'OMC lors de la neuvième conférence ministérielle de Bali[52], organisée en décembre 2013. Cette ferme volonté de parvenir à un tel accord sur la facilitation des échanges dans le cadre d'un « paquet de Bali » plus vaste est finalement agréée par l'OMC. Pour faire avancer ce besoin urgent, les membres de l'OMC, ont engagé des réflexions juridiques autour du texte de l'accord qui aboutissent aujourd'hui à la finalisation de la conception d'un texte final.

373. Ainsi, en se conformant à la décision prise lors de la conférence de Bali, les membres de l'accord sur la facilitation se sont obligés à adopter un protocole d'amendement, le 27 novembre 2014, pour insertion du nouvel accord dans l'annexe 1A de l'accord sur l'OMC. Il est par ailleurs prévu que *« l'accord sur la facilitation des échanges entrera en vigueur une fois que les deux tiers des membres auront achevé leur processus de ratification interne* [53]*».*

374. L'accord de facilitation des échanges en question, contient des obligations qui apportent de réformes, de la simplification des procédures douanières et des formalités administratives permettant ainsi d'accélérer le mouvement, la mainlevée et le dédouanement des marchandises, y compris même des marchandises qui sont en transit. En outre, l'accord prévoit, dans ses dispositions, certaines mesures aidant la facilitation des échanges. Ce sont des mesures imposantes, une coopération concrète entre les administrations douanières et les autorités compétentes pour des questions liées à la facilitation des échanges et de respect des procédures des douanes. Mais aussi, l'accord prévoit, des dispositions spécifiques relatives à l'assistance sur le plan technique et du renforcement des capacités dans ce domaine. Et dans ces conditions, il convient de se demander, pourquoi la douane intervient-elle dans la facilitation des échanges ?

b. Participation de la douane dans la facilitation des échanges

375. Les douanes sont, en principe, incontournables dans le contrôle des échanges commerciaux sur lesquels, elles perçoivent les droits et taxes pour répondre à leurs missions économiques. Il faut également relever que ce contrôle s'impose pour permettre à ces douanes d'être prestataires de services pour la société, pour l'État et pour la prospérité mondiale. C'est donc compte tenu de leurs rôles importants et imposants qu'Algirdas ŠEMETA, commissaire européen à la fiscalité, à l'union douanière, à l'audit et à la lutte anti-fraude et Kunio

---

[50]-Voir : démonstration de l'OMC | Facilitation des échanges (wto.org).

[51]- GOGUELIN(Pierre), Le concept de négociation. Négociations, vol. n° 3, no. 1, 2005, pp. 149-170.

[52]-BALI est une île indonésienne célèbre pour ses montagnes volcaniques boisées, ses rizières, ses plages et ses récifs coralliens. L'île abrite des sites religieux, comme le temple d'Uluwatu construit au sommet d'une falaise à pic.

[53]-Voir : réflexions sur « la facilitation des échanges » sur le site de l'OMC suivant : http://www.wto.org/ .[Consulté le 14/07/2019].

MIKURIYA, secrétaire général de l'Organisation mondiale des douanes, disent que *« les douanes sont au cœur de la facilitation des échanges*[54]*»*. Ils sont réellement convaincus, que pour que l'AFE[55]soit mis en œuvre avec succès et que ses bénéfices se concrétisent à l'échelle mondiale, il faut impliquer encore davantage les autorités douanières nationales.

376. Les autorités douanières ont de plus en plus la responsabilité de la mise en œuvre de l'AFE dans son contexte. Mais à ce niveau, il faut que les États soutiennent et renforcent ces autorités douanières avec des moyens matériels, humains et financiers dont elles ont besoin, afin que leurs missions soient remplies avec efficacité. Il s'agit en réalité d'ouvrir ici la page de la collaboration de l'OMC avec les milieux de la douane qui est nécessaire pour la mise en œuvre de l'accord sur la facilitation des échanges.

377. De tout ce qui précède et par rapport aux différents facteurs de déclenchement des réformes des douanes de Demain, il est assez utile de chercher à savoir quels sont alors ceux qui sont liés aux exigences des principes de cette douane de Demain que l'OMD qualifie d'une douane du 21e siècle.

Section II.
Facteurs liés aux exigences des principes de la douane du 21e siècle

378. La douane du 21e siècle impose diverses exigences auxquelles les services douaniers doivent répondre. La mise en œuvre de ces exigences favorise la modernisation des pratiques et une meilleure adaptation au contexte de la mondialisation. Ces principes, édictés par l'OMD, doivent être impérativement mis en œuvre au niveau national par les États membres. Parmi ceux-ci figurent le soutien des douanes à l'échelle internationale, la coordination de la gestion des frontières, la gestion des risques, le partenariat entre les douanes et les entreprises, ainsi que l'adoption de méthodes de travail spécifiques.

379. Il est également indispensable de mentionner, parmi les principes à intégrer dans la modernisation des douanes à l'échelle mondiale, les autres éléments essentiels de la vision stratégique de l'OMD. Ces orientations visent à soutenir les douanes dans leurs pratiques (**Paragraphe 1).** En plus de ces fondements, concernant les douanes au sein d'un réseau international et la coordination des frontières, la gestion des risques ainsi que le partenariat entre les douanes et les entreprises qui seront abordés, il est aussi primordial d'envisager d'autres éléments constitutifs de la vision stratégique de l'OMD (**Paragraphe 2).**

---

[54]- ŠEMETA(Algirdas) et Union Mikuriya en appelant à l'occasion de la journée internationale de la douane célébrée le dimanche 26 janvier les gouvernements à « soutenir et renforcer les autorités douanières » démontrent que les douanes sont au cœur de la facilitation des échanges. L'article est intitulé : « "la douane n'est pas qu'un gardien, elle contribue au développement économique" » est consultable sur le site suivant : https://www.lexpress.fr/.[Consulté le 15/10/2019].

[55]-AFE, signifie : accord sur la facilitation des échanges.

§ 1.Orientations visant à soutenir les douanes avec leurs méthodes

380. Dans ce paragraphe, trois types de méthodes, très pertinentes, établies par l'OMD seront abordés. Il s'agit essentiellement de la question des douanes en réseau international, de la gestion des risques, du partenariat douanes-entreprises et de la mise en œuvre de méthodes de travail.

381. Il est important de comprendre, comment les douanes en réseau international doivent-elles fonctionner ? Pour quels objectifs faut-il créer un tel réseau pour les douanes du monde ? Ou du moins, quelle est, son importance dans la modernisation des douanes ? De telles préoccupations pourraient aussi s'étendre sur la question de la gestion des risques, du partenariat douanes-entreprises et de la mise en œuvre de méthodes de travail, qui sont autant des méthodes proposées par l'OMD aux administrations douanières optant pour une modernisation. Mais en réalité, sont-elles toutes efficaces pour aider les administrations douanières dans leurs réformes ?

A. Les douanes en réseau international et la gestion coordonnée des frontières

382. L'OMD accorde une importance capitale aux douanes en réseau international, c'est pourquoi elles constituent d'ailleurs l'un des premiers éléments de la vision de la douane moderne. Il convient également de mettre l'accent sur la gestion coordonnée des frontières comme faisant partie des éléments stratégiques et incontournables pour la douane au 21e siècle.

383. Parmi les dix éléments constitutifs conçus dans un document spécial de l'OMD, le concept de Douanes en réseau international (DRI) est abordé, premièrement, pour que la coopération entre les administrations des douanes devienne incontournable pour la douane du 21e siècle. Concernant la gestion coordonnée des frontières, une méthode de l'OMD développée par la communauté douanière doit d'abord être comprise comme des services de contrôle aux frontières, qui implique directement les services douaniers sur le plan national. Mais aussi, cela implique une mobilisation sur le plan international. Dans ce contexte, il faut comprendre que des solutions efficaces pour une gestion coordonnée des frontières passent aujourd'hui par le développement des techniques d'information et de communication modernes.

1. Notion des douanes en réseau international

384. Selon l'OMD, la notion de douane en réseau international (DRI) est comprise comme un moyen pour les autorités douanières *« d'échanger des informations de manière normalisée*[56]*»*. Mais pour renforcer encore davantage cette notion, les douanes marocaines estiment qu'il faut considérer cela comme *« un développement d'une collaboration en temps réel plus étroite entre les administrations des douanes et entre celles-ci et les entreprises, à travers un réseau*

---

[56]-Voir : « notion de douanes en réseau international » sur le site suivant : http://www.wcoomd.org/-/media/wco/public/fr/pdf/topics/facilitation/activities-and-programmes/gnc/dri_faq.pdf?db=web[consulté le 11/08/2018].

de douanes électronique (e-Customs)[57] ». Il faut mettre donc en avant comme point de vue commun l'idée de partage d'informations sur deux axes qui sont : l'axe de lutte contre la fraude et l'axe commercial.

385. Le renforcement de la coopération au plan national et international entre les administrations douanières, devient de plus en plus indispensable pour la lutte contre la fraude douanière. Aujourd'hui, avec les activités de fraude qui prennent des proportions importantes, cette coopération s'avère être indispensable dans la mesure où elle favorise le partage de l'information. Ainsi, l'idée de partage de cette information ne touche pas non seulement pas l'importance de la lutte contre la fraude, mais aussi la question des transactions commerciales.

a. Coopération douane-douane en matière de partage d'informations sur la lutte contre la fraude

386. Une stratégie mondiale en matière d'information et de renseignement sur les activités douanières, mises sur pied par l'OMD, impose la coopération douane-Douane. Pour se rassurer de la compréhension de cette stratégie et s'assurer de la concrétisation du concept de DRI[58], l'OMD crée un groupe de travail ad hoc chargé de réaliser « "*une analyse exhaustive des possibilités de rationaliser, d'harmoniser et de normaliser l'échange sûr et efficace d'informations entre les membres de l'OMD*" [59]».

387. Le groupe de travail ad hoc en charge de l'analyse sur les possibilités de rationaliser, d'harmoniser et de normaliser l'échange sûr et efficace d'informations entre les membres de l'OMD, met l'accent sur l'importance de l'inter connectivité entre les administrations douanières et l'interaction par le biais d'accords d'échange d'informations et d'expérience. Cette idée permet aux administrations douanières de se partager des informations sur l'axe de la lutte contre la fraude qui se réalise à travers des échanges d'informations entrepris par une autorité douanière, dans le cadre d'accords/arrangements d'assistance mutuelle ou lorsque l'évaluation des risques liés aux données de l'axe commercial entraîne la nécessité d'obtenir des informations complémentaires[60].

388. Ainsi, les échanges d'informations, dans ce cas précis, peuvent porter sur la lutte contre la criminalité transfrontalière organisée et, plus récemment, la menace du terrorisme.

b. Coopération douane-douane en matière de partage de données sur les transactions sur l'axe commercial

389. Préoccupée sérieusement par la modernisation des administrations douanières, l'OMD estime qu'il faut inclure dans les principes des douanes en réseau international, l'idée de partage de données sur les transactions commerciales

---

[57]-Voir : la vision de la douane au 21e siècle qui s'applique à la douane marocaine sur ce site : http://www.douane.gov.ma/.[Consulté le 16/07/2019].

[58] -Voir : « douanes en réseau international, D.R.I » sur le site suivant : http://www.wcoomd.org/ [Consulté le 16/07/2018].

[59] -L'esprit de création d'un groupe de travail ad hoc chargé de réaliser « "*une analyse exhaustive des possibilités de rationaliser, d'harmoniser et de normaliser l'échange sûr et efficace d'informations entre les Membres de l'OMD*", peut se consulter sur le site suivant : http://www.wcoomd.org/. [Consulté le 13/07/2018].

[60]-*Ibid.*

entre les administrations douanières. Elles se partagent ces données entre elles-mêmes, c'est-à-dire entre administrations des douanes uniquement. Il s'agit, au fait, des données obtenues à partir de sources commerciales ou sur l'axe commercial recueillies de l'échange systématique d'informations, par exemple de données à l'exportation, introduites au moyen d'une application de la douane nationale. Cet axe contient la plupart des échanges intervenant dans le cadre des DRI.

390. À côté de la notion des douanes en réseau international, comprise à travers cette démarche de recherche, il est également impératif de chercher à comprendre celle concernant le concept de gestion coordonnée des frontières, annoncée précédemment.

2. Le concept de gestion coordonnée des frontières

391. Aujourd'hui, la gestion des frontières, est devenue une question très préoccupante tant pour les administrations des douanes qui font face à certains dilemmes dans les contrôles aux frontières que pour les instances internationales chargées des affaires douanières et commerciales qui visent à promouvoir le concept de la gestion coordonnée des frontières sur le plan mondial. Devant donc, une telle préoccupation, qui prend d'ailleurs de plus en plus de l'ampleur sur le plan international, oblige l'OMD, à l'inscrire dans sa politique stratégique en faveur de la douane au 21e siècle.

392. La compréhension de la notion de la gestion coordonnée des frontières, apparaît nécessaire. Du point de vue de l'Organisation mondiale des douanes (OMD), c'est une démarche coordonnée des services de contrôle au niveau des frontières. Dans sa logique, cette gestion, coordonnée des frontières, implique tous les organismes nationaux et internationaux chargés du contrôle des frontières. Elle démontre que la mise en œuvre de cette approche coordonnée comporte des avantages pertinents.

a. Définition du concept de la gestion coordonnée des frontières

393. Le concept de la gestion coordonnée des frontières est une démarche conçue par l'Organisation Mondiale des Douanes. Mais de nos jours, il est devenu utile pour toute la communauté douanière de s'inscrire désormais dans les défis de la douane du 21e siècle. La gestion coordonnée des frontières est une expression propre de l'OMD. Par contre, d'autres organisations internationales ou régionales préfèrent utiliser les termes *« gestion intégrée des frontières*[61]*»* ou *« gestion concertée des frontières*[62]*»* au lieu de *« gestion coordonnée des frontières*[63]*»*. Pourtant, l'explication donnée dans son contenu requiert un point de vue commun.

394. En s'accordant sur la définition de l'OMD, l'expression *« gestion coordonnée des frontières »* (GCF), désigne *« une démarche coordonnée des services de contrôle aux frontières, à la fois sur le plan national et international,*

---

[61]- PEYRONNET(Chloé), Le programme de travail de Frontex pour 2015 : une fuite en avant mal dissimulée. La revue des droits de l'homme [Online], actualités droits-libertés, Online since 09 June 2015, connection on 29 July 2016. URL : http://revdh.revues.org/.[Consulté le 15/10/2019].

[62]-Mémorandum : le concept « pays-frontière » ou l'intégration de proximité. Réunion des ministres des affaires étrangères, secrétariat exécutif, Abuja, janvier 2005.

[63]- DUMA(Perrine), L'accès des ressortissants des pays tiers au territoire des États membres de l'Union Européenne. Groupe, Bruxelles, Larcier, Éditions Bruyland 2013, p.33.

dans leurs efforts visant à améliorer leur efficacité en matière de gestion des échanges commerciaux et des flux de voyageurs, tout en préservant l'équilibre par rapport aux nécessités du contrôle[64]*».* À partir de cette définition, des analyses font état d'une obligation de la douane sur le plan national à s'ouvrir à une collaboration franche avec les autres acteurs tels que l'armée, la police, la gendarmerie, les eaux et forêts, les services de contrôle sanitaire et phytosanitaire, etc., qui interviennent aux frontières. Cependant, une telle collaboration doit impliquer nécessairement une mutualisation des moyens d'intervention pour que les contrôles aux frontières soient plus efficaces.

395. Sur le plan international, cette gestion, coordonnée des frontières, impose un cadre juridique qui s'adapte d'une part dans un contexte, de coopération locale entre les agents en charge du contrôle des deux côtés de la frontière, d'autre part de coopération bilatérale entre pays voisins et de coopération multinationale. Selon Stefan ANISZEWSKI, de l'Organisation Mondiale des Douanes, l'expression *« gestion coordonnée des frontières »* (GCF*)*, *« fait référence à une approche coordonnée des services chargés du contrôle aux frontières, que ce soit au niveau national comme au niveau international, en vue d'une gestion plus efficace de la circulation des marchandises et des passagers et soucieuse de préserver l'équilibre avec les exigences liées au respect de la loi*[65] *».* La définition du concept de la gestion coordonnée des frontières étant comprise, il faut faire ressortir ses avantages pour comprendre clairement son importance pour la douane du 21esiècle.

b. Les avantages de la gestion coordonnée des frontières

396. L'OMD démontre très souvent les avantages du concept de la gestion coordonnée des frontières dans sa mise en œuvre. Selon l'OMD, ces avantages sont si nombreux, tant en faveur des gouvernements qu'aux autres services agissant aux frontières. Ainsi, *« au niveau gouvernemental, la conception et la mise en œuvre d'un système de GCF*[66]*»* permettront d'éliminer les contradictions et les répétitions *« dans les différentes politiques, ce qui aura pour effet d'accroître l'efficacité des politiques délivrées*[67]*».*

397. La gestion coordonnée des frontières est avantageuse par le fait qu'elle peut renforcer la capacité du gouvernement à traiter de façon plus efficace des questions stratégiques par rapport aux différents services présents aux frontières et qui ne sont pas peut-être appréhendées par ces services et à proposer ainsi un point de vue systémique en matière de gestion des frontières. Cette approche systémique inclura également l'implication du secteur privé à la réalisation de solutions telles que les changements d'infrastructure, etc.[68]

398. Le troisième avantage du gouvernement se situe au niveau de la prévention et de la répression, dont une approche globale en matière de lutte contre le crime

---

[64]- ANISZEWSKI(Stefan), n° 2, Gestion coordonnée des frontières – un document conceptuel (juin 2009), OMD, p.5.

[65]- ANISZEWSKI(Stefan), Document de recherche n° 2, gestion coordonnée des frontières. *Op. cit.*, p. 5.

[66] - GCF : Gestion coordonnée des frontières

[67]- ANISZEWSKI (Stefan.), Document de recherche n° 2, gestion coordonnée des frontières. *Op. cit..*, p.17.

[68] -*Ibid.*

organisé et autre type de menace semblable sera en outre facilitée[69]. De plus, le gouvernement peut, à travers cet instrument de gestion coordonnée des frontières, s'ouvrir la voie à des économies d'échelle, en comptant sur le développement de systèmes informatiques communs, aux différentes formations qui seront disponibles et à la mise en commun des ressources.

399. De plus, les avantages provenant de la gestion coordonnée des frontières, en faveur des services présents aux frontières, sont clairement ressentis en matière de gestion des risques et des renseignements. Le partage des informations et des renseignements profite à tous les services présents aux frontières et leur permet de mieux s'organiser pour être beaucoup plus actifs, opérationnels et performants, afin de gérer la gestion des risques avec efficacité. Concernant les ressources, celles qui seront économisées à partir de cette collaboration pourraient être affectées aux domaines clés d'activité des services et être utilisées plus efficacement pour le ciblage de nouveaux secteurs de risque, contribuant ainsi à absorber l'impact de la croissance des échanges et des déplacements de personnes[70].

400. Après une compréhension du concept de gestion coordonnée des frontières, il est indispensable d'aborder immédiatement la question de la gestion des risques et du partenariat douanes–entreprises. Mais la question, considérée comme préoccupante, est celle de savoir comment ces éléments sont-ils importants dans les activités de la douane du 21e siècle ?

B. Gestion des risques et partenariat douanes- entreprises

401. La gestion des risques et la question du partenariat douane-entreprise sont des initiatives de l'OMD qui ont aussi leur place parmi les principaux moyens utilisés par les administrations des douanes pour répondre aux exigences de la douane du 21e siècle. Aujourd'hui, les administrations des douanes font face à de multiples risques, qu'elles en sont obligées de faire le recours à la méthode de sa gestion décrite par l'OMD. Mais aussi, elle ne veut pas s'en passer de relever la pertinence de la coopération douane-entreprise et de la mise en œuvre de méthodes de travail dans la modernisation des douanes.

1. Notion de la gestion des risques

402. L'OMD définit la gestion des risques en matière douanière comme *« une application systématique des pratiques et procédures en matière de gestion permettant à la douane de recueillir les renseignements nécessaires au traitement des mouvements ou des envois de marchandises qui présentent un risque. Cette approche se révèle nécessaire dans la mesure où la mission fondamentale des douanes consiste à contrôler les mouvements ou les envois transfrontaliers de marchandises et à garantir le respect des législations nationales[71] »*.

403. La gestion des risques dans le domaine douanier, tel que présenté par l'OMD, se repose sur certains éléments importants. Ces éléments, qui s'imposent dans cette gestion des risques, sont liés aux processus douaniers. Pour la

[69] -*Ibid.*
[70] -*Ibid.*
[71] -Guide sur la gestion des risques de l'OMD, juin 2003, p. 4

compréhension du schéma de ces opérations, l'OMD fait asseoir un système de suivi de ce processus dans un recueil sur la gestion des risques en matière douanière, comprenant deux volumes. Il s'agit des volumes 1 et 2, mais interconnectés.

a. Recueil sur la gestion des risques, contenu : volume 1

404. Le volume 1, du recueil, décrit le processus du déroulement de la gestion des risques dans un contexte douanier actuel auquel les administrations des douanes doivent s'accrocher pour atteindre leurs objectifs. Ainsi, la gestion des risques est un processus qui se met en œuvre dans le but d'identifier, d'analyser, d'évaluer et de traiter les risques dans l'environnement opérationnel en constante mutation. Le recueil en question met l'accent sur la nécessité d'adopter une approche globale du respect de la loi basée sur la gestion des risques, qui permettra aux administrations d'opérer de manière plus efficace et de mieux atteindre leurs objectifs[72].

405. Le volume 1, du recueil d'une importance capitale, aborde les éléments constitutifs d'une structure de gestion des risques sur le plan organisationnel[73]. Il s'agit entre autres : le mandat et l'engagement ; les dispositions en matière de gouvernance du risque ; la mise en œuvre de la gestion, du contrôle et de l'examen des risques ; et les mécanismes favorisant la formation et le développement continus de l'approche. Mais également, c'est un document qui a permis de faire ressortir l'importance de l'intégration de la gestion des risques en tant que culture de l'administration des douanes et la possibilité de création d'une capacité de gestion des risques pouvant évoluer par étapes. Ainsi, dans la description du contenu volume 1, il s'agit de relever l'importance de la gestion des risques dans un cadre théorique. Mais c'est concrètement dans le volume 2, qu'il faut démontrer l'utilité de ce document en tant qu'outils pratiques et opérationnels aux administrations douanières.

b. Recueil sur la gestion des risques, contenu : volume 2

406. La partie du volume 2, du recueil sur la gestion des risques, aborde de façon générale des questions liées à la gestion des risques opérationnels. C'est un document destiné spécifiquement aux administrations des douanes, dans le but de les encourager à mettre en œuvre des procédures de contrôle basées sur les risques qui reposent sur le renseignement et les informations[74]. Ces genres de procédures permettent à ces administrations d'identifier facilement les opérateurs ou les personnes considérées comme fiables. Elles sont aussi utilisées comme moyens d'identification de certains envois et transactions à faible risque, bénéficiant d'une meilleure facilitation contrairement à ceux qui sont soumis à des niveaux de contrôle un peu plus sévères.

---

[72]-Voir : recueil de l'OMD sur la gestion des risques en matière douanière sur le site suivant: http://www.wcoomd.org/fr -[Consulté le 16/07/2019].

[73]-Voir : « recueil de l'OMD sur la gestion des risques en matière douanière », voire récapitulatif sur le site suivant : http://www.wcoomd.org/. [Consulté le 11/07/2018].

[74]-Voir : recueil de l'OMD sur la gestion des risques en matière douanière sur le site de l'OMD https://www.wcoomd.org/fr.

407. Le recueil en question fournit en effet, des outils pratiques et opérationnels aux administrations douanières en matière d'évaluation des risques, d'établissements de profils et de ciblage des flux de marchandises, de personnes et des moyens de transport qui traversent les frontières internationales. Selon le document en question, ces instruments peuvent également aider à déterminer quels niveaux d'intervention peuvent être requis ou non[75]. Après la compréhension de l'importance de la notion de la gestion des risques dans les activités douanières, il convient aussi d'aborder le sujet très actuel concernant le partenariat douanes-entreprises qui apparaît aujourd'hui de plus en plus indispensable dans ce contexte de la modernisation des administrations douanières.

2. Un partenariat douane –entreprises

408. Le partenariat douane–entreprise fait partie des exigences de la vision de la douane du 21e siècle. C'est une réclamation légitime, puisqu'elle crée une certaine confiance entre les douanes et les entreprises en instaurant entre elles un cadre de dialogue dans le but de réduire le fardeau de la réglementation et d'encourager le commerce international[76].

409. L'OMD, en sollicitant le cadre de partenariat douane–entreprise dans les réformes douanières, défend cette nécessité, d'une part, pour la dynamique de la douane et d'autre part, pour que les administrations douanières se mettent au service des opérateurs économiques. Ainsi, le partenariat douane-entreprise, mis en place par l'Organisation mondiale des douanes (OMD), conduit vers la création d'une relation étroite entre douane-entreprises, non seulement pour une avancée des activités, mais aussi pour la facilitation des échanges commerciaux.

a. Dialogue entre douane et entreprise, un maillon essentiel de la politique de développement économique

410. La proposition du partenariat douane-entreprise faite par l'OMD en faveur de la douane du 21e siècle devrait instaurer une culture de confiance entre ces deux acteurs. Cette confiance qui ne peut se fonder que sur le cadre formel de dialogue est renforcée par des actions de concertation et d'échanges pour éviter des conflits éventuels entre les deux parties.

411. L'objectif de ce partenariat est d'encourager les différentes parties à tenir compte des préoccupations et des intérêts de chacune pour qu'il soit équilibré. Sur ce point de vue, lors de la célébration de la journée Internationale de la douane le 20 janvier 2010 à Pointe-Noire au Congo, le secrétaire Général de l'OMD, Monsieur Kunyo MIKURIYA déclarait que*« le thème choisi pour cette année 2010 exige la douane et ses partenaires du secteur privé d'agir en concertation, d'essayer de mieux appréhender le rôle, les missions, les objectifs et les intérêts de leurs homologues pour parvenir à des solutions présentant les avantages pour chacun car, l'environnement mondial actuel, victime des conséquences néfastes de la crise financière, révèle de manière flagrante que dans un monde interdépendant*

---

[75]-*Ibid.*

[76]-Voir OMD actualité n°61 février, 2010, p16..

doté d'une économie globale intégrée, rien n'est épargné et que les plus touchés sont les plus vulnérables [77] *»*.

412. La douane, ici, doit jouer un grand rôle dans la réussite de ce partenariat, dans la mesure où c'est elle qui doit beaucoup plus écouter et comprendre les difficultés auxquelles font, face, ses partenaires pour que les procédures douanières soient améliorées et sécurisées. Le partenariat douane-entreprise en question, est aujourd'hui considéré comme moteur du commerce international. C'est pourquoi, il est question de savoir, comment peut-on le mettre en œuvre ?

b. Question de la mise en application du principe du partenariat douane-entreprises

413. La question du partenariat douane-entreprise préoccupe énormément les administrations des douanes, surtout en ce qui concerne sa mise en application ou sa facilitation. Ainsi, de nombreuses administrations douanières ont estimé développer ce cadre de partenariat en mettant en place une structure qui peut se charger spécifiquement de sa mise en œuvre. De nombreux exemples pouvaient être donnés, mais l'illustration porte essentiellement sur le cas spécifique de la douane sénégalaise qui a pu mettre sur pied un comité de partenariat entre la douane et le secteur privé attirant autant l'attention. C'est un comité national qui reçoit une responsabilité de facilitation de partenariat douanes-entreprises dans le but de mettre fin aux longues procédures douanières considérées comme obstacles au commerce extérieur. Ainsi, pourquoi, au Tchad, ce cadre de dialogue aidant à asseoir une réforme des douanes durables, n'est-il pas intéressé par l'administration des douanes tchadienne ?

414. En effet, si les entreprises sont au cœur des priorités de la douane, il apparaît normal que la douane soit également à leurs côtés. Ce principe rend alors évident une franche collaboration entre ces deux secteurs en les poussant à entretenir un bon cadre de dialogue et de concertation. Ce qui devient aussi nécessaire pour la facilitation des échanges internationaux.

415. Après avoir pris connaissance des éléments stratégiques de l'OMD tels que : les douanes en réseau international ; la gestion coordonnée des frontières ; la gestion des risques ; un partenariat douanes-entreprises et la mise en œuvre de méthodes de travail qui s'imposent aujourd'hui dans les douanes modernes. Il ne faudrait pas perdre de vue qu'il en existe aussi d'autres éléments constitutifs, faisant partie de la vision stratégique de l'OMD, qu'il faut aborder dans le paragraphe suivant.

§ 2. Les autres éléments constitutifs de la vision stratégique de l'OMD

416. Dans les exigences de la douane du 21e siècle, il faut faire le recours à tous les éléments aidant à mettre en marche les visions de l'OMD. C'est pourquoi, certains étant abordés ci-dessus, il fallait nécessairement prendre connaissance des autres dans ce paragraphe.

---

[77]-Voir : Déclaration de Kunyo MIKURIYA, secrétaire Général de l'OMD lors de la journée internationale de la douane le 20 janvier 2010 à Pointe-Noire au Congo.

417. Concernant les autres éléments constitutifs de l'OMD, évoqués ci-dessus, ils sont aussi pertinents, par rapport à sa vision de la douane du 21e siècle. Il s'agit par exemple des méthodes de travail qu'il faut adapter au contexte national, les procédures, de procédures, de techniques modernes et des outils techniques, les pouvoirs habilitant la douane, la culture de service professionnel reposant sur les connaissances, le renforcement des capacités et l'éthique.

A. Visions fondées sur des méthodes de travail, procédures, techniques modernes, renforcement capacités et outils techniques

418. Dans un premier temps, l'étude portera sur les éléments suivants : les méthodes de travail, de procédures et de techniques modernes. Ensuite, il faut également comprendre les autres éléments énoncés, que sont le renforcement des capacités et les outils techniques.

419. Quel intérêt, une administration douanière comme celle du Tchad, peut-elle tirer de l'adaptation des méthodes de travail proposées par l'OMD dans un contexte national ? De quelle manière, ces méthodes peuvent-elles aider les réformes douanières au Tchad ? De telles interrogations pouvaient aussi se poser par rapport aux procédures, aux techniques modernes, au renforcement des capacités et aux outils techniques.

1. La mise en œuvre de méthodes de travail, de procédures, de techniques modernes et renforcement des capacités

420. Les idées renfermées dans les méthodes de travail, de procédures et techniques modernes sont surtout la mise en œuvre des contrôles par audit. Il sera aussi question de soulever ici l'idée de révision des procédures déjà existantes qui tiennent compte des conventions internationales, mais aussi des meilleures pratiques internationales. Mais également, il convient d'aborder sous cette rubrique la question du renforcement des capacités.

421. Comme il a été annoncé dans le paragraphe précédent, les méthodes de travail, de procédures et de techniques modernes[78] évoquées par l'OMD, se résument autour du développement des contrôles par audit et révision des procédures existantes, en fonction des conventions internationales et des meilleures pratiques internationales[79] dans la modernisation des douanes. Dans le contexte douanier, la question du renforcement des capacités est soulevée avec attention. Ainsi, les programmes de l'OMD en matière de renforcement des capacités reposent sur une approche large du développement organisationnel et se concentrent sur la mise en œuvre des instruments de l'OMD, ainsi que d'autres normes et meilleures pratiques internationales dans le domaine de la réforme et de la modernisation douanière. Le soutien apporté prend également en compte les principes et les méthodologies décrits dans le dossier sur le développement organisationnel.

---

[78]-Voir : plan stratégique 2016/2017 A 2018/2019, http://www.wcoomd.org [Consulté le 11/07/2018]. Site consulté.

[79]-Voir : Douane marocaine | La douane au 21e siècle,https://www.douane.gov.ma/.[Consulté le 11/08/2018].

a. La question des contrôles par audit dans la modernisation des douanes

422. Certaines exigences qui imposent une circulation rapide des marchandises ainsi que celles qui font présenter aujourd'hui des réglementations complexes obligent les administrations des douanes à adopter de nouvelles techniques douanières ou démarches novatrices que sont les contrôles par audit Le recours aux techniques douanières de contrôle par audit, vise, à abandonner le contrôle systématique pour ne contrôler qu'une partie des personnes ou des marchandises sur la base d'échantillons fournis par des moyens informatiques et à privilégier le contrôle a posteriori.

423. Les vérifications par audit sont explicitées en profondeur dans l'annexe générale, Chapitre VI de la Convention révisée de Kyoto. Ces vérifications, telles que définies dans le glossaire des termes douaniers internationaux, consistent en des mesures de clémence par lesquelles les autorités douanières contrôlent la précision et l'authenticité des déclarations en inspectant les livres, registres, systèmes comptables et données commerciales pertinents détenus par les personnes concernées.[80]

424. Dans les exigences de la douane du 21e siècle, il est également indispensable de réviser les procédures existantes en fonction des conventions internationales (notamment la Convention de Kyôto révisée de l'OMD) et des meilleures pratiques internationales. Après avoir abordé la question des contrôles par audit dans la modernisation des douanes, il est alors normal de s'intéresser au problème du renforcement des capacités, qui avait été aussi annoncé parmi les éléments fondamentaux de cette mutation.

b. Le renforcement des capacités

425. Un document établi pour la stratégie en matière de renforcement des capacités douanières est préparé par l'Organisation mondiale des douanes au nom des pays membres. L'expression « renforcement des capacités », se présente dans la stratégie de l'OMD comme une politique, visant *« le développement ou l'acquisition d'aptitudes, de compétences, d'outils et de ressources nécessaires à l'amélioration des capacités d'une administration pour remplir ses fonctions et atteindre ses objectifs*[81]*»*. Si cette politique s'impose de nos jours aux administrations des douanes, c'est parce qu'elle devient une feuille de route indispensable pour l'avenir des douanes modernes.

426. Ainsi, la modernisation des douanes impose qu'elles se dotent des capacités et des aptitudes indispensables pour accomplir à différents niveaux avec efficacité l'ensemble des fonctions douairières. Il s'agit, précisément, du renforcement des capacités de l'administration des douanes en matière de

---

[80]-Glossaire des termes douaniers internationaux, OMD, juin 2018, p. 8.

[81]-Stratégie de l'OMD en matière de renforcement des capacités préparée par l'Organisation mondiale des douanes au nom de la communauté douanière internationale, p. 4. L'OMD a organisé deux réunions du Groupe de travail de haut niveau en matière de renforcement des capacités avec la participation de ses Membres, et des organisations internationales, notamment l'OMC et la Banque mondiale, les institutions financières et les représentants du secteur privé en septembre 2002 et en mars 2003. Ce document s'inspire des résultats de ces réunions, de la participation d'autres parties prenantes et de nos propres recherches.

ressources humaines, en matière des techniques modernes de gestion et en matière de contrôle ou de lutte contre la fraude.

427. Si l'utilisation de technologies et d'outils performants est citée parmi les visions de l'OMD, c'est pour faciliter l'accélération des procédures douanières et les contrôles douaniers à divers niveaux. Mais il convient de savoir, est-ce que l'utilisation de ces techniques et d'outils performants pourrait-elle réellement suffire pour rendre une administration des douanes performante ?

2. L'utilisation de technologies et d'outils performants

428.L'évolution des techniques fait partie des principaux vecteurs de l'activité économique de façon générale dans le monde, et particulièrement, elle apparaît de nos jours comme un facteur de développement de la modernisation des administrations des douanes. Il s'agit de mettre l'accent sur les nouvelles technologies de l'information et de la communication et des outils techniques.

429. Aujourd'hui, l'évolution de nouvelles technologies de l'information et de la communication s'impose aux administrations douanières. Cet outil est devenu incontournable dans le cadre des réformes douanières dans le contexte de la mondialisation. Il convient de préciser de façon précise que la technologie de l'information et de la communication (TIC) est indispensable à la mise en œuvre de l'accord de l'OMC sur la facilitation des échanges (AFE).

a. L'utilisation des nouvelles technologies de l'information et de la communication (NTIC)

430. La nouvelle technologie de l'information et de la communication (NTIC) est considérée comme un instrument potentiel au service de l'économie sociale[82], un moyen d'accès à l'information et un nouveau paradigme de diffusion de l'information[83]. Elles sont définies en effet, dans le dictionnaire Larousse, comme *« un ensemble des techniques utilisées pour le traitement et la transmission des informations (câble, téléphone, Internet, etc.)*[84] *»*. C'est donc en tenant compte de l'importance de cet outil technologique dans le cadre de la facilitation de la communication et de l'échange en matière d'information que l'OMD l'inscrit parmi les éléments constitutifs de la vision de la douane du 21e siècle. C'est aussi dans ce contexte que Lionel PASCAL reconnaît que *« dans la dernière partie du XXIe siècle et au XXIe siècle, la technologie a permis des avancées importantes pour le développement des marchandises* [85] *»*.

431. Il y a lieu de reconnaître, ici, l'importance de la technique informatique qui permet de dématérialiser les déclarations en douane, y compris les titres de transit[86]. Les outils technologiques sont véritablement utiles aussi bien pour la lutte

---

[82]-BENABID(Sandoss), GROLLEAU(Gilles), Les nouvelles technologies de l'information et de la communication : un instrument potentiel au service de l'économie sociale ? Innovations, 1/2003 (no17), p.139-155.

[83]-*Ibid.*

[84]- Dictionnaire de français Larousse, Éditions Larousse, 2021.

[85]-Voir : article de PASCAL(Lionel) sur le thème : les corridors de transport > gestion des frontières, enjeux douaniers et corridors de transport : retours d'expériences douanières , Publications > Éditions EMS >. L'article est consultable sur le site suivant : https://www.faq-logistique.com/ .Consulté le 14/07/2018.

[86] -*Ibid.*

contre la fraude douanière, pour le traitement douanier, pour la gestion des risques, pour le renseignement, que pour les détections non intrusives.

432. Une réflexion orientée sur l'utilisation des nouvelles technologies de l'information et de la communication (NTIC), permet en réalité de reconnaître son importance dans la recherche de la performance de l'administration des douanes à ses réformes. Mais cette performance ne peut, assurément, se réaliser que lorsque ces conditions sont réunies. Il s'agit, par exemple, de disposer pour ces réformes des moyens tant humains, matériels que financiers. Et c'est dans ces conditions qu'il faut considérer l'utilisation d'outils performants (Scanner), comme un moyen certainement matériel dans ces réformes douanières.

b. L'utilisation d'outils performants(Scanner)

433. Le contexte de la mondialisation oblige les administrations douanières à intégrer certains outils performants faisant partie d'instruments des technologies modernes dans les opérations de leur modernisation. L'accent est mis de plus en plus sur le système scanner. De façon générale, le scanner est défini dans une mémoire documentaire comme un *« appareil électronique qui analyse par balayage un document, une surface quelconque et qui restitue les données enregistrées sous des formes diverses* [87] *»*.

434. Sur le plan douanier, le scanner facilite le contrôle douanier pour détecter les fraudes aux frontières, dans les aéroports, dans les ports et dans les gares ferroviaires. Ce système peut aussi être sollicité dans les procédures de dédouanement, c'est-à-dire que le contrôle par scanner peut remplacer le contrôle physique des marchandises de même que l'inspection peut s'effectuer par scanner pour faciliter l'accélération rapidement des procédures de sortie. Dans certains cas, l'utilisation du SCANNER a été associée aux méthodes et aux techniques de gestion du risque grâce au logiciel PROFILER[88].

435. Dans sa vision stratégique en faveur des réformes douanières, l'OMD introduit dans ce programme, certains éléments jugés très indispensables pour le renforcement de ces opérations de réformes des douanes. Il s'agit des pouvoirs habilitant la douane, une culture de service professionnel reposant sur les connaissances et l'éthique, qu'il faut nécessairement aborder pour comprendre leur importance.

B. Pouvoirs, culture de service professionnel, reposant sur les connaissances et l'éthique

436. Les pouvoirs habilitant la douane tout comme ce qu'on appelle culture de service professionnel, reposant sur la connaissance ainsi que l'éthique, sont insérés dans le programme de l'OMD pour renforcer encore davantage le professionnalisme du métier de la douane. Il s'agit, de décrire, de façon claire, les dispositions légales sur lesquelles s'appuie le personnel douanier pour lutter contre la fraude, ainsi que les aptitudes, le comportement et la culture de service professionnel dont il doit pouvoir, user dans la vision de la douane du 21e siècle.

---

[87] -Voir : « définition du scanner » sur le site suivant : https://www.cnrtl.fr/.[Consulté le 11/07/2018].

[88] -Voir : « Scanner » sur le site suivant : http://www.douanes.cm/.[Consulté le 11/07/2018].

437. Des pouvoirs habilitant la douane sont prévus par l'OMD, comme faisant partie de ses éléments constitutifs, aident à faire face aux défis des administrations des douanes dans le contexte de la mise en œuvre de la douane du 21e siècle. Une culture de service professionnel, reposant sur les connaissances, donne des orientations permettant au personnel douanier de prendre des mesures en vue de se créer un modèle de comportement reposant sur un corpus de connaissances. C'est un comportement qui pourrait être mis au service des clients. Cela permet aussi au personnel douanier, d'acquérir des aptitudes propres pouvant l'aider à appliquer au moment opportun des procédures et même à offrir des services qui minimisent le fardeau sur le plan administratif, surtout pour le commerce licite. Mais également, la question de l'éthique au sein de la douane, abordée dans ce contexte, constitue un impératif pour les réformes douanières en Afrique d'une manière générale.

1. Des pouvoirs habilitant la douane

438. Les pouvoirs habilitant la douane portent sur les prérogatives légales sur lesquelles doivent s'appuyer les agents des douanes pour lutter contre la fraude. Mais aussi, il est convenable de soulever la question de la sécurité des fonctionnaires douaniers qui devrait être assurée dans leurs activités.

439. Les pouvoirs habilitant la douane, ci-dessus abordés, font partie des exigences de la douane du 21e siècle que l'OMD inscrit parmi les éléments constitutifs de cette vision. Selon l'OMD, *« ces pouvoirs sont indispensables aux fins notamment de lutter plus efficacement contre la criminalité organisée* [89]*»*. À travers cette expression, l'OMD veut que la douane soit renforcée des pouvoirs exceptionnels dans l'exercice de ses activités, lui permettant de lutter contre les fraudes, les contrebandes, le terrorisme, la drogue, etc., de façon efficace. Il faut que ses pouvoirs ou prérogatives soient encadrés par les règles du droit douanier. Dans ces conditions, des efforts doivent également être déployés pour la sécurité des fonctionnaires des douanes.

a. Prérogatives juridiques de la douane

440. Si les recettes douanières peuvent provenir de la lutte contre la fraude, il faut alors que les agents des douanes s'appuient sur des dispositions législatives adéquates qui renforcent encore davantage leurs prérogatives dans l'accomplissement de cette mission. Le Code des douanes de la CEMAC, accorde des pouvoirs considérables aux agents des douanes dans l'exercice de leurs activités de contrôle ou de lutte contre la fraude, tant au niveau des frontières qu'à l'intérieur. Selon l'article 70 de ce Code, *« pour l'application des dispositions du présent Code et en vue de la recherche de la fraude, les agents peuvent procéder à la visite des marchandises et des moyens de transport et à celle des personnes »*[90]. Ainsi, pour favoriser encore plus les recettes dans le contexte de la douane du 21esiècle, il faut mettre l'accent sur les pouvoirs habilitant la douane. Ceci, pour

[89]-Voir : article de l'OMD, La douane au 21e siècle, Favoriser la croissance et le développement par la facilitation des échanges et le renforcement de la sécurité aux frontières, Juin 2008, http://www.wcoomd.org/.[Consulté le 11/06/2018*]*.

[90]- Code des douanes, CEMAC 2001, Article 70.

soutenir une lutte efficace contre la fraude, que l'OMD considère comme *« une criminalité organisée*[91] *»*.

441. Les activités de contrôle de la douane, dont il s'agit, sont soumises à un travail à haut risque, surtout dans les pays africains, particulièrement au Tchad, où les douaniers font l'objet des menaces des fraudeurs et des contrebandiers. Ces inquiétudes imposent des réflexions sur les efforts qu'il faut déployer pour la sécurité des fonctionnaires des douanes.

b. La sécurité des fonctionnaires des douanes

442. La question de la sécurité des fonctionnaires des douanes fait l'objet d'une réelle préoccupation et est prise en compte dans les exigences de la douane du 21e siècle. Il y est recommandé de déployer davantage d'efforts pour accroître la sécurité des fonctionnaires des douanes[92].

443. Aujourd'hui, les douaniers, dans l'exercice de leur fonction et surtout dans le cadre des contrôles, font face à de nombreux défis. En dehors des contrôles orientés sur les marchandises, bagages et moyens de transport, tels que décrits dans les codes des douanes, les douaniers doivent pratiquer d'autres types des contrôles, qui sont liés à la sécurité des personnes, telle que la lutte contre le terrorisme ou les attentats dans les avions, contre la criminalité transfrontalière, contre l'immigration clandestine et du travail illégal, contre le blanchiment de l'argent illicite, etc. Il y a lieu de préciser que ces contrôles douaniers, abordés, mettent quelquefois la vie des douaniers en danger en les amenant quelquefois à faire face à des individus armés. C'est pourquoi il est nécessaire que des efforts soient déployés par les administrations douanières pour contenir la sécurité de leurs agents dans les contrôles contre ce phénomène.

444. À côté des pouvoirs habilitant la douane, il faut aussi s'interroger sur une culture de service professionnel, reposant sur les connaissances et l'éthique dans l'administration des douanes. Il convient alors de se demander, comment cette culture de service professionnel doit-elle se reposer sur les connaissances ? Quelle serait l'importance de l'éthique dans la construction de la douane du 21e siècle ?

2. Une culture de service professionnel, reposant sur les connaissances et l'éthique

445. La douane du 21e siècle met l'accent sur la formation, la culture et le comportement du douanier pour la douane moderne. Cette douane en perpétuelle mutation vise précisément l'application de la culture de service professionnel reposant sur les connaissances qui sont une ressource fondamentale et l'éthique qui s'impose véritablement comme une méthode de conscientisation dans une douane professionnelle.

446. Une culture de service professionnel, reposant sur les connaissances, met l'accent sur l'importance des connaissances. Ce sont ces connaissances qui conduisent vers le professionnalisme ou qui instaurent, dans l'esprit des agents, une culture de service professionnel. Mais aussi, si la question de l'éthique au sein des

---

[91]-Magazine d'information de la direction Générale des Douanes et des Droits Indirects, n°006 Espace douane, République du Congo, p.15.

[92]-*Ibid.*

douanes revient dans ces réflexions, c'est parce qu'il faut chercher en profondeur sa compréhension.

a. Une culture de service professionnel, reposant sur les connaissances

447. De nombreuses réflexions estiment qu'il faut adopter une culture de service professionnel, reposant sur les connaissances qu'elles considèrent comme outil essentiel dans l'amélioration des performances dans de nombreuses institutions, tant publiques que privées. Dans le contexte de la douane en pleine mutation, Kunio MIKURIYA, Secrétaire général de l'OMD, déclare lors de la journée internationale de la douane, que*« la connaissance est aujourd'hui un élément incontournable de l'environnement politique et économique. Des termes comme "société basée sur la connaissance", "économie de la connaissance" et "gestion de la connaissance" foisonnent et il va de soi que la connaissance est devenue tout aussi importante pour les administrations douanières et leurs partenaires commerciaux internationaux*[93]*»*.

448. La connaissance est considérée dans la journée internationale de la douane ,comme un catalyseur de l'excellence douanière[94], c'est-à-dire, qu'il est un outil indispensable permettant aux administrations des douanes, d'exceller dans leur meilleure manière de protéger la société, de sécuriser la chaîne logistique, de faciliter les échanges et d'assurer l'intégrité des frontières.

449. Selon l'OMD, l'orientation en faveur des administrations des douanes modernes nécessite de prendre des mesures en vue d'adopter un modèle de comportement, reposant sur un corpus de connaissances et mis au service des clients[95]. C'est une recommandation qui encourage aux douaniers à adopter ce comportement pour mieux servir les partenaires en appliquant des procédures et en offrant des services capables de minimiser le fardeau administratif pour un commerce licite.

450. En effet, la connaissance dont il s'agit, est une notion au sens très multiple, mais dans ce contexte précis, il s'agit d'aborder, celle qui se limite considérablement au renforcement des capacités des administrations des douanes, à travers des formations pointues et professionnelles, dans le but d'accroître les capacités techniques et intellectuelles des agents des douanes, afin qu'ils soient en mesure de mieux utiliser leurs outils d'intervention et d'affiner leurs méthodes et procédures. Cette connaissance s'attache au savoir-faire, découlant de l'intelligence des conjonctures, des situations et des actualités dans lesquelles opère une institution, un corps de métier comme la douane, voire une nation. C'est une connaissance qui veut s'attacher également aux expériences, aux pratiques professionnelles permettant aux agents des douanes de s'adapter aux situations inédites et aux changements salutaires[96].

[93]-Voir : message de Kunio MIKURIYA, secrétaire général de l'OMD lors de la journée internationale de la douane 2011, consultable dans le site suivant : www.wcoomd.org/.[Consulté le 10/07/2018].

[94] -*Ibid.*

[95]-Voir : document de la douane au 21e siècle, OMD. *Op. cit.*.p. 8.

[96]-Voir message de Mouhamadou Makhtar CISSE, ancien directeur général des douanes sénégalaises, sur la « connaissance, catalyseur de l'excellence douanière » sur le site suivant : http://www.douanes.sn/. [Consulté le 10/07/2018].

451. Ainsi, une culture de service professionnel qui repose sur les connaissances, est prévue comme élément fondamental par l'OMD dans la modernisation des douanes, dans le but d'encourager les agents des douanes à aimer à recevoir des nouvelles connaissances, pour gagner de profil professionnel adéquat et à mettre en pratique des expériences professionnelles comme un défi, dans le but de faire de la douane un creuset de professionnalisme et d'excellence.[97]Mais aussi, dans ces conditions, les agents des douanes, sont obligés de faire ancrer dans leurs pratiques professionnelles, le principe éthique, pour être mieux outillé dans l'accomplissement de leurs missions jugées très complexes.

b. L'éthique douanière

452. La définition de l'éthique est certainement indispensable dans ce contexte. Selon Jean-Jacques NILLES, *« l'éthique est une compétence professionnelle*[98]*». Il fait une nuance entre l'éthique et la morale. Pour lui, « la morale définit des principes ou des lois générales, l'éthique est une disposition individuelle à agir selon les vertus, afin de rechercher la bonne décision dans une situation donnée*[99]*».*

453. Si les administrations des douanes veulent ressembler aux douanes du 21esiècle, elles sont obligées de mettre l'accent sur le développement de l'éthique en leur sein. C'est un cadre pouvant permettre d'instituer les stratégies de lutte contre les pratiques de la corruption, considérée comme un phénomène immoral dans les administrations de façon générale. La Déclaration d'Arusha de l'OMD, devient aujourd'hui un document de référence concernant la bonne gouvernance et l'éthique en matière douanière et destinée à toutes les administrations des douanes membres. Selon l'OMD, *« sans éthique, tous les efforts déployés dans le cadre du Programme Columbus pourraient être sapés, voire réduits à néant*[100]». Cette notion d'éthique sera abordée en profondeur dans la deuxième partie suivante.

454. De tout ce qui précède, il est donc reconnu, à travers les opinions, qu'il existe bien évidemment des contraintes internationales incitant à la réforme des douanes dans le but de faciliter les échanges commerciaux et d'obtenir une douane moderne à travers le monde. Ces défis se renforcent encore davantage par des préoccupations sur le plan sous-régional et local qui exigent ce changement. Ce sont des pressions qui obligent l'adaptation des services douaniers tchadiens aux conditions des impératifs de développement économique local. Mais il convient de se demander, comment ces pressions s'exercent-elles sur les douanes de la CEMAC ou particulièrement sur celles du Tchad ? D'où viennent-elles ?

---

[97] -*Ibid.*

[98]-Voir : réflexions de NILLES(Jean-Jacques), sur le thème : l'éthique est une compétence professionnelle sur le site suivant : http://www.journaldunet.com/.[Consulté le 13/07/2018].

[99]-*Ibid.*

[100] -Voir : document de la douane au 21e siècle, OMD. *Op. cit.*p.9.

TITRE II.

L'adaptation des services douaniers en zones CEMAC et au Tchad, aux impératifs de développement économique local

455. Les réflexions ici sont abordées dans le même sens que celles énoncées de façon pertinente par Samson BILANGNA, en situant les contraintes de la réforme des douanes camerounaises[1] tant sur le plan local qu'international. Toutefois, il ne fallait pas perdre de vue les contraintes d'ordre régional qui s'imposent aujourd'hui et que les États membres de la CEMAC y attachent une importance capitale, dans le cadre de l'intégration économique. Et c'est dans ces conditions qu'il apparaît nécessaire de se demander, quelles raisons faut-il donner pour la mise en œuvre des réformes douanières en zone CEMAC ? Quel résultat, la réforme des douanes tchadiennes, peut-elle apporter particulièrement à l'amélioration des finances publiques tchadiennes ?

456. En effet, les raisons fondamentales poussant à mettre en œuvre des réformes douanières en zones CEMAC, pourraient s'expliquer par le fait que l'environnement douanier est en évolution sur le plan mondial, même si d'autres explications se donnent. Aujourd'hui, cette évolution de l'environnement douanier dont il s'agit touche les activités douanières communautaires, mais aussi nationales. Dans ce cas, il y a bien des raisons qui s'imposent pour une réforme douanière au Tchad.

457. Sur le plan national, par exemple, les opérateurs économiques se plaignent, par rapport aux difficultés rencontrées avec la douane, qu'il faut nécessairement les écrire dans l'agenda de la réforme douanière. Il s'agit entre autres *« les tracasseries douanières qui entravent les activités commerciales, le retard considérable dans le traitement des déclarations en douane, le déchargement des véhicules après traitement et paiement de la fiscalité exigée par le service de douane mobile, les intermédiaires dans la déclaration des marchandises et le comportement de la brigade mobile*[2] ».Ainsi, ce titre comporte deux chapitres. Les raisons pour des réformes

[1]- BILANGNA(Samson) La réforme des douanes camerounaises : entre les contraintes locales et internationales, publiées dans Afrique contemporaine, 2009/2 (n° 230). Éditeur de Boeck Supérieur, Pages 101 - 113

[2]-Voir : article écrit par la Direction de la Communication de la Direction Générale des Services des Douanes et des Droits Indirects, le jeudi, 04 juin 2020 dont le thème intitulé : La gomme arabique et le sésame au centre d'une discussion entre la douane et les opérateurs économiques sur le site suivant : www.finances.gouv.td/.[Consulté le 13/07/2018].

douanières en zone CEMAC, sont abordées dans le **(Chapitre. I). Le (Chapitre II)** sera consacré aux raisons pour une réforme douanière au Tchad.

CHAPITRE I.

Raisons pour des réformes douanières en zone CEMAC

458. Les États faisant partie de la CEMAC comme membres se trouvent dans l'obligation de reformer et de moderniser leurs administrations des douanes, pour aider véritablement la révolution de leur environnement économique. En effet, les premières tentatives de réforme en Afrique centrale ont déjà commencé au cours de l'année 1994. Cette réforme qui s'engageait pendant la période de l'UDEAC, devenue de nos jours la CEMAC, touchait profondément les instruments fiscaux et douaniers, comportant de graves faiblesses préjudiciables pour les économies de la sous-région. Aujourd'hui, la CEMAC qui prend la relève de la réforme des douanes, doit faire face à de nombreux défis avec le développement de l'économie mondiale.

459. Dans ce contexte, il apparaît indispensable de consacrer une partie de cette réflexion, sur la réforme fiscalo-douanière de l'UDEAC, rentrée de nos jours dans la pratique quotidienne et dont il faut y ajouter les défis actuels auxquels fait, face la CEMAC.C'est une réelle préoccupation qui s'est déjà imposée en son temps et qui devient toujours un impératif à l'heure actuelle. Ainsi, cette réforme fiscalo-douanière engagée par l'UDEAC et poursuivie par la CEMAC, peut-elle aider réellement les États de l'Afrique Centrale, à améliorer le niveau de leurs recettes ? Il s'agit d'aborder ces raisons dans la **(Section.I),** l'UDEAC et ses premières étapes d'harmonisations douanières engagées à travers les réformes fiscalo-douanières et dans la **(Section.II),** la CEMAC et ses défis actuels, face aux réformes douanières.

Section I.
L'UDEAC et ses premières étapes d'harmonisations douanières

460. En Afrique Centrale, la toute première intégration sous-régionale créée aux approches de l'indépendance était l'Union douanière économique (UDE). Cette union, créée le 29 juin 1959, permet aux États membres de renforcer encore davantage l'union douanière. Malheureusement, il se trouve que ses systèmes fiscaux et douaniers créaient une grande confusion entre la mission de protection des productions du territoire douanier et celle de procurer des recettes pour les finances publiques[1]. En plus, cette complexité pouvait aussi donner l'impression d'une jungle exigeant une administration lourde pour l'État et pour les contribuables[2]. C'est donc au vu de ces difficultés qu'il fallait amorcer, dans la période de l'UDEAC, une certaine réforme visant à moderniser ses systèmes.

461. Il est indispensable de comprendre comment se présente l'UDEAC. Elle se compose de plusieurs États de l'Afrique Centrale. Elle fonctionne sur la base d'une forme d'intégration économique, avec des institutions spécialisées et ayant des visions communes. Même si l'UDEAC, fait place aujourd'hui à la CEMAC, elle avait tout de même engagé, en son temps, les réformes fiscalo-douanières. Il convient de faire une présentation de l'UDEAC **(Paragraphe. 1)** et d'orienter les réflexions sur les réformes douanières déjà engagées au temps de l'UDEAC **(Paragraphe. 2).**

§ 1. Présentation de l'UDEAC

462. Faisant suite à l'Union douanière Équatoriale mise en place dans les anciennes colonies de l'Afrique équatoriale française, l'UDEAC est créée le 08 décembre 1964 par un traité signé à Brazzaville, par ses États membres qui sont la République Centrafricaine, le Congo, le Gabon, le Tchad et le Cameroun, dont adhérera plus tard à ce traité, la République de Guinée-Équatoriale en janvier 1984.L'UDEAC, se fait assigner de nombreux objectifs et un programme régional de réformes dont font partie les réformes douanières soutenues par la Banque mondiale.

463. L'UDEAC fonctionne à travers ses institutions et ses objectifs. Elle défend une intégration économique efficace dans la zone de l'Afrique centrale. À l'intérieur de son fonctionnement, elle développe une union douanière et monétaire.

A. Les institutions de l'UDEAC

464.C'est à partir de son traité, que l'UDEAC obtient sa personnalité juridique, sur la base de laquelle, elle peut contracter, acquérir et céder des biens meubles et immeubles indispensables à la réalisation des objectifs, emprunter, ester en justice et accepter les dons et legs et les libéralités de toute nature.

465. Avec son statut juridique, l'Union des États d'Afrique centrale ne peut agir que par ses représentants qui sont des organes spécifiques déterminés par son traité, institué le 08 décembre 1964. Il s'agit de citer, ici, le conseil des chefs d'État ou de gouvernement, le Comité de direction et le secrétariat général. Mais l'UDEAC, ne dispose pas de Parlement ou de cour de justice[3].

---

[1]-Voir :« programme régional des réformes fiscalo-douanières de l'UDEAC » pour comprendre que : une grande confusion régnait entre la mission de protection des productions du territoire douanier, et celle de procurer des recettes pour les finances publiques sur le site suivant : http://www.izf.net/.[Consulté le 10/06/2019].

[2]-.Voir : « les tarifs douaniers en Afrique centrale » sur le site suivant : http://www.izf.net/.[Consulté le 16/10/2018].

[3]- TAMEKAMTA (Alphonse Zozime) et FOFACK(Eric Wilson), Les urgences africaines, réécrire l'histoire, réinventer l'État, Paris(France), L'Harmattan, 2012, p.14.

1. Le conseil des chefs d'état et le comité de direction

466. Dans la structure de son organisation, l'UDEAC dispose un Conseil des chefs d'État. C'est un organe d'arbitrage suprême entre les pays membres, mais qui fonctionne en tenant compte de ses compétences. Le Conseil décide même à l'unanimité. Il est constitué par la réunion des chefs d'État membres et placé sous la présidence d'un chef d'État. Ce poste est assuré, à tour de rôle, par l'un des chefs d'État. Il se fait assister par le Comité de direction.

467. Le Comité de direction, aide le Conseil des chefs d'État à réaliser ses objectifs prévus par le traité de cette union appelée précisément UDEAC. Le comité de direction est composé de deux membres (Ministres) par État.

a. Le conseil des chefs d'État ou de gouvernement

468. Le Conseil des chefs d'État est chargé, au vu de ses compétences prévues par le traité de l'UDEAC : d'orienter et de coordonner les politiques douanières, fiscales et économiques notamment celles relevant des différents domaines énumérés dans la troisième partie du traité ; de prendre de décision concernant la vie de l'union et de contrôler le Comité de direction ; de fixer le siège de l'Union ; de nommer le secrétaire général et le secrétaire général adjoint de l'Union ; d'arrêter le budget et de fixer la contribution annuelle de chaque État membre sur proposition du Comité de direction ; de décider notamment des négociations tarifaires avec les pays tiers et de l'application du tarif général.

469. Comme les compétences du Conseil des chefs d'État[4] sont ainsi dévoilées, il faut, alors, se tourner vers celles du Comité de direction[5], qui est son assistant et dont le soin des travaux, courant, lui est confié. Toutefois, il faut rappeler que le conseil des chefs d'État et le comité de direction, sont considérés comme des organes politiques. Ils sont des organes, parce qu'ils interviennent, le plus souvent, pour défendre les intérêts respectifs des pays membres[6].

b. Le comité de direction

470. Dans l'exercice de ses fonctions, le Comité de direction adopte sur la proposition d'un organe technique, dénommé secrétariat général, des politiques et des actions communes dans les matières suivantes : nomenclature tarifaire et statistique ; tarif extérieur commun ; tarif préférentiel ; Code des douanes ; législation et réglementation douanières ; consultation en matière de droits de sortie, de mercuriales à l'exportation sur les produits d'intérêt commun ;

4-Voir : chapitre IV sur les instruments juridiques internationaux de facilitation du transport et du commerce en Afrique écrit par Jean Grosdidier de Matons pour comprendre « le Conseil des Chefs d'État. Le Conseil est l'organe suprême de l'Union. Les décisions de ces chefs d'État doivent être prises à l'unanimité. Le Conseil oriente et coordonne les politiques douanières et économiques des États membres (Articles 7 et 8). ». Lire le site suivant : https://www.ssatp.org/.[Consulté le 28/09/2018].

5-Voir : chapitre IV sur les instruments juridiques internationaux de facilitation du transport et du commerce en Afrique écrit par Jean Grosdidier de Matons pour comprendre « le Comité de direction. Ce comité se compose de deux représentants par État membre ; l'un est le ministre des Finances (ou son représentant) et l'autre le ministre responsable du Développement économique (ou son représentant ». Lire le site suivant : https://www.ssatp.org/.[Consulté le 28/09/2018].

6-Voir : rapport UDEAC : Possibilités d'industrialisation des États africaines et malgaches associés II, Cameroun, Congo-Brazzaville, Gabon, République centrafricaine, Tchad (Union douanière et économique de l'Afrique centrale) Volume 1 : décembre 1966, 13 074/VIII/8/66-F harmonisation des fiscalités internes ; Code des investissements ; harmonisation et coordination des plans de développement et des projets d'industrialisation ; coordination et rationalisation des industries existantes ; harmonisation, développement et mise en œuvre d'une politique commune des transports ; harmonisation et développement en matière d'agriculture et d'économie rurale ; étude et développement de la production et de la distribution de l'énergie ; harmonisation de la législation politique de coordination et utilisation rationnelle des ressources naturelles de la région ; harmonisation de la législation, coordination et développement en matière des postes et des télécommunications ; harmonisation de la législation, coordination et développement en matière de tourisme ; harmonisation et développement de l'information statistique ; harmonisation des politiques sociales ; coopération en matière de recherche et de technologie ; promotion et développement des sociétés régionales et communautaires ; développement du financement en commun ; coordination des relations extérieures économiques pour des problèmes d'intérêt commun ; promotion et expansion du commerce d'exportation ; utilisation optimale des apports et de l'assistance extérieure ; politique en matière d'assurance ; doit des affaires ; Sécurité sociale, etc.

471. Après avoir compris les fonctions exactes du comité de direction, assistant de l'organe suprême de l'union, qui est donc le Conseil des chefs d'État, il convient de s'intéresser à l'organe technique de l'UDEAC, qui est le secrétariat général[7].

2. Le secrétariat général

472. Dans l'histoire de l'UDEAC, le secrétariat général, est chargé de la mise en œuvre de la politique menée par l'Union. Il est chargé de l'organisation administrative et du fonctionnement de l'UDEAC. C'est un organe technique au niveau duquel des propositions très techniques peuvent être faites au comité de direction, dans le but de défendre les intérêts de la communauté.

473. Comme il a été dit, le Secrétariat Général défend uniquement les intérêts de l'Union. Le Secrétaire Général et ses collaborateurs sont des fonctionnaires internationaux. Ils sont indépendants des gouvernements des pays membres et ne doivent ni solliciter, ni recevoir d'instructions de ceux-ci. Le Secrétaire Général est directement placé sous les ordres du Président en exercice du Conseil des Chefs d'État. Le secrétariat général est assuré par un secrétaire général, assisté d'un secrétaire général adjoint et d'un personnel administratif.

a. Organisation

474. En règle générale, toute organisation internationale est bien organisée avec ses buts ou objectifs. L'UDEAC s'est organisée de cette manière, avec ses multitudes organes institutionnels, dans le contexte de l'intégration économique en Afrique Centrale. Mais dans ses fonctionnements, elle s'organise autour du secrétariat général, dirigé par un secrétaire général. Celui–ci est chargé de défendre techniquement les intérêts de la Communauté.

---

[7]-Voir : concernant le secrétariat général de l'UDEAC sur le site suivant : https://www3.nd.edu/.[Consulté le 16/10/2019].

475. Dans son organisation, le secrétariat général de l'UDEAC, dispose d'un organigramme comprenant des divisions, des départements et des services. Le secrétaire général, qui dirige cette structure, est nommé par acte du Conseil [8] pour une période de trois ans renouvelable et placé sous l'autorité directe du Président en exercice du conseil. Le secrétaire général, assisté d'un adjoint et d'un personnel administratif, ne peuvent tous, dans leurs fonctions, ni solliciter, ni recevoir d'instructions d'aucun gouvernement et d'aucune entité nationale ou internationale. Ils doivent, sur la base du traité, s'abstenir de toute attitude incompatible avec leur qualité de fonctionnaires internationaux. Comme la question de l'organisation du secrétariat général de l'UDEAC a été évoquée, il convient de savoir, quelles responsabilités ou compétences, le titulaire de ce poste, peut-il endosser ?

b. Compétences du secrétaire général

476. En tant que première personnalité du secrétariat général de l'UDEAC, le secrétaire général a des lourdes responsabilités et est chargé d'assurer la direction et le fonctionnement du secrétariat général. Pour ce faire, ses responsabilités l'obligent à assurer l'efficacité générale des services administratifs et de l'organisation de l'appareil exécutif; d'assurer l'organisation des réunions du Conseil, du Comité de direction et des Commissions spécialisées dont il assume le secrétariat; d'entretenir des relations avec les autorités nationales et les organismes publics ou privés de l'Union; d'appliquer le traité et des décisions prises par le Conseil et le Comité de direction; d'intervenir en matière budgétaire dont ses attributions sont fixées par le règlement financier de l'Union.

477. Au regard de toutes ces considérations, il faut relever que, le secrétaire général de l'UDEAC, avait des compétences constitutionnelles importantes, bien, qu'il était placé, sous les ordres du Président. Ainsi, s'il faut revenir à l'UDEAC d'une manière générale, qui fait suite, à l'Union douanière équatoriale mise en place le 29 juin 1959 dans les anciennes colonies de l'Afrique équatoriale française, poursuit deux principaux objectifs.

B. Les objectifs de l'UDEAC

478. Selon son traité, l'UDEAC poursuit principalement deux objectifs. Il s'agit de l'Union douanière et de l'Union économique. L'UDEAC a d'abord mis l'accent sur une stratégie d'intégration par le marché. Cela oblige à fonder cette intégration sur le désarmement douanier entre pays membres et la mise en place du TEC[9].Autrement dit, la mise en place du système tarifaire unique.

479. L'UDEAC, s'est donnée comme objectifs principaux de créer, sur son espace, une union douanière et un marché commun. Bien que l'Union douanière soit comprise dans cette démarche de réflexion, il faut déjà préciser qu'elle est un accord commercial régional entre plusieurs États souverains. Mais alors que le marché commun fait référence au marché économique. Dans les objectifs de

---

[8] -Confère traité de l'UDEAC de 8 décembre 1964,

[9]- HUGON (Philippe), 4. Les trajectoires comparées d'intégration régionale. éd., Les économies en développement à l'heure de la régionalisation. Editions Karthala, 2003, pp. 103-163.

l'UDEAC, il faut aussi mettre l'accent sur l'Union économique ou harmonisation des plans de développement et d'intégration économique.

1. Union douanière et marche commun

480. Dans l'idée du développement de l'union douanière, il doit se promouvoir l'établissement graduel et progressif d'un marché commun de l'Afrique Centrale. Il se crée alors, un débat autour de ces deux notions, compte tenu du fait que de nombreux théoriciens qui se sont intéressés, à ces études, ont toujours considéré le marché commun[10] comme une union douanière élargie.

481. Des véritables confusions se font autour de ces deux notions, à savoir l'union douanière et le marché commun. Il ne s'agit pas de faire une étude approfondie sur ces notions, mais il apparaît nécessaire de préciser que l'union douanière est indispensable au bon fonctionnement du marché commun.

b. Caractéristiques de l'Union douanière

482. Toute union douanière sur un espace économique, impose nécessairement aux États membres, l'adoption des mesures douanières communes, dans le cadre d'une politique commerciale commune vis-à-vis des États tiers. Il s'agit d'adopter un tarif douanier commun et d'une législation douanière commune pour l'application de ce tarif[11].Les deux autres caractéristiques, concernent l'absence absolue dans les échanges entre les pays membres, la perception de droits de douane et de taxes d'effet équivalent et l'élimination progressive entre les pays membres, des pratiques commerciales restrictives à l'intérieur de l'union douanière. Cette union douanière, qui est considérée comme un prolongement d'une zone de libre-échange, un accord commercial régional dote les États membres d'un territoire douanier commun et d'un tarif douanier extérieur, interdisant les droits de douane et les taxes d'effet équivalent entre les États membres[12] et d'un Code des douanes commun.

483. Henri BOURGUINAT, économiste français, faisant une étude minutieuse sur l'union douanière, dégage ses effets qui sont soient positifs ou négatifs. Selon lui,*« une "bonne" union douanière sera celle qui augmentera le revenu et le bien-être par l'effet de création ; elle constituera un pas vers le libre-échange. Une "mauvaise" union, en sens inverse, réduira le bien-être par l'effet de détournement parce qu'elle traduira un renforcement du protectionnisme »*[13]. Aussi, après une étude réfléchie sur l'union douanière, il convient d'aborder la question, du marché commun, mais comment ?

---

[10]- NDOYE(Dioma), L'établissement d'un marché commun et d'une libre concurrence en Afrique de l'Ouest. Thèse de doctorat en droit privé et sciences criminelles, soutenue le 17-12-2012
à Montpellier 1 , dans le cadre de école doctorale droit et science politique (Montpellier ; 2010-2014) , en partenariat avec dynamiques du droit (Montpellier) (laboratoire).

[11]-Glossaire des termes douaniers internationaux .*Op. cit*.., p.29.

[12]- RADU(Ghenadie), L'Union douanière européenne : bilan et perspectives d'avenir. Revue internationale de droit économique 2014/4 (t. XXVIII). Éditeur de Boeck Supérieur

[13]- BOURGUINAT(Henri), Réalisme et théorie de l'union douanière. Revue économique, année 1966. Volume 17, numéro 6, pp. 949-974P953

b. Marché commun

484.Même si des théoriciens considèrent le marché commun comme une union douanière, il existe tout de même une distinction à faire entre ces deux notions. Selon Sean Van RAEPENBUSH, le marché peut être considéré comme *« un espace économique dans lequel les producteurs de l'un des États considérés peuvent atteindre les consommateurs des autres (et inversement) dans les conditions des échanges internes d'un marché national*[14]*»*. Il convient de préciser que les objectifs du marché commun sont plus ambitieux que ceux de l'union douanière, puisque c'est un concept qui veut obtenir une intégration économique complète. Il impose, non seulement, l'abolition des droits de douane, mais aussi, exige la libre circulation de l'ensemble des facteurs de production, tels que les marchandises, le travail et le capital, entre les États membres.

485. Exemples : le Traité instituant la Communauté économique Européenne, prévoit dans son article 2, que *« la Communauté a pour mission, par l'établissement d'un marché commun et par le rapprochement progressif des politiques économiques des États membres, de promouvoir un développement harmonieux des activités économiques dans l'ensemble de la Communauté, une expansion continue et équilibrée, une stabilité accrue, un relèvement accéléré du niveau de vie, et des relations plus étroites entre les États qu'elle réunit »*[15]. Le Marché commun centraméricain (MCCA) créé en 1960, peut en servir d'exemple. Le marché commun du continent américain, régi par le Traité de Managua, regroupe cinq États : Costa Rica, Salvador, Guatemala, Honduras, Nicaragua. Dans ces conditions, le marché commun est considéré comme une union douanière élargie[16], qui prend en considération les principales caractéristiques de l'union douanière et de l'idée de la libre circulation des personnes, des biens, des services et des capitaux.

486. Si les distinctions sont objectivement établies entre les notions de l'union douanière et du marché commun, il faudrait alors, aborder la question de l'union économique ou harmonisation des plans de développement et d'intégration économique faisant partie des objectifs de l'UDEAC.

2. Union économique ou harmonisation des plans de développement et d'intégration économique

487. Selon l'UDEAC en tant qu'une Organisation, elle oriente ses politiques d'administration[17], sur tous les secteurs pouvant contribuer au développement. Dans ce cas, c'est pour renforcer l'intégration sur le plan économique. Tous les secteurs concernés par les renforcements de ces politiques doivent harmoniser leurs

---

14- VAN RAEPENBUSCH(Sean), Droit institutionnel de l'Union européenne, Bruxelles, 4ième édition , De Boeck & Larcier, 2005, p. 55.

15-Voir : article 2 du Traité instituant la Communauté économique européenne.7 février 1992 (signature du traité de Maastricht), (entrée en vigueur du traité modifié),1er novembre 1993

16-United Nations, État de l'intégration régionale en Afrique : développé le commerce intra-africain. Commission économique pour l'Afrique, 2010, Addis-Abeba, Éthiopie, 2010, p. 19.

17- TAMEKAMTA (Alphonse Zozime)., Le Cameroun à L'UDEAC, bilan et perspectives d'une gestion administrative contestée à l'ère du Renouveau, Paris, France, Éditions L'Harmattan, 2011, p.14.

activités. Il s'agit précisément de la mise en œuvre d'une politique commune de coopération et d'intégration économique dans ces secteurs.

488. Plus concrètement, la politique commune de coopération et d'intégration économique, dont il s'agit, doit se mettre en œuvre en matière d'industrialisation, d'économie rurale, des transports, de postes et de télécommunications. Mais aussi, elle se met en œuvre en matière de tourisme et de développement de l'information statistique, économique et sociale.

a. Coopération et intégration économique en matière d'industrialisation, d'économie rurale, des transports, de postes et télécommunications

489. La mise en œuvre d'une politique commune de coopération et d'intégration en matière d'industrialisation, telle que décrite par le traité de l'UDEAC dans son article 48, vise toutes les entreprises purement industrielles, y compris celles ayant le statut de société d'économie mixte ou de société d'État. Dans le cadre de la mise en œuvre de cette politique commune, des plans de développement et des objectifs considérés comme prioritaires, les entreprises peuvent être créées dans chacun des États membres. Les produits qui en découlent peuvent être écoulés sur les marchés intérieurs des autres États membres, sur la base des règles et des procédures fixées par acte du Comité de direction.

490. Sur le plan de la coopération et du développement d'économie rurale, la mise en œuvre de la politique commune, vise les domaines suivants : recherche scientifique et technique ; coordination des programmes de production et de commercialisation ; coordination des activités de recherche, de production et de commercialisation dans le secteur du bétail et de la viande ; coordination en matière de formation agricole ; étude et la réalisation de projets agricoles nationaux et multinationaux ; étude et la promotion de la transformation des produits agricoles.

491. Les États d'Afrique centrale[18], à travers l'UDEAC, visent aussi, dans leur politique commune, le domaine des transports, des postes et des télécommunications. Ils se proposent sur le plan des transports, d'atteindre les objectifs suivants : harmoniser leurs politiques et leurs réglementations ; normaliser et uniformiser les infrastructures et les matériels ; promouvoir une politique de coordination et de développement des transports entre États membres, éventuellement en liaison avec les États tiers ; mettre en œuvre une politique commune de transports maritimes extérieurs. Sur le plan des postes et des télécommunications, les États membres de l'UDEAC, conviennent d'harmoniser leur législation et de coordonner leur politique en matière des postes et des télécommunications. Ils décident, également, de mettre en œuvre une politique commune de coopération et d'intégration économique en matière de tourisme et de développement de l'information statistique, économique et sociale.

[18]- GUILLAUME(Duteurtre), KOUSSOU (Mian Oudanang), Les politiques d'intégration régionale face aux réalités de terrain : le cas des exportations tchadiennes de bétail Communication au colloque international « TCHAD, 40 ans d'indépendance : bilan et perspectives de la gouvernance et du développement » CEFOD, N'Djamena, 25 -28 février 2002.

b. Coopération et intégration économique en matière de tourisme et de développement de l'information statistique, économique et sociale

492. Dans la coopération en matière de tourisme, les États de l'UDEAC, décident de communiquer au secrétariat général les documents faisant le point de leurs infrastructures touristiques respectives ainsi que de leurs plans ou programmes de développement touristique. Selon l'article 60 du traité de l'UDEAC, *« en liaison avec les Commissions compétentes, le Secrétariat Général procède à l'étude d'ensemble en vue d'une politique de coordination et d'harmonisation en matière de tourisme régional. Il élabore et propose au Comité de Direction et au Conseil des programmes ou des projets tendant à promouvoir le développement de l'infrastructure et les activités touristiques dans les États membres* [19]*»*.

493. La question de l'harmonisation et du développement de l'information statistique, économique et sociale, qui tenait à cœur aux États membres de l'UDEAC, entretemps, est prévue à l'article 61 de son traité. Selon cet article, *« les États, membres conviennent d'harmoniser et de développer l'information statistique, économique et sociale* [20]*»*.Le secrétaire général, a cette lourde tâche, d'élaborer les statistiques, des échanges intracommunautaires et de présenter au Comité de direction et au Conseil des chefs d'État, des propositions concrètes, tendant à normaliser l'information, harmoniser et rationaliser les statistiques courantes et à développer l'information économique et sociale, notamment en élaborant des projets statistiques ; régionaux.

§ 2. Les réformes douanières déjà engagées au temps de l'UDEAC

494.Dès que le traité de l'UDEAC est signé en 1964 et entré en vigueur le 1er janvier 1966, les États membres ont automatiquement engagé de profondes réformes dans plusieurs domaines. Elles sont engagées à travers le Programme Régional de Réformes (PRR)[21], adopté en 1993. Ce programme touche, principalement, le domaine financier, de l'infrastructurc, du transport, y compris les systèmes fiscalo-douaniers antérieurs de l'Union, qui présentaient, déjà, des faiblesses très graves et préjudiciables pour les économies de l'Afrique Centrale. Une grande confusion régnait entre la mission de protection des productions du territoire douanier et celle de procurer des recettes pour les finances publiques. Le système, par sa complexité, donnait l'impression d'une jungle, exigeant une administration lourde pour l'État et pour les contribuables.

495. La taxe unique, les codes d'investissement, les exonérations exceptionnelles diverses, la taxe sur le chiffre d'affaires, cumulative en cascades, introduisaient des distorsions importantes et beaucoup d'inégalités dans la répartition du fardeau fiscal[22].Ainsi, ces réformes, vont permettre non seulement

---

[19]-Traité de l'UDEAC du 8 décembre 1964, Article 60

[20]-Traité de l'UDEAC du 8 décembre 1964, Article 61

[21]-Acte n° 8/93-UDEAC-556-CD-SE1 fixant la date de mise en application du Programme Régional des Réformes fiscalo-douanières (PRR), le 21 juin 1993.

[22]-Voir : démonstrations sur le site : https://osidimbea-ministeres.jimdofree.com/.[Consulté le 11/07/2018].

d'éliminer ces faiblesses, mais aussi de moderniser ou de simplifier ces systèmes fiscalo-douaniers. Dans ces conditions, le problème est abordé dans un contexte général, impliquant à la fois le domaine fiscal et douanier. Mais de façon très spécifique, il s'agit d'organiser les analyses autour des textes douaniers.

A. Objectifs des réformes douanières

496. Les réformes douanières dans l'espace de l'Afrique Centrale, sont engagées très tôt, sur la base du traité, du 08 décembre 1964 portant institution d'une Union Douanière et économique de l'Afrique Centrale. Pour M. Jacques Olivier MBOM, *« ce fut aussi l'occasion d'instaurer un code et un tarif des douanes communautaires pour l'ensemble des pays membres »*[23]. Le Code des douanes est adopté à travers l'acte n°8/65-UDEAC-37 du 14décembre 1965, tandis que le tarif des douanes, est approuvé à travers l'acte n°9/88-UDEAC-1368, du 08 décembre 1988.

497. L'instauration du tarif communautaire a permis de fixer le tarif extérieur commun (TEC), pouvant s'appliquer aux échanges entre UDEAC et les pays tiers, alors que le tarif préférentiel (TP), s'applique aux échanges inter-états et définit aussi les mesures relatives aux régimes des franchises.

1. Instauration du Tarif Extérieur Commun

498. Le tarif extérieur commun a été adopté par l'acte n°7/93-UDEAC-556-SE1, du 21 juin 1993. D'une manière générale, le Tarif Extérieur Commun (TEC), s'applique aux échanges entre l'UDEAC et les pays tiers.

499. Ainsi, un Tarif Extérieur Commun, désigne un droit de douane commun aux membres d'un groupe de pays, souvent liés entre eux par un accord de libre-échange[24]. Sa mise en œuvre signifie qu'un produit en provenance d'un pays extérieur au groupe sera taxé au même taux quel que soit son point d'entrée dans la zone[25].

a. Le droit de douane

500. Sur la base de l'acte n°7/93-UDEAC-556-SE1, les taux de droit de douane, applicables aux produits des pays tiers, importés dans l'espace UDEAC, sont fixés en tenant compte des catégories des biens. Ainsi, pour les biens de première catégorie, le taux des droits des douanes, est fixé à 5 %, la deuxième catégorie 15 %, la troisième catégorie 35 % et la quatrième catégorie 50 %,étant entendu que, ce dernier décroîtra progressivement jusqu'en 1998 pour atteindre 35 %.

501. Un autre acte n°5/94-UDEAC-556-CD-56, est pris en faveur de la modification des articles 5 et 16 et suppression de l'article 14 de l'acte n°7/93-UDEAC-556-SE1 portant révision du tarif extérieur commun et fixant les modalités d'application du tarif préférentiel généralisé. Face à ce changement, les biens de première nécessité de la catégorie I, ont un taux des droits de douane fixé à

---

[23]-Voir : écris MBOM (Jacques Olivier) sur la législation douanière sur le site suivant : http://www.logistiqueconseil.org/. [Consulté le 11/10/2018].

[24]-"Tarif extérieur commun. » Wikipédia, l'encyclopédie libre. 6 avr. 2018, 02:07 UTC. 6 avr. 2018, 02:07 <http://fr.wikipedia.org/. [Consulté le 11/07/2018].

[25]-*Idem*

5 %,les matières premières et bien d'équipement de la catégorie II, ont un taux de 10 %, les biens intermédiaires et divers de la catégorie III, ont un taux de 20 %, et les biens de consommation courante de la catégorie IV, ont un taux de 30 %. Le droit de douane étant abordé dans sa généralité, il convient alors, de se situer aussi, sur la question de la surtaxe temporaire.

b. La surtaxe temporaire

502. À côté du droit de douane, la taxe temporaire est aussi l'une des composantes du tarif extérieur commun. Elle est sollicitée dans ces réformes douanières, dans le cadre d'une protection supplémentaire aux entreprises industrielles. En effet, ces réformes doivent obligatoirement démonter toutes les mesures de contingentement (barrières non-tarifaires). Pour permettre aux entreprises bénéficiaires de ce mode de protection de s'ajuster, le TEC est complété par une surtaxe temporaire, dont le taux est plafonné à 30 %[26]. Cette taxe, qui ne peut s'appliquer uniquement qu'aux produits faisant l'objet de contingentement, doit disparaître dans un délai maximum de six ans.

503. De façon très claire, il convient de retenir que l'article 30 du traité de l'Union Douanière et économique de l'Afrique centrale, suivant modifications de l'acte n°2/91-UDEAC-556-CE-27 du 6 décembre 1991 à Libreville, propose dans le tarif extérieur commun : le droit de l'importation résultant de la fusion du droit de douane et du droit d'entrée s'appliquant aux produits et aux marchandises importées sur le territoire douanier de l'Union et une surtaxe temporaire qui s'applique, le cas échéant, sur trois ans, sur un nombre limité de produits et de marchandises relevant de la 3e catégorie, concernant les biens de consommation courante. Selon Daniel GBETNKOM, *« la surtaxe temporaire, comprise entre 0 et 30 %, a été introduite en 1995 sur certains produits, afin de remplacer la protection dont les entreprises bénéficiaient jusqu'alors via les barrières non tarifaires. Cette surtaxe a été supprimée en janvier 1997 dans de nombreux pays membres de la CEMAC*[27] *»*. Les réflexions ainsi abordées sur la notion du commerce extérieur commun dans la zone de l'UDEAC, il convient aussi, de s'intéresser à ses règles relatives à la mise en œuvre du tarif préférentiel généralisé en remplacement de la taxe unique.

2. Mise en œuvre du Tarif Préférentiel Généralisé en remplacement de la Taxe Unique

504. La Taxe Unique pourrait être considérée en son temps, dans les activités de l'UDEAC, comme un régime préférentiel. En réalité, le principe de la libre circulation des marchandises, est remplacé par ce régime préférentiel, dit, de la taxe unique. Selon Lazare BELA, *« les principaux avantages que le régime de la taxe unique offre aux entreprises sont : la plupart des intrants et emballages importés entrent en franchise de droits de douane ; les produits fabriqués sous ce régime sont écoulés au sein de l'Union après paiement d'un taux de droit de douane*

[26]- Source : UDEAC

[27]-Voir : article de GBETNKOM(Daniel) concernant Réformes commerciales et convergence réelle dans la CEMAC sur le site suivant : www.afdb.org/fr/.[Consulté le 12/09/2018]

inférieur au tarif extérieur commun de l'UDEAC »[28]. Il insiste sur le fait, de *« la faculté que les taux de la taxe sur le même bien, dans un même pays, varient avec le producteur, a permis aux États de protéger les entreprises locales contre des concurrentes d'autres pays membres de l'UDEAC*[29]*. »*. Pour Alain BUZELAY, « le régime de la taxe unique est aussi prévu afin de favoriser la création d'une capacité de production industrielle et d'échanges intracommunautaires de produits manufacturés [30]».

505. Aujourd'hui, le tarif préférentiel généralisé, est instauré par acte n°7/93-UDEAC-556-SE1 précité, en remplacement de la taxe unique, qui initialement instauré, pour promouvoir le développement industriel de la sous-région, n'a pas pu atteindre les résultats escomptés en dépit des innombrables exonérations consenties par les États membres, aux entreprises qui en étaient bénéficiaires[31]. Et les modalités de sa mise en application se matérialisent par la circulaire n°471/SG/DUD. Ce tarif ne s'applique qu'aux produits d'origine communautaire. Il est alors devenu indispensable de réfléchir sur les conditions d'application du tarif préférentiel généralisé et de circulation des produits.

a. Conditions d'application et de circulation des produits

506. Si le tarif préférentiel généralisé remplace la taxe unique, c'est parce qu'elle ne favorise que l'investissement et l'accroissement de la production, sans doper les exportations intracommunautaires. Alors que l'UDEAC, en voulant développer les échanges commerciaux entre les pays membres, veut privilégier l'application du tarif extérieur commun. Ce tarif s'applique aux produits fabriqués dans un État membre et importés dans un autre État. Ces produits qui circulent en principe avec un certificat de circulation ou certificat UDEAC, bénéficient, lors de leur introduction dans les autres États membres, du tarif préférentiel et sont soumis à toute taxe interne de l'État membre de destination finale. Au vu de cette démarche, le tarif préférentiel généralisé peut être considéré comme une condition de l'établissement[32]d'un marché commun en Afrique Centrale.

507. Selon la législation douanière de la CEMAC, *« contrairement au régime de la Taxe Unique, les "produits CEMAC" consommés dans le territoire de fabrication ne sont soumis qu'à la TVA*[33] *»*. Le tarif préférentiel généralisé est instauré pour marquer la préférence communautaire des produits industriels de la sous-région par rapport aux produits en provenance des pays tiers[34]. C'est, en effet,

---

[28]- BELA(Lazare), Régime de la taxe unique et la coopération économique au sein de l'Union douanière et Économique de l'Afrique centrale (UDEAC), Conseil pour le Développement de la Recherche en Sciences Sociales (CODESRIA), Réseau de recherche sur les Politiques Industrielles en Afrique, Document de travail n°.2 août 1995.

[29]-*Idem*

[30]- BUZELAY(Alain), L'Union fiscale et douanière des douze : quels enseignements pour l'intégration régionale en Afrique centrale ?, *Revue Tiers Monde*, Vol. 35, n°. 140 (octobre-décembre 1994), pp. 875-890 (16 pages)

[31]-Voir : circulaire n°471/SG/DUD de la CEMAC.

[32]-Victor Rouquet la GARRIGUE, Les conditions de l'établissement d'un marché commun européen et ses répercussions sur l'économie française. L'Actualité économique, 33 (2), 312–334. 1957, https://doi.org/10.7202/1001238ar[consulté le 05/06/2019].

[33] -Secrétariat Exécutif de la CEMAC – Tarif des Douanes 2007

[34] -*Idem*

une volonté affichée pour aider non seulement la promotion industrielle, mais aussi faciliter les échanges commerciaux en Afrique Centrale. Dans ce contexte, l'instauration de ce tarif,*« introduit la notion de "produits CEMAC" qui emporte une nouvelle philosophie du traitement fiscal et douanier des produits reconnus comme originaires dans la Communauté*[35] *»*.

b.Champ d'application du Tarif Préférentiel Généralisé

508. Le tarif préférentiel généralisé s'applique à tous les produits de l'UDEAC. Il s'agit des produits qui circulent entre les États membres avec le certificat de circulation UDEAC, un document garantissant l'origine de ces marchandises. Selon le législateur, on entend par produits UDEAC, tout produit fini ou toute matière première : entièrement obtenu dans les États membres de l'UDEAC ; produit du cru ; fabriqué dans le territoire des États membres de l'UDEAC, à partir des produits entièrement obtenus au sens de tout produit ou toute matière première entièrement obtenu dans les États membres de l'UDEAC où des matières premières importées des pays tiers à condition que les formalités d'importation aient été accomplies et, notamment, tout droit et surtaxe temporaire[36], éléments du tarif extérieur communs ont été perçus et non remboursés.

509. Il faut comprendre par matière première tout ingrédient, tout élément, intrant, matériau, composant, partie, utilisés dans la fabrication d'un produit. Mais aussi, il faut comprendre par produits finis, les produits résultant d'une fabrication ou obtenus tels quels, même s'il est destiné à être utilisé ultérieurement au cours d'une autre opération de fabrication. Dans ce contexte dans lequel les réformes douanières sont engagées dans le temps de l'UDEAC, il est devenu important de se pencher sur la question des franchises traitée par l'article 241du Code des douanes et aussi au sujet des investissements.

B. Conditions d'application de l'article 241 du code des douanes et du code des investissements

510. Si, les États membres de l'UDEAC, sont convenus d'apporter des modifications à l'acte n°13/65-UDEAC-35, du 14 décembre 1965 du Conseil des chefs d'État, fixant les conditions d'application de l'article 241 du Code des douanes, c'est pour réduire au maximum les exonérations des droits et taxes antérieurement prévues et jugées antiéconomiques. Il était reconnu, en ce temps, que ces exonérations ont causé de graves préjudices aux trésors publics nationaux et que des situations de rentes n'incitaient plus, du tout, les entreprises à l'innovation technologique, à la productivité et à la compétitivité[37].

511. Au départ, les modifications sont apportées par l'acte n°2/92-UDEAC-556-CD-SE1 à l'acte n°13/65-UDEAC-35, précité. Mais, par la suite, d'autres modifications proviennent des actes suivants : acte n° 08/93-UDEAC-556-CD-SEI ; acte n° 28/94-UDEAC-556-CD-56 ; acte n°18/96-UDEAC-0508-CD-57 ;

---

[35] -*Idem*

[36]-Extrait de note circulaire n° 471/SG/DUD du 10 mars 1995

[37]-UDEAC

mais aussi, si le présent document s'intéresse au code des investissements[38], c'est évidemment parce que la question des exonérations, y est abordée. Pour encadrer ces exonérations, il y aurait fallu adopter l'acte n°3/93-UDEAC-556-CD-SE1 portant mise en conformité des codes des investissements avec le Programme Régional des Réformes fiscalo-douanière.

1. La question de l'acte n°13/65-UDEAC-35fixant les conditions d'application de l'article 241 du Code des douanes

512. La question des franchises douanières, abordée par l'acte n°13/65-UDEAC-35 fixant les conditions d'application de l'article 241 du Code des Douanes, était devenue une réelle préoccupation pour les États de l'Afrique centrale. Ces États estimaient que ces franchises, accordées dans ces conditions, ne favorisaient plus une réelle économie. Il fallait apporter des modifications, à travers certaines réformes, à l'acte précité. Ces modifications sont faites, à travers des actes précités ci-dessus.

513. Une étude doit être orientée non seulement sur le contenu de l'acte n°13/65-UDEAC-35, fixant les conditions d'application de l'article 241 du Code des douanes, mais aussi, sur les modifications, apportées à l'acte n°13/65-UDEAC-35 dans ce contexte, de réforme douanière. Il faut toutefois préciser que dans le cadre de cette réforme douanière, la question des franchises douanières, mérite d'être débattue.

a. Contenu de l''acte n°13/65-UDEAC-35fixant les conditions d'application de l'article 241 du code des douanes

514. En Afrique centrale, les franchises douanières sont régies par l'acte n°13 /65-UDEAC-35 fixant les conditions d'application de l'article 241 du Code des douanes. Elles peuvent être accordées à l'entrée ou à la sortie, c'est-à-dire, lorsqu'elles entrent dans les opérations de mise à la consommation et de l'exportation. Ainsi, l'importation en franchise des droits et taxes est autorisée en faveur : des marchandises en retour dans le territoire douanier ; des dons offerts aux chefs d'État et de Gouvernement ; des dons offerts aux États ; des objets et produits importés et destinés à l'usage des missions diplomatiques, postes consulaires et organisations internationales et à l'usage personnel et celui de leur famille. Ces franchises couvrent aussi des objets et produits importés par les Chefs d'États étrangers séjournant dans l'un des pays membres de l'UDEAC ; des effets et objets mobiliers importés à l'occasion d'un changement de résidence ; des outils, instruments, matériels provenant d'installations ou d'entreprises industrielles, agricoles ou commerciales ; des effets et objets en cours d'usage provenant d'héritage ; des trousseaux d'élèves et de mariage ; des envois dépourvus de tout caractère commercial ; des produits et matériels destinés aux services de santé des États et à certaines formations hospitalières ; d'autres médicaments ; des envois

[38]-Le code des investissements a pour objectif général d'inciter les capitaux d'origine extérieure à s'investir à long terme dans leur pays. Lire les codes des investissements des États africains et malgaches associés, situation au 30 septembre 1971. Commission des communautés européennes, Direction générale de l'aide au développement, direction de la politique et des études de développement. Consultable sur le site suivant : http://aei.pitt.edu/. [Consulté le 05/10/2019].

destinés aux œuvres de solidarité de caractère national ; des produits et objets destinés à la célébration des cultes ; des importations de caractère éducatif, scientifique ou culturel ; des matériels de transmission radioélectrique et par câbles ; des phares et balises ; des matériels et produits intéressants la navigation aérienne internationale ; des matériels et produits en vue de la lutte antiacridienne et anti-aviaire ; des matériels et produits destinés à l'agriculture, à l'élevage et à la protection des bois en grume ; des matériels et produits destinés à la recherche minière ou pétrolière ; des matériels militaires et matériels assimilés ; des importations de produits admissibles en franchise réalisées par des tiers pour le compte des utilisateurs privilégiés.

515.À l'exportation, la législation douanière communautaire accorde des franchises, des droits et des taxes sur les objets, produits et matériels énumérés par l'acte précité. Ils peuvent être exportés en franchise des droits et taxes de sortie, pour des motifs analogues à ceux prévus par cet acte à l'importation, sous réserve de la présentation au service des douanes des justifications équivalentes[39]. L'objectif, ici, est de montrer que de profondes modifications ont été bien apportées au contenu de l'acte n°13/65-UDEAC-35 fixant les conditions d'application de l'article 241 du Code des Douanes. Ces modifications interviennent, en effet, dans le contexte des réformes douanières.

b. Les modifications apportées à l'acte n°13/65-UDEAC-35 dans le contexte de réforme douanière

516. De nombreuses modifications sont apportées à l'acte n°13/65-UDEAC-35 fixant les conditions d'application de l'article 241 du Code des douanes de l'UDEAC. Ce sont des changements qui interviennent dans le contexte des réformes douanières et qui suppriment certains titres et chapitres. À cet effet, le **titre VI** relatif aux importations de caractère éducatif, scientifique ou culturel ainsi que le **titre VIII** qui s'intéressait aux matériels militaires et aux matériels assimilés sont supprimés. Dans le **titre III**, le **chapitre II** qui consacre les outils, les instruments, les matériels provenant d'installations ou d'entreprises industrielles, agricoles ou commerciales n'y apparaît plus. Il en est de même pour le **titre V** qui perd ses chapitres I et II. Cette suppression touche aussi les **chapitres I, II, IV, V, VI du titre VII.**

517. Les modifications ci-dessus énumérées font bouger les positions des titres et chapitres ainsi que certains termes, qui en sont remplacés par d'autres. Face à ces changements imposés dans le cadre de la modernisation des douanes de l'UDEAC, les franchises sont désormais accordées en faveur : des marchandises en retour dans le territoire douanier ; des dons offerts aux chefs d'État et de gouvernement ; des dons offerts aux États ; des objets et produits importés et destinés à l'usage des missions diplomatiques, postes consulaires et organisations internationales et à l'usage personnel et celui de leur famille. Ces franchises couvrent aussi des objets et produits importés par les chefs d'États étrangers séjournant dans l'un des pays membres de l'UDEAC ; des effets et des objets mobiliers importés à l'occasion

[39]-Voir : article 49 des Admissions en franchises de droit -.Article 241 du Code des Douanes de la CEMAC. Acte n°2/92-UDEAC-556-SE1 du 30 avril 1992.

d'un changement de résidence ; des effets et des objets en cours d'usage provenant d'héritage ; des trousseaux d'élèves et de mariage ; des envois dépourvus de tout caractère commercial ; des envois destinés aux œuvres de solidarité de caractère national ; des produits et des objets destinés à la célébration des cultes ; des importations de caractère éducatif, scientifique ou culturel ; des matériels et produits intéressants la navigation aérienne internationale ; de franchise à titre exceptionnel.

518. À l'exportation, les franchises douanières sont accordées de la même manière que celles accordées à l'importation. Le bouleversement causé par les réformes douanières touche profondément le domaine des franchises. Il vise précisément à faire ressortir des exigences de la réforme fiscalo-douanière imposées sur les codes des investissements en Afrique Centrale. Mais, dans cette démarche logique de réflexion, il y a à se demander pourquoi les textes relatifs aux codes des investissements ont-ils été adoptés ? Et pour quelle raison les exigences de la réforme fiscalo-douanière s'imposent-elles sur les codes des investissements en Afrique Centrale ?

2. Adoptions des textes relatifs aux codes des investissements

519. La réforme fiscalo-douanière des pays membres de l'UDEAC, telle que prévue, devrait étendre ses exigences imposées, sur les codes des investissements constituant des cadres juridiques pouvant permettre d'attirer les investisseurs privés étrangers, d'inciter les nationaux à investir dans le pays et de contribuer au renforcement du tissu industriel et au développement économique du pays[40]. C'est donc à partir de cette réforme que sont adoptés certains textes relatifs aux codes des investissements. Il s'agit principalement de mettre l'accent sur l'acte n°3/93-UDEAC-556-CD-SE1 et l'acte n°4/93-UDEAC-556-CD-SE1 portant respectivement mise en conformité des codes des investissements et des conventions d'établissement avec le Programme Régional des Réformes (PRR).

520. Ainsi, il est indispensable de définir, ici, le concept du Code des investissements, avant de faire ressortir les exigences de la réforme fiscalo-douanière pesant sur ce cadre juridique lié aux investissements.

a. Qu'est-ce que le code des investissements ?

521. Une analyse pertinente est faite sur le Code des investissements par Don José MUANDA NKOLE WA YAHVE, spécialisé en Droit pénal des affaires. Il donne les raisons fondamentales, de l'élaboration du Code des investissements. Ce Code est défini, de façon générale, comme étant des droits et des obligations créés dans un cadre juridique, en vue de faciliter les investissements en faveur du développement économique et industriel. Dans le droit congolais, il est perçu plutôt comme étant un recueil des droits et des obligations institués par la loi, en vue d'imposer un type de comportement aux agents économiques en fonction des objectifs socio-économiques de l'État.

---

[40]-Rapport, les régimes particuliers au Burkina Faso : typologie et procédure d'octroi. Direction générale des douanes, direction de la législation et de la réglementation, service des procédures et de la fiscalité, Burkina Faso, juin 2009, p. 4.

522. Au sens du Code des investissements de 1969, le Code est défini comme *« étant des droits et obligations en vue de favoriser les investissements en faveur du développement »*[41]. Mais, de manière très précise, le Code des investissements, est défini dans les analyses de Don José MUANDA NKOLE WA YAHVE, comme étant *« un ensemble des lois instituées par le législateur en vue d'imposer aux opérateurs économiques ou aux investisseurs potentiels un mode de comportement dans l'accomplissement des objectifs économiques pouvant aboutir au développement du pays, tout en leur procurant certains avantages fiscaux et douaniers* [42]*»*.

523. Dans la période de l'UDEAC, il existait un code commun des investissements, très tôt adopté en décembre 1965. Il s'agissait d'un cadre commun de référence, auquel doivent s'adapter les codes nationaux d'investissement. Il est constitué par l'ensemble des dispositions de la convention dite commune des investissements, adoptée en 1965. Cette convention, fondement des codes des investissements, reprend en réalité le régime des investissements de l'Union douanière équatoriale (UDE). Selon Melchiade YADI, *« le but cette convention consistait à garantir la sécurité, la liberté et la stabilité des entreprises existantes, à favoriser le développement de ces dernières et à inciter la création d'activités nouvelles en Afrique équatoriale* [43]*»*.

524. Au Tchad, le code des investissements fait partie des textes qui garantissent les investissements privés, de la même manière que le Code minier, le Code des impôts, le Code des douanes, etc. En 1987 le Code des investissements qui fonctionnait sur la base de l'ordonnance n°87-025/PR du 8 décembre 1987, est abrogé par la loi n°006/PR/2008instituant la charte des investissements de la République du Tchad et faisant foi jusqu'à aujourd'hui. La présente loi considère cette charte comme un cadre général de promotion des investissements, tant nationaux qu'étrangers du secteur privé. Cette définition, très éclairée, devrait permettre de consulter les exigences de la réforme fiscalo-douanière imposées sur les codes des investissements en Afrique Centrale.

b. Les exigences de la réforme fiscalo-douanière imposées sur les codes des investissements en Afrique Centrale

525. Dans le cadre de la réforme fiscalo-douanière qui touchait les diverses exonérations, les pays membres de l'UDEAC, ont adopté l'acte n°3/93-UDEAC-556-CD-SE1 et l'acte n°4/93- UDEAC-556-CD-SE1 précités. Ces textes exigeaient la mise en conformité des codes des investissements et des conventions d'établissement, avec le Programme Régional des Réformes (PRR). C'est dans ces conditions, que l'article 1er de l'acte n°3/93-UDEAC-556-CD-SE1, indique que*« toutes les dispositions des codes nationaux des investissements permettant un régime dérogatoire au PRR ne sont plus applicables à compter de la date de mise en application de la réforme fiscalo-douanière par chaque État membre. Les codes*

[41]-Voir : analyse du nouveau code en République Démocratique du Congo par Don José MUANDA NKOLE WA YAHVE ; Consultable sur https://www.memoireonline.com/.[Consulté le 07/04/2019].
[42]-*Ibid.*
[43]- YADI(Melchiade), Promotion du développement industriel équilibré des pays membres de l'UDEAC et de la CAE. Études internationales, vol. 6, n° 1, 1975, p. 66-102.

nationaux des investissements ne sont pas supprimés. Ils restent valables dans leurs dispositions non contraires au PRR, notamment en ce qui concerne les avantages extra-fiscaux tels que les privilèges sociaux et les avantages de fiscalité directe. En revanche, les dispositions dérogatoires au PRR sont supprimées et réputées non écrites au cas où elles subsisteraient[44]*»* à la mise en œuvre de la Réforme Fiscalo-Douanière ou à la révision de ces codes.

526. En ce qui concerne, l'acte n°4/93-UDEAC-556-CD-SE1, il est prévu dans son article 1er que*« les États membres veilleront à ce que toutes les conventions d'établissement contenant des dispositions accordant un régime dérogatoire soient mises en conformité avec le PRR au plus tard au 31 décembre 1995 »*[45]. L'article 2, ajoute, qu'*« à cette fin, les États membres renégocient les conventions dans des conditions permettant de les mettre en conformité avec les dispositions fiscales et douanières de la réforme. La renégociation de ces conventions pourra inclure des dispositions spécifiques visant à prendre en compte les conséquences de la mise en conformité avec la réforme fiscale et douanière. Les conventions d'établissement ne sont pas supprimées. Elles restent valables dans leurs dispositions non contraires au PRR. En revanche, les dispositions dérogatoires au PRR sont supprimées ou réputées non écrites au cas où elles subsisteraient, et feront obligatoirement l'objet de négociations nouvelles afin qu'elles deviennent conformes au PRR. Les formes de cette renégociation seront précisées en temps opportun par les instances supérieures de l'Union. Les États, membres, apprécieront souverainement les conséquences de cette renégociation*[46]*»*.

527. De façon générale, les attentes des réformes douanières engagées, comme cela a été démontré dans le parcours de l'UDEAC, ne sont pas suffisamment satisfaisantes. Toutefois, il est important de comprendre qu'il y a eu des progrès significatifs dans ces réformes, à travers par exemple les différents textes adoptés cités ci-dessus et qui servent de référence à la CEMAC, pour s'améliorer encore davantage. Désormais, c'est dans ce contexte qu'il est conseillé à la CEMAC d'insérer parmi ses défis actuels des actions inaccomplies face aux réformes douanières. Quels sont alors ces défis actuels auxquels elle doit faire face ?

Section II.
La CEMAC et ses défis actuels face aux réformes douanières

528. La CEMAC, est un système sous-régional qui prend la relève de l'UDEAC. Le traité l'instituant a été signé le 16 mars 1994 par plusieurs pays d'Afrique centrale à N'djamena au Tchad, puis entré en vigueur le 25 juin 1999 à Malabo (Guinée-Équatoriale). Madeleine ODZOLO MODO fait ressortir dans son article, les objectifs généraux de la CEMAC, qui sont le fait *« de raffermir les solidarités géographiques et humaines des peuples de ses États membres, de promouvoir des*

---

[44]-Acte n°3/93-UDEAC-556-CD-SE1 portant sur la mise en conformité des codes des investissements, Article 1er

[45]-*Ibid.*

[46]-Acte n°4/93-UDEAC-556-CD-SE1 DU 21 juin 1993 visant à la mise en conformité des conventions d'établissement avec le programme régional, Article 2.

marchés nationaux par l'élimination des entraves au commerce intercommunautaire et de créer un véritable marché commun africain[47]». Mais la mission principale se trouverait dans l'article 1er du Traité l'instituant, qui l'oblige à promouvoir un développement harmonieux des États membres dans le cadre de deux unions : une union économique et une union monétaire.

529. La CEMAC une institution qui regroupe six pays, à savoir le Congo, le Cameroun, le Gabon, la Guinée-Équatoriale, la RCA et le Tchad, fait face encore aujourd'hui, à plusieurs types, des défis en matière des réformes douanières, compte tenu de l'évolution économique mondiale. Dans ce contexte, il apparaît deux types, des préoccupations qui méritent d'être prises en compte. Dans un premier temps, il convient de se demander, comment faut-il comprendre les organes et principaux objectifs de la CEMAC ? (**Paragraphe. 1)**. Ensuite, quels en sont ses principaux défis pour la réforme et la modernisation des douanes dans sa zone ? (**Paragraphe. 2)**.

§ 1.Organes et objectifs principaux de la CEMAC

530. La CEMAC, regroupe en son sein six États de l'Afrique centrale, à savoir : le Congo, le Cameroun, le Gabon, la Guinée-Équatoriale, la RCA et le Tchad. Elle, qui fonctionne grâce à ses différents organes et institutions, vise en réalité plusieurs objectifs.

531. La Communauté économique et Monétaire de l'Afrique Centrale (CEMAC), en tant qu'institution d'intégration économique, fonctionnant comme d'autres types d'intégration économiques dans le monde, est conviée à suivre un schéma général tracé dans ces domaines. Dans ce schéma, elle doit adopter des modèles d'organes et institutions acceptables pour la construction d'une intégration économique avec des objectifs bien orientés.

A. Organes et institutions de la CEMAC

532. Dans son système institutionnel, la CEMAC dispose de plusieurs types d'organes qui se situent à des niveaux différents. Parmi ses organes, il existe deux unions, à savoir : l'Union économique de l'Afrique centrale et l'Union monétaire de l'Afrique centrale qui disposent à leur tour des institutions spécialisées.

533. La CEMAC fonctionne avec plusieurs objectifs. Mais ceux qui sont considérés comme objectifs principaux concernent la construction d'une union monétaire et d'une union économique de l'Afrique Centrale. Mais il faudrait que les organes et institutions de la CEMAC, soient en mesure de mettre en œuvre tous ces objectifs.

1. Organes de la CEMAC

534. Il existe, en principe, une architecture institutionnelle de la CEMAC. Cette architecture est constituée d'organes. Il s'agit des sept (07) organes dans cette sous-région, qui prennent des formes, soit d'institutions, ou d'institutions spécialisées.

---

[47]-Voir : fiche d'information de l'organisation : CEMAC dont l'auteur est Madeleine ODZOLOMODO, II, dans le site suivant : http://www.operationspaix.net/.[Consulté le 01/10/2018].

535. Les organes de la CEMAC, se distinguent les uns des autres. Il s'agit de la conférence des chefs d'État ; du Conseil des ministres ; du comité ministériel ; de la commission de la CEMAC ; de la banque des États de l'Afrique centrale (BEAC) ; de la banque de développement des États de l'Afrique centrale (BDEAC) ; et de la commission bancaire de l'Afrique centrale (COBAC).

*a. Conférence des chefs d'**État** et organes politiques de la CEMAC*

536. La conférence des chefs d'État est un organe suprême dans la hiérarchie de l'organisation de la CEMAC. Selon l'article 12, du traité révisé de la communauté économique et monétaire de l'Afrique centrale (CEMAC) du 25 juin 2008, *« la conférence des chefs d'État détermine la politique de la communauté et oriente l'action du Conseil des ministres de l'UEAC et du comité ministériel de l'UMAC ».* Le comité ministériel qui se compose de deux ministres par pays membre est un organe dirigeant de l'UMAC, chargé d'examiner les grandes orientations des politiques de chacun des pays, constituant la communauté CEMAC. Cet examen se fait en conformité avec la politique monétaire[48] commune.

537. La présidence du Comité étant tournante, elle est assurée par le ministre des Finances d'un des États membres par ordre alphabétique des États membres pour une année civile[49]. Le Conseil des ministres assure la direction de l'UEAC et se compose des ministres chargés des finances, de l'intégration et des affaires économiques. Ce conseil, dirigé par le président de l'État membre, exerçant la présidence de la conférence des chefs d'État, peut pour les questions ne portant pas principalement sur la politique économique et financière et par dérogation à l'article 18 du présent traité, réunir en formation ad hoc les Ministres compétents[50].

538. À côté de son organe suprême, désigné au nom de la conférence ou de ses organes politiques, la CEMAC, en dispose encore d'autres, mais qui ont des rôles beaucoup plus techniques.

2. Les autres organes

539. Les autres organes de la CEMAC, abordés ici, sont : la commission de la CEMAC ; de la banque des États de l'Afrique centrale (BEAC) ; de la banque de développement des États de l'Afrique centrale (BDEAC) ; et de la Commission bancaire de l'Afrique centrale (COBAC). La communauté économique et monétaire de l'Afrique centrale (CEMAC) réalise ses objectifs, à travers une commission qui se compose des commissaires. Ces commissaires sont désignés à raison d'un commissaire par État faisant, membre de la communauté. Ils sont nommés, sur la base des critères des compétences, par la conférence des chefs d'État pour un mandat de quatre ans[51].

540. La BEAC est l'une des institutions de la CEMAC, chargée d'émission des États membres de la communauté. Ses missions consistent à émettre la monnaie et à garantir sa stabilité, à déterminer et à conduire la politique monétaire applicable

---

[48]- KAMDEM(Edwige), Incertitude et mise en œuvre de la politique monétaire dans la zone CEMAC. Thèse soutenue le 29 janvier 2016 à l'Université de Bordeaux.

[49]-Source :http://www.cemac.int/.[Consulté le 03/02/2018].

[50]-Traite révisé de la CEMAC. *Op .cit*, article 19.

[51]-Traite révisé de la CEMAC. *Op .cit*, article 27.

dans les États, membres de l'Union et les opérations de change. Elle se donne pour tâches, de disposer et de gérer les réserves de changes des États membres, mais également d'adopter une politique qui permet de promouvoir le bon fonctionnement du système des paiements dans la communauté.

541. En ce qui concerne la banque de développement des États de l'Afrique Centrale (BDEAC), une institution de financement du développement de la communauté, a pour mission notamment de promouvoir le développement économique et social des États membres de la communauté CEMAC, en faisant engager le financement des investissements sur le plan national, multinational et régional. Elle apporte son concours tant aux États, aux organisations sous-régionales, aux institutions financières, qu'aux opérateurs économiques, pour les encourager dans leurs efforts de mobilisation des ressources financières et de financement des projets. Elle appuie, enfin, les pays, les organisations sous-régionales et les opérateurs économiques dans leurs efforts liés au financement des études de faisabilité des programmes et des projets.

542. Il convient aussi d'évoquer le cas de la Commission bancaire de l'Afrique centrale (COBAC). Présidée par le gouverneur de la BEAC, assisté par le vice-gouverneur, la COBAC est chargée de contrôler la gestion des établissements de crédit et des activités des prestataires de services d'investissement. C'est une mission de supervision bancaire ou de contrôle prudentiel[52]. Selon l'article 7 bis de la convention portant création d'une commission bancaire de l'Afrique centrale, la COBAC est chargée*« de veiller au respect par les établissements de crédit des dispositions législatives et réglementaires édictées par les Autorités, par la Banque ou par elle-même et qui leur sont applicables, et de sanctionner les manquements constatés »*[53]. En plus de ses différents types d'organes, qui ont des rôles importants à jouer dans les domaines politiques ou techniques, la CEMAC se dote des institutions spécialisées et des organes de contrôle dans ses activités.

2. Les institutions spécialisées et Organes de contrôle de la CEMAC

543. La promotion de l'intégration, d'une manière générale et particulièrement de l'intégration économique, ne peut se réaliser qu'à partir de ses institutions spécialisées. Mais aussi, les organes de contrôle sont indispensables dans ce contexte. Ainsi, l'intégration sous-régionale en Afrique[54]et, surtout celle de la CEMAC, fonctionne grâce à ses institutions spécialisées et ses organes.

544. Il est indispensable de faire une distinction entre les institutions spécialisées et les organes de contrôle de la CEMAC. Ces institutions spécialisées et ces organes de contrôle sont chargés d'appliquer le droit communautaire. Les institutions spécialisées concernent ici l'UEAC et l'UMAC, alors que les organes de contrôle sont la Cour de Justice communautaire, la Cour des Comptes et le Parlement communautaire.

---

[52]- CHEUDJOUO (Germain Inches), Les missions assignées à la COBAC: contribution a l'étude des aspects juridiques. Université de Yaoundé II - DESS de gestion bancaire et des établissements financiers option juriste financier, 2009.

[53]-Convention portant création d'une commission bancaire de l'Afrique centrale du 16 octobre 1990, article 7 bis

[54]-MCCARTHY(Colin). « 12. L'intégration régionale. Partie de la solution ou partie du problème ? », Stephen Ellis éd., *L'Afrique maintenant.* Karthala, 1995, pp. 347-379.

a. Les Institutions spécialisées de la CEMAC

545. L'UEAC et l'UMAC, sont non seulement des institutions spécialisées, mais aussi considérées comme des organes politiques de la CEMAC. Les différentes institutions rattachées à l'UEAC sont : L'École Inter-état des Douanes(EIED) en RCA ; l'Institut Économique et de Finance (IEF) au Gabon ; l'Institution Sous-Régional Multisectoriel de Technologies Appliquées, de Planification et d'Évaluation des projets (ISTA) au Gabon ; l'Institution Sous-régional de Statistique et d'Économie Appliquée (ISSEA) au Cameroun ; la Communauté économique du Bétail, de la viande et des Ressources Halieutiques (CEBEVIRHA) au Tchad ; l'École d'Hôtellerie et de Tourisme de CEMAC (EHT-CEMAC) au Cameroun ; la Carte Rose CEMAC : Carte Internationale d'Assurance, de Responsabilité civile automobile en RCA ; le Comité Inter-état des Pesticides d'Afrique Centrale (CPAC) au Cameroun ; l'Organisation de la Coordination pour la lutte contre les endémies en Afrique Centrale (OCEAC) au Cameroun ; le Pôle Régional de recherché appliquée du Développement des savants d'Afrique Centrale (PRASAC) au Tchad.

546. De nombreuses institutions se rattachent à l'UMAC. Il s'agit de la Banque des États de l'Afrique Centrale (BDEAC) ; du Groupement de lutte contre le blanchissement en Afrique Centrale (le GABAG) en RCA ; et de la Commission Financier de l'Afrique Centrale (COSUMAC) au Gabon. De tout ce qui précède, quelle différence est-il possible de faire, entre les institutions spécialisées de la CEMAC et ses organes de contrôle ?

b. Organes de contrôle

547. Il existe deux types d'organes de contrôle de la CEMAC. Il s'agit d'un organe du contrôle juridictionnel et d'un autre du contrôle politique. Le contrôle juridictionnel est assuré par la Cour de Justice communautaire et la Cour des Comptes communautaire. Sur le plan politique, le contrôle s'effectue par le Parlement communautaire. Ainsi, la cour de justice de la CEMAC*« composée de deux chambres : la Chambre de Justice chargée d'assurer le respect du droit dans l'interprétation et dans l'application du Traité et des Conventions subséquentes et la Chambre des comptes chargée du contrôle des comptes de la CEMAC»*[55], étend ses pouvoirs du contrôle juridictionnel, sur les activités et de l'exécution du budget de la communauté. Installée au Tchad, elle doit s'obliger à faire respecter les dispositions du traité de la CEMAC et de toutes les Conventions signées par les États, membres de cette communauté, assurer le contrôle de ses comptes et aborder le règlement des contestations relatives à sa compétence.

548. Concernant le rôle de la Cour des Comptes, communautaire, il est signifié dans la convention, qui la régit. Selon l'article 3 de cette convention, *« la cour des comptes est chargée du contrôle juridictionnel des comptes des comptables de la communauté et s'assure de la bonne gestion des ressources financières des institutions, organes et institutions spécialisées de la communauté, à l'exception de*

[55]-Voir : institutions membres de la CEMAC sur le site suivant : http://www.aisccuf.org/. [Consulté le 01/04/2018].

ceux dont les conventions ou statuts en disposent autrement[56]». Cette cour des comptes, en tant que juridiction financière, jouit d'une certaine indépendance par rapport aux États, aux institutions et aux organes de la CEMAC. Les membres, de la cour sont au nombre de 12 et tous nommés par la Conférence des chefs d'État pour un mandat de six ans, à raison de deux membres par État, élisent en leur sein le président de la cour, le procureur général, les présidents de chambre et le procureur général adjoint.

549. Sur le plan politique, le Parlement de la Communauté, doit asseoir un principe de contrôle démocratique, des institutions et des organes qui ont tendance à participer au processus des décisions qui engagent la vie de la communauté. Le Parlement communautaire doit exercer une double prérogative de législation et de contrôle au sein de la CEMAC. Il peut participer à la consolidation de la paix, de la stabilité politique et sociale et de la bonne gouvernance, etc. Selon ce qui est écrit par Jean Francis BELIBI *« le Parlement communautaire de la CEMAC qui a été mis sur les fonds baptismaux hier, est une institution de transition dont l'installation précède l'élection de ses membres au suffrage universel, un peu comme dans le modèle du Parlement européen*[57] *»*.

550. Les membres du Parlement, appelés débutés au Parlement de la CEMAC, sont élus au suffrage universel direct pour un mandat de 5 ans[58]. Les membres de ce Parlement élisent en leur sein le président et les autres membres du bureau pour un mandat d'une année. Après avoir abordé les différentes institutions et les organes de la CEMAC, il est indispensable, de s'attarder aussi sur ses principaux objectifs.

B. Principaux objectifs de la CEMAC

551. Les objectifs des intégrations économiques, de façon générale, sont souvent les mêmes. Mais l'objectif qui n'échappe aucunement à une intégration économique, est le fait de vouloir créer un ensemble ou une union à l'intérieur de laquelle doivent s'établir des relations économiques. Cette volonté de créer ces relations économiques s'accompagne nécessairement par le développement d'une politique de monnaie commune. Cette union, dont il s'agit, s'établit dans le but de considérer l'intégration économique comme un moyen, mis au service du développement durable[59].

552. À travers ses objectifs, la CEMAC veut réaliser une union économique et monétaire. Mais pour que cette volonté politique se concrétise, elle se trouve dans l'obligation de créer deux unions[60], en tant qu'institutions spécialisées, à savoir : l'Union Économique de l'Afrique Centrale et l'Union Monétaire de l'Afrique

[56]-Convention régissant la cour des comptes communautaire de la CEMAC du 30 janvier 2009, Article 3

[57]-CEMAC, le Parlement fonctionnel (Quotidien Mutations-17/04/2010). Écrit par Jean-Francis BELIBI, http://camerounlink.com/.[Consulté le 12/09/2018]

[58] -Voir : convention régissant le Parlement communautaire de la CEMAC du 25 juillet 2008.

[59]- LUYONGOLA (Jean Mbuyu), L'intégration économique au service du développement durable : l'exemple de l'Afrique centrale, Bruxelles, Larcier, 2014.

[60]- GUILLAUMONT JEANNENEY(Sylviane), TAPSOBA (Sampawende Jules Armand), Pro cyclicité de la politique budgétaire et surveillance multilatérale dans les unions monétaires africaines. CERDI, Études et Documents, E 2009.04, Université d'Auvergne, CNRS, 65 boulevard François Mitterrand, 63000 Clermont-Ferrand, février 2009, p.8.

Centrale. Ces deux unions, ont pour mission de faire appliquer et réussir cette politique de l'intégration économique et monétaire. Ainsi, institutionnellement, la CEMAC est composée de deux unions régies chacune par une convention. Il y a d'une part, celle qui crée l'Union monétaire de l'Afrique centrale (UMAC), et d'autre part, celle qui crée l'Union économique de l'Afrique centrale (UEAC), à travers lesquelles elle veut atteindre ses objectifs.

1. Union économique en Afrique centrale

553. Selon le lexique d'économie, *« l'union économique apparaît comme une forme de l'intégration économique, territoriale ou régionale entre plusieurs pays qui relèvent en principe d'une même aire géographique*[61] *»*. Cette étape de l'intégration assez prononcée dans plusieurs régions, est aussi réclamée par les États de l'Afrique centrale, qui veulent à travers ce concept créer en commun des conditions d'un développement économique et social harmonieux, dans le cadre d'un marché ouvert et d'un environnement juridique approprié[62]. Il fallait donc confier la gestion d'un tel objectif spécifique, à une institution spécialisée de la CEMAC, appelée Union Économique de l'Afrique Centrale.

554. Même si quelque part, il faut considérer l'Union Économique de l'Afrique Centrale comme l'un des objectifs principaux de la CEMAC, il y a lieu, aussi, de comprendre qu'elle fait partie entièrement des institutions de cette communauté, fonctionnant sur la base de la convention. De ce fait, l'UEAC fonctionne avec des objectifs. À ce niveau, n'est-il pas indispensable de comprendre les étapes de réalisation de ces objectifs ?

a. Les objectifs de l'UEAC

555. Selon Désiré AVOM, l'UEAC a pour *« objectif principal le renforcement de la dimension réelle de l'intégration à travers la suppression progressive, mais totale des barrières douanières et contingentements »*[63]. Mais ses objectifs, sont décrits, particulièrement au chapitre 1, du titre I sur les fondements de l'union économique régissant sa propre convention. Selon les dispositions du chapitre de la convention régissant l'Union Économique de l'Afrique Centrale U.E.A.C. du 30 juin 2009, l'union économique entend réaliser les objectifs suivants : renforcer la compétitivité des activités économiques et financières en harmonisant les règles qui régissent leur fonctionnement ; assurer la convergence vers des performances soutenables par la coordination des politiques économiques et la mise en cohérence des politiques budgétaires nationale avec la politique monétaire commune ; créer un marché commun fondé sur la libre circulation des biens, des services des capitaux et des personnes ; instituer une coordination des politiques sectorielles nationales, mettre en œuvre des actions communes et adopter des politiques communes, notamment dans les domaines de l'agriculture, l'élevage, la pêche, l'industrie, le commerce, le tourisme, les transports, les télécommunications,

[61]- SILEM (Ahmed)et ALBERTINI(Jean-Marie), Lexique d'économie. Édition DALLOZ-2006, p. 746.
[62]-Convention régissant l'union économique de l'Afrique centrale, U.E.A.C du 2 nov. 2016, voir article 1.
[63]-AVOM(Désiré). Intégration régionale dans la CEMAC : des problèmes institutionnels récurrents, *Afrique contemporaine*, vol. 222, no. 2, 2007, pp. 199-221.

l'énergie, l'environnement, la recherche, l'enseignement et la formation professionnelle.

556. Tous les objectifs, conçus dans les activités de l'UEAC, ne peuvent se réaliser en dehors de certaines démarches antérieures ou des programmes établis. C'est pourquoi la réalisation de ces objectifs dépend de certaines étapes qu'il faut obligatoirement entreprendre.

b. Étapes de réalisation des objectifs de l'UEAC

557. La réalisation des objectifs de l'Union Économique de l'Afrique Centrale (UDEAC), qui prend en compte ses acquis, doit se faire en se référant à deux étapes de cinq ans[64]. Toutefois, il existe une dernière étape, permettant à la Conférence des chefs d'État de décider, au vu du rapport du Secrétariat Exécutif et sur proposition du Conseil des Ministres Convention. Au cours de la première étape, qui dure sensiblement cinq ans à compter de l'entrée en vigueur de la présente Convention[65], l'UEAC doit dans cette période, mener des actions suivantes : harmoniser, dans la mesure nécessaire au fonctionnement du marché commun, les règles qui régissent les activités économiques et financières et, élabore à cet effet, des réglementations communes ; engager un processus de coordination des politiques nationales, dans les secteurs suivants : l'agriculture, l'élevage, la pêche, l'industrie, le commerce, le tourisme, les transports et les télécommunications ; initier le processus de mise en place des instruments de libre circulation des biens, des services, des capitaux et des personnes, notamment par une harmonisation de la fiscalité des activités productives et de la fiscalité de l'épargne ; développer la coordination des politiques commerciales et des relations économiques avec les autres régions et préparer des actions communes dans les domaines de l'enseignement, de la formation professionnelle et de la recherche.

558. Dans la seconde étape, qui dure aussi cinq ans à compter de la fin de la première étape, l'Union[66] doit dans ce délai : établir entre ses États membres, la libre circulation des biens, des services, des capitaux et des personnes ; mettre en œuvre des actions communes dans les domaines cités à l'article 4 alinéa b de la présente Convention ; engager un processus de coordination des politiques sectorielles nationales en matière d'environnement et d'énergie ; renforcer et améliorer, en vue de leur interconnexion, les infrastructures de transport et de télécommunications des États membres.

559. Enfin, dans sa troisième étape et au début de cette période, il appartient à la Conférence des chefs d'État de constater, au vu du rapport du secrétaire exécutif et sur proposition du Conseil des Ministres, l'état d'avancement du processus d'intégration économique et de décider. Dans le cas contraire, des actions à mener sont engagées en vue d'aboutir à la finalisation du programme des deux premières étapes. Il appartient encore à la Conférence des chefs d'État, au vu du rapport du secrétaire exécutif et sur proposition du Conseil des Ministres de décider par rapport à l'instauration des politiques communes dans les domaines suivants :

---

[64]-Voir : cadre institutionnel de la CEMAC dans le site suivant : http://www.izf.net/. [Consulté le 06/07/2018].

[65]-Voir : Convention régissant l'Union économique de l'Afrique centrale, U.E.A.C, 30 janvier 2009, Libreville.

[66]- Union Économique de l'Afrique centrale.

l'agriculture, l'élevage, la pêche, l'industrie, le commerce, le tourisme, les transports, les télécommunications, l'énergie, l'environnement, la recherche, l'enseignement et la formation professionnelle.

560. À côté de la construction d'une union économique en Afrique Centrale, il faut nécessairement aborder la question concernant l'Union Monétaire de l'Afrique Centrale, faisant aussi partie des principaux objectifs de la CEMAC.

2. Une union monétaire de l'Afrique centrale

561. La construction d'une union monétaire en Afrique Centrale, relève de la décision politique des pays membres de la CEMAC. Elle est devenue, aujourd'hui, une réalité et se fait gérer par l'Union Monétaire de l'Afrique Centrale, en tant qu'institution spécialisée dans ce domaine, dans la zone CEMAC. Il convient, alors, de faire une démonstration d'explication sur les principes, les objectifs, les avantages et les inconvénients de cette union monétaire.

562. Il est intéressant de comprendre que l'union monétaire, en effet, lutte contre les monnaies nationales en disparates. Elle impose, plutôt, le remplacement de ces monnaies nationales par une monnaie unique. Selon certaines analyses, cette monnaie commune, unique, installe une union toujours plus étroite entre les peuples[67].

a. Les principes et les objectifs de l'union monétaire

563. De façon générale, les membres de la communauté CEMAC, en instituant l'UMAC, lui imposent certains principes fondamentaux. Il s'agit de créer en commun les conditions d'un développement économique et social harmonieux, dans le cadre d'un marché ouvert et d'un environnement juridique approprié[68]. Toutefois, il faut relever que l'objectif principal recherché par les pays membres de la CEMAC à travers l'union monétaire est l'adoption d'une même unité monétaire.

564. Selon l'article 3, de la convention régissant l'Union Monétaire de l'Afrique Centrale (UMAC), *« l'Union Monétaire se caractérise par l'adoption d'une même unité monétaire dont l'émission est confiée à un institut d'Émission commun, la Banque des États de l'Afrique Centrale (ci-après dénommée la Banque ou la BEAC) régi par des statuts propres qui font partie intégrante de la présente Convention*[69]*»*. Dans ces conditions, l'UMAC exerce un droit de surveillance multilatérale, prévu dans les dispositions de la Convention de l'Union Économique de l'Afrique Centrale (UEAC), exerce la coordination des politiques économiques et la mise en cohérence, des politiques budgétaires nationales avec la politique monétaire commune. Elle s'assure en outre de la stabilité financière dans la communauté.

565. Après avoir pris connaissance des objectifs de l'UMAC, il convient de se demander quels avantages et inconvénients faut-il tirer pour les États membres de la CEMAC ?

---

[67]- COHEN (Benjamin Jerry)., Pourquoi l'euro n'est pas près de remplacer le dollar , *L'Économie politique*, vol. n° 20, no. 4, 2003, pp. 8-31.

[68]-Loi 09-029 2009-11-06 PR. Loi autorisant le président de la République à ratifier la convention régissant l'Union monétaire de l'Afrique centrale (UMAC). Article 1e.

[69]-Convention régissant l'Union Monétaire de l'Afrique Centrale (UMAC), du 25 juin 2008, Article 3

b. Avantages et inconvénients de l'union monétaire

566. Dans un magazine mensuel dénommé Alternatives économiques, une réflexion importante est consacrée sur les avantages et les inconvénients d'une union monétaire en visant, principalement, le cas de la monnaie unique de l'Union Économique et Monétaire Européenne (UEME) [70]comme un exemple. Ces réflexions ont des points communs avec les pensées africaines sur les avantages similaires de leur union monétaire soit en Afrique Centrale ou de l'Ouest.

567. Si en Europe, il en ressort que la monnaie unifiée, apporte tous les avantages de changes stables, elle réduit ainsi l'incertitude sur le niveau des prix et la rentabilité future des investissements. Elle permet, en outre, d'éliminer le coût des opérations, de change et rend sans objet la spéculation[71]. Cela rejoint, dans un cadre général, les points de vue de Souleymane DABONE, qui fait ressortir les avantages de l'union monétaire, découlant *« de la stabilité des changes et la discipline financière, essentiellement*[72] *»*.

568. Du côté d'Alpha Mamadou DIALLO, en réfléchissant sur les États-nations face à l'intégration régionale en Afrique de l'Ouest : le cas de la République de Guinée, souligne que *« les bénéfices que l'on peut obtenir suite à l'adhésion à une zone monétaire seraient l'amélioration de l'économie du fait de l'élimination des coûts de transaction des risques de change. Ces avantages pouvant entraîner la baisse du taux d'intérêt, l'augmentation de l'incitation à investir, la croissance économique et la baisse du chômage »*[73]. Il estime que *« l'union monétaire permet : un accroissement des investissements, une meilleure répartition des ressources, un accroissement de l'épargne intérieure, une intermédiation financière renforcée et une croissance des échanges internationaux »*[74]. L'union monétaire présente aussi des avantages sur le plan financier, pour le fait qu'elle favorise une plus grande stabilité de la monnaie ainsi que la constitution de réserves en devises importantes et une plus grande liberté de choix entre les biens, les services et les créances extérieures et intérieures[75].

569. Au chapitre des inconvénients, beaucoup d'économistes pointent du doigt les coûts de l'union monétaire. Car de nombreux économistes, parmi lesquels est cité Alpha Mamadou DIALLO, démontrent que le coût le plus gênant, repose sur la perte d'autonomie en matière monétaire. Dans ces conditions, les pays ne peuvent plus eux-mêmes définir une politique monétaire intérieure pour résoudre les problèmes économiques auxquels ils font face. De plus, les taux de change entre les États ne peuvent plus s'ajuster en réponse aux problèmes régionaux, le changement

---

[70]- TAPSOBA (Sampawende Jules-Armand), Intégration monétaire africaine et changements structurels : commerce, partage des risques et coordination budgétaire. Humanistes and Social Sciences. Université d'Auvergne - Clermont-Ferrand I, 2009. Thèse présentée et soutenue publiquement pour l'obtention du titre de docteur « sciences économiques le 3 mars 2009. Voir partie de l'introduction générale.

[71]-Alternatives économiques, hors-série n°32, 1997(extrait).

[72]- DABONE(Souleymane), Le projet de zone monétaire unique en Afrique de l'Ouest : fondements, état des lieux et analyse prospective. Institut diplomatique des relations internationales (IDRI). Diplôme d'études supérieures en diplomatie et relations internationales, 2007.

[73]- DIALLO (Alpha Mamadou), Les États-nations face à l'intégration régionale en Afrique de l'Ouest: le cas de la République de Guinée. Paris(France) : Karthala, 2009, p. 82.

[74] -*Ibid.*

[75] -*Ibid.*

de parité étant interdit ; la souplesse de la régulation lors des chocs asymétriques devient faible. Par ailleurs, l'application d'un tarif externe commun aux tiers et la suppression des tarifs internes se traduisent par une perte des revenus issus des droits des douanes[76].

570. Il convient de noter qu'il est opportun de saisir le mode opératoire des diverses institutions sous-régionales qui ont évolué en Afrique. Il s'agit surtout, dans ce contexte, de s'informer sur la période de démarrage des réformes douanières, qui commence juste après les indépendances jusqu'à aujourd'hui. C'est pourquoi, dans cette démarche, il convient d'identifier présentement les principaux défis pour la réforme et la modernisation des douanes en zone CEMAC devenant des soucis à y faire face.

§ 2. Les principaux défis pour la réforme des douanes en zone CEMAC

571. Les États africains, de façon générale, et ceux de l'Afrique Centrale en particulier, s'orientent de plus en plus vers la réforme et la modernisation des douanes, qu'ils considèrent, aujourd'hui, comme un souci majeur dans le cadre d'un regroupement économique. À partir de nombreuses rencontres dans les pays membres de la CEMAC, il est convenu d'adopter des stratégies communes qui pourront permettre de faciliter une amélioration collective du fonctionnement des administrations des douanes, devenues incontournables dans ces États.

572. À côté des stratégies envisagées, qui passent par l'harmonisation, les simplifications des procédures, l'amélioration du système de contrôle douanier, la protection de l'espace économique, l'amélioration et réduction des obstacles physiques et non-physiques le long des corridors de transit, le développement de l'interconnexion, il faut aussi mettre l'accent sur les éléments liés à l'éthique et aux renforcements des capacités, comme faisant partie des défis à relever dans le cadre de la modernisation des douanes dans l'espace CEMAC.

A. Stratégies pour la réforme et de la modernisation des douanes à travers une vision commune dans les zones CEMAC

573. Les réformes des douanes, en cours dans les zones CEMAC, sont toujours menées en s'inspirant des pratiques internationales. C'est pourquoi leurs principaux axes visent d'abord l'harmonisation, la simplification des procédures et le développement des nouvelles technologies, face au contexte de la mondialisation.

574. Dans le contexte, premièrement, il convient d'aborder la question de l'harmonisation des procédures et de la modernisation du contrôle douanier. C'est un souhait d'adopter non seulement des pratiques communes à l'harmonisation des procédures, mais aussi des méthodes de contrôles douaniers dans le cadre de la modernisation. Et dans ces conditions, il faut également mettre à jour la question de l'interconnexion. Ainsi, il s'agit de porter un regard sur le niveau d'application de l'interconnexion du Système SYDONIA en Afrique centrale.

---

[76]- DIALLO (Alpha Mamadou), Les États-nations face à l'intégration régionale en Afrique de l'Ouest : le cas de la République de Guinée. Op.cit., p.83.

1. Harmonisation des procédures et Modernisation du contrôle douanier

575. Si les États membres de la CEMAC, ont techniquement cette possibilité d'utiliser les pratiques douanières internationales en matière d'harmonisation et de simplification douanière, ils ne peuvent tout de même s'engager aisément sur la voie de l'amélioration du système de contrôle et de réduction des obstacles physiques et non-physiques, le long des corridors de transit sans moyens conséquents. Les différents aspects des réformes des douanes en Afrique Centrale, sont considérés comme faisant partie des défis auxquels font face les États membres de la CEMAC. L'harmonisation et la simplification des procédures douanières sont inscrites parmi les normes internationales qui accordent la facilitation douanière.

576. Aujourd'hui, les activités clés de la réforme et de la modernisation des douanes, sont également d'une importance fondamentale pour les États de l'Afrique centrale pour deux objectifs. Elles sont mises en œuvre dans ces chantiers de modernisation douanière, d'une part pour booster les échanges et d'autre part pour attirer les investissements internationaux. Toutefois, les autorités douanières de la zone CEMAC, comprennent qu'il est anormal de s'attacher à l'idéal de la facilitation des échanges à l'état pur[77], qui pourrait affaiblir la collecte des recettes et favoriser l'entrée massive des marchandises illégales.

a. Harmonisation et simplifications des procédures douanières

577. Les bases juridiques internationales de l'harmonisation et de la simplification des procédures douanières, se trouvent dans la Convention de Kyôto révisée, principale convention douanière en matière de facilitation des échanges. Cette Convention, qui pose les différents principes d'une réforme et d'une modernisation des douanes, constitue un canevas pour la mise au point de procédures douanières modernes. Et ces principes se considèrent comme facteurs des réformes posées dans le but de rendre les procédures douanières plus efficaces et d'harmoniser les régimes douaniers et les pratiques douanières au niveau international[78]et surtout dans le contexte de la facilitation du commerce.

578. En Afrique d'une manière générale et particulièrement, dans la zone de l'Afrique Centrale, plusieurs séminaires qui ont lieu sur le renforcement de la vision régionale des réformes douanières, mettent l'accent sur l'harmonisation et la simplification des procédures douanières, comme des aspects prioritaires des réformes douanières. En s'inspirant de la convention de Kyôto, les États membres de la CEMAC, veulent précisément promouvoir la simplification et l'harmonisation des règles, réglementations et procédures douanières, afin de faciliter le mouvement des marchandises et des services à travers leurs frontières communes.

579. La Convention de Kyôto révisée (CKR) officiellement dénommée la *« Convention internationale pour la simplification et l'harmonisation des régimes*

---

[77]-La facilitation des échanges à l'état pur ne peut être obtenue entièrement, car elle affaiblit la collecte des recettes et favorise encore plus l'entrée massive des marchandises illégales.

[78]-Magazine : OMD Actualités, novembre 2009.

douaniers (amendée) »[79], est un accord international, initialement adopté en 1973 lors des sessions du Conseil de l'Organisation Mondiale des Douanes (OMD) qui se sont déroulées à Kyôto (Japon) et entré en vigueur en 1974. Amendée lors des sessions de 1999 du Conseil de l'OMD, sa version révisée est entrée en vigueur en février 2006. Cette convention fait partie des outils et des instruments de l'OMD, visant à faciliter le commerce et à renforcer la compétitivité[80].

580. Il faut noter qu'aujourd'hui, plus d'un tiers des pays africains signataires ont ratifié la Convention de Kyôto révisée qui, de façon générale, est conforme aux dispositions de l'Organisation mondiale du commerce sur la facilitation des échanges[81]. Compte tenu de l'importance de cette convention, les États constituant la CEMAC, ont alors l'intention de l'expérimenter. C'est pourquoi, lors d'un sommet de la CEMAC tenu les 22 et 23 juillet 2012, dans la capitale congolaise, les participants ont réclamé l'alignement du Code des douanes de la CEMAC sur la Convention de Kyôto révisée. Cette convention comporte de nombreux avantages.

581. La mise en application de la Convention de Kyôto révisée permet, par exemple, d'obtenir une réduction considérable des coûts et du gain de temps dans les opérations de dédouanement et d'attirer plus d'investissement. Dans ce contexte de modernisation des douanes, il est indispensable, d'évoquer les aspects pertinents de cette convention, reposant sur l'importance du contrôle douanier (contrôle par scanner dans les procédures de dédouanement) et démantèlement des barrières et autres obstacles non-tarifaires en Afrique Centrale.

b. Modernisation du contrôle douanier et démantèlement des barrières tarifaires et autres en Afrique centrale

582. Le développement sur le plan des contrôles douaniers et de la capacité de lutte contre la fraude[82], participe à l'efficacité des administrations des douanes sur le plan mondial. Les contrôles douaniers aux frontières jouent un rôle important dans une douane moderne. C'est dans ce contexte que les organisations internationales, chargées du développement de la douane mondiale, encouragent une amélioration de ces contrôles par rapport à la réforme et à la modernisation des administrations douanières. C'est une exigence, aujourd'hui, qui a pour but, de créer une conciliation entre contrôle et facilitation. Il s'agit de contrôler moins pour mieux contrôler[83] dans le contexte de la facilitation des échanges. Ce sont des

---

[79]-La Convention de Kyoto révisée (CKR) est l'internationale sur la simplification et l'harmonisation des procédures douanières (ou convention de Kyoto) adoptée en 1973 -1974, principale convention douanière en matière de facilitation des échanges. Elle a été élaborée par l'Organisation mondiale des douanes et est entrée en vigueur le 3 février 2006. La convention est une version actualisée et révisée de la convention.

[80]-Voir : outils et instruments de l'OMD visant à faciliter le commerce et à renforcer la compétitivité économique dans son site : http://www.wcoomd.org/fr/. [Consulté le 07/07/2019].

[81]-Rapport des Nations unies, sur la facilitation des échanges dans une perspective africaine, commission économique pour l'Afrique, 2013, Addis-Abeba (Éthiopie), p.39.

[82]- GILLES (Montagnat-Rentier) and GILLES(Parent), Réforme et modernisation des douanes en Afrique subsaharienne francophone. *Op, cit.* Voir partie du résumé du document.

[83]- LAPORTE(Bertrand), GEOURJON(Anne-Marie), GADIAGA(Massene), COUNDOUL(Ousmane) , Contrôler moins pour contrôler mieux : l'utilisation du data mining pour la gestion du risque en douane. Document de travail de la série études et documents E 2012.06, CERDI, Clermont-Ferrand – France, février 2012.

mesures douanières modernes qui approuvent la facilitation du commerce légal ou légitime, mais aussi, la protection des économies nationales.

583. L'amélioration des contrôles douaniers, tels qu'appréciés dans le contexte de la mondialisation, fait partie des principaux axes de la réforme et de la modernisation des douanes en Afrique Centrale. Ainsi, au cours d'un séminaire organisé dans la sous-région et financé par le FMI au profit des administrations douanières des pays de la CEMAC, il était question que l'organisation des contrôles, qui était restée jusque-là traditionnelle, trouve une voie de modernisation. Il y a peu de moyens et les résultats obtenus ne sont pas souvent satisfaisants, face à la contrebande et à la fraude organisée[84].

584. L'amélioration des contrôles douaniers s'explique par le renforcement du contrôle des frontières en matière de ressources humaines. C'est un renforcement en effectif et en formation. Il faut aussi, que l'accent soit mis sur la consolidation des équipements et des moyens pour répondre aux objectifs de la douane moderne, qui sont les faits de mieux protéger les économies et de faciliter les activités commerciales et alléger les contrôles à travers par exemple des solutions technologiques et des méthodes de détection des fraudes rapides.

585. Les réflexions émises par les États, membres de la CEMAC, sur la modernisation des services douaniers en Afrique centrale, mettent l'accent sur le démantèlement des barrières et autres obstacles non tarifaires, ceci pour accroître et faciliter les échanges commerciaux entre eux, pour une meilleure intégration économique. Le protectionnisme de chaque pays étant un véritable goulot d'étranglement à la circulation des marchandises, l'acceptation du démantèlement de ces obstacles commerciaux est peut-être à la base de la facilitation du commerce intra-régional.

586. Le principe du démantèlement des barrières au commerce international tel que souhaité par les organisations internationales douanières et commerciales, se renforce encore davantage dans la zone de la CEMAC, par la suppression effective des droits des douanes considérés comme des barrières tarifaires intracommunautaires. Le combat actuel se tourne vers les barrières non tarifaires qui sont des obstacles physiques et des obstacles non-physiques au commerce.

587. Les obstacles physiques sont par exemple les obstacles naturels qui sont les coûts commerciaux liés aux transports, la hausse, des coûts des transactions, induits par les infrastructures, les coûts supplémentaires dus, à une bureaucratie excessive et inefficace, les frais additionnels dus, à des services commerciaux non concurrentiels et les délais ou retards dans les livraisons. Au sens large, les obstacles naturels se rapportent à l'ensemble des raisons non-politiques qui expliquent qu'un même produit puisse se vendre à des prix différents en divers endroits. Alors que les obstacles non-physiques ne sont pas des mesures ou des politiques commerciales, autres que les tarifs, qui ont des effets de distorsion. Il s'agit des restrictions quantitatives, telles que les quotas, des mesures déloyales ou des obstacles techniques au commerce et des politiques gouvernementales déloyales. L'un des efforts que doivent fournir les États membres de la CEMAC est

---

[84]-Source : La semaine Africaine n° 3364 du mardi 4 février 2014, p. 9.

l'accent à mettre sur l'application de l'interconnexion des douanes[85] au sein de cette intégration économique.

2. L'application de l'interconnexion du Système SYDONIA en Afrique centrale

588. L'installation de l'interconnexion des systèmes informatiques douaniers[86], est un vaste projet qui soutient fermement l'harmonisation des législations douanières de la Communauté économique et Monétaire de l'Afrique Centrale (CEMAC). Elle s'installe à partir du système SYDONIA à divers niveaux, dans les six États membres de la CEMAC et Sao Tomé et Principe.

589. Dans un premier temps, il est indispensable, de chercher à comprendre la notion du système SYDONIA et ses objectifs. La mise en place du SYDONIA, un Système Douanier Automatisé. Cela fait partie intégrante du programme de réformes et de modernisation de l'administration des Douanes. Ensuite, il faut que la réflexion, soit orientée sur les objectifs de cette interconnexion des douanes en Afrique Centrale.

a. Système SYDONIA et ses objectifs

590. De nombreux experts en matière des finances publiques, disent qu'il faut « *rationaliser les processus de dédouanement par la mise en place d'un nouveau système informatique SYDONIA conçu par la CNUCED, afin de les rendre plus conformes aux normes internationales* [87]». Le système douanier automatisé qui s'inscrit, de nos jours, dans le programme de réformes et de modernisation des administrations des douanes de façon générale, s'implante déjà en Afrique centrale. Il est mis en œuvre, pour faciliter une gestion efficace des opérations douanières.

591. Le système SYDONIA, est fondé au début des années 80 dans la CEDEAO. C'est un logiciel statistique, devenu aujourd'hui le principal système informatique douanier mondial. Compte tenu de son importance dans les activités douanières, il est rapidement devenu dans le monde entier le principal vecteur de modernisation des douanes[88]. Ces douanes, intéressées par les conditions d'amélioration des recettes douanières, cherchent à l'expérimenter, c'est pourquoi il s'implante progressivement dans 85 pays.

592. La Conférence des Nations unies sur le commerce et le développement (CNUCED), offre plusieurs types de versions SYDONIA, qui ont évolué de manière progressive. Il s'agit de la version 1, la version 2, de la version 3 et de la dernière version 4.

---

[85]-Voir : les objectifs de l'interconnexion des Douanes de la Communauté économique et Monétaire de l'Afrique Centrale (CEMAC) sur le site suivant : http://www.sydonia.cemac.int/. [Consulté le 03/10/2018].

[85]-Douanes d'Afrique occidentale mettent en œuvre leur projet régional d'interconnexion pour gérer leurs opérations de transit, voir le site suivant : http://www.wcoomd.org/. [Consulté le 01/07/2018].

[86]-Douanes d'Afrique occidentale mettent en œuvre leur projet régional d'interconnexion pour gérer leurs opérations de transit, voir le site suivant : http://www.wcoomd.org/. [Consulté le 01/07/2018].

[87]-AMPROU(Jacky),DJOUFELKIT-COTTENET(Hélène), HUGOUNENQ(Réjane), MESPLE-SOMPS(Sandrine), RAFFINOT(Marc), Introduction thématique : réformes des finances publiques africaines et nouveaux dispositifs de l'aide et d'allègement de la dette : risques et opportunités. Afrique contemporaine, 3/2007 (n° 223-224), p. 27-34

[88]-Voir : la fiche d'information – AW-IS/BG en ce qui concerne la présentation du programme SYDONIA dans le site suivant :http://www.douane.gouv.ht/. [Consulté le 01/07/2018].

593. En effet, le système SYDONIA est sollicité par de nombreux pays pour automatiser les opérations de dédouanement. C'est un programme de la Conférence des Nations unies sur le commerce et le développement (CNUCED), intervenant d'une manière générale dans les procédures de commerce extérieur. Ce SYDONIA, traite, les déclarations de douane, gère les manifestes, le transit et les régimes suspensifs, les opérations comptables, la sortie des marchandises, etc., et aide les pays à faciliter le commerce.

594. Le SYDONIA est un outil de travail devenu indispensable non seulement pour les douaniers, mais aussi pour les consignataires, les commissionnaires agréés en douane et dans certaines mesures pour le GUCE (Guichet Unique). Il aide à moderniser la douane, surtout en instaurant la réalisation des procédures par voie électronique de façon très rapide. Dans ses multiples objectifs, son installation dans une administration des douanes, permet d'assurer la fluidité du trafic commercial régulier, d'automatiser le calcul des droits et taxes, d'accroître l'efficacité des contrôles douaniers, d'assurer la perception des recettes, d'assurer l'application uniforme de la réglementation[89].

595. Le système SYDONIA qui se met en Afrique centrale, modernise profondément les activités douanières, non seulement au niveau des opérations de transit, mais aussi, et notamment dans les bureaux des douanes. C'est pourquoi, même s'il faut chercher à comprendre les différents niveaux de cette interconnexion engagée d'une manière générale, elle fera encore l'objet d'une étude dans un cadre spécifique, par rapport à son fonctionnement dans l'administration des douanes tchadiennes.

b. L'interconnexion envisagée

596. L'interconnectivité des systèmes des technologies de l'information et de la communication appliquée dans le domaine douanier au sein de la région de l'Afrique centrale est nécessaire pour la facilitation des transports dans cette zone. Elle doit être mise en œuvre en Afrique Centrale, sous le financement de l'Union européenne, en vue de la levée des obstacles non-physiques le long des corridors de transit[90], dans six États membres de la CEMAC et São Tomé et Principe. Différents niveaux de l'interconnexion des douanes en Afrique Centrale, sont envisagés à travers ce projet qui est l'un des volets prioritaires du Programme de facilitation des transports en Afrique Centrale. Il s'agit principalement, des trois niveaux d'interconnexion, envisagés à savoir : interconnexion des bureaux de douane situés le long des corridors de transit ; interconnexion entre les États membres ; interconnexion entre la Commission de la CEMAC et les États membres ainsi que, l'école Inter-états des douanes de la CEMAC(EIED)[91].

597. Si, la dernière version du Sydonia++ est mise à disposition des administrations douanières des pays membres de la CEMAC comme un outil moderne automatisé, pour la gestion de leurs opérations, le module transit régional (SYDONIAWORLD) par contre, est adopté par ceux-ci, dans le cadre des

---

[89]-Voir : les objectifs de Sydonia dans son site : www.sydonia.org/. [Consulté le 11/07/2019].

[90]-Voir : les objectifs de l'interconnexion des douanes de la CEMAC sur le site de la CEMAC : http://www.sydonia.cemac.int/projet/objectif.html.Le site est consulté le 23, juillet 2015.

[91]-*Ibid.*

procédures de transit. C'est une nouvelle plate-forme douanière électronique, qui doit être particulièrement utile pour tous les pays en développement, où la piètre qualité des services de télécommunications rend très difficiles les démarches administratives en ligne. En outre, elle est suffisamment puissante pour répondre également aux besoins liés au fonctionnement et à la gestion des services douaniers, dans n'importe quel pays développé[92]. Aujourd'hui, ce module doit s'installer dans les principaux corridors[93]de transit de la zone CEMAC.

598. En réalité, les réformes douanières qui s'imposent véritablement de nos jours engagent de nombreuses stratégies. C'est pourquoi, parmi ces stratégies, il fallait s'inspirer des pratiques douanières internationales en matière de l'harmonisation et de la simplification des procédures, mais aussi mettre l'accent sur les orientations de la convention de Kyôto révisée[94]. À l'intérieur de ces stratégies, les États, membres de la CEMAC, se sont mis d'accord pour l'amélioration du système de contrôle douanier, la réduction des obstacles physiques et non physiques le long des corridors de transit et l'application de l'interconnexion du système Sydonia dans leur zone.

599. Toutefois, dans le but de renforcer encore davantage ces réformes douanières, par d'autres stratégies, les réflexions se tournent vers d'autres propositions, parmi lesquelles le souhait de l'implication des bailleurs de fonds comme fondamentale, dans la réussite de la modernisation de l'administration des douanes en Afrique centrale. Il s'agirait, nécessairement, de réfléchir sur la question de la collaboration ou du partage d'expériences entre services, du développement d'un esprit de professionnalisme et d'une culture de service et du renforcement des capacités. Mais aussi, il apparaît logique de comprendre les objectifs de la réforme et de la modernisation des douanes dans la zone CEMAC.

B. D'autres piliers, objectifs et implication des bailleurs de fonds

600. La modernisation des administrations douanières, qui s'impose en tenant compte de l'harmonisation des législations douanières nationales existantes et surtout dans une communauté comme la CEMAC, nécessite des efforts considérables des acteurs concernés.

601. En plus des efforts, qu'il faut déployer en matière d'harmonisation, de simplification des procédures douanières et d'amélioration du système des contrôles douaniers, les participants aux différents séminaires sur la modernisation des administrations douanières des pays membres de la CEMAC, conviennent aussi, qu'il faut mettre l'accent sur d'autres piliers et compter sur les bailleurs de fonds pour soutenir ce projet de réforme.

---

[92]--Nations unies, Commission économique pour l'Afrique (CEA), étude sur les insuffisances dans l'utilisation des technologies de l'information et de la communication (TIC) pour la facilitation des échanges dans les pays africains et outils pour rapprocher les écarts existant en matière de TIC, guichet unique : un outil pour la facilitation des échanges, version 1,0 26 juin 2008, p.11.

[93]-Voir : article de Philippe CABANIUS consultant de la CNUCED, Amélioration du transport de transit dans la Région d'Afrique Centrale. Distr. GÉNÉRALE UNCTAD/LDC/2003/7, 7 avril 2003, sur le site suivant : https://unctad.org/.[Consulté le 10/08/2018].

[94]-Convention de Kyoto, révisée, est le fondement des régimes douaniers efficaces et modernes du 21e siècle.

1. D'autres piliers des réformes douanières

602. La réflexion sur les éléments de la modernisation des douanes de la CEMAC, s'étend sur la question de collaboration ou de partage d'expérience entre ces administrations douanières, sur le comportement professionnel et la culture de service. Il s'agit aussi de réfléchir sur un programme commun de renforcement des capacités des administrations douanières.

603. Même si la modernisation douanière connaît des limites ou n'est pas souvent sollicitée d'une manière universelle, il faut adopter tout de même une stratégie commune, un objectif d'ensemble, visant à améliorer l'efficacité, la rentabilité, la transparence et la prévisibilité des activités d'une administration douanière, afin de mieux répondre aux exigences du moment[95]. Les instances internationales douanières veulent aussi la réforme douanière, pour le développement d'un esprit de collaboration entre services, d'un esprit de professionnalisme et d'une culture de service.

a. Collaboration entre services, esprit de professionnalisme et culture de service

604. La question de collaboration ou de partage d'expérience entre les administrations douanières, évoquée à tout moment dans plusieurs séminaires dans le cadre de la modernisation des administrations douanières des pays de la CEMAC, est assez pertinente, surtout dans la consolidation de leurs relations. Il convient, aussi, d'attirer l'attention sur l'importance du développement d'un professionnalisme et d'une culture de service, dans la vision sous-régionale des réformes douanières.

605. La collaboration, ou le partage d'expérience entre les services douaniers d'une même communauté, fait partie des facteurs clés du succès de la modernisation de la douane. Cet élément, qui fait partie des exigences d'une douane moderne, permet alors de créer un contact permanent entre les administrations des douanes, qui ont une vision commune. C'est d'ailleurs, dans ce contexte assez large, que l'OMD encourage les échanges d'expérience et d'informations ou les coopérations entre les administrations douanières, en se conformant aux normes internationales, afin de faciliter le commerce licite.

606. L'initiative de coopération, d'échange et de partage d'expériences et la mutualisation des bonnes pratiques douanières semblent désormais s'instaurer au sein des administrations des douanes dans l'espace de la communauté CEMAC. Cela se démontre à travers plusieurs rencontres à partir desquelles certains pays exposent quelques expériences de la modernisation de leurs administrations des douanes sur le plan national. Cette coopération, créée de façon permanente entre les administrations douanières de cet espace communautaire, une symbiose qui pousse à soutenir l'efficacité de la modernisation de ces douanes, qui n'ont pour objectif que de faciliter les échanges commerciaux, non seulement intracommunautaires[96], mais aussi sur le plan international.

---

[95]-Dossier spécial Modernisation douanière, OMD n° 52, février 2007, AC.

[96]- LOUE(Jean-François), MESSERLIN(Patrick), Le Grand marché et le commerce extérieur. Observations et diagnostics économiques n° 43 janvier 1993.

607. L'adoption d'un esprit de professionnalisme et d'une culture de service deviennent de nos jours, des exigences des douanes modernes. C'est, en réalité, une attitude qui est liée au respect d'éthique dans les administrations douanières. Cette éthique est nécessaire au sein des douanes, parce qu'elle permet de lutter contre la corruption, qui est un phénomène d'ailleurs mondial. C'est aussi un grand souci pour Odd-Helge FJELDSTAD qui estime que *« la lutte contre la corruption dans l'administration des douanes constitue un défi majeur pour de nombreux pays africains, mais aussi pour les agences de développement qui leur apportent une assistance technique »*[97]**.** Il est donc clair, que lorsque la question de l'éthique est soulevée, c'est dans l'optique de préparer l'esprit sur la lutte contre la corruption.

608. L'importance concernant la promotion de l'éthique au sein des douanes a pris de l'ampleur sur le plan mondial et oblige l'OMD, à adopter la Déclaration d'Arusha par rapport à l'éthique douanière en 1993 et révisée en 2003. C'est un document non obligatoire, mais qui est pourtant considéré comme un instrument clé de la réforme et de la modernisation des administrations douanières, apportant une assistance technique. Il est donc clair que lorsque la question de l'éthique est soulevée, c'est dans l'optique de préparer l'esprit à la lutte contre la corruption.

609. Dans une communication présentée lors d'un atelier organisé en Tunisie, le directeur général de la douane tunisienne, Mohamed MEDDEB donnait un aperçu général sur la notion de l'éthique et qui semble être pertinente. Il considérait que *« l'éthique n'est pas simplement une question de morale, mais relève plutôt de valeurs et de règles de conduite qui doivent régir le comportement de l'agent de douane*[98] *»*.Cette question d'éthique devrait être abordée de long en large dans cette réflexion. Mais ce qu'il faut encourager en ce moment est la volonté des administrations des douanes des pays de la CEMAC, de s'engager sur la voie du renforcement de leur capacité.

b. Les douanes de la CEMAC engagées sur la voie du renforcement de leur capacité

610. Le terme renforcement des capacités, souvent utilisé dans l'administration, est considéré dans un contexte plus large, comme un processus par lequel les individus, les organisations, les institutions et les sociétés acquièrent les moyens d'accomplir des tâches, de résoudre des problèmes, de fixer et d'atteindre des objectifs. Il doit être appréhendé à trois niveaux interdépendants : individuel, institutionnel et sociétal[99]. Dans la Déclaration de Paris, le renforcement des capacités est considéré *« comme essentiel pour améliorer les résultats en matière de développement et atteindre les objectifs d'appropriation, d'alignement*

---

[97]-FJELDSTAD (Odd-Helge), Vers plus d'éthique dans les douanes en Afrique subsaharienne. Afrique contemporaine, 2009/2, (n°230), pages 212. Éditeur : de Boeck Supérieur

[98]-Communication présentée par Mohamed MEDDEB lors de l'atelier sur le développement de l'éthique douanière, organisé à Tunis du 11 au 14 juin 2013, par la direction générale des douanes, en collaboration avec l'Organisation mondiale des Douanes, dans le cadre de la deuxième phase du programme « Columbus ». Cette communication est consultable dans le site suivant : http://www.leaders.com.tn/ . Consulté le 23 février 2018.

[99]-Comité d'experts de l'administration publique cinquième session : recueil de terminologie de base sur la gouvernance et l'administration publique New York, 27-31 mars 2006, p.7.

de l'aide et de responsabilité mutuelle. Il est de plus en plus largement admis que le renforcement des capacités implique des changements dans les règles institutionnelles et les systèmes organisationnels, et non pas simplement des actions de formation et un transfert de compétences [100]».

611. Du côté du rapport de la Conférence des Nations unies sur l'environnement et le développement, il y est indiqué que le renforcement des capacités concerne *« l'ensemble des moyens humains, scientifiques, techniques, administratifs, institutionnels et financiers dont un pays dispose* [101]*»*. Dans le contexte douanier, la notion de renforcement des capacités douanières était déjà abordée dans nos réflexions précédentes. Tout de même, devant une confrontation entre une connaissance générale et celle-ci considérée comme spécifique, il convient de faire un rappel. Selon l'OMD, principale organisation internationale spécialisée dans les questions douanières le renforcement des capacités douanières, *« vise le développement ou l'acquisition d'aptitudes, de compétences, d'outils et de ressources nécessaires à l'amélioration des capacités d'une administration pour remplir ses fonctions et atteindre ses objectifs*[102] *»*.

612. Ainsi, l'amélioration ou l'efficacité de la modernisation des administrations douanières dépend en grande partie de la capacité des ressources humaines qualifiées, de la capacité des outils et de l'assistance technique. Selon Zéphirin ILOKI dans le *« processus de modernisation des douanes, les ressources humaines sont un facteur déterminant. De la qualité de celles-ci dépend énormément la réussite du changement* [103]*»*.

613. La qualité des agents des douanes vient en fait de la formation. C'est dans ce souci de se procurer des agents qualifiés que les administrations des douanes de la CEMAC ont décidé de mettre sur pied un programme commun de renforcement des capacités des administrations douanières. Il s'agit de renforcer la capacité de ces administrations douanières en ressources humaines qualifiées. En plus des formations spéciales, qui sont quelques fois acquises en dehors de la zone, les États membres de la CEMAC, ont créé en commun deux grandes écoles formant les douaniers. Il s'agit, de l'école Inter-États des douanes de la CEMAC et de l'Institut de l'Économie et des Finances (l'IEF – Pôle régional).

614. L'école Inter-états des douanes de la CEMAC qui a pour objectif la formation professionnelle des agents des douanes, a aussi pour vocation la formation initiale et la formation continue des stagiaires, fonctionnaires et futurs fonctionnaires des administrations des douanes des États membres. Elle a vu le jour le 22 décembre 1972, par l'acte 8/72-UDEAC-151 du Conseil des chefs d'État de l'union Douanière et économique de l'Afrique Centrale (UDEAC). Cette école a

---

[100]-Enquête 2008 de suivi de la mise en œuvre de la déclaration de Paris : rendre l'aide plus efficace d'ici à 2010. OCDE 2008.

[101]- Rapport de la conférence des Nations unies sur l'environnement et le développement, Rio de Janeiro, 3-14 juin 1992 (publication des Nations unies, numéro de vente F.93.I.18 et rectificatifs), vol. I : résolutions adoptées par la conférence, résolution 1, annexe II.

[102]-Stratégie en matière de renforcement des capacités douanières, préparée par l'Organisation mondiale des douanes au nom de la communauté douanière internationale. Elle peut être consultée dans le site de l'OMD : www.wcoomd.org [Consulté le 12/10/2018].

[103]-Magazine Espace Douane, Congo Brazza n° 18. *Op, cit* p.3.

pour siège Bangui, capitale de la République Centrafricaine. Elle a pour mission de former, chaque année, dix cadres des douanes par État : externes, contrôleurs et inspecteurs. La durée de formation s'étale sur neuf, dix et dix-huit mois. Par ailleurs, l'Institut de l'économie et des Finances (l'IEF – Pôle régional), elle est basée à Libreville au Gabon.

615. Le renforcement des capacités d'action et d'intervention des administrations douanières[104] en mouvement fait partie des moyens techniques et des ressources nécessaires qu'il faut disposer pour que les agents des douanes accomplissent leurs diverses missions avec efficacité. Après des détails donnés sur les notions de renforcement des capacités en général et surtout en matière douanière, il est nécessaire de mettre sur le tapis deux types de préoccupation. Faire ressortir les objectifs de la réforme et de la modernisation des douanes dans la zone CEMAC et, surtout, insister sur l'implication des bailleurs de fonds, qui devient indispensable dans ce très vaste projet.

2. Objectifs de la réforme dans la zone CEMAC et implication des bailleurs de fond

616. Les objectifs de modernisation des douanes peuvent être atteints pour deux raisons en Afrique Centrale. Il s'agit de compter sur la volonté politique des États membres de la CEMAC qui doivent apprendre à s'éloigner de leurs intérêts égoïstes et de l'implication profonde des bailleurs de fonds.

617. Toutefois, les objectifs poursuivis par la modernisation de l'administration douanière visent à rénover ses outils et ses moyens d'action et à l'adapter aux exigences de la douane du 21e siècle. Tout de même, ce qu'il faut obtenir, à partir de cette modernisation, est la promotion de la croissance économique et la régulation des échanges commerciaux. Et il faut créer, à ce niveau, les conditions favorables à l'amélioration de la compétitivité des entreprises et à la garantie d'un climat de concurrence loyale, favorable à l'investissement et aux autres activités nécessaires.

618. La réussite d'une réforme douanière ne peut être obtenue, qu'avec l'assistance technique et financière des bailleurs de fonds. Il faut une implication globale de ces bailleurs de fonds.

a. Objectifs de la réforme et de la modernisation des douanes dans les zones CEMAC

619. Les objectifs recherchés, à travers la réforme et la modernisation des administrations en Afrique, ne se limitent pas seulement à la mobilisation des recettes douanières. Il s'agit aussi de créer, d'une part, une réelle protection des entreprises et, d'autre part, d'attirer les investissements. Dans un contexte économique très concurrentiel et en plus de la modernisation des douanes, qui s'impose compte tenu des exigences de la mondialisation[105], cette mission doit encore davantage s'améliorer. Ce soutien, apporté à ces entreprises, peut-être

---

[104]-Ministère des Finances-Direction générale des douanes algériennes, programme de modernisation de la douane algérienne. *Op, cit*, p. 7.

[105]-Voir : étude de cas qui s'intéresse aux exigences de la mondialisation sur le site de l'OMC : https://www.wto.org/ [consulté le 11/08/2019].

considéré comme une protection de l'économie. Il se matérialise par une augmentation de la compétitivité commerciale et une installation d'une réelle politique de libéralisation, qui pourrait permettre de faire réussir l'harmonisation et l'intégration des États, membres de la CEMAC, dans cette fameuse zone de « liberté » des échanges[106].

620. La matérialisation du soutien aux entreprises, peut se manifester à travers l'instauration des procédures douanières simplifiées, dans le but de faciliter les échanges commerciaux, la suppression des lourdeurs bureaucratiques entravant les échanges commerciaux, l'octroi de certains régimes douaniers économiques, qui permet aux entreprises de bénéficier d'importants avantages financiers et de la lutte efficace contre les pratiques déloyales, telles que le dumping ou les contrefaçons, la création d'un climat favorable pour la protection des entreprises et l'octroi des exonérations, etc. Comme annoncé, l'implication des bailleurs, serait considérée comme l'un des facteurs de la réussite des réformes douanières en Afrique Centrale.

b. Implication des bailleurs de fonds

621. Si les bailleurs de fonds s'impliquent dans la réforme et la modernisation des douanes dans plusieurs zones du monde, c'est parce que ce sont eux qui encouragent ce changement. Les appuis qu'ils apportent sont de deux natures différentes : les appuis intégralement liés aux réformes structurelles de la douane, ou bien des appuis plus précis d'amélioration des aspects liés à la facilitation[107]. Les bailleurs de fonds s'intéressent aux douanes pour le fait qu'elles sont, par exemple, au carrefour de plusieurs priorités stratégiques de la Banque mondiale pour le continent africain[108].

622. La BM n'est pas, tout de même, la seule institution à accorder son appui aux douanes africaines en matière de la réforme et de la modernisation des systèmes douaniers. C'est une opération de grande envergure qui mobilise la contribution de beaucoup, de bailleurs de fonds tels que : FMI, l'Union européenne (UE), le Royaume-Uni, la France, la Banque africaine de développement (BAD), etc.

623. Les bailleurs de fonds accordent des financements aux politiques douanières, en ce qui concerne la réforme des douanes, pour relever de nombreux défis, dans le contexte de facilitation et de sécurisation des échanges[109] en Afrique Occidentale et Centrale. Ces douanes reçoivent des moyens financiers de la part de leurs partenaires au développement, pour acquérir des fournitures d'équipements, des outils informatiques et pour adapter les ressources humaines à cette évolution mondiale, etc. Les bailleurs de fonds accordent, aussi leur financement dans le cadre du renforcement institutionnel des administrations douanières. C'est, par

---

106-Voir : article sur les réformes douanières: les implications pour l'entreprise. Édition n°:35 le 25/06/1992, dans le site suivant : http://www.leconomiste.com/. Consulté le 21 octobre 2015.

107- DE CASTELNAU(Pauline) et MARTEAU(Jean-François), Quel accompagnement des douanes par la banque mondiale en Afrique subsaharienne ? Dans Afrique contemporaine 2009/2 (n° 230), pages 115 à 134

108 -*Ibid.*

109-DULBECCO(Philippe), LAPORTE(Bertrand), Le financement de la sécurisation du commerce international pour les pays en Développement, Une approche en termes de bien public mondial. Dans Revue Tiers Monde 2005/2 (n° 182), pages 427 à 447

exemple, le cas du financement du projet régional de facilitation du transport et du transit en zone CEMAC[110] qui est estimé à 680 millions USD[111], et se divisant en deux volets. Il s'agit d'un volet consacré au renforcement institutionnel des douanes et du secteur des transports (27,5 millions USD, soit 4 % du montant total), auquel la Banque mondiale contribue à hauteur de 13,37 millions USD[112].

624. En plus des appuis financiers, les administrations des douanes africaines, en pleine mutation, bénéficient, quelques fois, de l'appui technique ou d'expertise d'un groupe de la Banque Mondiale. Ce groupe a cette possibilité de fonder un dialogue institutionnel ou de faire bénéficier à ces administrations des relations avec d'autres bailleurs de fonds. L'assistance technique, dont il s'agit, peut aussi s'exprimer par le renforcement des capacités douanières en matière de formations continues et d'orientation dans des domaines spécifiques de la douane.

625. Tout ce qui précède, il était question d'aborder à fond les exigences qui s'imposent en faveur de la modernisation des douanes, tant sur le plan international, sous-régional et national. Mais précisément, dans le cas du Tchad, quelles peuvent être ces exigences, imposant cruellement des réformes douanières ? Pourquoi se figer obligatoirement sur les exigences liées à l'amélioration des finances ?

---

[110]-Le Projet de facilitation du transport et du transit de la CEMAC a pour but de faciliter le commerce régional entre les États membres et d'améliorer l'accès de la République centrafricaine, de la République du Cameroun et de la République du Tchad aux marchés mondiaux : i) en aidant à mettre en place l'Union douanière de la CEMAC ; et ii) en réduisant les obstacles physiques et non physiques le long des corridors Douala-N'Djamena et Douala-Bangui. Il est approuvé pour le financement par la Banque Mondiale.

[111]-Voir : article sur : le projet de facilitation du transport et du transit en Afrique centrale vise à résorber l'un des principaux obstacles aux échanges sur le continent dans le site de la BM : www.banquemondiale.org/ .[Consulté le 02/08/2018].

[112]-Voir : article DE CASTELNAU(Pauline) et MARTEAU(Jean-François), Quel accompagnement des douanes par la banque mondiale en Afrique subsaharienne ? Dans Afrique contemporaine 2009/2 (n° 230), pages 115 à 134.

CHAPITRE II.

Raisons pour une réforme douanière au Tchad

626. Les partenaires techniques, financiers et du développement, tels que Banque Mondiale, Fonds Monétaire International, Banque Africaine de Développement, Coopération française, États-Unis, FMI, PNUD, Union européenne, se préoccupent énormément de la gestion des finances publiques, tant pour les pays africains, de façon générale, que pour le Tchad en particulier. C'est ainsi que particulièrement, le Conseil des administrateurs, de la Banque mondiale, a approuvé un don de 10,2 millions de dollars, destiné à poursuivre l'aide apportée à la République du Tchad, en matière de renforcement des capacités dans la gestion des finances publiques[1]. Ce sont des efforts, qui se déploient en faveur de la modernisation des finances publiques. Mais c'est véritablement en 2003, à l'ère pétrolière, que le Tchad a opté pour la réforme de son système de gestion des finances publiques (SGFP). Il fallait encore compter sur ses partenaires techniques et financiers (PTF), pour que le Tchad aboutisse en 2005 au plan d'action pour la modernisation des finances publiques (PAMFIP), dont le souci majeur est d'assurer une modernisation sur le plan administratif et financier.

627. Parmi les actions prioritaires du projet PAMFIP, figure le renforcement des capacités douanières, s'imposant sur le plan humain et matériel en faveur de la réforme et de l'automatisation de la douane. Cette réforme devrait aboutir à l'amélioration des procédures douanières, à la réorganisation des activités de la douane et à l'utilisation de la technologie de l'information... Mais si tel en est le cas, quels seront, en réalité, le cadre institutionnel, les objectifs, les défis et les institutions impliquées dans la mise en œuvre du PAMFIP[2] ? (**Section. I)** Quels en sont les principaux axes de la réforme de la douane soutenus par PAMFIP ainsi que l'importance de l'intervention de l'OMD ? (**Section. II.)**

[1]-Communique de presse : Tchad : la Banque mondiale accroît son aide à la gestion des finances publiques, communiqué n°.2014/522/AFR.

[2]-PAMFIP : plan d'action pour la modernisation de la gestion des finances publiques au Tchad.

Section I.
Cadre institutionnel, objectifs, défis et institutions impliquées dans la mise en œuvre du PAMFIP

628. Le Plan d'action pour la modernisation de la gestion des finances publiques, est un instrument comptable et financier sur le plan national, une structure sous l'autorité directe du ministère du Budget et des Finances, qui vise la sécurisation et l'amélioration des recettes dont la modernisation des services de douanes occupe un volet important[3]. Ce plan, qui veut imposer la gestion des finances publiques comme élément de la bonne gouvernance financière[4], doit s'organiser et évoluer, juridiquement, dans un cadre institutionnel, c'est pourquoi, il dispose des organes lui permettant de faire face à ses objectifs et défis. Dans ses lourdes tâches, il doit mener ses objectifs en impliquant des bailleurs des fonds.

629. Dans cette section, il est question d'aborder en profondeur le cadre institutionnel, les objectifs, les défis et les institutions impliquées dans la mise en œuvre du PAMFIP. Mais aussi, dans ce contexte, il faut connaître les organes (**Paragraphe. 1**), les objectifs principaux et les défis du PAMFIP (**Paragraphe. 2).**

§ 1.Organes du PAMFIP

630. Il n'existe pas une complexité, en tant que telle, dans la mise en place d'une équipe pour l'exécution du Plan d'action pour la modernisation de la gestion des finances publiques. Mais pour une question de transparence, afin d'obtenir un bon résultat de l'assainissement des finances publiques[5], le gouvernement tchadien confie la responsabilité du suivi de programme à un organe suprême appelé haut comité Interministériel, à côté duquel se trouve le comité technique et les organes de coordination du programme.

631. À cet effet, le PAMFIP en tant que Programme d'Appui à la Modernisation des Finances Publiques au Tchad, soutient-il réellement les réformes, comme énoncées dans sa feuille de route ? Quelles sont les vraies missions des différents organes de PAMFIP, cités dans ce contexte ?

A. Haut comité interministériel et comité technique

632. Le haut comité interministériel et comité technique fonctionnent sur la base de l'arrêté n°2466/PR/PM/2014 portant création, composition et attribution d'un haut comité interministériel chargé de l'élaboration d'un code de transparence budgétaire et de la bonne gouvernance. Les ressources nécessaires pour leur fonctionnement sont prises en charge par le budget de l'État.

---

[3]-Organisation mondiale du commerce, WT/TPR/M/174/Add.127 February 2007 à consulter dans ce site : https://docs.wto.org/.[Consulté le 12/10/2018].

[4]- LEIDERER (Stefan) et WOLFF(Peter), Gestion des finances publiques : une contribution à la bonne gouvernance financière. Annuaire suisse de politique de développement [En ligne], vol. 26, n°2 | 2007), mis en ligne le 22 juin 2009, consulté le 10 mai 2016. URL : http://aspd.revues.org/.[Consulté le 11/07/2018].

[5] -Revue de l'OCDE sur la gestion budgétaire. Volume 2, n° 4, OCDE, 2003, Paris, France, p.8.

633. La gouvernance du domaine budgétaire revêt une importance cruciale dans le cadre de l'État[6]. Le budget constitue un document politique essentiel, représentant un contrat entre les citoyens et l'État, détaillant la manière dont les ressources seront collectées et allouées pour la fourniture des services publics[7]. Les diverses recommandations inscrites dans les activités budgétaires doivent refléter les principes d'une bonne gouvernance. Le haut comité interministériel, chargé d'élaborer un code de transparence budgétaire, est étroitement lié à cette notion de bonne gouvernance. Ce comité, responsable de l'élaboration du Code de Transparence et de Bonne Gouvernance dans la Gestion des Finances Publiques au Tchad, est assisté par un comité technique dont il convient également de souligner l'importance.

1. Haut comité interministériel

634. Le Programme d'Appui à la Modernisation des Finances Publiques (PAMFIP), intégré dans le cadre du plan national de développement, a été conçu pour soutenir les réformes visant à améliorer la gestion des finances publiques et le climat des affaires. L'amélioration de la gestion financière publique et du climat des affaires renforce davantage la gouvernance démocratique, l'autonomie locale, la démocratie et l'État de droit. Ainsi, l'accomplissement des diverses missions du haut comité interministériel contribue à promouvoir une bonne gouvernance dans ce domaine spécifique des finances publiques et des affaires.

635. Le haut comité Interministériel qui est une instance, un groupe de travail, qui réunit, de manière inclusive, tous les secteurs, aussi bien sensibles, que spécifiques, est chargé d'examiner une stratégie d'élaboration et d'exécution du plan d'appui à la modernisation des finances Publiques. Il se voit confier de nombreuses missions très importantes. Dans ces conditions, il convient aussi de s'intéresser à la composition de son équipe fonctionnelle.

a. Missions du haut comité interministériel

636. Selon l'arrêté n°2466 /PR/PM/2014 portant création, composition et attribution d'un haut comité interministériel chargé de l'élaboration d'un code de transparence budgétaire et de la bonne gouvernance du 13 octobre 2014, le haut comité interministériel a pour mission de coordonner les travaux d'élaboration du projet de code de transparence budgétaire et de la bonne gouvernance, de valider le projet de code de transparence budgétaire et de la bonne gouvernance, de valider à la conformité du projet de code de transparence budgétaire et de la bonne gouvernance avec la directive n°06/11-UEAC-190-CM-22[8], de rédiger à l'attention du Premier ministre[9], Chef de gouvernement[10], un rapport d'étape sur l'état

---

[6]- HEALD (David), Pourquoi la transparence des dépenses publiques est-elle si difficile à atteindre ? Dans Revue Internationale des Sciences Administratives 2012/1 (Vol. 78), pages 33 à 53.

[7] - Voir article de l'OCDE : Gouvernance publique et développement territorial, recommandation du conseil sur la gouvernance budgétaire, 18 février 2015.Voir note introductive.

[8]-Directive n° 06/11 – UEAC – 190 – CM – 22du 19 décembre 2011) relative au Code de transparence et de bonne gouvernance dans la gestion des finances publiques se met en œuvre au sen de la CEMAC dans le cadre de l'harmonisation du cadre de gestion des finances publiques.

[9]-Aujourd'hui, le texte constitutionnel du 4 mai 2018, qui instaure la Quatrième République dans le cadre d'un régime présidentiel, supprime le poste de Premier ministre.

d'avancement du projet de code de transparence budgétaire et de la bonne gouvernance, et de soumettre à l'approbation du gouvernement, le projet de texte portant code de transparence budgétaire et de la bonne gouvernance.

637. Le haut comité interministériel de PAMFIP, doit, en réalité, veiller au respect des objectifs du programme, aider le Gouvernement dans la prise de décisions et rédiger ses comptes-rendus des réunions. Il doit, en principe, définir les orientations stratégiques pour la mise en œuvre du programme, supervise sa mise en œuvre, approuve le budget, le plan d'action, etc. Les missions du haut comité interministériel de PAMFIP étant abordées, il apparaît aussi nécessaire de parcourir la composition de son équipe fonctionnelle.

b. Composition de l'équipe fonctionnelle du haut comité interministériel

638. Le haut comité interministériel de PAMFIP, est chargé d'élaborer un code de transparence budgétaire et de bonne gouvernance, fonctionne en principe sur la base de ses postes. La présidence de ce haut comité est dirigée par le ministre des Finances et du Budget, assisté par son vice, le ministre de l'assainissement public et de la bonne gouvernance. Le poste de rapporteur, revient au ministre, secrétaire général du gouvernement.

639. Le haut comité interministériel, se compose avec des membres qu'il importe de les citer :ministre de la Justice et des droits de l'Homme ; ministre de l'Économie, du commerce et du développement touristique ; conseiller aux affaires économiques, financières et budgétaires à la présidence de la République ; conseiller aux affaires juridiques de la présidence de la République ; conseiller aux affaires économiques, financières et budgétaires de la primature et Conseiller aux affaires juridiques à la primature.

640. À côté de l'organe suprême du PAMFIP dont les missions ont été détaillées ci-dessus, il existe un comité technique prévu pour l'accompagner dans ses lourdes tâches.

2. Comité technique

641. Le comité technique, de manière générale, est une instance technique qui assiste le Haut Comité Interministériel dans ses activités et sont tous deux chargés de conduire le PAMFIP en tant que structure rattachée au ministère des Finances et du Budget, vers ses objectifs. Techniquement, le Comité doit rassurer sur des questions relatives à l'organisation du suivi des activités de PAMFIP ou aux examens de fonctionnement de cette structure.

642. Le comité technique mène ses activités sur la base de ses missions assignées par l'arrêté n°2466 /PR/PM/2014 cité ci-dessus, et avec une équipe dynamique mise à sa disposition.

a. Missions du comité technique

643. Le comité technique a de nombreuses missions. Il est chargé, de collecter et d'exploiter les informations nécessaires, pour l'élaboration du projet de code de transparence budgétaire et de la bonne gouvernance, de préparer le projet de code de transparence budgétaire et de la bonne gouvernance, en adéquation avec les

---

[10]- Constitution tchadienne précitée, supra n°173.

orientations du haut comité et la directive de la Communauté économique et Monétaire de l'Afrique Centrale, de rendre compte au comité interministériel de l'évolution de ses travaux, de finaliser et de soumettre au comité interministériel, le projet de code de transparence budgétaire et de la bonne gouvernance.

644.D'une manière générale, le Comité technique peut également préparer le rapport de suivi de la mise en œuvre du programme, suivre les échanges réguliers avec la coordination des donateurs dans les domaines des réformes des finances publiques et organiser des réunions nécessaires pour l'avancement des activités de PAMFIP, etc. Si les missions du comité technique ont été bien détaillées dans les textes réglementaires, qu'en est-il pour la composition de son équipe ?

b. Équipe de comité technique

645. Le comité technique fonctionne avec trois postes. La présidence revient au secrétaire général du ministère des Finances et du Budget. La vice-présidence revient au secrétaire général du ministère de l'assainissement public et de la bonne gouvernance. Le poste de rapporteur revient du droit au directeur général du secrétariat général du gouvernement.

646. Dans le cadre du fonctionnement de PAMFIP, ses membres peuvent se constituer comme suivent : le secrétaire général du ministère de la Justice et des droits de l'Homme ; le secrétaire général du ministère de l'Économie, du commerce et du développement touristique ; un assistant du conseiller aux affaires économiques, financières et budgétaires de la présidence ; un assistant du conseiller aux affaires économiques, financières et budgétaires de la primature ; un assistant du conseiller aux affaires juridiques de la présidence de la République ; un assistant du conseiller aux affaires juridiques de la primature ; le directeur général du budget ; le directeur général du Trésor et de la comptabilité publique ; le directeur général des impôts ; le directeur général des douanes et droits indirects ; le directeur général de l'ordonnancement et le coordonnateur du PAMFIP.

647. En réalité, la mise en œuvre des activités du PAMFIP[11], devrait être directement facilitée par des organes d'exécution, représentés par des organes de coordination du programme. Ce sont eux qui assurent la gestion du plan, dans la pratique.

B. Organes de coordination du programme

648. Les organes de coordination du programme de PAMFIP, sont essentiellement le secrétariat technique permanent et le comité de pilotage. Ils ont

---

[11]-Il faut toutefois préciser que des réformes sont en cours par rapport au PAMFIP. Suite au premier Plan d'Action pour la Modernisation de la Gestion des Finances Publiques (PAMFIP) adopté en 2005 et mis en œuvre à partir de 2007 avec l'appui des principaux PTF, le PAMFIP a été actualisé à travers l'élaboration d'une Stratégie de Développement et de Modernisation de la Gestion des Finances Publiques-SDMFP (2013-2021) et d'un Plan d'Action triennal glissant (2013-2016), adoptés en avril 2013 dans le cadre d'une Stratégie de Modernisation des Finances Publiques (SDMFP) issue, d'une part, du Plan National de Développement (PND) 2013-2015, et d'autre part des exigences internationales et régionales Ces informations sont produites par le Rapport Final, Évaluation des finances publiques du TCHAD selon la méthodologie pefa 2016 – PEFA 2017, Octobre 2018

cette lourde charge de mettre en œuvre le plan d'action pour la modernisation de la gestion des finances.

649. En effet, la gestion des finances publiques, comprise ici comme élément de la bonne gouvernance et surtout dans le contexte de la réforme, doit être considérée comme une question très préoccupante. Aujourd'hui, le PAMFIP veut doter le Tchad d'un système de gestion solide des finances publiques. Pour y arriver, il est dans l'obligation de confier la coordination de ce programme aux organes énoncés ci-dessus. Mais la question qui se pose est de savoir, est-ce que la composition du secrétariat technique, permanent et du comité de pilotage pourra-t-elle être objective afin d'accompagner la mise en œuvre efficace de ce programme ?

1. Comité de pilotage et secrétariat technique permanent

650. Il convient de souligner que le décret n° 784/PR/PM/MF/06, daté du 23 août 2006, établit les directives relatives à la création, à l'organisation et aux attributions des instances responsables de la mise en œuvre du plan d'action pour la modernisation de la gestion des finances publiques. Il s'agit plus précisément du comité de pilotage (CP) et du secrétariat technique permanent (STP).

651. Mais déjà, il convient de comprendre que le comité de pilotage, est le groupe de dirigeants, des hauts cadres chargés de veiller au bon fonctionnement d'un projet ou d'un programme, tel qu'exemple concernant PAMFIP. Il suit l'exécution des activités de ce programme. C'est, d'ailleurs, un acteur clé dans la conduite de projets de grande envergure comme ce plan. Par rapport au secrétariat technique permanent, il fonctionne sous la supervision du Comité de Pilotage en préparant le plan d'action, le budget, les termes de références de recrutement, les rapports périodiques et les collectes d'informations, etc. Il est dirigé par un coordonnateur.

a. Comité de pilotage de PAMFIP

652. Le comité de pilotage est prévu par le décret n° 784/PR/PM/MF/06, en date du 23 août 2006. Il se compose, des cadres du ministère des Finances et du budget, qui sont au nombre de quatorze (14) et trois (3) des cadres d'institutions externes qui sont : le secrétaire général du ministère chargé du contrôle général d'État et de la moralisation ; président du collège de surveillance et des contrôles des revenus pétroliers ; le directeur général de l'institut des statistiques, des études économiques et démographiques.

653. Le comité de pilotage de PAMFIP, est chargé de déterminer le calendrier de travail, de préparer le budget de fonctionnement du CP et du STP, d'examiner et de valider les travaux réalisés par le STP, de suivre la mise en œuvre du plan d'action, d'informer le ministre, des travaux réalisés et de produire un rapport semestriel technique et financier, de la réalisation du plan d'action à cet effet.

654. Le Comité de pilotage du PAMFIP, se compose des institutions et des services suivants : le secrétariat général du MFB ; le secrétariat général du MMPBG ; l'inspection générale des finances ; la direction générale du budget ; la direction de contrôle financier ; la direction générale des douanes et des droits indirects ; la direction générale du trésor et de la comptabilité publique ; la direction générale des impôts, l'organe chargé des marchés publics ; la direction de suivi des aides extérieures ; la direction générale des douanes et des droits indirects ; le collège de contrôle et de surveillance des RP ; centre informatique ; le secrétariat technique, permanent du PAMFIP ; la coordonnatrice adjointe du PAMFIP.

655. En abordant le comité de pilotage comme un organe de coordination du programme, il y a aussi une obligation de se pencher sur le secrétariat technique permanent en tant que membre de ce programme. Et, surtout, que c'est cette institution qui matérialise les objectifs du PAMFIF.

b. Secrétariat technique permanent

656. Sur la base du décret n° 784/PR/PM/MF/06 précité, le STP[12] est chargé, quelle que soit la source de financement, de préparer les opérations du PAMFIP, de coordonner et de suivre la mise en œuvre du PAMFIP par les différentes structures, d'assister, les agences d'exécution désignées dans les accords de projet, de centraliser la comptabilité et la gestion administrative des projets d'appui, d'exercer la responsabilité fiduciaire pour la gestion des financements des projets, d'assurer le secrétariat du CP, de préparer, faire approuver et diffuser les comptes rendus des réunions du CP[13] et de produire les rapports techniques et financiers d'activité et d'avancement du PAMFIP.

657. Le secrétariat technique permanent est placé sous l'autorité d'un coordonnateur, assisté d'un adjoint. Ils ont respectivement le rang, d'un directeur général et d'un directeur général adjoint. Il est, en effet, nécessaire d'insister sur le fait que les activités du PAMFIP, sont beaucoup liées aux finances publiques et surtout aux aspects budgétaires. C'est pourquoi il est également indispensable de s'intéresser à la préparation du budget et de son exécution, ensuite aux agences impliquées dans ce programme.

2. Budget, son exécution et agences impliquées dans le programme

658. Si la préparation du budget et son exécution sont abordées dans ces conditions, c'est en tenant compte du fait que PAMFIP intervient dans ce domaine budgétaire. C'est pourquoi il est nécessairement pertinent de savoir comment le budget est élaboré et exécuté. Ainsi, les agences impliquées dans la réussite de ce projet PAMFIP sont également concernées par le contrôle de la conception du budget et de son exécution. Il s'agit en réalité des services gouvernementaux impliqués dans le programme PAMFIP et qui sont obligés de s'intéresser à la préparation du budget et à son exécution. Ils sont également responsables de la mise en œuvre de tous les aspects du programme dans leurs domaines respectifs.

659. Le budget sur lequel PAMFIP se concentre au Tchad est un plan financier. Les études traitent de la question du budget de l'État tchadien, soutenu par ce programme. Il s'agit de cerner précisément non seulement son élaboration, mais aussi son exécution. Ces études permettent également de voir qui sont les bénéficiaires de ce plan financier.

---

[12]-Secrétariat Technique Permanent-STP

[13]- Comité de pilotage

a. Élaboration et exécution du budget

660. La Banque mondiale considère le budget de l'État comme*« un instrument essentiel pour mettre en œuvre la stratégie nationale de réduction de la pauvreté. Il est donc essentiel de poursuivre les travaux concernant le renforcement du lien entre la SNRP, les stratégies sectorielles des Ministères les budgets de programmes et le budget annuel* [14]».

661. L'élaboration et la mise en œuvre du budget se déroulent selon les procédures budgétaires en quatre phases, conformément à la vision du PAMFIP. La première phase marque le début de la préparation du budget de l'État par l'exécutif, dont la responsabilité opérationnelle est confiée au ministre des Finances et du Budget, avec le soutien du Ministère du Plan de développement et de la coopération.

662. En principe, durant cette phase de l'élaboration et de l'exécution du budget, qui revêt un caractère purement technique, le processus débute par l'établissement d'un cadre macroéconomique, généralement initié en mars et clôturé en mai, tel que cela a été le cas pour le budget 2007 au Tchad. Ce cadre vise à déterminer la tendance naturelle des recettes fiscales et sociales ainsi que des prestations sociales pour les années à venir. Il permet en effet de projeter les principaux indicateurs macroéconomiques (tels que le produit intérieur brut (PIB)), de fixer les taux de croissance par rapport au commerce international, les indices des prix à la consommation, les indicateurs du marché du travail, de la balance des paiements, des politiques monétaires et fiscales sur un horizon à moyen terme. De plus, il permet d'évaluer de manière globale les recettes attendues de l'État sur un horizon à moyen terme, en les répartissant selon les grandes catégories d'impôts et taxes ainsi que les dépenses budgétaires.

663. Les travaux de cadrage macroéconomique sont conduits en collaboration avec l'institut national de la statistique, des études économiques et démographiques (INSEED), une structure pouvant aider à produire des données statistiques du Tchad. [15]. Cette structure, assure la coordination technique des activités liées au système statistique, national et la direction des études et de la prévision (DEP), chargée d'élaborer le tableau des opérations financières de l'État (TOFE) grâce aux informations économiques et financières collectées auprès des structures intéressées et d'autres structures en charge de la collecte et du traitement des statistiques et des prévisions dans les ministères. Toutefois, c'est le Ministère du plan, du développement et de la coopération qui a la responsabilité du cadrage macroéconomique, de la mise en œuvre des orientations stratégiques ainsi que de l'évaluation et du suivi des programmes[16].

664. Dans le cadre du cycle budgétaire annuel, il est essentiel d'intégrer le cycle CDMT, qui a pour objectif d'ancrer le processus budgétaire dans une perspective à moyen terme. En garantissant la transparence, les CDMT deviennent un outil

---

[14]-Document de la Banque mondiale : Tchad, revue des dépenses publiques : mise à jour. Progrès accomplis et défis à relever en matière de gestion budgétaire. Région Afrique, juin 2006.

[15]-Les objectifs de l'institut national de la statistique, des études économiques et démographiques (INSEED) consultables dans son site : http://www.inseedtchad.com/.Le site est consulté le 12 septembre 2015.

[16]-Rapport sur l'évaluation de la gestion des finances publiques et des pratiques comptables du secteur privé, octobre 2004, Tchad, produit par la Banque mondiale (AFTFM), p.7.

d'attribution de l'aide, permettant à la fois d'avoir une vue d'ensemble des dépenses à l'échelle nationale ou sectorielle, et de contribuer à l'amélioration de la performance de la gestion budgétaire. Les CDMT sont un instrument clé pour la mise en place de soutiens budgétaires, conformément à la déclaration de Paris sur l'harmonisation de l'aide[17].

665. Il faut distinguer le CDMT global (CBMT) qui présente un cadrage macroéconomique et cadrage macro-budgétaire du CDMT sectoriel qui désigne tout simplement un programme sectoriel pluriannuel de dépenses, qui ont des objectifs précis, dont les résultats et les indicateurs de performance sont attendus, pour les justificatifs du programme des dépenses dans la limite des plafonds alloués par le gouvernement. L'élaboration de la lettre de cadrage[18] qui s'impose dans cette procédure d'élaboration. À partir de cette lettre de cadrage, le Premier ministre peut communiquer aux Ministères et aux Institutions de la République les enveloppes budgétaires qui leur sont allouées et qui doivent être réparties sur eux, selon leurs propres besoins qui tiennent compte des orientations données par le gouvernement. Toutefois, les besoins complémentaires non couverts par ces allocations, peuvent être exprimés. Ils pourront faire l'objet d'un examen lors des conférences budgétaires.

666. Les conférences budgétaires examinent, en réalité, les propositions de la répartition des enveloppes budgétaires. À la fin de ces conférences, il doit avoir une phase d'arbitrage aux ministères sectoriels présents au ministre des Finances, précisément à la direction chargée du budget, de leurs propositions de CDMT sectoriel. À ce niveau, des rectificatifs peuvent être apportés, compte tenu de l'importance des besoins des ministères. Les points des désaccords sont transmis au MFB ou au PM pour arbitrage. Une fois que le document est adopté par le gouvernement, il est transmis à l'Assemblée nationale pour examen à travers sa commission finance. C'est une démarche logique qui conduit vers la seconde phase avec l'adoption législative. La troisième phase concerne alors l'exécution du budget, après la promulgation de la loi des finances par le président de la République. Le budget doit donc être exécuté par l'ensemble des services gouvernementaux concernés.

667. La problématique à aborder ici réside inévitablement dans la quatrième phase, concernant l'audit et l'évaluation, qui sont au cœur des activités du PAMFIP. Étant donné la nécessité d'impliquer des agences ou des services gouvernementaux dans le processus d'élaboration et de mise en œuvre du budget ou du programme du PAMFIP, comment peuvent-ils intervenir efficacement dans ce contexte ?

---

[17]- DIOUF(Souleymane), Contribution à la mise en place d'une démarche d'élaboration du plan de formation d'un ministère sous CDSMT le cas du ministère de l'élevage du Sénégal. Mémoire pour l'obtention du diplôme d'études supérieures spécialisées (D.E.S.S). Centre africain d'études supérieures en gestion (CESAG), institut des langues et d'ingénierie de la formation, XIIème promotion, 2011 – 2012, p.6.

[18]- HEMICI(Farouk) , HENOT(Christophe), RAIMBOURG(Philippe) , Contrôle de gestion, France : Éditions BRÉAL 2007, p. 70.

b.Agences bénéficiaires

668. Selon les orientations prévues par PAMFIP, *« les bénéficiaires sont responsables de la mise en œuvre des activités du programme et du projet dans leurs domaines respectifs, conformément à leurs plans de travail annuels. Spécifiquement, les bénéficiaires sont tous les services gouvernementaux impliqués dans la préparation du budget et de son exécution »*[19]. C'est un plan qui vise à appuyer les différentes directions générales du ministère des Finances, les institutions de contrôle (l'Assemblée nationale, l'inspection générale des Finances, la chambre des comptes de la Cour Suprême, le collège de contrôle et de surveillance des ressources pétrolières (CCSRP), le ministère de l'assainissement public et de la promotion de la bonne gouvernance) et *« l'INSEED »*[20] pour une rationalisation performante de la gestion des finances publiques.

669. Le projet PAMFIP apporte son soutien pour la réhabilitation des locaux, l'assistance technique pour la restructuration des services, la formation des agents publics et la modernisation des méthodes de travail. Dans cette démarche de réflexion engagée et conduisant à une meilleure connaissance de l'organisation réelle du PAMFIP, il est donc essentiel de comprendre son objectif principal et ses divers défis, tant sur le plan budgétaire en général que douanier en particulier.

§ 2.Objectifs principaux et défis du PAMFIP

670. Selon les démonstrations de Japhet Doudou BEINDJILA, dans un Rapport suivi, évaluation PAMFIP (RASEP), *« l'objectif principal du PAMFIP est de préparer l'amélioration de la performance et l'efficacité des services de l'État dans l'utilisation des ressources publiques au travers du renforcement du système de gestion des finances publiques. Cette amélioration devra se traduire par une meilleure allocation des ressources une bonne exécution et un contrôle efficace du budget général de l'État »*[21], à la mobilisation des revenus, à la passation des marchés, au contrôle financier et l'audit, à la restructuration du ministère des Finances et du Budget, aux systèmes d'information, au développement des ressources humaines et à la coordination et le pilotage du programme.

671.C'est dans le contexte du Programme d'appui aux réformes des finances publiques au Tchad que le PAMFIP s'intéresse aux différents défis liés au cycle budgétaire, à la mobilisation des revenus, à la passation des marchés, au contrôle financier et à l'audit. Cependant, il existe d'autres types de défis qu'il faut relever.

A. Défis liés au cycle budgétaire, à la mobilisation des revenus, à la passation des marchés, et au contrôle financier et l'audit

672. Il est tout à fait nécessaire de comprendre les défis auxquels PAMFIP fait face. Ils sont si nombreux qu'il convient de les aborder en deux temps. Il s'agit

---

[19]-Source :www.pamfip-td.org/.[Consulté le 06/08/2019].

[20]-Institut national de la statistique, des études économiques et démographiques-Tchad

[21]-BERNARD(André), Politique et gestion des finances publiques: Québec et Canada. Presses de l'Université du Québec, 1992, p. 208.

d'aborder d'abord ceux liés au cycle budgétaire et à la mobilisation des revenus, puis de prendre connaissance des défis liés à la passation des marchés, au contrôle financier et à l'audit.

673. Le cycle budgétaire en question est considéré comme un cycle financier du gouvernement. Il s'agit d'un processus continu par rapport aux activités de l'État, qui ne peut avoir une fin précise. En ce qui concerne la passation des marchés publics, elle impose des principes fondamentaux de la commande publique. Il s'agit d'un contrat de la commande publique, soumis au respect des principes fondamentaux à valeur constitutionnelle. C'est dans ce contexte, notamment en ce qui concerne le contrôle de la passation de ces marchés, qu'interviennent les lourdes tâches de PAMFIP. Ensuite, il est essentiel que PAMFIP intervienne véritablement dans le cadre du contrôle financier et de l'audit, des domaines sensibles pour un État.

1. Défis liés au cycle budgétaire et à la mobilisation des revenus

674. Les défis relatifs au cycle budgétaire et à la mobilisation des recettes se manifestent de la phase d'élaboration jusqu'à celle de l'exécution. Il convient également de noter les enjeux significatifs en matière de mobilisation des recettes, qui revêtent une importance capitale pour le renforcement et l'efficacité des finances publiques.

675. Tel qu'annoncé précédemment, le cycle budgétaire représente un processus financier essentiel pour un État. Le budget, élaboré par le gouvernement et soumis au vote du Parlement, planifie de manière détaillée les dépenses et les recettes de l'État. La préparation de ce document budgétaire se répète périodiquement afin de concrétiser le programme gouvernemental en cours. Ainsi, les méthodes mobilisées pour la rédaction et la mise en œuvre du budget nécessitent l'implication des parties prenantes concernées. C'est dans cette optique que le PAMFIP joue un rôle crucial en contribuant activement, notamment par la mobilisation des ressources financières à travers les réformes des finances publiques.

a. Défis liés au cycle budgétaire

676. Au sein du processus budgétaire, le Programme d'Appui à la Modernisation des Finances Publiques (PAMFIP) aspire à contribuer activement à l'élaboration du budget. Son objectif est de garantir la fiabilité des projections macroéconomiques et financières en utilisant des outils de programmation tels que le TOFE, le CDMT, le budget de programmes ainsi que les modèles de prévisions des recettes de l'État. Inséré dans le cadre de la modernisation des finances publiques, le PAMFIP se positionne comme un soutien essentiel visant à améliorer la performance des services impliqués dans la conception, l'exécution et le contrôle budgétaire.

677. Le défi principal consiste à apporter un soutien adéquat à ces services pour une préparation budgétaire efficace, une optimisation de la collecte des recettes, une harmonisation des dépenses publiques avec les objectifs des politiques économiques, ainsi qu'à responsabiliser les gestionnaires des budgets publics et les prestataires de services[22]. Étant donné que ces services disposent d'outils de prévision limités et se trouvent dans des conditions matérielles considérées comme fragiles, le PAMFIP leur octroie des moyens mieux adaptés à l'accomplissement de leurs missions. En ce qui concerne l'exécution du budget, le plan s'efforce de présenter des mesures relatives à l'exécution des dépenses budgétaires ainsi qu'à l'émission, au recouvrement et à la mobilisation des recettes.

b. La mobilisation des ressources financières

678. La mobilisation accrue des recettes est vraiment fondamentale pour le Tchad, de la même manière que sa gestion rigoureuse par les services du Trésor public pour que les dépenses publiques apparaissent transparentes. Si l'objectif des PAMFIP est de contribuer à l'amélioration des finances publiques, il doit alors soutenir les efforts par rapport à la mobilisation des ressources publiques. Pour le moment, les recettes budgétaires sont essentiellement collectées par la Direction générale des impôts (DGI) et la Direction générale des douanes et des droits indirects (DGDDI). À ces recettes habituelles s'ajoutent les revenus pétroliers dont les services concernés sont appuyés par le PAMFIP, dans le but d'obtenir une forte mobilisation des revenus.

679. Le PAMFIP intervient surtout en matière de renforcement des moyens et des capacités des services des recettes, qui sont la Direction générale des impôts et la Direction générale des douanes et des droits indirects, afin de leur permettre de maximiser la collecte des recettes publiques. À cela, il faut ajouter que le PAMFIP apporte son appui au dispositif de gestion des ressources pétrolières de l'État, notamment pour faciliter la mise en place de l'organisation qui sera chargée du suivi des revenus pétroliers, le renforcement de la capacité de suivi de la fiscalité du secteur pétrolier, l'amélioration du suivi des comptes spécialement constitués : FGF[23]et la part revenant à la région productrice. Après avoir pris connaissance des défis liés au cycle budgétaire et à la mobilisation des ressources financières, comment faut-il comprendre aussi les défis liés à la passation des marchés et au contrôle financier et à l'audit ?

2. Défis liés à la passation des marchés et au Contrôle financier et l'audit

680. Les interventions de PAMFIP peuvent se percevoir dans la passation des marchés, le contrôle financier et l'audit. Mais que comprendre par la passation des marchés, le contrôle financier et l'audit ?

681.Déjà, il convient de comprendre que la passation des marchés publics se matérialise selon les règles établies par l'État. Au Tchad, cette passation des marchés était réglementée par le décret n°503/PM/SGG/2003 du 5 décembre 2003. Aujourd'hui, ce présent décret est abrogé par décret n° 2417/PR/PM/2015 portant sur le code des marchés publics du Tchad. Il existe différents types de marchés publics au Tchad : marchés de travaux, marchés de fournitures, marchés de services

[22] -Voir : mot du coordonnateur Dinanko NGOMIBE pour comprendre les principaux du plan d'action pour la modernisation de la gestion des finances publiques (PAMFIP), sur le site suivant : http://www.pamfiptd.org/. Le site a été consulté le 23 AVRIL 2019

[23]-Fonds pour les Générations Futures

et marchés de prestations intellectuelles. Il faut aussi comprendre que le contrôle financier est un instrument technique que l'État se donne juridiquement pour ses actions de contrôle sur ses finances. Ces actions sont mises en œuvre par certains acteurs sur le plan national. Et c'est dans ce contexte que le PAMFIP et ces acteurs jouent leur rôle important. Cependant, l'audit est encore peu pratiqué au Tchad.

a. La passation des marchés

682. Dans le cadre de l'amélioration de la gestion des finances publiques, le plan d'action pour la modernisation de la gestion des finances publiques, adopté par le gouvernement tchadien en 2005 et qui n'a démarré effectivement ses activités qu'en 2007, couvre aussi le domaine de la passation des marchés. Il contribue précisément à contribuer à l'émergence d'une bonne gouvernance effective dans le domaine des marchés publics. De ce point de vue, le PAMFIP cherche à renforcer son contrôle en matière de passation de marchés. Si tel en est le cas, que signifie alors marchés publics ?

683. Selon l'Art. 2, du décret n°503/PM/SGG/2003 du 5 décembre 2003, portant code des marchés publics au Tchad *« les marchés publics sont des contrats écrits, passés pour la réalisation de travaux, l'achat de fournitures et de services, ainsi que pour la réalisation de prestations intellectuelles par l'État, les collectivités territoriales décentralisées, les établissements publics, les sociétés d'État et les sociétés à participation financière publique majoritaire ou pour leur compte »*.[24]Mais dans le chapitre 1 du nouveau décret n° 2417 /PR/PM/2015 Portant Code des Marchés Publics du Tchad, qui abroge le décret n° 503/PR/PM/SGG/2003 du 05 décembre 2003 le marché public est compris comme *« contrat écrit par lequel un entrepreneur, un fournisseur ou un prestataire s'engage envers l'autorité contractante fournissant une contribution ou une garantie financière, soit à réaliser des travaux, soit à fournir des biens ou des services, soit à exécuter des prestations intellectuelles, moyennant un prix[25] »*. Il faut alors comprendre que PAMFIP est autorisé à étendre son contrôle sur ces genres des marchés publics, dans le but d'encourager une certaine transparence autour de leurs passations. En réalité, selon le code de ces marchés, *« les Marchés Publics doivent respecter les principes de liberté d'accès à la commande publique, d'égalité de traitement des candidats et de transparence des procédures[26] »*.

684. Comme cela a été annoncé, il convient d'aborder les questions des défis liés au contrôle financier et à l'audit.

b. Défis liés au contrôle financier et l'audit

685. Le PAMFIP intervient dans le domaine du contrôle financier et de l'audit. Son assistance est accordée ici, dans le cadre du renforcement des procédures de contrôle et d'audit. La composante contrôle et audit regroupe quatre institutions qui s'occupent des audits, de l'examen des jugements, des lois de règlement, de surveillance et des vérifications externes de la gestion des finances publiques. Il

[24]-Voir : article .2, du décret n°503/PM/SGG/2003 du 5 décembre 2003, portant code des marchés publics au Tchad.

[25]-Décret n° 2417 /PR/PM/2015 Portant Code des Marchés Publics du Tchad.

[26]-*Idem*

s'agit précisément de l'inspection générale des finances et de la Chambre des Comptes (CC) de la Cour Suprême(CS).

686. L'inspection générale des finances effectue, essentiellement, l'audit financier de la comptabilité publique, le contrôle et l'inventaire physique des stocks, le contrôle des procédures et de liquidation des subventions, le contrôle des opérations douanières. Alors que la Chambre des Comptes(CC) de la Cour Suprême (CS) est chargée de vérifier la reddition des comptes des comptables publics, de porter des jugements juridiques sur les lois de règlement et de réaliser des audits ponctuels des entreprises publiques.

687. Les deux autres institutions concernent le collège de contrôle et de surveillance des ressources pétrolières (CCSRP) et du ministère de l'assainissement public et de la promotion de la bonne gouvernance. L'objectif principal du collège de contrôle et de surveillance des ressources pétrolières est de garantir la transparence et de surveiller l'utilisation des ressources directes et indirectes issues des différents contrats d'exploitation pétrolière. Il a pour mission essentielle de s'assurer de l'utilisation rationnelle des revenus pétroliers afin de contribuer à la réduction de la pauvreté sur l'ensemble du territoire national. Le département du ministère de l'Assainissement Public et de la Promotion de la Bonne Gouvernance a été fusionné en 2011 avec le ministère de la Justice, formant ainsi le nouveau ministère de la Justice, de l'Assainissement Public et de la Promotion de la Bonne Gouvernance. L'appui du PAMFIP qui était accordé grâce au concours financier de l'Union européenne à ce ministère, a déjà pris fin depuis 2010[27].

688. Les principales activités du ministère de l'assainissement public et de la promotion de la bonne gouvernance tournaient principalement autour d'un contrôle appelé « COBRA[28] ». Ce contrôle a permis de destituer plusieurs responsables centraux et régionaux de leurs fonctions. Il s'agit de sanctions découlant de manquements ou de fautes administratives. Outre ces défis abordés qui ont fortement attiré l'attention, d'autres méritent également d'être évoqués dans ce contexte.

B.Les autres types des défis

689. Il existe d'autres types de défis qui sont considérés comme pertinents au regard de la modernisation des finances publiques. Il s'agit de la restructuration du ministère des Finances et du Budget, de réformes institutionnelles des finances publiques, la mise en œuvre des systèmes d'information, du développement des ressources humaines, de la coordination et du pilotage du programme.

690. La restructuration du ministère des Finances et du Budget au Tchad est une imposition dans le contexte de réformes des finances publiques. Faut-il considérer cela comme un sujet brûlant ? Il peut apparaître, évidemment, comme un sujet gênant dans la mesure où certaines têtes ne sont pas contentes de la restructuration de ce département. La question des réformes institutionnelles des finances

---

[27]- BEINDJILA (Japhet Doudou), Rapport suivi évaluation PAMFIP (RASEP).Final, 2012 du secrétariat technique permanent, Ndjamena Tchad. p.16.

[28]-Opération Cobra est une mission technique de contrôle lancé au *Tchad au* mois de mai 2012 .C'est une vaste opération anti corruption dans le pays, baptisée *« opération Cobra »*.

publiques, abordée ici, trouve nécessairement sa place, par rapport au plan de réformes entreprises, sur le plan des finances publiques, puisque la démocratie impose, aujourd'hui, la bonne gouvernance dans tous les secteurs publics. Surtout que les finances publiques tiennent debout les activités du gouvernement. Ces réformes ne peuvent tenir que si elles se fondent sur un système d'information efficace. Dans les défis de la modernisation des finances publiques, la gestion stratégique des ressources humaines[29], telle qu'énoncée par Mohamed BAYAD et Michel Arcand, doit être placée au cœur de ce projet. Et cela accompagne d'ailleurs, la bonne marche de la coordination et du pilotage du programme, telle que souhaitée.

1. Restructuration, réformes institutionnelles et systèmes d'information

691. Parmi les différentes réformes envisagées par le plan d'action pour la modernisation de la gestion des finances publiques, figurent, la restructuration du ministère des Finances et du Budget, les réformes institutionnelles des finances publiques et le développement des systèmes d'information. Ces éléments sont fondamentalement importants, dans la réflexion et surtout sur des questions liées à l'amélioration des finances publiques au Tchad.

692. En effet, cette restructuration apporte certainement de nombreux changements sur les postes. Soit, il faut supprimer certains postes, ou, il faut en créer d'autres, avec de nouvelles missions jugées plus efficaces. Comme il a été démontré dans ces travaux de recherche, les réformes institutionnelles des finances publiques dont il s'agit, ou inscrites dans l'agenda du plan des réformes financières, s'imposent, rapport aux faiblesses des systèmes de gestion des finances publiques [30] au Tchad. Il s'agit de créer toutes les conditions pour la bonne gouvernance des finances publiques. D'une manière générale, ces réformes dépendent aussi du système d'information qui peut produire des données nécessaires[31], s'il est efficace. Malheureusement, ce problème d'information, comme dans de nombreux pays en développement reste imparfait.

a. Restructuration du ministère des Finances et réformes institutionnelles des finances publiques

693. Le PAMFIP, apporte ses appuis dans la restructuration des services du ministère des Finances et du Budget. Ces appuis touchent directement la réhabilitation de locaux. Il intervient dans l'achat d'équipements et de fournitures, dans l'assistance technique pour la restructuration de différents services de ce ministère. Ces interventions apportent véritablement une modernisation dans les méthodes de travail et dans la formation des fonctionnaires. Le projet de restructuration peut concerner aussi la suppression des postes considérés comme

---

[29]- BAYAD(Mohamed) et ARCAND(Michel) : Gestion Stratégique des Ressources Humaines : Fondements et modèles Revue internationale des relations de travail, janvier 2004.

[30]- SHARPLES(Stephen) et TELLIER(Charles), Réformes des finances publiques en Afrique et nouveaux mécanismes d'aide et d'allégement de la dette [*] , *Afrique contemporaine*, vol. 223-224, no. 3-4, 2007, pp. 251-270.

[31]-*Idem.*

inutiles ou surcharges pour l'État au sein du ministère des Finances et du Budget. Ce projet peut encore imposer la création des postes jugés utiles pour le bon fonctionnement des réformes des finances publiques. Toutefois, cela crée évidemment des mécontentements pour certains fonctionnaires qui perdent leurs postes. Alors que cette restructuration s'impose dans ce contexte pour apporter de la dynamique au département.

694. Le PAMFIP va au-delà de la restructuration des services du ministère des Finances et du Budget, pour aborder les réformes institutionnelles des finances publiques. C'est pourquoi, l'année 2012, est marquée essentiellement par la mise en œuvre des actions de réformes institutionnelles des finances publiques, par l'adoption du schéma directeur informatique, la création du centre informatique, l'élaboration du code d'éthique et de déontologie de la douane, la relecture de la loi organique relative aux lois des Finances[32].

695. Parmi les défis auxquels fait face, PAMFIP, sont également cités les systèmes d'information, qui doivent se développer en principe efficacement. Dans ces conditions, il convient de se demander, qu'est-ce qu'un système d'information ?

b. Les systèmes d'information

696. Le système d'information est un ensemble organisé de ressources qui permet de collecter, stocker, traiter et distribuer de l'information, souvent grâce à un ordinateur. Il s'agit d'un système socio-technique, composé de deux sous-systèmes, l'un social et l'autre technique. Ainsi, Djamíla ELIDRISSI et Ali ELIDRISSI, développent un article pertinent, en mettant l'accent sur la contribution des systèmes d'information à la performance des organisations.

697. Dans ce contexte actuel, il a été reconnu que le développement du système d'information[33] occupe une place importante dans la modernisation des finances publiques de façon générale, c'est pourquoi il est encouragé par le PAMFIP. Les actions de PAMFIP visent essentiellement à développer le système d'information pour certaines structures du ministère du plan et de la coopération internationale et du ministère des Finances concernées par l'amélioration des finances publiques.

698. Le PAMFIP ne peut aussi s'en passer de considérer l'importance des ressources humaines comme facteur clé dans la réussite d'une organisation. C'est pourquoi il fallait évoquer la question de son développement. Sous cette rubrique, il convient également d'aborder la question de la coordination et du pilotage du programme de modernisation des finances publiques par PAMFIP.

2. Développement des ressources humaines, coordination et pilotage du programme

699. Le développement des ressources humaines fait partie des priorités des actions de PAMFIP. À côté de cet élément essentiel, qui est incontournable dans la modernisation des finances publiques, il est nécessaire de réfléchir sur la question de la coordination et du pilotage du programme, dont les tâches ne sont pas du tout faciles.

---

[32] - BEINDJILA(Japhet Doudou), Rapport suivi évaluation PAMFIP (RASEP).*Op cit*, p.6.

[33] - BEINDJILA(Japhet Doudou), Rapport suivi évaluation PAMFIP (RASEP). *Op. cit.*, p. 6.

700. La question du développement de la GRH, devrait être considérée comme une priorité, surtout dans le contexte d'une réforme des finances publiques au Tchad. S'il faut la soulever, c'est à cause de la mauvaise gestion des ressources humaines existantes et de leurs mauvaises conditions de travail et la rémunération. Dans ce cas, cela entraîne inévitablement le mauvais fonctionnement du service. Il est aussi vrai, que le manque du personnel qualifié[34], est une autre préoccupation. De plus, il faut que le système de la coordination et le pilotage du programme soit très efficace pour supporter la mise en œuvre de réforme des finances publiques.

a. Développement des ressources humaines

701. Le développement des ressources humaines implique de reconnaître l'importance du capital humain dans une organisation. C'est également comprendre l'importance des pratiques de la GRH dans le succès global des projets [35] d'une manière générale. Les ressources humaines ont pour objectif d'apporter à cette organisation le personnel nécessaire pour son fonctionnement efficace. C'est dans ces conditions que le développement des ressources humaines est considéré comme un pilier incontournable pour l'amélioration des finances publiques. Il se met en œuvre par une stratégie de renforcement des capacités d'agents, par le recrutement, le recyclage et la formation.

702. Le PAMFIP, mène surtout un effort considérable dans le domaine de la formation d'agents du ministère des Finances. C'est pourquoi, en 2006, plusieurs agents des directions générales du ministère des Finances ont trouvé des formations adéquates. Ces formations visent l'amélioration de la productivité des personnels du ministère des Finances.

703. De tout ce qui précède, il est donc perceptible que PAMFIP ne puisse jamais échapper aux différents défis cités ci-dessus. C'est en se dotant des moyens matériels, financiers et humains que ce programme peut atteindre ses objectifs et notamment en comptant sur l'efficacité de sa coordination.

b. Coordination et pilotage du programme

704. La coordination et le pilotage d'un programme, d'une manière générale, engagent une responsabilité énorme pour celui qui en a la charge. Au Tchad, il revient au PAMFIP, de coordonner et de piloter le programme de modernisation des finances publiques. Ce programme engage différentes structures du ministère des Finances, non seulement celles qui sont chargées de collecter les recettes comme la direction générale des douanes et des droits indirects, la direction générale des Impôts, etc. Mais aussi, celles qui exécutent comme le trésor public.

705. Le PAMFIP fait face à deux types de responsabilité. Il assure la responsabilité de la coordination du programme et met des moyens conséquents, à

---

[34]- CUCCHI (Alain) et COHARD(Philippe). « Revue de thèses », Systèmes d'information & management, vol. 19, no. 2, 2014, pp. 116-117.

[35]- ZIMRI(Mohamed), La gestion des ressources humaines et le succès des projets : le cas des pays en voie de développement, Université de Montréal, École de relations industrielles, Faculté des arts et des sciences, Mémoire présenté à la Faculté des études supérieures en vue de l'obtention du grade de Maître ès sciences (M. Sc.) en relations industrielles, avril, 2011.

la disposition des équipes concernées pour la réussite de leurs missions. Mais à côté, des efforts déployés par PAMFIP pour la modernisation des douanes tchadiennes, il faudra également tenir compte des interventions du juge qui peuvent faciliter la modernisation douanière et les efforts fournis par l'OMD, qui semblent renforcer les actions du PAMFIP.

Section II.
PAMFIP et interventions spécifiques du juge et de l'OMD

706. En 2005, les douanes tchadiennes ont déjà arrêté de nombreuses actions à mener, dans le cadre de la modernisation parmi lesquelles, il faut rendre professionnels les agents de l'administration des douanes, développer un certain management et un contrôle efficace sur le plan interne, faciliter les échanges à travers une accélération des procédures de dédouanement, offrir aux opérateurs une transparence rassurante, réorganiser les contrôles douaniers et suivre les exonérations ainsi que les conventions d'établissement.

707. Sur la base d'un rapport final de l'Union européenne, qui a évalué l'avancement du PAMFIP en 2006, début 2007, il a été constaté que les résultats fournis ne sont pas assez satisfaisants, dont les raisons sont multiples. Les difficultés sont liées au nombre du personnel pléthorique, au statut juridique hétérogène et parfois sans formation professionnelle, à l'informatisation lente et partielle des principaux bureaux de dédouanement[36], etc. Mais aussi, il fallait relever le manque du complément de financement. C'est pourquoi l'administration des douanes adopte un autre plan de 2009-2011 qui reprend d'autres orientations considérées comme des principaux axes de la réforme actuelle des douanes tchadiennes.

708. De plus, il convient de rappeler que, si l'OMD fait une intervention pertinente au Tchad, par rapport à un appel lancé par le directeur général des douanes, de l'adhésion de son administration au programme de Columbus. Dans ce contexte, il convient d'aborder le plan stratégique de la réforme des douanes adopté par PAMFIP. La question de l'intervention étant indispensable, il est convenable d'y accorder une importance pour sa réflexion dans ce contexte **(Paragraphe. 1),** ensuite, les interventions spécifiques de l'OMD, dans le (**Paragraphe. 2).**

§ 1. PAMFIP et question de la place du juge

709. Le plan de la réforme des douanes de 2009-2011, adopté, ne fait que reprendre celui de 2005, qui n'avait pas du tout obtenu un résultat satisfaisant. Il met sur le tapis le respect des procédures de dédouanement, le contrôle hiérarchique, la lutte contre la fraude, la maîtrise des exonérations, l'informatisation et la revalorisation des ressources humaines.

---

[36]-Les informations données sur le nombre du personnel pléthorique, au statut juridique hétérogène et parfois sans formation professionnelle, informatisation lente et partielle des principaux bureaux de dédouanement se consultent dans le site suivant : finances-tchad.org/. Le site est consulté le 22 juin 2015.

710. Le respect des procédures de dédouanement impose la mise en œuvre des réglementations douanières. En effet, le respect des réglementations douanières s'impose aux douaniers et aux agents de douane. En ce qui concerne le contrôle hiérarchique, il découle du principe hiérarchique, qui est le contrôle interne de l'administration. C'est un contrôle qui permet de mettre en œuvre l'exercice de la puissance publique auprès des administrés. Si PAMFIP adopte, dans son plan stratégique, la lutte contre la fraude, cela est devenu, dans le contexte mondial un impératif. Particulièrement, cette lutte contre la fraude aux finances publiques est un impératif de justice sociale et d'efficacité économique[37]. Concernant la place du juge, l'informatisation et la revalorisation des ressources humaines qui sont soulevées ici et considérées comme des questions centrales doivent suivre la marche de l'évolution de ces réformes pour être plus performantes.

A. Respect des procédures douanières, contrôle hiérarchique, lutte contre la fraude et la question de l'intervention du juge

711. Les procédures de dédouanement, dans le contexte de la modernisation douanière, sont nécessairement visées. Mais dans le cas spécifique du Tchad, la question du contrôle hiérarchique, de la lutte contre la fraude et de la maîtrise des exonérations est abordée avec une très grande importance.

712. Les procédures douanières sont des opérations qui s'engagent tant sur le plan de l'importation que de l'exportation. Elles commencent à partir des formalités de transit et se réalisent aussi à la destination des marchandises, par le dédouanement proprement dit. Ainsi, le respect aux règles de ces procédures douanières permet non seulement de contribuer aux réformes des finances publiques, mais aussi à la mondialisation des échanges. La question du contrôle hiérarchique, telle qu'abordée précédemment, fait partie des techniques de contrôle de l'administration et se distingue du contrôle de tutelle. Comme il a été prévu, la question de l'intervention du juge devrait être abordée ici.

1. Respect des procédures douanières et contrôle hiérarchique

713. Dans le respect des procédures de dédouanement, il est très facile d'éviter la corruption et de faciliter les échanges commerciaux. Comme il avait été signalé, la déclaration en douane, d'une manière générale, se réalise dans le respect de la législation douanière et des réglementations douanières liées aux procédures douanières. Dans ce contexte, des normes de l'Éthique [38] Douanière facilitent, également, le respect des procédures douanières en matière de la lutte contre la corruption.

714. Concernant le contrôle hiérarchique, c'est un outil qui peut être utilisé par une administration publique telle que la douane pour améliorer la performance de ses services. Il se distingue du contrôle de tutelle. Pourtant, ils font tous partie des techniques de contrôle administratif. Le contrôle hiérarchique est un exercice de

---

[37]-Voir : Adoption du plan national de lutte contre la fraude aux finances publiques sur le site suivant : https://www.economie.gouv.fr/.[Consulté le 11/07/2018].

[38]- DE MEEUS D'ARGENTEUIL(Julien) **et** BAILLY(Nathalie), L'Administration belge des douanes et accises : une approche singulière de la lutte contre la corruption, *Pyramides*, 16/2 | 2008, 159-194

contrôle réalise par un supérieur dans une administration publique, sur des agents ou sur les actes des agents de son service, ou par un organe administratif supérieur sur un autre organe administratif inférieur à l'intérieur d'une administration, tel le gouvernement, un ministre[39]. Le contrôle *« tutelle administrative »* en revanche, est défini par Marcel WALINE comme étant *« l'ensemble des contrôles qui s'exercent soit sur une personne administrative décentralisée, soit même, exceptionnellement sur une personne de droit privé »*[40]. Du côté de Jean BOULOUIS, il estime que la tutelle administrative est *« l'ensemble des contrôles exercés sur l'activité d'une personne publique décentralisée ou de ses agents. Ce contrôle peut également s'étendre à certaines personnes privées collaborant à l'exécution d'une tâche d'intérêt général »*[41]. Le contrôle hiérarchique ne nécessite pas de texte. Il s'agit d'un contrôle qui est généralement perçu comme normal, standard et présumé. Alors que pour le contrôle de tutelle, il faut un texte de base. Autrement dit, pas de contrôle de tutelle sans texte.

a. Respect des procédures de dédouanement

715. Le respect des procédures de dédouanement, tel que réclamé dans la réforme des douanes tchadiennes, rassure sur une bonne gestion des opérations douanières. En effet, l'importation des marchandises des pays étrangers pour le Tchad est soumise, en principe, au respect de certaines normes requises. Par contre, le non-respect de ces procédures d'importation peut créer des difficultés aux commerçants, non seulement dans l'acheminement de leurs marchandises au pays, mais aussi dans leur dédouanement. Dans ce respect des procédures de dédouanement, la réforme de la douane réclame l'application stricte, des textes qui régissent ces opérations.

716. En principe, la réforme douanière entamée au Tchad vise la simplification, la standardisation, la transparence et la prévisibilité des procédures et des documents en vue de la réduction du temps et des coûts de passage des marchandises. C'est une opération qui oblige les douaniers à se conformer nécessairement au respect du Code d'éthique et de déontologie de la douane. Ceci, dans l'objectif de faciliter le commerce international et de créer une certaine efficience de l'administration et dans le but d'entraîner l'accroissement du volume des échanges et conséquemment des recettes douanières. Ainsi, le respect des procédures de dédouanement devrait nécessairement se pratiquer, selon le plan stratégique des réformes douanières au Tchad. Il a été également prévu, dans ce plan, le réel développement du contrôle hiérarchique interne.

b. Contrôle hiérarchique interne

717. Le contrôle hiérarchique interne est un principe appliqué par l'administration publique de façon générale. C'est pourquoi sa mise en œuvre est adoptée par PAMFIP dans le plan stratégique de la réforme des douanes. Ainsi,

---

[39]- GARANT(Patrice), Droit *administratif,* vol. 1, *Structures, actes et contrôles,* Cowansville, Canada, Yvon Blais, 1997 (4e éd.), , p.605.

[40]- WALINE(Marcel), *Droit administratif, 9e* éd, Paris, *Sirey, 1963,* XVI et 934 pages, Revue internationale de droit comparé. Année 1963, 15-3, pp. 639-640.

[41]-Dans le répertoire Dalloz, Droit Administratif, à l'expression de tutelle administrative, édition 1959, p.1015

tout responsable administratif doit jouir de ses responsabilités de contrôle hiérarchique. Cette responsabilité s'exprime à travers sa qualité, sa gestion, les résultats de ses activités, sa régularité ainsi que ses efforts pour assurer la sécurité des personnes.

718. Dans cette réflexion, il faut rappeler que le contrôle hiérarchique interne découle du principe de respect de la hiérarchie, ou du respect hiérarchique, qui impose au subordonné d'obéir à son supérieur. Toutefois, l'agent subordonné se retrouve dans son droit de refuser d'obéir à son chef, si l'ordre donné va à l'encontre de l'intérêt public. Ce contrôle s'explique par le fait que l'administration s'organise sur la base des procédures hiérarchiques qui donnent la possibilité aux supérieurs de dominer ceux qui se trouvent à une échelle inférieure administrativement.

719. Ainsi, les fonctionnaires exerçant dans les administrations des douanes sont soumis au contrôle hiérarchique des autorités dont ils dépendent. Par exemple, si un chef de bureau est soumis au contrôle hiérarchique d'un chef de circonscription, celui-ci, par contre, dépend aussi du directeur général des douanes et des droits indirects. Le directeur général, quant à lui, doit dépendre directement du ministre des Finances, etc. Le contrôle hiérarchique permet alors de mettre l'accent sur le rôle des cadres intermédiaires ou sur des responsables de niveau inférieur en vue de détecter les manquements et d'y remédier.

720. Étant donné l'urgence de la question des réformes douanières, il est impératif d'aborder ce sujet en examinant tous les éléments susceptibles de contribuer à sa réussite. Ainsi, outre le respect des procédures de dédouanement et le renforcement du contrôle hiérarchique, parmi d'autres aspects liés aux questions douanières, il est également primordial de mettre l'accent sur la lutte contre la fraude et la gestion des exonérations.

2. Lutte contre la fraude et question du juge

721. Pourquoi faut-il mettre l'accent sur la lutte contre la fraude et la contrebande dans les réformes des finances publiques au Tchad ?En effet, si la fraude et la contrebande retiennent l'attention dans cette réforme, c'est en tenant compte du fait que ces pratiques se manifestent exagérément au Tchad. Il en est de même concernant la question des exonérations. La fraude se manifeste à partir des frontières jusqu'à l'intérieur, alors que les exonérations sont accordées excessivement aux entreprises. La notion de la délimitation des frontières douanières mérite d'être détaillée, parce qu'elles sont les outils de contrôle douanier.

722. D'une manière générale, *"les frontières sont des institutions établies par des décisions politiques et régies par des textes juridiques"*[42].Dans ce contexte, deux notions semblent englober l'idée de souveraineté où se joue l'autorité d'un État[43]. Géographiquement, la *"frontière" est un "objet géographique séparant deux systèmes territoriaux contigus. Cet objet ne se résume pas à une limite, car il*

---

[42]- ANDERSON(Malcolm), Les frontières, un débat contemporain, *Culture et conflits*, 1997, disponible sur Internet : http:// conflits. revues. org/ .[Consulté le 11/07/2018].

[43]- LASCONJARIAS(Guillaume), Délimiter les frontières, *Hypothèses*, 2005/1 (8), p. 77-84. DOI : 10.3917/hyp.041.0077. URL : https://www.cairn.info/.[Consulté le 11/07/2018].

a des incidences sur l'organisation de l'espace (effets-frontière) et il intègre une dimension politique (c'est-à-dire ce qui touche à la structuration d'une société), une dimension symbolique (il est reconnu par un ensemble d'acteurs et sert de marqueur dans l'espace.) et une dimension matérielle (qui est inscrite dans le paysage)"[44]. Dans le dossier géographie, cette frontière est considérée, tout simplement, comme *"une zone qui sépare deux États ou pays souverain"*[45]. Mais la définition de frontière douanière ne se comprend pas de la même manière qu'en géographie ou sur le plan politique. Le Glossaire des Termes Douaniers Internationaux de l'OMD définit la frontière douanière comme la *"limite du territoire douanier"*. Ce territoire douanier est défini par la Convention de Kyoto comme *"le territoire dans lequel les dispositions de la législation douanière d'un État sont pleinement applicables"*[46]. Aujourd'hui, sur la base d'une convention dans la zone CEMAC, le territoire douanier de la communauté doit se distinguer d'un territoire douanier national, parce qu'il comprend les territoires des États membres. Alors que le territoire douanier national comprend tout le territoire d'un État. En effet, à la suite du traité du 16 mars 1994 qui institue la CEMAC, la convention du 5 juillet 1996 affirme que *"l'union constitue un seul territoire douanier à l'intérieur duquel la circulation des personnes, marchandises, biens, services, et capitaux est libre"* (article, 27 du traité de la *CEMAC)* [47]*»*. Mais est-ce que la mise en œuvre de cette convention est-elle effective dans les États membres de la CEMAC ?

723. Le contrôle douanier exercé à l'intérieur de la frontière douanière, ne répond, à aucune politique commune des États membres de la CEMAC. Chaque État organise ce contrôle sur le plan national. Ce contrôle douanier permet de lutter contre la fraude et la contrebande, dans le but de contrecarrer l'évasion des recettes douanières, de décourager, d'une manière générale, les importations et exportations illégales et de protéger les intérêts des consommateurs et des entreprises, etc. Il est indispensable d'aborder, aussi, la question de la place du juge dans la modernisation des douanes au Tchad, surtout dans le cadre du renforcement de l'État de droit.

a. Lutte contre la fraude et la contrebande

724. Il est impératif de se pencher sur la question de la lutte contre la fraude et la contrebande, des phénomènes d'envergure impactant les économies nationales. Cette préoccupation prend une place croissante, notamment au sein des administrations douanières africaines qui sont contraintes de les intégrer dans leurs programmes de réformes douanières. La lutte contre ces pratiques illégales s'opère à travers le contrôle douanier, constituant ainsi un pilier fondamental de l'activité douanière en raison de sa position stratégique aux frontières et de son rôle majeur

---

[44]-Voir : article de Bernard REITEL intitulé : Frontière sur le site suivant www.hypergeo.eu/.[Consulté le 18/03/2020].

[45]-Voir : DOSSIER GÉOGRAPHIE sur le site suivant : //www.unige.ch/. Consulté le 18/03/2020].

[46]-(Convention de Kyoto, annexe A.1, p. 6).

[47]- MESSE MBEGA (Christian-Yann), Les régions transfrontalières : un exemple d'intégration socio spatiale de la population en Afrique centrale ? , *Éthique publique* [En ligne], vol. 17, n° 1 | 2015, mis en ligne le 30 juin 2015, consulté le 11 décembre 2021.URL : http://journals.openedition.org/.[Consulté le 11/07/2018].

dans le commerce international. L'objectif de la douane est non seulement d'optimiser les recettes fiscales, mais aussi et surtout de protéger les entreprises, les citoyens et la sécurité nationale.

725. En Afrique, généralement, la lutte contre la fraude et la contrebande participe activement à la mobilisation des recettes douanières. C'est pour cette raison que, dans le contexte de l'amélioration des finances publiques, l'accent est mis sur le renforcement des dispositifs de ce secteur. C'est dans le but de rendre ce secteur performant, afin de répondre aux objectifs fixés par la stratégie et le plan d'action de la réforme des douanes tchadiennes, des services qui s'intéressent alors plus aux recettes.

726. Il y a souvent une confusion entre la fraude et la contrebande, de telle sorte que la fraude a tendance à se confondre avec la contrebande. En effet, la fraude douanière est considérée, d'une manière générale, comme une importation ou une exportation sans déclaration des marchandises qui sont passées par la douane sans faire de façon transparente les formalités douanières. Mais pour la délégation nationale à la lutte contre la fraude en France, il faut considérer cette fraude comme *« une irrégularité ou une omission commise de manière intentionnelle au détriment des finances publiques* [48]*»*. Concernant la contrebande, le Code des douanes de la CEMAC, la définit comme *« des importations ou exportations en dehors des bureaux ainsi que de toute violation des dispositions légales ou réglementaires relatives à la détention et au transport des marchandises à l'intérieur du territoire douanier* [49]*»*.

727. De toute manière, il faut considérer ici cet acte de contrebande comme la fraude aggravée par le fait que le fraudeur importe ou exporte sans passer totalement dans un bureau de douane ou sans déposer une déclaration. Comme il avait été signalé, le plan stratégique, en insistant sur la lutte contre la fraude et la contrebande, ne veut pas s'en passer des problèmes liés à des exonérations.

b. Place du juge dans la modernisation douanière au Tchad

728. La question des interventions du juge doit être abordée pour qu'il y ait compréhension intégrante de l'importance de sa place dans la modernisation des douanes au Tchad. L'intervention du juge face à l'État a pour objectif de faire en sorte qu'il soit *« bien soumis au droit »*[50], et donc qu'il est normal que le contrôle de l'administration des douanes soit assuré quelque part par celui-ci. Le juge s'attache aux règles de droit, selon lesquelles *« l'action de l'administration est régie par le principe de légalité* [51]*»*.

729. Ainsi, le juge contrôle l'administration des douanes tchadiennes, pour aider plutôt à renforcer sa modernisation. En effet, la modernisation douanière implique le respect de l'État de droit, c'est pourquoi les juges qui sont chargés de la mise en

---

[48]-Voir : le site de la délégation nationale à la lutte contre la fraude suivant : http://www.economie.gouv.fr[consulté le 18/03/2019].

[49]-Code des douanes de la CEMAC. *Op. cit.* Article 406.

[50]- DENOIX DE SAINT MARC(Renaud), L'État de droit, dans : Renaud Denoix de Saint-Marc, éd, *L'Etat.* Paris cedex 14, Presses Universitaires de France, « Que sais-je ? », 2016, p. 33-50. URL : https://www.cairn.info/.[Consulté le 11/07/2018].

[51] -*Idem*

œuvre du principe de légalité, qui se définit comme *« la soumission de l'administration au droit »*[52].La soumission de l'administration au droit peut se faire de deux manières. Il peut la faire, d'une part, en sanctionnant l'illégalité des actes administratifs nationaux et en les annulant, par rapport à leur non-application effective. Les principaux documents attendus par les agents des douanes comprennent, entre autres, le Code d'Éthique et de Déontologie Douanière, les règles concernant l'uniforme, les insignes et l'équipement spécifique de la Douane, ainsi que le statut particulier des douaniers qui reste encore à être établi. Ce statut rend clairs les critères sur : la détermination des corps des agents des douanes, sur les critères de recrutement des douaniers, les obligations et droits des agents, le déroulement de carrière de ces agents, les sanctions disciplinaires et les récompenses et surtout sur les critères de nomination et d'affectation des douaniers. Mais comme ce statut est inexistant jusqu'aujourd'hui, il y a une défaillance du contrôle de l'appareil judiciaire sur le fonctionnement et l'organisation de la douane du Tchad proprement dit. Toutefois, le juge dispose de son pouvoir, sur le plan national, de contrôler l'action de l'administration des douanes dans un cadre général tel que : contrôle de la légalité des actes administratifs. Le contrôle de la légalité administrative *« est le procédé ou le moyen qui permet d'apprécier ou d'examiner la conformité des actes administratifs par rapport à la loi. Il constitue un moyen qui permet de défendre ou de protéger la loi contre les actes administratifs entachés d'illégalité. Le contrôle de la légalité administrative permet d'assurer ou de garantir la légalité des actes administratifs ou des décisions administratives par rapport à la loi et de participer au fonctionnement régulier de l'administration publique. Il a pour but d'assurer la gestion harmonieuse des affaires administratives et de garantir le fonctionnement des organes administratifs de l'État. Il exprime la soumission du pouvoir des préfets et des décisions des collectivités locales aux effets de la loi*[53]». Ensuite, le juge peut contrôler l'administration des douanes tchadiennes à travers l'application effective, du Code des douanes, communautaire de la CEMAC, constituant les lois douanières. Le respect, de ces lois douanières, est imposé par le juge par rapport aux opérations des contrôles douaniers et aux enquêtes douanières qui se fondent sur les articles 70,76, 308 ; 310 et 311 du Code des douanes de la CEMAC. Conformément à ces articles, les agents des douanes bénéficient du droit de procéder à l'inspection des marchandises, des moyens de transport et des personnes. De plus, il est prévu un droit spécifique de communication avec l'administration des douanes ainsi que le droit d'effectuer des enquêtes douanières, entre autres. Ces contrôles douaniers ont des exigences à être respectées. Mais qui, alors, peut s'engager à faire respecter ces exigences ? Il n'y a que le juge. Par exemple, le juge est tenu, avant de signer les requêtes aux fins de confiscation, de se rassurer de la présentation par des agents des douanes des procès-verbaux de saisie qui légalement encadrent les procédures, depuis la saisie jusqu'à la confiscation, décision du juridictionnel qui prononce

[52]-Voir : Fiche thématique, Qu'est-ce que le principe de légalité ? Sur le site : https://www.vie-publique.fr/.[Consulté le 11/07/2018].
[53]-Voir Le contrôle de la légalité des actes administratifs sur le site : https://www.doc-du-juriste.com/.[Consulté le 11/07/2018].

ainsi *« le transfert du droit de propriété au profit de l'Administration »*.Le juge protège, dans un État de droit, non seulement l'administration des douanes, mais aussi les importateurs ou explorateurs. Dans ce contexte, le droit douanier de la CEMAC, évoque deux types de responsabilité de l'administration des douanes qui peuvent être engagées, face à l'injustice subie par les importateurs et les exportateurs. Il s'agit de :

- la responsabilité de l'administration des douanes du fait de ses employés dans l'exercice et en raison de leurs fonctions seulement, sauf son recours contre eux ou leurs cautions ;

-La responsabilité de l'administration des douanes du fait d'une saisie non-fondée.

730. Le problème crucial, qu'il faut aborder ici, est le manque de formations douanières en faveur des juges, qui devrait les pénaliser dans la compréhension globale du droit douanier. Il faut alors impliquer les juges dans les modernisations avec des formations adéquates. Certes, il existe quelques rares arrêts et des jugements qui ont été rendus par les différents tribunaux sur des questions douanières. Mais la question posée, ainsi, est de savoir comment un juge qui ne reçoit aucune formation en droit douanier, un droit pourtant spécifique, peut-il être en mesure de rendre aisément un jugement dans ce domaine ? Toutefois, il faut relever que la plupart des infractions douanières sont réglées par les voies de la transaction douanière, c'est-à-dire par un règlement à l'amiable. La question de l'informatisation des services, tout comme pour celle de la revalorisation des ressources humaines, est à considérer comme prioritaire dans les actions de la modernisation douanière. Au Tchad, le domaine de la gestion des ressources humaines semble être négligé totalement.

B. Informatisation des services douaniers et la revalorisation des ressources humaines

731. L'informatisation des services douaniers et la revalorisation des ressources humaines sont les vrais piliers de la modernisation des douanes à l'heure actuelle. Aujourd'hui, l'informatisation douanière s'est installée dans l'environnement douanier. Elle se développe dans les activités douanières et dans le contexte de la mondialisation. Aujourd'hui, l'OMD parle de la douane numérique. Selon l'OMD *« l'expression "douane numérique" fait référence au recours par la douane à des systèmes ou activités automatisés ou électroniques contribuant à l'efficacité et à la coordination de ses opérations : mise en œuvre d'un système de dédouanement automatisé, d'un environnement de Guichet unique et d'un système d'échange d'informations par voie électronique...*[54]*»*. Les douaniers font le recours au site pour communiquer et échanger les informations.

732. La technologie douanière a ainsi révolutionné aujourd'hui, la manière de travailler des services douaniers et ouvre la voie, à une intégration accrue, à un renforcement de la capacité des administrations douanières à communiquer, à gérer

[54]-L'Organisation mondiale des douanes dédie l'Année 2016 à la douane numérique, 12 novembre 2015,http://www.wcoomd.org/.[Consulté le 18/03/2018]

les flux de marchandises, à recevoir et à échanger de l'information, à coordonner les activités frontalières, à coopérer dans le cadre de la lutte contre la fraude et à promouvoir la transparence[55]. Au Tchad, ce sont les modules de SYDONIA++ qui ont commencé à s'installer. Mais la recherche de la performance motive le service des douanes au Tchad à migrer vers SYDONIAWORD. La question de la revalorisation des ressources humaines est une préoccupation réelle, quand il s'agit d'évoquer le sujet des réformes au Tchad en général et particulièrement dans le secteur des finances.

1. Migration sur le système SYDONIAWORD

733. Le système informatique de dédouanement Sydonia++ est opérationnel depuis 2001[56] au Tchad. Mais SYDONIA++ sera remplacé par SYDONIAWORD, considéré comme *« un système informatique utilisant les technologies modernes et qui offre des fonctionnalités complètes »*.[57] Ce nouveau système *« permet aux déclarants de saisir leurs déclarations à partir de leurs locaux et de les envoyer électroniquement avec les documents joints au bureau de la douane »* et *« d'intégrer électroniquement les manifestes [58] »*.

734. Selon le ministre des Finances et du Budget au Tchad,*« dans l'optique de moderniser le service des douanes, le Tchad migre du système obsolète Sydonia++ vers SydoniaWorld [59] »*.Il s'agit, alors, d'un nouveau système qui veut s'installer dans l'administration des douanes tchadiennes. Mais entre-temps, l'ancien système SYDONIA++ continue d'être utilisé dans ce domaine. C'est pourquoi il convient de réfléchir au fonctionnement de l'ancien système avant de revenir sur la migration effective du Sydonia ++ vers Sydonia World.

a. Serveur central du ministère des Finances

735. De nombreux pays en Afrique, expérimentent aujourd'hui l'informatisation qui décrit l'application des technologies de l'information et de la communication (TIC), pour l'accomplissement de la mission des douanes. C'est un système, qui permet de prendre en charge l'ensemble des opérations douanières proprement dites, dont le parcours commence, dès le dépôt de la déclaration, jusqu'au dédouanement total ou partiel des marchandises[60]. C'est un système qui se développe en tenant compte des codes internationaux et des normes, développés par l'OSI[61], OMD et les Nations unies. Ce système s'est implanté dans plusieurs Africains pays. Bénin, Guinée-Bissau Botswana Madagascar Burundi Malawi Burkina Faso Mauritanie Cameroun Namibie Cap-Vert Niger Comores Nigeria Congo Rwanda Congo DR São Tomé Côte d'Ivoire Soudan Éthiopie Tanzanie

---

[55]-*Idem*

[56]-Tchad, WT/TPR/S/174, *Op. cit* p.29.

[57]-Voir : Tchad: le service des douanes migre vers Sydonia World, un logiciel performant qui facilitera le travaille sur le site suivant : https://nouvelles.td/.[Consulté le 11/07/2021].

[58]-Voir : le Tchad migre vers un système de modernisation et facilitation des services de douane sur le site suivant : https://www.journaldutchad.com/.[Consulté le 18/03/2019].

[59] -*Idem*

[60]- Source :http://tfig.unece.org/ .[Consulté le 13/05/2019].

[61]-Voir : article sur « l'informatisation des douanes » sur le site suivant : http://tfig.unece.org/. Consulté le 18/03/2020].

Gabon Tchad Gambie Togo Guinée Zambie Zimbabwe. L'objectif de cette installation est l'amélioration de l'efficacité du commerce international par des mesures qui réforment les procédures et méthodes de travail existantes[62].

736. Commencé, à prouver son importance au début des années 1980, dans la zone de la CEDEAO, aujourd'hui, l'application des technologies de l'information et de la communication (TIC) devient indispensable en Afrique Centrale et entre en profondeur dans les préoccupations les États membres de la CEMAC.

737. Au Tchad, l'informatisation dans les activités douanières tchadiennes, s'opère dans un cadre du projet. Il s'agit du projet SYDONIA envoyé par le ministère des Finances pour être appliqué à la direction des douanes et des droits indirects. Constitué en 2010, le projet se compose de cinq personnes. Il existe un serveur central qui se situe au niveau du ministère des Finances, sur lequel devraient se relier le serveur de la direction générale des douanes ainsi que ses bureaux par radio.

b. Serveur de la direction générale des douanes

738. La migration sur Sidonie++ n'est déployée que sur quatre bureaux de douane de N'Djamena. Sur la base des informations recueillies, ce système s'est installé progressivement à Moundou, à Abéché et certainement dans d'autres localités. Ces bureaux sont reliés par radio au serveur central. Alors qu'un deuxième serveur est installé à la Direction des douanes et des droits indirects (backup automatique). L'équipe du projet Sydonia, envoyée au sein de la direction des douanes, est chargée de former les agents pour l'application du système. Elle peut aussi déployer les fonctionnaires de Sydonia pour la prise en charge, la sélection des contrôles. Lorsque les réformes des finances publiques incluent la modernisation douanière à travers le système SYDONIA de la CNUCED, c'est en raison de sa capacité à gérer tous les processus associés au dédouanement. Cette plateforme parvient à cette fin en mettant en œuvre des procédures simplifiées et harmonisées, ainsi que des documents commerciaux normalisés. Elle permet le traitement électronique des déclarations, la gestion du risque, les opérations de transit et le dédouanement accéléré, tout en assurant la collecte de données statistiques précises et pertinentes à des fins fiscales et de politique économique[63].

739. Au Tchad, du fait des difficultés de mise en œuvre que rencontrent les procédures douanières informatisées (SYDONIA), les Documents Administratifs Uniques (DAU) constituent les principales sources des données du commerce international de marchandises. Cependant, dans la mesure où ces DAU sont remplis manuellement, il y a souvent des erreurs constatées sur ces documents et provenant soit des omissions, soit de la mauvaise compréhension des procédures par les agents chargés de les remplir. Des ratures sur les informations saisies sont aussi fréquentes, rendant parfois difficile la lecture[64].

---

[62]-UNCTAD - SITE (V1.18), Introduction à SYDONIA+, https://vi.unctad.org/.[Consulté le 18/03/2020].

[63]-Système douanier automatisé (SYDONIA), Fonds d'affectation spéciale pour les négociations sur la facilitation du commerce, Note technique n°. 21, janvier 2011, https://unctad.org/.[Consulté le 18/05/2019].

[64]-TCHAD : Institut national de la statistique, des études économiques et démographiques : statistiques du commerce extérieur. INSEED, année 2011, Ministère du plan, de l'économie et de la coopération internationale, p. 11.

740. Si, en théorie, la migration de Sydonia++ vers Sydonia World est lancée par le ministre des Finances et du Budget le 13 octobre 2021, comment se déroulera concrètement sa mise en œuvre ? Le Ministère, ou la Direction Générale des Services douaniers, disposera-t-il des moyens nécessaires pour améliorer les performances par rapport à l'ancien système qui n'a pas été finalisé ? La question de la revalorisation, mentionnée et vivement soutenue tout comme la numérisation des douanes tchadiennes, devra être abordée à l'étape suivante. Si cette question doit absolument être traitée, il convient de tenir compte de son importance dans le processus de modernisation douanière.

2. Organisation et participation du personnel

741. Selon Marcel STEENLANDT et Luc DE WULF, *« la modernisation de la douane nécessitait une participation active de l'ensemble du personnel. Il était donc important qu'ils s'en approprient les composantes et se voient en conséquence reconnus parmi les acteurs essentiels du changement »*[65]. Ainsi, il est prouvé ici, que la participation active de l'ensemble du personnel dans cette opération est très indispensable. Ce sont les cas des initiatives de modernisation de l'administration des douanes au Maroc qui ont porté leurs fruits[66] et où les ressources humaines[67] font partie des facteurs clés de son succès. C'est aussi dans ces conditions qu'il se démontre qu'il existe le lien entre la gestion des ressources humaines et le succès de l'organisation[68].

742. Au vu du rôle primordial de la gestion des ressources humaines dans les réformes douanières, le PAMFIP fixe cet aspect dans son plan comme action prioritaire. Il est aussi important, dans ce contexte, de voir comment le personnel s'organise au niveau de la direction générale des douanes avec ses difficultés.

a. Organisation, effectifs et statut

743. La division du personnel qui s'occupe de la gestion du personnel est un service rattaché directement à la direction générale. Elle gère globalement 2345 agents en 2011. Les 80 agents sont de la catégorie A, alors que les 354 130 et 618 sont respectivement de la catégorie B, C et D. Ils sont complétés par 274 agents décisionnaires et 847 agents contractuels. Leur statut est réglementé par la loi 017/PR/2001 portant statut général de la fonction publique et le décret

---

[65]- STEENLANDT(Marcel), Douanes Françaises, DE WULF(Luc), Consultant Banque Mondiale, douanes pragmatisme et efficacité, philosophie d'une reforme réussie, Banque Mondiale, octobre 2003,p. 8.

[66]-Voir : point de vue de de Marcel STEENLANDT, Douanes Françaises Luc DE WULF, Consultant Banque Mondiale, « les initiatives de modernisation de l'administration des douanes du Maroc ont porté leurs fruits et contiennent des leçons susceptibles d'être retenues par les autres administrations marocaines qui souhaitent améliorer la prestation des services proposés à leurs "clients" sur la page de garde du document, réformes douanières au MAROC, Peut-on dégager des leçons pour une réforme plus vaste du service public ? Banque Mondiale, octobre 2003.

[67]- BARRETTE(Jacques), Architecture de ressources humaines : perspectives théoriques et pistes de recherche, revue : relations industrielles / Industrial Relations. Volume 60, numéro 2, printemps 2005, p. 213-243

[68]- TREPE(Anne), AUBERT(Patrick), BERMOND(Franck), CARRERE(Jean-Marie), DELANOUE(Michel), GOUZI(Benoît), L'évaluation de la performance de la fonction RH : de la théorie à la pratique des DG, MBA — management des ressources humaines, promotion 7, mémoire d'expertise, Dauphine Université, Paris, octobre 2010, p.13.

n°898/PR/PM/MFPTE/2006 fixant le statut particulier des corps de fonctionnaires du secteur de l'administration économique et financière.

744. Dans le secteur douanier au Tchad, il a été constaté par les autorités douanières qu'il y a manque d'agents formés ou de cadres douaniers professionnellement formés. Les responsables tchadiens ont estimé qu'environ 80 % des agents, ne sont pas formés ; une partie des agents sont même illettrés[69]. Ce constat démontre aussi bien que les salaires des agents des douanes accordés au début et jusqu'à la fin de carrière, sont très bas et ne donnent pas une bonne motivation pour une réelle détermination vis-à-vis d'une lourde responsabilité en matière de la mobilisation transparente des recettes douanières. À cet effet, les salaires accordés aux douaniers au Tchad, sont ceux perçus par tous les fonctionnaires de la fonction publique, mais par catégories d'agents. À ce titre, le salaire minimum au Tchad, par exemple, est fixé à *« 59 995 francs CFA (91,46 €) par mois*[70]*»*. Le Décret n°11-055 2011-01-21 /PR/PM/MFPT portant relèvement du Salaire Minimum Interprofessionnel Garanti (SMIG) et du Salaire Minimum Agricole Garanti (SMAG) fixe le niveau SMIG à 355 FCFA[71] de l'heure (0,54 €) par heure. D'une manière générale, les salaires des agents de la fonction publique au TCHAD, sont payés sur la base du Décret n°11-242 2011-03-21 PR/PM/MFB/2011 fixant le régime de rémunération des fonctionnaires. Selon ce décret, *« la valeur brute du point d'indice est unique. Elle est fixée annuellement à 1380 francs, soit 115 francs par mois, à compter de 1er juin 2007 »*[72]. C'est-à-dire 2,10 €, soit 0,18 par mois, à compter de 1er juin 2007. De plus, les agents du Ministère des Finances et du Budget y compris les douaniers, bénéficient d'un statut particulier qui leur accorde 35 % sur leurs salaires par rapport aux autres ministères tels que ; culture, agriculture, environnement, élevage, provoquant une augmentation légère des salaires. Malgré cette augmentation, les salaires des agents du ministère des Finances et du Budget, dont font partie les douaniers comprenant (contractuels et fonctionnaires), s'étaleraient dans une fourchette de 60. 000[73] francs CFA (91,47€) à 600 000 francs CFA (914,69€), en dehors des salaires versés aux agents nommés par décrets et bénéficiant des indemnités et primes, qui sont : directeurs généraux, secrétaires généraux et directeurs techniques, conseillers, etc. Comme il a été toujours démontré, que les ressources humaines sont au cœur de l'organisation, quel sera alors leurs places dans ces réformes douanières ?

---

[69] - ZBINDEU(Bernard), DELATTRE(Richard) et KOFFI KOFFI(Frédéric). Rapport au gouvernement du Tchad concernant le diagnostic (COLOMUBS, Phase I) de l'organisation Mondiale des Douanes sur la mise en œuvre du programme SAFE, (cadre de normes visant à sécuriser et à faciliter le commerce mondial), janvier-février 2011 au Tchad, p.26.

[70]-Voir Comparaison du salaire minimum légal dans la zone CFA sur le site suivant : https://www.nofi.media/.[Consulté le 11/07/2018].

[71]-Voir : Décret n°11-055 2011-01-21 PR/PM/MFPT portant relèvement du Salaire Minimum Interprofessionnel Garanti (SMIG) et du Salaire Minimum Agricole Garanti (SMAG)

[72] -Voir : Décret n°11-242 2011-03-21 PR/PM/MFB/2011 fixant le régime de rémunération des fonctionnaires

[73]-Voir : Baisse des salaires des fonctionnaires au Tchad sur le site suivant : https://www.voaafrique.com/.[Consulté le 18/03/2019].

b. Plan d'action en matière de gestion des ressources humaines

745. Les autorités douanières ont établi un plan d'action en matière de gestion des ressources humaines. C'est un plan qui met en évidence un calendrier des réformes et qui définit aussi les priorités à accorder sur les courts, moyens et longs termes. Elles estiment qu'il faut calculer, dans ce cadre, la charge réelle qui incombe aux agents ou aux unités relevant des services de la branche des opérations commerciales. Il est prévu que des ratios soient définis : nombre de déclarations traitées/ nombre d'agents[74].

746. Mais aussi, dans cette réflexion préalable, il est difficile de donner avec précision, à la fois, le nombre d'agents exerçant dans les activités douanières et de prévoir le nombre et qualification des agents qu'il faut recruter. Selon les autorités douanières, il est nécessaire de créer spécialement un poste de responsable chargé de la gestion des ressources humaines, en faisant ses tâches et ses objectifs à réaliser de façon claire. Il faut aussi mettre sur pied un plan de carrière des agents des douanes et un plan spécial de formation et se rassurer de sa mise en place en le surveillant. C'est pourquoi, précédemment, des propositions ont été faites pour la création d'une direction technique de gestion des ressources humaines.

747. Le plan de réforme réclame l'application des textes qui accordent des remises annuelles, ceci dans le but de valoriser les éléments considérés comme les plus dynamiques et d'encourager les agents à travailler dans le respect des règles et en toute transparence. Il demande la mise en place d'une évaluation annuelle. Cette évaluation doit concerner tous les agents, en commençant par les cadres qui ont des objectifs quantitatifs et qualitatifs chiffrés. Comme mentionné, outre le rôle important du PAMFIP au Tchad, celui de l'OMD doit également être pris en compte de la même manière, car l'objectif est la modernisation des douanes tchadiennes. C'est pourquoi, dans la prochaine phase, il sera important de déterminer comment l'OMD intervient dans les réformes douanières. Quel impact peut-elle avoir sur ces réformes au Tchad ?

§ 2. Interventions spécifiques de l'OMD

748. Les interventions de l'OMD sont toujours pertinentes dans les réformes et la modernisation des douanes, d'une manière générale, dans le monde. Elles représentent, en effet, 179 administrations douanières à travers le monde, qui traitent collectivement environ 98 % des échanges commerciaux internationaux. Elle est une organisation intergouvernementale, offrant ses services dans l'assistance technique[75] et la formation[76] des agents des douanes de ses États membres.

[74]- ZBINDEU(Bernard), DELATTRE(Richard) et KOFFI KOFFI(Frédéric). Rapport au gouvernement du Tchad concernant le diagnostic (COLOMUBS, Phase I) de l'organisation Mondiale des Douanes sur la mise en œuvre du programme SAFE, (cadre de normes visant à sécuriser et à faciliter le commerce mondial), janvier-février 2011 au Tchad. Op.cit, p.27.

[75]-Voir : nouvelles : allocutions de PASCAL LAMY sur le site suivant : https://www.wto.org/. [Consulté le 07/08/2019].

[76]-Cadre de principes et de pratiques de l'OMD sur le professionnalisme en douane, Organisation mondiale des douanes, 2015.

749. Tout comme dans les autres pays du monde, l'OMD est autorisée à intervenir dans l'administration des douanes tchadiennes, dans la mesure où le Tchad est l'un de ses États membres. Ainsi, il est convenu de la mise en œuvre du programme Columbus de l'OMD au Tchad pour renforcer la modernisation de ses services douaniers. Ceci conduit les douanes tchadiennes à adhérer aux missions de diagnostic de l'OMD, pour bénéficier également de son soutien technique dans le contexte de la modernisation douanière au niveau national.

A. Mise en œuvre du programme Colombus

750. Le programme Columbus est un instrument de l'OMD qui participe très activement au renforcement des capacités douanières[77] des États membres qui en font la demande. C'est un programme rattaché directement au secrétariat de l'OMD et à ses structures régionales. Ce programme comporte trois phases qu'il faut comprendre dans ces travaux. C'est un programme destiné à aider les services des douanes dans leurs programmes de modernisation permanents visant à relever les défis économiques et sociaux du 21e siècle[78].

751. Au Tchad, l'OMD a commencé par expérimenter la mise du programme Columbus en 2011, par une mission de diagnostic conduite dans le cadre du Programme Columbus. C'était encore la phase I du Programme, qui avait été déclenchée. Du 10 au 13 septembre 2019, la Douane tchadienne a reçu une mission du Secrétariat de l'OMD au siège de la Direction générale des douanes et des droits indirects à N'djamena, capitale du pays. Cette mission a eu comme objectif de faire le point sur l'état et le fonctionnement de cette Administration, qui compte à présent 1818 agents, et d'évaluer les options pour renforcer la collaboration avec l'OMD et appuyer la réforme douanière.

1.Objectifs du programme

752. Les objectifs du programme Columbus consistent à apporter un soutien aux initiatives de réforme et de modernisation des douanes. Ce programme est conçu pour contribuer à la sécurisation des échanges et à accompagner les membres dans la pleine mise en œuvre du Cadre de normes SAFE. De plus, il vise à les préparer aux résultats potentiels des négociations en cours sur la facilitation des échanges au sein de l'OMC à Genève, tout en soutenant la mise en œuvre d'autres normes de l'OMD, notamment la Convention de Kyoto révisée. Comment peut-on concrètement mettre en œuvre le Cadre de Normes SAFE pour appuyer une réforme douanière ?

753. Le Cadre de Normes SAFE est un outil de l'Organisation mondiale des douanes (OMD), établi par son conseil en 2005. Sa mise en place découle des événements tragiques survenus le 11 septembre 2001 aux États-Unis. Cette conjoncture a contraint le Conseil de l'OMD, lors des sessions annuelles de juin 2005 à Bruxelles, initiées par les États-Unis, à instaurer cet instrument en réponse à

---

[77]-Recueil de l'OMD visant à développer le renforcement des capacités consultables sur le site suivant :http://www.wcoomd.org/.[Consulté le 10/08/2019].

[78]- OMD : Argumentaire pour le programme Columbus, Éditeur Organisation mondiale des douanes, Date de publication juin 2008.

ces attaques et en prévention d'actes terroristes. Ainsi, le Cadre SAFE est un dispositif facultatif regroupant diverses normes relatives à la sécurité de la chaîne logistique et au commerce international de marchandises. Son objectif ultime est de renforcer la facilitation du commerce et la sûreté de la chaîne logistique[79]. Selon l'OMD, il incombe aux autorités douanières aux frontières d'assurer cette sécurité, faute de quoi la chaîne logistique mondiale demeure exposée aux actes terroristes[80].

a. Soutenir les démarches de réforme de la douane

754. L'Organisation mondiale des douanes (OMD) apporte un soutien global à ses États membres engagés dans la voix de la réforme et de la modernisation de leurs administrations douanières. Cette démarche louable peut offrir des solutions aux défis rencontrés sur le marché mondial. Dans cette perspective, l'OMD met à disposition une panoplie d'outils visant à garantir le bon fonctionnement continu et durable des services douaniers à l'échelle internationale. Ainsi, la mise en œuvre du programme Columbus vise non seulement à faciliter la modernisation des douanes tchadiennes, mais également à contribuer activement à la sécurisation et à la facilitation des échanges internationaux.

755. Le programme Columbus est étroitement lié à la mise en place du Cadre de Normes SAFE. Il a été abordé antérieurement dans le contexte de la sécurisation et de la facilitation des échanges commerciaux internationaux par les agents des douanes. Suite à plusieurs rapports émis par les partenaires au développement sur la gestion et le fonctionnement de l'Administration des douanes, le Gouvernement tchadien a exprimé le besoin d'appliquer le Cadre de normes SAFE de l'OMD, visant à sécuriser et à faciliter le commerce international[81].

b. Mise en œuvre du Cadre de Normes SAF

756. Une analyse approfondie a été présentée précédemment sur le Cadre de Normes de Sécurité des Douanes de l'OMD. Il est largement admis que cet instrument joue un rôle dissuasif crucial dans la lutte contre le terrorisme international[82]. De plus, il s'avère extrêmement bénéfique pour renforcer la sécurisation des recettes et faciliter les échanges commerciaux à l'échelle mondiale.

757. Le contenu du cadre SAFE repose sur ses quatre piliers essentiels, à savoir : la standardisation des informations préalables à la déclaration en douane, qui doivent idéalement être transmises de manière électronique et sont indispensables pour les envois entrants, sortants et en transit ; l'adoption systématique d'une approche cohérente par chaque pays participant au cadre SAFE en matière de gestion des risques, afin de tirer profit des informations préalables permettant d'identifier les envois présentant des risques ou menaces potentielles pour la sécurité ; la mise en place d'inspections au départ des envois ou des conteneurs à haut risque, privilégiant l'utilisation de technologies de détection non

---

[79]-Cadre de normes SAFE de l'OMD : renforcer la facilitation des échanges et la sécurité de la chaîne logistique, Conférence sur la sécurité mondiale 2-4 octobre 2018 Bruxelles, https://na.eventscloud.com/.[Consulté le 06/08/2019].

[80]-*Idem.*

[81]-OMD/ Rapport sur l'avancement du renforcement des capacités, juillet 2017, p. 174.

[82]-Voir : dossier SAFE, outils de l'OMD pour sécuriser et faciliter le commerce mondial dans le site de l'OMD : http://www.wcoomd.org/ .Le site a été consulté le 23 décembre 2018

intrusives telles que les scanners X haute capacité et les détecteurs de rayonnements[83] ; et enfin, l'établissement d'un partenariat avec les entreprises, consistant à offrir des avantages douaniers aux sociétés respectant au minimum les normes de sécurité logistique requises[84].

758. Certaines analyses ont toujours présumé que le cadre SAFE repose sur deux piliers, mettant l'accent principalement sur la coopération douane-douane et les partenariats douanes-entreprises. D'autres soulignent un troisième pilier, à savoir la collaboration entre les administrations douanières nationales et les autres services gouvernementaux. Étant donné que le programme Columbus mentionné précédemment est lié à la mise en œuvre du cadre des Normes SAFE, il devient impératif d'identifier plus en détail ses différentes phases.

1. Différentes phases du programme

759. Le programme Columbus se divise en trois phases distinctes. La Phase 1 du Programme Columbus de l'OMD revêt une importance particulière, car elle met l'accent sur le renforcement des capacités douanières. La mise en œuvre de la phase 2 est cruciale pour la réussite globale du programme, tandis que la phase 3 évalue les progrès accomplis à travers une évaluation rigoureuse.

760. Comme précédemment annoncé, le programme Columbus est en cours de déploiement au Tchad à la demande des autorités douanières nationales, qui ont exprimé le besoin d'une réforme douanière. La phase 1 a été amorcée au Tchad par la mission de diagnostic de l'OMD tenue en janvier-février 2011. Un rapport a alors été rédigé et validé en novembre 2011 par les cadres douaniers tchadiens. En mai 2012, suite à une invitation du gouvernement, la mission Columbus a entamé sa phase 2, permettant à l'administration des douanes d'élaborer un projet de plan stratégique pluriannuel pour la période 2013-2015. Ce plan est actuellement en cours de finalisation et sera soumis à l'approbation du ministre des Finances et du Budget[85].

a. Diagnostic stratégique sur l'évaluation des besoins

761. Dans la première phase du programme Columbus, il est question de procéder aux différentes analyses, compte tenu de la situation à laquelle l'administration des douanes est actuellement confrontée. La mise en œuvre de cette évaluation stratégique repose en principe sur le Cadre de diagnostic de l'OMD, un outil reconnu et apprécié par certaines organisations telles que les Nations unies, la Banque mondiale, l'OCDE[86], le FMI et bien d'autres.

762. Il est également de principe que le diagnostic soit effectué par des spécialistes en renforcement des capacités. Ceux-ci communiquent toujours avec toutes les parties concernées, à savoir la douane et le représentant du secteur

---

[83]-Cadre de normes SAFE visant à sécuriser et à faciliter le commerce mondial. Op.cit.p.2.

[84]- LAVASTRE(Olivier) et SPALANZANI(Alain), Comment gérer les risques liés à la chaîne logistique ? Une réponse par les pratiques de SCRM. 2010. ffhalshs-00534733f

[85]- OMD/ Rapport sur l'avancement du renforcement des capacités, juillet 2017, p. 174.

[86]-L'Organisation de coopération et de développement économiques (OCDE) est une organisation internationale d'études économiques, dont les pays membres des pays développés pour la plupart ont en commun un système de gouvernement démocratique et une économie de marché. Elle joue essentiellement un rôle d'assemblée consultative. Voir site suivant : https://www.oecd.org/fr/apropos/[consulté le 06/08/2019].

commercial. Cette opération s'accompagne d'un rapport appelé « Rapport de diagnostic » qui doit d'abord présenter la situation actuelle, puis analyser les lacunes perturbant la mise en œuvre du programme et les recommandations proposées comme solutions.

763. Après avoir abordé le diagnostic stratégique sur l'évaluation des besoins comme première phase du programme Columbus, il convient ensuite d'aborder les deux autres phases du programme qui sont : l'assistance pour la planification, la mise en œuvre du programme, le suivi et l'évaluation des résultats.

b. Assistance pour la planification, la mise en œuvre du programme, suivi et évaluation des résultats.

764. La deuxième phase du programme Columbus concerne l'assistance qui doit être fournie par l'OMD pour la planification[87] et la mise en œuvre du programme. Cette assistance permet de préparer un plan général de réforme et de modernisation des douanes. Elle permet également de mettre en œuvre des plans d'action pour réaliser des démonstrations de projet, accompagnées d'arguments solides et jugés crédibles à présenter aux parties prenantes et aux donateurs. L'objectif est d'accompagner des initiatives de modernisation pouvant être mises en œuvre de manière durable.

765. La troisième phase du programme Columbus, concerne le suivi des progrès et l'évaluation des résultats par l'OMD, considérée comme un inventaire des travaux. C'est une méthode élaborée par la direction du renforcement des capacités, qui peut être sollicitée par les membres de l'OMD, dans le but de réaliser un inventaire des travaux accomplis par rapport à la réforme et à la modernisation engagée.

766. Le Tchad, étant donc intéressé par les différentes méthodes de l'OMD, pouvant aider à sa modernisation, décide d'adhérer à ces principes pour les expérimenter. C'est pourquoi une mission de l'OMD s'est immédiatement rendue au Tchad pour étudier les possibilités d'application de ces méthodes. Il y a alors lieu de se demander quels sont les réels progrès de la volonté d'adhésion de l'administration des douanes tchadiennes aux principes de l'OMD ?

B. Adhésion des douanes tchadiennes aux missions de diagnostic et de soutien de l'OMD

767. À côté des efforts fournis par PAMFIP pour l'amélioration des finances publiques exigeant une modernisation des douanes tchadiennes, la direction générale des douanes sollicite une assistance de l'OMD. Il faut souligner que PAMFIP est un programme dans le cadre de la réforme des finances publiques. Il s'agit d'une modernisation des finances de manière générale. Dans le résumé de l'ouvrage d'Abdel Hakh Hamid AHMAT, intitulé la modernisation des finances publiques au Tchad, il est démontré que c'est en 2003, avec l'ère pétrolière, que le Tchad a opté pour la réforme de son Système de Gestion des Finances Publiques

---

[87]-Voir : Programme Columbus sur le site de l'OMD suivant : http://www.wcoomd.org/ .[Consulté le 12/08/2019].

(SGFP)[88]. C'est avec cette idée qu'il fallait mettre en place en 2005 le Plan d'Action pour la Modernisation des Finances Publiques (PAMFIP). Ce dernier a été l'œuvre des Partenaires Techniques et Financiers (PTF) et du Gouvernement Tchadien dans l'objectif de moderniser le SGFP[89].

768. Malgré les structures nationales mises en place pour soutenir les réformes des finances publiques, y compris les douanes tchadiennes, l'OMD est sollicitée au Tchad pour un soutien à la réforme douanière d'une manière particulière. Cela est considéré, plutôt, comme une assistance plus efficace, dans la mesure où l'OMD met, à la disposition de ses pays membres, des instruments internationaux appropriés pour la modernisation des douanes. Il s'agit, ici, d'un suivi direct et spécifique par l'OMD.

1. Adhésion au programme de diagnostic de l'OMD

769. La volonté d'adhésion de l'administration des douanes tchadiennes au programme de Columbus a permis à l'OMD, de déployer ses experts au Tchad. La question qui intéresse autant est la suivante : est-ce que ce programme peut-il véritablement aider les États africains, ou le Tchad en particulier, à réussir avec sa réforme douanière ? Malheureusement, les actions du programme sont lancées avec la phase 1 et 2, mais n'évoluent pas pour le moment au Tchad.

770. En effet, si les actions de mise en œuvre du programme de Columbus de l'OMD se poursuivent pour aboutir à un rapport final, le Tchad doit faire une demande, comme le Sénégal par exemple, pour bénéficier d'une évaluation de son programme de modernisation. Toutefois, l'adhésion au programme Columbus de l'OMD permet au Tchad de bénéficier en matière de renforcement des capacités, d'assistance technique et de formation[90], etc. Selon le principe de l'OMD, lorsqu'un pays comme le Tchad s'adhère à son programme Columbus, il faut immédiatement lui envoyer une mission de diagnostic.

a. Volonté d'adhésion des douanes tchadiennes au programme de l'OMD

771. Le cadre n'est pas, en fait, une convention internationale. Elle ne s'applique pas, non plus, de façon obligatoire, aux États membres de l'OMD. Il s'agit d'une série de normes d'application volontaire, auxquelles la plupart des membres de l'OMD se sont engagés à adhérer[91]. Il est adopté par le Conseil de l'OMD en juin 2005, mais déjà en juillet 2009, 156 membres de l'OMD sur 174 s'étaient engagés à mettre en œuvre le cadre SAFE.

772. Aujourd'hui, le Tchad fait partie d'une liste de 169 pays membres qui ont exprimé leur intention de mettre en œuvre le cadre des normes de l'OMD visant à sécuriser et à faciliter le commerce mondial. Sa date de signature de la lettre d'intention d'appliquer le cadre SAFE est signalée depuis juin 2006. L'expression de la volonté de l'administration des douanes d'adhérer au programme de l'OMD

---

[88]- ABDELHAKH (Hamid Ahmat), la modernisation des finances publiques au Tchad. Éditions universitaires européennes, 2013.

[89]-*Idem.*

[90]-OMD ACTUALITÉS I n° 56 I, juin 2008.

[91]-L'OMD mène une mission de diagnostic au Tchad, consultable sur le site suivant : http://www.wcoomd.org/.[Consulté le 10/08/2018].

permettait immédiatement une descente ou la venue des experts de l'OMD en mission de diagnostic au Tchad.

b. Mission de diagnostic de l'OMD au Tchad

773. Afin de répondre à la demande du directeur général des douanes tchadiennes, l'OMD a dépêché ses experts vers le Tchad pour une mission de diagnostic[92]. À l'issue de cette mission, une appréciation générale a été faite sur la façon dont l'administration des douanes tchadiennes est organisée au sein du ministère des Finances. Il a été constaté que l'administration des douanes au Tchad mène ses activités avec de nombreuses difficultés, qui ont d'ailleurs été relevées par de nombreux bailleurs de fonds, tels que la Banque Mondiale, le FMI, l'UE, y compris l'OMD.

774. Les experts dépêchés au Tchad ont pu constater des insuffisances notoires liées aux différents facteurs, qui font l'objet d'une étude minutieuse dans la deuxième partie de ces travaux de recherche. À partir de cette mission de diagnostic au Tchad, quel genre de soutien l'OMD, peut-elle apporter concrètement à son administration des douanes ?

2. Soutien de l'OMD

775. Le soutien de l'OMD est fondamental, car il peut aider véritablement la douane à accomplir ses objectifs sur le plan national et budgétaire et à faire progresser les activités du commerce international. Et ce soutien peut s'étendre à toutes les administrations douanières sur le plan mondial.

776. Le soutien de l'OMD pour accompagner la reforme et la modernisation des douanes tchadiennes, s'exprime des différentes manières, mais précisément ce qui retient l'attention, ce sont ses soutiens déployés en matière d'expertise technique et de formation et de mobilisation du financement à travers son invitation, à l'égard des donateurs à investir dans ce contexte.

a. Soutien de l'expertise technique de l'OMD

777. Le débat sur l'expertise[93], de façon générale, s'est réellement installé dans un monde intellectuel. Il s'agit des différentes réflexions qui abordent les approches de l'expertise avec des visions différentes, selon les disciplines. Ainsi, ce terme est utilisé en sociologie, en philosophie, en psychologie, en éducation, en technologie, en marketing, en gestion, etc. Mais une définition assez pertinente de l'expertise semble concilier toutes les visions des différentes disciplines évoquées précédemment. Elle est donc définie, dans une réflexion d'Alain NUEE, comme *« un dispositif d'aide à la décision, par la recherche des faits techniques ou scientifiques, dans des affaires où le décideur se confronte à des questions hors de sa portée directe. L'expertise requiert la conjonction de trois éléments : une mission diligentée, la réalisation de celle-ci et un rapport[94] ».* C'est un point de vue qui doit intéresser la progression de ces travaux de recherche, dans la mesure où

---

[92]-*Idem*.

[93]-NUEE(Alain), Les frontières de l'expertise. Cahiers internationaux de sociologie, 1/2009 (n° 126), p. 149-155.

[94]-NUEE(Alain), L'expertise judiciaire civile dans l'UE : les règles et les pratiques nationales, analyse approfondie. Direction générale des politiques internes, département thématique : droits des citoyens et affaires constitutionnelles, affaires juridiques. Union européenne, Bruxelles, 2015. p. 8.

l'OMD qui se présente comme une organisation internationale, déploie ses experts pour mettre en œuvre une expertise technique dans les réformes des douanes de ses pays membres.

778.L'OMD mène alors une mission d'évaluation, qui permet de faire ressortir, d'un rapport, les points forts et les points faibles sur les réformes douanières déjà engagées. Pour le cas de l'administration des douanes tchadiennes, ces expertises techniques sont plutôt considérées comme des orientations importantes des experts de l'OMD, qui sont mises à sa disposition pour ses corrections éventuelles de ses imperfections. De plus, de ce soutien de l'OMD sur le plan de l'expertise technique, il faut aussi relever son apport sur le plan de la formation qui mérite d'être évoqué.

b. Soutien de l'OMD sur le plan de la formation

779. L'un des principaux objectifs du renforcement des capacités douanières réside dans la formation des agents des douanes. C'est par le biais de la formation que les compétences professionnelles sont acquises ou développées. Qu'entend-on alors par le terme *« formation »* ? De nombreuses définitions sont proposées à ce sujet. Il ne s'agit pas d'effectuer une étude exhaustive de la littérature sur ce concept, mais plutôt d'examiner son importance dans le cadre du développement des compétences. C'est dans cette optique que l'Organisation mondiale des douanes met en place des programmes de formation visant l'acquisition de compétences à travers des séminaires, des stages, des formations initiales et continues, etc.

780. L'OMD fait de la formation des cadres douaniers son cheval de bataille[95]. Elle forme les agents des douanes dans le cadre de leurs activités. Il s'agit là, de décrire l'importance des formations professionnelles et continues que l'OMD accorde aux administrations des douanes, en matière de renforcement des capacités douanières, qui relève d'ailleurs de la modernisation des douanes, dont l'objectif est d'obtenir une capacité institutionnelle durable afin de gérer le changement[96].

781. En effet, les formations de l'OMD, se développent à travers des programmes sur le modèle de la douane du 21e siècle. Ce sont des formations très pointues qui touchent différents aspects de la douane moderne. C'est une douane capable de mener ses opérations, à travers la haute technologie, qui maîtrise concrètement l'évaluation en douane, les règles générales interprétatives du système harmonisé et les différents instruments de l'OMD façon générale.

782. De tout ce qui précède, dans cette première partie, il est nécessaire d'aborder les contraintes des réformes des douanes au Tchad, qui se situent tant sur le plan international, régional que national. Les douanes, de façon générale, se trouvent en face des exigences internationales qui s'imposent pour des réformes douanières dans le monde. Cela est dû à la révolution du commerce international qui trouve un soutien dans le concept de libre-échange. C'est véritablement une révolution contre le protectionnisme qui est une politique économique

[95]-Le cheval de bataille est une expression française qui désigne un combat pour défendre une cause.

[96]-Organisation Mondiale des Douanes / Programme Columbus : rapport des tendances et pratiques de l'OMD – une évaluation du renforcement des capacités. Volume 3 – juin 2008, p.4.

interventionniste menée par un État ou un groupe d'États, consistant à protéger ses producteurs contre la concurrence des producteurs étrangers. C'est en face de cette conception très critiquée que des théoriciens classiques tels qu'Adam SMITH et David RICARDO, à la fin du XVIIIe siècle et au début du XIXe, fondent la théorie néoclassique de l'échange international. Ils montrent en quoi le libre-échange est une meilleure solution que le protectionnisme[97]. Ils montrent pourquoi le libre-échange est une meilleure solution que le protectionnisme.

783.À partir de la nouvelle théorie du libre-échange qui semble attirer l'attention, le monde sera convaincu de son importance, surtout pour le commerce international. C'est un concept qui lutte contre les barrières douanières, et c'est ce qui oblige les douaniers à entrer dans cette révolution, en se faisant violence pour se réformer afin de se conformer aux nouvelles données. Cette réforme engage la suppression de certaines barrières tarifaires et non tarifaires qui font obstacle au libre-échange.

784. Dans cette perspective, l'OMC, qui accélère les procédures de libéralisation, est soutenue par l'OMD qui intervient activement auprès des douanes nationales avec ses instruments facilitant cette réforme. Avec le temps, la libéralisation des échanges dont il s'agit va se développer sur le plan régional et pourra imposer encore davantage la suppression de nombreux droits et taxes, ainsi que les barrières non tarifaires. C'est pourquoi dans la zone de la CEMAC, les droits des douanes à l'importation sont totalement supprimés entre les pays membres.

785. Sur le plan national, les contraintes des réformes des douanes au Tchad sont liées à l'amélioration des finances publiques. Ces réformes s'imposent par rapport au plan mis sur pied par l'État tchadien, non seulement aux douanes de façon spécifique, mais à tous les services des recettes. Mais dans ce contexte, les études ne seront orientées que sur les réformes visant l'administration des douanes. Il y a lieu de se demander comment la réforme douanière peut-elle, réussir au Tchad ? Quels sont les obstacles et les perspectives ?

786. En effet, les douanes en Afrique de façon générale font face à des problèmes qui se ressemblent. Elles doivent lutter contre la corruption, le clientélisme et même les interventions politiques. Particulièrement, au Tchad, il semble que ces pratiques soient de plus en plus accentuées, entretenues par les acteurs concernés : autorités douanières, autorités politiques, agents de la douane et collaborateurs des douanes. Mais, la vraie clé de la réussite de la réforme douanière au Tchad, pourrait provenir de la disponibilité de la volonté politique. L'efficacité de la volonté politique s'impose sur le bon fonctionnement de l'administration douanière. Il faut indexer, en plus de ces obstacles à la réforme douanière évoqués, d'autres problèmes concernant les moyens matériels, humains et financiers.

787. Aujourd'hui, les frustrations dues à des comportements négatifs pour la réussite de la réforme douanière sont perceptibles, mais ne peuvent être dénoncées par les agents. C'est pourquoi la seconde partie de ces travaux de recherche est intitulée : la réforme douanière en prospective.

---

[97]-Source:http://www.forum-scpo.com/economie/avantages-absolu-et-comparatif.htm[consulté le 06/08/2019].

PARTIE II.

UNE RÉFORME DOUANIÈRE EN PROSPECTIVE

788. La préoccupation réelle n'est pas seulement de mener une réflexion profonde sur le rôle de l'administration des douanes dans l'économie moderne. Mais il s'agit, ici, de savoir, sans ignorer, le rôle de la douane dans l'économie moderne. Ce rôle important est démontré dans l'article de Pauline DE CASTELNAU, Jean-François MARTEAU d'ailleurs, déjà cité et intitulé : quel accompagnement des douanes par la Banque mondiale en Afrique subsaharienne ? Selon cet article, *« les douanes sont en Afrique subsaharienne, encore plus qu'ailleurs, un élément clé de la modernisation et du développement économique des pays. La part du commerce extérieur dans les économies nationales est très grande du fait des structures traditionnelles économiques souvent héritées de la colonisation »*[1]. Il se démontre aussi dans cet article que, « les douanes ont un rôle de contrôle des opérations commerciales avec l'extérieur qui leur confère aussi un poids décisif dans la fluidité des échanges commerciaux, et donc dans l'intégration des pays dans le commerce mondial, dont leur croissance économique dépend de manière critique. Les douanes sont également une source importante des recettes nationales »[2]. Lors de la journée internationale de la douane célébrée le 26 janvier 2014, Algirdas ŠEMETA et Kunio MIKURIYA, prouver aux gouvernements que, *« la douane n'est pas qu'un gardien, elle contribue au développement économique »*[3]et qu'ils doivent *« soutenir et renforcer les autorités douanières »*[4]. Mais la mise en évidence du rôle important de la douane en Afrique, d'une manière générale et particulièrement au Tchad, ne peut être possible que dans le cadre de la réforme douanière. La réforme douanière s'impose au Tchad à cause de népotisme, corruption, clientélisme, désorganisation[5]. Elle s'impose aussi, à cause du développement du système informatique des services douaniers, qui devient de plus en plus un besoin mondial pour les administrations douanières.

---

[1]-DE CASTELNAU(Pauline) et MARTEAU(Jean-François), Quel accompagnement des douanes par la Banque mondiale en Afrique subsaharienne ? , Afrique contemporaine, 2009/2 (n° 230), p. 115-134.

[2]-*Idem*

[3]-Voir journée internationale de la douane est célébrée ce dimanche 26 janvier 2014 sur le site suivant : https://www.lexpress.fr/.[Consulté le 11/07/2018].

[4]-*Idem*

[5]-Voir l'article de Tchadinfo sous le thème : En finir avec le capharnaüm de la Douane sur le site suivant : tchadinfos.com/. Consulté le 11/12/2021

789. Au Tchad, les autorités ont déjà annoncé les réformes douanières en considérant cela comme une priorité, qui porte sur l'amélioration de l'administration douanière. Elles veulent les accélérer, pour répondre aux exigences ou au défi des réformes économiques d'une manière générale. Mais la manière dont évolue cette réforme douanière au Tchad, est-elle rassurante ? La réforme douanière peut-elle réellement se réaliser au Tchad sans volonté politique ? La réponse à une telle question devient facile lorsque la volonté politique, non seulement, retire son imposition sur le fonctionnement de l'administration des douanes, mais aussi accompagne objectivement ces opérations. Aujourd'hui, le véritable problème pour la réforme douanière est le fait que cette administration soit extrêmement politisée. Mais il faut aussi noter que la volonté politique ne s'engage pas précisément dans l'accompagnement de la modernisation douanière au Tchad. C'est dans ces conditions, sans volonté politique, que la réforme douanière est engagée par les autorités douanières tchadiennes.

790. En Afrique et particulièrement au Maroc, la réforme de l'administration douanière est considérée comme un cas de réussite, dont les détails sont fournis par un Rapport d'octobre 2003 de la Banque Mondiale. Ce succès est de plus en plus reconnu par la société civile au Maroc et les milieux d'affaires en particulier. Ces progrès ont également été observés à l'extérieur. L'objectif de la réforme des douanes était de réduire les coûts transactionnels associés au commerce, sans mettre en danger le rôle traditionnel dévolu aux douanes[6]. Il se dégage trois facteurs clés à l'origine de ce succès qui sont : l'orientation vers le service au client, les ressources humaines qui sont considérées comme la clé des prestations des services et les technologies modernes qui prennent de l'ampleur aujourd'hui.

791. Au Niger, des profondes réformes des douanes qui devraient s'engager à partir d'une lettre d'intention écrite à Niamey, le 24 juin 2016 par le ministre des Finances Saidou SIDIBE, *« visant au renforcement de la gouvernance et le contrôle des opérations douanières »*[7], dans les réformes douanières, mettent l'accent sur la réduction significative *« des délais d'apurement des dossiers de douanes »*[8], le *« renforcement de la coopération douanière et d'échange d'informations régulier entre les administrations douanières de la sous-région »*[9], et *« l'exigence de la certification de la valeur pour la recevabilité des déclarations douanières »*[10]. Ces réformes mettent en œuvre un plan stratégique de réforme, dont l'un des axes, est le renforcement des capacités institutionnelles et organisationnelles. Elles ont pour objectif, d'accroître les capacités de traitement de l'information pour la facilitation douanière et la lutte contre la fraude dans le but de renforcer la mobilisation des recettes.

792. En Afrique centrale et précisément au Cameroun, les réformes douanières engagées qui semblent être avancées se développent aussi à travers l'adoption d'un

---

[6]-STEENLANDT(Marcel), Douanes Française, DE WULF(Luc), Consultant Banque Mondiale, douanes pragmatisme et efficacité, philosophie d'une reforme réussie, Banque Mondiale, octobre 2003, p.8.

[7]-Voir : lettre d'intention du Niger à Madame Christine LAGARDE, directrice générale du Fonds Monétaire International, sur site suivant : www.imf.org/.[Consulté le 16/02/2019].

[8] -*Idem.*

[9] -*Idem.*

[10]-*Idem.*

programme de réformes et de modernisation de la douane mis sur pied depuis 2015. Cela a permis d'engager plusieurs chantiers couronnés de succès récurrents, multiformes et variés[11]. Il s'agit de la mise en œuvre du système SYDONIA++, le 1er janvier 2007, de la mise sur pied des contrats de performance et les recommandations issues du forum douanes-entreprises, venues renforcer les mesures de facilitations engagées dans cette mutation. Pour compléter cette réforme, le programme se propose encore quelques pistes qui sont : l'extension du SYDONIA++ dans tous les secteurs des douanes du Cameroun et l'exploitation de tous ses modules et potentialités ; l'extension des contrats à d'autres bureaux et autres opérateurs économiques ; la signature des contrats d'objectifs avec les responsables du niveau stratégique ; l'évaluation du partenariat en vue de la restructuration du Forum Douanes/Entreprises ; la finalisation de l'hébergement de la plateforme e-learning de l'OMD et le développement d'une base de données de gestion des Ressources Humaines.

793. Ainsi, il est intéressant de savoir quelles leçons faut-il tirer de ces réformes douanières engagées dans les pays cités ci-dessus ? Quelles dispositions faut-il prendre pour conduire la réforme douanière engagée au Tchad ?

794. Cette partie est composée de deux titres. Dans le (Titre. I), il est convenu de réfléchir d'abord sur les obstacles à la réforme douanière au Tchad. Il s'agit d'aborder, ici, les problèmes de gestion des ressources humaines, de l'organisation, de la corruption et de la politisation de l'administration publique et surtout en prenant comme exemple le cas de la douane qui sème des doutes dans la réalisation de la réforme douanière au Tchad. Face à ces difficultés, des propositions de solutions seront faites dans le (Titre. II). Il s'agit de savoir, comment faire pour mieux réformer la douane au Tchad. La réponse à cette interrogation impose le souci de conduire la douane tchadienne vers une administration mieux organisée et la faire sortir du gouffre de la politisation à outrance.

[11]-Conférence annuelle 2012 - Sous thème : la douane face aux défis de la compétitivité des entreprises et l'impératif de l'émergence du Cameroun. Conférence des responsables centraux et extérieurs du ministère des Finances Yaoundé - palais des congres 23-25 janvier 2012.

TITRE I.

Les obstacles à la réforme douanière au Tchad

795. Les défis entravant la réforme douanière au Tchad sont de nature technique, culturelle et politique. Il est essentiel de définir précisément le concept d'« obstacle ». Dans la littérature, un obstacle peut être considéré comme ce qui empêche d'avancer, ce qui s'oppose à la marche ou retarde une action, une progression[1] . Il se définit encore simplement comme étant une difficulté quelconque, *« un élément qui empêche le passage, qui gêne la marche[2] »*. Il avait été démontré précédemment que les obstacles à la réforme douanière ont tendance à se ressembler en Afrique. Mais pour le cas du Tchad, les spécificités peuvent être soulevées. Dans le contexte général, Thomas CANTENS, Gaël RABALLAND, Nicholas STRYCHACZ et Tchapa TCHOUAWOU, considèrent, sans hésitation, la corruption comme *« un obstacle à la réforme des douanes[3] »*.

796. Les obstacles mentionnés précédemment sont fréquemment identifiés dans de nombreuses analyses et études institutionnelles, y compris de manière indépendante, ce qui nécessite une réévaluation dans le cadre de ce travail. Ces pratiques, solidement enracinées au sein de l'administration des douanes tchadiennes, ont été signalées par les experts de l'OMD et d'autres bailleurs de fonds. Malgré ces critiques, ces pratiques persistent. La persistance de leur existence entrave concrètement la progression de la réforme douanière déjà amorcée.

797. En plus de ces pratiques néfastes évoquées dans les administrations douanières en Afrique, le cas spécifique de difficultés pour la réforme douanière au Tchad concerne la question de l'instabilité dans cette administration. Il s'agit d'instabilité du poste de directeur général des douanes et celle qui touche l'organigramme de ce service, de façon répétitive. La question de la politisation de l'administration devrait encore davantage être soulevée avec insistance, car elle

---

1-Dictionnaire de français Larousse, Editions Larousse 2021

2-Voir définition de l'obstacle sur le site suivant : https://www.universalis.fr.

3-CANTENS(Thomas), RABALLAND(Gaël), STRYCHACZ(Nicholas) et TCHOUAWOU(Tchapa), Réforme des douanes africaines : les résultats des contrats de performance au Cameroun, Afrique – Notes de politique commerciale Note #13, Janvier 2011, Banque Mondiale, p.2, consultable sur le site suivant : http://siteresources.worldbank.org/.[Consulté le 16/02/2019].

empêche une évolution réelle des services douaniers tchadiens dans ce contexte de la modernisation.

798. Devant ces inquiétudes, quelles sont réellement les chances de réalisation de ces réformes des douanes entreprises au Tchad ? Ou bien faut-il déjà les considérer comme des réformes impossibles ? Au regard de ces interrogations, les problèmes vont être abordés à travers deux chapitres. Le premier aborde les problèmes des ressources humaines, de l'organisation et de la corruption (Chapitre I). Il s'agit des obstacles techniques et culturels évoqués par les experts des organisations internationales au Tchad et reconsidérés dans ce travail. Ensuite, il convient d'aborder la question de la politisation de l'administration publique : le cas de la douane au Tchad (Chapitre II).

CHAPITRE I.

Les ressources humaines, l'organisation et la corruption

799. La corruption des ressources humaines fait partie des obstacles techniques et culturels à la réforme de l'administration des douanes au Tchad. La volonté d'adhésion au programme de l'OMD, pour la mise en œuvre du cadre de normes, est alors déclarée le 19 juin 2006 par Oumar ABDERAMANE HASSANE, ainsi directeur général des douanes et des droits indirects au Tchad. Cette intention oblige l'OMD à déployer ses experts sur le terrain pour asseoir les différentes phases du programme de mission de diagnostic. Cette mission s'est ainsi soldée par un rapport de mission de diagnostic, relevant de nombreuses insuffisances dans la réforme et la modernisation des douanes tchadiennes et ressemblant à celles énumérées bien avant par les autres bailleurs de fonds.

800. Le rapport finalisé par M. Bernard ZBINDEU, secrétaire de l'OMD, M. Richard DELATTRE France, M. Frédéric KOFFI KOFFI, attaché technique de l'OMD auprès de l'AOC[1], en janvier-février 2011, met l'accent sur les problèmes réels de la gestion des ressources humaines, de l'organisation interne du service, le manque d'éthique et la mise en œuvre de mauvaises pratiques dans l'administration des douanes. Ces missions ne font qu'étaler des problèmes réels et faisant l'objet des critiques, il y a déjà bien longtemps, par des cadres douaniers frustrés dans leurs propres services et des opérateurs économiques aspirant pour le changement de la douane au Tchad. Ces difficultés doivent être analysées dans le but d'aider les douanes tchadiennes à se moderniser. C'est pourquoi, il est indispensable de les aborder, pour les dénoncer en faveur de la modernisation de ces douanes.

801. Selon l'OMD, *« la gestion des ressources humaines est une discipline qui porte sur l'humain et qui consiste à amener le personnel d'une organisation à bien vouloir utiliser et à être capable d'utiliser ses connaissances, ses compétences et ses spécificités le mieux possible pour servir les objectifs de l'administration douanière [2]».* Si cette question est souvent posée dans les préoccupations de réforme douanière, c'est parce que beaucoup d'analyses estiment qu'elle fait partie de ses piliers. S'il est important de mettre l'accent sur le capital, c'est compte tenu

---

[1]-AOC, Afrique Occidentale et Centrale.

[2]-Voir : définition de la GRH « la gestion des ressources humaines est une discipline qui porte sur l'humain et qui consiste à amener le personnel d'une organisation à bien vouloir utiliser et à être capable d'utiliser ses connaissances, ses compétences et ses spécificités le mieux possible pour servir les objectifs de l'administration douanière » sur le site suivant : https://www.eiseverywhere.com/. [Consulté le 10/08/2019].

du fait que l'administration des douanes est un domaine technique dont le personnel appartient spécifiquement à ce corps. Selon Dr. Si Mohamed EL HAIL, responsable du Programme de développement des ressources humaines, Secrétariat de l'OMD, *« compte tenu de la nature de leur mission et du fait qu'elles évoluent dans un environnement caractérisé par des interactions complexes, les administrations des douanes doivent constamment veiller à se moderniser. En d'autres termes, elles doivent régulièrement mettre à jour et à niveau leurs modes de fonctionnement et leurs méthodes de travail. Si les stratégies, les systèmes, les processus et les outils jouent un rôle fondamental en ce sens, le moteur de la performance de la douane reste son capital humain* [3] *»*.

802. Dans certains pays africains où des réformes douanières sont en cours, la question de la gestion des ressources humaines est toujours au cœur de cette opération. C'est le cas du Maroc, par exemple, où les réformes douanières ont été couronnées de succès et où les ressources humaines sont la clé des services[4] fournis. C'est également le cas de la direction générale des douanes de Madagascar, qui s'est fixé pour objectif d'augmenter ses recettes en menant une vaste réforme douanière, axée principalement sur l'amélioration de la gestion de ses ressources humaines[5]. C'est aussi le cas du Tchad, où lors de la rencontre en 2019 entre les cadres des Douanes et les experts de l'OMD, des propositions ont été faites pour prendre en compte la gestion stratégique et la gestion des ressources humaines, étant donné leur importance capitale et la négligence de ce domaine, créant ainsi beaucoup de frustrations au sein des douanes tchadiennes.

803. La question de l'organisation interne du service doit être débattue nécessairement dans les réformes douanières au Tchad. Les douanes au Tchad ont, à cet effet, beaucoup de problèmes sur ce plan. Il s'agit de problèmes, d'infrastructures et des moyens en général pouvant apporter des motivations à ces services. Il convient aussi, dans ce contexte, d'aborder les difficultés liées à l'instabilité de l'organisation douanière au Tchad. Il s'agit d'instabilité dans la réorganisation répétitive de l'organigramme et d'instabilité de poste du directeur général des douanes.

804. De plus, les inquiétudes relatives à la corruption se justifient par le fait qu'elle détériore, pratiquement, les conditions de modernisation de la douane dans son ensemble. Selon la Banque Mondiale, la corruption discrédite les services douaniers et les agents des douanes dans leur ensemble. Elle provoque aussi la diminution des recettes douanières. Au Tchad, la corruption gangrène l'administration des douanes et pose énormément de problèmes pour sa modernisation. Au regard de la corruption trop accentuée dans les services de la

---

[3]-Voir : article du Dr. Si Mohamed EL HAIL, responsable du Programme de développement des ressources humaines, Secrétariat de l'OMD, Exploiter le potentiel de la gestion des ressources humaines au sein des douanes sur le site suivant : https://mag.wcoomd.org/fr/magazine/omd-actualites-95-juin-2021/exploiter-le-potentiel-de-la-gestion-des-ressources-humaines-au-sein-des-douanes/

[4]- STEENLANDT(Marcel), DE WULF(Luc), Réformes douanières au Maroc, peut-on dégager des leçons pour une réforme plus vaste du service public ? .Op.cit, p.6.

[5]-Voir : article « comment une meilleure gestion des ressources humaines peut-elle accroître les recettes douanières ? » sur le site de la Banque Mondiale : https://www.banquemondiale.org/.[Consulté le 10/08/2019].

douane, le Tchad se met au vert. C'est-à-dire que le Tchad met en place un numéro vert pour lutter contre la corruption en composant le 700 pour alerter les autorités.

805. De tout ce qui précède, ces préoccupations énoncées ci-dessus seront abordées dans deux sections différentes. Dans la (**Section. I**), il convient de réfléchir sur des problèmes réels à la gestion des ressources humaines, à la communication et à l'organisation. Ensuite, la (**Section. II**), est consacrée à la question de l'instabilité et de la corruption dans l'administration des douanes au Tchad.

Section I.
Gestion des ressources humaines, communication et organisation

806. La gestion des ressources humaines a toujours été au centre des rapports établis par les institutions internationales, qu'elles soient techniques ou financières, s'intéressant aux réformes des douanes tchadiennes. Elles rencontraient souvent des difficultés qui n'étaient pas de nature à aider les douanes à se réformer au Tchad. Il est alors légitime de se demander pourquoi l'administration des douanes tchadiennes n'accorde-t-elle pas une importance fondamentale à la gestion des ressources humaines dans le processus de modernisation ? Doit-on également mentionner le manque de statut du personnel du cadre des douanes comme une difficulté dans la gestion des ressources humaines ?

807. Il convient, aussi, de s'inquiéter du manque d'infrastructures, de moyens matériels et financiers handicapant la bonne marche de réforme douanière au Tchad. Mais aussi, la question de communication entre les services douaniers et ses partenaires, ainsi que le manque de partage d'information, de contrôle hiérarchique ainsi que le problème de l'organisation interne du service : chacun de ces aspects doit attirer l'attention des autorités dans la mise en œuvre de la réforme douanière au Tchad. Mais la préoccupation immédiate qui s'y rattache est celle de savoir, comment les pondérer dans la mise en œuvre d'un projet de réforme douanière dans un pays comme le Tchad. Dans un premier temps, il apparaît nécessaire, d'aborder le problème de recrutement, nomination, affectation et communication (**Paragraphe. 1**), ensuite des difficultés liées à l'organisation interne de service (**Paragraphe. 2**).

§ 1.Recrutement, nomination, affectation et communication

808. Le recrutement, les nominations et affectations, et le dialogue entre la douane et ses partenaires au Tchad occupent une place prépondérante dans la modernisation des douanes de façon générale. Djeuwo MARCELLIN, disait que *« la douane ne peut se moderniser que si elle est animée par un personnel choisi avec soin et géré selon les règles de l'art*[6]». Si tel n'était pas le cas, la modernisation des douanes *« peut-être handicapée ou compromise*[7]*»*. Ces points

[6]- MARCELLIN(Djeuwo), La corruption dans le management des ressources humaines de l'administration douanière. Afrique contemporaine, 2/2009 (n° 230), p.55-67.

[7] -*Ibid.*

de vue ouvrent un débat ou une réflexion autour de la politique de gestion du personnel. Il s'agit d'un dilemme auquel se trouve, confronter le problème de gestion des ressources humaines dans les douanes tchadiennes.

809. Il sera abordé successivement les problèmes liés au recrutement, à la formation, aux nominations et aux affectations contournant les règles de l'art et dénoncés non seulement par les organisations internationales, mais aussi par des cadres professionnels. De plus, il est nécessaire de situer la place de communication entre les services douaniers et les partenaires dans ce processus.

A. Recrutement, formation, nomination et question du statut

810. Dans le fonctionnement de la plupart des administrations publiques en général, il est nécessairement prévu les recrutements, les formations, les nominations et les affectations des agents publics. Ce sont les principaux actes de gestion, des carrières administratives harmonieuses du personnel de l'État. Cette gestion de ressources humaines publiques touche également les domaines de promotions, de récompenses, de retraites et de liquidation des droits. Mais l'essentiel est d'orienter les réflexions sur ces actes, qui se posent contrairement aux règles applicables dans les services publics tchadiens, surtout en ce qui concerne les recrutements, les formations, les nominations et les affectations des douaniers.

811. Il s'agit d'aborder ici, la manière dont les agents publics sont recrutés en général dans la fonction publique tchadienne et particulièrement ceux recrutés par ce service et mis à la disposition du ministère des Finances pour servir les douanes. Toutefois, il y a tout de même un recrutement des agents, qui se fait directement par le ministère des Finances pour les envoyer à la douane.

812. La question de la formation dans un domaine spécifique comme la douane qu'il convient d'aborder est déterminante dans la construction d'une administration des douanes modernes. La qualité des agents mis à la disposition de l'administration des douanes et ne maîtrisant aucun outil douanier est problématique. Les difficultés se renforcent encore davantage pour la réforme douanière, par rapport aux nominations et affections des agents. Mais aussi, le manque d'un statut particulier des corps du personnel de la douane crée énormément des difficultés dans la gestion des ressources humaines, surtout au sein de l'administration des douanes tchadiennes.

1. Problèmes liés au recrutement et à la formation

813. Le recrutement à la fonction publique au Tchad *« est fondamentalement encadré par la constitution »*[8], par la loi n°017/PR/2001 portant statut général de la fonction publique et le Code du travail. Lorsque le recrutement se fait en fonction publique, d'une manière objective, cela donne une garantie sur la compétence des agents publics. Le développement de la performance de l'administration des douanes commence, d'abord, par le recrutement des hommes qualifiés. C'est en

[8]- NDOLOUM(Casimir), Des problématiques du système de recrutement des agents à la professionnalisation de la Fonction publique au Tchad. Master spécialité Administration et finances publiques, soutenu en juin 2018, Université de Strasbourg, École nationale d'Administration, p 15.

cela, qu'il faut déjà percevoir les difficultés de la réforme douanière liées à ce problème du recrutement.

814. En principe, les entrées dans les fonctions publiques passent, en général, par certains systèmes de recrutement pratiquement identiques de tous les pays africains. Mais dans la plupart des cas au Tchad, le recrutement se fait sur la base d'une étude des dossiers. C'est à ce niveau que se pose le vrai problème de qualification dans les douanes tchadiennes, affectant même négativement le progrès de la réforme douanière au Tchad. C'est aussi, dans le contexte, que la question de la formation est immédiatement soulevée. En réalité, un engagement dans une administration comme la douane nécessite une connaissance approfondie de ce domaine, non seulement pour acquérir la maîtrise de ce métier, mais aussi pour obtenir son efficacité.

a. Le recrutement

815. Dans beaucoup de pays africains, le concours externe (direct) ou interne (professionnel) reste le mode normal de recrutement. Toutefois, il convient d'ajouter d'autres modes de recrutement, qui se sont soldés tout simplement par des contrats publics. Précisément, au Tchad, même si la fonction publique prévoit le recrutement par voie de concours, ce principe n'est véritablement pas appliqué. Les agents publics sont actuellement recrutés par le ministère de la fonction Publique sur la base d'une étude des dossiers ou sans concours, qu'il s'agisse des fonctionnaires régis par un statut général, considéré comme les premières catégories d'agents publics ou des contractuels qui sont des agents publics des deuxièmes catégories.

816. Dans l'administration des douanes tchadiennes, il existe spécifiquement des agents des troisièmes catégories recrutés comme des décisionnaires[9], sur la base d'arrêtés du ministre des Finances. En principe, les décisionnaires sont recrutés comme personnel d'appui : plantons et secrétaires, dans les ministères du Tchad. De nos jours, ces décisionnaires deviennent des contractuels. Qu'il s'agisse des contractuels ou des décisionnaires, ils ne sont pas des fonctionnaires de l'État et sont recrutés sur la base d'un contrat d'emploi à durée indéterminée. Malheureusement, ce sont des voies par lesquelles beaucoup de douaniers non formés ont fait leur entrée à la douane. Il s'agit par exemple des combattants, des militants politiques et des interventions d'ordre social, etc., qui ont trouvé à ce niveau des issues pour bénéficier de ce recrutement. Il est alors réaliste de reconnaître que cette situation a favorisé de nombreux agents dans leur intégration à la douane sans qualification. C'est pourquoi, le rapport de l'OMD qui s'intéresse aux conditions d'entrée dans le secteur de l'administration douanière au Tchad, estime qu'il y existe des *« recrutements inappropriés d'agents, le plus souvent illettrés* [10]», autrement dit, c'est un recrutement sans compétence.

[9]-Communique officiel conjoint du ministre de la fonction publique, de l'emploi et du dialogue social et du ministre des finances et du budget sur le site suivant : http://www.finances.gouv.td/index.php/le-ministere/le-ministre/item/240-communique-de-presse-conjoint.

[10]- ZBINDEU(Bernard), DELATTRE (Richard) et KOFFI KOFFI(Frédéric), Rapport au gouvernement du Tchad concernant le diagnostic (COLOMUBS, Phase I) de l'organisation Mondiale des Douanes sur la mise en

œuvre du programme SAFE, (cadre de normes visant à sécuriser et à faciliter le commerce mondial), janvier-février 2011 au Tchad.

817. Selon Montagnat-Rentier GILLES et Parent GILLES, *« le ministère de la fonction publique est responsable du recrutement des nouveaux agents des douanes, qui s'effectue en général sans consultation préalable suffisante avec les administrations douanières* [11]*»*. Ce sont les problèmes réels et très sérieux qu'il faut classer aujourd'hui, parmi les vraies origines ou causes racine des difficultés de la réforme douanière au Tchad. Cette inquiétude oblige à réfléchir sur la question de la formation, qui devient extrêmement indispensable pour la réussite de la modernisation des douanes en général et particulièrement au Tchad.

b. La formation

818. La formation dont il s'agit ici est celle à travers laquelle une qualification est donnée à une personne lui permettant d'avoir accès à un emploi public. Dans beaucoup de pays, la formation fait partie des conditions principales qu'il faut réunir pour avoir accès à la fonction publique, en particulier pour certains postes auxquels la qualification est nécessaire. C'est aussi le cas du Tchad qui n'échappe aucunement à ce principe.

819. Dans la fonction publique tchadienne, en dehors du personnel d'appui, la formation fait partie des conditions de recrutement. Dans certains cas spécifiques, par exemple, les douanes, où les postes sont souvent très techniques, nécessitent encore davantage de formations professionnelles adéquates. Ces formations qui ouvrent les voies à l'acquisition de compétences professionnelles font partie des facteurs déterminants du diagnostic stratégique du programme Columbus de l'OMD. Dans ce cadre, le rapport de mission effectuée au Tchad, fourni par les experts de l'OMD, identifie clairement *« l'absence d'un système de formation initiale et continue à tous les niveaux*[12] *»*.

820. Il y a lieu de considérer l'absence de formation comme pré-requis à la prise d'un poste technique comme une entrave à la modernisation des douanes tchadiennes. Et dans le cas du Tchad, il y a, manque de volonté politique d'investir des moyens suffisants en matière de formation. C'est un manque de volonté, délibéré pour favoriser les nominations et affectations sans compétences ou formations.

2. Nominations, affectation et statut particulier

821. Si les nominations, tout comme les affectations, sont gérées selon les règles de l'art, elles peuvent contribuer efficacement à la modernisation des douanes. Puisqu'elles font partie des éléments des pistes pour l'amélioration des douanes, au cas où les procédures de la prise de ces actes sont transparentes.

---

[11]-_MONTAGNAT-RENTIER(Gilles) et PARENT(Gilles), Réforme et modernisation des douanes en Afrique subsaharienne francophone, 1995-2010, revue d'économie du développement, 2012/3 (Vol. 20), pages 105 à 146

[12]- ZBINDEU(Bernard), DELATTRE (Richard) et KOFFI KOFFI(Frédéric), Rapport au gouvernement du Tchad concernant le diagnostic (COLOMUBS, Phase I) de l'organisation Mondiale des Douanes sur la mise en œuvre du programme SAFE, (cadre de normes visant à sécuriser et à faciliter le commerce mondial), janvier-février 2011 au Tchad.

Toutefois, il convient de faire une distinction entre la nomination qui est un acte d'administration et l'affectation, un acte de gestion dans ces réfections.

822. La question du statut particulier des corps du personnel de la douane mérite d'être abordée, du fait qu'il soit absent dans le contexte de la modernisation douanière au Tchad. Les corps spécifiques des douanes sont déterminés par un statut. Ce statut crédibilise énormément les activités douanières et pose de nombreuses conditions pour l'appartenance à cette administration. Il détermine également de façon claire les conditions d'affectations et de nominations.

a. Nominations ou promotions

823. Les questions des nominations et des promotions dans l'administration des douanes au Tchad deviennent très préoccupantes, puisqu'elles ne sont pas organisées selon les règles de l'art. Mais alors, quelle signification donnée à la nomination suffisamment critiquée dans les douanes tchadiennes ? Il est très utile de comprendre la notion de nomination, surtout dans le cadre de ces travaux de recherche. De façon générale, les dictionnaires de français Larousse définissent cette notion comme une *« désignation, par une autorité, de quelqu'un à une fonction, à un emploi, à une dignité* [13]*»*. Elle se définit comme *« le fait d'être cité publiquement parmi les lauréats pour une récompense, un prix* [14]*»*, mais aussi comme *« un acte administratif unilatéral par lequel une autorité administrative investit un individu à un poste public* [15]*»*.

824. Une autre réflexion, qui rejoint la définition émise par Larousse, perçoit la nomination comme une *« désignation à une charge, une fonction, un emploi » ou encore comme l'« élévation à une dignité »*.[16] Sur le plan de l'administration proprement dite, Yves DESRICHARD en tant que spécialiste en administration des bibliothèques, considère que toute *« nomination dans un corps n'a qu'un caractère conditionnel. Le fonctionnaire est d'abord nommé en qualité de stagiaire, pour une période d'un an en général*[17] *»*. Cette compréhension de nomination, dans ce cas, est celle qui est également retracée dans les fonctions publiques en général. Il s'agit ici des règles en matière de nomination et de promotion décrites dans l'évolution de la carrière des agents de l'administration publique. Mais dans ce contexte, il faut aussi comprendre cette notion d'une autre manière.

825. Le terme *« nomination »* tel qu'utilisé ici renvoie davantage à la notion de *« promotion »*. Il désigne l'élévation à un poste supérieur[18] impliquant des fonctions plus importantes sur le plan hiérarchique ou en termes de responsabilités[19]. Les experts chargés d'une mission de diagnostic sur la réforme et la modernisation de l'administration douanière au Tchad ont observé que les

---

[13]-Voir : notion de « nomination » sur le site de Larousse suivant : http://www.larousse.fr/.[Consulté le 09/07/2018].

[14] -*Ibid.*

[15] - *Ibid.*

[16]-Voir : notion de « nomination » sur le site suivant : http://www.cnrtl.fr/.[Consulté le 09/08/2018].

[17]-Voir : cours d'administration des bibliothèques /Y. Desrichard / février 2009 Chapitre 3 : le personnel, préparation aux concours consultable dans le site suivant : www.cours-de-droit.net/.[Consulté le 10/08/2019].

[18]-Voir : notion de « promotion » sur le site suivant : https://www.cordial.fr/. [Consulté le 03/0/2018].

[19]-Voir : notion de « promotion » sur le site suivant : http://www.larousse.fr/.[Consulté le 02/09/2018].

nominations ou promotions au sein de cette administration manquent de transparence et sont rarement basées sur le mérite[20]. Ils ont noté qu'un grand nombre de promotions sont décidées par le gouvernement, par le biais de ses Ministres, sans se conformer aux lois et décrets en vigueur.

826. Les nominations ou promotions se font le plus souvent, pour la satisfaction, soit de la politique ou d'autres relations sociales. Un autre problème se pose, à l'administration des douanes. Il s'agit, d'un acte proche de la nomination qui soulève des difficultés pour mener à bien la réforme douanière au Tchad. Cela touche l'affection, voire mutation qui se ferait de façon anormale dans cette administration, entravant les processus de sa modernisation. Les experts de l'OMD, ont finalement évoqué ces problèmes, qui s'implantent abusivement, mais qui ne peuvent être mis officiellement sur la table, comme leur rapport établi. C'est dans ce contexte que les réflexions sont aussi orientées ces questions.

b. Affectations, mutations et absence d'un statut particulier

827. En abordant les notions d'affectations ou de mutation, cela permet d'établir une distinction entre ces deux termes. L'affectation est une mesure administrative, qui ne peut se confondre avec la mutation. Selon le glossaire de la commission de la fonction publique du Canada, *« l'affectation est un mouvement temporaire d'un fonctionnaire à un poste de même niveau au sein d'une organisation pour effectuer certaines tâches ou remplir les fonctions d'un poste existant, ou prendre en charge un projet spécial »*[21]. Une affectation est faite pour un poste de travail. Alors que dans le terme du service public français, *« la mutation consiste pour un fonctionnaire à changer d'emploi sans changer de grade, ni de corps ou de cadre d'emplois d'appartenance au sein de la même fonction publique*[22] *»*.

828. Une mutation[23] en administration est en fait un transfert d'un poste à un autre, qui intervient généralement à la demande de l'intéressé dans le cadre des mobilités des agents publics de l'État. Si dans le cas d'une affectation, le fonctionnaire affecté demeure titulaire de son poste. Pour la mutation, l'agent concerné par cet acte ne peut plus être considéré comme titulaire du poste qu'il occupait avant sa mutation. S'il faut en réalité s'intéresser aux différentes notions énoncées, c'est parce qu'il y a problème dans leur gestion au sein de l'administration des douanes tchadiennes. Ainsi, les experts de l'OMD, dans le cadre de leur mission de diagnostic, mettent l'accent sur les difficultés de la réforme des douanes liées à la mutation d'agents.

---

[20]- ZBINDEU(Bernard), DELATTRE(Richard) et KOFFI KOFFI(Frédéric), Rapport au gouvernement du Tchad concernant le diagnostic (COLOMBUS, Phase I) de l'organisation Mondiale des Douanes sur la mise en œuvre du programme SAFE, (cadre de normes visant à sécuriser et à faciliter le commerce mondial), janvier-février 2011.

[21]-Voir : « glossaire de la commission de la fonction publique » dans le site suivant : www.psc-cfp.gc.ca/.[Consulté le 10/02/2018].

[22]-Voir : au sujet de la « mutation d'un fonctionnaire » dans le service public français dans le site : https://www.service-public.fr/.[Consulté le 05/07/2018].

[23]-Selon le service public français La mutation constitue une forme de mobilité réservée aux fonctionnaires titulaires. Elle permet de changer d'emploi sans changer de corps ou de cadre d'emplois, et sans changer de grade, ni d'ancienneté. Cette mutation peut se faire soit à la demande du fonctionnaire ou de l'administration. Ces informations peuvent se consulter sur le site suivant : https://www.service-public.fr/.[Consulté le 09/07/2018].

829. Les experts de l'OMD, s'acharnent contre des mutations d'agents, beaucoup trop fréquentes et peu transparentes, souvent motivées par des facteurs extérieurs[24] tels que, les ingérences politiques et les relations sociales d'une manière qui s'opèrent dans l'administration des douanes tchadiennes, comme entraves à sa modernisation. Cette situation se développe, de la même manière, que dans les affectations. La question du manque de statut particulier des corps du personnel de la douane au Tchad, est soulevée pour démontrer que cela peut être à la base d'une mauvaise gestion des ressources humaines au sein de cette administration douanière. Si, les douaniers au Tchad, particulièrement, dépendent d'un statut spécial, cela peut aider à prouver le droit professionnel par rapport aux non-douaniers ou ceux qui s'introduisent dans ce domaine. L'application d'un tel statut, peut favoriser une bonne gestion des ressources en privilégiant *« la valorisation de la formation en tant que catalyseur de la performance en douane »*[25] ou faisant la promotion du corps spécifique de l'Administration des Douanes. Ainsi, une bonne gestion des ressources humaines repose sur un mode de gestion bien organisé, c'est-à-dire basé sur un corpus juridique important, répondant aux strictes contraintes réglementaires et légales[26] par exemple *« un statut particulier corps du personnel de la douane »* dont sa mise en œuvre est sollicitée par ces travaux de recherche.

830. Mais aussi, dans la continuité des problèmes des réformes des douanes tchadiennes, les experts ont bien voulu évoquer la question de communication entre la douane et ses partenaires. Les partenaires de la douane dont il s'agit sont des entreprises importatrices ou exportatrices. À ce sujet, l'OMD a toujours considéré que *« le succès des programmes de réformes passe par une communication »*[27]. Ce sont les conditions d'implantation des réformes douanières. Et pourtant, cet objectif ne pourrait pas être atteint dans l'administration des douanes tchadiennes.

B. Communication entre la douane et ses partenaires

831. La communication entre la douane et ses partenaires ne se développe pas positivement dans l'administration des douanes au Tchad, afin de mieux contribuer à sa modernisation. C'est une inquiétude réelle relevée officiellement dans le rapport des experts de l'OMD, alors que ce problème existe depuis fort longtemps.

832. Le rapport de l'OMD met l'accent sur le manque de communication de la douane avec ses partenaires. Ce manque de communication, suffisamment ancré dans les douanes tchadiennes, engendre des conflits relationnels, la démotivation, la perte des recettes douanières et bien d'autres problèmes, pouvant affecter non

---

[24]- ZBINDEU(Bernard),. DELATTRE(Richard) et KOFFI KOFFI(Frédéric), Rapport au gouvernement du Tchad concernant le diagnostic (COLOMBUS, Phase I) de l'organisation Mondiale des Douanes sur la mise en œuvre du programme SAFE, (cadre de normes visant à sécuriser et à faciliter le commerce mondial), janvier-février 2011.

[25]-Voir : nouveau statut pour les douaniers sur le site suivant : https://www.douane.gov.dz/.[Consulté le 05/07/2018].

[26]- DUVILLIER(Thibaut), Administration du personnel ou gestion des ressources humaines au sein de la fonction publique ? , *Pyramides*, 2 | 2000, 57-66.

[27] -Voir : orientations concernant les partenariats en douane - entreprises sur le site suivant : http://www.wcoomd.org/.[Consulté le 10/08/2019]

seulement le bon fonctionnement des services douaniers, mais aussi les entreprises importatrices et exportatrices.

1. Cause des conflits relationnels et de démotivation

833. L'OMD encourage fortement une amélioration des relations professionnelles entre la douane et le secteur privé, dans le cadre de la réforme et de la modernisation des douanes. Dans une déclaration, Kunio MIKURIYA, met l'accent sur l'importance de la coopération, et plus particulièrement la notion d'interdépendance entre les douanes et leurs partenaires[28]. Mais, une réflexion dans le cadre l'Observatoire des réglementations douanières et fiscales (ORDF), estime que *« si l'idée qu'il existe des convergences d'intérêts entre les entreprises et l'administration a conduit cette dernière à favoriser l'aide à la décision des opérateurs en mettant à leur disposition son expertise et à prendre en compte certains de leurs besoins spécifiques, l'ambition de faire de l'administration un véritable partenaire de l'entreprise ne peut que rester limitée par la persistance d'un déséquilibre structurel entre elles*[29] *»*.

834. L'ORDF fait découvrir deux formes de partenariat dans les relations douane-entreprise. Il s'agit de l'aide, qui doit être fournie par la douane, et des propositions, d'aménagements de la réglementation douanière faites par la douane en face de la mise en œuvre de certains mécanismes douaniers. Toutefois, un dossier spécial partenariat douane-entreprise de l'OMD, fait ressortir que *« si la douane travaille en interaction constante avec les entreprises, la forme que prennent les relations entre ces deux acteurs du commerce international varie de pays à pays selon la situation économique, la culture nationale, les impératifs politiques, les ressources et besoins opérationnels, etc.*[30] *»*.

835. Les positions exprimées ci-dessus, accompagnées de l'adhésion de ces travaux de recherche, démontrent réellement que, lorsqu'il y a manque de cette communication ou du dialogue entre douanes-entreprises, la modernisation des douanes se confronte à un problème d'évolution. Cela cause tout simplement des conflits relationnels entre la douane et le secteur privé, et peut-être est à l'origine par exemple des sources de démotivation.

a. Les conflits relationnels entre douane- entreprises

836. Une réelle coopération entre la douane et le secteur privé serait nécessairement importante pour accompagner la modernisation ou la réforme douanière. Cela est appelé partenariat douane-entreprise, un phénomène relativement récent, imposé par les orientations de l'OMD. Il s'agit d'un

---

[28]-Déclaration de Kunio MIKURIYA, Secrétaire général de l'Organisation mondiale des douanes à l'occasion de la Journée internationale de la Douane 2012. Consultable sur le site suivant : http://www.contrefacon-riposte.info/.[Consulté le 02/03/2018].

[29]-Voir : L'ouvrage d'ORDF, Les relations entre la douane et les entreprises face à l'évolution du commerce mondial, Observatoire des réglementations douanières et fiscales, mai 2006, France, p 8. L'ouvrage intitulé « les relations entre la douane et les entreprises face à l'évolution du commerce mondial » est l'œuvre collective des membres de l'Observatoire des réglementations douanières et fiscales. Il propose une réflexion objective et critique sur l'état des rapports entre les entreprises françaises, confrontées aux exigences de la mondialisation, et une administration en pleine mutation, aux prises avec des impératifs nouveaux et parfois difficilement conciliables. France.

[30] -OMD actualités – n° 61 – février 2010, p. 15.

partenariat qui s'établit conformément aux exigences de la douane du 21e siècle, développé par cette institution internationale en matière douanière.

837. La politique stratégique de l'OMD intitulée *« la douane au 21e siècle »*, inscrit le partenariat douane-entreprises, comme l'un de ses dix éléments constitutifs. Dans cette nouvelle perspective, la douane moderne se trouve dans l'obligation de communiquer avec ses partenaires, c'est-à-dire qu'elle est obligée de partager l'information, pour mieux coopérer.[31]

838. L'ORDF dans son ouvrage intitulé : les relations entre la douane et les entreprises face à l'évolution du commerce mondial[32], démontre que *« la qualité des relations qu'entretiennent les entreprises et l'administration des douanes dépend avant tout de leur capacité à se comprendre »*[33]. Cette compréhension permet à la douane, de faire connaître non seulement la complexité de sa réglementation à ses partenaires commerciaux considérés comme des créateurs de richesses, mais également de prendre en considération, la diversité de leurs aspirations, qui sont souvent sources de malentendus[34] ou conflits. Et c'est alors en suivant cette démarche logique, qu'il est possible d'éviter ces conflits relationnels.

839. Les conflits évoqués ci-dessus sont fréquemment causés par le manque de vulgarisation des textes douaniers aux usagers de la douane, la sensibilisation ou la formation qui ne sont pas organisées aux opérateurs économiques dans ce contexte. Il y a aussi la lourdeur administrative créée par certains comportements peu collaboratifs des douaniers à l'égard de leurs partenaires qui est considérée comme source de ces conflits. Dans ce contexte, le rapport d'étude de l'OMD démontre que *« les agents en douane remplissent généralement le rôle d'intermédiaire entre les entreprises et la douane lors des procédures de dédouanement. Par leur connaissance de la législation douanière et des processus douaniers et en raison de leur expérience professionnelle de la chaîne logistique, les agents de douane peuvent être utiles à la fois aux entreprises et aux douanes*[35] *».* Ce sont de nouvelles contraintes de l'environnement international douanier qui imposent aux services douaniers, en général, d'instaurer un climat de confiance entre eux et leurs partenaires qui sont les importateurs et exportateurs.

840. Le manque de communication ou dialogue entre la douane et le secteur privé, peut non seulement créer des conflits relationnels ou de la méfiance, mais aussi installe une démotivation ou stress, empêchant ses partenaires d'être à sa disposition pour lui fournir des renseignements utiles.

b. Démotivation

841. Si les rapports entre les services douaniers et ses usagers sont dominés par des incompréhensions permanentes, il est fort possible que cela affecte négativement le partenariat souhaité entre la douane et ses partenaires. Un tel

---

[31]-Voir Édito de Zéphirin LTOKI, communiquer, partager l'information pour mieux coopérer. Édition direction générale des douanes et des droits indirects, espace douanes magazine n°20 Congo, Brazzaville, 2014

[32]-ORDF, Les relations entre la Douane et les entreprises face à l'évolution du commerce mondial, mai 2006, France.

[33]-ORDF, Les relations entre la douane et les entreprises face à l'évolution du commerce mondial, Observatoire des réglementations douanières et fiscales. *Op. cit.*, p. 13.

[34] -*Ibid.*

[35]-Rapport d'étude de l'OMD sur les agents en douane, Organisation mondiale des douanes, septembre 2015,

comportement, peut-être l'origine d'une démotivation ou découragement pouvant mettre les agents commerciaux, dans une situation de *« stress »*. Philippe RODET disait que *« lorsque le stress augmente, la motivation diminue*[36] *»*. Ainsi, l'une des conséquences directes, est celle qui amène, les agents commerciaux à se refuser une franche collaboration avec la douane. Cela pose encore énormément de problèmes, lorsque ce découragement les amène à se refuser de donner leur adhésion aux changements induit par la réforme douanière engagée. Dans ces conditions, l'administration douanière peut perdre certaines informations de ses partenaires, quelquefois très utiles en faveur de sa réforme.

842. Les démotivations proviennent des conflits entre douanes et entreprises, ses collaboratrices. Aujourd'hui, de nombreuses entreprises, en difficulté avec la douane à cause du manque de sincères collaborations, auraient abandonné leurs activités. En réalité, lorsqu'il y a une mésentente ou de la méfiance très constante entre la douane et ses partenaires, cela créait des conséquences se ressentant sur la perte des recettes douanières. Et dans ces conditions, les partenaires s'adonnent au jeu de rétention des informations utiles pour la douane, dans le cadre de sa modernisation. Il s'agit par exemple des informations concernant le réseau de la fraude et de la contrebande. Malheureusement, il n'existe aucune structure prévue par les textes pour gérer ces conflits et dans ce contexte.

2. Conséquences du manque de communication

843. Il arrive souvent qu'il y ait une mésentente entre la douane et ses partenaires qui sont des entreprises privées. Cette mésentente peut quelques fois perdurer au point d'instaurer des relations conflictuelles[37]permanentes. Une telle situation peut occasionner des pertes énormes en matière douanière. Elle empêche aussi la douane, d'obtenir certaines informations utiles de la part de ses partenaires.

844. Mais aujourd'hui, dans le cadre des réformes douanières, l'OMD prône pour un renforcement du partenariat entre douanes et entreprises. Ce partenariat crée un climat de confiance et développe un cadre de dialogue permanent entre la douane et ses partenaires du secteur privé sur le plan national.

a. Conséquences : perte des recettes douanières

845. Les autorités douanières ont véritablement intérêt à mettre l'accent sur une collaboration très étroite et franche avec les entreprises. C'est ce qui se passe aujourd'hui dans beaucoup de pays où ils optent pour la modernisation de leurs administrations douanières. C'est le cas, par exemple de la Direction générale des douanes et des droits indirects (DGDDI) en France, qui poursuit son effort de modernisation en l'appliquant au secteur des « opérations commerciales », expression par laquelle est désignée la partie des services consacrée à

[36]-Voir : article de RODET(Philippe), stress, démotivation au travail : passer d'un cercle vicieux à un cercle vertueux ! , sur le site suivant : https://www.focusrh.com/. [Consulté le 04/04/2018.p.1.

[37]-Nathan Associates, Guide pour la modernisation de la douane, programmes d'opérateurs économiques agréés, Agence américaine pour le développement international (USAID), mars 2010, Tchad, p. 6.

l'accompagnement douanier des opérations, d'importation et d'exportation[38] tout en considérant que les usagers les plus importants de la douane sont d'abord les grandes entreprises.

846. La collaboration entre la douane et ses partenaires, est utile et indispensable. C'est par exemple grâce à cette collaboration, qu'il a été mis en place au Sénégalais un Programme de Partenaires privilégiés (PPP) par décision n°381 DGD/DFPE/BREP du 17 juin 2011 portant instruction cadre sur le programme, instruction cadre sur le programme de partenaires privilégiés. Ce programme *« vise à maximiser les résultats de l'administration et des partenaires qui seront des entreprises citoyennes, fortement conscientes des besoins de l'État et désireuses de développer en synergie avec l'administration, les meilleures pratiques et à développer un partenariat public-privé fondé sur l'éthique, la confiance, la transparence et l'efficacité dans l'action*[39] ». À l'inverse, lorsqu'il y a crise de confiance entre la douane et ses partenaires, où les relations ne sont pas du tout aménagées, l'administration des douanes s'attend toujours à tirer les conséquences négatives dans le recouvrement.

847. La crise abordée ici peut provenir de la lourdeur administrative empêchant un dédouanement rapide, des coûts financiers très élevés de dédouanement, des agissements sur le traitement des infractions douanières[40] sans aménagements. Toutes ces tracasseries créent également énormément de problèmes pour le recouvrement, compte tenu du temps mis, et obligent quelquefois certains opérateurs économiques à opter pour la fraude. Les autres cas des conflits énumérés ci-dessus peuvent notamment participer à la diminution des recettes douanières. Il s'agit des conflits créés par le manque de collaboration franche entre la douane et le secteur privé abordé précédemment. Mais aussi, d'autres conséquences qu'il faut en tirer sont celles qui amènent les opérateurs économiques à retenir des informations utiles pouvant aider pourtant la douane dans la réalisation de ses missions.

848. Toutes ces inquiétudes relevées, ne peuvent-elles pas pousser la douane tchadienne à mettre en place un programme ressemblant à celui du Sénégal ? C'est un cadre de concertation entre la douane et le secteur privé, qui peut aider la douane tchadienne non seulement à mieux collaborer, mais aussi à mieux contrôler ce secteur.

b. Problème de rétention des informations utiles

849. Une bonne collaboration avec les entreprises permet à la douane d'obtenir certaines informations sur les activités suspectées auprès de ses partenaires. Ces

---

38-CAILLETEAU(François), Mission d'audit de modernisation : rapport sur le traitement douanier des grands opérateurs du commerce international, France : Inspection générale des finances n° 2006-M-034-02- Juin 2006 - .*Op. cit.*p.1.

39-Programme de partenaires privilégiés (PPP) par décision n°381 DGD/DFPE/BREP du 17 juin 2011 portant instruction cadre sur le programme, instruction cadre sur le programme de partenaires privilégiés, p.3.

40-Kam Yogo, E. D. (2009). Le droit douanier de la communauté économique et monétaire de l'afrique centrale à l'épreuve des règles de l'organisation mondiale du commerce. Revue québécoise de droit international / Quebec Journal of International Law / Revista quebequense de derecho internacional, 22(1), 27–51. https://doi.org/10.7202/1068705ar. *Op. cit.*pp. 27-51

partenaires peuvent valablement apporter aux services douaniers des informations utiles par rapport à l'introduction de marchandises interdites, telles que les armes de guerre, les explosifs, munitions et les matériels connexes, les drogues et les produits stupéfiants, à l'entrée et à la sortie. Mais si la douane n'établit pas une véritable coopération avec ces agents commerciaux, elle ne peut avoir suffisamment d'informations sur les importations et les exportations illégales.

850. L'apport du secteur privé dans l'édification d'une douane professionnelle, peut se décliner en plusieurs actions : la suggestion à l'État des actions concrètes à entreprendre, la participation à la confection des textes et de la réglementation, la mise à la disposition de l'administration de son expertise sur des questions données. La collaboration ainsi décrite peut se faire à travers l'institution d'un cadre de dialogue et d'un partenariat secteur public-secteur privé impliqué dans le commerce international.

851. En effet, le partenariat dont il s'agit doit être très bénéfique non seulement pour la douane, mais aussi pour ses partenaires. Selon Martyn DUNNE, *« il n'y a donc aucun doute que la coopération et la collaboration avec les entreprises sécurisent les échanges, favorisent l'efficacité et permettent de mieux faire respecter la loi »*[41]. C'est dans ce souci de mettre en place ce cadre de concertation que l'exemple du Programme de Partenaires privilégiés (PPP) du Sénégal était visé. À travers cette coopération, les deux parties s'entendent dans une démarche de transparence, d'accélérer les activités à la frontière et de faciliter les échanges. Dans ces conditions, il est possible de conscientiser les partenaires de la douane pour qu'ils évitent par exemple de payer *« le prix d'une livraison lente et imprévisible, de formalités douanières onéreuses, et même d'opportunités commerciales perdues*[42]*»*.

852. Pour donner une longue vie aux entreprises nationales, la douane a un grand intérêt de soutenir ses partenaires privés, à faire face à la concurrence ou à la compétition, qui ne peut plus se limiter aux seuls nationaux à travers des actions concrètes, telles que : réduction des délais et des coûts liés aux opérations douanières et aux exigences documentaires ; soutien à la compétitivité des entreprises en accordant des facilitations commerciales. Toutes ces difficultés, évoquées comme entraves à la réforme, sont réelles, puisqu'elles existent. Mais à côté d'elles, il en existe encore, qu'il faut tenir compte. C'est par exemple des problèmes liés à l'organisation interne du service.

§ 2.Problèmes liés à l'organisation interne de service

853. La réforme des douanes au Tchad rencontre actuellement des défis inhérents à la structure interne du service. Ces difficultés sont principalement liées aux problèmes d'infrastructures, de moyens matériels, de méconnaissance des textes dus à un manque d'information, de contrôle hiérarchique et à l'introduction des outils informatiques modernes, entre autres. Il est également pertinent de noter les nombreux actes administratifs affectant l'organigramme ou l'organisation du

---

[41]-OMD actualités – n ° 61– février 2010.Op.cit. p.16.

[42]-Synthèses : coûts et avantages de la facilitation des échanges, OCDE, 2005.p.1.

service, pouvant être à l'origine de l'instabilité ou des obstacles rencontrés dans la structure interne du service. Ces actes seront examinés dans le cadre de cette réflexion, en se concentrant spécifiquement sur l'organisation des services douaniers.

854. Les problèmes d'infrastructures, qui devraient être pris en compte sérieusement dans la réforme douanière en cours, semblent être négligés dans les actions prioritaires de l'Administration des douanes au Tchad. Ils sont souvent négligés et même dans les réformes douanières engagées, au profit de la réflexion sur le capital humain et d'autres préoccupations. Les réformes douanières engagées n'ont pas seulement besoin de réunir les conditions d'infrastructure, mais aussi de répondre de façon urgente aux besoins matériels, immédiats et de motivation des agents.

A. Problèmes des infrastructures, des moyens matériels et démotivation

855. Les problèmes des infrastructures, des moyens matériels et de motivation se posent avec acuité. Les infrastructures de l'administration des douanes au Tchad sont dans un état très précaire. Un pays qui se lance dans la modernisation douanière doit mettre en place des infrastructures adéquates pour mieux accueillir cette opération. Mais il faut toutefois que la notion des *« infrastructures »* soit comprise. Le rapport des experts de l'OMD a ébauché les difficultés liées à la question de ces infrastructures, qu'il faut tenir compte dans le contexte de la modernisation douanière.

856. Les problèmes des moyens matériels et de motivation sont autant de préoccupations qu'il faut aussi aborder dans ce projet de modernisation des douanes d'une manière générale. Les conditions matérielles de travail sont, en réalité, une composante principale des éléments de motivation de tout travailleur. Au Tchad, ces difficultés, perçues visiblement, ne sont pas de nature à donner un coup de pouce à ce projet.

1. Les infrastructures et moyens matériels dans la réforme douanière

857. La planification de la modernisation des infrastructures douanières devient aujourd'hui une préoccupation d'ordre général. Mais il est indispensable de s'interroger sur quel genre d'infrastructures faut-il offrir pour la modernisation douanière ? Il faut également mettre l'accent sur les besoins en moyens matériels ou en équipements dans ces opérations de réformes douanières. Mais de quels moyens matériels s'agit-il ?

858. Pour le cas spécifiquement des réformes douanières au Tchad, les problèmes des infrastructures et des moyens matériels ou des équipements préoccupent, non seulement, les cadres douaniers concernés, mais aussi les experts de l'OMD, qui ont pu les signaler dans leur rapport.

a. Problèmes des infrastructures

859. Les problèmes d'*« infrastructures »* doivent être mis au jour dans le contexte de la modernisation douanière. Il s'agit d'aborder, ici, la capacité des investissements consacrés aux infrastructures[43]dans une opération, comme la réforme et la modernisation des douanes. Les organisations internationales ont toujours accordé une importance à ces problèmes d'*« infrastructures »,* qui sont indispensables pour la réussite des réformes douanières en général. Malheureusement, ces problèmes se posent avec acuité aux pays africains d'une manière générale, et particulièrement au Tchad. C'est la raison pour laquelle les experts de l'OMD les ont évoqués dans leur rapport de mission.

860. Il convient ici d'aborder la question des infrastructures proprement dite dans cette opération de réforme douanière. Certes, le mot infrastructure, *« est présent dans plusieurs champs de connaissances[44] ».* Mais pour ce sujet, il convient de se limiter tout simplement à la question des infrastructures, intéressant la réforme douanière. C'est pourquoi l'accent doit être mis premièrement sur la construction des infrastructures. Il s'agit, de la mise à disposition d'infrastructures sociales par l'État, se justifiant par la nécessité de préserver la santé morale du travailleur.

861. Il faut également développer les infrastructures douanières dans d'autres domaines : infrastructures de télécommunications, infrastructure de l'information, infrastructures organisationnelles, infrastructures administratives appropriées. Il s'agit de façon brève d'ensemble des installations, des équipements de base, permanents qui conditionnent[45] le fonctionnement de la réforme douanière. Toutes ces démonstrations donnent des inquiétudes sur le grave déficit en infrastructures dans le secteur des douanes au Tchad, ne pouvant véritablement pas contribuer à l'amélioration de leurs modernisations. Il y a aussi les problèmes des moyens matériels ou des équipements, qu'il ne fallait pas perdre de vue dans ces opérations de modernisation.

b. Problèmes des moyens matériels ou équipements

862. Les moyens matériels ou les équipements, renforcent énormément les ambitions de la réforme et de la modernisation des douanes. Il s'agit surtout des moyens et des équipements de gestion et de contrôle pouvant aider à la facilitation des échanges commerciaux. L'accent est mis sur les moyens d'automatisation des procédures qui garantissent la fiabilité et la transparence dans les transactions douanières et commerciales et de contrôle. Aujourd'hui, il s'agit d'engager les douanes modernes sur les voies de l'informatisation douanière, des scanners et des matériels de surveillance modernes, qui permettent, non seulement de formaliser rapidement le dédouanement des marchandises, mais aussi d'endiguer le commerce informel aux frontières. Les moyens matériels et équipements tels que par

---

[43]- ALVERGNE(Christel), Le défi des territoires. Comment dépasser les disparités spatiales en Afrique de l'Ouest et du Centre, Paris : Éditions Karthala-PDM 2008, PDM (Cotonou), p.161.

[44] - BITOUGA (Bernard Aristide), Construction des infrastructures sociales pour les Bakola/ Bagyelli et incidence sur la coexistence avec les Bantou: contribution à une ethno-anthropologie du conflit, Université de Yaoundé I Cameroun - Master en anthropologie 2011.

[45] -Voir : notion d'infrastructure sur le site suivant : https://www.cnrtl.fr/.[Consulté le 10/08/2019].

exemple : ordinaires, groupes électrogènes à cause des coupures intempestives, scanners, logiciels, photocopieuses, mobilier, font alors partie des priorités dans l'accompagnement du processus de modernisation de l'administration douanière, y compris les moyens de transport qui sont aussi nécessaires.

863. Il faut, en principe, réunir les conditions citées précédemment, telles que moyens matériels, financiers et ressources humaines, pour aborder une bonne modernisation douanière. Malheureusement, il a été constaté, que ces conditions ne sont pas réunies dans le cadre de la réforme douanière engagée au Tchad. Il faut s'en rendre compte de ce constat, à partir de la publication du rapport des experts de l'OMD qui démontre, avec conviction, que la douane tchadienne n'en dispose pas assez des moyens. Autrement dit, le processus de la modernisation douanière engagée au Tchad éprouve des difficultés faute de moyens pour atteindre ses objectifs. À ces difficultés s'ajoutent les problèmes de motivation et le manque d'une culture facilitatrice des échanges commerciaux, qu'il faut aborder.

2. La question de motivation et de manque d'une culture facilitatrice des échanges commerciaux

864. L'objectif n'est pas de comprendre le terme « motivation « dans ses différentes significations, mais surtout de s'intéresser à celle qui se lie au travail. Il s'agit de la motivation au travail[46].Ainsi, une définition assez intéressante de cette notion a été donnée par Jean-Pierre Olivier de SARDAN dans un rapport réalisé pour le haut-commissariat à la modernisation de l'État. Il considère le terme *"motivation"* dans un langage quotidien comme *"de prime, indemnité et encouragement financier*[47] *"*.Mais dans ce contexte, il s'agit de la motivation qui pouvait être comprise, comme des récompenses accordées aux douaniers méritants[48].

865. À côté de leur satisfaction sociale, les douaniers ont besoin de se préparer l'esprit à accepter une culture facilitatrice des échanges commerciaux, dans la préparation de la modernisation douanière. Selon l'OMD, il s'agit de *« construire une culture de l'intégrité* [49]*»* au sein de l'administration des douanes. C'est-à-dire, *« adopter des textes, des normes et des règles contraignantes et prendre des sanctions lorsqu'elles s'imposent sont des conditions nécessaires mais pas suffisantes. En parallèle, adopter une approche proactive de l'intégrité basée essentiellement sur le facteur humain* [50]*»*. Certaines pratiques, entretenues par les douaniers, ne sont pas de nature à faciliter les échanges commerciaux, alors que la

---

[46]- MAUGERI(Salvatore), Théories de la motivation au travail, Paris : 2e éd,.Dunod, 2013,

[47]- OLIVIER DE SARDAN (Jean-Pierre), La routine des comportements non observant au sein des services publics Nigériens, connaître la culture bureaucratique pour la reformer de l'intérieur, rapport réalisé pour le haut-commissariat à la modernisation de l'État (HCME) avec l'appui de la coopération française.(PROJET MEDEN : modernisation et décentralisation au Niger) Mars 2004, p.41.

[48]- LOKO (Théodore C.), Chapitre 2 Le Bénin, p.30. À consulter dans ce site : / www.dcaf.ch/. [Consulté le 08/09/2018].

[49]-Voir Construire une culture de l'intégrité sur le site suivant : http://www.wcoomd.org/.[Consulté le 10/08/2019].

[50] -*Idem*

facilitation des échanges commerciaux est cruciale dans les exigences de la réforme douanière.

a. Motivation, facteur de performance ou de bon rendement dans l'administration des douanes

866. Les motivations font partie des facteurs qui peuvent amener les salariés, à s'impliquer dans la structure qui les emploie[51]. Selon Hyacinthe SARASSORO, la motivation est une *"propension pour un individu à orienter son action vers certains objectifs et à engager une partie de son énergie et de ses ressources à la réalisation de ces objectifs"*[52]. Un article d'Amity CLEMENCE, définit la motivation, surtout au travail, *"simplement comme le goût qu'un individu a à faire son travail, la mesure dans laquelle il s'y implique, la persévérance et la continuité de l'effort qu'il consent"*[53]. Il faut mobiliser les réflexions de façon beaucoup plus précise, vers la motivation des fonctionnaires du ministère des Finances et précisément concernant les agents des douanes, dans le cadre des réformes douanières.

867. Annie HONDEGHEM et Myriam PARYS démontrent que, *"dans les organisations qui s'appuient de manière intensive sur le facteur humain (comme les administrations publiques), il est généralement admis que le bon fonctionnement de l'organisation dépend en premier lieu de la qualité et de la motivation de ses employés. Un personnel motivé est d'une importance capitale afin de garantir la qualité du service public*[54]*»*. En considérant l'importance de la motivation dans le ministère des Finances, et exactement, dans les administrations des douanes, mais aussi, en sachant désormais qu'elle peut être à l'origine de la réussite d'une réforme douanière, cela a conduit à savoir quelles sont les sources de motivation ?

868. Dans beaucoup de pays africains et surtout dans la zone francophone où les réformes douanières sont engagées, le facteur de motivation apparaît comme l'une des solutions qui participent à l'encouragement du personnel de la douane en général. Il s'agit des avantages financiers ou non-financiers accordés pour encourager ce personnel, afin d'éviter la corruption, considérée comme une mauvaise pratique au sein de cette administration. Selon Marcellin DJEUWO, *"le choix de la nature de la motivation du personnel est essentiel dans la réussite de la réforme (reconnaissance publique, lettres de félicitation avec inscription dans le dossier personnel de l'agent, publication dans le journal de la douane du nom des meilleurs fonctionnaires ayant réalisé les contrats, etc.)*[55]*"*. D'autres auteurs

---

[51] - FOTSO(Yannick), Quels sont les facteurs qui peuvent amener les salariés à s'impliquer dans la structure qui les emploie ? Université de Lille 2, faculté d'ingénierie et management de la santé (ILIS), master management et gestion des structures médico-sociales et sanitaires, année universitaire 2016 – 2017.

[52]-In les infractions à la déontologie dans la fonction publique en Afrique, CAFRAD n°25 1985

[53]-Voir : article d'Amity CLÉMENCE, « la motivation, la clé de la réussite d'entreprise » sur le site suivant : https://redbooth.com/.[Consulté le 11/11/2018].

[54]- HONDEGHEM(Annie) et PARYS(Myriam), La motivation des fonctionnaires du Ministère des Finances, *Pyramides*, 4 | 2001, 75-92.

[55] - DJEUWO(Marcellin), La mesure de la performance des administrations fiscales et douanières dans les pays en développement : Quels enseignements pour les praticiens ? Quelles futures orientations pour la recherche. Clermont-Ferrand 12 et 13 juin, 2014.

proposent la revalorisation du statut des agents des douanes, l'octroi des primes de rendement dans leur activité. L'accent doit être mis, en fait, sur les aspects financiers de la motivation dans les réformes douanières.

869. Au Tchad, les agents des douanes, en particulier ceux œuvrant au sein des services centraux, rencontrent des obstacles dans la perception de leurs indemnités financières désignées sous l'appellation de fonds communs, prévues à titre incitatif par la réglementation douanière. Regrettant le manquement à ces éléments moteurs d'ordre financier, les experts de l'Organisation mondiale des douanes (OMD), lors d'une mission diagnostique au Tchad, réclament davantage d'attention à cet égard, notamment pour les agents des services centraux. En l'absence de moyens coercitifs à leur disposition, ces requêtes restent lettre morte et n'exercent aucune influence sur les autorités douanières. Cette situation suscite une profonde frustration chez les agents et s'avère décourageante quant à l'exercice déterminé de leurs fonctions afin d'assurer un rendement optimal au sein d'une administration douanière moderne au Tchad. Après avoir identifié les obstacles liés aux facteurs motivants, il convient donc d'aborder la problématique du déficit en matière de promotion d'une culture favorisant les échanges commerciaux, comme mentionné précédemment.

b. Manque d'une culture facilitatrice des échanges commerciaux

870. La facilitation des échanges est un sujet complexe et porteur d'avantages potentiels pour les entreprises, comme pour les gouvernements aux niveaux national, régional et international[56]. Elle est considérée comme un concept qui s'impose de plus en plus aux douanes modernes. Ce concept s'impose comme un défi à relever par les douanes, tant dans les procédures de dédouanement que dans les contrôles douaniers aux frontières. Il doit donc s'appliquer comme une culture dans l'esprit de chaque douanier, et tout en comprenant que cela accompagne, nécessairement, la performance des douanes en réalisant ses objectifs de recouvrement des recettes publiques. Malheureusement, dans l'esprit des douaniers dans les pays africains en général, particulièrement au Tchad, les douaniers ont tendance à privilégier plutôt leurs intérêts personnels, en piétinant l'importance dc la facilitation des échanges. À cet effet, cette question brûlante des conflits d'intérêts a été abordée par l'Équipe de droit public de Lyon, précisément par Guillaume PROTIERE. Selon Guillaume, *"le conflit d'intérêts est avant tout un conflit, c'est-à-dire une contradiction marquée entre des intérêts contradictoires et inconciliables. Une telle précision, loin d'être un simple truisme, permet de distinguer le conflit d'intérêts du cas de la simple opposition d'intérêts. Seuls sont en effet combattus les véritables conflits d'intérêts tandis que ce qui peut apparaître comme une simple opposition est tolérée : le conflit d'intérêts est donc une contradiction d'une certaine intensité*[57] ". En rapport avec ce point de vue, la Commission de réflexion pour la prévention des conflits d'intérêts dans la vie publique, démontre que l'*« idée de "conflit" implique que [les] intérêts privés et*

---

[56]-Conférence des Nations unies pour le commerce et le développement : notes techniques sur les mesures de facilitation du commerce. Nations unies, New York et Genève, 2011. p. 1.

[57]- PROTIERE(Guillaume). Les conflits d'intérêts en droit public Les conflits d'intérêts, novembre 2011, Fort-de-France, France. pp.115-138. ffhal-00823917,p 4

leur influence potentielle sur les intérêts publics présentent une intensité suffisante pour pouvoir être regardés comme de nature à susciter un doute raisonnable sur l'impartialité de la personne concernée[58]*».* Selon l'analyse développée par Emmanuelle LAVALLEE, Mireille RAZAFINDRAKOTO, François ROUBAUD sur ce qui engendre la corruption : une analyse microéconomique de données africaines, *« la corruption est traditionnellement, définie comme le détournement de fonctions exercées dans la sphère publique à des fins personnelles et privées »*[59].

871. D'après les analyses des experts de l'Organisation mondiale des douanes dépêchés au Tchad dans le cadre de la mission de diagnostic, il est constaté un déficit en matière de culture favorable aux échanges commerciaux au sein de l'administration douanière tchadienne. Les agents des douanes sont davantage motivés et influencés par des intérêts personnels, à l'image de leurs homologues dans d'autres nations africaines. Ils accordent peu d'importance aux efforts requis pour atteindre les véritables objectifs de modernisation douanière. Leur intérêt se porte principalement sur la corruption, favorisant ainsi la fraude et d'autres pratiques délétères. Comme le soulignent Thomas CANTENS, Gaël RABALLAND, Nicholas STRYCHACZ et Tchapa TCHOUAWOU, ces comportements observés au sein des administrations douanières *« découragent et entravent les échanges*[60] *»,* engendrant des répercussions néfastes sur l'économie dans son ensemble.

872. En dehors de ces difficultés persistantes qui entravent la voie de la modernisation des douanes, il convient également de noter le déficit d'information, le manque de supervision hiérarchique et les obstacles à l'intégration des technologies informatiques modernes. Les divers aspects des problèmes douaniers, identifiés tant par les cadres douaniers que par les critiques, constituent une préoccupation majeure pour les experts de l'OMD actuellement en mission au Tchad.

B. Problèmes d'information, de contrôle hiérarchique et d'informatiques modernes

873. Il convient d'aborder aussi les différents types de problèmes liés au manque d'information. Il s'agit d'une dénonciation du manque d'information sur les activités de la douane au Tchad. Il y a également des problèmes liés au contrôle interne et à l'introduction du système informatique moderne, qu'il faut aborder.

874. Les divers problèmes à aborder dans ce contexte sont également identifiés par le rapport des experts de l'OMD comme des obstacles à la modernisation douanière au Tchad. Leur présence ne favorise pas la réforme douanière au Tchad.

---

[58]-Commission de réflexion pour la prévention des conflits d'intérêts dans la vie publique, Pour une nouvelle déontologie de la vie publique, 26 janvier 2011, p. 16.

[59]- LAVALLEE(Emmanuelle), RAZAFINDRAKOTO(Mireille), ROUBAUD (François), Ce qui engendre la corruption : une analyse microéconomique sur données africaines, Revue d'économie du développement, vol. 18, no. 3, 2010, pp. 5-47.

[60]- CANTENS(Thomas), RABALLAND(Gael), STRYCHACZ(Nicholas) et TCHOUAWOU (Tchapa.), Réforme des douanes africaines : les résultats des contrats de performance au Cameroun. Afrique – Notes de politique commerciale. Banque mondiale, 2010.p.1.

1. Manque d'information et de contrôle hiérarchique

875. Il est important de savoir que l'information est la matière première qui alimente le fonctionnement des organisations en général. Par conséquent, lorsqu'il y a manque d'information dans un domaine comme la douane, cela peut engendrer par exemple les méconnaissances des textes par ses partenaires et créer certaines distances entre ces deux camps.

876. La question du contrôle hiérarchique, qui est souvent négligée, doit être mise en valeur dans le contexte de la réforme et de la modernisation douanière. Certes, elle a été abordée dans un cadre théorique précédemment, mais il faut qu'elle soit comprise pratiquement.

a. Manque d'information

877. Le déficit d'informations se traduit par une absence de données. Dans ce contexte, pourquoi priver les partenaires douaniers d'accès aux informations relatives aux textes douaniers ? Au Tchad, il est constaté que les textes douaniers sont peu communiqués à leurs collaborateurs. Ce manque d'information contribue à une méconnaissance de ces textes de la part des partenaires pour qui ils ont été élaborés. Pourquoi ne pas envisager la publication de ces informations sur internet ?

878. La méconnaissance des textes, par les partenaires de l'administration des douanes, constitue une source des difficultés majeures pour un service public, comme la douane, qui est appelée à entretenir un contact permanent avec ses usagers dans le contexte de sa réforme et de la modernisation. Dans ces genres de contacts, les partenaires de la douane ont l'obligation de chercher à connaître les lois et les règlements douaniers, un domaine dans lequel ils sont condamnés à y mener leurs activités à titre professionnel.

879. La prise de connaissance de ces textes permet aux partenaires de la douane de s'organiser pour mieux les respecter. La meilleure connaissance et le respect des textes douaniers permettent aux partenaires de la douane, d'éviter une confrontation litigieuse avec elle et de veiller au respect de leurs limites d'intervention dans les activités douanières. Mais en réalité, cela apparaît comme un progrès, face aux exigences de la modernisation des douanes. Puisque désormais, les douaniers se rendent compte qu'ils font face à des partenaires responsables et crédibles, qui connaissent leurs devoirs et obligations et qui peuvent même aider la douane dans ses missions de recouvrement. Il faut alors comprendre que la méconnaissance des textes douaniers ne favorise pas une bonne mutation de l'administration des douanes. Mais aussi, il y a un problème au sujet du contrôle hiérarchique, dont il faut encore y revenir dans cette réflexion.

b. Problème de contrôle hiérarchique

880. La notion du contrôle hiérarchique, abordée dans ces réflexions, est soulevée par le rapport des experts de l'OMD au Tchad. Le contrôle hiérarchique pouvait être considéré comme *« un dispositif de contrôle hiérarchique formalisé par une directive interne*[61]*»*. Selon le guide de contrôle hiérarchique, *« tout*

[61]-Ministère de l'équipement des transports de l'aménagement du territoire du tourisme et de la mer, « contrôle hiérarchique, guide méthodologique d'élaboration d'un dispositif ».Lire sur le site suivant : http://bibliotheque.pssfp.net/.[Consulté le 17/07/2018].

responsable a une responsabilité de contrôle hiérarchique. Cette responsabilité concerne la qualité, la gestion et les résultats de son activité ainsi que la régularité et la sécurité des personnes[62]*»*. Dans ce type de contrôle, chacun se trouverait subordonné à une autorité hiérarchique ou supérieure, à l'exception évidente de celui qui se trouve au sommet de cette hiérarchie très supérieure.

881. Cette pratique de contrôle hiérarchique, instaurée par la loi n°017/PR/2001 relative au statut général de la Fonction publique, classifie les divers organes en fonction de leur niveau d'autorité et de leurs compétences respectives. Ainsi, l'investiture des autorités du pouvoir hiérarchique permet à un supérieur, situé au sommet de la hiérarchie, d'établir les orientations essentielles influençant les décisions prises au sein d'une administration. Il énonce des instructions sous forme de circulaires ou de directives, définit les comportements, les sanctions et fait répartir les tâches. Le supérieur détient le pouvoir d'annulation, mais aussi celui de modification, de suspension et d'approbation[63] des décisions. Ce contrôle hiérarchique découle du principe hiérarchique selon lequel un subordonné doit obéir à son supérieur, sauf en cas d'évidence manifeste quant à l'illégalité de l'ordre donné portant atteinte à un intérêt public majeur. Les fonctionnaires ou agents publics se trouvant dans une position statutaire et réglementaire vis-à-vis de l'administration sont tenus d'honorer les principes du pouvoir hiérarchique.

882. Si le contrôle hiérarchique est effectivement exercé, de nombreuses sanctions telles que l'avertissement, le blâme, la retenue de traitement, l'exclusion temporaire des fonctions, l'abaissement d'échelon et même le licenciement peuvent être appliqués aux agents qui s'adonnent à des activités contraires aux objectifs de l'organisation des douanes. Ainsi, ce contrôle peut notamment s'appliquer dans le cadre de la lutte contre les pratiques déviantes qui pourraient s'y développer. Malheureusement, selon les spécialistes de l'OMD, il apparaît que le contrôle hiérarchique n'est pas pleinement mis en œuvre pour sanctionner les agents des douanes impliqués dans ces pratiques délétères. D'autres défis à relever dans ce contexte pourraient également concerner les questions liées à la structure fonctionnelle traditionnelle des douanes et à l'intégration des technologies informatiques modernes dont les impacts demeurent largement méconnus.

2. La conciliation avec l'introduction de l'informatisation douanière

883. L'introduction des systèmes informatiques modernes[64] dans les administrations des douanes, pose énormément de problèmes. Il s'agit des problèmes d'utilisation et d'adaptation, car pour abandonner une méthode traditionnelle pour la remplacer par celle considérée comme moderne, il faut nécessairement passer par un apprentissage, une transformation d'esprit, dans un nouvel environnement du travail[65].

62-*Ibid.*

63-Voir : article le « contrôle administratif », sur le site suivant :http://www.lemondepolitique.frl/.[Consulté le 01/06/2018].

64-OCDE, Études de l'OCDE sur la politique commerciale, surmonter les obstacles à la frontière, coûts et bénéfices de la facilitation des échanges. OCDE – 2009, p.204.

65- STEENLANDT(Marcel), DE WULF(Luc), Pragmatisme et efficacité, philosophie d'une réforme réussie, Banque Mondiale, septembre 2003, p.19. Voir Chapitre III

884. Les méthodes traditionnelles des opérations douanières développées, il y a longtemps, dans les administrations douanières d'une manière générale, et particulièrement en Afrique, deviennent de plus en plus obsolètes. Le traitement des déclarations en douane[66] par exemple, se réalise avec lenteur dans le processus de dédouanement. Ce retard ne facilite pas les échanges commerciaux, alors qu'il faut créer des conditions d'adaptation des procédures de dédouanement à la mondialisation des échanges[67]. Comme ces méthodes traditionnelles doivent être abandonnées au profit de l'informatisation des opérations de dédouanement, quels sont les moyens qu'il faut réunir pour l'application de ces systèmes informatiques ?

a. Les pesanteurs de l'organisation traditionnelle des douanes

885. Dans l'organisation fonctionnelle traditionnelle des douanes africaines, il était convenu que l'ancien processus de dédouanement avait énormément de défauts. Dans un rapport établi sur les douanes marocaines, toutes les démonstrations tendaient à montrer que ce *« processus de dédouanement était long, fastidieux et souvent imprévisible[68] »*.Il fallait alors tenir compte des exigences du commerce international. Mais, jusqu'à aujourd'hui, cet ancien processus de dédouanement est encore opérationnel dans certains bureaux des douanes africaines de façon générale et précisément au Tchad. Ce processus introduit une déclaration manuelle, non connectée au système informatique et dans le circuit, elle est remise aux agents des douanes pour son traitement. Ensuite, il faut obligatoirement que les autres opérations telles que la vérification des marchandises, la liquidation et l'acquittement des droits et taxes et l'enlèvement des marchandises s'ensuivent de cette manière.

886.À côté du processus de dédouanement jugé long et fastidieux, il convient d'aborder les problèmes statistiques rencontrés dans le domaine du commerce extérieur, notamment en ce qui concerne la gestion des déclarations. Il semble que les statistiques relatives aux déclarations automatisées[69] soient mieux maîtrisées que le traitement manuel des documents douaniers[70], souffrant de lacunes dans leur prise en charge par les services douaniers. Ces difficultés ne peuvent être pleinement résolues qu'à travers l'intégration du système informatique. Dans l'ensemble, ces obstacles persistent au sein de l'administration douanière au Tchad et entravent véritablement son processus de modernisation.

b. L'apport de l'informatisation

887. L'introduction des systèmes informatiques modernes entraîne un bouleversement total dans les activités du secteur de la douane. Ceci s'explique par la nécessité actuelle de progressivement délaisser l'ancienne méthode

---

[66]-La déclaration en douane? Recouvre les notions de déclarations en détail? et sommaire.

[67]-THILLIER(Jean-Michel), L'adaptation des procédures de dédouanement à la mondialisation des échanges, *Annales des Mines - Réalités industrielles,* 2015/4 (Novembre 2015), p. 78-81. DOI : 10.3917/rindu1.154.0078. URL : https://www.cairn.info/revue-realites-industrielles-2015-4-page-78.htm

[68]-Voir : Douanes pragmatisme et efficacité philosophie d'une réforme réussie sur le site suivant : https://www.douane.gov.ma ».

[69]-Fonds d'affectation spéciale pour les négociations sur la facilitation du commerce Note technique n°. 3 Utilisation de systèmes douaniers automatisés, janvier 2011

[70]-*Ibid.*

impliquant une déclaration non connectée, afin de se tourner vers un nouveau système qui se distingue par la connexion de la déclaration en douane. Face à l'informatisation[71] des procédures douanières, les agents des douanes sont appelés à se former pour avoir une certaine capacité pour la maîtrise de cet outil informatique moderne, doté d'une haute technologie.

888. Particulièrement, au Tchad, les analyses des experts de l'OMD ont révélé que la maintenance d'une organisation fonctionnelle traditionnelle et l'introduction de certains moyens très modernes (SYDONIA) ont entraîné une superposition de procédures et un certain désordre dans l'organisation[72]. Il apparaît également que les possibilités offertes par le système informatique de dédouanement SYDONIA ++, disponible au Tchad, ne sont exploitées que partiellement. Cependant, avec la migration de SYDONIA ++ vers SYDONIAWORD, est-il possible d'atteindre la mise en œuvre d'un système jugé plus moderne ?

889. Les modules pour la prise en charge des marchandises, pour l'enregistrement des constats de vérification, pour la sélectivité et l'analyse de risque ne sont toujours pas utilisés, malgré les multiples interventions du FMI, de la Banque mondiale et de l'UE. Dans ces initiatives louables que prend l'administration des douanes dans le but de conduire vers la modernisation, il est indispensable qu'elle aménage encore davantage le secteur informatique et de la télécommunication.

890. En plus de tous les problèmes évoqués ci-dessus, se présentant comme entraves à la modernisation des douanes au Tchad, il faut enfin insister sur la question de l'instabilité, tant au niveau du poste de directeur général des douanes qu'au niveau de l'organisation douanière[73]. Mais aussi, le problème de l'enracinement de la corruption[74] dans cette administration est préoccupant qu'il faut bien évoquer. Elle se manifeste dans les services douaniers au *« quotidien*[75] *»* par rapport à l'administration en général. La corruption est favorisée dans ces services, à cause des activités mobilisatrices des recettes menées de façon fréquente. Les intérêts de l'État sont sacrifiés au profit de certains douaniers qui trouvent leur compte dans l'enrichissement illicite à partir de la corruption. Cette inquiétude pousse Nassirou BAKO-ARIFARI à démontrer que « *certains services étatiques, notamment la douane, qui consiste en l'implication, par les agents des douanes, d'une série d'acteurs saprophytes et d'agents supplétifs "informels" avec*

71-Voir : informatisation des douanes sur le site suivant : http://tfig.unece.org/FR/contents/customs-automation.htm[consulté le 12/04/2018].

72-cf. Rapport de M. Bernard ZBINDEU, M. Richard DELATTRE et de M. Frédéric KOFFI KOFFI au gouvernement du Tchad concernant le diagnostic (COLOMUBS, Phase I) de l'organisation Mondiale des Douanes sur la mise en œuvre du programme SAFE, (cadre de normes visant à sécuriser et à faciliter le commerce mondial), janvier-février 2011.

73-Il s'agit ici de l'organisation des services douaniers au Tchad qui se composent des services centraux et extérieurs ou déconcentrés.

74- JOHNSTON(Michael), Corruption et démocratie : menaces pour le développement, possibilités de réforme. Revue Tiers Monde, vol. 41, n° 161, corruption, libéralisation, démocratisation (janvier-mars 2000), pp. 117-142.

75-Voir : Politique africaine, La corruption au quotidien. Éditions KARTHALA, Paris, n° 83 – octobre 2001, trimestriel. Rédaction Université Paris-I. Centre d'études juridiques et politiques du monde africain.

lesquels ils entretiennent des relations d'alliance segmentaire tendant à une certaine institutionnalisation et à la pérennisation de la corruption[76] *»*

Section II.
L'instabilité et la corruption

891. L'administration des douanes au Tchad est bouleversée par une instabilité au niveau du poste de directeur général des douanes. Cette instabilité est aussi instaurée de façon permanente dans l'organisation de cette administration. En plus, il faut relever que les douanes tchadiennes sont atteintes par la corruption, qui sévit dans l'administration publique africaine[77] d'une manière générale et s'installe en profondeur dans l'administration des douanes au Tchad.

892. Le problème de l'instabilité, surtout au niveau du poste de Directeur Général des Douanes, est une réalité au Tchad et est préjudiciable aux réformes douanières. Cette situation ne permet pas aux directeurs généraux qui se succèdent brutalement de faire un bon suivi dans le temps du plan de réformes douanières. Ils sont également obligés d'accélérer une série de nominations ou d'affectations dans ce secteur, sans tenir des intérêts de services. Ainsi, il est nécessaire d'aborder la question de cette instabilité dans le poste du directeur général de l'organisation douanière au Tchad (**Paragraphe.I**) et les *« mauvaises pratiques »* comme sources de difficultés dans la réforme douanière au Tchad (**Paragraphe. .II**).

§1.Instabilité dans les postes de l'organisation douanière

893. Une instabilité notoire s'installe dans les nominations au poste du directeur général des douanes et dans l'organisation des services douaniers au Tchad. Cette question est évoquée pour démontrer que cette instabilité constitue une source des difficultés dans la réforme douanière engagée sur le territoire tchadien. Puisqu'elle est considérée comme facteur retardateur, de la même manière que la corruption, dans la modernisation des douanes. Ainsi, un agent nommé comme directeur général n'en a pas pour longtemps pour son occupation. Il ne peut avoir suffisamment de temps pour mettre en œuvre ses ambitions en faveur de la modernisation douanière. Par exemple, de la période qui commence de 1994 jusqu'au 2019, il y a eu 20 directeurs généraux qui se sont succédé au poste de directeur général des douanes au Tchad. Parmi ces directeurs, certains n'ont pas reçu des formations douanières adéquates. Il leur faut absolument assez de temps pour maîtriser le fonctionnement de l'administration des douanes, alors qu'ils n'en ont qu'une courte durée pour l'occupation de ce poste.

894. L'administration des douanes du Tchad est également sujette à une certaine instabilité dans l'organisation de ses services. Les services douaniers au Tchad font l'objet d'une réorganisation continue par le biais de décrets et

[76]-Politique africaine, la corruption au quotidien. *Op, cit* p 38.

[77]- CAMERON(Robert), L'administration publique en Afrique. Introduction. Dans Revue internationale des sciences administratives 2010/4 (vol. 76), pages 637 à 643

d'arrêtés. Il est question des décrets suivants : le n°215 de 2002, le n°141 de 2003, le n°781 de 2006, le n°1818 de 2012, le n°1312 de 2014, le n°002 de 2018, le n°086 de 2019 et des arrêtés : le n°136 de 2005, le n°186 de 2007, le n°174 de 2015, le n°067 de 2016, le n°029 de 2018, le n°078 et enfin le n°878 tous deux datant également de l'année en cours. Ces actes récurrents ont un impact considérable sur les services douaniers au Tchad. Certains services sont abolis tandis que d'autres émergent à nouveau. Cette situation contraint les agents à quitter leurs postes antérieurs pour occuper des fonctions nouvelles et plus responsables. Par exemple, la Direction des affaires pétrolières a été successivement supprimée par l'arrêté n°029, rétablie par l'arrêté n°078 pour finalement être une nouvelle fois abrogée par l'arrêté numéro 878. Cette cessation brutale perturbe non seulement la prestation du service mais aussi la stabilité des postes occupés par les agents. En conséquence directe de ces bouleversements ou suppressions administratives, tant le directeur technique que son adjoint ainsi que les chefs divisionnaires et ceux des services sont tout simplement remerciés.

895. Dans ce contexte, il convient d'aborder l'organigramme de la douane au Tchad pour le comprendre dans sa généralité. Il s'agit de prendre connaissance de l'organisation actuelle des services douaniers. Ces services sont réorganisés sur la base du nouvel arrêté n°878/MFB/DGM/DGSDDI/2019 du 24 mars 2019 et dirigés par un directeur général, assisté d'un adjoint. L'administration des douanes tchadiennes se divise en deux grands services : services centraux et extérieurs.

A. Services centraux de la douane au Tchad

896. Les services centraux se composent des directions techniques et des services rattachés. Tous ces services entourent le directeur général, nommé par décret et assisté d'un adjoint pour accomplir les missions de l'administration générale de la douane. Le directeur général des douanes, même s'il a sous sa haute responsabilité l'entière direction générale, fait partie des structures des services centraux. Ses lourdes tâches sont celles qui sont attribuées de façon générale à la direction générale des douanes et qui doivent s'exécuter au titre de compétence, qui s'étend à l'ensemble du territoire.

897. La Direction Générale des Douanes, un organe décisionnel habituellement établi dans la capitale du Tchad, a pour vocation de superviser, d'animer et de suivre les activités des différentes directions techniques et services affiliés, tous considérés comme des entités centrales. L'ensemble de la Direction Générale des Douanes est chargé de veiller à l'application rigoureuse de la législation et de la réglementation douanières ainsi que des règles régissant les échanges internationaux. Ses missions incluent également la surveillance des frontières, la répression de la fraude, l'établissement des droits et taxes douaniers, la gestion comptable des opérations douanières et l'analyse statistique des données douanières. Plus concrètement, l'ensemble des services centraux sont regroupés au sein du département de l'Administration Générale des Douanes. Les directeurs techniques sont nommés par décret, tandis que les responsables des services affiliés sont désignés par arrêté.

1. Directions techniques

898. La compréhension de la notion de la direction technique pourrait être indispensable, alors qu'il est difficile de donner une définition stricte la concernant. Mais d'une manière simple, il faut comprendre la notion de la direction technique comme le sommet de la hiérarchie de fonctions spécialement techniques dans une administration publique ou une entreprise. Elle est chargée de gérer l'ensemble des activités et des ressources techniques de cette administration ou entreprise. Elle est dirigée par un directeur technique, qui prépare, organise, coordonne et contrôle l'ensemble des moyens humains et matériels du service. Au Tchad, d'une manière générale et particulièrement, dans l'administration des douanes et selon la structure organisationnelle, les directions techniques sont sous la responsabilité du directeur général se trouvant au sommet hiérarchique de cette administration douanière.

899. Ainsi, dans l'administration douanière au Tchad, l'avant-dernier arrêté n°029 ne comptabilisait que quatre (4) directions techniques : direction des études, de la législation et du contentieux, direction de la surveillance et de la répression de la fraude, direction de dédouanement du bétail et direction de la comptabilité et des statistiques du commerce extérieur. Alors que le dernier arrêté n°878, en compte sept (7) avec un groupement spécial de surveillance et de répression de la fraude.

a. Études, législation, contentieux, comptabilité, statistiques, affaires pétrolières et dédouanement

900. Quatre (4) directions techniques peuvent se distinguer ici, les unes des autres. Chacune intervient pour assister le directeur général dans son domaine spécifique suivant :

- **La direction des études, de la législation douanière et du contentieux,** restée sans changement jusqu'à aujourd'hui, a pour responsable un directeur technique, assisté d'un adjoint. Elle dispose de trois divisions : division de la législation, de la réglementation douanière et de la coopération internationale, division des études et des régimes particuliers, privilégiés, suspensifs et économiques et division du contrôle a posteriori et contentieux douanier ;
- **La direction de la comptabilité et des statistiques du commerce extérieur,** restée pour le moment intacte sans changement, est dirigée par un directeur technique, assisté d'un adjoint. Elle se compose de trois divisions : division de la comptabilité, division des statistiques du commerce extérieur et de la comptabilisation des exonérations douanières et division du suivi des recouvrements et des poursuites ;
- **La direction des affaires pétrolières,** supprimée par l'arrêté n° 029 et réhabilitée par l'arrêté n° 078, est placée sous l'autorité d'un directeur technique, assisté d'un adjoint. Elle dispose de trois divisions et des bureaux de rattachement : division des études et du suivi des exonérations pétrolières, division de l'inspection itinérante et de la lutte contre la fraude des produits pétroliers et division de la comptabilité, des statistiques et des affaires pétrolières ;

- **La direction de dédouanement du bétail,** restée jusqu'alors sans changement, se trouve sous la responsabilité d'un directeur technique, assisté d'un adjoint. Elle comprend actuellement trois divisions et des bureaux de rattachement : division du suivi et du contentieux du bétail, division de l'inspection itinérante et division de la comptabilité et des statistiques du bétail.

b. Informatique, modernisation, renseignement, enquêtes, formation, perfectionnement, groupement spécial de surveillance

901. Il existe quatre directions techniques à ce niveau. Elles sont aussi créées pour assister le directeur général, dans l'accomplissement de ses missions. Ces directions techniques agissent dans les domaines spécifiques suivants :

- **La direction de l'informatique et de la modernisation,** nouvellement créée par l'arrêté n° 078, est placée sous la responsabilité d'un directeur technique, assisté d'un directeur technique. Elle fonctionne en son sein avec six divisions : division systèmes et exploitations, division réseaux, sécurité et informatique interne, division support, division études, développement et maintenance du système, division des équipements technologiques et gestion interne et division de la facilitation et des procédures simplifiées ;
- **La direction du renseignement et des enquêtes douanières,** nouvelle création de l'arrêté n° 078, se trouvant sous l'autorité d'un directeur technique, assisté d'un adjoint. Elle fonctionne avec ses trois divisions et des implantations territoriales : division du renseignement et de l'analyse des risques, division des enquêtes douanières et division du suivi et du contrôle des exonérations ;
- **La direction de la formation et du perfectionnement,** supprimée entre-temps par l'arrêté n°029, réapparaît sous l'arrêté n° 078 actuellement. Elle est placée sous la responsabilité d'un directeur technique, assisté d'un adjoint. Et doit fonctionner avec deux divisions : division de la formation initiale et division de la formation continue ;
- **Le groupement spécial de surveillance et de répression de la fraude,** anciennement appelé sous l'arrêté n°029, **direction de la surveillance et de la répression de la fraude,** est placé sous l'autorité d'un commandant, assisté adjoint. Elle comprend un commandement central, une compagnie de la protection et de sécurité, une compagnie fluviale, une compagnie d'intervention rapide et des compagnies provinciales. Comme il a été signalé, à côté de ces directions techniques fonctionnent des services rattachés qui collaborent directement avec le directeur général des douanes.

2. Services rattachés

902. Les services rattachés sont des collaborateurs directs du Directeur Général des Services des Douanes et des Droits Indirects. Ils assistent le directeur général dans la limite de leurs compétences au Tchad. L'administration des douanes comptait sous l'arrêté n°029 huit services rattachés, mais aujourd'hui, ils sont au nombre de dix. Ils ne dépendent d'aucune direction technique, sauf du directeur général. Ils se distinguent par leurs domaines spécifiques.

903. Les services rattachés dans l'organigramme de l'administration douanière au Tchad, interviennent dans plusieurs domaines : secrétariat, personnel, pool des conseillers, inspection des services extérieurs, finances, matériels, transmissions, maintenance, gestion automobile, antenne des douanes tchadiennes de Douala et bureau des douanes KOME-KRIBI. L'antenne des douanes tchadiennes de Douala est née de l'accord relatif à l'assistance administrative mutuelle entre les douanes tchadiennes et les douanes camerounaises en matière de sécurisation du transit signé le 24 août 2016. Selon l'article 1er de cet accord, *« la partie camerounaise marque son accord pour la création et l'opérationnalisation à Douala d'une antenne avancée des dédouanements des marchandises en provenance ou à destination de la République du Tchad dénommée*[78] *»*, ci-après *« **Antenne** »*. Ainsi, il s'agit d'un accord *« signé par les deux parties concernant l'implantation d'une antenne des Douanes tchadiennes au port de Douala*[79] *»*. Concernant le bureau des douanes tchadiennes KOME-KRIBI, il est spécialisé dans le dédouanement du pétrole brut tchadien à l'exportation. Ce pétrole brut, extrait au Tchad, est exporté à travers KOME KRIBI 1 marine terminal au Cameroun, vers les marchés mondiaux. Un *« pipeline sous-marin s'étend du terminal au ravage*[80] *»*.

a. Secrétariat, division du personnel, pool des conseillers et de l'inspection des services des douanes

904. Les services rattachés à la direction générale des douanes au Tchad, abordés ici, se comptabilisent au nombre de cinq. Ils assistent le directeur général dans la limite de leurs attributions suivantes :

- **Le secrétariat de la direction générale** est placé sous l'autorité d'un chef de service. Il se compose de : bureau d'accueil et d'orientation, bureau de courrier et d'archives ;

- **La division du personnel,** anciennement appelée division des ressources humaines et de la formation, est dirigée par un chef de division. Elle comprend : service du suivi de la gestion administrative du personnel, service de préparation des actes administratifs et de la gestion des carrières du personnel ;

- **Le pool des conseillers** est plus proche du directeur général, car les membres sont directement ses conseillers. Les conseillers choisis parmi les inspecteurs des douanes expérimentés ont le rang et les prérogatives des directeurs techniques ;

- **L'inspection des services des douanes,** prévue dans l'organisation des services douaniers, est placée sous l'autorité d'un inspecteur des douanes expérimenté, assisté d'un adjoint. L'inspecteur des services des douanes est placé au même rang que le directeur technique et avec les mêmes prérogatives ;

- **La division de la communication et des relations publiques,** appelée anciennement division de la communication, est placée sous la responsabilité d'un chef de division. Elle est composée de : service de communication interne, service de communication externe et numérique.

---

[78]-Voir : accord relatif à l'assistance administrative mutuelle entre les douanes tchadiennes et les douanes camerounaises en matière de sécurisation du transit signé le 24 août 2016.

[79]-Voir : COOPERATION DOUANIERE délégation des douanes tchadienne en visite de travail avec la Douane Camerounaise à Douala sur le site suivant : https://finances.gouv.td/.[Consulté le 13/04/2018].

[80]-Voir : Terminal maritime Kome Kribi 1 (ExxonMobil) sur le site suivant : http ://wikimapia.org/.[Consulté le 13/04/2018].

b. Division financière, du matériel, des transmissions, de maintenance, de gestion automobile, antenne des douanes tchadiennes de Douala et bureaux des douanes KOME-KRIBI I

905. Dans cette étape d'étude concernant les services rattachés, il faut distinguer cinq autres services. Ils assistent aussi le directeur général dans des domaines précis :

-**Division financière et du matériel** est placée sous la responsabilité d'un chef, assisté d'un adjoint. Elle se compose de : service chargé du budget, service de matériel et service comptable ;

-**Division des transmissions,** nouvellement créée, est placée sous l'autorité d'un chef de division, assisté d'un adjoint. Elle est composée de : service d'exploitation radio, service technique radio, service de programmation radio, service de fils téléphoniques et service de gestion de matériels de communication ;

-**Division de maintenance et de gestion automobile,** nouvellement créée, est placée sous l'autorité d'un chef de division, assisté d'un adjoint. Elle est composée de : service de parc automobile, service de garage automobile et de tôlerie et service de gestion de matériel automobile ;

-**Antenne des douanes de Douala** au Cameroun, prévue par le nouvel arrêté n° 078, doit disposer d'une organisation et d'un fonctionnement qui sont fixés par un texte spécifique ;

-**Bureau des douanes KOME-KRIBII,** prévu par l'arrêté n°136 du 2005 avant d'être supprimé, est encore réhabilité par le nouvel arrêté n°078.Il était dirigé par un chef de bureau, nommé en principe par un arrêté du ministre des Finances. C'est un bureau spécialisé chargé du dédouanement des produits pétroliers à l'exportation qui prenant départ à Komé pour un acheminement vers le terminal maritime de Kribi[81]qui est autrement appelé terminal Komé-Kribi 1(KK1).Le bureau des douanes à Komé –Kribi1 en question organise ses opérations douanières autour de barils de pétrole brut et doit en principe rendre directement au directeur général des douanes et des droits indirects. Comme annoncé, du coté des services centraux abordés, il faut orienter les réflexions sur les services déconcentrés.

B.Services déconcentrés

906. Les services décentralisés des douanes au Tchad concernent les circonscriptions provinciales des douanes. Il convient également de souligner l'importance des bureaux, postes et brigades au sein d'une circonscription. Ces entités mènent leurs activités dans le cadre de la division générale de l'administration douanière, où les bureaux des douanes sont catégorisés dans la division des opérations commerciales, tandis que les postes et brigades relèvent de la division de la surveillance douanière.

81-TULIPE(Simon), Le bassin tchadien à l'épreuve de l'or noir. Réflexions sur la « nouvelle donne pétro-politique en Afrique centrale , *Politique africaine*, vol. 94, no. 2, 2004, pp. 59-81.

907. Selon Pierre GEVART, « *l'administration centrale élabore la politique du gouvernement et met en place les conditions générales de son exécution*[82]». Il revient à des« *unités administratives de terrain, sous l'autorité du préfet, de permettre leur exécution pratique*[83]». C'est une explication qui se situe dans un contexte général. Mais en s'appliquant spécifiquement au cas des douanes, les unités administratives de terrain correspondent aux services déconcentrés. Ces méthodes administratives permettent à l'administration des douanes de s'organiser dans un cadre territorial.

908. Les services déconcentrés, dans l'administration douanière, concernent donc les circonscriptions provinciales, les bureaux des douanes, les brigades et les postes. Mais tous ces services sont coordonnés par les circonscriptions.

1. Les circonscriptions provinciales des douanes

909 Selon l'article 105 de l'arrêté n° 078 « *le territoire douanier de la République du Tchad est divisé en sept (7) circonscriptions provinciales dont les zones d'action peuvent s'étendre sur tout ou partie d'un ou de plusieurs provinces administratives. En cas de besoin, le ministre des Finances et du Budget peut créer ou supprimer un ou plusieurs circonscriptions douanières* ». L'essentiel, ici, est de comprendre de façon brève le fonctionnement d'une circonscription.

910. Les circonscriptions douanières régionales sont instaurées dans le cadre du renforcement de la déconcentration des administrations publiques en général, au Tchad. Elles sont chargées de promouvoir la politique de l'Administration des Services des Douanes et des Droits Indirects du Tchad, au niveau provincial.

a. Pourquoi une circonscription provinciale des douanes ?

911. Dans de nombreux pays aujourd'hui, au niveau de l'administration régionale, les représentants directs de la direction générale sont des directeurs régionaux. Au Tchad, l'ancienne appellation des chefs des circonscriptions régionales, en tant que proches collaborateurs du directeur général, reste toujours en vigueur. Ce sont des autorités territoriales déconcentrées représentant directement celui-ci. Il existe alors sept circonscriptions territoriales au sein desquelles opèrent les bureaux et postes de douane.

912. Placée sous l'autorité d'un chef de circonscription, assisté d'un adjoint, une circonscription anime et coordonne les activités de tous les bureaux, postes et brigades des douanes de sa zone. Elle intervient dans la lutte et la répression contre la fraude et la contrebande. Elle fait une étude sur les dossiers de contentieux et des statistiques douanières. Elle informe la direction générale sur l'évolution de ses activités et dans sa limite territoriale. Une circonscription comprend un service administratif et un service de contrôle différé.

---

[82]- GEVART(Pierre), Le président de la République et les institutions françaises. Paris, Éditions L'Étudiant, 2007, p. 53

[83] -*Idem*

b. Lien entre circonscription avec les bureaux, postes et brigades des douanes

913. Les pouvoirs étendus de la circonscription régionale s'exécutent administrativement dans le but, non seulement de mettre en œuvre les directives pertinentes[84] de l'administration centrale, mais aussi de mobiliser de façon importante les recettes au profit du Trésor. C'est pourquoi, en tant que branche de l'administration générale et coordonnatrice des activités douanières d'une région, elle doit encadrer les bureaux, postes et brigades des douanes relevant de sa zone pour répondre à ce besoin principal.

914. Une circonscription centralise tous les renseignements et rapports de toutes les activités des bureaux des douanes, des postes et des brigades des douanes, pour faire un rapport d'ensemble et l'envoyer à la direction générale pour compétence.

2. Les bureaux, postes et brigades des douanes

915. Selon l'article 108 de l'arrêté n° 078, *« les bureaux, brigades et postes des douanes ouverts en application des articles 58 et 61 du Code des douanes fonctionnent dans le cadre des circonscriptions régionales »*. Ils sont des services mobilisateurs des ressources financières. Les bureaux mobilisent ces ressources à travers le dédouanement des marchandises, mais aussi les postes et les brigades ne mobilisent ces ressources qu'à travers la lutte contre la fraude et la contrebande sur l'ensemble du territoire.

916. Le bureau de douane est le lieu où les formalités douanières sont accomplies. Il s'agit des formalités douanières à l'importation ou à l'exportation. C'est pourquoi il existe les bureaux des douanes d'entrée et de sortie. Les bureaux d'entrée reçoivent les marchandises qui arrivent à destination et qui sont soumises à ces formalités. Alors qu'un bureau de sortie est chargé d'engager les opérations douanières pour les marchandises qui quittent le territoire douanier. Les postes et brigades sont considérés comme des services actifs de la douane, chargés de la surveillance douanière sur l'ensemble du territoire.

a. Les bureaux des douanes

917. Dans le langage douanier, les bureaux des douanes appartiennent aux branches des opérations commerciales. Les agents travaillent en civil, suivent et contrôlent des opérations du commerce international, particulièrement le dédouanement des marchandises. Les bureaux de douane s'exercent d'une part aux frontières, dont les aéroports y font partie, d'autre part à l'intérieur du territoire douanier d'un pays. Selon l'article 57 du Code des douanes, les formalités douanières ne peuvent être accomplies que dans les services de douanes. Toutefois, des dérogations à cette règle peuvent être accordées par décision du directeur national des douanes. Le Tchad disposait d'environ 70 bureaux de douane sur son territoire[85]. Il faut distinguer les bureaux de plein exercice des bureaux secondaires des douanes.

---

[84]-OCDE : examens de l'OCDE de la réforme de la réglementation. La réforme de la réglementation en Danemark. OCDE 2000, p.279.

[85] -Source : WT/TPR/S/285 • TCHAD, consulter en bas de page n°42

918. Au Tchad, les bureaux des douanes sont classés en deux catégories. Il s'agit des bureaux de plein exercice et des bureaux secondaires. Au sein d'un bureau des douanes, il existe une brigade commerciale chargée sous la responsabilité du chef de bureau, de la prise en charge et l'écore des marchandises, de surveiller les magasins et les moyens de transport, de contrôler les enlèvements et de rechercher, constater et réprimer les infractions douanières. Les bureaux des douanes de plein exercice concernent ceux qui reçoivent toutes les formalités douanières, c'est-à-dire, il s'agit des bureaux ouverts à tous les régimes douaniers.

919. En règle générale, les directeurs des bureaux de plein exercice sont désignés par un décret du ministre des Finances. Les bureaux secondaires des douanes sont de plus en plus nombreux au Tchad par rapport aux bureaux de plein exercice, parfois désignés comme bureaux principaux. Ces bureaux secondaires ont une compétence restreinte, limitée à des opérations douanières portant sur un volume de trafic moins important. Ils sont généralement exclus de tout régime suspensif et effectuent des contrôles douaniers sur les marchandises impliquées dans les opérations de transit. En réalité, ce sont des services douaniers uniquement ouverts pour certaines opérations douanières mineures. Leur création, suppression ou organisation relève de la seule décision administrative.

b. Postes et brigades des douanes

920. Les brigades et les postes en général sont des services actifs, avec des agents en uniforme. Ils doivent jouer un rôle crucial en matière de surveillance et de fonctionnement au sein des circonscriptions régionales. Les brigades sont souvent bien structurées, en fonction des différentes spécialités. Cependant, l'accent est souvent mis sur les brigades motorisées des douanes et les brigades canines, car elles jouent un rôle essentiel dans le cadre de la surveillance douanière.

921. Les brigades motorisées des douanes sont des activités dont les agents des douanes spécialistes qualifiés pratiquent les contrôles douaniers avec des motos à usage professionnel. Alors que les brigades canines sont aussi des brigades spécialisées, mais constituées de maîtres-chiens. Les brigades canines sont des expressions utilisées non seulement pour la douane, mais aussi pour la police nationale, la gendarmerie nationale et la police municipale.

922. Les différentes brigades évoquées dans ces travaux de recherche sont pourtant indispensables pour les activités de la surveillance douanière, mais malheureusement, elles ne sont pas encore pratiquées au Tchad. Et de plus, le nouvel arrêté ne donne pas clairement des orientations sur les spécialités des brigades pour lesquelles il est question de les développer.

923. Les postes de douane, faisant partie intégrante des opérations de surveillance douanière, fonctionnent en principe du lundi au dimanche, 24 heures sur 24. Certains postes, considérés comme des postes frontières, sont des implantations avancées et sont chargés de surveiller les frontières de leur territoire. Ces postes de douane sont en réalité des postes de contrôle, qui mènent des activités assez importantes à travers les différentes circonscriptions régionales.

924. Il est essentiel de souligner que tous les agents des douanes, qu'ils exercent leurs fonctions au sein des services centraux ou déconcentrés, doivent se conformer au Code d'éthique et de bonne conduite des fonctionnaires des douanes. Ce principe constitue le fondement de la lutte contre les pratiques déviantes au sein de l'administration douanière, favorisant ainsi sa modernisation. Malheureusement, certains agents ne respectent pas ce Code et se livrent à des pratiques répréhensibles, compromettant ainsi les efforts de modernisation. La corruption semble particulièrement enracinée au sein de l'administration des douanes tchadiennes, un sujet qui mérite d'être abordé.

§ 2. Les « mauvaises pratiques » sources de difficultés dans la réforme douanière

925. Les comportements allant à l'encontre des principes de l'éthique douanière sont considérés comme des pratiques répréhensibles au sein de l'administration des douanes. Parmi ces pratiques néfastes, la corruption demeure largement répandue au sein de ces administrations. La lutte pour sa réduction ou son éradication représente une nécessité pour les agences de développement ainsi que pour les diverses organisations internationales ou régionales, dans le cadre de leurs politiques visant le développement et la réduction de la pauvreté[86].

926. Aujourd'hui, la lutte contre la corruption dans l'administration des douanes constitue un défi majeur pour de nombreux pays africains. Au Tchad, ce phénomène prendrait encore plus d'ampleur, surtout dans l'administration des douanes. C'est pourquoi, il apparaît indispensable de comprendre ce phénomène dans son ensemble. Il s'agit de réfléchir sur sa compréhension, ses différentes formes et catégories, mais aussi sur les facteurs la favorisant.

A. La corruption

927. La question de la corruption est très préoccupante dans les administrations douanières en général. Gemma AIOLFI démontre dans son article que *« la corruption au sein de la douane touche les activités liées au commerce international et, à ce titre, a un impact sur l'économie mondiale*[87] *»*. Les effets de la corruption dans les services douaniers sont énormes. Les pratiques de la corruption peuvent créer des dommages économiques importants. Il s'agit, par exemple, de baisse des recettes, de dommages économiques liés à cette baisse, de concurrences déloyales pour les entreprises nationales, etc.

928. Lutter contre la corruption est une composante principale de l'amélioration des recettes douanières. C'est pourquoi ces travaux de recherche accordent une importance capitale à son étude. Il apparaît si intéressant d'orienter les réflexions sur les définitions, les différentes formes, la manifestation et l'impact de la corruption au sein des douanes et de son processus de modernisation.

---

[86]-LAVALLÉE(Emmanuelle), RAZAFINDRAKOTO(Mireille), ROUBAUD(François) , Les mécanismes à l' origine de la corruption : une analyse sur micro-données africaines .Op.cit. pp. 5-47.

[87]-OMD Actualités 83 > Dossier, Action collective contre la corruption : la prochaine étape logique pour les Douanes. Article développé par Gemma Aiolfi directrice, International Centre for Collective Action, Basel Institute on Governance, https://mag.wcoomd.org/. [Consulté le 12/02/2018].

1. Définitions et différentes formes de la corruption

929. Dans un document intitulé Combattre la corruption : enjeux et perspectives, l'association Transparency International rappelle que *« la corruption constitue un des maux les mieux partagés au monde* [88]*»*. La Banque mondiale précise que *« la corruption est répandue dans les pays en développement*[89] *»*. Et particulièrement, c'est un fléau qui gangrène les économies du Sud. C'est pourquoi les institutions internationales ont nettement renforcé leurs programmes de recherche et d'action contre la corruption dans les administrations de ces pays concernés. Ce phénomène mondial trouve diverses définitions, compte tenu de nombreuses réflexions qui tournent autour de sa conception. Ses formes sont aussi très diversifiées dans les recherches qui s'organisent autour de son sujet.

a. Définitions des corruptions

930. La corruption considérée aujourd'hui comme un phénomène global ou mondial, autour duquel, se donne de nombreuses définitions, même s'il s'avère, qu'elle est relativement *« difficile à définir, englobe des pratiques très diverses et n'est pas abordée de la même manière dans tous les textes juridiques, ou perçue à l'identique selon les cultures*[90] *»*. Sa définition se situe du point de vue littéraire, de la morale et juridique, etc. Du point de vue littéraire et moral, la notion de la corruption, s'explique, selon Élie CHANCELIN, comme *« quelque chose de péjoratif ou encore de négatif*[91]*»*. Pour le dictionnaire ROBERT« corrompre, c'est gâter, décomposer, dénaturer, pervertir, séduire par des dons ou des promesses ». Selon la Banque mondiale : *« la corruption est le fait d'utiliser sa position de responsable d'un service public à son bénéfice personnel*[92] *»*.

931. La corruption est synonyme d'altération, de déformation, de séduction et de dépravation. Il s'agit de manière plus concrète d'actes ou de comportements qui ne sont pas dans l'ordre normal des choses.[93] Du point de vue moral, la corruption est considérée, par le petit ROBERT, comme *« un acte d'avilissement, perversion, souillure, vice...*[94]*»*.

932. Au point de vue juridique, la corruption est généralement définie comme suit dans l'article 2 de la convention civile sur la corruption du Conseil de l'Europe de 1999 : « Aux fins de la présente Convention, on entend par *"corruption" le fait solliciter, d'offrir, de donner ou d'accepter, directement ou indirectement, une commission illicite, ou un autre avantage indu qui affecte l'exercice normal d'une fonction ou le comportement requis du bénéficiaire de la commission illicite, ou de*

---

[88]- HADJADJ(Djillali), Combattre la corruption : enjeux et perspectives. Transparency International, Paris, France : Karthala, 2002, p. 7.

[89]-C.W. Gray et D.K. Kaufmann, Corruption et développement. Finances & Développement, mars 1998, p. 9.

[90]-Voir : Les référentiels de la lutte contre la corruption sur le site suivant : http://www.justice.gouv.fr/.[Consulté le 13/04/2018].

[91]-Voir article d'Élie CHANCELIN, Aucune cause ne justifie la corruption, aucune raison ne peut l'expliquer, sur le site suivant : https://tousleconcours.info/.[Consulté le 12/02/2018].

[92]-Le Petit ROBERT de la langue française 2019. Pour Paul ROBERT (Auteur), *corrompre c'est gâter, décomposer, dénaturer, pervertir, séduire* par des *dons* ou des *promesses*.

[93]-Voir à-propos de la « corruption » sur les ite suivant : http://www.kalata.cm/. [Consulté le 01/09/2018].

[94]- le petit ROBERT de la langue française 2019, précité supra n°1205.

l'avantage indu ou de la promesse d'un tel avantage indu[95]*»*.Particulièrement, en matière pénale, la corruption est un comportement *« pénalement incriminé par lequel sont sollicités, agrées ou reçus des offres, promesses, dons ou présents, à des fins d'accomplissement ou d'abstention d'un acte, d'obtention de faveurs ou d'avantages particuliers*[96]*»*. Dans une revue internationale de droit pénal, la corruption est considérée comme *« l'abus d'autorité en échange d'un avantage*[97]*»*. En droit pénal français, la corruption est défini comme *« l'agissement par lequel une personne investie d'une fonction déterminée, publique ou privée, sollicite ou accepte un don, une offre ou une promesse en vue d'accomplir, retarder ou omettre d'accomplir un acte entrant, d'une façon directe ou indirecte, dans le cadre de ses fonctions*[98]». En voulant rendre la compréhension de cette notion de façon encore très spécifique, la théorie du Code pénal, la perçoit la corruption comme *« une violation, commise par le coupable, des devoirs de sa charge, en d'autres termes ; une sorte d'abus de confiance*[99]*»*. Si le droit pénal s'intéresse en profondeur sur la question de corruption, c'est compte tenu du fait que des règles sont prévues par la réprimer pénalement. Il en est de même pour le Code pénal[100]au Tchad qui punit à travers ses articles 192 et 193 la corruption active et passive.

933. Le droit pénal français qui *« dispose d'un arsenal répressif pour sanctionner les différentes déclinaisons de la corruption »*[101], distingue deux sortes de corruption :

« – La corruption passive (article 432-11 du Code pénal) lorsqu'une personne exerçant une fonction publique profite de cette fonction en sollicitant ou en acceptant des dons, promesses ou avantages en vue d'accomplir ou de s'abstenir d'accomplir un acte de sa fonction cette personne reçoit le nom de corrompu.

– La corruption active (article 433-1 du Code pénal) lorsqu'une personne physique ou morale obtient ou essaie d'obtenir, moyennant des dons, des promesses ou avantages, d'une personne exerçant une fonction publique, qu'elle accomplisse ou retarde ou s'abstienne d'accomplir ou de retarder un acte de sa fonction ou un acte facilité par elle ; le tiers reçoit le nom de corrupteur »[102].

Le Code pénal au Tchad, dans son chapitre 1, met l'accent sur la corruption active et passive des agents publics. De plus, les recherches permettent de comprendre que la corruption se présente sous différentes formes, c'est pourquoi il convient également d'y réfléchir.

---

[95] -Voir : Article 2 de la convention civile sur la corruption du Conseil de l'Europe. La convention a été signée par la France le 26 novembre 1999

[96]-Lexique des termes juridiques. Éditions Dalloz, 2017, p. 166

[97]-« Corruption et délits apparentés dans les transactions commerciales internationales. », revue internationale de droit pénal 1/2003 (Vol. 74), p.563-569

[98]-Voir : CORRUPTION sur le site suivant: https://www.concurrences.com/.[Consulté le 01/09/2018].

[99]- CHAUVEAU(Adolphe) et. HELIE(Faustin) ; Théorie du Code pénal, Paris, France : Éditeur : *Cosse*, *Marchal* et *Billard*, 1872, 5 éd.

[100] -Voir : *Tchad.Code Pénal* 2017. Loi n°2017-01 du 8 mai 2017. [NB - Loi n°001/PR/2017 du 8 mai 2017 portant *Code Pénal*

[101] -Voir : CORRUPTION, précité supra n°913.

[102] *-Idem*

b. Différentes formes de la corruption

934. Il existe la Convention des Nations Unies contre la corruption (CNUCC), qui est entrée en vigueur en 2005, qui *« sert de base aux efforts menés à l'échelle internationale. C'est le seul instrument contraignant, de portée universelle, de lutte contre la corruption »*[103]. De nombreuses réflexions y comprises celles qui viennent des grandes institutions comme la Banque Mondiale, l'Office des Nations Unies contre la drogue et le Crime (ONUDC), Organisation de Coopération et de Développement Économiques (OCDE), l'Agence belge de développement (Enabel), le Programme des Nations Unies pour le développement (PNUD)dégagent différentes formes de la corruption. Particulièrement, la Banque Mondiale met l'accent sur 5 types de corruption [104] :

- **Les dessous-de-table sont synonymes** de pots-de-vin. Selon la Banque mondiale, les pots-de-vin sont perçus comme des *« versements à des hautes autorités dans le but d'agir très vite, et d'une manière plus souple et favorable [105] ».* D'une manière générale, .l'expression *« verser un pot-de-vin »* veut juste dire *« donner un pourboire [106] ».* Dans un document de promotion de la bonne gouvernance et de lutte contre la corruption, le pot-de-vin est clairement compris *« la remise à un fonctionnaire ou agent public d'un avantage indu, par exemple un montant donné, un pourcentage du montant d'un contrat ou toute autre faveur en nature afin que celui-ci agisse ou s'abstienne d'agir dans l'exercice de ses fonctions officielles. Une commission occulte est un pot-de-vin ; c'est un versement secret, illégal, effectué en échange d'une faveur. Le terme est utilisé pour décrire le gain obtenu en échange d'un service spécial [107] ».* La question des pots-de-vin[108]préoccupe également le PNUD. Selon PNUD, le *« pot-de-vin consiste à offrir de l'argent, des services ou d'autres encouragements à quelqu'un pour le persuader de faire quelque chose en échange »*[109]. Il estime qu'il est l'expression désignant *« un paiement secret illicite effectué en échange d'une faveur ou d'un service [110] ».* L'ONUDC qui dénonce aussi la pratique du pot-de-vin[111] à travers des enquêtes dans le monde, la considère comme une forme de corruption. Les pots-de-vin *« tendent à être considérés comme une infraction dans un grand nombre de législation nationale et conventions internationales [112] ».* L'Organisation de

---

[103]-Voir : Les Défis de la Lutte Contre la Corruption aux Niveaux National et International sur le site suivant : https://www.un.org/. [Consulté le 01/09/2018].

[104]-Voir : CORRUPTION sur le site suivant : https://www.novethic.fr/. [Consulté le 01/09/2018].

[105] -Voir : Corruption sur le site suivant : https://fr.wikipedia.org/. [Consulté le 01/09/2018].

[106]-Voir : Dessous-de-table sur le site suivant : https://www.leparisien.fr/.[Consulté le 01/09/2018].

[107] -Voir : Document technique Les bases conceptuelles de la lutte contre la corruption Manuel de formation, Promotion de la bonne gouvernance et de lutte contre la corruption SNAC sur le site suivant : https://rm.coe.int/. [Consulté le 01/09/2018].

[108]-Voir : Lutte contre la corruption, Note de pratique sur le site suivant : http://www.undp-aciac.org/publications/finances/anticor/undp-ati04f.pdf/ [consulté le 01/09/2018].

[109]-Voir : Manuel d'initiation, Corruption et développement. Interventions de lutte contre la corruption pour la réduction de la pauvreté, la réalisation des OMD et la promotion du développement durable. Programme des Nations Unies pour le développement (PNUD), décembre 2008, p7.

[110] -*Idem.*

[111] -Voir : L'ONUDC soutient le Nigéria dans le lancement du rapport sur le deuxième sondage sur la corruption au Nigéria sur le site suivant : https://www.unodc.org/. [Consulté le 01/09/2018].

[112] -Voir Pot-de-vin sur le site suivant : https://etico.iiep.unesco.org/. [Consulté le 01/09/2018].

Coopération et de Développement Économiques (OCDE) combat[113] durement les pratiques de pot-de-vin sur le plan international. Elle dénonce *« les pots-de-vin des grandes entreprises notamment dans les pays en développement »* [114]venant des pays riches offrant des sommes importantes à des salariés d'entreprises publiques ou à des agents des douanes dans l'objectif *« de gagner des marchés publics ou des procédures de dédouanement »*.[115]La Convention du 21 novembre 1997 de l'OCDE définit le pot-de-vin comme *« le fait "d'offrir, de promettre ou d'octroyer un avantage indu pécuniaire ou autre [...] pour que cet agent agisse ou s'abstienne d'agir dans l'exécution de fonctions officielles, en vue d'obtenir ou* de *conserver un marché ou un autre avantage indu dans le commerce international*[116] *"*.

- **L'extorsion** considérée comme forme de corruption. *"l'extorsion" : C'est l'argent obtenu par la coercition ou la force.*[117]*»*. l'ONUDC *« l'extorsion est la quête ou la réception d'un avantage corrompu payé sous une menace implicite ou explicite de donner au payeur un traitement pire qu'un traitement équitable ou d'aggraver sa situation. Le bénéficiaire est coupable d'extorsion ; le payeur est victime d'extorsion* [118]*»*. Des réflexions émises dans le promotion de la bonne gouvernance et de lutte contre la corruption, *« l'extorsion est, comme le détournement de fonds, une forme de corruption où une seule partie tire un avantage* [119]*»*. Le racket est souvent considéré comme l'extorsion. Le *« racket » « est une activité criminelle dans laquelle de l'argent est extorqué à une victime par la menace ou la force* [120]*»*. Le Code pénal français qui définit l'extorsion dans son article 312-1, comme *« le fait d'obtenir par violence, menace de violences ou contrainte soit une signature, un engagement ou une renonciation, soit la révélation d'un secret, soit la remise de fonds, des valeurs ou d'un bien quelconque* [121]*»*, il la considère comme une infraction punissable sur le plan pénal. Même si l'extorsion n'est pas abordée de façon claire dans le droit pénal tchadien, néanmoins le Code pénal tchadien prévoit la répression de l'escroquerie aggravée à l'article 213 qui se comprend un peu comme cette notion.

---

[113]-Voir : Synthèses, La lutte contre les pots-de-vin et la corruption sur le site suivant : https://www.oecd.org/. [Consulté le 01/09/2018].

[114]-Voir : L'OCDE dénonce les pots-de-vin des grandes entreprises notamment dans les pays en développement sur le site suivant : https://www.euractiv.fr/. [Consulté le 01/09/2018].

[115] -*Idem*.

[116]-Voir Glossaires de l'OCDE sur le site suivant: https://www.oecd.org/. [Consulté le 01/09/2018].

[117]-Voir : Cet argumentaire a été réalisé par l'Association des Oulémas et la Coalition Contre la Corruption en Mauritanie (3CM) appuyée par la coopération allemande à travers le Programme Bonne Gouvernance mis en œuvre par la Deutsche Gesellschaft für Internationale Zusammenarbeit (GIZ) GmbH. Siège de la société Bonn et Eschborn Allemagne Bureau de la GIZ à Nouakchott Ilot V22 ; BP5217 ; Nouakchott, Mauritanie Texte arabe : Dr. Cheikh Limam Ould Zein, Synthèse : Mohamed Abdallahi dit Bellil Mise à jour : Décembre 2015 Numéro dépôt légal à la Bibliothéque Nationale : Impression : Agence ID : https://www.giz.de/. [Consulté le 01/09/2018].

[118]-Voir : La corruption versus l'extorsion sur le site suivant : https://www.unodc.org. [Consulté le 01/09/2018].

[119] -Voir : Document technique Les bases conceptuelles de la lutte contre la corruption Manuel de formation, Promotion de la bonne gouvernance et de lutte contre la corruption SNAC précité supra n°922.

[120]-Voir : Qu'est-ce que le racket ? | Présentation et fonctionnement sur le site suivant : https://worldscholarshipforum.com/. [Consulté le 01/09/2018].

[121]-Voir : article 312-1 du Code pénal, une codification du droit pénal français, entré en vigueur le 1er mars 1994..

➢ **Le favoritisme** est considéré par la Banque Mondiale considère comme une corruption. Il *« est le fait de préférer une entreprise plutôt qu'une autre pour, par exemple, un marché public* [122]*»*.Selon PNUD le favoritisme peut se comprendre comme népotisme. C'est une forme de corruption *« par laquelle une personne fait usage de son autorité ou de son pouvoir pour procurer des avantages, emploi ou autres faveurs, à un membre de sa famille* [123]*»*.En droit pénal français, le favoritisme est une infraction. Le favoritisme *« est le fait par une personne dépositaire de l'autorité publique ou chargée d'une mission de service public ou investi d'un mandat électif public ou exerçant les fonctions de représentant, administrateur ou agent de l'État, des collectivités territoriales, des établissements publics, des sociétés d'économie mixte d'intérêt national chargées d'une mission de service public et des sociétés d'économie mixte d'intérêt local de procurer ou de tenter de procurer à autrui un avantage injustifié par un acte contraire aux dispositions législatives ou règlementaires ayant pour objet de garantir la liberté d'accès et l'égalité des candidats dans les marchés publics et les contrats de concession* [124]*»*. En droit pénal tchadien, le favoritisme est réprimé à l'article215 du Code pénal.

➢ **Le détournement de fonds publics**[125] est considéré par la Banque Mondiale comme une corruption, de même que par *« PNUD* [126]*»*, par *« ONUDC* [127]*»* et *« OCDE* [128]*»*, etc. Le détournement de fonds publics serait au synonyme de vol, et surtout, c'est un vol qui s'organise autour de ressources publiques par des fonctionnaires. Selon la Banque Mondiale, le détournement de fonds est *« soit, le vol de ressources publiques ou privées par des fonctionnaires ou autres. L'abus de biens sociaux désigne les détournements opérés par des dirigeants de sociétés commerciales* [129]*»*. Sur le plan du droit pénal français, le détournement de fonds publics qui est puni sur le plan pénal*« désigne le fait, par une personne dépositaire de l'autorité publique ou chargée d'une mission de service public de détruire, détourner ou soustraire un acte ou un titre, ou des fonds publics, ou effets, pièces ou titres en tenant lieu, ou tout autre objet qui lui a été remis en raison de ses fonctions ou de sa mission* [130]*»*. Ce détournement est également puni à l'article 215 du Code pénal tchadien.

➢ **La « fraude »** est considérée par de nombreuses institutions telles que la Banque Mondiale, l'Enabel et le PNUD, etc., comme une forme de corruption. La

---

122-Voir : le favoritisme sur : www.novethic.fr

123-Voir : Manuel d'initiation, Corruption et développement. Interventions de lutte contre la corruption pour la réduction de la pauvreté, la réalisation des OMD et la promotion du développement durable, précité supra n°924.

124 -Voir : lexique sur le site suivant : https://www.agence-francaise-anticorruption.gouv.fr/.[Consulté le 01/09/2018].

125-Voir : la lutte contre la corruption sur le site suivant : https://www.banquemondiale.org/. [Consulté le 01/09/2018].

126-Voir : De nouvelles approches pour mesurer la corruption et l'éthique, par l'équipe chargée du Programme anti-corruption et de promotion de l'intégrité (A-CPI), Secrétariat de l'OMD sur le site suivant :

127 -Voir : Corruption sur le site suivant: https://www.un.org/. [Consulté le 01/09/2018].

128-Voir : OCDE, Prévention de la corruption dans les marchés publics, OCDE 2016 sur le site suivant : https://www.oecd.org/.[Consulté le 01/09/2018].

129-Voir : CORRUPTION, https://mag.wcoomd.org/. Consulté le 01/09/2018].

130-Voir : article 432-15 du Code pénal entré en vigueur le 1er mars 1994 concernant détournement de fonds publics.

fraude est définie, comme *« la falsification de données, de factures, la collusion*[131] *»,* etc. Selon l'Enabel *« la fraude se définit comme un acte illicite (ou l'omission d'un acte obligatoire) perpétré intentionnellement et personnellement dans le but d'obtenir indûment un avantage. - Cet avantage peut être direct ou indirect, matériel ou immatériel. - Il peut s'agir d'un avantage en faveur du fraudeur lui-même*[132] *».* La fraude est comprise comme un délit, parce qu'elle est réprimée par la loi. Elle se manifeste par des actes délictueux prenant diverse forme usurpation d'identité, fraude fiscale, fraude à la carte bancaire, faux et usage de faux, etc.

935. Le Code pénal au Tchad retient d'autres formes de corruption : enrichissement illicite, soustraction, trafic d'influence, abus de confiance. Au plan international, La Convention des Nations Unies contre la Corruption (CNUCC) définit, en son article 20, l'enrichissement illicite comme *« une augmentation substantielle du patrimoine d'un agent public que celui-ci ne peut raisonnablement justifier par rapport à ses revenus légitimes*[133] *».* La soustraction, considérée comme forme de corruption couverte par la Convention des Nations Unies est définie par le Dictionnaire Larousse comme *« action de soustraire, de s'approprier quelque chose contre le gré du détenteur légitime*[134] *».* Concernant le trafic d'influence, il est compris comme *« un délit qui consiste, pour une personne ou un dépositaire des pouvoirs publics, à recevoir des dons (argent, biens) de la part d'une personne physique ou morale, en échange de l'octroi ou de la promesse à cette dernière d'avantages divers*[135] *».* Dans le Code pénal français, le trafic d'influence *« est une infraction plus récente que la corruption et qui consiste à rémunérer l'exercice abusif d'une influence que l'agent possède ou prétend posséder sur un tiers, en vue de l'obtention d'une décision favorable*[136] *».* L'abus de confiance, enfin, *« est le fait pour une personne à qui a été remis de l'argent ou un bien, de détourner l'usage de ce bien à son profit ou pour un usage frauduleux*[137] *».* À côté de ces études sur les différentes formes de corruptions citées ci-dessus, il faut noter qu'il en existe d'autres types de corruption.

2. Types de corruption

936. Les travaux de recherche consultés ayant pour objet les différents types de corruption les rassemblent en deux types. Ils établissent clairement une distinction entre la *« petite corruption »* et la *« grande corruption ».* Cécile JOLL démontre dans son article intitulé : les cercles vicieux de la corruption en Algérie, que la

---

131-Voir : Cet argumentaire a été réalisé par l'Association des Oulémas et la Coalition Contre la Corruption en Mauritanie (3CM). Précité supra n°932.

132-Voir : Enabel, Politique concernant la maîtrise des risques de fraude et de corruption, juin 2019 sur le site suivant : https://www.enabel.be/. [Consulté le 01/09/2018].

133 -Voir article 20 de la Convention des Nations Unies contre la Corruption (CNUCC).

134-Voir définition de soustraction dans le Dictionnaire de français Larousse, Parution 02/06/2021.

135-Voir notion de Trafic d'influence sur le site suivant : https://fr.wikipedia.org/. [Consulté le 01/09/2018].

136-Voir : Lexique sur le site suivant : https://www.economie.gouv.fr. [Consulté le 01/09/2018].

137-Voir : Abus de confiance sur le site suivant: https://www.service-public.fr/. [Consulté le 01/09/2018].

corruption est *« une recherche de rentes économique autant qu'arme politique*[138] *»* et c'est aussi sur cette base que jouent la petite corruption et la grande corruption.

937. La grande corruption se situe au haut niveau, et c'est une corruption de grande envergure. Il s'agit des hauts fonctionnaires ou des décideurs politiques qui, compte tenu de leur position d'autorité hiérarchique ou au sein du gouvernement, profitent de cette situation pour s'accorder de nombreux avantages dans l'administration. Alors que la petite corruption est une corruption bureaucratique ou corruption administrative sur la base d'un montant proposé.

a. Petite corruption

938. Selon Behzad MASHALI, la petite corruption concerne *« l'échange de sommes d'argent plus modestes ou de faveurs moindres par des personnes occupant des postes moins importants* [139]*»*. La petite corruption, appelée corruption administrative, bureaucratique ou à petite échelle[140], se manifeste au quotidien et prend beaucoup d'ampleur aujourd'hui dans les administrations publiques.

939. En abordant la question de petite de la corruption, David HALL estime que *« la petite corruption entrave sérieusement les services publics* [141]». Les agents de l'administration publique qui développent la petite corruption déciment leurs propres organisations, même si, Behzad MASHALI considère cela comme de *« pots-de-vin relativement moins importants*[142] ». C'est en considérant l'importance des conséquences de la petite corruption, que Cheryl W. GRAY et Daniel KAUFMANN, disent que les *« pots-de-vin peuvent servir à réduire le montant des impôts ou d'autres redevances prélevées par l'État sur des particuliers* [143]».

940. À travers les pots-de-vin, il est facile d'obtenir très rapidement l'autorisation de pratiquer des activités légales, en contournant certains rouages administratifs. À côté de la petite corruption, la grande corruption se développe effectivement.

b. Grande corruption

941. La Grande corruption fait souvent allusion à la corruption politique. Dans un rapport mondial sur la corruption de Transparency International en 2004, la corruption est définie comme *« l'abus de pouvoir par les dirigeants politiques pour obtenir des gains personnels*[144] *»*, certainement dans le but d'accroître leur pouvoir ou leur richesse. Ce point de vue rejoint l'idée de la Banque Mondiale selon laquelle la grande corruption doit être considérée comme une *« corruption à haut niveau où les décideurs politiques créant et appliquant les lois utilisent leur*

---

[138]- JOLLY(Cécile), Les cercles vicieux de la corruption en Algérie. Revue internationale et stratégique, 2001/3 (n°43).

[139]-Behzad MASHALI, Analyse de la corrélation entre grande corruption perçue et petite corruption dans les pays en développement : étude de cas sur l'Iran. Revue internationale des sciences administratives, 4/2012 (Vol.) 78), p. 827-840.

[140]- HADJADJ(Djillali), Combattre la corruption : enjeux et perspectives. *Op. cit*, p. 17.

[141]-Voir article écrit par David HALL, PSIRU sous le thème : corruption et services publics, p.9 et publié dans le site suivant : http://www.world- psi.org/. [Consulté le 01/09/2018].

[142]- MASHALI(Behzad), Analyse de la corrélation entre grande corruption perçue et petite corruption dans les pays en développement : étude de cas sur l'Iran. Précité supra n°1255

[143]- C.W.Gray et D.K. Kaufmann, Corruption et développement. *Op .cit.* p.9.

[144]-Rapport mondial sur la corruption 2004, par transparency international, Paris, France : Kartala 2004, p.1.

position officielle pour promouvoir leur bien-être, leur statut ou leur pouvoir personnel[145] *»*.

942. Jean-François MEDARD a toujours considéré *« la corruption comme négation de l'État en tant qu'institution* [146]*»*. La grande corruption intervient lors des négociations importantes qui se traitent à haut niveau sur le plan politique. Elle n'est pas perçue facilement par le grand public et se réalise de façon confidentielle, c'est-à-dire que ce sont des actes qui se passent dans le plus grand secret. À ce niveau, certaines tendances démontrent qu'il existe certaines corruptions de grande échelle qui se confondent avec la corruption administrative. C'est par exemple le fait pour des grandes multinationales de verser des sommes colossales à des responsables gouvernementaux afin d'obtenir des contrats commerciaux lucratifs.

943. Même s'il est difficile, de faire une distinction très claire entre la petite corruption et la grande corruption ; l'essentiel est de comprendre que la petite corruption, s'établit dans les rapports entre citoyens et administrations, alors que la grande corruption, se fait sentir dans les rapports entre les entreprises, les organisations et l'État. Il convient donc de se demander quels sont les facteurs favorisant la corruption ? Quels sont en fait les domaines les plus touchés par ce phénomène ?

B. Les facteurs favorisant la corruption et les domaines les plus touchés par ce phénomène

944. Il ne s'agit pas de faire une étude approfondie sur les facteurs favorisant la corruption, mais de mettre l'accent sur les causes de cette corruption qui gangrène l'administration des douanes. De plus en plus, les services des douanes sont considérés au Tchad comme le secteur le plus touché par les faits et les pratiques de corruption. En attendant d'aborder ce sujet très brûlant, n'est-il pas acceptable de considérer la mal-gouvernance comme cause principale de cette corruption dans l'administration douanière au Tchad ? Le traitement des salaires, jugé assez faible, et les mauvaises conditions de travail, ne peuvent-ils pas être à l'origine de cette corruption ? Cette corruption peut provenir du fait que dans les activités douanières, les agents des douanes étant en contact permanent avec l'argent, les marchandises et les opérateurs soient exposés à cette pratique.

945. Certains facteurs sont considérés comme déterminants dans la naissance de la corruption qu'il importe d'en relever. Mais aussi, il convient de faire, dans cette réflexion, une étude sur les domaines d'activité les plus touchés par la corruption.

1. Les facteurs déclenchant la corruption

946. Il existe de nombreux facteurs qui favorisent l'émergence de la corruption. Aujourd'hui, la corruption s'est généralisée dans tous les secteurs d'une manière générale, et particulièrement dans l'administration des douanes au Tchad. Si la corruption peut se pratiquer facilement dans cette administration, c'est parce que

---

[145]-Voir définition de « grande corruption » selon la Banque Mondiale sur le site suivait : https://www.docteuraudit.com/. [Consulté le 01/09/2018].

[146]- MEDARD(Jean-François), Les paradoxes de la corruption institutionnalisée. Revue internationale de politique comparée, 4/2006 (Vol. 13), p.697-710

les autorités douanières déploient souvent des agents non-douaniers sur le terrain et qui s'enrichissent de façon illicite à travers la corruption. Dans cette administration, les pratiques de cette corruption sont fréquemment exercées par les non-douaniers corrompus en complicité avec les importateurs ou les exportateurs. Le manque d'un véritable système de contrôle fait aussi partie des éléments déclenchant la corruption dans cette administration.

947. Des études permettent même de comprendre qu'il existe certains facteurs considérés comme plus déterminants. Des analyses ont toujours considéré, d'une manière générale, que la pauvreté, le faible développement social, la fidélité de groupe, patrimonialité, sont les causes immédiates de la corruption en Afrique. Et les causes les plus visibles se déterminent sur le plan socio-politique.

a. Facteurs déterminants favorisant la corruption

948. Il n'est pas aisé d'avoir un point de vue commun aux facteurs déterminants qui favorisent la corruption. C'est pourquoi, des études menées par les consultants, comme Julien NIMUBONA et Christophe SEBUDANDI, montrent que *« les principales causes de la corruption sont la pauvreté, l'impunité, la mauvaise gouvernance et l'absence de volonté politique*[147] *»*.

949. De façon particulière, le Pr Lucien AYISSI, considère la pauvreté *« comme terreau fertile de la corruption*[148]*»*. D'autres réflexions très récentes estiment qu'il fallait citer clairement comme causes principales de la corruption, la perte des valeurs morales, l'appât du gain facile et les raisons culturelles. Selon une étude réalisée sur les pratiques de corruption au Burkina, elle considère que la corruption a des *« causes d'ordre moral, l'appât du gain facile, la perte des valeurs morales et les raisons culturelles. Parmi ces trois causes, les raisons culturelles sont les moins importantes. L'appât du gain facile avancé par 92 % des enquêtés occupe la quatrième (4è) place parmi les onze causes retenues. Il est suivi par la perte des valeurs morales de l'avis de 79,5 % des personnes*[149] *»*.

950. En plus de ces facteurs qui sont considérés comme déterminants dans la facilitation de la corruption, d'autres peuvent être signalés, même s'ils ne sont pas perçus comme non-déterminants.

b. Les autres facteurs

951. À côté des facteurs déterminants qui favorisent la corruption, fréquemment rappelés, il en existe encore d'autres, bien qu'ils soient négligés par ces travaux de recherche et qui en développent tout de même la corruption. Ce sont des facteurs, quelquefois, négligés dans la lutte contre la corruption ou qui sont souvent abordés rarement par des analyses. Il s'agit, par exemple, du cas du développement de la

---

[147]- NIMUBONA(Julien) et SEBUDANDI(Christophe), Le phénomène de la corruption au Burundi, révolte silencieuse et résignation. Groupe de recherche et d'appui au développement des initiatives démocratiques (GRADIS), Bujumbura, mars 2007, p.25.

[148]- AYISSI(Lucien), Corruption et pauvreté. Une relation de flux et de reflux. Ou comment la pauvreté explique la corruption qui l'explique. Démonstration, dans ECOVOX n°9 janvier-juin 2008, le magazine de l'écologie et du développement durable.

[149]-Rapport : étude sur les pratiques de corruption dans l'administration publique du Burkina Faso : programme d'appui, à la bonne gouvernance, mars 2008, p.42.

corruption provoqué par des perversions de valeurs culturelles et qui ont moins de considération dans la stratégie de lutte contre ce fléau.

952. La perversion de valeurs culturelles peut s'expliquer, par exemple, par le fait que la notion de respect ou de soumission à l'autorité, est détournée de ses objectifs. C'est aussi dans ce contexte qu'une étude sur les pratiques de corruption dans l'administration publique du Burkina montre que *« les raisons culturelles sont les moins importantes*[150] *»* parmi les causes de la corruption.

953. Un article intéressant, développé par Tarik DAHOU sous le thème : Déculturaliser la corruption, met l'accent sur le *« Développement »,* comme un facteur de la corruption[151]. Il soutient que *« la libéralisation (synonyme de dérégulation dans les contextes africains) sous l'égide des organisations de développement a finalement aggravé les pratiques correctives* [152]*».* Cet aspect est pourtant important, mais il ne fait pas souvent l'objet de réflexion ou il est négligé compte tenu du fait que l'objectif d'un pays est d'abord la recherche du développement.

954. Il est possible d'évoquer les cas de cupidité motivant certains individus à chercher rapidement l'enrichissement, ainsi que les solidarités "négatives" qui renforcent les réseaux complices et entravent la sanction des comportements délictueux. Divers autres facteurs incitent également à la corruption, mais leur exhaustivité s'avère complexe. Il a été observé que certains secteurs de l'administration publique au Tchad sont davantage touchés par ce phénomène, engendrant de multiples conséquences. Il convient tout particulièrement d'accorder une attention accrue à la situation des douanes tchadiennes.

2. Secteurs tchadiens les plus touchés par la corruption et les conséquences

955. De façon générale, aucun secteur d'activité au Tchad, surtout en ce qui concerne l'administration publique, n'échappe pas aujourd'hui à la corruption avec des ampleurs variables. C'est pourquoi certains domaines se trouvent encore très exposés à ce fléau, qu'il importe de les aborder concrètement. Mais l'OMD s'inquiète, particulièrement, des risques de corruption dans les administrations douanières. Elle est inquiétée du fait que ces administrations sont des maillons fortement exposés de la supplychain internationale.

956. Les conséquences de la corruption qui en découlent sont énormes. Elles ont été évoquées précédemment, d'une manière laconique, dans ces travaux de recherche. Tout de même, cela ne peut empêcher d'y revenir en les évoquant sur le plan économique, social, environnemental, sécuritaire, etc.

---

[150]-Rapport : étude sur les pratiques de corruption dans l'administration publique du Burkina Faso : programme d'appui, à la bonne gouvernance, précité supra n°1260

[150]- DAHOU(Tarik), Déculturaliser la corruption. Les temps modernes, 4/2002 (n° 620-621), p. 289-311, p.35.

[151]- DAHOU(Tarik), Déculturaliser la corruption. Les temps modernes, 4/2002 (n° 620-621), p. 289-311, p.35.

[152] -*Ibid.*

a. Les secteurs tchadiens les plus touchés par la corruption

957. Jacqueline MOUDEINA disait dans une interview qu'au Tchad, *« la corruption touche tous les secteurs et à tous les niveaux* [153] *»*. Il est aussi reconnu, il y a quelques années par Transparency International, que le Tchad faisait partie des pays *« le plus corrompu du monde* [154]*»*. Ainsi, tous les secteurs publics au Tchad sont touchés par les pratiques de la corruption. Mais il se trouve que certains domaines sont encore plus menacés par ce phénomène.

958. Selon un rapport réalisé par *« CERDO* [155]*»*, au sujet d'un plan stratégique de lutte contre la corruption au Tchad, les domaines les plus touchés par les pratiques de la corruption, sont *« l'administration publique plus généralement et les régies financières, en particulier les services des douanes et ceux des impôts ainsi que le domaine des marchés publics* [156]». Il met aussi, l'accent sur les autres services tels que : la police et la justice, qui sont considérées comme vulnérables pour le fait, qu'elles emploient un grand nombre de travailleurs à faible niveau de revenu, alors que leurs agents, sont en contact direct avec le public et qu'ils peuvent profiter de ce fait pour prélever leur dime[157].

959. Comme cela a déjà été soulevé, la corruption comporte de nombreuses conséquences qu'il convient d'aborder.

b. Les conséquences de la corruption

960. Tous ceux qui se sont intéressés à la réflexion sur la corruption ont toujours démontré que les conséquences de cette pratique sont toujours ressenties sur le plan politique, social, économique et judiciaire. C'est pour cette raison que Dieter FRISCH soutenait que la corruption apparaît comme *« un obstacle majeur au développement, c'est-à-dire que la corruption tue l'esprit de développement* [158] *»*.

961. Clara DELAVALLEE, qui a su mener des études sérieuses sur la corruption, estime, démontre sur le plan économique, que *« la corruption freine la capacité d'action de l'État par l'intermédiaire de plusieurs mécanismes : elle réduit l'efficacité des dépenses, induit des distorsions dans leur répartition entre les différents postes budgétaires et entrave l'équilibre budgétaire* [159]*»*. Christine LAGARDE aborde dans le même sens en démontrant, que *« la corruption affaiblit la capacité de l'État à faire son travail. Elle rabote les recettes dont il a besoin et pervertit les décisions budgétaires, car les autorités peuvent être tentées de*

---

[153]-Voir : propos de Jacqueline MOUDEINA recueillis par Charlotte CHATELLE, Au Tchad, il faut être parmi les corrupteurs pour avoir une vie décente, sur le site suivant : http://www.iteco.be/.[Consulté le 01/09/2018].

[154]-*Ibid.*

[155]-Centre d'études et de recherche pour la dynamique des organisations, pool des experts et chercheurs internationaux associés, N'Djamena Tchad.

[156]-Rapport d'étude réalisé par le CERDO Tchad (centre d'études et de recherche pour la dynamique des organisations) sur la perception de la corruption au Tchad de novembre 2009, p.18.

[157]- Ibid.

[158]- Par Dieter Frisch, texte intégral d'un article parut dans le courrier ACP-UE no. 158, juillet-août 1996 : pages 68 – 70.

[159]- DELAVALLADE(Clara), Corruption publique : facteurs institutionnels et effets sur les dépenses publiques. Économies et finances. Thèse pour obtenir le grade de docteur de l'Université de Paris I Discipline : Sciences Économiques, 2007, France.

favoriser les projets qui rapportent des pots-de-vin au détriment de ceux qui créent de la valeur économique et sociale [160] *»*.

962. Au plan judiciaire, la pratique de la corruption peut aider à servir comme un moyen très efficace pour enfreindre la loi. Lorsque les hommes sont corrompus, ils n'appliquent plus les lois. Selon Transparency International, *« la corruption dans les systèmes judiciaires engendre l'impunité et sape l'État de droit*[161] *»*.

963. Toutes ces démonstrations, faites sur les obstacles de réforme douanière en général, ne peuvent être négligées sur la mise de cette opération au Tchad. Mais en réalité, est-il possible d'aborder un sujet aussi comme celui *concernant « la réforme des administrations douanières : le cas du Tchad »*, sans mettre sur les tapis ces éléments gênants ? L'administration des douanes tchadiennes, peut-elle réussir avec sa réforme sans combattre ces obstacles ? En plus de ces difficultés-ci évoquées précédemment, susceptibles d'empêcher l'évolution de la réforme douanière au Tchad, il faut cette fois aborder le cas de la politisation qui est encore plus gênant dans cette opération. Il s'agit de réfléchir sur cette gangrène qui gêne l'administration publique en général, mais surtout, mettant l'accent sur le fait qu'elle gagne du terrain dans l'administration des douanes tchadiennes.

---

[160]-Voir : article, « les dégâts de la corruption » sur le site suivant : https://www.imf.org/.[Consulté le 13/04/2018].

[161]-Voir : version en langue française du rapport mondial sur la corruption 2007 lancé au Cameroun.

CHAPITRE II.

La politisation de l'administration publique : le cas de la douane au Tchad

964. La politisation dans la sphère des administrations publiques[1]d'une manière générale, et particulièrement au Tchad, gagne énormément du terrain. Selon Stéphane DION, *« la politisation des administrations publiques par les partis fait l'objet d'un débat permanent qui s'amplifie à chaque alternance du pouvoir. Elle est tantôt réprouvée comme une perversion dangereuse du modèle occidental d'administration, tantôt accueillie comme une forme plus moderne de gouvernement*[2]*»*.

965. Le débat éthique permet de relever deux objectifs recherchés par cette politisation. Le tout premier objectif consiste à politiser l'administration, dans le but de placer directement ses ressources et ses effectifs à la disposition des appareils de partis. L'administration devient alors un instrument de patronage ou de clientélisme[3]. Ainsi, le second objectif, est l'installation des récompenses politiques par des élus, en faveur d'un plus grand nombre de fonctionnaires politiquement solidaires, de sorte que l'administration devienne un instrument plus efficace, de concrétisation des politiques gouvernementales.

966. Ces travaux de recherche évitent, en effet, d'aborder la question de la politisation de l'administration au sens large, comprise comme une action d'administrer des affaires publiques ou privées[4]. Il s'agit de s'intéresser précisément à la compréhension de la notion de l'administration publique (Section. I) et sa politisation (Section. II)en tant que telle, considérée par Thurid HUSTEDT et Heidi Houlberg SALOMONSEN comme *« un éternel thème de recherche*[5]*»*.Dans ce contexte, ne sera-t-il pas utile de se pencher tout d'abord sur

---

[1]- EYMERI-DOUZANS(Jean-Michel), Les stratégies de réforme administrative en Europe : essai d'évaluation comparative, dans un document intitulé : les réorganisations administratives. Bilan et perspectives en France et en Europe. Institut de la gestion publique et du développement économique, 2008, Paris, p. 115-140.

[2]- DION(Stéphane), La politisation des administrations publiques : éléments d'analyse stratégique. Canadian Public Administration, 1986, 29: 95–117. doi: 10.1111/j.1754-7121.1986.tb00396.x.. Voir partie du sommaire.

[3]-*Ibid.*

[4]-Voir : dictionnaire LAROUSSE, http://www.larousse.fr/.. [Consulté le 14/09/2018].

[5]- HUSTEDT(Thurid) et SALOMONSEN (Heidi Houlberg), Assurer la réactivité politique : les mécanismes de politisation dans les bureaucraties ministérielles. Éditeur : I.I.S.A., revue internationale des sciences administratives, 2014/4 (Vol.) 80), pages : 164-Consulter sur ce site ://www.larousse.fr/. [Consulté le 07/08/2018].

les conséquences de la politisation grandissante dans l'administration publique tchadienne en général, avant de viser le cas spécifique des douanes tchadiennes ?

Section I.
Compréhension de la notion d'administration publique

967. L'administration publique est*« un ensemble des services de l'État (avec une majuscule) ; ensemble des fonctionnaires chargés d'un service public* [6]*».* Mais les différentes réflexions qui se développent sur cette notion renforcent la définition donnée dans le dictionnaire Larousse. Selon Danzabe SAMUEL, l'administration publique se comprend de plusieurs manières. Ainsi, cette administration se définit, du point de vue matériel, comme *« le fait ou la manière de gérer une affaire ou une activité* [7] *».*

968. Sous un angle organique, l'administration publique est comprise comme *« la structure par laquelle s'exerce une activité* [8]*».* Alors qu'enfin, *« au sens de l'État, l'on peut concevoir l'AP*[9]*comme étant l'ensemble des services publics destinés à concourir à l'exécution des lois d'intérêt général et des actes du gouvernement* [10]*».*

969. La compréhension du concept de l'administration publique telle qu'abordée par monsieur Kitsoro Firm KINZOUNZA, semble être encore plus pertinente, surtout, qu'il veut l'identifier à la fonction publique nationale, aux services publics déconcentrés de la fonction publique, aux services publics décentralisés, aux établissements publics à but lucratif ou non dans son sens général. Alors qu'au sens strict Kitsoro Firm KINZOUNZA estime que *« même dans l'acception populaire, la fonction publique et administration publique sont des termes interchangeables*[11]*. »* Le concept au sens large est abordé dans le **(Paragraphe .1)** et les principes et règles régissant les rapports dans l'administration publique ou la fonction publique dans le **(Paragraphe.2).**

§ 1.Concept de l'administration publique au sens large

970. L'administration publique, au sens large, comprend tous les services publics, y compris l'administration locale. D'une manière plus étendue, le secteur des administrations publiques comprend : l'État et les divers organismes d'administration centrale, locale, les administrations de Sécurité sociale, etc. La grande partie de leurs ressources provient des ressources publiques. Ainsi,

---

[6]- Dictionnaire de français Larousse, Éditions Larousse, 2021.

[7]-Présentation de Danzabe SAMUEL, l'administration publique. Séminaire d'imprégnation des personnels du MINSANTE nouvellement recrutés à la fonction publique dans le cadre du « recrutement des 25000 », Cameroun, consultable dans le site suivant : www.cm-minsante-drh.com/.[Consulté le 18/08/2018].

[8]-*Ibid.*

[9]-Administration Publique.

[10]-*Ibid.*

[11]- KINZOUNZA (Kitsoro Firmin), Quel type d'administration publique pour accompagner le projet « Afrique, continent émergent en 2025 » ? VIIIe Forum sur la modernisation des services publics et des institutions de l'État (CAFRAD, Maroc, 25-27 juin 2012) : juin 2012, p.3.

l'ensemble de ces services a pour principal but de répondre aux besoins d'intérêt général de la population.

971. Dans la compréhension du concept de l'administration publique, il est question d'aborder ses éléments en premier lieu, qui sont : fonction publique nationale, services publics déconcentrés de la fonction publique, services publics décentralisés et établissements publics à but lucratif ou non. Ensuite, il est intéressant de porter un regard sur ses visions.

A. Fonction publique nationale, services publics déconcentrés de la fonction publique, services publics décentralisés et établissements publics à but lucratif ou non

972. La compréhension des services publics énumérés ci-dessus et faisant l'objet d'une étude dans ces travaux de recherche est certainement indispensable. Il ne s'agit pas de faire une étude approfondie de ces services, mais il faut, dans ces conditions, situer l'administration des douanes au sein de l'administration publique. Pour le moment, la réelle préoccupation est de soulever la question de la compréhension de la fonction publique nationale et de ses services publics déconcentrés.

973.L'administration des douanes est un service public, faisant partie de la fonction publique. Il convient, dans le principe, de séparer la fonction nationale de la fonction publique locale. Mais au Tchad, le gouvernement n'ose pas encore créer cette fonction publique territoriale. Il n'existe qu'une fonction publique, fonctionnant sur la base de la loi n° 017/PR/2001 du 31 décembre 2001.

1. Fonction publique nationale et ses services déconcentrés

974. La fonction publique nationale est celle qui est aussi appelée fonction publique d'État. Elle se compose des administrations centrales et des services publics déconcentrés. Les administrations centrales concernent les sièges des différents ministères, les directions générales et techniques dans des domaines spécialisés de l'administration, situés en général dans les capitales. Au Tchad, ces administrations centrales sont installées à N'djamena, sa capitale.

975. Les administrations centrales jouent un rôle de pilotage. Elles ont une lourde responsabilité de participer à l'élaboration des projets de loi et de décrets. Elles ont la charge de piloter les services déconcentrés et de veiller à l'application des décisions du Gouvernement. Les services déconcentrés assurent le relais au niveau local. Ils doivent faire appliquer les décisions prises par les administrations centrales.

a. Fonction publique nationale

976. En France, la fonction publique est composée de trois versants : fonction publique de l'État, fonction publique territoriale et fonction publique hospitalière. Chaque fonction publique est régie par des dispositions particulières à caractère national. Ces différentes fonctions publiques ont vu leur statut général unifié par la loi du 13 juillet 1983 (titre I - statut général) tout en précisant et préservant les spécificités de chaque secteur.

977. En Afrique en général, et plus spécifiquement au Tchad, la seule entité publique qui déploie un groupe de personnes travaillant dans un cadre intergouvernemental au sein des administrations publiques est connue sous le nom de fonction publique de l'État. Les collectivités territoriales, encore novices en la matière, ne disposent pas véritablement d'une fonction publique spécifique. Cette fonction publique de l'État est constituée des divers ministères formant les administrations centrales et les services déconcentrés ayant une compétence territoriale. Ainsi, les activités de l'administration centrale sont assurées par les services publics déconcentrés relevant de la fonction publique au niveau des provinces.

b. Services publics déconcentrés de la fonction publique

978. Les services publics déconcentrés de la fonction publique nationale, connus entre-temps sous l'expression des services extérieurs en France, assurent le relais sur le plan local. Les décisions que prennent les services de l'administration centrale sont mises en œuvre par les services de l'État au niveau territorial. Dans les fonctions publiques de l'État, de façon générale, la majorité des ministères disposent de services déconcentrés qui s'exercent dans le cadre de l'administration territoriale.

979. Plus précisément, au Tchad, ces services, qui sont représentés par des délégations régionales, opèrent sous la supervision des délégués régionaux désignés par décret. Leur responsabilité principale est d'assurer la mise en œuvre, au niveau régional ou territorial, des missions préalablement définies par leurs ministères respectifs. Mais il convient tout de même de souligner que ces délégués régionaux conduisent les activités de leurs ministères respectifs, sous la responsabilité des gouverneurs qui sont des coordinateurs des services déconcentrés de l'État. Ainsi, selon Pierre TIFINE, *« le système de la déconcentration constitue un moyen pour l'État de délocaliser son pouvoir de décision. Toutefois, dans ce système, les organes déconcentrés demeurent subordonnés, par le lien hiérarchique, aux services centraux*[12]*»*. On oppose traditionnellement la déconcentration à la décentralisation[13] territoriale. Et on estime qu'il n'y a décentralisation que parce qu'il y a centralisation.

980. La décentralisation est un mode d'organisation du pouvoir au sein de l'État[14]. Dans le domaine du droit administratif, elle est envisagée comme une méthode d'organisation administrative par laquelle une autorité spécifique, généralement le législatif, délègue la gestion de certains intérêts à des agents qui agissent en tant qu'organes et représentants non pas de l'autorité centrale, mais

---

[12]- TIFINE(Pierre), Droit administratif français – Première partie – Chapitre 1, chapitre 1 : les différentes modalités d'organisation administrative. Revue générale du droit on line, 2013, numéro 4207 ? www.revuegeneraledudroit.eu/. [Consulté le 16/08/2019].

[13]- MAITROT(Jean-Claude). Déconcentration administrative. EncyclopædiaUniversalis [en ligne], consulté le 22 janvier 2016. URL : http://www.universalis.fr/encyclopedie/deconcentration-administrative/[Consulté le 16/08/2019].

[14]-BAGUENARD(Jacques), La décentralisation, 7e éd. Paris, Presses universitaires de France, « Que sais-je ?, 2004, 128 pages. Consultez la partie Présentation.

d'une entité publique autre que l'État. Il convient de faire la distinction entre la décentralisation territoriale et la décentralisation fonctionnelle ou technique[15].

981. La décentralisation fonctionnelle est accordée pour permettre à des établissements publics à vocation spéciale, comme les universités ou les hôpitauxde disposer d'une certaine autonomie administrative, avec leurs propres organes (ex :Conseil d'administration) et un budget autonome, l'organe de rattachement assurant un pouvoir de contrôle[16]. Alors que la décentralisation territoriale qui s'applique aux collectivités locales, est celle qui impose le transfert de certaines compétences des autorités centrales vers des autorités locales élues à la base par leurs populations.

982. Les agents des services déconcentrés, tout comme les autorités locales élues, exercent leurs compétences dans le cadre de l'administration territoriale, mais en se limitant à leurs domaines de compétence. Dans ces conditions, quels rôles jouent exactement les services publics décentralisés et les établissements publics à but lucratif ou non, à côté de la fonction publique nationale et des services publics déconcentrés ?

2. Services publics décentralisés et établissements publics à but lucratif ou non

983. Les services publics décentralisés sont prévus dans le cadre de la décentralisation territoriale. Michel BORGETTO voit la notion de la décentralisation de deux façons. Il la perçoit d'abord, comme un mode d'organisation publique consistant à transférer des attributions du pouvoir central à des institutions juridiques distinctes qui disposent, sous sa surveillance, d'une certaine autonomie de gestion[17], et il considère ensuite, la décentralisation dite « territoriale » comme le transfert qui est opéré au bénéfice de collectivités locales[18].La Charte Africaine des valeurs et des principes de la décentralisation, de la gouvernance locale et du développement local par contre, considère la décentralisation comme *« le transfert des pouvoirs, des responsabilités, des capacités et des ressources du niveau national à tous les niveaux sous nationaux de gouvernement afin de renforcer la capacité des gouvernements sous-nationaux à promouvoir la participation des populations et la fourniture de services de qualité* [19]».

984. Pour les institutions publiques à vocation lucrative ou non, des dispositions sont prévues dans le cadre de la décentralisation fonctionnelle ou technique. La décentralisation technique, fonctionnelle ou par services, constitue une opération

---

[15]-Colloque national : la décentralisation et le développement local en Mauritanie, 13-14 décembre 2014, Nouakchott (Mauritanie) soutenu par Konrad Adenauer et centre maghrébin d'études stratégiques de Nouakchott, p.7.

[16]-Colloque national : la décentralisation et le développement local en Mauritanie. Op.cit, p.8.

[17]- BORGETTO(Michel), La décentralisation du “social” : de quoi parle-t-on ? , *Informations sociales*, 2010/6 (n° 162), p. 6-11. DOI : 10.3917/inso.162.0006. URL : https://www.cairn.info/. [Consulté le 13/04/2018].

[18] -*Idem*

[19]-Charte Africaine des valeurs et des principes de la décentralisation, de la gouvernance locale et du développement local, adoptée par la vingt - troisième session ordinaire de la conférence tenue à Malabo (guinée équatoriale) le 27 juin 2014

administrative permettant le transfert de compétences de l'État vers des entités morales de droit public spécialisées.

a. Services publics décentralisés

985.Évoquer les services publics décentralisés implique inévitablement de considérer les collectivités territoriales décentralisées. Il s'agit d'entités administratives distinctes de l'appareil étatique, chargées de défendre les intérêts des habitants d'un territoire précis[20]. Dotées de la personnalité morale, elles ont la capacité juridique d'intenter des actions en justice, de jouir d'une autonomie administrative, de gérer un budget indépendant et de posséder des compétences dont l'octroi est soumis à l'autorisation du législateur (le Parlement). Ces collectivités ont le droit d'exercer un pouvoir décisionnel par le biais du processus délibératif au sein d'un conseil composé de représentants élus.

986 Il est important de rappeler que toutes ces prérogatives ne donnent pas droit à ces collectivités territoriales de se consister dans un État souverain ou de prendre des initiatives ou des décisions touchant strictement au domaine régalien de l'État. Selon l'article 210 de la Constitution tchadienne, les collectivités territoriales décentralisées, assurent dans les limites de leur ressort territorial et avec le concours de l'État : la sécurité publique, l'administration et l'aménagement du territoire, le développement économique, social, sanitaire, culturel et scientifique et la protection de l'environnement. La loi détermine la répartition des compétences en considération des intérêts locaux et nationaux.

987. Après la compréhension de la notion des services publics décentralisés, il faut alors aborder celle concernant les établissements publics à but lucratif ou non, précédemment signalés.

b. Établissements publics à but lucratif ou non

988. D'une manière générale, les établissements publics[21], bénéficient d'un système de la décentralisation. Il s'agit, surtout, de la décentralisation fonctionnelle, techniques ou par services, qui leur donne droit à recruter leur personnel, à bénéficier de la personnalité morale, de l'autonomie financière, de subventions, de ressources ou de moyens propres. Les établissements publics fonctionnent selon les normes de droit public, en se distinguant des entreprises publiques qui sont des personnes morales de droit privé, pourtant à capitaux publics.

989. Si, les établissements publics interviennent en faveur de l'intérêt général[22], mais pour les entreprises publiques, elles ne remplissent pas nécessairement une mission d'intérêt général. Même si le législateur va quelquefois relever des multiples dénominations des établissements publics, la jurisprudence[23] et la

---

[20]-Voir : « l'administration territoriale décentralisée » sur le site suivant : https://www.vie-publique.fr/.[Consulté le 11/12/2018].

[21]-Voir : « l'administration territoriale décentralisée » sur le site suivant : https://www.vie-publique.fr/.[Consulté le 11/12/2018].

[22]- CRÉTOIS (Pierre) et ROZA(Stéphanie), « De l'intérêt général : introduction », *Astérion* [En ligne], 17 | 2017, mis en ligne le 20 novembre 2017, consulté le 18 novembre 2019. URL : http://journals.openedition.org/.[Consulté le 16/08/2019].

[23]- MOLFESSIS(Nicolas), Loi et jurisprudence. Dans Pouvoirs 2008/3 (n° 126), pages 87 à 100

doctrine[24]ne considèrent que deux catégories d'établissements publics, qui sont les établissements publics à caractère administratif (EPA) et les établissements publics à caractère industriel et commercial (EPIC).

990. Les deux catégories d'établissements publics se distinguent par leurs activités respectives : le service public administratif pour les EPA et le service public industriel et commercial pour les EPIC[25]. Cette étude portant sur l'administration publique, dans le contexte de sa politisation générale, incite à approfondir ses contours. Il est donc considéré comme essentiel d'aborder ces perspectives au sein desquelles les douanes trouvent leur place de manière générale.

B. Visions de l'administration publique

991. Les visions de l'administration publique se distinguent de celles des entreprises privées ou des sociétés privées, qui ont pour but lucratif. Les entreprises privées ont comme objectif de faire des profits. Alors que l'administration publique a pour finalité exclusive, la satisfaction de l'intérêt général. Étant donné que l'administration publique est au service de l'État, elle doit se distinguer de l'administration, qui se soumet à la volonté soit d'une personne physique ou d'une personne morale. Les visions de l'administration publique sont, particulièrement, celles qui l'obligent à mettre en œuvre l'intérêt général et à garantir l'État de droit.

992. Il convient alors de comprendre que l'administration publique est au service de l'intérêt général et de l'État de droit. Elle est aussi au service des entreprises de production et des usagers.

1. L'administration publique au service de l'intérêt général et de l'État de droit

993. La question de l'intérêt général est toujours abordée dans le cadre des prérogatives traditionnelles de l'État, dont l'administration publique, un instrument par lequel l'État concrétise ses missions et ses objectifs[26]et veille à sa bonne marche. Cette administration fait aussi de l'État de droit ses priorités dans l'exercice de ses missions.

994. L'intérêt général a été regardé à bon droit comme la pierre angulaire de l'action publique, dont il détermine la finalité et fonde la légitimité[27]. Selon Sylvie TROSA, *« la notion d'intérêt général est plus que jamais d'actualité à l'heure où il s'agit de restaurer l'autorité de l'État tout en ayant des services publics plus à*

---

[24]-JESTAZ(Philippe), « Doctrine » vs sociologie. Le refus des juristes. Dans Droit et société, 2016/1 (N° 92), pages 139 à 157.

[25]-Voir article « Que sont les établissements publics administratifs (EPA) et industriel et commercial (EPIC) ? » sur le site suivant : https://www.vie-publique.fr/. [Consulté le 02/01/2018].

[26]-Voir : article 234, de la Constitution Haïtienne du 29 mars 1987 qui stipule que « l'administration publique haïtienne est l'instrument par lequel l'État concrétise ses missions et objectifs. Pour garantir sa rentabilité, elle doit être gérée avec honnêteté et efficacité ».

[27] -Réflexions sur l'intérêt général - Rapport public, 1999, Conseil d'état, France.

l'écoute des citoyens voire coconstruits avec eux[28]*»*.Alors qu'en Europe, parler de service public, c'est parler de service d'intérêt général[29].

995. Toutefois, il faut que cet intérêt général soit protégé par l'État ou son administration, appelée administration publique. Concernant l'État de droit, il est d'abord prôné sur le plan universel dans la Charte des Nations Unies. Le préambule de la Charte indique que l'un des buts de l'ONU est de *« créer les conditions nécessaires au maintien de la justice et du respect des obligations nées des traités et autres sources du droit international*[30]*»*. Aujourd'hui, ce droit entre dans les *dispositions* constitutionnelles. Et c'est dans ces conditions, qu'intervient l'administration publique pour son service de protection et de mise en œuvre de l'État.

a. L'administration publique au service de l'intérêt général

996. Les économistes, tout comme le juge administratif, le juge constitutionnel et les administrateurs, font usage de la notion d'intérêt général très fréquemment. Selon le vocabulaire juridique de Gérard CORNU, l'intérêt général est *« ce qui est pour le bien public »*[31]. *C'*est une notion qui a particulièrement évolué dans un débat philosophique et a été développée de long en large par Jean-Jacques ROUSSEAU dans « Du contrat social (1762)[32]».

997. Si l'administration publique se consacre à la promotion de l'intérêt général, c'est afin de répondre aux besoins d'une communauté en appliquant les règles du droit public, émanant de l'État. Cette démarche vise à appuyer la thèse de ceux qui considèrent que l'intérêt général constitue le socle essentiel de l'action publique[33] et qu'il représente également un pilier du droit public[34]. Il ne s'agit pas tant d'approfondir une démonstration sur la notion d'intérêt général, mais plutôt d'étudier sa concrétisation par l'administration publique, chargée d'exécuter la volonté des autorités publiques, celles-ci étant les représentants et élus du peuple, garants de cet intérêt général susmentionné.

---

[28]- TROSA(Sylvie), L'intérêt général : une réalité introuvable ? , *Gestion & Finances Publiques*, 2017/3 (N° 3), p. 82-87. DOI : 10.3166/gfp.2017.00053. URL : https://www.cairn.info/.[Consulté le 16/08/2019].

[29]-Céline VIGUIÉ, « "Qu'est-ce que l'intérêt général ?" : conférence de l'IA BD, 23 septembre 2013 », *Bulletin des bibliothèques de France (BBF)*, 2013, n° 6, p. 79-80.En ligne : https://bbf.enssib.fr/. [Consulté le 16/08/2019].

[30]-Voir : Préambule de la Charte des Nations Unies. La Charte des Nations Unies, parfois appelée la Charte de San Francisco, est une convention internationale signée le 26 juin 1945 à San Francisco, à la fin de la Conférence des Nations Unies pour l'Organisation internationale.

[31]-CORNU(Gérard) (dir.) et Association CAPITANT(Henri), Vocabulaire juridique, Paris, Presses universitaires de France, coll. « Quadrige », 2005, 7e éd., 970 p

[32]-Du Contrat Social ou Principes du droit politique est un ouvrage de philosophie politique pensé et écrit par Jean-Jacques Rousseau, publié en 1762. *Du contrat social* est un traité de philosophie politique présentant comment l'homme, passé de l'état de nature à l'état de société, peut instituer un ordre social au service de l'intérêt général. Le *pacte social* que propose Rousseau établit que chacun doit renoncer à tous ses droits particuliers ou du plus fort pour obtenir l'égalité des droits, que procure la société.

[33]-Conseil d'état, rapport public, 1999. Jurisprudence et avis de 1998. L'intérêt général, la Documentation française, 1999, p. 245.

[34]- MERLAND(Guillaume), l'intérêt général, instrument efficace de protection des droits fondamentaux, Cahiers du Conseil constitutionnel, n° 16 (Prix de thèse 2003) – juin 2004

998. L'administration publique exerce ses fonctions en s'organisant principalement pour la défense de la fonction publique et de ses statuts[35]. Selon Anicet LEPORS, *« si la fonction publique est au cœur de la notion de service public, celui-ci est le vecteur de l'intérêt général*[36] *»*. En réalité, la conception de l'intérêt général se distingue des intérêts particuliers. L'intérêt général dépasse l'intérêt de chaque citoyen et est l'émanation de la volonté collective de tous les citoyens sur un territoire national, dont les objectifs sont réalisés par l'administration qui dispose des moyens d'action pour obtenir satisfaction[37] dans un domaine du service public. Cette administration publique doit être au service de l'État de droit en encourageant fermement la bonne gouvernance en son sein

b. L'administration publique au service de l'État de droit

999. Des études ont toujours considéré que la notion de l'État de droit[38], qui s'emploie universellement aujourd'hui, est d'origine allemande *(Rechtsstaat), mais* qu'elle a été redéfinie au début du vingtième siècle par le juriste autrichien Hans KELSEN, comme *« un État dans lequel les normes juridiques sont hiérarchisées de telle sorte que sa puissance s'en trouve limitée*[39] *»*. Ce point de vue décrit nécessairement les caractéristiques d'un État moderne, un État qui s'oppose désormais à un État qui se fonde sur un pouvoir arbitraire, où les conditions de la démocratie ne sont pas respectées.

1000. Un État qui avance malheureusement, sans accorder de l'importance au respect de la hiérarchie des normes, à l'égalité devant le droit, à l'indépendance de la justice, à la séparation des pouvoirs, etc., est un État très exigeant. Il impose à sa soumission, l'administration publique. Dans ce cas, l'administration n'est pas toute-puissante et ne peut pas agir de manière efficace. Même, lorsqu'une autorité administrative dispose d'un pouvoir discrétionnaire, son action reste limites : elle se doit en effet de respecter le principe de légalité, c'est-à-dire de se soumettre aux nombreuses règles de droit s'imposant à elle.

1001. En revanche, il incombe à l'administration de veiller au bon fonctionnement de cet État de droit et de garantir le respect de ses normes juridiques, lesquelles s'appliquent aussi bien aux autorités qu'aux citoyens, les obligeant à se conformer au principe selon lequel *« nul n'est au-dessus de la loi*[40] *»*. Ainsi, ces diverses manifestations visent simplement à souligner que l'administration publique serait justifiée à suivre les règles de l'État de droit si les autorités publiques elles-mêmes optaient pour ce mode de fonctionnement pour l'État dans lequel elles sont élues. Il convient donc désormais d'estimer que l'administration exécute la volonté des représentants du peuple et veille à l'intérêt

---

[35]-Voir : *propos recueillis par Amélie Coursaud, un entretien avec Anicet, sur le site suivant :* http://anicetlepors.blog.lemonde.fr/.[Consulté le 13/04/2018].

[36] -*Ibid.*

[37]- CHEVALLIER(Jacques), Le service public : « Que sais-je ? » n°2359. Presse universitaire de France, 1987, Paris. V. Voir l'introduction.

[38]- HERRERA (Carlos-Miguel), Quelques remarques à propos de la notion d'État de droit. L'Homme et la société, Année 1994, volume 113, Numéro 3 pp.89-103.

[39]- Voir : la notion de l'État de droit sur le site suivant : https://www.vie-publique.fr//.[Consulté le 13/04/2018].

[40]- Voir : article « Nul n'est au-dessus de la loi », propos recueillis par Muitubile K. Tshitenge LUBABU sur le site suivant : https://www.jeuneafrique.com/. [Consulté le 13/04/2018].

général. C'est donc dans le cadre de ses activités que l'administration publique se voit contrainte de se mettre au service des entreprises productrices ainsi que des usagers, une responsabilité qu'il conviendra également d'honorer.

2. L'administration publique au service des entreprises de production et des usagers

1002. L'administration publique se met au service de toutes les activités publiques ou privées. Mais elle soutient aussi activement toutes les activités de production. Ainsi, dans ses responsabilités, l'administration publique doit se mettre au service des entreprises de production. Mais aussi, il apparaît comme une obligation qu'elle se mette au service des usagers pour le simple fait qu'elle accomplit la volonté de l'intérêt général.

1003. L'administration publique ne doit, non seulement pas, se mettre au service des entreprises, du secteur productif, mais également, elle doit être performante. Sa performance dépend de son honnêteté, de son intégrité, et de son caractère dépolitisé. Ces éléments de performance lui permettent de se mettre aisément au service des usagers.

a. L'administration publique au service des entreprises du secteur productif

1004. L'engagement de l'administration en faveur du progrès économique et social se manifeste à travers un soutien constant aux entreprises opérant dans le secteur productif. L'intervention des autorités publiques vise à accompagner les sociétés actives dans la production et la transformation, notamment celles œuvrant dans des domaines propices au développement social et à la croissance économique. Ainsi, cette intervention est motivée par la nécessité impérieuse de compléter l'action du secteur privé et de lui offrir un appui en vue d'une progression fructueuse.

1005. Le plus souvent, l'administration publique apporte son soutien de diverses manières aux entreprises opérant dans les secteurs productifs tels que l'agriculture, l'élevage, l'agro-industrie et l'industrie manufacturière. Elle mobilise les ressources de l'État pour un financement direct ou fait appel aux partenaires financiers. Il est essentiel de souligner que pour servir efficacement les entreprises, l'administration publique doit faire preuve de performance, d'honnêteté, d'intégrité, de neutralité politique et de crédibilité afin de les encourager véritablement à contribuer au développement économique et social. En adoptant ces qualités distinctives, elle peut être appréciée positivement par les usagers qui dépendent de ses services.

b. L'administration publique, performante, honnête, intègre, dépolitisée au service des usagers

1006. En théorie, une administration publique engagée dans un réel essor se doit d'être performante, intègre et dépolitisée. Ces caractéristiques essentielles garantissent qu'elle œuvre véritablement pour le bien-être de la population. Lors d'une conférence conjointement organisée par l'Africa Leadership Forum et la Singapore International Fondation, il a été souligné que ce type d'administration est considéré comme exemplaire. C'est donc une administration performante[41] , incitant les Africains à lutter pour son instauration.

1007. Selon Daniel MALTAIS, le concept de performance qui s'impose ici, *« est utilisé quotidiennement dans tous les secteurs d'activités humaines*[42] ». Il peut être défini de plusieurs façons. Selon le Grand, dictionnaire Larousse[43], la performance qui est un mot anglais, signifie, « *exécution, achèvement ; par extension, exploit quelconque* [44]». Cette définition se rapproche de celle donnée par l'OCDE, qui considère cette notion comme *« le rendement ou les résultats d'activités effectuées dans le cadre d'objectifs poursuivis. Sa finalité est de multiplier les cas dans lesquels les pouvoirs publics atteignent leurs objectifs* [45]».

1008. En ce qui concerne l'honnêteté au sein des administrations en général, elle fonde la base même de la confiance du public, une confiance qui est permanente entre l'administration et ses administrés. Cette honnêteté est aujourd'hui réclamée avec fermeté dans les États de droit qui imposent la transparence dans les administrations publiques. C'est dans cette obligation que le patron de l'ADPME, Mabousso Thiam, au Sénégal, réclamait dans l'administration sénégalaise *« des efforts en matière de transparence* [46]*».*

1009. Lors de la journée scientifique organisée par le laboratoire de recherche économique et monétaire (LAREM), à l'UCAD, Mabousso THIAM fait comprendre que le Sénégal *« a une culture absolue de non-transparence* [47]*».* Il justifie sa position par exemple par le fait que plusieurs entreprises présentent *« trois bilans »* : *« Un pour l'actionnaire, un pour la banque et un pour le fisc* [48]*».* Il relève que *« ces bilans (qui) sont utilisés dans la comptabilité nationale [...] sont faux* [49]». Un tel comportement, perçu comme une mauvaise pratique administrative, ne peut concerner que le cas de l'administration publique sénégalaise de façon particulière, car il se développe très profondément de la même manière que dans d'autres services publics africains.

1010. Le développement d'une administration publique intègre est celui qui s'impose dans le contexte de sa modernisation. Il s'agit, d'une administration au sein duquel se développe un comportement d'une très grande probité, qu'on ne peut corrompre. Tandis que la dépolitisation de l'administration, suppose qu'il faut,

---

[41] -*Ibid.*

[42]- MALTAIS(Daniel), Performance et gestion de la performance, dans Louis *COTE* et Jean-François *SAVARD* (dir.), 2012, le dictionnaire encyclopédique de l'administration publique, [en ligne], www.dictionnaire.enap.ca/. [Consulté le 03/08/2017]

[43]-Selon Le Grand dictionnaire LAROUSSE, la performance est un mot anglais qui signifie « exécution, achèvement ; par extension, exploit quelconque ». Cette définition est citée dans « Performance et gestion de la performance », dans Louis *COTE* et Jean-François *SAVARD* (dir.), *Le Dictionnaire encyclopédique de l'administration publique*, [en ligne], www.dictionnaire.enap.ca/ .[Consulté le 03/08/2017]

[44]- MALTAIS(2012)(Daniel). « Performance et gestion de la performance », dans Louis *COTE* et Jean-François *SAVARD* (dir.), Le Dictionnaire encyclopédique de l'administration publique, [en ligne], www.dictionnaire.enap.ca/.[Consulté le 03/08/2017]

[45]-OCDE, 2005, p. 65

[46] -Voir : article « On n'a pas une administration transparente ; soyez honnête » écrit par Daouda GBAYA sur le site suivant : https://www.enqueteplus.com/ .Consulté le 05/01/2018.

[47] -*Ibid.*

[48] -*Ibid.*

[49] -*Ibid*

tout simplement, la conduire vers la soumission aux règles de droit et particulièrement à l'éthique et à la déontologie des fonctions publiques[50].

1011. Lors de la recherche d'informations sur le concept d'administration publique, il est parfois légitime de s'interroger sur la distinction entre *« l'administration publique »* et *« la fonction publique ».* Certains auteurs considèrent ces deux termes comme interchangeables tant dans un sens strict que dans une acception populaire. Cette controverse nécessite donc qu'un paragraphe soit dédié aux principes et règles régissant les relations au sein de l'administration publique ou de la fonction publique.

§ 2. Principes et règles régissant les rapports dans l'administration publique

1012. L'expression *« fonction publique »* fait référence à l'ensemble des individus recrutés pour occuper des postes civils, que ce soit au sein de l'administration centrale, des collectivités locales ou des organismes publics en général, et ayant pour vocation le service public. Au sein de cette fonction publique, les agents sont soumis à une diversité de régimes juridiques. Ainsi, certains agents ont le statut de fonctionnaires, tandis que d'autres sont désignés sous les termes de contractuels ou d'agents non titulaires.

1013. En Afrique francophone, et particulièrement au Tchad, la fonction publique existante est celle de l'État. Toutefois, une fonction publique, en général, fonctionne en se basant sur ses principes, ses rapports, ses valeurs fondamentales et ses règles de conduite.

A. Fonction publique, ses principes universels et différents rapports

1014. Les fonctions publiques sont régies dans leur fonctionnement par des principes universels. Ces principes sont encore repris par la Charte de la fonction publique africaine[51].Cette charte évoque les valeurs et principes à développer, dans les fonctions publiques et dans les administrations publiques africaines. Elle développe les idées selon lesquelles les agents publics, ne devraient pas s'adonner, s'abstenir aux activités contraires à l'éthique et à la morale, telle que le détournement de deniers publics, le népotisme, le favoritisme, le trafic d'influence, la discrimination, etc. Ces principes et valeurs sont prônés par cette charte, pour que les administrations publiques se modernisent.

1015. En plus des principes et des valeurs de la Charte africaine abordés, il convient, dans ce contexte, d'évoquer aussi la nature des rapports qui doivent exister dans la fonction publique entre, d'une part, les usagers et, d'autre part, les agents publics.

---

[50] - VIGOUROUX(Christian), Déontologie des fonctions publiques. Éditions Dalloz 2012

[51]-La Charte de la fonction publique africaine adoptée par la seizième session ordinaire de la Conférence Addis-Abeba, Éthiopie – 31 janvier 2011, entrée en vigueur le 23 juillet 2016.

1. Principes des fonctions publiques

1016. Les administrations publiques ne sauraient se passer de leurs principes, considérés comme des piliers essentiels de leur bon fonctionnement. Il est question des principes d'égalité, de neutralité, de légalité et de continuité, énoncés dans la charte africaine.

1017. La Charte africaine impose que les principes fondamentaux évoqués ci-dessus, et bien qu'ils fassent l'objet d'intenses débats publics, doivent s'exécuter dans les services publics. Au Tchad, l'application de ces principes est garantie aux citoyens dans les conditions et les formes prévues par la Constitution. Mais dans ce contexte, il convient de soulever la question du principe d'égalité devant les charges publiques, plus implorante en matière fiscale.

a. Principe d'égalité et de neutralité

1018. Le principe d'égalité[52], qui est inscrit dans le fonctionnement des fonctions publiques, prône une égalité devant la loi. Il figure à l'article 6 de la déclaration des droits de l'homme de 1789 que *« la loi doit être la même pour tous*[53]*»*. Aujourd'hui, ce principe est confirmé par les textes constitutionnels au Tchad, parce que la Constitution tchadienne reconnaît la primauté du droit international. Selon Ferdinand MELIN-SOUCRAMANIEN, ce principe est *« l'un des principaux piliers de l'État de droit*[54]*»* et insiste sur l'obligation de *« traiter chaque homme avec la même attention et le même respect*[55]*»*. C'est en considérant l'importance de ce principe universel que la Charte africaine de la fonction publique prône désormais l'égalité des citoyens devant la loi, qui s'impose à toutes les administrations africaines. Elle dispose donc que *« les personnes se trouvant dans une situation vis-à-vis de l'administration comparable doivent être traitées de manière égale, sans distinction d'aucune sorte*[56]*»*.

1019. Le principe d'égalité devant les charges publiques, fait partie de principe d'égalité devant l'impôt[57] et comporte deux branches. D'une part, il s'agit d'une branche qui s'oriente sur le principe d'égalité devant la loi fiscale, abordé par l'article 6 de la déclaration des droits de 1789, et, d'autre part, celle qui développe le principe d'égalité devant les charges publiques, prévu par l'article 13 de la même déclaration. Même si les articles 6 et 13 de la DDHC permettent au principe d'égalité de revêtir deux branches du principe juridique d'égalité devant l'impôt,

---

[52]- KOBELA (Emmanuel Alain), L'impact des projets de développement sur la qualité de vie des femmes : l'exemple du PRODALKA au Tchad, École Doctorale Sciences Humaines et Sociales 507, Thèse préparée au Laboratoire du Centre de Recherche Bretonne et Celtique de l'Université de Bretagne Occidentale à Brest EA 4451 et soutenue le 23 mars 2017, p.31

[53]-Voir : article 6 de la déclaration des droits de l'homme de 1789

[54]- MELIN-SOUCRAMANIEN(Ferdinand), Le principe d'égalité dans la jurisprudence du Conseil constitutionnel. Quelles perspectives pour la question prioritaire de constitutionnalité ?, - Cahiers du Conseil constitutionnel, n° 29 (Dossier : la question prioritaire de constitutionnalité) – octobre, 2010.

[55] -*Ibid.*

[56]-Charte la fonction publique en Afrique – Windhoek, conférence panafricaine 2001, centre africain de formation et de recherche administrative pour le développement –CAFRAD, département des affaires sociales et économiques des Nations unies – UNDESA. Article 4

[57]-Voir Nouveaux Cahiers du Conseil constitutionnel n° 33 (Dossier : le Conseil constitutionnel et l'impôt) - octobre 2011, Sous le thème : Le Conseil constitutionnel et le principe d'égalité devant l'impôt, dans le site suivant : www.conseil-constitutionnel.fr/.Consulté le 11/122021

cela n'empêche de constater une division conduisant à opérer des analyses distinctes des situations en litige. L'article 6 dispose, que la loi« *doit être la même pour tous, soit qu'elle protège, soit qu'elle punisse* [58]». À cet effet, il est relevé dans l'article abordé parle Professeur Thibaut MASSART, que *« le principe d'égalité devant la loi fiscale invite ainsi à procéder à une comparaison entre la situation de contribuables différents. Si une discrimination apparaît, des raisons d'intérêt général doivent la justifier* [59]*»*. Selon une jurisprudence constante, le Conseil constitutionnel juge qu'aux termes de l'article 6 de la DDHC, *« le principe d'égalité ne s'oppose ni à ce que le législateur règle de façon différente des situations différentes, ni à ce qu'il déroge à l'égalité pour des raisons d'intérêt général, pourvu que, dans l'un et l'autre cas, la différence de traitement qui en résulte soit en rapport direct avec l'objet de la loi qui l'établit ; qu'il n'en résulte pas pour autant que le principe d'égalité oblige à traiter différemment des personnes se trouvant dans des situations différentes* [60]*»*. L'article 13 de la DDHC énonce, quant à lui, que *« pour l'entretien de la force publique et pour les dépenses d'administration, une contribution commune est indispensable : elle doit être également répartie entre tous les citoyens en raison de leur faculté »*[61]. Selon le Professeur Thibaut MASSART, *« à l'opposé de l'égalité devant la loi, l'égalité devant les charges publiques ne devrait ainsi être sanctionnée que dans la mesure où le législateur adopte des dispositions entraînant une rupture caractérisée de l'égalité. Il en serait ainsi si l'impôt revêtait un caractère confiscatoire en faisant peser sur une catégorie de contribuables une charge excessive au regard de ses facultés contributives* [62]*»*. En réalité, l'article 13 de la Déclaration des droits de 1789, présente le principe d'égalité devant les charges publiques, comme composante propre au champ fiscal, il se dissocie du principe d'égalité devant la loi, fondé sur son article 6. Concernant l'accès aux emplois publics, il *« est ouvert à égalité de droit, sans distinction de genre, de religion, d'origine, de race, d'opinion publique, de position sociale, à tout tchadien remplissant les conditions prévues au titre IV de la présente loi, sous réserve des conditions d'aptitudes physique et mentale ou de sujétions propres à certains emplois déterminés par les statuts particuliers* [63]*»*.

1020. Au Tchad, la théorie sur la question du principe d'égalité devant l'impôt n'est pas très développée. Il n'y a que la Constitution promulguée le 04 mai 2018 et révisée par la Loi Constitutionnelle n°017/PR/2020 du 14 décembre

---

[58]-Voir l'article 6 de la déclaration des droits de 1789

[59]-Voir article du Professeur Thibaut MASSART, [Jurisprudence] Le principe d'égalité devant les charges publiques et la contribution exceptionnelle sur l'impôt sur les sociétés.Réf. : Cons. const., 6 mars 2015, n° 2014-456 QPC (n° Lexbase : A7735NCH), sur le site suivant : https://www.lexbase.fr/. Consulté le 11/11/2021.

[60]-Voir : Cons. const., 7 mai 2015, décision n° 2015-466 QPC, cons. 3 (n° Lexbase : A5872NHX) ; Cons. const., 6 août 2010, décision n° 2010-24 QPC (cotisations sociales des sociétés d'exercice libéral), cons. 5 (n° Lexbase : A9232E73) ; Cons. const., 13 octobre 2011, décision n° 2011-180 QPC (prélèvement sur les "retraites chapeau"), cons. 4 (n° Lexbase : A7384HY7).

[61]-Voir : article 13 Déclaration des droits de l'homme et du citoyen du 26 août 1789

[62]-Voir : article du Professeur Thibaut MASSART, [Jurisprudence] Le principe d'égalité devant les charges publiques et la contribution exceptionnelle sur l'impôt sur les sociétés, article déjà consulté.

[63]-Voir : article 5 de la Loi n017-PR-2001 portant statut général de la fonction publique 31 décembre 2001 portant statut général de la fonction publique

2020. Malheureusement, cette constitution ne s'appuie pas sur la Déclaration des droits de 1789, mais s'attache à la Déclaration universelle des droits de l'homme de 1948, inspirée de celle de 1789 et adoptée par l'Assemblée générale des Nations Unies au palais de Chaillot à Paris sous la résolution 217. Cette constitution donne une formulation générale sur le principe d'égalité. Selon l'article 13 de cette constitution, *« les Tchadiens des deux sexes ont les mêmes droits et les mêmes devoirs. Ils sont égaux devant la loi*[64] *»*. L'article 14 renforce l'article précédent en réaffirmant que *« l'État assure à tous l'égalité devant la loi sans distinction d'origine, de race, de sexe, de religion, d'opinion politique ou de position sociale*[65] *»*.

1021. En ce qui concerne le principe de neutralité des agents du service public qui est aussi inséré aujourd'hui dans les textes constitutionnels, Frédéric THOMAS le perçoit comme *« le fait qu'il soit interdit au fonctionnaire de faire de sa fonction l'instrument d'une propagande quelconque »*[66]. Il indique alors que *« le comportement de l'agent doit être neutre, c'est-à-dire faire abstraction de ses opinions politiques, philosophiques ou religieuses vis-à-vis du service public »*[67]**.** Mais en cas de non-respect de ce principe, cela crée des sanctions disciplinaires. Ces sanctions s'appliquent en réalité à tous les agents du service public de tous les niveaux qui vont à l'encontre de ce principe noble.

1022. L'obligation de neutralité impérative requiert que le comportement de l'agent lors de l'exercice de ses fonctions administratives ne soit motivé par aucune conviction autre que celle de l'intérêt public. Ses actions et décisions doivent être prises dans le seul but de servir l'intérêt général. Cette responsabilité s'étend également aux services publics en ce qui concerne le traitement réservé aux usagers. Il convient d'insister sur le fait que les services publics de l'État ont pour mission de ne faire aucune distinction ou discrimination entre les usagers fondée sur leurs opinions, leur race ou leur genre. Ils doivent également respecter rigoureusement les principes de légalité et de continuité, des aspects essentiels à prendre en considération.

b. Principe de légalité et de continuité

1023. Le principe de légalité se distingue de celui de l'égalité, tel qu'expliqué précédemment. Ce principe impose à la fonction publique, au cœur des évolutions de l'État et du droit[68], de se conformer aux normes juridiques afin d'éviter tout arbitraire dans ses activités et décisions. L'arbitraire en question consiste, par exemple, à agir en se basant sur une volonté autre que celle dictée par l'intérêt

---

[64]-Voir article 13 de la Constitution tchadienne adoptée par le referendum du 31 mars 1996 et révisée par la loi constitutionnelle n°08/PR/2005 du 15 juillet 2005.

[65]-Voir l'article 14 de la Constitution tchadienne adoptée par le referendum du 31 mars 1996 et révisée par la loi constitutionnelle n°08/PR/2005 du 15 juillet 2005.

[66]-Dossier réalisé par Frédéric THOMAS, professeur agrégé, docteur en STAPS, Université Blaise-Pascal, Clermont-Ferrand II. Consulter le dossier sur le site de CAP CONCOURS suivant : https://www.cap-concours.fr/.Consulté le 19/09/2018].

[67] -*Ibid.*

[68]- ZARCA(Alexis) , L'égalité dans la fonction publique. Éditeur, Bruylant, date de parution mai 2014, Voir : partie concernant la description

général, sans respecter les règles juridiques ni prendre en considération la justice et l'équité.

1024. Le principe de légalité est consacré dans la charte africaine de la fonction publique afin de contraindre les agents publics et les responsables administratifs à respecter scrupuleusement les normes juridiques exigeant que le service public soit dispensé sans recourir à l'arbitraire. Selon cette charte, *« le service public doit être assuré dans le strict respect de la loi. Les décisions administratives doivent être prises conformément aux textes en vigueur*[69]*»*.

1025. Le principe de continuité, qui se développe dans ces travaux de recherche, est un sujet qui enrichit vivement les études en droit public. Selon Marie COURREGES, ce principe fait partie *des « grands principes du droit administratif que l'on ne songe guère à reconsidérer*[70]*»*. Il inspire aussi véritablement le droit constitutionnel dans le cadre de la continuité de l'Etat. C'est dans ce contexte que Pierre BRUNET dit que *« la continuité des services publics consiste en une obligation d'assurer le fonctionnement régulier du service public, lequel est pensé comme le prolongement de la continuité de l'action publique en général. Mais continuité ne signifie pas permanence. Il arrive en effet que le service public cesse de fonctionner*[71]*»*.

1026. Le respect du principe de la continuité ne s'impose pas seulement aux services publics, mais à l'ensemble de l'action de l'État. Dans ces conditions, cela amène le service public à s'exercer de façon continue, mais pas nécessairement de façon permanente[72].

1027. Ainsi, la charte africaine de la fonction publique, qui ne s'éloigne guère de la compréhension de ce principe de continuité, précise que *« le service public doit être assuré en permanence et dans toutes ses composantes selon les règles régissant son fonctionnement*[73]*»*. À côté des principes fondamentaux des services publics évoqués dans cette démarche de réflexion, il est indispensable d'analyser les règles régissant les rapports de l'administration avec les usagers et ses agents.

2. Règles régissant les rapports de l'administration avec les usagers et ses agents

1028. En Afrique, la charte de la fonction publique établit des règles, qui régissent les rapports de l'administration tant avec les usagers qu'avec ses agents. Mais, de plus en plus, l'accent est mis sur les rapports de l'administration avec les usagers, qui ont pour objectif d'améliorer la qualité du service public.

1029. Il est indispensable de savoir, quels rapports doivent-ils exister, entre, l'administration, avec les usagers ? Mais aussi, une autre préoccupation est celle de

---

[69]-Charte africaine de la fonction publique. Op.cit Article 6

[70] -COURRÈGES(Marie), Le principe de continuité du service public. Contribution à l'étude du droit de grève .RDLF 2015, thèse n°05, thèse soutenue le 12 décembre 2014 à l'université de Savoie. Voir partie du résumé de la thèse.

[71]-Voir : Fiche de niveau 4 de Pierre Brunet de Droit public de l'économie / Les services publics / Les « lois » du service public / 2007. Source : http://france-jus.ru/.[consulté le 07/08/2018].

[72]-VELLEY(Serge), Droit Administratif. Vuibert 2015, Paris (France), p.105.

[73]-Charte la fonction publique en Afrique. *Op.cit* Article 7.

comprendre, quels genres des rapports doivent-ils être établis entre l'administration et ses agents ?

a. Règles régissant les rapports de l'administration avec les usagers

1030. La Charte africaine de la fonction publique donne des orientations claires sur la manière dont l'administration doit servir les usagers. Ces orientations, très pertinentes, démontrent bien l'importance que la charte accorde aux usagers et qui doit en principe se manifester dans l'administration. Ainsi, selon les règles régissant les rapports de l'administration avec les usagers, l'administration doit servir les usagers en respectant les critères suivants : proximité et accessibilité des services ; participation, consultation et médiation ; qualité et efficience ; évaluation des services ; transparence et information ; célérité et délais de réponse ; fiabilité et confidentialité des informations[74].

1031. Effectivement, la proximité peut être interprétée comme une forme de rapprochement des services. Toutefois, dans le contexte administratif, ce terme a évolué pour revêtir de nouvelles connotations, se rapprochant ainsi du concept *d'« accessibilité* [75]*»*. Conformément à la Charte africaine de la fonction publique, outre l'organisation fonctionnelle et territoriale spécifique à l'administration visant à promouvoir une gestion publique de proximité[76], il est essentiel de favoriser une réduction des distances physiques en mettant davantage l'accent sur d'autres paramètres tels que le temps, les coûts, la simplicité et les relations humaines. Cela garantira véritablement que les services soient accessibles à l'ensemble des citoyens. De nos jours, cette accessibilité aux services peut également être facilitée par le progrès technologique.

1032. La participation, consultation et médiation, sont des termes très sollicités de nos jours dans les administrations modernes. Il est normal, que, dans un État de droit, l'administration veille à ce que les mécanismes de participation et de consultation impliquant la société civile et d'autres acteurs soient effectivement mis en œuvre, à travers les structures consultatives ou des organes-conseils[77].

1033. Si le mécanisme de consultation est déjà prévu par les textes, il est impératif que l'administration ne puisse introduire aucune disposition dans ses actes définitifs sans avoir obtenu au préalable l'avis de l'organe consultatif. De plus, il incombe à l'administration de mettre en place un système de médiation, tel qu'une institution bénéficiant d'une autorité morale et sociale, devant laquelle les usagers ainsi que les agents publics peuvent recourir pour des voies alternatives aux recours administratifs ou judiciaires.

1034. En ce qui concerne la qualité et l'efficacité mentionnées parmi les éléments décrivant les relations entre l'administration et les usagers, il est important de reconnaître leur importance. Il est en effet intéressant que l'administration,

---

[74]-Charte de la fonction publique en Afrique. *Op. cit.*Voir partie III-règles régissant les rapports de l'administration avec les usagers.

[75]-Conseil de l'Europe. Comité directeur sur la démocratie locale et régionale : services de proximité dans les zones urbaines défavorisées et dans les zones a faible densité de population. Éditions de conseil, de l'Europe, décembre 2001, p. 36.

[76]-Charte de la fonction publique en Afrique. *Op. cit.*, Article 8.

[77]- Charte la fonction publique en Afrique. *Op .cit* Article 9

disposant des moyens adéquats et appelée à les gérer de manière rationnelle, fournisse des services de qualité, dont le coût peut permettre aux usagers d'en bénéficier. L'administration doit donc mieux organiser ses services pour répondre à l'évolution des besoins et aux exigences de l'intérêt général qui s'imposent en permanence.

1035. En ce qui concerne, l'évaluation des services, elle est tout à fait indispensable, pour une administration qui cherche à travers ses activités une certaine performance. Ainsi, toute évaluation de l'administration concernant son efficacité et la productivité de ses services, se fonde en principe sur des objectifs précis et des programmes d'activités préétablis, assortis d'indicateurs et de critères de performance. L'administration doit, dans ces conditions, créer des mécanismes d'évaluation avec pour mission, de faire l'évaluation périodique des prestations et services mis à la disposition du public.

1036. Les rapports d'activité annuels de l'évaluation, mentionnés ici, doivent être diffusés de manière nécessaire. Il est également important de souligner que l'administration, agissant dans l'intérêt général, veille à ce que toutes ses décisions administratives soient prises dans la transparence, qu'elles soient simples et compréhensibles. Elle doit rendre les informations nécessaires sur ses actions et procédures accessibles au public et fixer des délais légaux et réglementaires pour l'exécution de ses services avec rapidité, c'est-à-dire promptement.

1037. La question de la fiabilité et de la confidentialité des informations concernant les citoyens est soulevée dans les relations entre l'administration et les usagers, afin de justifier une démarche logique de contestation vis-à-vis des données personnelles susceptibles de porter atteinte à la vie privée, aux libertés individuelles ou aux droits de l'homme. Il convient de souligner que, en dehors des administrations telles que la police et la justice, qui sont autorisées par voie législative à traiter des informations dans un fichier, *« aucun fichier ne doit contenir des informations sur la vie privée, les opinions, l'état de santé, ou toute autre information de nature à porter atteinte à l'intimité, sans l'accord express de la personne concernée »*[78]. Après avoir analysé les règles régissant les relations entre l'administration et les usagers, il est nécessaire d'examiner celles qui régissent cette même administration vis-à-vis de ses agents.

b. Règles régissant les rapports de l'administration avec ses agents

1038. Dans les dispositions de la charte de la fonction africaine, *« les rapports de l'administration publique avec ses agents doivent reposer sur le mérite professionnel et le respect des droits humains*[79]*»*. Ainsi, l'administration qui mène ses activités sans se baser sur la discrimination doit objectivement gérer la carrière des agents publics dans le bon sens, en favorisant un réel développement des ressources humaines et de leur épanouissement. Ceci constitue une interpellation, face aux recrutements, nominations et promotions des agents publics, qui se font en tenant compte des critères liés à la compétence et aux aptitudes professionnelles des agents publics et sur la base des procédures transparentes et objectives assurant

---

[78]-Charte de la fonction publique en Afrique. *Op .cit* Article 14.

[79]-*Ibid.*

l'égalité des chances à tous y compris les femmes, les handicapés, et les groupes défavorisés. Le recrutement se définit, dans le dictionnaire Larousse, comme le fait de *« recruter, c'est-à-dire d'engager des agents publics par concours ou non pour tenir certains emplois* [80] *»*.

1039. En ce qui concerne la désignation des fonctionnaires, elle décrit en réalité le commencement de leur carrière qui est suivi d'une période de stage. Selon le droit de la fonction publique, il est établi que les agents publics admis ou recrutés sont nommés en tant que fonctionnaires stagiaires. Quant à l'avancement du fonctionnaire au sein de la fonction publique, il témoigne généralement de la reconnaissance par l'administration de la valeur intrinsèque et professionnelle du fonctionnaire durant l'exercice de ses fonctions. Les critères d'évaluation reposent principalement sur les compétences et le mérite. Logiquement, la progression au sein de l'administration repose sur trois axes essentiels : la titularisation, l'avancement d'échelon et l'avancement de grade.

1040. La charte impose aux administrations la gestion de la mobilité, le redéploiement, tout en tenant compte de la nécessité de service et de l'aspiration de l'agent, pour qu'il soit plus motivé dans l'évolution de sa carrière. La formation et le perfectionnement sont considérés comme un droit des agents publics. La motivation et la rémunération sont, aujourd'hui, les principales préoccupations des agents publics pour l'amélioration de leurs conditions de vie.

1041. La charte africaine de la fonction publique, aborde l'importance de cette motivation en précisant que *« l'organisation et le fonctionnement de l'administration, ainsi que le style déménagement et la qualité de management des responsables, doivent répondre aux besoins de réalisation personnelle des agents et développer chez eux le sens du leadership, de la responsabilité et de l'initiative* [81] *»*.La charte met aussi l'accent sur le rôle capital que joue l'administration pour la motivation des agents publics.

1042 Selon la charte africaine, *« l'administration doit favoriser le dialogue entre les agents et les responsables hiérarchiques, non seulement sur l'amélioration des conditions de travail, mais aussi sur les réformes à entreprendre* [82] *»*. Pour Virginie FOREST, il faut nécessairement considérer la rémunération comme *« un outil de motivation* [83] *»*. La rémunération concerne directement le salaire dont l'allusion est faite au traitement pour les fonctionnaires, en récompense du travail fourni dans la fonction publique. C'est donc dans ce contexte, que la charte dispose que *« l'agent public a droit, dans le cadre d'un système amélioré, incitatif, cohérent et harmonisé, à une juste rémunération correspondant à ses responsabilités et performances et permettant d'assurer sa dignité* [84] *»*.

---

[80]-Voir : « recruter » sur le site suivant : http://www.larousse.fr/ . [Consulté le 10/07/2018].

[81]- Charte la fonction publique en Afrique. *Op .cit* Article 18.

[82] - *Ibid.*

[83]- FOREST(Virginie), Rémunération au mérite et motivation au travail : perspectives théoriques et empiriques pour la fonction publique française. Revue Internationale des sciences administratives, 2008/2 (Vol. 74), pages : 182, DOI : 10.3917/risa.742.0345, Éditeur I.I.S.A.

[84] - Charte de la fonction publique en Afrique. *Op .cit* Article 19.

1043. En dernier lieu, la charte consigne avec précision que la sécurisation et l'amélioration des conditions de travail se révèlent être des éléments essentiels pour garantir le bon fonctionnement des services publics. En exigeant ces éléments, la charte considère comme impératif que l'administration veille à assurer, au sein des lieux de travail, les normes d'hygiène, de sécurité et de protection requises. Dans le domaine de la fonction publique, il est primordial que les agents publics adhèrent à certaines valeurs fondamentales ainsi qu'aux comportements nécessaires à son bon déroulement. Ces derniers sont tellement cruciaux pour les administrations que la charte de la fonction publique s'engage à les intégrer pleinement dans ses principes.

B. Valeurs fondamentales et Règles de conduite

1044. La Charte de la Fonction Publique en Afrique énonce les valeurs essentielles et les normes de conduite à suivre par les fonctionnaires. La mise en application de ces valeurs et normes par les fonctionnaires vise à préserver l'intérêt général face aux intérêts privés. Ainsi, il convient d'accorder une priorité indiscutable à cet intérêt général au sein du secteur public.

1045. L'application des valeurs et le respect des règles de conduite par les agents publics doivent œuvrer pour la bonne marche du service public. La modernisation de l'administration est aussi concernée par l'acceptation de l'application de ces valeurs et le respect des règles de conduite par les agents des services publics[85].

1. Valeurs fondamentales

1046. Il est certes reconnu que les valeurs fondamentales sont nombreuses en faveur du bon fonctionnement des services publics, mais l'accent est mis sur deux éléments intimement liés aux activités des administrations publiques. Il s'agit précisément du professionnalisme et de l'éthique de la fonction publique.

1047. Dans les administrations publiques, le professionnalisme doit d'abord être considéré comme un ensemble de comportements et de valeurs, avant la perception de son sens strict. Le terme professionnalisme, largement utilisé[86], peut-être aussi, compris comme la manière de travailler. Concernant l'éthique de la fonction publique, elle est à la base de la moralisation du comportement des agents publics[87]. Cette éthique administrative[88], se développe dans un État démocratique, régi par la Constitution.

---

[85]- DREYFUS(Françoise), Personnels et usagers des services publics : des relations transformées ? La Découverte | « Regards croisés sur l'économie » 2007/2 n° 2 | pages 246 à 254 ISSN 1956-7413 :https://www.cairn.info/revue-regards-croises-sur-l-economie-2007-2-page-246.htm

[86]- DIDIER(Demazière), « Professionnalisme », dans : Anne Jorro éd., *Dictionnaire des concepts de la professionnalisation.* Louvain-la-Neuve, De Boeck Supérieur, « Hors collection », 2013, p. 237-240. DOI : 10.3917/dbu.devel.2013.02.0237. URL : https://www.cairn.info/.[Consulté le 07/08/2018].

[87]-Maxim HABA (Auteur), 2016, De la moralisation du comportement des agents publics : Analyse comparative du contexte de l'éthique dans les fonctions publiques en République de Guinée au Royaume du Maroc, Munich, GRIN Verlag, https://www.grin.com/.[Consulté le 13/04/2018].

[88]- ARI(Salminen), « L'imputabilité, les valeurs et les principes éthiques du service public : l'avis des législateurs finlandais », *Revue Internationale des Sciences Administratives*, 2006/2 (Vol. 72), p. 177-193. DOI : 10.3917/risa.722.0177. URL : https://www.cairn.info/.[Consulté le 13/04/2018].

a. Professionnalisme

1048. Le professionnalisme dans la fonction publique contribue à son intégrité et efficacité. Mme Turkia Ould DADDAH, disait que *« la fonction publique représente, lorsqu'elle est intègre, efficace et compétente, c'est-à-dire professionnelle, la colonne vertébrale de l'administration publique et l'outil capital du gouvernement et de l'État* [89] *».*

1049. Selon une réflexion émise par l'Université d'Ottawa, précisément par la faculté de médecine, *« le terme professionnalisme englobe une série d'attitudes, d'aptitudes et de comportements, de qualités et de valeurs auxquels on s'attend de la part de ceux et celles à qui la société a accordé le privilège d'être considérée comme professionnel* [90] *».* Mais la définition que donne la charte africaine de la fonction publique, qui ne peut être mise à l'écart, compte tenu de sa pertinence, considère, dans la pratique, que « le professionnalisme réside dans la maîtrise et dans le bon accomplissement de ses fonctions et tâches par l'agent public. Le professionnalisme se manifeste par le comportement de l'agent au travail et par l'effort constant qu'il fournit pour se perfectionner, approfondir et actualiser ses connaissances, affiner les aptitudes nécessaires à l'accomplissement de ses tâches et améliorer son rendement et sa productivité [91] ».

1050. Le professionnalisme ne se confond pas avec la professionnalisation, qui s'inscrit dans l'étude sociologique des causes expliquant la transformation des métiers en professions[92]. Ainsi, le professionnalisme est une condition nécessaire pour faire face à l'accomplissement des activités administratives. C'est pourquoi, on ne peut en principe prétendre entrer dans une fonction publique si la candidature ne s'accompagne pas véritablement avec une capacité professionnelle, à moins que le domaine visé soit prévu pour un métier subalterne.

b. Éthique de la fonction publique

1051. La question de l'éthique est déjà abordée dans les réflexions précédentes. Mais puisque, dans ce contexte, elle revient, encore, comme l'un des éléments des valeurs fondamentales de la charte africaine de la fonction publique, il n'est pas du tout gênant de l'aborder, encore une fois de plus. Le débat éthique implique effectivement la discussion sur les valeurs[93]. Il s'agit d'aborder ici, précisément, l'éthique professionnelle ou l'éthique dans les organisations publiques[94], dont la réflexion porte sur les valeurs qui sont susceptibles de motiver les conduites des professionnels et qui sont alors actualisées dans les codes de déontologie. Pour

---

[89]-Voir article développé par Mme Turkia OULD DADDAH sous le thème : « régénérer le professionnalisme des fonctions publiques africaines » consultable dans le site suivant : http://unpan1.un.org/.[Consulté le 07/08/2018].

[90]-Réflexion émise dans l'Université d'Ottawa à propos du « professionnalisme » dans le site suivant : http://www.med.uottawa.ca/.[Consulté le 12/10/2018].

[91]-charte africaine de la fonction publique. Op.cit Article 22

[92]- LEGAULT (Georges-Auguste), Professionnalisme et délibération éthique, manuel d'aide à la décision responsable. Presse de l'Université de Québec, 2003, p.41.

[93]- LIOTARD(Philippe), LABERGE(Suzanne), MONZÉE(Joël), Présentation. Éthique publique [En ligne], vol. 7, n° 2 | 2005, mis en ligne le 18 septembre 2015, consulté le 06 février 2016. URL : http://ethiquepublique.revues.org/.[Consulté le 12/10/2018].

[94]- BIBEAU(Vincent), L'éthique et la déontologie dans la fonction publique québécoise : complémentarité ou confusion ? Éthique publique, vol. 13, n° 1 | 2011, 25-37.

Pierre-Louis OPONT, *« l'éthique se réfère à une culture saine, basée sur des valeurs et principes déontologiques*[95]*»*.

1052. Dans le respect de l'éthique, le professionnel réfléchit sur les valeurs qui motivent ses actions et se soumet à un ensemble de règles de bonne conduite conformes aux principes moraux. En réalité, les valeurs d'un professionnel résident dans l'efficacité de sa compétence, son impartialité, sa ponctualité, son civisme, son sens des responsabilités, sa rigueur, son intégrité, sa loyauté et son respect de la dignité humaine, c'est-à-dire en traitant chaque personne avec respect et équité, tout en respectant sa hiérarchie... Ces valeurs éthiques sont indispensables dans une fonction publique moderne qui se donne une véritable mission, celle d'assurer des services de qualité avec transparence et efficacité. Les différentes valeurs fondamentales dans les services publics doivent se développer de la même manière que les règles de conduite qui méritent d'être évoquées ici.

2. Règles de conduite

1053. La charte de la fonction publique africaine fixe des règles de conduite des agents publics, assez pertinentes et déterminantes dans la lutte contre la corruption. Le respect de ces règles permet au personnel de la fonction publique de s'imposer une conduite régulière de manière à attirer la confiance du public, maintenir, et même améliorer l'image de l'administration. Les agents publics doivent, à cet effet, s'abstenir de toute activité contraire à l'éthique et à la morale et éviter les conflits d'intérêts. Ils doivent également faire la Déclaration de leurs biens, surtout pour ceux qui occupent certaines responsabilités déterminées par voie législative, et respecter la neutralité politique et le devoir de réserve.

1054. S'abstenir de toute activité contraire à l'éthique et à la morale est un problème de perpétuelle transformation[96] et de la conscientisation ou du champ de la morale[97].Cette conscientisation permet non seulement aux agents publics d'éviter le conflit, mais ils sont également préparés à accepter la déclaration des biens, à respecter la neutralité politique et le devoir de réserve qui sont des règles de l'éthique administrative.

a. S'abstenir de toute activité contraire à l'éthique et à la morale

1055. La charte de la fonction africaine s'appuie sur des principes fondamentaux prônés par les droits de la fonction publique en général. Il s'agit d'observer certaines règles qui obligent à s'abstenir de toute activité contraire à l'éthique et à la morale. L'article 23 de la charte de la fonction publique africaine qualifie ce qu'on appelle l'activité inverse à l'éthique et à la morale de *« détournement de deniers publics, le favoritisme, le népotisme, la discrimination, le trafic d'influence*[98]*»*. Toutes ces pratiques énumérées empêchent l'administration de décoller dans sa modernisation. Au Tchad, comme le

---

[95]-Voir : présentation de Pierre-Louis OPONT au sujet : « 1 Éthique et fonction publique, unité de lutte contre la corruption (ULCC), août 2007, p.6, consultable dans le site suivant : https://slideplayer.fr/slide/454197/

[96]- PIRAUX(Alexandre), « L'éthique administrative à l'épreuve de ses usages », Pyramides, 16/1 | 2008, 83-144.

[97]-*Idem*

[98] - Charte africaine de la fonction publique. Op.cit Article 23

détournement prenait de l'ampleur, l'État est obligé de mettre sur pied un organe de lutte contre cette pratique, appelée *« opération Cobra*[99]*»* pour une circonstance ponctuelle. Cette opération anti-corruption, lancée en mai 2012, sous la responsabilité du ministère de l'assainissement public et de la promotion de la bonne gouvernance, devrait récupérer les pertes de l'État, dues aux détournements d'argent public qui étaient estimés à plus de 300 milliards de F CFA (près de 460 millions d'euros) par an[100]. Ainsi, le détournement des deniers publics, c'est le fait, par exemple, de soustraire ou d'utiliser de façon illégale des sommes appartenant à l'État ou à ses composantes, à des fins autres que le bien public.

1056. Les cas de favoritisme, de népotisme, de discrimination, de trafic d'influence ou d'indiscrétion administrative s'enracinent profondément dans les administrations en général. Le népotisme consiste, par exemple, à accorder certaines faveurs aux proches en raison de la position d'une personne. Quant au favoritisme, il s'agit de favoriser injustement une personne, en lui accordant un avantage injustifié. En ce qui concerne la discrimination, une pratique de plus en plus dangereuse et répandue de nos jours dans les administrations vise à défavoriser au maximum une personne pour des raisons racistes, syndicales, politiques, religieuses, etc.

1057. En ce qui concerne le trafic, il est quelque peu assimilé à la corruption. Il est décrit par l'article 433-2 du Code pénal français comme *« le fait, par quiconque, de solliciter ou d'agréer, à tout moment, directement ou indirectement, des offres, des promesses, des dons, des présents ou des avantages quelconques, pour lui-même ou pour autrui, pour abuser ou avoir abusé de son influence réelle ou supposée en vue de faire obtenir d'une autorité ou d'une administration publique des distinctions, des emplois, des marchés ou toute autre décision favorable*[101]*»*. Dans les règles de conduite prévues dans les services publics, la question du conflit d'intérêts, la déclaration des biens, le respect de la neutralité politique et le devoir de réserve n'ont pas été négligés.

b.Conflit d'intérêts, déclaration des biens, respect de la neutralité politique et devoir de réserve

1058. Le débat autour du conflit d'intérêts, prend de plus en plus de l'ampleur, si bien qu'il fait, aujourd'hui, partie du langage juridique international. Certaines analyses s'accordent sur une définition, en considérant le conflit d'intérêts comme *« une situation de fait dans laquelle se trouve placée une personne face à deux intérêts divergents, un intérêt général et un intérêt particulier, devant lesquels il a un choix à faire*[102]*»*. Mais des définitions données sur le conflit d'intérêts, par Conseil de l'Europe et de l'OCDE, ne visent que les agents publics. Selon le Conseil de l'Europe, dans la gazette Comité des ministres, mai 2000, n° V/2000, *« un conflit d'intérêts naît d'une situation dans laquelle un agent public a un intérêt*

[99]-Voir : article de SPIEGEL(Justine) sous le thème : « Tchad, un cobra très discret » sur le site suivant : http://www.jeuneafrique.com/.[Consulté le 06/08/2018].
[100]-*Ibid.*
[101]- Code pénal français, Article 433-2
[102] -*Ibid.*

personnel de nature à influer ou paraître influer sur l'exercice impartial et objectif de ses fonctions officielles[103] *»*.

1059. Pour l'OCDE, *« un conflit d'intérêts implique un conflit entre la mission publique et les intérêts privés d'un agent public, dans lequel l'agent public possède à titre privé des intérêts qui pourraient influencer indûment la façon dont il s'acquitte de ses obligations et de ses responsabilités*[104] *»*. Dans cette même logique, la charte africaine de la fonction publique qui lutte contre les mauvaises pratiques administratives, parmi lesquelles est cité le conflit d'intérêts, dispose que *« l'agent public ne doit assumer aucune fonction ou position, se livrer à aucune transaction ou avoir aucun intérêt financier, commercial ou matériel qui soit incompatible avec ses fonctions, charges ou devoirs*[105] *»*.

1060. En ce qui concerne la déclaration des biens, elle devient de plus en plus imposante, dans les activités du domaine public en général. Car une telle stratégie permet de lutter efficacement contre l'enrichissement illicite. Dans ce contexte, il est prévu par la charte, que les agents publics occupant certains emplois de responsabilités déterminées *« par voie législative doivent, au moment de leur entrée, en fonctions et à la fin, de celles-ci, déclarer les biens leur appartenant ainsi qu'aux membres de leur famille*[106] *»*. Les derniers éléments sur lesquels la charte de la fonction publique africaine est obligée d'y mettre l'accent sont la neutralité politique et le devoir de la réserve. Pour ces administrations, l'agent public exerce ses activités en se soumettant aux obligations de la neutralité politique et de réserve. Il ne doit pas user de ses fonctions, pour accomplir des missions politiques ou partisanes susceptibles de nuire à l'intérêt du service public[107]. C'est aussi dans ces conditions, que la loi n017-PR-2001 portant statut général de la fonction publique déclare, en son article 18, que *« dans l'accomplissement de leurs tâches, les fonctionnaires sont tenus de respecter le principe de neutralité politique. Ils doivent exécuter leurs tâches respectives de manière impartiale et objective*[108] *»*.

1061. En ce qui concerne l'obligation de réserve, un fonctionnaire public se doit d'adopter un comportement respectueux de la confidentialité des informations dont il a connaissance dans le cadre de ses fonctions professionnelles, sauf disposition légale contraire. Ainsi, la conceptualisation de l'administration publique ne serait-elle pas essentielle pour appréhender les défis liés à sa politisation ? Quelles sont les raisons pour lesquelles la politisation

---

[103]-Gazette officielle du Conseil de l'Europe, cahier du comité des ministres. Éditions du Conseil de l'Europe, 2000, mai 2000, n° V/2000, p. 14.

[104]-Définition plus récente adoptée par l'OCDE, lors de la 29e session du comité de la gouvernance publique qui s'est tenue à Paris les 15 et 16 avril 2004.

[105]-Charte africaine de la fonction publique. Op.cit, article 24.

[106]-Charte africaine de la fonction publique. Op.cit Article 25.

[107]-Présentation d'Étienne Sossou AHOUANKA, Le recrutement des élèves dans les ENA et la problématique de l'éthique et de la déontologie : comment concilier exigence académique et nécessité éthique pour des administrations publiques plus efficaces ? Propos introductif a rabat – conférence panafricaine des directeurs des ENA et IA (rabat, 24-26 février 2014), p.6.

[108]- Loi n° 017-PR-2001 portant statut général de la fonction publique, 31 décembre 2001 portant statut général de la fonction publique, Article 18.

devient de plus en plus préoccupante pour l'efficacité des administrations publiques, notamment pour les douanes au Tchad ?

Section II. La politisation des administrations publiques touchant les douanes au Tchad

1062. La politisation des administrations publiques ne peut être considérée comme un problème propre aux Africains. Elle se propage partout et devient une perversion dangereuse[109] pour un modèle d'une administration publique moderne. Elle s'impose comme une caractéristique permanente[110], non seulement en Afrique, mais aussi s'affiche dans les administrations publiques sur le plan mondial. Selon Odile DAURMONT, *« la politisation de l'administration déborde largement les seuls intérêts de carrière des fonctionnaires et touche au fonctionnement même des services publics, au respect de la légalité et plus spécialement du principe d'égalité, valeur éthique fondamentale* [111]*»*.

1063. Ainsi, il convient d'aborder la définition de la politisation et les domaines concernés (**Paragraphe.1**). Ensuite, il sera question de comprendre en profondeur la politisation de fonction publique tchadienne (**Paragraphe.2**).

§ 1.Définition et domaines

1064. La politisation des administrations publiques est un sujet de débat constant qui prend de l'ampleur à chaque changement de gouvernement. Ce phénomène doit être analysé dans une perspective temporelle et requiert donc une réflexion approfondie. Il est essentiel de comprendre cette notion à travers ces réflexions.

1065. Les analyses ne peuvent se faire sur la question de la politisation de l'administration publique, sans savoir sa définition en tant que telle. C'est un phénomène qui touche tant les administrations africaines que celles du reste du monde.

A. Définition de la politisation et ses différentes formes

1066. Il ne s'agit pas de faire une étude en profondeur dans la connaissance de la politisation de l'administration, puisqu'elle fait, d'ailleurs, l'objet d'un grand débat. C'est un débat lointain qui s'engage d'abord autour de la politique, à partir de laquelle est né ce qu'on appelle *« politisation* [112]*»,* que le petit Dictionnaire Larousse définit comme *une« action de politiser* [113]*»*.

---

[109]- DION(Stéphane), La politisation des administrations publiques : éléments d'analyse stratégique. Canadian Public Administration, article déjà cité. Voir partie du sommaire.

[110]- DAURMONT(Odile), Introduction, *Pyramides*, 3 | 2001, 11-16.

[111] -*Idem*

[112]- LAGROYE(Jacques), La politisation, Paris : Éditions Belin, 2003. Voir page de garde. https://telescope.enap.ca/.Consulté le 18 avril 2019.

[113] -Petit Larousse, 2009, p.801.

1067. En abordant le concept de politisation de l'administration, Alain LAVIGNE, fait découvrir dans son article intitulé : la politisation de l'information du secteur public[114], certaines analyses émises par Yves MENY sur les différentes natures de la politisation de l'administration. Selon Yves MENY, il faut distinguer diverses natures du concept de politisation de l'administration qui sont au nombre de trois : la politisation de *« nature idéologique* [115]*»*, *« partisane* [116]*»*, *« structurelle* [117]*»*. Cette politisation de l'administration est ressentie tant en Afrique que sur le plan mondial.

1. Les diverses natures de la politisation de l'administration

1068. À côté d'Yves MENY qui s'attache à ses trois formes de politisation de l'administration abordées précédemment, une autre analyse sur la *« politisation de la fonction publique fédérale* [118]*»* ne retient tout simplement que la forme partisane et structurelle de cette politisation. Tout de même, les interventions de Meny semblent être pertinentes et concrètes.

1069. Comment alors comprendre les trois notions de la politisation de l'administration évoquées ci-dessus ? Si elles sont de nature partisane, idéologique, structurelle, comment peuvent-elles, dans ces conditions, s'opérer dans les administrations publiques ?

a. Les trois formes de la politisation de l'administration

1070. La politisation de nature partisane, idéologique et structurelle se développe de plus en plus au sein de l'administration publique[119]. Cette politisation partisane favorise les convictions politiques dans les nominations et les recrutements. Il s'agit ainsi de nommer ou de recruter des personnes proches du Parti au pouvoir ou en fonction de leur couleur politique, en guise de récompenses.

1071. La politisation de l'administration, de nature idéologique, se situe au niveau d'une orientation politique générale. L'administration semble être dominée par une idéologie à laquelle adhérent les fonctionnaires pour mieux s'affirmer dans leurs activités administratives. Alors que la politisation de l'administration, de nature structurelle, préoccupe tant Nathalie Carré de MALBERG dans ses analyses, qu'elle considère, que c'est ce genre de politisation qui brise encore davantage *« le principe de neutralité de la fonction publique en considérant aujourd'hui la primauté du politique sur l'administration. Pour Nathalie Carré de MALBERG, cette politisation de l'administration de nature structurelle se comprend comme*

---

[114] -Voir : La politisation de l'information du secteur public, Une proposition d'analyse d'Alain Lavigne, Université Laval, Québec, sur le site suivant : http://documents.irevues.inist.fr/.[Consulté le 06/08/2018].

[115] *-Ibid.*

[116] *-Ibid.*

[117] *-Ibid.*

[118]- SAINT-MARTIN(Denis), l'affaire group action : un cas de politisation de la fonction publique fédérale. Texte préparé pour le Congrès annuel de l'association canadienne de science politique Dalhousie University 30 mai-1er juin 2003.

[119]- BERNIER(Robert), Un siècle de propagande ? Information-communication-marketing gouvernemental. Presse de l'université du Québec, 2001, p. 7.

une participation des organisations et donc des hommes qui les dirigent à la décision politique[120]*»*.

1072. Dans le contexte de cette réflexion, il apparaît indispensable aussi, d'aborder la forme partisane et structurelle de la politisation de la fonction publique fédérale. Ceci pour renforcer certainement une étude comparative dans les politisations de l'administration, même si l'objectif final est d'aboutir à la politisation de l'administration douanière au Tchad.

b. Forme partisane et structurelle de la politisation de la Fonction publique fédérale

1073. Les réflexions engagées, de façon spécifique, par certains auteurs autour de la politisation de la fonction publique fédérale en retiennent deux formes qui sont partisanes ou structurelles. C'est le cas par exemple de Denis SAINT-MARTIN, qui en réfléchissant sur *« l'affaire Groupaction met en relief deux formes de politisation de la fonction publique fédérale : l'une partisane, l'autre structurelle*[121]*»*.

1074. Les explications autour de la politisation partisane, se démontrent de la même manière que celles annoncées précédemment. Mais Denis SAINT-MARTIN s'appuie sur la notion de la politisation structurelle, en démontrant qu'elle *« souligne comment la fonction publique canadienne n'est pas politiquement neutre face à ceux et celles qui veulent défaire l'ordre fédéral*[122]*»*. Selon Denis SAINT-MARTIN *« même si elle ne constitue pas une excuse justifiant le type de comportement observé dans l'affaire Groupaction, la politisation structurelle fournit le contexte pour comprendre pourquoi certains fonctionnaires ont pensé qu'il pouvait être légitime de contourner les règles pour préserver l'unité nationale*[123]*»*.

1075. Le problème de la politisation de l'administration, en général, ne peut concerner uniquement les administrations générales africaines, moins encore leurs services douaniers. C'est un phénomène qui se situe sur le plan mondial. Pour comprendre l'ampleur de ce phénomène, il faut l'aborder dans un contexte mondial et aussi africain. Mais ce qui est sûr, il est reconnu, d'une manière générale, que la politique est un mal qui gangrène l'administration[124] et prend même des proportions inquiétantes aujourd'hui dans les administrations.

---

[120]- CARRE DE MALBERGE(Nathalie), Le grand état-major financier : les inspecteurs des finances, 1918-1946 : Les hommes, les métiers, les carrières. Publié par l'institut de la gestion publique et du développement économique, 2011, Paris, p. 12.

[121]-Denis SAINT-MARTIN (2003), L'affaire Groupaction: un cas de politisation de la fonction publique fédérale?. Canadian Public Administration, 46: 450–470.doi:10.1111/j.1754-7121.2003.tb01587.x

[122] -*Ibid.*

[123] -*Ibid.*

[124] -Voir article intitulé : Politisation à outrance de l'administration : une menace sur les fonds publics sur le site suivant : http://www.slateafrique.com/.[Consulté le 10/03/2018].

2. Politisation des administrations africaines et à l'échelle mondiale

1076. La compréhension de la notion de la politisation de l'administration est nécessaire dans ce contexte, parce qu'elle est abordée de long en large dans ces travaux de recherche. Elle n'est pas, non plus, une affaire propre aux administrations publiques des États d'Afrique, mais se situe également à l'échelle mondiale.

1077. Selon Mamadou Gando BAH, *« la pratique politique dans certains États de l'Afrique révèle une forte politisation des administrations publiques sur la base des considérations identitaires* [125]*»*. Cette politisation des administrations publiques africaines favorise énormément les activités politiques qui prennent le pas souvent sur les tâches administratives et même sur les activités socio-économiques. À cet effet, dans les recherches de façon générale, il a été constaté que la politisation du service public se manifeste à l'échelle mondiale.

a. Politisation de l'administration africaine

1078. L'administration publique en Afrique est aujourd'hui très politisée, au point qu'il faut en débattre sérieusement pour exiger sa réforme. La politisation de l'administration est bien instaurée par une ferme volonté politique d'asseoir véritablement un appareil partisan et de mieux assurer le contrôle du personnel. La politique s'impose parfaitement pour assurer la popularité du régime politique au pouvoir et sa pérennité. À partir de ce moment, les visions de l'exécution du service public pour l'intérêt sont classées au second rang. Une administration publique, en principe, doit servir l'intérêt général. Elle ne saurait être partisane, sauf à se renier.

1079. En effet, être partisan, c'est se dévouer soit à quelqu'un, soit à un parti. Une administration partisane est donc une administration au service d'un parti politique ou de quelqu'un dont il sert les intérêts[126]. Dans ce cas précis, les exigences de la bonne gouvernance et de la performance sont loin d'être réalisées dans cette administration publique. Même s'il faut croire que la politisation est un phénomène qui touche toutes les administrations du monde, il y a lieu de reconnaître, que ses conséquences sont très fâcheuses pour celles qui sont en Afrique, puisqu'elle persécute véritablement les recettes douanières sur lesquelles se repose l'économie nationale.

1080. La problématique devient de plus en plus préoccupante, car les ressources publiques africaines, notamment celles de l'État tchadien, dépendent largement des activités de l'administration douanière, laquelle est fortement sujette à la politisation. Il convient cependant de prendre en considération le caractère mondial de ce phénomène à l'heure actuelle.

b. La politisation du service public à l'échelle mondiale

1081. Le phénomène de la politisation de l'administration publique, quasi-universel, n'est pas à l'abri de la dénonciation dans les milieux parlementaires et

---

[125]- BAH(Mamadou Gando), La politisation des administrations publiques en Afrique. Harmattan, Guinée, 20 mai 2021, voir bibliographie de l'auteur.

[126]-Voir : activités d'une conférence publique sous le thème : l'administration publique burkinabè est-elle partisane ?, sur ce site : http://www.maep.bf/. [Consulté le 10/03/2018].

administratifs dans le monde. C'est le cas par exemple du conseiller de Paris Pierre-Yves BOURNAZEL (UMP), qui a *« dénoncé mardi devant le Conseil de Paris la "politisation de l'administration" parisienne, qui accueille par "dizaines" d'anciens élus ou anciens*[127]*»*. Ce phénomène se manifeste aussi dans d'autres pays tels que la Belgique, les États-Unis, l'Allemagne et la Wallonie et les autres pays du reste du monde.

1082. En Belgique, son administration est bien sûr politisée. Mais à partir des réflexions de Christian de VISSCHER et Gauthier Le BUSSY, la politisation de l'administration belge semble être à priori un « mal » nécessaire, sinon « inévitable ». Cette situation est favorisée par le fait que la Belgique est, par excellence, un pays des multiples clivages sociaux, et se trouve obligée de faire des compromis politiques. Son architecture institutionnelle témoigne de cette recherche d'équilibre, sans doute jamais atteint, entre groupes, fractions ou partis opposés (les majorités spéciales, la composition du gouvernement à la proportionnelle, la présence d'anciens parlementaires à la Cour d'Arbitrage, les cadres linguistiques dans l'administration fédérale...)[128].

1083. Aux États-Unis, l'administration était politisée au dix-neuvième siècle, où il était possible que les postes dans l'administration fédérale soient distribués sur la base du *« spoil system*[129]*»*, qui se pratiquait à côté du système du *« merit system*[130]*»*. C'est une politisation de la fonction publique qui s'opère à partir du mode de recrutement jugé partisan[131]. Le *« spoil system »* (système des dépouilles) repose sur le principe selon lequel un nouveau gouvernement doit pouvoir compter sur la loyauté partisane des fonctionnaires, et donc remplacer ceux qui sont en place par des fidèles[132], alors que le *« merit system »* repose sur l'égal accès aux emplois publics et la sélection objective des agents (souvent par le biais du concours). Le fonctionnaire est supposé loyal et impartial vis-à-vis du pouvoir politique. »[133]

1084 En Allemagne, même si l'administration reste fidèle en garantissant la stabilité d'emploi aux fonctionnaires, la notion de la politisation ne se sépare jamais d'elle. Ce qui fait que les emplois dits politiques, ne sont pas seulement occupés par des fonctionnaires sur la base des critères de niveau d'études et des évaluations réalisées de façon périodique par leurs supérieurs, mais aussi par des non-fonctionnaires dont les ministères en choisissent librement.

1085. En Wallonie, il se trouve que la politisation s'opère à tous les niveaux, si bien que le président de la Gerfa[134], Michel LEGRAND ne cesse de la dénoncer. Selon Michel LEGRAND *« le recrutement dans les services publics doit être*

---

[127]-Voir : la dénonciation de la politisation de l'administration parisienne faite par Pierre-Yves BOURNAZEL, conseiller de Paris, devant le conseil de Paris, ci-après : http://article.wn.com/.[Consulté le 10/02/2018].

[128]-Ibid.

[129]-Voir : pour ou contre le *« spoil system »* sur le site suivant : https://www.revuedesdeuxmondes.fr/.[Consulté le 07/08/2018].

[130]-Voir : WHAT IS THE MERIT SYSTEM? Sur le site suivant : https://sfgov.org/. [Consulté le 18/03/2018].

[131]- Émilie BILAND., La fonction publique territoriale. Éditeur : La Découverte, 2012, pages : 128

[132]-Système des dépouilles. (2016, janvier 11). Wikipédia, l'encyclopédie libre. Page consultée le 18:15, 10 février 2016 à partir de http://fr.wikipedia.org/.[Consulté le 07/08/2018].

[133]-Voir article de Driss ABBADI, Pr FSJESAS sur le site suivant ::http://www.lopinion.ma/. [Consulté le 02/02/2018].

[134]-Gerfa (Groupe d'étude et de réforme de la fonction administrative)

objectif et basé sur les exigences de compétence ; raisonner autrement n'est pas digne d'un État moderne et soucieux du respect des citoyens. Notre système n'est pas digne d'un État développé et moderne [135] *»*.

1086. Il est vrai que cette étude a imposé la compréhension de l'ampleur de la politisation, tant sur le plan africain que mondial. Mais la préoccupation est plus grandissante sur la manière de la politisation de l'administration en Afrique et ses conséquences. À cet effet, il convient de savoir quels sont les domaines les plus touchés par cette politisation dans les fonctions publiques africaines ? Quelles sont en réalité les conséquences qui en découlent face à l'exagération de cette politisation ?

B. Domaines et conséquences

1087. En Afrique, la question de la politisation excessive de l'administration se pose avec une grande acuité. Ce continent n'est pas épargné par le phénomène du spoil system qui se propage au sein de ses fonctions publiques, censées pourtant demeurer apolitiques. Il s'agit d'un "spoils system" à la manière africaine, voire spécifiquement tchadienne. Ce système vise à attribuer la plupart des postes clés au sein de l'administration supérieure à des individus proches politiquement du parti récemment victorieux lors des élections[136].

1088. Autour de cette question de politisation de l'administration, il convient d'aborder d'autres aspects de problèmes. Une telle réflexion oblige aussi à se pencher sur les facteurs aidant à déclencher cette politisation ainsi que sur les retombées que cela entraîne.

1. Politisation des différents systèmes

1089. Les divers systèmes de la fonction publique en Afrique sont effectivement touchés par des questions de politisation. D'une manière générale, on distingue deux grands modèles polaires de fonction publique. Il s'agit d'une part de la fonction publique de carrière, basée sur le modèle français dont s'inspire l'Afrique saharienne et qui encadre nos réflexions, et d'autre part de la fonction publique d'emploi, issue du modèle anglo-saxon[137].

1090. La politisation des différents systèmes de fonction publique, surtout en Afrique en général, et au Tchad en particulier, commence par le recrutement et touche ensuite le niveau de l'emploi, qui n'a pas forcément une stabilité dans la carrière de l'agent de la fonction publique.

---

135 -Voir article de Jennifer FILECCIA (St.) sur la politisation de l'administration : un système pas digne d'un État moderne, sur le site du journal lesoir : www.lesoir.be/. [Consulté le 18/03/2018].

136-Spoil system : pourquoi il faut s'en inspirer, par Kevin Brookes et Benjamin Le Pendeven, publié le 31/10/2014 à 12:12, mis à jour le 31/10/2014 à 15:55,https://www.lefigaro.fr/[consulté le 07/08/2018].

137- POCHAR(Marcel), chapitre : III, une fonction publique de carrière. Éditeur : Presses universitaires de France, 2011, pages 19 -26

a. Politisation des modes de recrutement

1091. Les conditions sont véritablement favorables pour une opération de recrutement partisan dans les fonctions publiques africaines, surtout lorsque les textes en vigueur admettent que le recrutement se fasse sans concours comme c'était le cas en France autrefois. Depuis lors, un recrutement partisan peut se faire facilement en contournant les concours, malgré un cadre juridique favorable à une administration publique non partisane[138]. Cependant, les concours établis dans la charte africaine de la fonction publique comme mode d'accès aux emplois publics permettent de suivre des procédures transparentes et objectives, assurant le principe de l'égalité des chances pour les femmes, les handicapés et les groupes particulièrement défavorisés. Ces concours mettent l'accent sur le mérite et l'aptitude, seuls critères permettant un accès transparent aux fonctions publiques.

1092. En Afrique, les opportunités de recrutement direct dans la fonction publique sans concours ouvrent la voie à des pratiques clientélistes, à la corruption et à l'ingérence politique. Ces pratiques politiques entraînent parfois l'embauche de personnes incompétentes, incapables de maîtriser les domaines dans lesquels elles sont placées. C'est pourquoi, notamment dans des secteurs exigeant une expertise technique, tel que celui des douanes, le recrutement de personnel non qualifié ou dépourvu de compétences spécifiques pose un problème majeur en termes d'efficacité et de performance.

1093. Si l'Afrique veut obtenir une fonction publique non-partisane, elle doit engager à la fonction publique des hommes compétents, en se basant sur le système du mérite. Selon Benoît NDIZAMBO, ce système de mérite se comprend comme *« ce qui rend une personne digne d'estime, de récompense quand on considère la valeur de sa conduite et les difficultés surmontées ou un ensemble de qualités intellectuelles et morales particulièrement estimables [139]»*. Cette politisation, qui touche les modes de recrutement à la fonction publique, déborde dans les nominations aux emplois publics.

b. Politisation dans les nominations

1094. La politisation de l'administration, selon Driss ABBADI, se reconnaît à partir des nominations aux emplois publics supérieurs[140]. C'est un bouleversement qui touche le système de carrière, considéré comme un mode d'organisation de la fonction publique. Les États d'Afrique francophones noirs ont tous imité les dispositions du statut français en adoptant le modèle de la France de fonction publique de carrière.

138-Rapport de synthèse : thème : l'administration burkinabé est-elle partisane ? Ouagadougou, Pacific hôtel, 27 mai 2009. Centre pour la gouvernance démocratique au Burkina Faso, mai 2009, p.2.

139- NDI ZAMBO(Benoît), Avantages et inconvénients du système de mérite : son application dans la fonction publique. Sous-thème n° 2 : le système de mérite dans la fonction publique. Consulter : http://unpan1.un.org/.[Consulté le 10/02/2018].

140-Voir : article de Driss ABBADI sous le thème : nominations aux emplois publics supérieurs : spoil System à la Marocaine, déjà précité.

1095. Une analyse pertinente se fait par le Centre d'études noires de l'Institut d'Études Politiques de Bordeaux, autour de ce système, de ce modèle de carrière. Selon cette analyse, les systèmes en vigueur reposent à la fois sur un système prédominant de carrière, souvent accusé *« d'entretenir l'incurie des agents publics, et sur un système d'emploi flou, dévié et en déperdition »*[141]et« *consacré par l'existence d'agents contractuels, dont la situation juridique se différencie souvent peu de celle des fonctionnaires*[142]*»*. Aujourd'hui, ce système favorise la carrière des agents incompétents, et sans mérite, puisque ceux-ci se retrouvent dans les fonctions publiques par une politique partisane et sont nommés facilement dans les hautes fonctions administratives.

1096. De nos jours, ces nominations partisanes obligent les cadres de l'administration à adhérer au parti au pouvoir pour y accéder. Ainsi, ces cadres se retrouvent contraints de servir un parti politique, ce qui remet en question leurs compétences professionnelles. Le pouvoir politique encourage fortement ce système de politisation de l'administration en comptant sur la loyauté inébranlable des titulaires de ces emplois publics pour qu'ils appliquent sans réserve la politique du gouvernement, qui détient en réalité un programme politique.

1097. Les hommes politiques imposent des nominations de grande importance visant particulièrement les fonctions des gouverneurs, des préfets, des sous-préfets, des ambassadeurs et des directeurs d'administration centrale, etc. À travers ces nominations, les acteurs politiques placent leurs hommes pour se faire une meilleure santé financière dans le but d'avoir une bonne organisation des campagnes électorales. Ils bénéficient de ces postes dans le but de renflouer les caisses du parti.

1098.La fonction publique se politise autour des nominations à des emplois supérieurs. Ce système qui se développe très fermement dans la plupart des pays africains, risque de remettre en cause les principes d'impartialité et de neutralité politique qui font partie des règles de conduite des agents publics dans la fonction publique, et de créer de dysfonctionnements dans les services publics. Dans cette situation, les agents des services publics se trouvent automatiquement gratifiés d'un ascendant considérable sur leur entourage. Ils sont alors soumis à une forte pression de leur *« bienfaiteur »,* les invitant à utiliser leur position pour piller les biens publics.[143]

1099. Le phénomène de la politisation prend de plus en plus l'ampleur en Afrique. Il convient d'aborder cette pratique qui est profondément instaurée dans les administrations africaines pour sceller les facteurs qui l'aident à s'y accrocher et en plus dégager les retombées de son installation.

---

[141] - Centre d'études d'Afrique Noire (CEAN): l'Afrique politique, 2001 : réformes des États africains, Paris : Karthala et CEAN 2001, p. 39.

[142]-*Idem*

[143]- BARRY(Sidi), Les déterminants socio-politiques de la corruption dans l'administration publique burkinabé. École nationale d'administration et de magistrature, département : administration générale, mémoire pour l'obtention du diplôme de conseiller en gestion des ressources humaines, juin 2010, Burkina Faso, paragraphe III : la politisation de l'administration

2. Facteurs aidant à la politisation et conséquences

1100. Il est intéressant de savoir les facteurs aidant à la politisation des fonctions publiques, surtout africaines. La politisation de la fonction publique est une réalité, certaines analyses énoncent qu'elle est même inévitable[144], parce qu'elle s'impose dans tous les cas. Mais en attendant de relever les différents facteurs aidant à la politisation des fonctions publiques africaines, il convient d'aborder, prioritairement, celui qui préoccupe autant les fonctions publiques en Afrique. Il s'agit, et surtout, de la façon dont la politisation de la fonction publique devient une pratique courante en faveur des jeux politiques conclus pendant les périodes électorales. C'est une récompense en quelque sorte. Et cela donne comme résultat : *« le remplacement des critères basés sur le mérite par des critères politiques dans la sélection, la rétention, la promotion, les récompenses et la prise de mesures disciplinaires des membres de la fonction publique »*[145].

1101. Mais aussi, convient-il d'aborder les retombées qui sont entraînées par cette politisation. Elles sont nombreuses à être abordées dans ce contexte.

a. Facteurs aidant à la politisation des fonctions publiques africaines

1102. Même s'il pouvait exister plusieurs facteurs aidant à la politisation des fonctions publiques africaines, la démocratie et le pouvoir discrétionnaire de l'administration sont considérés comme déterminants. La démocratie est une forme d'organisation politique traditionnellement définie, selon la formule d'Abraham LINCOLN, comme le *« gouvernement du peuple, par le peuple et pour le peuple »*[146]. Comme dans tout système politique,*« le peuple »*[147], c'est-à-dire, *« la population des citoyens regroupée dans le cadre d'un territoire, y est gouvernée »*[148]. Dans le système démocratique, les gouvernés deviennent aussi des gouvernants et participent immédiatement aux principales décisions qui engagent alors la vie de la cité. Cela suppose que le peuple est considéré à la fois comme sujet, soumis au pouvoir politique et souverain, détenteur de ce pouvoir. Une lutte politique qui s'engage à travers cette démocratie pour accéder au pouvoir donne une opportunité à ceux qui s'y trouvent de monopoliser suffisamment l'administration pour que la majorité des fonctions administratives importantes soit accordée en guise de récompenses politiques. C'est ainsi qu'en Afrique, à l'ère de la démocratie en 1990, le pouvoir politique influence les affaires de la chose publique, dans le seul but de les mettre à son service pour asseoir davantage sa popularité.

1103. En ce qui concerne le pouvoir discrétionnaire dont dispose l'administration, s'il constitue l'un des facteurs principaux aidant à la politisation de la fonction publique, c'est parce que souvent, ceux qui l'exercent privilégient les appartenances politiques au détriment de la performance de l'intérêt du service public. La notion de pouvoir discrétionnaire, dans ce cas précis,

---

144- DE VISSCHER (Christian) et Le BUSSY(Gauthier), « La politisation de la fonction publique : quelques réflexions d'ordre comparatif », article précité supra n°1422.

145- (Peters et Pierre, 2004 : 2).

146 -Voir : DÉMOCRATIE sur le site suivant : https://www.universalis.fr/.[Consulté le 10/02/2018].

147*Ibid*

148 -*Ibid*

concerne l'appréciation de l'opportunité des mesures à prendre par l'administration[149]. En droit administratif, le pouvoir discrétionnaire d'une administration est le pouvoir de prendre une décision avec une plus ou moins grande liberté, en disposant d'une latitude d'appréciation de l'opportunité. C'est donc dans ce genre de pouvoir qu'intervient le pouvoir discrétionnaire de nomination qui favorise les produits politiques.

1104. En abordant cette question épineuse, dans ses travaux de recherche, Hassana ABDOULAYE SENOUSSI comprenait que la hiérarchie en utilisant *« son pouvoir discrétionnaire concernant les postes de responsabilité, ne tient pas toujours compte des critères de compétence et de qualifications professionnelles* [150]*»*. Il se démontre dans ses réflexions que *« l'inadéquation entre le profil et le poste d'emploi des agents, se traduit par leur affectation à des postes pour lesquels ils n'ont pas été formés »*[151]. C'est aussi devant une telle considération, qu'il est reconnu dans le rapport sur le développement humain au Burkina Faso que *« cette politisation est favorisée par le pouvoir discrétionnaire de l'administration que l'on retrouve dans les nominations où il faut tenir compte des compétences techniques en faisant prévaloir le critère du mérite sur celui de l'allégeance politique au régime* [152]*»*.

1105. Certaines analyses développées dans l'article d'Éric TEVOEDJRE, insistent sur le fait que *« l'avantage du pouvoir discrétionnaire de nomination est qu'il fait, apparemment, gagner du temps* [153]*»*. Mais en même temps, l'article prévient sur l'inconvénient de ce pouvoir. Cet inconvénient est démontré par le fait par exemple que *« le président peut nommer qui il veut, quand il le veut, et ce, presque à n'importe quel poste de responsabilité* [154]*»*. Et c'est en réalité, par cette opportunité, que sont nommées des personnes sur la base de leur appartenance politique, dont les conséquences immédiates qui en découlent sont la provocation de l'inefficacité de l'administration et de ses agents.

b. Conséquences

1106. Lorsque les fonctions publiques sont fortement politisées[155], les conséquences qui en découlent concernent directement, la perte de la méritocratie et les retombées évidentes en matière de rentabilité. Cela est alors dû au fait que les compétences professionnelles très pointues, méritant des responsabilités techniques

---

[149]-MAITROT(Jean-Claude), Pouvoir discrétionnaire .EncyclopædiaUniversalis[en ligne], consulté le 13 février 2016. URL : http://www.universalis.fr/.

[150]- SENOUSSI (Hassana Abdoulaye), Le développement du contrôle et de l'audit internes dans l'administration publique au Tchad. Master « Administration publique » Parcours « Administration publique générale » soutenu Promotion Jean de La Fontaine (2013-2014) le 20 mai 2014, Université de Strasbourg Ecole nationale d'administration, p.10.

[151]-*Ibid.*

[152]-Corruption et développement humain. Rapport sur le développement humain – Burkina Faso 2003, PNUD, p.78.

[153]-Voir article développé par Eric TEVOEDJRE sous le thème : face à un pouvoir de nomination exorbitant, quelles solutions ? , et publié dans le site de la nouvelle tribune : http://www.lanouvelletribune.info/ -[Consulté le 13/02/2018].

[154] -*Ibid.*

[155]-MUBERANZIZA (Aloys), L'égal accès du citoyen aux affaires publiques de son pays, Belgique : Presses Universitaires de Namur, 2005, p.180.

ou du moins qui doivent faire l'objet d'un traitement adéquat dans la politique de la gestion des ressources humaines, sont mises à l'écart. Il apparaît, depuis lors, un grand découragement dans les rouages administratifs. À partir de ce moment, les vraies initiatives à prendre dans les services publics ne peuvent plus être prises, parce qu'il y a un problème de maîtrise d'un domaine de l'administration publique par des personnes incompétentes du milieu.

1107. La méritocratie est un système politique dans lequel les postes et les responsabilités sont confiés aux individus, qui ont démontré leur intelligence ou leur aptitude à cela. Le terme vient étymologiquement de mérite et kratos, pouvoir, autorité. Elle tend à hiérarchiser et à promouvoir les individus dans la société en fonction de leur mérite et non d'une origine sociale (système de classes), de la richesse ou des relations individuelles (népotisme*).*[156]

1108. Par ailleurs, la méritocratie n'existe plus dans une administration où les autorités hiérarchiques ne mettent plus l'accent sur l'intelligence, ni sur la fabrique de professionnels [157]pour ne responsabiliser que des hommes politiques, techniquement incapables de tenir, aux hautes fonctions administratives, pour lesquelles ils sont nommés. Ces comportements politiques [158]de mépriser les vrais méritants qui ont de la compétence et de la technicité dans les nominations, peuvent être considérés comme la cause du faible rendement des prestations administratives[159].

1109. Après une lecture de la manifestation de la politisation de l'administration dans un contexte purement africain, il est quand même normal d'approfondir ce sujet spécifiquement, concernant la fonction publique tchadienne et la question de sa politisation proprement dite.

§ 2.Politisation de fonction publique tchadienne

1110. La politisation de l'administration, que le Dr Kitsoro Firmin KINZOUNZA qualifie *« du non-respect du caractère républicain de l'État »*[160] est un phénomène mondial, qui ne peut faire exception à la fonction publique tchadienne.

1111. Mais si le phénomène de la politisation de la fonction publique s'installe de façon très profonde en Afrique, et au Tchad particulièrement, c'est parce

[156] -Voir la définition de la méritocratie, citée dans ces travaux de recherche, se lie à un article intitulé : la méritocratie, aujourd'hui en France ? Publié sur le site suivant : https://pensetoimeme.wordpress.com/.[Consulté le 15/08/2018].

[157]- GAUTHIER(Jean), L'université française et la fabrique de professionnels. Essai de typologie des formations universitaires. Sociologie. Aix-Marseille Université, 2012. Voir le titre de la thèse.

[158]- MARION(Navarro*)*, Les comportements politiques : continuité ou opposition entre les générations ? Regards croisés sur l'économie 1/2010 (n° 7), p. 211-215

[159] - GIAUQUE(David), EMERY(Yves), Repenser la gestion publique : bilan et perspectives en Suisse .Presses Polytechniques et Universitaires Romandes. LAUSANNE, Collection le Savoir Suisse, 2008, p.43

[160]-Dr Kitsoro Firmin KINZOUNZA, Les trois (03) leviers de l'émergence économique en Afrique. Conférence panafricaine sur la transformation et l'émergence du continent (Quelles innovations et quelles capacités pour l'émergence économique et sociale de l'Afrique), conférence panafricaine sur la transformation et l'émergence du continent (Quelles innovations et quelles capacités pour l'émergence économique et sociale de l'Afrique), Centre Africain de Formation et de Recherche Administratives pour le Développement (CAFRAD), Brazzaville, novembre 2013, p.15.

que la volonté politique ne soutient pas les principes d'une administration moderne, qui se construit autour des hommes méritants. Et c'est pourquoi la fonction publique très politisée ne peut permettre au service des recettes d'apporter un rendement assez fiable au profit du trésor public.

A. La fonction publique tchadienne : Principes, droits et obligations

1112. La fonction publique tchadienne est organisée sur la base de la loi n°017 /PR/2001, portant statut général de la fonction publique et la loi n°038/PR/96 du 11 décembre 1996 régissant le Code du travail. Il est important de préciser, que le texte relatif au statut général de la fonction publique, ne s'applique qu'aux fonctionnaires, alors que le Code du travail prévoit les situations contractuelles entre l'État et les agents non-fonctionnaires.

1113. C'est autour de ces deux textes, des lois n°017/PR/2001 et n°038/PR/96, que seront abordés les principes, droits et obligations dans la fonction publique. Si, les agents publics ont des obligations, mais en contrepartie, ils bénéficient de certains droits fondamentaux.

1. Les principes de la fonction publique tchadienne

1114. La fonction publique, étant régie par les textes des lois, fonctionne sur la base des principes, soit à caractère général ou spécifique, compte tenu d'une distinction qui se fait au niveau des agents et de leurs statuts. Dans ces conditions, il convient aussi de s'intéresser tant aux conditions de recrutement de ces agents publics dont il s'agit qu'à leur carrière dans la fonction publique.

1115. La question relative au respect des différents principes de la fonction publique, a été abordée précédemment. Selon l'organisation générale de la fonction publique en Afrique, certains principes du droit de la fonction publique ont de façon expresse une valeur constitutionnelle. Des grands principes tels que : la continuité du service public, l'égalité devant le service public, la neutralité des agents publics, etc. ont une valeur constitutionnelle, mais d'autres protégés par les lois de la fonction publique.

a. La question des statuts et de recrutement des agents, à la fonction publique

1116. Une distinction importante est faite entre les agents de la fonction publique. La loi n°017 /PR/2001, portant statut général de la fonction publique, s'applique uniquement aux fonctionnaires. Dans un document de préparation aux concours d'Yves DESRICHARD, une définition très claire a été donnée concernant le fonctionnaire. Il fallait, en réalité, répondre à la question posée, qu'est-ce qu'un fonctionnaire ?

1117. Un fonctionnaire est considéré comme un agent nommé dans un emploi permanent et titularisé à son poste dans un grade de la hiérarchie de l'État, des services ou des établissements publics de l'État ou des collectivités territoriales[161]. Alors que d'autres agents exercent pourtant dans la fonction publique tchadienne,

[161]-Voir : « cours d'administration » d'Yves DESRICHARD, sur le site : http://mediadix.parisnanterre.fr/.[Consulté le 12/01/2018].

mais ne peuvent être considérés comme des fonctionnaires, parce qu'ils sont régis par le Code du travail institué par la loi n°038/PR/96 du 11 décembre 1996.Si les fonctionnaires sont des agents permanents de l'État, soumis au statut général de la fonction publique, les autres agents publics tels que les agents contractuels ou décisionnaires sont soumis aux dispositions des règles d'emploi spécifiques relevant du Code du travail.

1118. Concernant le recrutement des fonctionnaires, agents permanents de l'État, il se fait spécialement sur la base de la loi n°017 /PR/2001. Mais pour les agents non-fonctionnaires, ils sont recrutés sur la base des actes du ministère de la fonction Publique, en se soumettant aux principes du Code du travail. Particulièrement dans l'administration des douanes tchadiennes, en plus des agents considérés comme fonctionnaires, contractuels, d'autres sont recrutés à titre de décisionnaires, par un arrêté du ministre des Finances.

1119. Ainsi, un agent qui est recruté est classé urgemment dans un corps. La loi n°017 définit le corps dans son article 44 comme *« l'ensemble des fonctionnaires relevant d'un même secteur d'activité et soumis à un même statut particulier réunis au sein d'une même spécialité ou cadre, et ayant vocation aux mêmes emplois. Chaque corps comporte des classes, des grades et des échelons »*[162]. L'article 45 précise cependant que *« les corps sont classés dans trois (3) catégories désignées dans l'ordre hiérarchique décroissant par les lettres A, B et C »*[163]. Lorsque les agents sont recrutés dans la fonction publique, ils doivent évoluer dans leurs carrières.

b. Déroulements des carrières dans la fonction publique

1120. Selon la loi n°017 /PR/2001 constituant le statut général de la fonction publique au Tchad, la carrière dans la fonction publique par passe obligatoirement par un stage qui dure une année, éventuellement renouvelable. C'est une période d'observation et probatoire au cours de laquelle le fonctionnaire stagiaire démontre ses capacités professionnelles et sa bonne moralité. Cette période est toutefois décisive, car elle permet au fonctionnaire stagiaire d'obtenir sa titularisation sur la base des appréciations positives par les chefs hiérarchiques de son ministère d'affectation.

1121. La titularisation est l'acte juridique qui confère aux fonctionnaires des grades dans la hiérarchie administrative. Avec ce statut de titularisé, l'agent peut obtenir alors, dans sa carrière, des avancements d'échelon et de grade. Dans l'exercice de leurs fonctions, les fonctionnaires bénéficient des positions suivantes : activité, congé de longue durée, détachement, disponibilité. Ils perdent, aussi, la qualité de fonctionnaire dans les conditions suivantes : démission, licenciement, révocation, admission à la retraite, décès.

1122. Les agents non-fonctionnaires, soumis au Code du travail, ont un traitement assez spécial. Ils sont d'ailleurs intégrés à la fonction publique, sur la base d'un contrat. Ils bénéficient tout de même d'avancement d'échelon et de grade, sans passer par le stage ni la titularisation. Ils sont aussi soumis à un régime

---

[162]- Article 4 de la loi n°017 /PR/2001.

[163] - Article 45 de la loi n°017 /PR/2001.

spécial, dans le cadre de leurs retraites. C'est dans ces conditions du déroulement des carrières des agents qu'il faut aborder leurs droits et obligations.

2. Droits et Obligations dans la fonction publique tchadienne

1123. Les droits et obligations dont bénéficient les agents de la fonction publique tchadienne sont d'ailleurs universels, même s'il existe d'autres spécificités. Il s'agit des libertés, des garanties et des rémunérations en matière de leurs droits et des règles de conduite qu'ils doivent respecter.

1124. S'il existe des droits pour les agents publics, il faut aussi rappeler, qu'ils sont soumis à de nombreuses obligations, parmi lesquelles la conformité aux instructions des chefs hiérarchiques, est fondamentale dans la fonction publique. Ils ont le droit de liberté et des avantages financiers en guise de rémunérations et bien d'autres droits et obligations qui seront abordés.

a. Droits des agents publics

1125. Les droits dont disposent les agents de la fonction publique sont donc les libertés, garanties et rémunérations et avantages. Selon l'article 7 de la loi N°017 /PR/2001, *« le fonctionnaire jouit des libertés publiques reconnues à tout citoyen par les lois et règlements en vigueur »*[164]. Cet article vise particulièrement le droit syndical reconnu au fonctionnaire. Les fonctionnaires peuvent, à cet effet se constituer librement en syndicat ou en association, et même adhérer librement à une association et /ou à un syndicat professionnel, qui se constitue aussi légalement dans le but d'assurer la représentation et lutter pour la défense de leurs intérêts matériels et moraux. De ce fait, les syndicats ont le droit de s'organiser, dans le but de réclamer les droits ou les intérêts des agents publics, mais en respectant les lois en vigueur.

1126. Les droits à la rémunération et aux avantages sociaux sont obligatoirement prévus comme les droits des agents publics. La rémunération est considérée comme un traitement de base. L'article 13 dispose à cet effet que *« tout fonctionnaire a droit, après service fait, à une rémunération »*[165]. Concernant la rémunération des agents contractuels, elle est fixée contractuellement, sans qu'aucun principe ne soit imposé au gouvernement au Tchad. Les avantages sociaux dont il s'agit concernent ici les indemnités et des primes qui sont considérées dans une certaine mesure comme des droits acquis. Si les agents ont des droits dans la fonction publique, ils ont également des obligations à l'égard de cette administration.

b. Obligations dans la fonction publique

1127. Les fonctionnaires dans l'exercice de leurs fonctions, sont appelés à observer de nombreuses obligations très exigeantes : respecter le principe de la neutralité politique, servir les intérêts de la nation avec efficacité, loyauté, dignité, dévouement et intégrité, veiller à la protection et à la promotion des intérêts de la collectivité à tout moment, éviter tout ce qui est de nature à ternir l'image de l'administration publique, éviter d'exercer à titre professionnel et de manière

---

[164] - Article 7 de la loi n°017 /PR/2001.

[165] - Article de la loi n°017 /PR/2001.

permanente une activité privée lucrative de quelque nature que ce soit, en dehors tout de même de la production rurale, de la production des œuvres scientifiques, littéraires ou artistiques, respecter des engagements avec l'administration, qui obligent les fonctionnaires à être ponctuel à leurs services pour assurer les tâches qui lui sont confiées.

1128. Les fonctionnaires doivent assurer la bonne marche des services, obéir aux ordres individuels ou généraux donnés par les hiérarchies dans le cadre du service et de façon réglementaire. Même s'il était question de prendre connaissance des droits et obligations des agents dans la fonction publique tchadienne, le principal objectif est d'aborder la question de sa politisation et particulièrement concernant celle du Tchad, qui en est le vrai souci.

B. Politisation de la fonction publique tchadienne et cas particulier de sa douane

1129. La fonction publique tchadienne, qui regroupe différents ministères, se trouve profondément touchée par le phénomène de la politisation. Mais de façon un peu précise, une grande inquiétude plane sur le cas de la politisation de l'administration des douanes, qui est pourtant considérée comme une mamelle importante de l'économie nationale.

1130. La fonction publique tchadienne est réellement politisée. Et l'administration des douanes se trouve totalement au cœur de cette politisation. Le personnel administratif est en plein centre du champ politique, soit par compétence ou par proximité, ou les deux à la fois[166]. Cette situation est souvent décriée et présentée comme source de contre-performance[167]. La douane tchadienne est donc placée complètement dans la zone de politisation.

1. La politique, un mal qui gangrène la fonction publique tchadienne

1131. La fonction publique tchadienne est marquée par une longue période d'instabilité politique[168]. Elle est toujours en construction, avec une réforme enclenchée dans les années 90. Mais cette réforme ne peut même empêcher de critiquer sa politisation à outrance.

1132. Ainsi, la politique, aujourd'hui, est considérée effectivement comme un mal qui gangrène la fonction publique tchadienne. Elle s'impose, principalement, dans les opérations des recrutements et des nominations au niveau de cette administration.

a. Politisations dans les modes des recrutements

1133. Il est vrai que la politisation est déjà entrée dans les modes des recrutements de nombreuses fonctions publiques en Afrique. Au Tchad, le fait que le recrutement se fasse en mettant à l'écart les critères de mérite, qui devraient

---

[166]-Document de synthèse des défis de la région OMD AOC et esquisses de solutions, AOC/CE2F, p.2, http://www.omdaoc.org/ . [Consulté le 12/01/2018].

[167] -*Idem*

[168]- NDOLOUM(Casimir), De la problématique du système de recrutement des agents à la professionnalisation de la Fonction publique au Tchad, Université de Strasbourg, École nationale d'administration, juin 2018 : Master spécialité Administration et finances publiques, parcours Administration Publique Spécialisée. P.14

passer, en principe, par les voies de concours, favoriserait énormément les interventions politiques.

1134. En plus, des recrutements décriés par rapport à la perte de la méritocratie. Des démonstrations et des critiques se font autour des intégrations des illettrés dans la fonction publique. C'est alors le problème de l'illettrisme[169], qui est posé et se distingue de l'analphabétisme, lequel qualifie le fait de n'avoir jamais été scolarisé et de n'avoir jamais appris à lire[170]. Cette notion est plutôt proche de l'analphabétisme fonctionnel[171]. Selon une définition donnée par l'Unesco *« une personne est analphabète si elle ne peut à la fois lire et écrire, en le comprenant, un énoncé simple et bref se rapportant à sa vie quotidienne [172] »*.

1135. En faisant une étude sociologique, Guiryanan OLIVIER et Beleya BOLONGAR ont pu découvrir qu'effectivement, *« des illettrés sont intégrés comme cadres dans la fonction publique tchadienne [173] »*. Ils affirment, par ailleurs, que *« ces illettrés sont intégrés sur la base des critères politiques et ethniques [174] »*. Cette réalité, qui est dévoilée par ces études sociologiques, ne donne plus une assurance certaine sur la performance de cette administration. Cette politisation, dans les modes des recrutements, touche également et assez profondément les nominations dans la fonction publique tchadienne.

***b.** Politisation dans les nominations*

1136. Les nominations partisanes prennent de plus en plus d'ampleur dans l'administration tchadienne. Elles favorisent de nombreux agents, qui n'ont quelquefois aucune compétence et expérience. Devant une telle situation, la seule loyauté qui sera réclamée aux agents nommés sur des critères politiques sera celle-ci, à l'égard de celui qui dispose le pouvoir de nommer et non à l'égard de l'État dont les représentants mettent en avant l'intérêt général, qui se construit autour du mérite. Pour réussir avec cette politisation, il suffit que le président de la République installe ses hommes politiques aux postes clé de l'administration. Ceux-ci ont la possibilité d'en nommer d'autres proches politiques ou alliés autour d'eux, dans les directions générales, dans les départements et services régionaux.

1137. Dans un département ministériel par exemple, la coloration politique de la majorité des fonctionnaires (autorités administratives) est fonction de la coloration politique du ministre (autorité politique), puisque ce dernier nomme ses

---

169- EME(Elsa), NANTES(Nicolas) and DELLIAUX(Christine), Analyse cognitive et linguistique de l'illettrisme : bilan des études et implications pour la formation. L'orientation scolaire et professionnelle [Online], 40/3 | 2011, Online since 01 September 2014, connection on 19 February 2016. URL : http://osp.revues.org/.[Consulté le 12/01/2018].

170-*Ibid.*

171 - L'UNESCO définit l'analphabétisme fonctionnel non seulement comme le fait de ne pas être capable de lire et d'écrire des phrases simples, mais aussi de ne pouvoir « s'engager dans toutes les activités pour lesquelles les compétences de lecture et d'écriture sont exigées, dans le but d'assurer le fonctionnement efficace de son groupe ou de sa communauté »

172-Voir : le Rapport mondial de suivi sur L'EPT 2006 : l'alphabétisation, un enjeu vital, page 161 (chapitre 6) sur le site suivant : https://fr.unesco.org/.[Consulté le 12/01/2018].

173- GUIRYANAN(Olivier) et BOLONGAR(Beleya), L'intégration à la fonction Publique Tchadienne, une étude sociologique de la « machine » élitiste pour l'exclusion sociale, avec la contribution de l'équipe du CRASST (Madame Mbailassem ORTHENSE et Monsieur Genserbe SINIKI), Vision Libros 2012, p. 23.

174 -*Ibid*

soldats électoraux à des postes administratifs au mépris des exigences de performance[175]. Ces genres de comportements politiques constituent une violation aux principes de neutralité de l'administration, qui doit être garantie par l'État sur la recommandation de l'article 56 de la constitution tchadienne du 31 mars 1996, principe renforcé par l'article 5 de la Charte de la fonction publique africaine, qui recommande, que l'administration *« ne doit exercer sur ses agents, ni de traitement discriminatoire en raison de caractéristiques liées à la personne »*.

1138. Il est essentiel de distinguer le niveau stratégique politique du niveau administratif opérationnel, afin de permettre à l'administration publique de servir l'intérêt général[176]. Actuellement, la politisation qui affecte profondément la fonction publique tchadienne, en particulier sa douane, réputée pour être une administration excessivement politisée, engendre des conséquences immédiates.

2. La douane tchadienne, une administration politisée et conséquences

1139. La politisation de la douane tchadienne ne constitue pas une particularité. C'est un phénomène qui touche profondément les douanes africaines. Cette politisation par exemple, fait l'objet de critiques dans le fonctionnement de la douane tunisienne où lors d'un congrès organisé par le syndicat des agents de la douane (SAD) du 23 au 24 décembre 2011, il était décidé de couper avec les anciennes pratiques, notamment la politisation de la douane, et à défendre les droits moraux et matériaux des douaniers[177].Les mêmes critiques, pèsent sur la douane béninoise où lors d'une passation de service le mardi 08 juin 2010 le Secrétaire général du syndicat des douaniers, Catherine EGOUNLETI en dressant un tableau peu reluisant de l'état de la douane[178], déclarait, que la douane béninoise, ne s'est jamais portée mal comme aujourd'hui, et que ceci est dû à la politisation de la maison douanière[179].

1140. Au Tchad, comme dans la plupart des pays africains, la politisation de la douane tourne véritablement autour des recrutements et des nominations. Cependant, une telle situation ne peut permettre à cette institution, considérée pourtant comme un service très important et incontournable dans le tissu économique, de remplir normalement ses missions avec performantes.

a. Nomination des « intrus » et promotions par complaisance

1141. La politisation est entrée profondément dans l'administration des douanes tchadiennes, à l'ère de la démocratie dans laquelle les nominations se font

---

[175]-Voir : article développé par Louis-Marie KAKDEU, PhD& MPA - Le 17 novembre 2014 et publié dans le site suivant : http://www.libreafrique.org/.[Consulté le 19/09/2018].

[176]-*Ibid.*

[177]-Voir : article de l'auteur TAP consacré sur le congrès organisé par le syndicat des agents de la douane(SAD) du 23 au 24 décembre 2011, en Tunisie et consultable sur le site suivant : www.turess.com/fr/.[Consulté le 12/01/2018].

[178]-Voir : article écrit par Gilles GNIMADI sur la passation de service a la douane publié dans le site de l'Adjinakou, quotidien d'informations générales et d'annonces béninois suivant :www.journal-adjinakou-benin.info/.[Consulté le 12/01/2018].

[179]-*Ibid.*

quelquefois sur des bases partisanes. Cela favorise donc des intrus ou des promotions inadéquates ou inadaptées dans l'administration des douanes tchadiennes, qui se trouvent à la tête de certains postes techniques. Les agents publics, dénommés *« intrus »,* sont ceux qui viennent d'autres ministères, et qui se retrouvent brutalement, par le fait de la politique à la douane, occupant des fonctions importantes dans ce service, alors qu'ils n'en disposent aucune compétence, ni aptitudes en la matière. Ce terme est aussi attribué aux agents exerçant dans l'administration des douanes, appelés encore *« bogobogo »* [180]*ou « Karang-karang »*[181].

1142. Selon Debos MARIELLE, il faut comprendre par *« bogobogo ou (Karang-karang), le douanier combattant, douanier non officiellement intégré à la douane, agent bénévole de la douane, prélevant ses revenus sur la population »*[182]. Les agents bogobogo ou (Karang-karang), considérés comme des intrus qui se couvrent derrière une cause politique, non seulement exercent à la douane, mais occupent même souvent des fonctions très importantes dans l'administration des douanes tchadiennes. Les promotions de complaisance, se réalisent également dans ce favoritisme politique.

1143. En fait, la politique impose, au service de la gestion des ressources humaines, des méthodes qui n'accordent fréquemment aucune importance à la notion de grade au sein du corps dans l'administration des douanes. Des nominations ou des promotions par complaisance dans l'administration des douanes tchadiennes, évoquées dans ce contexte, créent immédiatement du stress dans le travail, faisant partie des causes du faible rendement de cette administration.

b. Stress lié au travail, faible rendement et ressources de l'État menacées

1144. Les stress au travail, qui pourrait aussi être compris comme stress professionnel[183], ou souffrance au travail, est véritablement créé par les conditions de travail. Ces conditions de travail, lorsqu'elles ne sont pas réunies, entraînent la démotivation très forte des agents publics dans leurs activités professionnelles.

1145. Aujourd'hui, la politisation de l'administration ou de la fonction publique grandissante au Tchad fait partie des facteurs de stress dans le milieu professionnel. Dans un rapport d'information, le stress est défini comme *« l'agression de l'organisme par un agent physique, psychique, émotionnel entraînant un déséquilibre qui doit être compensé par un travail d'adaptation. Ce travail d'adaptation comprend trois phases : la réaction d'alarme, la résistance, puis l'épuisement »*[184]. Ainsi, le faible rendement se fixe automatiquement dans l'administration des douanes tchadiennes, tout comme cela pouvait aussi concerner d'autres administrations, lorsque les modes des recrutements et des nominations ne

---

[180] -« Glossaire », *Le métier des armes au Tchad.Le gouvernement de l'entre-guerres*, sous la direction de Debos Marielle. Karthala, 2013, pp. 247-250.

[181] -*Idem*

[182]- MARIELLE(Debos), Le métier des armes au Tchad. Le gouvernement de l'entre-guerres. Paris(France) : Éditions Karthala, 2013 p.247.

[183]-LÉGERON(Patrick) , Le stress professionnel. L'information psychiatrique 9/2008 (Volume 84), p. 809-820

[184]-Rapport d'information, fait au nom de la commission des affaires sociales (1) par la mission d'information (2) sur le mal-être au travail, Tome I : rapport par M. Gérard DÉRIOT, Sénateur. n° 642 Sénat, session extraordinaire de 2009-2010, p.10.

mettent pas l'accent sur la méritocratie, et surtout lorsque les douaniers professionnels souffrent de stress lié au travail.

1146. Le faible rendement dû au stress dans l'administration des douanes se ressent, en réalité, dans les réalisations qui donnent peu de satisfactions aujourd'hui. Pour preuves, les réalisations budgétaires de 2014, qui s'élevaientà151 171 788 785FCFA[185], sont descendues à 150 893 974 952 FCFA[186]en 2015. Et dans ces conditions, les ressources de l'État sont menacées, à cause des hommes politiques qui arrivent dans l'intention de s'alimenter financièrement pour les futures compétitions électives. Dans ces activités, ce sont soit les intérêts politiques qui priment, ou les intérêts personnels qui sont mis en jeu, étant donné que l'intérêt du service public, se classe déjà au second rang.

1147. Il est indéniable qu'aucun aspect ne doit être jugé comme anodin dans l'analyse des difficultés ou obstacles entravant l'efficacité de la réforme douanière au Tchad. Bien que certaines entraves soient déjà identifiées et se manifestent de manière similaire dans d'autres États ayant entrepris des réformes douanières, d'autres difficultés peuvent s'avérer soit spécifiques, soit particulièrement aiguës au Tchad. Par conséquent, la politisation de l'administration des douanes, par exemple, peut-elle réellement être considérée comme un problème particulièrement aigu au Tchad ?

1148. La politisation semble être profondément ancrée dans l'administration des douanes tchadiennes, la rendant très inefficace en favorisant de plus en plus des agents notoirement incompétents, sans formation adéquate. De plus, cette situation paraît être renforcée encore davantage par le clientélisme et la corruption, qui se manifestent visiblement dans le comportement des agents. Ils se détournent des véritables missions de la douane pour s'adonner à des pratiques peu orthodoxes. Même si ces obstacles à la réforme douanière sont reconnus par tous, il convient de louer le courage des experts de l'OMD en mission au Tchad, qui les ont officiellement mentionnés dans leur rapport.

1149. À côté de l'administration des douanes tchadiennes, politisée et gangrenée par des pratiques de corruption, se pose également la question de l'instabilité de l'organisation des services douaniers, du poste du directeur général et de la mauvaise gestion des ressources humaines au sein des douanes tchadiennes. Qui peut prouver l'existence de moyens matériels et financiers suffisants pour soutenir la réforme douanière au Tchad ? C'est à la lumière des différentes inquiétudes soulevées qu'il faut comprendre le retard accusé dans la réalisation de la réforme douanière. C'est pourquoi la question à poser est la suivante : est-il possible de rendre la réforme douanière concrète au Tchad face à ces obstacles énumérés ?

1150. Les réponses à ces interrogations seront abordées à travers le titre suivant : comment faire pour mieux réformer la douane au Tchad ? C'est dans ce titre qu'il vaut mieux aborder les réponses à ces interrogations. Il s'agit de faire des propositions concrètes à travers deux chapitres. Dans **le premier chapitre**, il

---

[185]-Dépliant de la direction générale des douanes et droits indirects au Tchad pour la journée internationale de la douane 2016

[186]-*Ibid.*

convient d'orienter les réflexions sur les impératifs de réorganisation des services douaniers au Tchad. Ensuite, il faut mettre l'accent sur la dépolitisation de l'administration douanière au Tchad dans **le second chapitre**.

TITRE II.

Propositions de solutions

1151. Proposer des solutions à la modernisation des services douaniers en Afrique est un enjeu majeur compte tenu de ce choix délicat. Pourtant, les États africains misent sur les ressources financières douanières pour alimenter leurs caisses publiques. Cette modernisation, sollicitée et même encouragée politiquement, fait face à de nombreuses entraves. Dans le cas du Tchad, les obstacles identifiés à cette réforme douanière sont : la mauvaise gestion des ressources humaines, la corruption et la politisation des douanes tchadiennes, qui devraient pouvoir être surmontés.

1152. C'est en tenant compte de cette préoccupation qu'il est question d'intituler le **(Chapitre I)** : la réorganisation. D'autres entraves ou normes[1] instaurées, pouvant encore davantage retarder le projet louable de modernisation des administrations douanières au Tchad, sont celles qui découlent, on l'a déjà vu et curieusement, de principes démocratiques. Au Tchad, les douanes qui ne peuvent échapper à ces pratiques, sont profondément touchées. Il s'agit précisément de la politisation de la douane, qui est en fait considérée comme l'une de ses difficultés. Dans ce contexte, le problème sera abordé en adoptant comme **(Chapitre II) :** la dépolitisation

---

[1]-FJELDSTAD (Odd-Helge), Vers plus d'éthique dans les douanes en Afrique subsaharienne, *Afrique contemporaine*, vol. 230, no. 2, 2009, pp. 33-54. p. 41.

CHAPITRE I.

La réorganisation

1153. La réorganisation n'est qu'un aspect de la réforme des administrations douanières, que cet ouvrage appelle de ses vœux. S'inscrivant dans un contexte international, les douanes tchadiennes ne peuvent s'épargner de cette opération. Au contraire, cette réforme doit s'engager en s'inspirant de meilleures pratiques internationales.

1154. La réforme des douanes est sollicitée, sur le plan mondial, pour faciliter le développement du commerce international. Il faut donc que la douane réédifie ses missions pour les adapter au contexte du développement du commerce international. Mais aussi, sur le plan national, il est indispensable de réformer la douane pour faciliter l'amélioration des finances publiques. Pour cela, il faut que l'administration douanière soit mieux organisée au Tchad. Elle s'organise en se débarrassant de ses maux et en réorganisant spécifiquement son organisation administrative.

1155. S'il faut opter pour une réorganisation, il convient particulièrement de mettre l'accent sur des mécanismes de la réforme administrative douanière au Tchad, touchant nécessairement ses aspects techniques, fonctionnels et technologiques. Ainsi, dans un premier temps, il faut aborder la réorganisation technique et fonctionnelle (**Section.I**) et ensuite s'intéresser au développement des hautes technologies de l'information et de la communication (**Section.II**).

Section I.
Réorganisation technique et fonctionnelle

1156. La réorganisation technique et fonctionnelle de la douane tchadienne est encore perturbée par de multiples organigrammes qui sont conçus sans se conformer à l'environnement douanier en perpétuelle évolution. La douane du 21e siècle comporte des orientations qui tracent le schéma de l'organisation des administrations douanières. L'administration des douanes tchadienne souffre sur le plan de l'organisation d'une manière générale. Il faut alors qu'elle se réorganise.

1157. La réorganisation administrative de la douane au Tchad, au plan technique et fonctionnel, est très indispensable dans le cadre de sa modernisation. Il faut véritablement réorganiser les services douaniers tchadiens, avec pour objectif de les rendre stables. Mais aussi, les conditions de fonctionnement de cette administration doivent être réunies pour créer un climat motivationnel de façon générale. Dans cette réorganisation sollicitée, il faut mettre l'accent sur : recrutement et déontologie (**Paragraphe.1**) et romanisation fonctionnelle (**Paragraphe.2**).

§1. Recrutement et déontologie

1158. Le processus de recrutement ainsi que les principes déontologiques doivent être révisés afin de surmonter les obstacles précédemment identifiés. L'un des enjeux rencontrés par la douane au Tchad se manifeste par l'instabilité chronique de son organigramme. Cette instabilité est aggravée par des modifications incessantes aux postes de directeur général et d'autres fonctions clés. Par ailleurs, il convient également de souligner le manque de sensibilisation et l'absence d'application rigoureuse des normes éthiques et déontologiques au sein de l'administration douanière tchadienne, un problème qui se pose avec une acuité particulière.

1159. Des situations évoquées dessus, font partie des facteurs responsables de l'échec du processus de modernisation douanière au Tchad. Il faut nécessairement renforcer la stabilité des services et des postes clé des responsabilités dans les douanes tchadiennes, favoriser la réorganisation des services, la promotion de l'éthique et de la déontologie douanière et l'instauration d'un statut particulier des douaniers au Tchad. Sur ce plan technique, il convient également d'aborder certains aspects du contrôle douanier, qui souffrent énormément d'une certaine défaillance, soutenant des fraudes de façon perpétuelle. Il s'agit de plaider, surtout, pour la réorganisation des contrôles douaniers visant le secteur informel autour des frontières et ceux a posteriori.

A. Nominations aux postes clés et refonte des services

1160. L'instabilité des services et des responsabilités des postes clés est une réalité, au niveau de la direction générale des douanes au Tchad. Cela mérite une attention particulière, surtout dans le contexte de la réforme douanière. Il faut plutôt rendre stable l'organisation des services et les nominations aux postes clés de responsabilités.

1161. La stabilité de l'organisation des services et de la nomination des responsables clés peut réellement contribuer à l'avancement de la réforme douanière au Tchad. Il est également approprié de modifier le nouvel organigramme afin de prendre en considération une structure qui a pour mission de faciliter la communication entre la douane et les partenaires, considérée comme essentielle pour la réforme douanière. Elle est d'ailleurs soulignée plus tôt par les organisations internationales qui s'inquiètent de la modernisation des douanes à l'échelle mondiale.

1. Stabilité des services et nomination dans l'administration des douanes au Tchad

1162. Faut-il faire une étude sur la stabilité ? Pour le dictionnaire Larousse, la stabilité est comprise à la fois comme la *« qualité de ce qui est stable, de ce qui* *tend à conserver sa position d'équilibre »*[1] et comme *« caractère de ce qui se maintient tel, sans profondes variations, pendant un temps assez long »*[2]. Peut-on espérer retrouver ces caractéristiques dans les services douaniers tchadiens ?

1163. En effet, l'instabilité dans les services publics, en général, n'est aucunement avantageuse pour les réformes des administrations. L'instabilité est plutôt chronique dans l'administration douanière au Tchad. C'est l'intérêt de cette réflexion qui impose d'aborder essentiellement la stabilité des services douaniers. Car elle est indispensable pour la réforme de ces services engagés au Tchad. Cette stabilité est une garantie de partage d'expérience et de relève.

a. Nécessité de rendre stable l'organisation des services douaniers au Tchad

1164. Le fait que l'organigramme de la douane fasse constamment l'objet de réorganisations, sur la base de multiples décrets et arrêtés, est un acte négatif pour le progrès de la modernisation douanière au Tchad. De 2002 à 2019, il y a eu au moins sept (7) décrets et six (6) arrêtés qui bouleversent complètement l'organisation des services douaniers tchadiens, en créant des déplacements forcés des agents, dont certains se retrouvent en dehors de leurs services d'origine au sein de cette douane. Ce bouleversement est à l'origine du grand retard de la réforme douanière au Tchad.

1165. Cette proposition de rendre stable l'organigramme est suggérée dans l'optique de stabiliser les services des douanes au Tchad. Il est donc nécessaire de stabiliser l'organisation des services ou l'organigramme de la douane pour mieux accompagner le programme de réformes douanières au Tchad. Cette stabilité permet, en fait, non seulement aux agents des douanes expérimentés de mieux transmettre leurs expériences aux jeunes douaniers, mais aussi de les préparer à assurer la continuité des administrations douanières dans les différents domaines douaniers. Il convient également d'assurer une meilleure stabilité des nominations aux postes clés de l'administration des douanes au Tchad.

b. Rendre stable les nominations dans l'administration des douanes au Tchad

1166. La seconde préoccupation, concernant l'instabilité aux postes clés de l'administration, attire également une attention particulière en ce moment. La succession à la tête de la direction générale des douanes et des droits indirects au Tchad se fait de manière intempestive. Par exemple, entre 1994 et 2019, il faut dénombrer au moins vingt (20) directeurs généraux qui se sont succédé. De plus, la majorité de ces directeurs, nommés successivement, ne sont pas des douaniers de carrière. Ils sont d'abord confrontés à un problème d'adaptation au service et ensuite, le temps consacré à cette responsabilité est souvent court pour réaliser des ambitions techniques. Ils ne peuvent pas, face à cette situation, maîtriser les contours de la modernisation douanière. Cette inquiétude se manifeste

[1] - Dictionnaire de français Larousse, Éditions Larousse, 2021.
[2]-*Idem*

également pour les nominations permanentes des agents à d'autres postes techniques de la douane au Tchad.

1167. Toutes ces situations décrites ci-dessus imposent aux agents nommés aux postes clés de l'administration des douanes au Tchad de privilégier moins les intérêts de la réforme douanière, compte tenu de leur instabilité dans ces responsabilités. Il est donc nécessaire que les autorités administratives de l'État tchadien placent leur confiance en des agents compétents, en leur accordant une stabilité dans leur nomination. Cette stabilité garantit, en réalité, la motivation des agents considérés comme compétents dans leur travail. Une telle motivation participe à l'exécution sincère des missions de la douane, répondant aux nouvelles exigences d'aujourd'hui. Il est indispensable que cette stabilité soit accordée pour que les agents compétents concernés se sentent motivés et conduisent la douane vers sa modernisation. En plus de la nécessité de rendre stable l'organisation des services douaniers au Tchad, tel qu'énoncé, le nouvel organigramme mérite d'être retouché pour tenir compte de la création d'une structure chargée de faciliter la communication entre la douane et les partenaires.

2. Plaidoyer pour la retouche du nouvel Organigramme

1168. Le dernier arrêté n° 878 de 2019 a mis en place un nouvel organigramme de la direction générale des douanes au Tchad. Il conviendrait de modifier cet organigramme pour tenir compte de certaines exigences de réforme douanière. En particulier, il est important de créer une direction des ressources humaines, des directions régionales et d'autres structures utiles pour la réforme douanière, qu'il faut aborder.

1169. Une réelle préoccupation dans l'organisation de l'administration douanière au Tchad est le manque de direction des ressources humaines. Pourtant, les ressources humaines font partie des services stratégiques des administrations en général. La division du personnel, qui ne dépend d'aucune direction, est inefficace dans ses activités. Dans l'administration des douanes tchadiennes, elle est classée parmi les services rattachés avec des compétences très limitées.

a. La modification du dernier organigramme

1170. Le dernier organigramme publié par l'arrêté n°878 de 2019 crée au sein de la douane tchadienne huit (8) directions techniques, au lieu de quatre (4) par rapport à l'avant-dernier arrêté n°029 de 2018, sans tenir compte, toujours, de la modernisation douanière. Ces quatre directions techniques, énumérées ci-dessus, ont été très critiquées par des hauts fonctionnaires douaniers. Le présent travail de recherche fait aussi partie de cette position critique. Ainsi, il était question de revoir encore l'organisation de la douane au Tchad, avec ses différentes directions techniques et autres services, pour la conformer aux exigences de la modernisation.

1171. Toutefois, l'organigramme, qui se compose de huit directions techniques, à savoir : direction des études, de la législation douanière et du contentieux, direction de la comptabilité et des statistiques du commerce extérieur, direction des affaires pétrolières, direction de dédouanement du bétail, direction de l'informatique et de la modernisation, direction du renseignement et des enquêtes douanières, direction de la formation et du perfectionnement, et groupement spécial de surveillance et de répression de la fraude, pourrait une fois de plus être réorganisé pour répondre aux exigences de réforme de la douane. Il s'agit d'une réorganisation qui met en avant le rôle capital que peut jouer le service de la gestion des ressources humaines, qui est jusqu'à présent considéré comme un service rattaché à la direction générale des douanes, sans véritable compétence ni pouvoir.

1172. Beaucoup de directeurs généraux ont toujours nommé ou affecté les agents sans consultation, à cause du rôle figuratif de chef de division des ressources humaines. Le rôle du chef de division des ressources humaines serait tout simplement réduit au secrétariat. Pour que la gestion des ressources humaines soit davantage prise au sérieux, il faudrait que ce domaine soit érigé en direction, comme dans d'autres administrations douanières telles que : direction des ressources et de la programmation au Maroc, dont la réforme de la douane est considérée comme réussie ; direction des ressources et de la formation à Madagascar ; direction des ressources humaines en Côte d'Ivoire, en RDC, au Niger et aux Comores ; direction de la gestion des ressources au Bénin ; sous-direction des ressources humaines et des affaires générales au Cameroun… Au Tchad, par exemple, il suffit de concilier le domaine des ressources humaines pour obtenir comme résultat : direction des ressources humaines, de la formation et du perfectionnement.

b. Importance d'une direction des ressources humaines

1173. La question de la gestion des ressources humaines dans les douanes est abordée par l'OMD comme un élément indispensable dans la modernisation douanière. La gestion des ressources humaines fait partie des outils et instruments de l'OMD. Selon l'OMD, *« la gestion des ressources humaines est une discipline qui porte sur l'humain et qui consiste à amener le personnel d'une organisation à bien vouloir utiliser et à être capable d'utiliser ses connaissances, ses compétences et ses spécificités le mieux possible pour servir les objectifs de l'administration douanière »*[3] En tant qu'élément-clé de la modernisation des douanes, il faut lui accorder une place importante dans le développement du personnel. De nos jours, il faut conduire les douanes vers l'arrimage des ressources humaines aux exigences de cette modernisation.

1174. Au Tchad, le fait que ce secteur du développement humain soit considéré comme une simple division des ressources humaines, en plus d'être un service rattaché à la direction générale, réduit à la seule dimension d'administration du personnel[4], au traitement des dossiers et au suivi de la gestion administrative du personnel, en exécutant des tâches tout simplement administratives de type bureaucratique et considéré comme secondaire, ne

[3]-Gestion des ressources humaines et approche de l'OMD en matière de développement de la personne, académie du savoir de l'OMD, Bruxelles, juillet 2018

[4]-Voir : article 89 de l'arrêté n° 078/MFB/SE/DGM/DGSDDI/2019, portant organisation et attribution de la direction générale des services DES Douanes et droits Indirects

permet pas au responsable du domaine de s'investir activement dans le développement du personnel. Il n'a aucune influence véritable dans la gestion des ressources humaines, ni dans la prise de décision stratégique concernant le personnel dans cette administration douanière. En principe, dans le cadre de la réforme douanière, les compétences du responsable des ressources humaines doivent encore davantage s'élargir ou se développer.

1175. Dans le cadre de la modernisation de l'administration douanière actuelle, il s'observe une tendance générale à renommer les structures responsables de la gestion du personnel, qui se désignent désormais sous l'appellation de direction des ressources humaines (DRH) [5]. Il est impératif que la douane au Tchad modernise son système de Gestion des Ressources Humaines en élevant ce domaine au rang d'une direction technique des ressources humaines. Cela permettrait au responsable des ressources humaines d'acquérir un pouvoir renforcé, lui conférant ainsi la capacité d'adopter une gestion stratégique des ressources humaines, ainsi que d'élaborer une conception stratégique de l'organisation et d'établir des descriptifs de postes. Il est également essentiel qu'il existe une certaine influence visant à développer et mobiliser les compétences des agents tout en participant activement aux prises de décisions relatives au personnel.

1176. Dans le cadre de la modernisation des douanes au Tchad, il est essentiel d'accorder une importance capitale à l'application de l'éthique douanière. En effet, le défi d'une gestion efficace des ressources humaines repose sur le respect et la promotion de cette éthique. Ainsi, il incombe au responsable des ressources humaines de faciliter la diffusion de ces principes éthiques au sein des douanes tchadiennes. Dans ce contexte, il est primordial d'établir une structure dédiée à la prévention de la corruption, à la bonne gouvernance et au suivi du processus de modernisation douanière.

1177. Dans le cadre de la retouche ou réorganisation des services douaniers au Tchad, il convient de signaler que la création de certaines structures est également indispensable, parce qu'elles peuvent renforcer le programme de réformes douanières. Il s'agit d'une structure chargée de faciliter la communication entre la douane et les partenaires, encouragée aussi par l'OMD et une autre structure chargée de la formation. Et c'est aussi, dans cette étude de retouche et de réorganisation de la douane au Tchad, qu'il devient nécessaire de réfléchir sur la réorganisation du contrôle douanier. Cela permet aussi d'aborder, le contrôle des agents de la surveillance douanière au Tchad. Il s'agit, précisément, d'implorer pour la réforme ou la professionnalisation de ce

---

[5]-NDI ZAMBO(Benoît), Institut supérieur de management public (ISMP), Cameroun, communication, de la culture des moyens a la culture du résultat : la modernisation de l'administration publique par la réingénierie des ressources humaines, conférence panafricaine des secrétaires généraux et des directeurs des ressources humaines des institutions de l'État thème : le rôle et la place des ressources humaines dans l'atteinte des objectifs du gouvernement et dans l'émergence économique et sociale des pays, 25 – 27 août 2014 Tanger (Maroc), Centre Africain de formation et de recherche administratives pour le développement (CAFRAD), fondation pour le renforcement des capacités en Afrique (ACBF), p.19. Voir le site suivant : http://workspace.unpan.org/.[Consulté le 12/01/2018].

domaine. Mais pour le moment, il faut aborder immédiatement la question de mise en œuvre de l'éthique douanière au Tchad, et implorer pour la création d'une structure chargée de prévention de la corruption, de la bonne gouvernance et du suivi de la modernisation douanière.

B. Le code d'éthique et l'instauration d'un statut spécial au Tchad

1178. L'éthique, revêtant un statut particulier, est susceptible de réorganiser l'administration des douanes du Tchad. Afin de promouvoir la réforme douanière, il est impératif de s'efforcer d'établir un code d'éthique et de déontologie douanière sur lequel cette réforme pourra s'appuyer. C'est dans cette optique que les autorités douanières tchadiennes ont réussi à instituer ce code d'éthique et de déontologie le 14 mars 2013, conformément à l'arrêté n°053/MFB/SE/SG/DGDDI/2013, qui établit le Code d'éthique et de déontologie douanière.

1179. Cependant, est-il réellement appliqué et respecté dans l'administration douanière au Tchad ce Code d'éthique et de déontologie douanière? Est-ce que sa mise en place est terminée? N'est-il pas nécessaire de mettre en place une organisation chargée de prévenir la corruption, de promouvoir la bonne gouvernance et de suivre la modernisation de la douane? Il est également important de souligner que l'absence totale d'un statut spécifique des douaniers au Tchad pose des problèmes, non seulement pour le responsable des ressources humaines de cette administration douanière, mais également pour l'épanouissement des douaniers de carrière.

1. Vulgariser le code d'éthique et instaurer un statut particulier des douaniers au Tchad

1180. Il est logique que toute administration des douanes ne puisse être efficace sans un code d'éthique et de déontologie douanière. Cependant, est-il nécessaire que les douaniers appliquent ce code de manière rigoureuse? C'est pourquoi il est nécessaire de le mettre en œuvre dans le domaine de la douane au Tchad, en particulier étant donné que cette administration s'engage dans sa réforme.

1181. Le code d'éthique et de déontologie douanière au Tchad, établi le 14 mars 2013 et inspiré par la vision de l'Organisation Mondiale des Douanes (OMD), impose des directives que les agents des douanes sont tenus de respecter. Ce code met particulièrement l'accent sur les éléments suivants : la responsabilité personnelle, le respect de la législation en vigueur, les relations avec le public, les implications liées à l'acceptation de cadeaux, de gratifications, d'invitations et de ristournes, ainsi que sur les conflits d'intérêts. Il aborde également les activités politiques, la conduite appropriée concernant les questions financières, la gestion des informations confidentielles, l'utilisation et le détournement des biens appartenant à l'État, ainsi que l'acquisition de ces biens. Enfin, il précise les obligations de l'État ainsi que les devoirs et sanctions qui en découlent.

1182. En ce qui concerne le statut particulier des douaniers, son établissement revêt une importance capitale, car il doit impérativement constituer un élément essentiel de la gestion des ressources humaines au sein de l'administration douanière au Tchad, dans le cadre de sa modernisation. De nombreux pays, tels que le Niger et le Bénin, ont souligné l'importance de ce statut afin de distinguer la fonction des douaniers professionnels et d'accroître l'efficacité et le professionnalisme de leurs administrations.

a. Le code d'éthique et de déontologie et ses orientations

1183. La responsabilité personnelle, dont il est question dans le code d'éthique et déontologie douanière tchadienne, concerne le comportement des agents des douanes dans l'exercice de leurs fonctions. La notion de responsabilité personnelle est applicable à tout agent, quel que soit le niveau considéré, au niveau de l'administration des douanes tchadienne. Selon l'article 2 du code d'éthique et déontologie douanière tchadienne *« tous les fonctionnaires et agents des douanes sont tenus, dans l'exercice ou à l'occasion de l'exercice de leurs fonctions, à tout instant, en toutes circonstances et en tout lieu, d'afficher un comportement responsable et exemplaire ».*[6]C'est un comportement qui impose qu'il faille respecter ce code, se soumettre à l'obéissance hiérarchique, conserver le secret professionnel. Tous les agents des douanes sont aussi tenus de respecter la loi.Il s'agit de faire comprendre aux agents des douanes, que lorsqu'ils commettent un acte délictueux, prévu par la loi en vigueur, ils s'exposent aux sanctions pénales prévues par ladite loi.

1184. Le code d'éthique et de déontologie douanière au Tchad expose de manière très concrète et précise les relations entre les douaniers et la population. Étant donné que le douanier s'occupe du public, il est tenu, dans le cadre de ses fonctions, de lui fournir son identité, c'est-à-dire son nom, son grade et son certificat. L'agent des douanes a la responsabilité de préserver les pouvoirs qui lui sont attribués. Dans cette situation, il est essentiel de donner aux utilisateurs du secteur public et privé toutes les informations qu'ils ont le droit d'obtenir de manière transparente, transparente et fructueuse.

1185. Selon l'article 11 du code d'éthique et de déontologie douanière cité, *« l'agent des douanes doit témoigner au public une attitude empreinte de civilité et de sollicitude sans toutefois renoncer à sa dignité et à son impartialité ».* Il doit afficher son indépendance et son autorité vis-à-vis du public. Il ne peut se laisser influencer par ce public. C'est dans cet esprit que le code d'éthique refuse aux agents des douanes d'accepter de cadeaux, de gratifications, d'invitations et de ristournes.

1186. Aussi, les agents des douanes doivent éviter d'utiliser les informations obtenues dans l'exercice de leurs fonctions pour s'approprier les avantages à des fins personnelles, pour eux-mêmes ou pour d'autres. Dans l'esprit de ce présent code. Ils ne peuvent entretenir des relations auxquelles il y a risque de corruption, de concussion ou de trafic d'influence qui peut jeter du discrédit sur leur objectivité ou sur leur compétence. Selon l'article 23 de ce code, un agent des douanes *« ne doit pas divulguer les informations susceptibles de donner un avantage injuste ou*

[6]-Voir : article 2 du code d'éthique et de déontologie douanière, apparaissant au Tchad, le 14 mars 2013, sur la base de l'arrêté n°053/MFB/SE/SG/DGDDI/2013, portant Code d'éthique et de déontologie douanière

déraisonnable à d'autres personnes ou organismes. Il ne doit pas non plus utiliser de telles informations pour nuire à autrui. »

1187. Sur le plan des activités politiques, le code d'éthique et de déontologie douanière, recommande aux agents des douanes, dans l'exercice de leurs fonctions, d'observer une stricte neutralité politique. Faire en sorte que, même s'ils s'engagent dans les activités politiques, qu'ils tiennent compte de l'impact que cet engagement peut avoir sur leur capacité de s'acquitter de leurs fonctions de manière impartiale. Ils doivent être conscients du fait que les activités politiques puissent occasionner des conflits d'ordre professionnel. Selon l'article 29, ce code d'éthique et de déontologie douanière, *« les fonctions de douaniers sont incompatibles avec toute activité politique et tout mandat électoral sauf pendant leur mise en disponibilité. »*

1188.S'agissant de la conduite à adopter évoquée, ci-dessus relative à des questions pécuniaires, le code interdit en son article 30 à tout *« fonctionnaire et agent des douanes quel que soit son statut, rang et grade d'utiliser pour son propre compte les fonds publics constitués des recettes douanières et des recettes accessoires »*. Il n'est autorisé qu'aux fonctionnaires et aux agents des douanes, dûment mandatés, d'encaisser les fonds, de les conserver et de les reverser aux institutions bénéficiaires, légalement désignées : le trésor public ou pour les dépenser. En conclusion, aucun fonds public ne peut être utilisé à des fins personnelles.

1189. Le code d'éthique et de déontologie douanière ne se résume pas uniquement aux dispositions mentionnées précédemment. Il convient également d'en discuter sur les informations confidentielles, l'utilisation et les détournements des biens de l'État, les acquisitions de biens de l'État, les obligations de l'État, les devoirs et les sanctions.

1190. Des renseignements de nature confidentielle reçus par les agents des douanes dans l'exercice de leurs fonctions ne doivent pas être divulgués. Ils ne peuvent être exploités et servis uniquement que dans ce cadre. Selon l'article 39, du code d'éthique et de déontologie douanière tchadienne,*« il est strictement interdit à un agent des douanes de soutirer, modifier et détruire les documents officiels »*. Un tel acte expose l'agent à des poursuites disciplinaires et/ou pénales.

1191. Mais aussi, les questions liées à l'utilisation et aux détournements des biens appartenant à l'État et à l'acquisition des biens appartenant à l'État ont été évoquées. Ainsi, l'article 41 du code déjà cité interdit *« aux fonctionnaires et agents des douanes d'utiliser à des fins personnelles les biens appartenant à l'État, sauf dérogation expresse »*.Il interdit également tout fonctionnaire ou agent des douanes dans son article 44 *« directement ou par personnes, interposées des marchandises saisies et vendues aux enchères publiques »*. Toutefois, tout fonctionnaire ou agent des douanes peut acquérir des biens appartenant à l'État, selon les procédures légales et réglementaires en vigueur.

1192. Le Code tchadien d'éthique et de déontologie douanière définit les responsabilités de l'État. Ces dispositions portent sur les modalités de recrutement et de gestion de la carrière des agents des douanes, telles que définies par la loi n°17/PR/2001 du 31 décembre 2001, qui établit le statut général de la fonction publique, ainsi que par le décret n°898/PR/PM/MFPTE/2006 du 12 octobre 2006 qui établit le statut spécifique des corps de fonctionnaires du secteur de l'organisation économique et financière. L'administration des douanes est tenue de s'assurer que chaque agent des douanes bénéficie d'un environnement professionnel sain en termes de sécurité, de santé et d'hygiène.

1193. Mais aussi, le même code définit les devoirs et les sanctions s'imposant aux agents des douanes qui exercent dans leurs fonctions. A cet effet, l'article 47 du code en question, prévoit que *« l'agent des douanes doit consacrer les heures réglementaires de travail à l'exercice de sa profession, il ne doit pas se livrer à des activités qui ne soient pas conformes à sa dignité et susceptibles d'entraver le libre exercice de ses attributions. Seules les activités scientifiques, littéraires et artistiques lui sont autorisées ».*Ce code interdit l'agression, les propos malveillants et injurieux au lieu de travail. Il décrit les conditions de port de l'uniforme et d'une arme et il impose, aussi, qu'il soit conforme aux instructions et aux dispositions réglementaires.

1194. Toutes ces orientations, mentionnées dans ces travaux de recherche, sont celles qui s'imposent aux fonctionnaires et aux agents des douanes travaillant dans l'administration des douanes. Ces règles sont des normes à respecter par ceux-ci. D'autre part, l'infraction à ces règles peut entraîner des sanctions administratives à l'encontre des fonctionnaires et des agents des douanes, sans risque de poursuites judiciaires directes. Toutefois, le suivi de ces directives, exposées dans le code d'éthique et de déontologie, peut être bénéfique pour une administration douanière qui aspire à être contemporaine. Toutefois, il est nécessaire de former régulièrement les agents des Douanes au Code d'Éthique et de Déontologie dans les bureaux de douane, les services centraux, les brigades et les postes des Douanes. Afin de consolider encore plus le modèle de cette administration, n'est-il pas nécessaire de créer un statut spécifique pour les douaniers au Tchad?

b. Nécessité d'instaurer un statut particulier des douaniers au Tchad

1195. De nombreux pays établissent des statuts particuliers pour leurs douanes dans le cadre de la modernisation de ces institutions, afin de clarifier la distinction entre les douaniers considérés comme membres du personnel permanent et ceux qui ne le sont pas. Cette démarche renforce par ailleurs l'importance accordée aux professions douanières. Au Niger, par exemple, la loi n° 2005 – 14 du 30 mai 2005 définit le statut des douaniers sous l'appellation *« statut autonome du personnel du cadre des douanes[7] »*. De même, au Bénin, un statut est en vigueur selon le décret n° 93-103 du 10 mai 1993, connu sous le nom de *« statut particulier des corps des personnels de l'administration des douanes et droits indirects*[8] ».

1196. En règle générale, le statut spécifique des douaniers renforce les principes éthiques et déontologiques de la profession douanière. En principe, ce statut ne peut être applicable qu'aux douaniers de carrière. Il ne s'applique pas

---

[7]-Voir : la loi n° 2005-14 du 30 mai 2005 au Niger.

[8]-Voir : décret n° 93- 103 du 10 mai 1993 au Bénin.

aux agents auxiliaires, contractuels ou temporaires en poste au sein de l'administration des douanes, ni aux autres cadres de la fonction publique mis à la disposition de la direction générale des douanes.

1197. Le statut particulier des douaniers de carrière détermine les différents corps des agents douaniers professionnels. Selon la loi n°104-2015/CNT portant statut du personnel du cadre paramilitaire des douanes du Burkina Faso *« le corps est la dénomination de regroupement de douaniers soumis aux mêmes conditions de recrutement, ayant vocation aux mêmes grades*[9] *».*

1198.D'une manière générale, le personnel des douanes comprend plusieurs corps ainsi, hiérarchisés : le corps des inspecteurs des douanes, le corps des contrôleurs des douanes, le corps des agents d'encadrement, le corps des agents de constatations, le corps des brigadiers et corps des préposés. Les inspecteurs, les contrôleurs et les agents de constatations exercent dans la branche du contrôle des opérations commerciales et d'administration générale, alors que les préposés, les brigadiers et les brigadiers-chefs sont des agents de la surveillance douanière. Ce sont des agents exerçant dans la branche de la surveillance douanière en uniforme et sont soumis à l'obligation du port de l'arme de service[10].

1199. Quelle est la signification du statut particulier des douaniers de carrière dans le cadre d'une administration des douanes en phase de modernisation ? Un statut spécifique pour les douaniers de carrière limite considérablement l'infiltration d'agents non professionnels au sein de ce service hautement spécialisé. Il établit des règles importantes, qu'elles soient générales ou particulières, applicables aux cadres des douanes. Ce statut détermine également les conditions d'entrée pertinentes dans ce service. Il régule la structure du cadre des douanes, définit les modalités d'accès aux différents corps qui le composent, ainsi que le parcours professionnel associé à ces corps, y compris les conditions de rémunération, les primes et autres avantages financiers ainsi que les récompenses. En outre, le statut des douaniers peut définir les droits, les garanties, ainsi que les obligations ou devoirs du personnel douanier de carrière; il encadre également le régime des sanctions et précise les emplois accessibles selon les corps et grades.

1200. Dans beaucoup de pays africains, il existe un statut particulier pour le personnel douanier de carrière. Il s'agit de pays tels que le Niger, le Burkina Faso, le Bénin, etc. Mais au Tchad, pourquoi la rédaction de ce statut pose-t-elle problème ? Si ce statut des douaniers, en tant qu'élément fondamental de la modernisation douanière, est totalement absent, il est indispensable qu'il soit instauré.

1201. Les réflexions seront axées sur l'importance de la mise en place d'une structure chargée de prévenir la corruption, de garantir une bonne gouvernance et de suivre la modernisation douanière dans le cadre des travaux de recherche. La question de la direction technique de rattachement et celle des services actifs de la douane doivent également être abordées.

---

[9]-Loi n°104-2015/CNT portant statut du personnel du cadre paramilitaire des douanes du Burkina Faso

[10]-Voir : filières de l'emploi public sur le site suivant : https://vocationservicepublic.fr/.[Consulté le 19/09/2018].

2. Corruption, bonne gouvernance et suivi de la modernisation douanière, direction technique de rattachement et question des services actifs de la douane

1202. Afin de démontrer sa performance, l'administration des douanes tchadienne au Tchad doit accorder une grande importance à la lutte contre la corruption. Cependant, afin d'assurer une lutte efficace, n'est-il pas indispensable de mettre en place une organisation chargée de prévenir la corruption, de promouvoir la bonne gouvernance et de suivre la modernisation de la douane? Une telle structure devrait-elle être rattachée à l'une des directions techniques de la direction générale des douanes et des droits indirects du Tchad.

1203. Outre le souci de mettre en place une structure chargée de prévenir la corruption, de promouvoir la bonne gouvernance et de suivre la modernisation de la douane, les réflexions se tournent également vers la nécessité de réorganiser et de favoriser les services actifs.

a. Prévention de la corruption, de la bonne gouvernance et direction technique de rattachement

1204. Il est essentiel de mettre en place une organisation chargée de prévenir la corruption, de garantir une bonne gouvernance et de suivre la modernisation de la douane. Cette organisation aura pour mission de combattre la corruption dans le domaine des douanes. Avec les partenaires de la douane, elle travaille en collaboration afin de renforcer encore plus la lutte contre la corruption. Afin de rendre ses activités plus efficaces, cette organisation met en place des stratégies de prévention de la corruption[11] et de sa répression. Il est de sa responsabilité de recueillir des informations sur la corruption afin d'obtenir une évaluation objective, de mettre en place des mesures, d'éduquer ou de sensibiliser, ou de proposer une répression appropriée.

1205. Dans un rapport sur l'état de la lutte contre la corruption au Cameroun, les auteurs estiment *que « c'est dans les esprits que naissent les pratiques de corruption. C'est, par conséquent, dans les esprits que doivent être semées et cultivées les graines de la lutte contre la corruption »*[12].C'est une conception qui décrit l'importance de la prévention, à s'engager par des actions d'éducation, de sensibilisation et de vulgarisation des textes sur la lutte contre la corruption[13].Si cet organe s'occupe aussi, de la promotion de la bonne gouvernance, c'est parce que cette notion reste inséparable par rapport aux activités de prévention de la corruption.

1206. Ainsi, la lutte contre la corruption s'inscrit à l'intérieur de la bonne gouvernance. Cet organe, dont la responsabilité s'engage dans le suivi de la modernisation des douanes tchadiennes, peut être rattaché directement à l'une des directions techniques de la direction générale des services des douanes et des droits

---

[11]-United Nations : guide législatif pour l'application de la convention des Nations unies contre la corruption. Nations Unies, New York 2008, p.20.

[12] -Rapport sur l'état de la lutte contre la corruption au Cameroun, préface de Dieudonné Massi GAMS, président de la commission nationale anti-corruption (CONAC), Yaoundé, 2011

[13] -*Ibid.*

indirects. A cet effet, il peut être considéré, comme un organe chargé de planifier, suivre et évaluer[14], la reforme et la modernisation douanière.

1207. La structure dédiée à la prévention de la corruption, à la promotion de la bonne gouvernance et au suivi de la modernisation des douanes pourrait, par exemple, être intégrée à la direction de l'informatique et de la modernisation en tant qu'une de ses divisions. Il s'agit d'une direction récemment établie afin d'accompagner le processus de modernisation douanière au Tchad.

1208. Sous l'autorité d'un directeur technique, assisté par un adjoint, la direction de l'informatique et de la modernisation a pour mission de développer les outils informatiques ainsi que l'informatisation des services douaniers. Elle est également responsable de la gestion des infrastructures et des réseaux dans un sens général. En outre, cette direction a pour vocation de moderniser les structures et les procédures douanières tout en améliorant l'efficacité des services des douanes, notamment en ce qui concerne le suivi des activités économiques, le contrôle et la lutte contre la fraude douanière. De plus, elle assure la gestion du personnel contractuel ainsi que du matériel relevant de cette direction technique.

1209. La direction de l'informatique et de la modernisation se compose des divisions suivantes : division systèmes et exploitations ; division réseaux, sécurité et informatique interne ; division support ; division études, développement et maintenance du système ; division des équipements technologiques et gestion interne ; ainsi que division de la facilitation et des procédures simplifiées. À cela s'ajoute éventuellement une structure dédiée à la prévention de la corruption, à la promotion de la bonne gouvernance et au suivi de la modernisation de la douane, laquelle pourrait être intégrée en tant qu'une des divisions de cette direction technique.

b.Les services actifs

1210. Les services actifs de la douane au Tchad, qui comprennent les brigades et postes douaniers, sont chargés de la surveillance douanière sur l'ensemble du territoire national. Malgré l'importance de ces missions, ces services rencontrent de nombreux problèmes. Conformément à l'article 107 de l'arrêté n°078/MFB/SE/DGM/DGSDDI/2019 relatif à l'organisation et aux attributions de la direction générale des services des douanes et droits indirects, les brigades et postes des douanes exercent leurs activités dans le cadre des inscriptions provinciales douanières. Toutefois, si ces entités opèrent en tant que services déconcentrés, pourquoi est-il encore nécessaire d'établir des compagnies provinciales au sein du groupement spécial de surveillance et de répression de la fraude ? Ne risque-t-il pas d'y avoir un conflit de compétences entre les postes, les brigades et ces compagnies dites provinciales ? N'est-il pas préférable d'envisager une modernisation et une meilleure coordination des postes et brigades douaniers à l'échelle provinciale ?

---

[14]- ZBINDEU(Bernard), DELATTRE(Richard) et KOFFI KOFFI(Frédéric), Rapport au gouvernement du Tchad concernant le diagnostic (COLOMUBS, Phase I) de l'organisation Mondiale des Douanes sur la mise en œuvre du programme SAFE, (cadre de normes visant à sécuriser et à faciliter le commerce mondial), *Op, cit*, p.21.

1211. Une des préoccupations qui s'impose très urgemment est la professionnalisation des agents de ces services actifs. La plupart de ces agents sont dépourvus de formations adéquates leur permettant de maîtriser la législation douanière, surtout en ce qui concerne le contrôle douanier. Il est nécessaire et indispensable qu'ils soient en mesure de manipuler professionnellement les techniques du contrôle douanier, depuis les frontières jusqu'à l'intérieur, d'effectuer des visites domiciliaires et de délivrer des procès-verbaux de saisie comme une obligation, etc. Les services actifs de la douane au Tchad doivent faire face à la modernisation des formations adéquates pour définir leur doctrine d'emploi.

1212. La réorganisation des services actifs de la douane au Tchad impose également la dotation des brigades et des postes de contrôle en outils. Il s'agit de fournir davantage de moyens d'action opérationnelle pour plus d'efficacité et de renforcer les effectifs pour une meilleure surveillance douanière. Il est aujourd'hui nécessaire de mettre à la disposition de ces unités de surveillance des moyens et outils modernes de communication pour leur permettre de veiller aux frontières et d'assurer la surveillance dans le rayon des douanes. Pour le rayon des douanes, il faut estimer une distance de 60 km à vol d'oiseau de la frontière où un contrôle douanier peut encore avoir lieu. Elles surveillent les ports ainsi que les aéroports.

1213. Il convient de rappeler que les réflexions ci-dessus ont effectivement porté sur la réforme administrative au plan technique. Mais celles qu'il faut aborder à l'étape suivante sont relatives à la réforme administrative au plan fonctionnel.

§2. Réorganisation Fonctionnelle

1214. La réorganisation fonctionnelle de l'administration des douanes apparaît comme un des facteurs clés de la réussite de la modernisation douanière au Tchad. Il s'agit de mettre l'accent sur la nécessité de motiver les agents des douanes au travail. Cette motivation ne peut concerner que les agents. Le plus souvent, la modernisation des institutions publiques[15] en général exige de privilégier la motivation des agents pour obtenir un bon rendement ou une bonne performance dans la sphère publique[16].

1215. La réflexion sur le concept de motivation dans l'administration des douanes tchadiennes mérite une analyse profonde dans la mesure où le désintéressement ou la démotivation gagne du terrain. Il ne s'agit pas de

---

[15]-WISNE(Thomas), Motivation au travail dans les institutions publiques et l'effet des facteurs culturels : une illustration dans le contexte haïtien. Thèse pour le doctorat en sciences de gestion, université des Antilles, faculté de droit et d'économie, école doctorale pluridisciplinaire, soutenue le 13 juin 2016 à Pointe-à-Pitre. Voir page de garde.

[16]- WISNER(Thomas), Motivation au travail dans les institutions publiques et l'effet des facteurs culturels : une illustration dans le contexte haïtien. Op.cit. p. 21.

consacrer une thèse complète à ce concept, mais de souligner son importance par rapport aux réformes actuelles visant à accroître l'efficacité dans les services publics[17]. C'est aussi un sujet d'actualité en ces temps où l'une des préoccupations majeures des gouvernants est de réformer et de moderniser[18] les services publics. C'est pourquoi il faut également l'encourager dans l'administration douanière au Tchad.

1216. Au sein de l'administration des douanes au Tchad, les employés évoquent fréquemment leur manque de motivation au travail. La démotivation des agents des douanes au Tchad est fréquemment mentionnée comme l'une des raisons de cette mauvaise performance. Différents éléments pourraient être à l'origine de cette démotivation : la négligence des cadres dans leur travail, le non-paiement complet de leurs avantages financiers, les nominations basées sur des critères politiques, ethniques ou de clientélisme, la politique de rémunération, les conditions de travail, le manque de gestion et de communication, ainsi que le manque de développements des compétences professionnelles[19].

1217. Comment les autorités entendent-elles motiver les agents de la douane face à ces préoccupations évoquées? Afin de répondre à cette interrogation, il est essentiel de saisir ce concept de motivation.

1218. Au sens large et dans un organisme vivant, la motivation au travail est définie comme *« la composante ou processus qui règle son engagement dans une action ou expérience. Elle en détermine le déclenchement dans une certaine direction avec l'intensité souhaitée et en assure la prolongation jusqu'à l'aboutissement ou l'interruption »*[20]. S'il faut se référer à la définition que donne Alain ERALY, la motivation au travail est comprise comme un *« engagement de la personne dans son travail qui, si le contexte le permet, va entraîner un surcroît de performance »*[21].

1219. Dans les recherches d'Aline Florence NJIMFOUT, la motivation *constitue « un des leviers indispensables au changement organisationnel. Elle désigne un processus complexe tant d'éléments individuels que de dimension organisationnelle afin d'atteindre un résultat réalisable et porteur d'un sens identifiable »*[22]. Particulièrement, dans ce contexte, la motivation, surtout au travail,

---

17- DUVILLIER(Thibaut), GENARD(Jean-Louis) & PIRAUX(Alexandre), La motivation au travail dans les services publics, Éditions l'harmattan, 2002.Voir page de garde.

18- SERUPIA (Semuhoza Etienne), La motivation au travail dans un contexte de changement : cas du ministère de l'Éducation. Rwanda journal, volume 18, Series A, 2010 : Arts and Humanities. Faculté des sciences sociales, administratives et politiques /NUR,,

19-Voir : article de BELHO(Yasmine), Les 5 principaux facteurs de motivation au travail sur le site suivant : https://www.myrhline.com/.[Consulté le 16/12/2018].

20 - Motivation. (2019, juin 19). Wikipédia, l'encyclopédie libre. Page consultée le 18:44, 19 juin 2019 à partir de http://fr.wikipedia.org/.[Consulté le 19/09/2018].

21 - ERALY(Alain), *Administration et gestion du personnel,* Bruxelles, PUB, 1996/97, p. 10.

22- MFOUT (Aline Florence Nji), L'épanouissement de l'enseignant et son engagement au travail : cas des enseignants de quelques établissements de Yaoundé, Université de Yaoundé I — master en psychologie sociale, 2010

peut être considérée comme l'ensemble des conditions qui incitent un ou plusieurs individus à agir et à atteindre des buts précis.[23]

1220. Si la motivation au travail, devient déterminante pour la réussite de la réforme douanière au Tchad, c'est en considérant les réflexions des auteurs qui convergent vers sa pertinence. Selon l'étude de Roger DEPRÉ, Annie HONDEGHEM, Ann MOREELS, la *« motivation des fonctionnaires : condition pour une administration efficace et effective »*[24]. En lisant les travaux de recherche de Pin GWANG : il y a de raisons de croire, que la motivation est très importante dans toute entreprise. Les employés ont tendance à travailler mieux et plus efficacement, s'ils sont motivés. Il existe donc un lien entre la motivation et l'augmentation de la performance.[25]

1221. La motivation des agents des douanes ne dépend pas simplement des moyens incitatifs. Elle se situe aussi au plan moral et intellectuel. De plus, dans ce contexte où il faut aborder la question de la réorganisation administrative au plan fonctionnel, cela oblige à inscrire parmi les sujets à l'ordre du jour l'idée de créer une structure au sein de la douane, chargée de développer un contact harmonieux avec le secteur privé, partenaire important de l'administration douanière, ainsi qu'une école des douanes, capable de transformer les ressources humaines pour maîtriser les techniques et les législations douanières au Tchad, et même dans le contexte communautaire et international.

A. Nécessité

1222. Il est primordial que les agents des douanes au Tchad, en particulier dans le cadre de la réforme douanière en cours, aient une motivation morale et intellectuelle. Les problèmes sont réels lorsqu'ils sont profondément affectés par la crise de pensée ou lorsqu'ils se trouvent dans des conditions de travail défavorables.

1223. Les problèmes intellectuels sont toujours présents, lorsque les cadres des douanes ne sont plus employés selon leurs compétences. Cependant, dans cette perspective de motivation dont il s'agit, il est important de prendre en compte les moyens d'encouragement financiers et matériels. Dans les douanes tchadiennes, ces diverses situations engendrent une crise morale et intellectuelle. Dans cette situation, il est important de comprendre quelles sont les politiques de motivation à mettre en place dans l'administration des douanes au Tchad?

---

[23]-Voir : définition de motivation surtout au travail sur le site suivant : https://www.etudier.com/.[Consulté le 16/12/2018].

[24]- DEPRÉ(Roger), HONDEGHEM(Annie), MOREELS(Ann), Motivatie van ambtenaren : voorwaarde voor een efficiënt en effectief bestuur, recherche dans le cadre du programme de recherche en sciences sociales des services fédéraux des affaires scientifiques, techniques et culturelles (SSTC), 1995.

[25] -Voir : l'importance du concept de la motivation dans les travaux de recherche de P Wang : la motivation : une source efficace pour améliorer la performance des membres d'équipes de projet, université du Québec à Rimouski, mémoire présenté dans le cadre du programme de maîtrise en gestion de projet en vue de l'obtention du grade de maître ès arts, juillet 2011, p.1.

1. Crise morale et intellectuelle

1224. Les administrations publiques africaines sont fréquemment confrontées à des crises morales et intellectuelles. Pour ce qui est du Tchad, est-ce que ces phénomènes ne se manifestent pas, surtout en profondeur?

1225. La crise morale et intellectuelle affecte particulièrement l'administration des douanes tchadiennes. Si cette administration est confrontée à cette crise, c'est principalement en raison d'un souci de ressources humaines. Par la suite, des préoccupations concernant la motivation ne sont pas prises au sérieux par les responsables de cette administration douanière. D'autres circonstances pourraient encore s'y ajouter, en fonction de l'évolution des recherches. Cependant, il est nécessaire de promouvoir ces valeurs dans cette administration.

a. Crise morale

1226. Quelle est la signification de « crise morale? ». Pour être honnête, il ne s'agit pas d'étudier cette notion de manière approfondie, mais de la comprendre de la manière la plus simple. Selon Hugues SIBILLE, *« la crise morale se concrétise par la fin de l'espérance, la perte de confiance, la peur de l'autre »*[26]. Est-ce qu'elle peut également être interprétée comme une torture morale, en effet? En d'autres termes, il s'agit d'une pratique intentionnelle de sévices psychologiques visant à causer de la souffrance à un individu[27]. Dans le cas contraire, comment se manifeste-t-elle dans ce contexte au sein des administrations et plus spécifiquement dans les douanes au Tchad? L'apparition de cette crise dans l'administration des douanes au Tchad serait due aux "frustrés" des agents des douanes.

1227. Le terme de *« frustration »* peut s'expliquer comme un*« malaise social »*[28]. Ce *« désarroi moral »*[29] qui pèse sur les fonctionnaires ou agents de la douane exprime effectivement un mal qui est profond[30]. La frustration, c'est *« quelque chose de mauvais qui déclenche des comportements négatifs »*[31].

1228. Les frustrations observées sont liées à des discriminations, à une culture républicaine déficiente au sein de l'administration et à un faible niveau de culture dans la fonction publique[32]. Les agents des douanes éprouvent ces

---

[26]- SIBILLE(Hugues), président du Labo de l'ESS. Le Labo de l'ESS est un think tank qui construit, par un travail collaboratif, des axes structurants de l'économie sociale et solidaire, à partir d'initiatives concrètes, innovantes et inspirantes issues des territoires. Consulter le site suivant : http://www.lelabo-ess.org/.[Consulté le 19/09/2018].

[27]-Voir mouvement pour la défense de l'humanité et l'abolition de la torture, MDHAT 2011 - 2012, http://mdhat.teria.org/.[Consulté le 19/09/2018].

[28] - STUTE-CADIOT(Johanna), « Frustration », *Figures de la psychanalyse*, 2009/2 (n° 18), p. 171-179. DOI : 10.3917/fp.018.0171. URL : https://www.cairn.info/.[Consulté le 05/04/2018].

[29]- NGOUPANDÉ(Jean-Paul), Crise morale et crise éducative en Afrique subsaharienne, *revue internationale d'éducation de Sèvres,* 05 | 1995, 119-132.

[30]-GALLO(Max), Une crise morale, commentaire, 2003/3 (Numéro 103), p. 591-594. DOI : 10.3917/comm.103.0591. URL : https://www.cairn.info/.[Consulté le 19/09/2018].

[31]- STUTE-CADIOT(Johanna), « Frustration », *Figures de la psychanalyse*, vol. 18, no. 2, 2009, pp. 171-179.

[32]-Nations unies, département des affaires économiques et sociales, division de l'économie et de l'administration publiques, l'éthique de la fonction publique en Afrique, volume 2, Nations unies, New York, 2002, p 1/9

pressions lors des nominations et des affectations, lesquelles sont souvent influencées par des groupes de pression ou par des individus se présentant comme proches des détenteurs du pouvoir[33], ou encore basées sur des considérations politiques, ethniques ainsi que sur le clientélisme et le favoritisme. Ils perçoivent cela comme une "injustice", c'est-à-dire une forme d'arbitraire au sein de l'administration publique en général au Tchad, et plus particulièrement dans ses services douaniers. En règle générale, les agents des douanes doivent faire face à des discriminations dans leurs relations de collaboration entre collègues.

1229. Les opérations administratives considérées comme injustes mentionnées précédemment peuvent inévitablement susciter l'indignation du personnel qui en a le mérite. De plus, les cadres sont toujours irrités par ces proches des autorités politiques ou administratives influentes dans l'administration générale, qui sont nommés par complaisance, parfois sans les qualifications nécessaires pour occuper des postes de responsabilité. Dans l'administration douanière au Tchad, ces opérations sont donc perçues comme des méthodes de destruction ou des tortures morales.

1230. Toutes ces actions mentionnées perturbent la sérénité des agents dans leur travail. Et dans ces circonstances, il n'y a pas de motivation au travail. Ces comportements, en tant que sujet principal, ne peuvent pas réellement contribuer à la réussite de la réforme douanière dont il s'agit. Le traitement de cette crise morale est l'une des conditions nécessaires à une véritable motivation dans l'administration publique en général. Il est nécessaire de prendre des mesures afin de réduire les frustrations.

1231. Il est essentiel que les autorités hiérarchiques supérieures établissent dans cette administration un esprit civique, de collaboration, de droit d'égalité et de l'intérêt général, en accord avec l'éthique et la déontologie douanière. Dans ces travaux de recherche, cette inquiétude pousse également à se demander pourquoi cette administration ne devrait-elle pas avoir une structure de sensibilisation et de règlement de ces crises morales?

b. Crise intellectuelle

1232. Si l'on veut essayer de penser la crise intellectuelle de manière générale, il sera difficile de contenir plusieurs définitions à ce sujet. Cependant, il est important de prendre en compte que la crise, en tant que telle, est un phénomène qui se manifeste dans de multiples secteurs. Il est également important de l'aborder sur le plan intellectuel. L'objectif est de se concentrer sur *« l'intellectuel formé*[34] » en se basant sur les programmes et capable de maîtriser un domaine spécifique au sein d'une administration.

1233. De nos jours, plusieurs cadres intellectuels de l'administration des douanes au Tchad rencontrent des problèmes en raison de la prise d'asseau de

---

[33]- CISSE(Ali), Une démocratie à renforcer, Paris, l'harmattan, 2006, p.17.

[34]-Voir : article de Lisapo Ya KAMA sur le site suivant : http://www.lisapoyakama.org/.Consulté le 19/09/2018].

leurs services par des individus considérés comme étrangers à cette administration. Elles sont venues d'autres administrations afin de prendre des responsabilités. Dans cette situation, ces cadres intellectuels perdent constamment leur position au sein de cette administration.

1234. De cette façon, un véritable défi de compétences se pose de manière urgente dans le domaine des douanes au Tchad. Nous avons déjà mentionné ce problème comme étant l'un des obstacles à la réussite de la réforme douanière au Tchad et nous en discuterons encore dans le cadre de la réflexion sur la politisation excessive dans cette administration. Plusieurs constatations découlent du rapport des experts de l'OMD en mission au Tchad et des cadres douaniers nationaux qui mettent en évidence les problèmes de la douane tchadienne. Ils mettent en évidence que les compétences ne sont plus utilisées de manière rationnelle dans l'administration des douanes tchadiennes, au détriment de la politisation, du clientélisme et des rapprochements ethniques. Dans cette situation, il existe un manque de respect de la considération intellectuelle, un manque de respect de l'éthique et le clivage intellectuel, entre autres. Cela ne fait que créer énormément une démotivation très énorme du personnel, qui se considère surtout comme méritant.

1235. Les cadres douaniers sont aujourd'hui considérés comme étrangers dans leurs propres services. Ils ne peuvent ignorer l'importance de la réforme douanière. Il est nécessaire que les autorités douanières respectent ou imposent le respect de l'éthique et de la déontologie douanière en vigueur. Dans la gestion des ressources humaines, il est essentiel de mettre l'accent sur les compétences professionnelles, comme le dit le proverbe français : *« l'homme approprié, à la place appropriée ».*

1236._Outre la motivation au travail sur le plan moral et intellectuel évoquée dans ce cadre, il est nécessaire de renforcer cette opération de motivation. En d'autres termes, il est nécessaire à un moment donné de stimuler les agents des douanes en utilisant des moyens incitatifs, tels que des moyens financiers et matériels. L'objectif principal est de mettre en œuvre une politique de motivation afin de tirer parti de la modernisation douanière pour les agents des douanes.

2. Nécessité de motiver les agents des douanes tchadiennes par des moyens incitatifs

1237. En réalité, des stratégies de motivation des agents des douanes existent déjà, qui sont beaucoup plus rentables, mais elles ne sont pas développées suffisamment ou sont tout simplement ignorées. Dans cette situation, les raisons non-financières récurrentes dans les réflexions des autorités douanières ne sont pas mises en pratique. C'est la raison pour laquelle deux types d'outils incitatifs sont mentionnés. Les moyens incitatifs financiers et matériels sont utilisés.

1238. Il faut encourager souvent la motivation des agents publics dans les services financiers en général. Il existe une variété de motifs. C'est la raison pour laquelle, dans cette situation, deux types de moyens incitatifs sont cités. Ces moyens, qu'ils soient financiers ou matériels, doivent être accordés aux agents des douanes. IL s'agit de méthodes visant à améliorer les performances des agents[35]. Il est alors question de savoir, quel est l'impact de la motivation des agents des douanes dans les activités douanières ?

a. Moyens incitatifs financiers

1239. Les lois douanières mettent en place des approches de motivation financière pour les agents des douanes. L'objectif est de fournir régulièrement le fonds commun et de distribuer les produits des litiges douaniers aux douaniers. Le terme "fonds commun" désigne les bénéfices financiers[36] accordés aux agents des douanes, en plus des primes de rendement[37] généralement versées chaque trimestre dans l'administration des douanes tchadienne. De cette manière, les lois douanières au Tchad reconnaissent les bénéfices financiers issus du fonds commun. Les revenus provenant des amendes et des confiscations pour violations des lois et des règlements douaniers alimentent ce fonds. Son objectif principal est de répondre aux besoins des agents des services centraux, généralement, lors de chaque opération de conciliation douanière. Les 10 % des produits des litiges sont recueillis afin d'être répartis entre les différents agents.

1240. Si, en effet, il faut respecter ces principes de redistribution, ces avantages financiers sont versés sur une période de trois mois, en prenant en compte l'alimentation de ce fonds. Malheureusement, les agents rencontrent des obstacles à obtenir ces ressources financières indispensables à leur motivation. Bien qu'ils les aient reçues, c'est avec une grande insatisfaction, car les sommes sont faibles et les principes du délai trimestriel ne sont plus souvent respectés. Il est donc essentiel que le fonds commun soit attribué de manière transparente et objective afin de répondre pleinement aux besoins des agents des douanes, de les inciter ou de les encourager à se mettre encore plus au travail.

1241. La répartition des produits des amendes et de la confiscation en faveur des agents des services centraux et des services actifs pose un véritable problème. Cette répartition doit donc être réalisée de la façon suivante : 50 % au Trésor ; 10 % au fonds commun ; 5 % aux chefs ; 20 % aux agents des douanes, saisissants et intervenants ; 15 % au fonds d'équipement. Il est essentiel que les agents des douanes soient réellement encouragés en accordant 20% de leurs droits acquis aux douaniers, aux saisissants et aux intervenants. Cependant, de nos jours, ces droits sont entièrement ignorés et méconnus par les dirigeants de la douane, qui les considèrent comme un sujet tabou. Si les produits litigieux sont répartis, les agents ne reçoivent pas précisément les 20%.

1242. Dans le contexte d'une administration des douanes contemporaine, il est essentiel de garantir la transparence et de respecter les droits de chaque douanier. Dans cette situation, il est nécessaire que les agents acquièrent tous leurs avantages sociaux en respectant les dispositions légales. En d'autres termes, il est nécessaire de procéder à une répartition légale des produits des

---

[35] - Voir : article de Lisapo Ya KAMA, précité supra n°34.

[36] -Voir : à propos du Fonds commun et des inégalités dans la Fonction publique : Les éclairages d'un internaute, En libre penseur Jac P. OUEDRAOGO Conseiller en GRH dans le site suivant :http://lefaso.net/.[Consulté le 16/12/2018].

[37] -Ibid.

litiges douaniers. En plus de ces ressources financières, quelles sont les mesures incitatives matérielles à accorder aux agents des douanes?

b. D'autres moyens incitatifs

1243. La lutte contre la corruption dans un secteur comme la douane, n'est pas chose facile. Pour faire face à cette pratique, qui gagne énormément du terrain dans les activités douanières et empêchant que les douaniers exercent valablement leurs missions et avec efficacité, il convient de renforcer encore d'avantages les stratégies d'encouragement. C'est pourquoi, en plus des fonds communs et les produits contentieux dont en bénéficient les douaniers, il faut penser à d'autres formes des avantages financiers ou non financiers.

1244. Les pouvoirs politiques et administratifs chargés de l'action gouvernementale doivent soutenir l'administration des douanes dans sa réelle modernisation, dans le but d'ailleurs de contribuer de manière efficace à l'élévation des finances publiques. La volonté politique joue un rôle essentiel dans le succès de la modernisation douanière. Ainsi, elle doit appuyer ce projet de modernisation en accordant des avantages financiers importants sur le budget de l'État. Par exemple, il est question d'attribuer les 2% du budget national aux douaniers en général. Il serait également très pertinent que les agents des douanes reçoivent des primes ponctuelles de 15% des produits contentieux destinés au fonds d'équipement, étant donné que l'État est tenu de prendre en charge les équipements des administrations publiques en général. C'est aussi dans cette réflexion, qu'il convient d'accorder des récompenses non-financières aux agents des douanes.

1245._Dans le cadre de la politique de motivation des agents de la fonction publique en général, des récompenses non financières sont prévues en leur faveur. Elles figurent au titre IX de la loi n° 017/PR/2001 du 31 décembre 2001 sur le statut général de la fonction publique. D'après l'article 137 de cette loi, *«le fonctionnaire qui, dans l'exercice de ses fonctions, s'est particulièrement distinguée par son dévouement, par sa probité et sa contribution à l'accroissement du rendement du service dont il relève, peut recevoir les récompenses suivantes : lettre de félicitations et d'encouragement ; témoignage de satisfaction ; honorariat ; décoration*[38]*»*. Des dispositifs de récompenses mis en place par les lois de la fonction publique, dans le but de stimuler les agents de l'administration publique dans son ensemble, doivent donc être mis en œuvre sur les services douaniers. Il faut, en réalité, que les agents de la douane en bénéficient de ces mesures, qui sont d'ailleurs très concrètes et pleines d'encouragement.

1246. Parmi ces préoccupations prises en compte, il est décidé, dans ces travaux de recherche, d'aborder également la question de la mise en place d'une structure de dialogue et de formation. C'est plus précisément une école de formation des douanes au Tchad qui est proposée ici. Il est également important de prendre en compte la possibilité de faire un partenariat avec d'autres écoles en

---

[38]-Loi n° 017/PR/2001 portant statut général de la fonction publique du 31 décembre 2001. Selon l'article 137 de ladite loi.

Afrique comme l'École nationale supérieure des douanes d'Oran en Algérie, le Centre marocain de formation douanière (CFD) au Maroc, l'École nationale des douanes du Burkina Faso, etc., ainsi que dans le monde entier comme l'École nationale des douanes de Tourcoing, l'École nationale des douanes de La Rochelle en France, ainsi que l'École royale des douanes.

B. Nécessité de créer une structure de dialogue et de formation

1247. Dans le cadre de la modernisation des douanes au Tchad, il est primordial de favoriser le dialogue et la collaboration entre les autorités douanières et les entreprises privées. De nos jours, la promotion de cette approche de dialogue et de collaboration entre les douanes et le secteur privé devient un principe universel encouragé par l'OMD et en tant que partie intégrante de sa vision. Dans la réalité, lorsqu'on applique cette idée au niveau national, les conséquences sont ressenties de manière positive.

1248. En plus d'examiner la question du développement du dialogue entre les douanes et le secteur public, il est également important de prendre en compte la question de la formation abordée lors de ces travaux de recherche, étant donné sa pertinence en matière de soutien à la réforme douanière. Cela permet de renforcer les compétences des agents et de mieux comprendre la douane en général.

1. Développer l'esprit de dialogue et de collaboration

1249. Selon le modèle de la douane du 21e siècle, il est essentiel de favoriser l'esprit de dialogue et de collaboration afin de réformer cette industrie. Afin de consolider cette excellente initiative au sein d'une administration, telle que celle de la douane au Tchad, il est nécessaire de mettre en place une structure spécifique pour l'expérimenter au sein de ce service. L'objectif est précisément d'établir une structure de facilitation des échanges et des échanges entre la douane et le secteur privé. Cependant, si elle est nécessaire de la créer, à quel organe ou direction appartiendra-t-elle?

1250. Certes, il est nécessaire de mettre en place une structure de facilitation, de contact et de communication entre la douane et le secteur privé, mais elle doit être intégrée à une direction technique afin d'être plus performante. La problématique de la formation, brièvement abordée, est toutefois essentielle, car elle est au cœur de la compétence des agents des douanes.

a. Structure chargée de faciliter les partenariats avec la douane

1251. Il est indispensable d'avoir une structure qui facilite la communication entre la douane et ses partenaires. L'OMD préconise le partenariat entre les douanes et le secteur privé dans sa vision de la modernisation douanière. C'est une collaboration entre les douanes et le secteur privé. Elle établit cette perspective, dans le contexte de la vision du 21e siècle. Cela renforce les liens entre la direction générale des douanes et le secteur privé, ce qui les met en confiance quant à l'engagement de cette direction à être une administration partenaire des entreprises dans cette nouvelle douane.

1252. De nombreux pays qui mettent en œuvre cette approche de faciliter les échanges, les contacts et la communication entre la douane et le secteur privé, montrent que cela renforce la confiance entre la douane et ses adhérents. De nombreuses administrations des douanes, qui font partie de l'OMD, ont instauré des programmes de partenariat spécifiques. C'est le cas du Maroc qui estime que le partenariat douane-secteur privé devrait être *« un cadre propice au renforcement de la compétitivité de l'économie nationale »*[39] . Afin d'accomplir cela, il y an un Observatoire du Maroc où le secteur privé soutient la douane en l'assistant, par exemple, dans la préservation de l'éthique et la lutte contre la corruption[40]. Pour l'administration des douanes et impôts indirects (ADII), la mise en place de l'Observatoire intervient pour *« assurer une meilleure efficacité des actions conjointes envisagées en matière de lutte contre la corruption*[41] *»*.

1253. Le Sénégal dispose d'une direction de facilitation et de partenariat avec l'entreprise (DFPE), sous la direction du lieutenant-colonel Ousmane MBENGUE, dans le cadre d'un programme de partenariat privilégié (PPP) Ce programme de partenariat privilégié est mis en place par la direction générale des douanes du Sénégal pour accorder des avantages spéciaux aux entreprises qui contribuent à atteindre l'objectif de sécurité budgétaire[42]. Pour le directeur de la facilitation et du partenariat avec l'entreprise (DFPE), *« il faut nécessairement qu'il y ait un partenariat entre l'administration des douanes et les entreprises. C'est pourquoi les autorités douanières ont estimé utile de faciliter à ces entreprises les procédures liées à leurs activités »*[43].

1254. S'il faut établir, de nos jours, une structure visant à améliorer la relation entre la douane et ses partenaires au Tchad, tout en garantissant des bénéfices mutuels pour les deux parties, quel serait son mode de fonctionnement ? Étant donné l'importance d'un tel organe, ne serait-il pas pertinent de le constituer en une direction technique, à l'instar de ce qui a été réalisé au Sénégal ? Quelles pourraient être les modalités de son fonctionnement ?

---

[39]-Résolument engagée sur la voie de l'institutionnalisation de ses relations avec le secteur privé, l'ADII a scellé en 2014 un 6e accord-cadre avec une association professionnelle. Il s'agit de la fédération nationale de l'électricité, de l'électronique et des énergies renouvelables (FENELEC). Traduisant ainsi une volonté commune de renforcer les liens de coopération entre les deux parties, cette convention prévoit le développement d'actions conjointes, structurées et coordonnées visant l'amélioration de l'environnement procédural, réglementaire et juridique dans lequel opèrent les entreprises du secteur

[40]-Kunio MIKURIYA secrétaire général de l'organisation mondiale des douanes, assiste ses membres à renforcer le partenariat douane-secteur privé sur l'éthique, Lancement d'un Observatoire pour préserver l'éthique et lutter contre la corruption au Maroc, Casablanca, 19 janvier 2010

[41] -Voir article de map, partenariat douane-entreprises : choix gagnant pour faire bloc contre la crise, 25 juillet 2019, sur le site suivant : https://www.entreprendre.ma/.[Consulté le 10/07/2018].

[42]-Ministère de l'Économie et des finances, direction générale des douanes, programme de partenaires privilégiés, République du Sénégal

[43]-Published on Douanes sénégalaises (https://www.douanes.sn), Accueil > Partenariat et Facilitation

b. Fonctionnement de l'organe chargé de faciliter le partenariat entre douane et ses partenaires

1255. La création d'une structure chargée de faciliter le partenariat entre la douane et ses partenaires est indispensable pour la réforme douanière en général. C'est pourquoi il convient de l'expérimenter dans l'administration douanière au Tchad. À cet effet, pourquoi ne pas créer une direction technique de facilitation et de partenariat entre la douane et le secteur privé national, semblable à celle qui existe au Sénégal et au Mali ? Au Sénégal, tout comme au Mali, c'est la direction de la facilitation et du partenariat avec les entreprises (DFPE) qui suit ce partenariat. Cette direction spéciale peut apporter de nombreuses solutions aux entreprises tchadiennes. Son objectif général est de renforcer le partenariat douanes-entreprises en répondant aux attentes des opérateurs commerciaux.

1256. Le domaine de la formation, soulevé ci-dessus, fait partie des facteurs de réussite de la réforme de l'administration. C'est un outil de modernisation de l'administration[44]. En douane, la formation est spécifique, puisqu'elle se déroule dans une école. Actuellement, la douane tchadienne souhaite développer deux types de formations : les formations continues et les formations initiales.

2. Développer les formations douanières au sein d'une institution et un partenariat avec d'autres écoles étrangères et les opérateurs économiques

1257. L'administration des douanes, un service mobilisateur de recettes, doit se doter d'une école des douanes. Pour cette école, il est impératif qu'elle soit dirigée par une équipe dynamique dans un local approprié.

1258. La construction du siège de l'école, qu'il faut réaliser, devrait être considérée comme un défi face à l'importance accordée au domaine de la formation. En réalité, ce projet est dans les textes. Mais compte tenu de multiples changements au niveau de l'organigramme, l'importance de cette école n'est plus à l'ordre du jour.

a. Nécessité de construire un local et de développer les formations douanières en son sein

1259. La construction d'une école des douanes est fondamentale, à l'heure actuelle où l'administration des douanes tchadiennes a besoin de renforcer ses compétences avec des connaissances purement professionnelles. La douane a véritablement besoin de former et de recycler ses agents pour répondre aux défis de sa modernisation. Si, en réalité, la formation est considérée comme un élément indispensable de la modernisation, c'est parce qu'elle donne de nouvelles connaissances[45] aux agents et améliore considérablement l'opération

---

[44]- DOMINIQUE(Antoine), La formation permanente dans la fonction publique en France. Promotion René Cassin, Revue française d'administration publique, 2002/4 (n°104), p. 601-615. DOI : 10.3917/rfap.104.0601. URL : https://www.cairn.info/. Consulté le 10/07/2018.

[45]- MALTAIS(Daniel), LECLERC(Michel), RINFRET(Natalie), Le « leadership administratif » comme concept utile à la modernisation de l'administration publique. Revue française d'administration publique, 3/2007 (n° 123), p. 423- 441

de gestion et la bonne organisation[46]. Selon les analyses d'un groupe d'auteurs tels que Goran VUKOVIC, Bruno ZAVRSNIK, Blaz RODIC et Gozdana MIGLIC, *« le lien déterminant entre le développement d'une fonction publique moderne et le professionnalisme de ses ressources humaines concerne la formation. L'on considère que la formation assure le développement professionnel nécessaire de l'administration et garantit sa compétence professionnelle, son indépendance et sa neutralité politique »*[47]. Mais pour que cette formation soit très efficace, il faut alors y impliquer du personnel enseignant qualifié et doter l'École de formation en douane des équipements nécessaires.

1260. L'efficacité d'une école de formation des douanes repose donc forcément sur la qualification élevée du personnel enseignant. Des enseignants qualifiés sont nécessaires pour suivre une formation de qualité dans un domaine professionnel tel que la douane. Cette école de la douane, qui doit s'intensifier dans cette période modernisation de la douane, doit disposer d'un personnel enseignant très compétent. Il est important pour elle de contribuer de manière significative aux formations pointues pour les douaniers, afin d'améliorer durablement la performance de l'administration des douanes.

1261. Les formations dispensées par cette école des douanes permettent de former l'administration des douanes à des professionnels hautement « techniques et modernes[48] » pour mieux s'organiser dans leurs activités. Cependant, afin que ces formations soient bien dispensées, cette école doit disposer d'équipements modernes de travail, notamment d'équipements de communication, d'administration et de machines informatiques. Elle doit avoir des outils de déplacement et de bureau pour pouvoir faire ses tâches facilement, etc.

1262. Il est nécessaire de soulever la question du partenariat dans son ensemble, comme il a été évoqué dans les réflexions précédentes. Il doit y avoir, ici, un partenariat entre les écoles des douanes, mais également entre l'école des douanes tchadienne et les opérateurs économiques.

b. Nécessité de développer un partenariat avec d'autres écoles ou centres des formations douanières étrangers et les operateurs économiques

1263. La création de l'école des douanes tchadiennes nécessite une réflexion générale sur la politique des partenariats, qui est essentielle pour relever les

---

46 -Recommandations du 13e congre international des irrigations et du drainage de CIID consultable dans le site suivant :www.anafide.org/.[Consulté le 11/05/2018].

47-VUKOVIC(Goran), ZAVRSNIK(Bruno), RODIC(Blaz) et MIGLIC(Gozdana), La formation des fonctionnaires dans l'administration publique slovène. Les questions liées à l'instauration d'évaluations des formations. Revue internationale des sciences administratives, 4/2008 (Vol.) 74), p. 695-721

48-CHAPOULIE(Jean-Michel), Une révolution dans l'école sous la Quatrième République ? La scolarisation post- obligatoire, le plan et les finalités de l'école. Revue d'histoire moderne et contemporaine 2007/4 (n° 54-4), p. 7-38, p. 14.

défis[49] et favoriser le développement des formations pertinentes en douane. Pour Corinne MERINI, la *« notion de partenariat est une notion récente »*[50].Elle est mentionnée dans le dictionnaire Larousse de 1987, et chacun veut l'expliquer comme il le veut. Le terme *« partner »*[51] est une racine anglaise. Il est qualifié de *« personne associée dans...»*[52]. Et *« il apparaît là qu'il n'est pas possible : de parler de partenariat d'une manière universelle et générale, de penser que celui-ci est identique à la fois dans les objets et dans les milieux différents et variés où il est appliqué, de ne pas en préciser l'objet. Dire : "partenariat égale personne associée dans" nécessite de contextualiser les situations d'ouverture mises en place (partenariat et art, partenariat et éducation à la santé, partenariat et environnement, partenariat et...)»*[53] . Alors que le colloque INRP de 1993, a défini le partenariat comme étant *« le minimum d'action commune négociée visant à la résolution d'un programme reconnu commun*[54]*»*.

Section II.
Développement des hautes technologies de l'information et de la communication

1264._Les technologies de l'information et de la communication avancent dans le monde et dans de nombreux domaines d'activités dont celui des douanes. Elles sont bénéfiques dans le cadre de la mondialisation pour la construction de la nation. Les bénéfices se font sentir sur le plan économique, politique, voire militaire. Selon certaines réflexions, *« l'information est le pouvoir*[55] *»*, un programme reconnu commun.

1265. Les modernisations douanières à l'échelle mondiale bénéficient d'un avantage considérable grâce au développement des technologies de pointe de l'information et de la communication, ainsi que des outils modernes. Ces outils sont devenus incontournables, tant pour les formalités douanières que pour les contrôles douaniers. Il est nécessaire de réorganiser les procédures douanières en fonction de l'évolution des NTIC (**Paragraphe) 1**). Cependant, cette réorganisation ne peut être efficace qu'avec la création d'un centre d'informatisation douanière (**Paragraphe) 2**).

---

[49] -SOURCE :chttp://fr.unesco.org/.[Consulté le 13/06/2018].

[50]-Actes de la journée nationale de l'OZP, 5 mai 2001 : Le partenariat : histoire et essai de définition, intervention de Corinne Merini, consultable dans le site suivant : www.ozp.fr/.[Consulté le 13/06/2018].

[51] -Ibid.

[52] -Ibid.

[53] -Ibid.

[54]-Cf. à l'article de MERINI(Corinne), PASCALE(Ponté), le travail conjoint à l'école : exploration des modalités d'action, Les sciences de l'éducation - pour l'ère nouvelle 2/2009 (Vol. 42), p. 43-65

[55]-Voir : article CTA. 2001. L'information, c'est le pouvoir, n'est-ce pas ?, Spore, Spore 95. CTA, Wageningen, The Netherlands sur le site suivant : https://cgspace.cgiar.org/. [Consulté le 05/04/2018].

§1. Nécessité de réorganiser les procédures douanières face à l'évolution des NTIC

1266. Actuellement, les procédures douanières sont réorganisées en raison de l'évolution technologique, ce qui améliore les conditions de traitement des déclarations des partenaires et facilite le commerce international. De nombreuses administrations utilisent donc ou projettent d'utiliser les TIC pour optimiser leurs activités, la plupart des procédures actuelles utilisées par la douane sont toujours basées sur la réception d'équivalents électroniques des documents anciens échangés. Les déclarations sur papier ont été remplacées[56] simplement.

1267. Il s'agit de réfléchir sur les procédures douanières en général et d'aborder ensuite leurs problèmes à mesure que la technologie et la communication progressent.

A. Connaissance des procédures douanières

1268. En général, les procédures douanières se déroulent en deux phases. Ceux-ci sont les formalités préalables au dédouanement, qui se cachent derrière le transit sous la forme d'un régime douanier suspensif permettant, sous certaines conditions, le flux de marchandises suspendues de droits, taxes et autres mesures économiques, fiscales ou douanières. Les produits sont acheminés *« sous contrôle douanier d'un bureau de douane tiers à un autre bureau de douane du territoire en suspension des droits et taxes*[57] *»*

1269. Il est important de mettre l'accent sur les principes du dédouanement proprement dit, qui s'opposent à ceux d'autres régimes douaniers économiques qui sont encore dépendants de l'administration des douanes. Les bureaux des douanes considèrent ces procédures douanières comme leurs principales activités.

1. Procédures douanières, principales activités des bureaux des douanes

1270. S'il est reconnu que les procédures douanières sont de la compétence des bureaux des douanes, c'est tout simplement parce qu'ils relèvent, selon les activités douanières, de la branche des opérations commerciales. Un bureau des douanes est défini par l'académie des sciences commerciales comme *« une cellule administrative dans laquelle s'effectuent les formalités douanières »*[58]. Les autres branches concernent la surveillance douanière visant les postes et brigades et

---

[56]-OMD : Convention de Kyoto – Annexe Générale – Chapitre 7 Directives relatives à l'Application de la Technologie de l'Information et de la Communication

[57]-Le Groupe Logistique-conseil installé à Douala, Cameroun donne une définition de transit en s'appuyant sur le Glossaire des régimes douaniers publié sur http://www.logistiqueconseil.org/.[Consulté le 05/04/2018].

[58]-Voir : définition du bureau des douanes dans le site l'académie des sciences commerciales suivant : http://academie-des-sciences-commerciales.org/ . Le site a été consulté le 24 juin 2015.

l'administration générale qui intéresse les services centraux et les circonscriptions régionales.

1271. Au Tchad, il y a des bureaux de douanes à plein exercice et d'autres à compétence limitée ou spécialisée. Ils sont situés à la fois sur les frontières et à l'intérieur du pays.

a. Les compétences des bureaux de douane de plein exercice et secondaire

1272. Tous les régimes douaniers peuvent être appliqués par les bureaux de douane à plein exercice. Ces bureaux sont donc autorisés à effectuer toutes les opérations douanières[59]. Autrement dit, toutes les formalités douanières sont effectuées dans ces bureaux. Les bureaux secondaires sont des services à compétences limitées ou en cas de faibles transactions[60]. S'ils sont restreints dans leurs activités, c'est parce qu'ils ne peuvent recevoir que des marchandises dont le volume de trafic est faible et limité. Ils assurent également, les opérations de transit, c'est-à-dire le transport de marchandises.

1273. En effet, les bureaux de douane exercent leurs activités non seulement à la frontière, mais également à l'intérieur du territoire douanier du pays : gares routières, gares ferroviaires. Les marchandises peuvent être dédouanées dans les uns comme dans les autres[61]. Il est également nécessaire de considérer les aéroports comme des bureaux frontières dans ces conditions. Il serait intéressant d'accorder une importance aux compétences des bureaux spécialisés dans l'administration des douanes tchadienne dans ces études.

b. Les compétences des bureaux spécialisés

1274. Les bureaux spécialisés en douanes, sont ouverts aux opérations limitées à certaines catégories de marchandises, produits pétroliers par exemple. Au Tchad, le seul bureau spécialisé qui ressort pour le moment sur l'organigramme de la direction générale des douanes et des droits indirects est le bureau de Komé-Kribi 1.Ce bureau, qui est spécialisé dans le dédouanement des produits pétroliers à l'exportation, est rattaché directement à la direction générale. Tout de même, en dehors de ces produits pétroliers, d'autres objets tels que les diamants, les bijoux, les perles et les pierres précieuses, etc., pouvaient aussi être dédouanés dans les bureaux de douane spécialisés.

1275. D'une manière générale, les réflexions sur les bureaux des douanes sont indispensables, pour comprendre les diverses formalités douanières qu'il faut aborder.

---

[59]- MASSABIE-FRANCOIS(Martine), Lexique du commerce international, Paris (France) : Bréal 2002

[60]-Ministère du plan, de l'économie et la coopération internationale, secrétariat général, institut national de la statistique, des études économiques et démographiques, Tchad, statistique du commerce extérieur, année 2011

[61]-Voir : définition du bureau des douanes donnée par l'académie des sciences commerciales sur le site suivant : https://www.dictionnaire-commercial.com/.[Consulté le 02/02/2018].

2. Différentes formalités douanières

1276. Les formalités douanières sont du domaine des procédures douanières et de dédouanement développées dans le droit douanier. Elles *« définissent le choix de l'opérateur lors de l'accomplissement des formalités ».*[62]Il existe deux catégories de procédures de dédouanement : procédure dite au bureau « procédure de droit commun »[63]et la « procédure de dédouanement à domicile (PDD) »[64]. La procédure de droit commun est *« prévue pour les opérateurs non-réguliers, qui travailleront au coup par coup. Elle peut s'effectuer sous le système informatique »*[65].Concernant la procédure de dédouanement à domicile (PDD), et selon le glossaire du commerce international, elle est une *« procédure, instaurée en 1992, qui simplifie la tâche des opérateurs puisque le dédouanement des marchandises s'effectue dans les locaux de l'entreprise ou dans d'autres lieux désignés ou agréés par les autorités douanières, sans passage par le bureau de douane. Le principe est valable pour les exportations comme pour les importations. La PDD est réservée aux entreprises qui ont au minimum 50 déclarations par an et les produits ne doivent pas être soumis à une licence et entrer dans le cadre des produits spécifiques. L'entreprise doit pour bénéficier de cette procédure, présenter des garanties financières et disposer d'un crédit d'enlèvement »*[66].L'objectif principal recherché à travers les formalités douanières est la perception des droits et taxes tant à l'importation qu'à l'exportation à travers la mise en œuvre de procédures de droit commun. Pour atteindre cet objectif, il faut nécessairement que les exigences de toutes les phases des procédures douanières soient accomplies. Il s'agit en fait de suivre les principes de la conduite, de la présentation et de la mise en douane des marchandises avant de se lancer sur le chemin de leur dédouanement proprement dit.

1277. Les activités des douaniers s'inscrivent dans les opérations de conduite, de présentation et de mise en douane. Les marchandises en transit sont soumises à plusieurs contrôles et nécessitent la demande de documents douaniers.

a. Conduite en douane, présentation et mise en douane des marchandises

1278. La conduite des marchandises s'explique par le fait que les marchandises en circulation doivent impérativement prendre les routes légales, en passant évidemment par les différentes voies suivantes : voies maritimes ; voies aériennes et terrestres. Ces marchandises importées ou à exporter doivent être acheminées vers le bureau de douane compétent le plus proche de la frontière douanière. Dans cette phase des formalités préalables au dédouanement, les marchandises qui circulent sous les régimes de transit, font l'objet des contrôles douaniers. Elles doivent donc être présentées aux services douaniers pour les opérations des contrôles obligatoires.

---

[62]-Voir : Fiche douane pratique : Les procédures douanières et de dédouanement sur le site suivant : https://www.lemoci.com/.Consulté le 02/02/2018].

[63] -*Idem*

[64] -Voir : procédure de dédouanement à domicile (PDD) dans le glossaire international en ligne sur le site suivant :*https://www.glossaire-international.com/*.[Consulté le 02/02/2018].

[65] - Voir : Fiche douane pratique précitée supra n°61

[66] -*Idem*

1279. Les marchandises sont mises en douane afin que les services douaniers puissent les reconnaître, les traiter et les maintenir sous leur contrôle jusqu'au dédouanement ou à l'enlèvement. La prise en charge des marchandises est obligatoire car elle permet l'enregistrement de la déclaration sommaire dans un registre. Pour ces vérifications douanières, certains documents sont requis. Le manifeste ou état général du chargement du navire (déclaration sommaire), signé par le capitaine de navire à l'exclusion des bagages des voyageurs, contient les marchandises arrivant par les voies maritimes.

1280. De nombreux documents sont présentés pour les contrôles douaniers, parmi lesquels l'accent pourrait être mis sur le document de contrat maritime qui est appelé connaissement (CNT) ou Bill Of Lading en anglais. Il s'agit *« d'un document de transport maritime. Le connaissement maritime est considéré comme la preuve du contrat passé entre le chargeur et le transporteur. C'est une pièce de justification, elle représente la marchandise. Le connaissement est le titre qui est remis par le transporteur maritime au chargeur (ou son représentant) en reconnaissance des marchandises que son navire va transporter »*[67].

1281. D'un point de vue aérien, la déclaration sommaire est également connue sous le nom de manifeste et le contrat de transport aérien est identifié par la lettre de transport aérien (LTA) La feuille de route est une autre déclaration sommaire imposée pour les opérations de conduite, de présentation et de mise en douane des marchandises sur les voies. En revanche, le contrat de transport est appelé lettre de véhicule (LV) Des formalités préalables sont nécessaires pour dédouaner les marchandises proprement dites.

b. Dédouanement des marchandises proprement dites

1282. Les étapes du dédouanement proprement dit comprennent l'établissement de la déclaration détaillée à l'enlèvement des marchandises, la vérification de la déclaration, la liquidation et l'acquittement des droits et taxes. Il s'agit d'opérations, qui aboutissent, en fait, au paiement des droits et taxes par une déclaration minutieuse.

1283. Les documents relatifs aux dédouanements en question sont : la facture commerciale ; le document de transport (connaissement, lettre de transport aérien, etc.) ; le certificat d'origine ; l'attestation du certificat BIVAC ; l'assurance ; le certificat sanitaire ou phytosanitaire si nécessaire, etc. Les marchandises sont dédouanées pour être mises à la consommation dans les bureaux des douanes. Et c'est surtout à ce niveau que doit se faire la facilitation des échanges commerciaux, par l'informatisation des procédures douanières qui est destinée à remplacer les techniques manuelles.

B. L'informatisation douanière à l'ère de NTIC

1284._La technologie de l'information et de la communication a fait de l'informatisation des procédures douanières un phénomène mondial. Elle est de

---

[67]-Voir : Bill Of Lading ou Connaissement maritime dans le Lexique des termes du transport international sur le site suivant : https://akanea.com/transport-international/.Consulté le 02/02/2018].

plus en plus utilisée dans le cadre des modernisations douanières pour encourager l'abandon du traitement manuel des déclarations de marchandises.

1285. Les procédures douanières peuvent améliorer de manière continue le service rendu à ses usagers en utilisant les nouvelles technologies de l'information et de la communication. Il s'agit d'une ère du numérique des processus.

1. Abandon du traitement manuel et utilisation des systèmes douaniers automatisés

1286. Beaucoup de douanes veulent mettre fin au traitement manuel des déclarations de marchandises. La modernisation des activités douanières nécessite ces exigences.

1287. La digitalisation des formalités douanières stimule le commerce et permet d'acquérir dans le dédouanement de nombreux avantages : facilité d'accès et d'utilisation des données, rapidité, traçabilité et sécurité des transactions, transparence, simplification du contrôle, réduction des formalités administratives, etc. Il convient d'étudier le traitement manuel des déclarations de marchandises et l'utilisation des systèmes douaniers automatisés dans ce contexte.

a. Le traitement manuel des déclarations de marchandises

1288. Le traitement manuel des dossiers douaniers est à l'origine des difficultés rencontrées par l'administration des douanes tchadiennes pour dédouaner les marchandises. Même si des efforts sont déployés pour mettre fin à ce système classique, la plupart des bureaux des douanes fonctionnent en s'y soumettant. Les déclarations de marchandises sont traitées manuellement, en utilisant des supports non informatisés.

1289. Cependant, les problèmes potentiels liés au dédouanement manuel sont liés au temps nécessaire pour achever le processus de dédouanement des marchandises. C'est dire que le dédouanement par la méthode traditionnelle serait très long au point de vue administratif. Le traitement manuel ne permet pas de faire face aux volumes des exportations et importations de biens et de services, car l'administration des douanes ne dispose pas d'un personnel bien formé suffisant.

1290._S'il est fréquent que les importateurs ou exportateurs subissent des retards, comme c'est le cas pour l'exécution de leurs démarches douanières, cela peut constituer un obstacle au commerce international. Certains coûts sont incontestablement pénalisants pour l'opérateur économique, car ces marchandises sont confrontées à des retards administratifs. En raison du traitement manuel des déclarations de marchandises, il semble qu'il soit nécessaire d'ajuster les procédures de dédouanement aux systèmes douaniers automatisés.

b. Utilisation des systèmes douaniers automatisés

1291. De nos jours, le fonctionnement, pour une douane moderne, impose son informatisation, qui doit remplacer le traitement manuel des documents douaniers. C'est un des instruments les plus importants pour simplifier les procédures de commerce international.[68] Ce système est utilisé dans le but de faciliter le commerce international en mettant en œuvre des méthodes deremplissage des formulaires, de la bonne gestion des documents et des données en version électronique dans les procédures douanières. Ce système renforce aussi, l'efficacité opérationnelle du contrôle douanier en introduisant des procédures sécurisées et en fournissant des suivis et des mécanismes d'auxdits complets[69]et donne aux autorités douanières des informations précises sur les statistiques du commerce et des revenus extérieurs.

1292. L'abandon du traitement manuel des documents douaniers vise à instaurer la rapidité dans le traitement des douaniers et à diminuer les délais de dédouanement et certains coûts considérés parfois comme des aléas dans les opérations douanières. Cette opération vise à rendre douanes plus transparentes et plus faciles pour les partenaires. L'informatisation douanière ne peut se limiter qu'à l'opération de dédouanement, mais doit aussi s'étendre au domaine de transit, qui doit être abordé dans l'étape suivante.

2. L'informatisation du transit

1293. En Afrique centrale, l'informatisation des douaniers de transit n'est plus un sujet tabou. Depuis quelque temps, les États membres de la CEMAC réfléchissent à la question des corridors de transit dans cette zone. Il est nécessaire de mettre en place l'interconnexion du système Sydonia dans les six États membres de la CEMAC et de So Tomé et Principe afin de lever les obstacles non-physiques sur les principaux corridors de transit.

1294. L'objectif de l'informatisation du transit en zone CEMAC est considéré comme une solution efficace pour lutter contre la fraude, tandis que l'informatisation du système de transit est considérée comme une des pierres angulaires de l'intégration économique.

a. L'informatisation de transit, comme l'une des solutions efficaces de lutte contre la fraude

1295. L'importance de l'informatisation de transit qui se perçoit dans la lutte contre la fraude n'est pas seulement ressentie en Afrique centrale. En Europe, où l'avancée de sa mise en œuvre est considérable, elle fait partie des priorités dans les activités douanières de la communauté. Ainsi, la Commission européenne, qui œuvre en faveur de l'intérêt général de l'Union, estime que *« l'informatisation du transit doit être une solution d'avenir pour lutter efficacement contre la fraude et pour améliorer la gestion de ce régime »*[70].Aussi, par l'informatisation du transit, la commission escompte atteindre essentiellement trois objectifs : renforcer l'efficacité du régime ; accroître la rapidité et la sécurité

[68]-Fonds d'affectation spéciale pour les négociations sur la facilitation du commerce, note technique n°. 3, utilisation de systèmes douaniers automatisés, janvier 2011, unctad.org.Consulté le 01/02/2019

[69]- *Ibid.*

[70]-Consulter la position de la commission européenne sur l'importance de l'informatisation de transit dans son site : http://europa.eu/.[Consulté le 13/07/2018].

des opérations de transit notamment au bénéfice des opérateurs économiques ; assurer une détection et une prévention accrue de la fraude[71].

1296. La Commission européenne pense également que l'informatisation du transit permettra de mettre un terme aux fraudes organisées par l'utilisation de faux cachets et de documents falsifiés. Les raisons fondamentales invoquées par la commission européenne ne sont en effet pas celles qui conduisent à choisir l'informatisation du transit dans une zone communautaire, comme celle de l'Union européenne. La CEMAC défend donc les mêmes points de vue sur les motivations réelles qui conduisent à l'adoption du système d'interconnexion pour faciliter le transit communautaire[72].

1297. Donc, si les réflexions se limitent à l'informatisation de transit dans l'espace de la communauté des États de l'Afrique centrale (CEMAC), tout en étant relevant du contexte européen, il faut alors rappeler que ce sujet concerne de plus en plus toutes les communautés de manière générale. Les économistes montrent également que l'informatisation du transit pouvait être une des solutions de la refonte du transit, et des piliers d'une intégration économique.

b. L'informatisation de transit, comme l'une des solutions de la réforme du système de transit, et des pierres angulaires de l'intégration économique

1298. Le nouveau système de transit informatisé (NSTI) [73] est un système de l'informatisation de transit qui opère dans la zone de la CEMAC. Il s'agit en réalité d'une réforme complète de l'ancien système de transit, papier, qui est toujours l'objet de fraudes. Or, de nos jours, la modernisation oblige à remplacer ce système par un système informatisé moderne. Si l'informatisation fait actuellement partie de la réforme du système de transit, c'est parce qu'elle permet de mieux combler les faiblesses liées aux fraudes et permet aux administrations douanières de la communauté de s'adapter rapidement et avec flexibilité aux exigences du commerce et de suivre de près l'évolution constante de l'environnement des affaires[74].

1299. La réforme douanière simplifie les démarches douanières et permet aux entreprises communautaires de faire circuler leurs marchandises plus facilement. L'informatisation du transit est également l'un des piliers de l'intégration[75]. En outre, un tel système est considéré comme un élément

---

[71] - *Ibid.*

[72]- MOÏSESCU(Dan) et LANG(Marc),, Le système de transit communautaire dans la perspective de l'élargissement. Série affaires budgétaires, BUDG 112 FR 09-2003, rapport final — traduction FR, communautés européennes, octobre 2003, PE 328.722, voir le titre de rapport.

[73]-Commission européenne : nouveaux systèmes de transit douaniers pour l'Europe. Communautés européennes, 2001, p.12.

[74]- Ibid.

[75]-Par le Conseil de l'Europe. Assemblée parlementaire : compte rendu des débats, tome II. Éditions de l'Europe, Strasbourg, 1987, p. 447.

fondamental qui peut améliorer non seulement les conditions des opérations de transit de la sous-région, mais aussi renforcer les liens commerciaux entre les États membres de la communauté.

1300._Il est nécessaire de créer un centre d'informatisation douanière au sein de la direction de l'informatique, une des directions techniques à développer dans l'organigramme de l'administration des douanes tchadiennes pour mieux la développer, car la question de l'informatisation de la douane en général est devenue si préoccupante.

§2.Création d'un centre de l'informatisation douanière

1301._En raison de l'absence de clarté sur l'organigramme de la direction générale des douanes, il semble aujourd'hui nécessaire de créer un centre d'informatisation douanière dans le cadre de la modernisation des douanes. En effet, la direction générale des douanes ne peut vraiment prendre le contrôle d'un projet Sydonia, dont elle n'a pas le pouvoir de coordination et qui n'est piloté, beaucoup plus, que par des agents extérieurs.

1302. Une mise en place accélérée de l'informatisation douanière nécessite donc la création d'un centre dans tous les bureaux des douanes. Il s'agit d'un centre dédié aux douaniers.

A. Centre de l'informatisation douanière et ses taches

1303._Il est nécessaire de créer un centre d'informatisation douanière dans l'administration des douanes du Tchad. Il peut, par exemple, dépendre d'une direction informatique, c'est pourquoi il est proposé à l'élaboration comme une des directions techniques de la direction générale des services des douanes et droits indirects et précisément de l'informatique par rapport à leur relation.

1304. Des tâches techniques doivent être définies au centre d'informatisation douanière. Des moyens matériels, budgétaires et personnels doivent être mis en place pour doter le centre. Il est nécessaire de créer des cellules locales et de décrire leur mission.

1. Taches techniques et moyens du centre

1305. Le centre de l'informatisation douanière doit disposer de missions clairement établies. Il est essentiel qu'il soit adéquatement équipé en outils informatiques et que le personnel soit qualifié dans le domaine de l'informatique douanière.

1306. L'informatisation des douanes favorise une transparence accrue. Dans ce contexte, il est essentiel de confier des responsabilités à des personnes intègres, honnêtes et dévouées, capables d'établir la confiance dans l'exercice de leurs fonctions.

a. Tâches techniques

1307. Le centre d'informatisation douanière qui est en cours de création au sein de l'administration des douanes constitue un service spécialisé doté de tâches techniques clairement définies. Ces tâches englobent l'automatisation des fonctions de l'administration[76] douanière, la formation du personnel en matière informatique[77], ainsi que la promotion et le développement des technologies informatiques dans le but principal de lutter contre la fraude. Par conséquent, il est essentiel que la mise en œuvre du système informatique douanier au sein de l'administration des douanes tchadiennes soit considérée comme une priorité majeure. Dans ce contexte, il apparaît pertinent de plaider en faveur du rattachement du projet Sydonia à ce centre, lequel aura pour mission de former les agents des douanes à l'utilisation des ordinateurs Sydonia afin de relever le défi de la facilitation électronique des échanges[78]. Cette formation devrait également inclure l'École ou le Centre de Formation douanière envisagé dans ces travaux de recherche.

1308. Les agents des douanes bénéficiant de la formation dispensée par le centre doivent être en mesure de maîtriser les divers outils et instruments élaborés par l'Organisation Mondiale des Douanes (OMD) en lien avec la facilitation des échanges, notamment à travers l'utilisation des nouvelles technologies de l'information et de la communication (NTIC)[79]. Parmi ces outils figurent : la convention révisée de Kyoto, le modèle de données douanières, ainsi que le numéro unique de référence pour les envois (UCR). Un tel centre d'informatisation douanière, qui est essentiel dans le cadre de la modernisation des administrations douanières, ne peut fonctionner efficacement sans disposer des moyens nécessaires. Ces moyens incluent les ressources matérielles, budgétaires ainsi que humaines indispensables à son bon fonctionnement.

b. Dotation du centre

1309. Il est indéniable que le centre de l'informatisation douanière constitue une entité particulièrement adaptée pour accueillir le système d'information de l'administration des douanes tchadienne. Il est donc impératif de favoriser sa création. Afin d'optimiser l'efficacité de ses activités, ce centre doit être équipé des ressources matérielles, budgétaires et d'un personnel qualifié dans le domaine de l'informatique douanière. Une telle dotation permettra à cette institution de répondre aux besoins exprimés, tant au niveau de la capitale qu'à celui des provinces.

1310. Il est impératif que ce centre soit adéquatement équipé en moyens informatiques, en matériel roulant, en fournitures de bureau et en d'autres ressources susceptibles de favoriser son bon fonctionnement. Dans cette optique, il convient également de souhaiter l'établissement d'une dotation budgétaire

---

[76]-DIOP(Momar Coumba), Le Sénégal à l'heure de l'information : technologies et société, Paris (France) : Karthala, 2002, p. 69.
[77] -Ibid.

[78]-Nations unies, commission économique pour l'Afrique (CEA), étude sur les insuffisances dans l'utilisation technologies de l'information et de la communication (TIC) pour la facilitation des échanges dans les pays africains et outils pour rapprocher les écarts existants en matière de TIC, guichet unique : un outil pour la facilitation des échanges, Op.cit p.1.
[79] -Nations unies, Commission économique pour l'Afrique (CEA). Op.cit, p. 7.

pérenne pour ce centre. Ainsi, il sera nécessaire de recruter des agents qualifiés, disposés à être déployés là où le besoin se manifeste. Ce centre, qui pourrait être intégré aux services centraux, a la capacité d'étendre ses activités au niveau territorial par le biais de cellules locales.

2. Cellules locales et missions

1311. Il est impératif que des cellules locales soient établies afin d'assurer la liaison entre le Centre et le niveau provincial. Celles-ci doivent fonctionner en respectant leurs responsabilités ainsi que les textes législatifs en vigueur.

1312. La mise en place des cellules locales du centre de l'informatisation douanière contribue de manière significative au développement des activités douanières à l'échelle territoriale, facilitant ainsi l'accès à l'information.

a. Cellules locales

1313. Afin de soutenir activement le projet d'informatisation douanière sur l'ensemble du territoire, il est impératif de créer les cellules locales mentionnées précédemment. Celles-ci seront considérées comme des relais locaux du centre d'informatisation douanière au niveau territorial.

1314. En effet, la modernisation des administrations douanières dépend aujourd'hui du développement de la technologie appliquée à l'information et à la communication. Il est normal que ce secteur soit organisé efficacement, des services centraux jusqu'au niveau territorial. C'est pourquoi un investissement important est indispensable pour tenir compte de l'ensemble des activités du centre et de ses cellules locales. Ces cellules ne fonctionnent qu'en tenant compte de leurs missions.

b. Missions des cellules locales

1315. Au niveau territorial, les cellules locales du centre de l'informatisation douanière accompagnent la modernisation douanière à travers l'informatisation locale. Une cellule locale coordonne les activités du centre au niveau des provinces. Elle intervient pour effectuer l'entretien des réseaux informatiques, assure la formation des agents des bureaux des douanes, joue un rôle permanent d'information sur l'importance du projet et transmet au centre les besoins identifiés, etc.

1316. L'informatisation douanière devrait toucher, en réalité, tous les bureaux des douanes. C'est pourquoi la préoccupation est d'accélérer la mise en place de l'informatisation douanière, afin que tous les bureaux des douanes au Tchad soient concernés. Dans ces conditions, l'accélération de la mise en œuvre de ce projet doit être fortement soutenue par les cellules locales, relais locaux du Centre de l'informatisation douanière.

B. Nécessité d'accélérer la mise en œuvre du projet de l'informatisation douanière à travers tous les bureaux des douanes au Tchad

1317. Des efforts considérables sont déployés pour que les bureaux des douanes bénéficient du projet d'informatisation douanière. Ce projet devrait concentrer ses efforts sur les bureaux des douanes de N'Djamena, la capitale, et dans quelques zones du Tchad, avant de s'étendre normalement sur l'ensemble du territoire national pour des raisons d'efficacité.

1318. Les efforts à déployer pour l'informatisation douanière sur l'ensemble du territoire imposent également des moyens nécessaires pour sa réalisation. Ainsi, ce déploiement doit se faire avec des moyens humains, matériels et financiers importants.

1. Informatisation douanière de tous les bureaux des douanes

1319. Aujourd'hui, au Tchad, de nombreux bureaux des douanes fonctionnent sans cette technique moderne de l'informatisation douanière. Alors que l'État, tout en sachant que ses moyens sont très limités, rassure tout de même sur l'avancement de ce projet à tous les bureaux des douanes. Il convient alors de faire ressortir les bureaux des douanes qui bénéficient de ce projet d'informatisation douanière, tout en sollicitant la couverture de ceux qui en sont dépourvus.

1320. L'informatisation douanière dans les bureaux des douanes sur l'ensemble du territoire se fait en tenant compte de la sécurité du système. En fait, cette informatisation doit être protégée. La sécurité de ce système informatique douanier se met en œuvre afin de s'assurer que les ressources matérielles et logicielles sont uniquement utilisées dans le cadre du projet.

a. Bureaux actuels des douanes couverts par l'informatisation douanière au Tchad

1321. Le projet d'informatisation douanière en cours au Tchad s'occupe des manifestes, des déclarations de douane, de la comptabilité, du transit et des régimes suspensifs[80]. Il ne couvre en effet que quelques bureaux des douanes, soit : les bureaux des douanes de NGUELI, le bureau des douanes d'aéroport, le bureau de la poste et le bureau de la base.

1322. L'informatisation est effective à Moundou et à Abéché dans les circonscriptions territoriales. Cependant, il est prévu d'étendre ce projet à d'autres endroits. Il faut donc qu'il se réalise, techniquement, sinon la modernisation des douanes ne fonctionnera pas et fonctionnera encore, avec ses anciennes méthodes manuelles qui sont aujourd'hui obsolètes pour la douane du 21e siècle.

---

[80]-PAMFIP, Le projet Sydonia, http://www.financestchad.org/. [Consulté le 04/07/2018].

b. Besoins d'extension aux autres bureaux des douanes

1323. Le succès de la modernisation de ses douanes dépend de l'informatisation douanière de tous les bureaux des douanes dans un pays comme le Tchad. Si la modernisation de l'administration des douanes tchadienne est vraiment difficile, c'est parce que ses 70 bureaux environ, à l'exception des bureaux de douane de N'djamena, de Moundou, d'Abéché, sont des systèmes de dédouanement manuel. L'informatisation doit alors s'étendre à tous ces bureaux des douanes afin que la modernisation souhaitée soit effective dans l'administration des douanes et profitable aux opérateurs économiques.

1324. La réflexion sur l'extension du projet d'informatisation aux autres bureaux des douanes doit être accompagnée de la motivation de doter ces bureaux régionaux des douanes d'équipements informatiques et de personnel douanier formé.

2. Dotation des bureaux des douanes régionaux

1325. L'informatisation douanière de tous les bureaux des douanes devient obligatoire. Les bureaux des douanes sont dotés d'équipements informatiques et de personnel douanier spécialisés dans ce domaine. En réalité, l'informatisation douanière complète des bureaux des douanes au Tchad ne peut pas être réalisée en raison du manque de moyens ou d'équipements et de personnel douanier qualifié dans ce domaine.

1326. S'il s'agit de pistes d'amélioration des douanes au Tchad, l'informatisation douanière dans les bureaux des douanes nécessite alors la collecte des dotations requises pour sa mise en place. Dans les plans directeurs de cette informatisation, il est donc nécessaire de faire appel aux infrastructures, équipements et au personnel qualifié.

a. Dotation des bureaux des douanes régionaux en équipements informatiques

1327. L'équipement informatique des bureaux des douanes est une nécessité pour la réalisation du projet territorial d'informatisation. Un tel projet, visant à moderniser, rendre transparent et efficace[81] l'administration des douanes tchadienne, nécessite des ressources financières considérables. C'est un financement que l'État doit obtenir ou qu'il peut négocier avec des bailleurs pour obtenir.

1328. Au Tchad, l'informatisation douanière est très lente, à tel point qu'on s'inquiète de sa faisabilité. Il est nécessaire de réunir d'urgence les conditions de financement afin d'améliorer l'accélération de cette information. Mais également, en plus de ces ressources informatiques demandées, il faut penser au renforcement des effectifs.

---

[81]-Source : https://www.oecd.org/.[Consulté le 11/06/2018].

b. Dotation des bureaux des douanes régionaux en personnel douanier

1329. La réalisation d'un projet comme l'informatisation douanière sur l'ensemble du territoire douanier ne peut être effective sans un personnel formé. Il faut surtout que le personnel des bureaux des douanes soit suffisamment formé, d'abord dans le domaine de l'informatique générale, pour ensuite recevoir très facilement les formations techniques en matière du système douanier automatisé. Les formations techniques visent à accroître l'efficacité des techniciens dans la mise en œuvre du système Sydonia. Elles sont assurées par des experts informaticiens Sydonia, ayant des solides expériences dans l'installation et la configuration du système.[82] Ce sont des formations, qui doivent se faire de façon très régulière, pour rassurer sur l'accélération de la modernisation douanière. À ce niveau, le FMI avait déjà relevé *« l'insuffisant niveau de formation*[83] *»*.

1330. Parmi les difficultés à constater dans la réforme douanière au Tchad, celle qui pèse le plus est notamment la politisation à outrance de cette administration. Cette politisation renforce fortement la médiocrité de ce service. Elle met essentiellement la gestion de ses ressources humaines en réelles difficultés. Il ne fait aucun doute que l'administration, chargée de gérer les affaires publiques et de servir l'intérêt général, peut être instrumentalisée par des groupes d'intérêt ou des individus. Dans le meilleur des cas, ils tentent d'imposer leur propre interprétation de l'intérêt commun, ou dans le pire des cas, de défendre des intérêts particuliers. Cette situation ne se restreint pas à notre pays, mais s'étend aussi au-delà de nos frontières.

---

[82] -Source : http://www.sydonia.cemac.int/.[Consulté le 18/08/2018].

[83] -Voir WT/TPR/S/174 p27

CHAPITRE II.

La dépolitisation

1331. La dépolitisation de l'administration constitue une préoccupation essentielle dans tous les domaines de la fonction publique au Tchad, étant donné que le phénomène de politisation impacte l'ensemble des secteurs. Les efforts entrepris pour moderniser l'administration des douanes tchadiennes pourraient ne pas aboutir à un résultat satisfaisant, car l'un de ses fondements, à savoir la gestion des ressources humaines, est perturbée par cette politisation. Il est légitime de s'interroger sur les raisons pour lesquelles la démocratie instaurée au Tchad depuis 1990 est perçue comme une source de politisation au sein de l'administration des douanes. En d'autres termes, peut-on véritablement envisager une dépolitisation effective de cette administration ?

1332 La dépolitisation de l'administration des douanes, réclamée ici est nécessaire, car elle permet de responsabiliser les compétences professionnelles dans le contexte de la modernisation et de la réforme des douanes. Il faut donc, que les ressources humaines employées par l'État et ses démembrements, soient gérés par des modes et des procédures très rigides, codifiés par un statut de la fonction publique[1]et que la mobilisation de connaissances[2] professionnelles puisse *« émerger »*.

1333. En plus, le favoritisme personnel, qui ébranle les bonnes pratiques de gestion des ressources humaines, mérite d'être déstabilisé. Le favoritisme personnel se définit dans le glossaire de la CFP, comme une *« mesure ou conduite inappropriée de la part d'un fonctionnaire qui, en utilisant ses connaissances, son pouvoir ou son influence, accorde un avantage indu ou un traitement préférentiel à un fonctionnaire actuel, ou à un candidat en vue d'un emploi dans la fonction publique »*[3].

1334. De tout ce qui précède, il convient d'aborder la question de la dépolitisation dans l'administration en général **(Section I).** Ensuite, il faudra réfléchir à la dépolitisation de l'administration des douanes tchadienne (**Section II).**

---

[1]- BENYAHLOU(Zohra), consultante nationale, Rapport sur les innovations dans l'administration et la gouvernance dans les pays méditerranéens : cas de l'Algérie. Avril 2004.

[2]- MARESCHAL(Geneviève), La formation à la traduction professionnelle. Les Presses de l'université d'Ottawa, 2003, Canada, p. 97.

[3]-Commission de la fonction publique du Canada, glossaire de la CFP, février, 2012.

Section I.
Dans l'administration en général

1335. Dans une réflexion pertinente, qui ressort d'un atelier de sensibilisation sur la gouvernance à l'intention d'une centaine d'élus locaux et de représentants des organisations de la société civile à Ouagadougou (capitale du Burkina Faso), les participants reconnaissent que *« la dépolitisation de l'administration publique est d'actualité parce que le clientélisme politique est devenu le seul critère de nomination à des postes administratifs »*[4].. Cette analyse, en se développant à partir d'une zone de l'Afrique de l'Ouest, veut démontrer l'ampleur que cela comporte sur le plan national, régional et à l'échelle mondiale. L'actualisation de cette question de la dépolitisation de l'administration déborde largement les frontières.

1336. Ainsi, il convient d'aborder en premier lieu, dans ce contexte, les définitions et principes de la dépolitisation de l'administration (**Paragraphe). 1**).En second lieu, il sera question de réfléchir sur la dépolitisation de la fonction publique, un sujet préoccupant (**Paragraphe). 2**).

§1. Définitions et principes de la dépolitisation de l'administration

1337. La compréhension de certaines notions, considérées comme fondamentales, semble être importante pour l'avancée de cette réflexion. Il s'agit de notions qui sont fréquemment employées dans la fonction publique, parmi lesquelles celle concernant la dépolitisation de l'administration et ses principes devront beaucoup plus intéresser ce cadre de recherche.

1338. D'une manière générale, les réformes administratives, surtout en Afrique, mettent l'accent sur la dépolitisation de l'administration. C'est dans ce contexte que Sami SALHAB disait *: « la recherche d'une meilleure productivité ainsi que la satisfaction du public passe inévitablement par une hausse des qualifications, par une remotivation des fonctionnaires, par la suppression des emplois non rentables dans un cadre général de réorganisation des administrations. Mais pour la réaliser, la réforme administrative doit s'inscrire dans un mouvement de dépolitisation de la fonction publique qui s'opère par une séparation entre le politique et l'administratif*[5] *».* Il convient, dans un premier temps, de définir des notions fondamentales employées dans la fonction publique, puis de réfléchir sur les principes de la dépolitisation de l'administration.

---

[4]-MAEP : Les élus locaux et les OSC à l'école de la gouvernance, du 18 au 19 juillet. Le mécanisme Africain d'évaluation par les pairs (MAEP) a organisé un atelier de sensibilisation sur la gouvernance à l'intention d'une centaine d'élus locaux et de représentants des organisations de la société civile de la commune d'Ouagadougou. L'atelier a pu se tenir avec le soutien du PNUD à travers le programme de renforcement de la gouvernance politique (PRGP). Source : http://lefaso.net/.[Consulté le 13/08/2018].

[5]-SAMI(Salhab), Les composantes rationnelles d'une réforme administrative , *Confluences Méditerranée*, 2003/4 (n° 47), p. 79-95. DOI : 10.3917/come.047.0079. URL : https://www.cairn.info/.[Consulté le 13/08/2018].

A. Définition des notions fondamentales employées dans la fonction publique

1339. Des notions indispensables annoncées, qui devront normalement être abordées pour l'avancement de ces travaux de recherche, visent en premier lieu la dépolitisation de l'administration[6]. Mais d'autres notions telles que l'apolitisme, et surtout la neutralité dans la fonction publique, intéressent aussi autant les avancées de cette recherche.

1. Notion de dépolitisation de l'administration et d'apolitisme

1340. La réflexion sur la dépolitisation, quelquefois, oblige à faire des analyses sur la notion d'apolitisme, ayant tendance à se ressembler. Les notions de « dépolitisation » et d'apolitisme"[7] sont souvent employées dans la fonction publique.

1341. De nombreuses démonstrations qui sont faites autour de dépolitisation et d'apolitisme n'arrivent pas à faire de rapprochement très exact entre ces deux concepts. Mais aussi, une autre préoccupation est celle de conduire une réflexion entre la neutralité et l'apolitisme.

a. Notion de dépolitisation de l'administration

1342._Les administrations modernes veulent toujours fonctionner selon les règles constitutionnelles et administratives en défendant la dépolitisation de l'administration. Selon l'article 56 de la Constitution du Tchad *« l'État garantit la neutralité politique de l'administration et des forces armées et de sécurité* [8]*»*.Normalement, il revient à l'homme d'État d'assurer la neutralité politique de cette administration. Autrement dit, la Constitution exige avec fermeté une dépolitisation de l'administration. Pour beaucoup, cette dépolitisation permet d'établir *« une administration caractérisée par sa soumission au droit et sa professionnalisation*[9] *»*.

1343. Ainsi, la dépolitisation de l'administration peut se comprendre comme le fait de vouloir ôter toute influence politique du service administratif public dans le but de privilégier la professionnalisation ou la technicité administrative. Elle fait face, à la politisation de l'administration, considérée pour beaucoup comme une mauvaise pratique et qui favorise excessivement la médiocrité et l'incompétence et crée comme Sami SALHAB le dit, *« une influence étendue des dépositaires du pouvoir politique sur le recrutement et la carrière des agents publics* [10]*»*. À ce niveau de réflexion, pourquoi cette confusion entre dépolitisation et apolitisme

---

[6]-BALDÉ(Sory) , La convergence des modèles constitutionnels : études de cas en Afrique subsaharienne, Paris, France, Publibook, 2011, p. 250.

[7]- KONDYLIS(Vassilios), le principe de neutralité dans la fonction publique. Op.cit. Voir table des matières.

[8]- Article, 56 de la Constitution tchadienne adoptée par le referendum du 31 mars 1996 et révisée par la loi constitutionnelle n°08/PR/2005 du 15 juillet 2005.

[9]-Voir : article sur la dépolitisation de l'administration est une affaire de tous !!! , sur le site suivant :HTTP://www.tamtaminfo.com/ .[Consulté le 03/06/2018].

[10]- SALHAB(Sami), Confluences. Méditerranée - n°47, Automne 2003, p.88.

se manifeste-t-elle ? Pourquoi l'apolitisme est-il considéré comme une tendance à la dépolitisation ?

b. Notion d'apolitisme

1344. Selon Étienne SCHWEISGUTH, l'apolitisme se définit comme *« un refus volontaire et motivé, de se placer sur le terrain politique. Il peut être une posture que l'on adopte pour promouvoir en fait une option politique particulière [11] »*. Cette définition est abordée dans le même sens que celle traitée par l'encyclopédie universelle, dans laquelle, il est estimé que l'apolitisme peut se définir, comme *« la tendance, pour un ou plusieurs individus, à se mettre en marge de la réalité politique, ou, plus précisément, à se placer dans une position de neutralité par rapport au domaine politique [12] »*. En fait, cet apolitisme constitue une caractéristique essentielle des organisations humanitaires et syndicales.

1345. Aujourd'hui, on parle de plus en plus de l'apolitisme de la fonction publique, qui repose sur la méritocratie et suppose l'impartialité et la neutralité parfaites des fonctionnaires[13]. Ce rapprochement entre apolitisme et neutralité est créé en cela. Cette neutralité, qu'il faut saisir, a deux formes. L'État garantit la neutralité de l'administration par le biais des recommandations de la constitution. La neutralité politique de l'administration fait référence à la neutralité de l'administration. Il y a également, la neutralité des fonctionnaires, garantie par la jurisprudence, qu'ils doivent assumer. Le dernier élément sera examiné lors de l'étape suivante. Il est important de se pencher sur la neutralité politique du fonctionnaire, qui est défendue par les textes de la fonction publique.

2. Le principe de neutralité dans la fonction publique

1346. La loi n°017/PR/2001 portant statut général de la fonction publique au Tchad ne mentionne pas explicitement l'obligation de neutralité politique des fonctionnaires. L'obligation de neutralité des fonctionnaires en question découle d'abord de la jurisprudence, mais elle renforce également les *« valeurs constitutionnelles dans le cadre du fonctionnement des services publics [14] »*.

1347. La neutralité dans la fonction publique est d'abord liée au comportement de l'agent, qui comprend qu'il est interdit de faire de sa fonction l'instrument d'une propagande quelconque. Il est ainsi soumis à la neutralité politique et au principe de non-discrimination, notamment selon la race, les opinions ou les activités.

a. La neutralité politique du fonctionnaire

---

[11]- SCHWEISGUTH(Étienne), Apolitisme .EncyclopædiaUniversalis [en ligne], consulté le 26 février 2016. URL : http://www.universalis.fr/.[Consulté le 03/06/2018].

[12]-Encyclopédie Universelle. 2012. source : http://encyclopedie_universelle.fracademic.com/. [Consulté le 05/04/2018].

[13]-Voir : article de Olivier TASCH intitulé : de l'apolitisme des fonctionnaires et publié le 19/02/2014 sur le site suivant : http://jeudi.lu/de-lapolitisme-des-fonctionnaires/. Le site a été consulté le 23 juin 2015

[14]- SALHAB(Sami), CONFLUENCES Méditerranée - n°47 AUTOMNE. Op.cit., p.79.

1348. La neutralité politique encourage les fonctionnaires à se montrer neutres et objectifs dans l'exercice de leurs fonctions vis-à-vis des activités politiques. Dans ces conditions, les fonctionnaires doivent établir une distinction très étanche entre *« les activités politiques et les activités administratives »*[15] , selon Camille Welepele ELATRE. Cet auteur cherche à montrer qu'un fonctionnaire agit dans une très grande objectivité, en séparant ce qui est politique de ce qui relève de l'administration.

1349. La Commission de la fonction publique du Canada rappelle dans un rapport que *« l'impartialité est une valeur essentielle de la fonction publique »*[16] sur laquelle se fondent les fonctions et les responsabilités des fonctionnaires. C'est, en effet, un aspect essentiel de la fonction publique dans l'État Tchadien qui permet aux fonctionnaires de traiter les usagers de manière juste et objective, indépendamment de leurs opinions politiques. Le but de ce comportement est de garantir *« la continuité de l'administration de l'État »*[17] en suivant une succession politique pacifique et ordonnée pour assurer la stabilité du fonctionnement des services publics. Il permet d'éviter les conflits entre une administration permanente et des gouvernements changeants.

1350. Il est important de considérer la neutralité comme une obligation pour chaque agent dans l'administration publique.

b. L'obligation de neutralité des fonctionnaires

1351._Le fonctionnaire est tenu d'être neutre. Il assume ses fonctions envers tous les responsables, quels que soient leur sexe, leurs opinions religieuses, politiques ou philosophiques, sans discrimination. Le fonctionnaire doit respecter le principe de liberté et d'égalité dans ses activités, de manière générale, dans *« les principes constitutionnels régissant le service public »*[18].

1352. Le principe de la neutralité du service public, « corollaire de l'égalité de traitement de l'usager du service public » était déjà cité dans la déclaration des droits de l'homme et du citoyen dans son article VI. La jurisprudence administrative française a également posé ce principe selon lequel *« les fonctionnaires sont astreints, dans l'exercice de leurs fonctions, à un devoir de stricte neutralité*[19]*».*

---

[15]-Voir : Chapitre 2 : La dépolitisation de l'administration publique congolaise : trajectoire, enjeux et heurt du document intitulé : Les réformes du secteur public en République démocratique du Congo. Sous la direction de Camille Welepele ELATRE & Hubert Ntumba LUKUNGA. Dakar, CODESRIA, 2013, 204 p., ISBN 978- 2-86978-533-5

[16]-Rapport : l'impartialité de la fonction publique : un bilan. Sa Majesté la Reine du chef du Canada, représentée par la commission de la fonction publique du Canada, 2008, p. 5.

[17]- GAZIER(Anne) Fiche de niveau 2. Institutions administratives / 29 décembre 200. Ces informations peuvent se consulter sur le site suivant : www.ebanque-pdf.com/. Le site en question est consulté le 23 mars 2018.

[18]-Décision n° 96-380 DC du 23 juillet 1996. Délibéré par le Conseil constitutionnel dans sa séance du 23 juillet 1996. Loi relative à l'entreprise nationale France Télécom, Journal officiel du 27 juillet 1996, page 11 408. Recueil, p. 107, ECLI:FR:CC:1996:96.380.DC

[19] -(CE 1950 « Mademoiselle Jamet »

1353. Dans cette section, nous abordons les exigences de la dépolitisation de l'administration en matière de neutralité. Les études porteront sur la dépolitisation de l'administration et ses principes dans l'étape suivante.

B. Principes de la dépolitisation de l'administration

1354. Actuellement, l'objectif de la dépolitisation de l'administration est d'imposer la neutralité du service administratif public, non seulement en Afrique, mais également dans le monde entier. C'est dans ce contexte que les administrations tchadiennes doivent également s'engager dans cette lutte. Cette dépolitisation, voulue dans la fonction publique, présente des principes extrêmement rigoureux. En somme, *« la fonction publique doit être dans une large mesure à l'abri des pressions de la politique partisane ; il doit y régner un climat d'impartialité qui rendrait possible le déroulement normal de la carrière des agents, qui sont au service de l'État et non d'un parti politique* [20]*»*.

1355. Les principes fondamentaux de la dépolitisation de l'administration sont l'égalité d'accès au service public, la légalité, l'avancement au mérite et la sécurité d'emploi.

1. Principe de l'égalité, d'accès au service public et principe de légalité

1356. Il est nécessaire de relever une certaine divergence dans les explications données, même si le principe de l'égalité est en accord avec celui de la consonance. L'égalité s'explique donc par le fait que tous les hommes sont égaux devant la loi. Tandis que le principe de légalité fait de la loi une puissance à tous.

1357. L'égalité d'accès au service public est un acquis fondamental. Tous les citoyens doivent avoir accès au service public sans discrimination et à un coût identique sur le territoire d'un État. Les utilisateurs du service public sont soumis à ce principe d'égalité. Tandis que le principe de légalité suppose que l'administration soit soumise au droit.

a. Principe de l'égalité d'accès au service public

1358._La constitution tchadienne reprend le principe d'égalité devant le service public énoncé dans la charte africaine sur les valeurs et les principes du service public et de l'administration, qui s'inspire de la déclaration des droits de l'homme et du citoyen de 1789. L'article 1er de la déclaration des droits de l'homme et du citoyen affirme que *« les hommes naissent et demeurent libres et égaux en droits. Les distinctions sociales ne peuvent être fondées que sur l'utilité commune*[21]*»*.

---

[20]- GARANT(Patrice), « Le statut de la Fonction publique au Québec : à la frontière du droit administratif et du droit du travail » . Les Cahiers de droit, vol. 12, n° 3, 1971, p. 361-417.

[21]-Voir : article 1er de la Déclaration des droits de l'homme et du citoyen de 1789.

1359. De nombreuses fonctions publiques régissent aujourd'hui le principe de l'égalité, considéré comme *« un principe général du droit*[22] *»*. Dans le recrutement des agents, leur carrière et leur activité administrative, il s'impose à l'administration. C'est donc sur ce principe que s'organise le recrutement dans la fonction publique tchadienne. Outre toute discrimination politique, ce recrutement est soumis, cependant, à certaines conditions liées à la question de la nationalité, de l'âge, de l'incompatibilité, de la moralité, de la disponibilité du poste et des capacités physiques et psychiques. Il ne faut donc pas confondre les termes entre les principes d'égalité et de légalité.

b. Principe de légalité

1360. Les fonctions publiques africaines sont invitées à se conformer au principe de légalité en vertu de la charte de la fonction publique en Afrique. Selon l'article 6, *« le service public doit être assuré dans le strict respect de la loi. Les décisions administratives doivent être prises conformément aux textes en vigueur*[23] *»*. Le principe de légalité est inscrit dans les dispositions préliminaires de l'ordonnance n°12-67-PR-MJ concernant la promulgation d'un Code pénal au Tchad. L'article premier de ce texte stipule que *« Nulle contravention, nul délit, nul crime ne peuvent être punis des peines qui n'étaient pas prononcées par la loi avant qu'ils fussent commis*[24] *»*. Pierre TIFINE cherche à définir ce principe comme *« la soumission de l'administration au droit*[25] *»*, dans une revue de droit.

1361. Le problème réel ici est celui du respect de la hiérarchie des normes. Il s'agit d'une contrainte administrative du principe de conformité. Il est entendu que la norme inférieure ne peut en aucun cas contredire celle supérieure à elle. En principe, les autorités de niveau inférieur ne peuvent pas agir envers des autorités supérieures. Les juristes considèrent que le respect du principe de légalité par l'administration revêt deux aspects distincts. Ils considèrent que la légalité est une notion minimale qui se traduit par un rapport de simple non-contrariété ou de non-incompatibilité. Aucun acte contraire à une règle de droit ne doit être commis par les organes des autorités administratives.

---

[22]- GOY(Raymond), Du droit interne au droit international, Le facteur religieux et l'exigence des droits de l'homme : mélanges, Raymond Goy. Publication Université de Rouen, Havre, 1998, France, p.73.

[23]-Voir : article 6 de la charte de la fonction publique en Afrique.

[24]-Ordonnance 67-012 1967-06-09 PR/MJ ordonnance portant promulgation d'un code pénal

[25]- TIFINE(Pierre), Droit administratif français – deuxième partie – chapitre 1 – section I, chapitre 1 : sources de la légalité administrative - section I : la constitution ' : revue générale du droit on line, 2013, numéro 4336 (www.revuegeneraledudroit.eu/?p=4336) [consulté le 13/02/2018].

[25] -Ibid.

L'administration agit alors légalement, régulièrement, lorsqu'elle adopte un comportement qui n'enfreint pas le droit[26] .

1362. Il est également nécessaire de tenir compte d'une notion plus rigoureuse de la légalité, qui s'exprime par contre *« dans un rapport de conformité ». Selon cette notion maximum de la légalité, l'acte légal est seulement celui qui est conforme au droit. Dans cette vision, tous les actes des autorités administratives doivent être conformes à la réglementation. L'administration ne peut faire que des actes conformes à la réglementation*[27] *»*.

1363. Le principe de légalité est un principe fondamental du droit administratif et est un principe cardinal d'un État de droit. Il est important de prendre en compte le problème de l'avancement au mérite et de la sécurité d'emploi, car il s'agit d'aborder les principes les plus essentiels de la dépolitisation de l'administration.

2. L'avancement au mérite et la sécurité d'emploi

1364. Le droit de la fonction publique prévoit l'avancement au mérite et la sécurité d'emploi. La notion de mérite est très présente dans le statut de la fonction publique. Les agents publics doivent avancer dans la gestion de leur carrière et de leurs rémunérations. Rappelons également que dans la gestion des carrières de ces fonctionnaires, ils bénéficient d'une sécurité d'emploi qui évite leur licenciement, qui peut être provoqué par les aléas économiques comme dans le secteur privé.

1365. De nos jours, dans le cadre des fonctions publiques en général, l'innovation[28] et la promotion prennent le pas sur l'avancement au mérité. Les administrations qui recherchent l'efficacité, l'efficience et même l'équilibre organisationnel[29], surtout en Afrique, cherchent de plus en plus à imposer par la gestion des carrières administratives le mérité. Il intervient graduellement et permet aux fonctionnaires des administrations publiques africaines de progresser administrativement.

a. Avancement au mérite

1366. Le niveau du grade est déterminé par l'avancement qui se produit au mérite. Alors que les fonctionnaires en profitent également, d'un autre type de promotion liée à leur grade. Dans le droit de la fonction publique tchadienne, il existe deux formes d'avancement : l'avancement d'échelon et l'avancement de grade. Si l'avancement de grade est lié uniquement au mérite, c'est parce que les

---

[26]-Voir : article de François Dietsch et François Meyer dont le titre est intitulé : le principe de légalité publié dans le site de CNFPT suivant : www.wikiterritorial.cnfpt.fr/.[consulté le 13/02/2018].

[27] -Ibid.

[28]- JEAN-MICHEL(Chasseriaux), « Construire ensemble la société du savoir en Afrique », *Afrique contemporaine*, 2004/1 (n° 209), p. 163-178. DOI : 10.3917/afco.209.0163. URL : https://www.cairn.info/.Consulté le 11/07/2018].

29- POATY(Henri) : La gestion administrative dans la Fonction Publique congolaise, Mémoire de maitrise en administration publique présenté à l'Ecole Nationale d'Administration Publique (ENAP), promotion 1993-1995 ;.Voir Avant propos

critères de performance de l'agent sont pris en compte. Il s'agit d'un avancement au niveau supérieur qui se produit après cinq (5) années au minimum passées dans un grade.

1367. Selon l'article 67 de la loi n°017 du statut général de la fonction publique, *« pour être éligibles à l'avancement de grade, les fonctionnaires doivent avoir passé cinq (5) années dans leur grade de départ, et au cours de cette période, avoir appartenu au moins trois (3) fois au premier groupe de performance*[30]*»*. Ces groupes de performance sont répertoriés au nombre de trois : le premier groupe correspond à une performance élevée ; le deuxième groupe correspond à une performance moyenne ; le troisième groupe correspond à une performance faible.

1368. Les fonctionnaires sont constitués par groupes de performance, sur la base des résultats de notation, chaque année et selon des pourcentages définis par la loi de finances. Selon l'article 70 de la loi précitée, *« l'avancement de grade ne peut avoir lieu qu'au profit des fonctionnaires inscrits au tableau d'avancement de l'avancement...* [31]*»*En ce qui concerne l'avancement d'échelon, il intervient d'échelon en échelon dans un grade donné tous les deux ans et automatiquement, sauf si le fonctionnaire a encouru une sanction disciplinaire majeure au cours de l'année[32]. Le problème de la sécurité d'emploi, qui avait été soulevé parmi les principes les plus fondamentaux de la dépolitisation de l'administration, devrait être bien compris.

b. La sécurité d'emploi

1369. En Afrique, de façon générale, la sécurité de l'emploi, surtout un emploi permanent, n'est assuré que par la fonction publique. C'est dans ce contexte, et sous la direction de Blandine DESTREMAU, Agnes DEBOULET et François IRETON, intitulé « dynamique de la pauvreté en Afrique du Nord et Moyen-Orient, qu'un document démontre que *« le travail dans la fonction publique est bien entendu synonyme de sécurité de l'emploi*[33]*»*. Diane-Gabrielle TREMBLAY, pense *« que loyauté, implication subjective, motivation au travail exigeant en principe sécurité d'emploi*[34]*»*. La sécurité de l'emploi dont bénéficie l'agent public, fait partie de ses avantages sur le plan des activités administratives par rapport à son homologue du secteur privé qui est souvent menacé de licenciement économique. Le licenciement est dû souvent à la fermeture de l'entreprise, une fermeture provoquée par des difficultés économiques.

1370. Ainsi, dans un article développé par Nathalie BIRCHEM, il estime que le *« licenciement économique est, comme son nom l'indique, un licenciement qui n'est*

---

[30]-Voir : loi n° 17/PR/01 du 31 décembre 2001 portant Statut Général de la Fonction Publique, Tchad, article 67.

[31]-Voir : loi n° 17/PR/01 du 31 décembre 2001 portant Statut Général de la Fonction Publique, Tchad, op cit., article 70

[32]-Voir : loi n° 17/PR/01 du 31 décembre 2001 portant Statut Général de la Fonction Publique, Tchad, op cit., article 66

[33]- DESTREMAU(Blandine), DEBOULET (Agnes)et IRETON(François), le travail dans la fonction publique est bien entendu synonyme de sécurité de l'emploi .Editions Karthala et URBAMA, 2004, p.276.

[34]- TREMBLAY (Diane-Gabrielle), La signification du travail, la sécurité d'emploi et la conciliation emploi-famille .Sociologie [En ligne], Grands résumés, La signification du travail. Nouveau modèle productif et ethos du travail au Québec, mis en ligne le 06 juillet 2011, consulté le 20 mai 2016. URL : http://sociologies.revues.org/.[Consulté le 05/04/2018].

pas lié à la personne du salarié, mais à la situation de l'entreprise[35]*»*. Toutefois, même si l'agent public n'est pas inquiété par le licenciement économique, il ne peut tout même échapper au licenciement dont les causes sont basées sur des sanctions administratives ou des insuffisances professionnelles. Les sanctions administratives sont prononcées dans le respect des procédures disciplinaires. L'insuffisance professionnelle, qui se distingue du comportement fautif[36], s'explique, à partir de la jurisprudence, par le fait, qu'un agent n'est plus en mesure d'exercer, même dans une autre administration ou service, ou ne peut aussi bénéficier d'une retraite anticipée.

1371. Seul un rapport circonstancié du service utilisateur et l'examen approfondi du dossier individuel du fonctionnaire peuvent donner lieu au licenciement pour insuffisances professionnelles. Un fonctionnaire qui fait preuve d'inaptitude mentale ou physique, ou qui perd sa citoyenneté, est également touché par cette situation. Les différents principes de la dépolitisation, abordés, sont essentiels pour un fonctionnement normal d'une administration moderne. La dépolitisation est aujourd'hui un vrai problème pour les fonctions publiques qui veulent fonctionner sans connotation politique alors qu'il semble impossible.

§ 2. La dépolitisation de la fonction publique, un sujet préoccupant

1372. La question de la dépolitisation de l'administration, est de plus en plus débattue à l'ère de la modernisation des fonctions publiques. Si ce débat est nécessairement réclamé, c'est parce qu'il apparaît indispensable pour montrer à la politique sa limite, face aux activités de l'administration. L'administration publique en Afrique est complètement bouleversée, lorsque les luttes politiques qui s'engagent dans le contexte de la démocratie, sont au centre de sa commande l'affectant profondément avec leurs politisations dans les nominations et recrutements.

1373. Il est évident que la dépolitisation de l'administration est un sujet à développer pour aider à sortir du système hautement politisé. Il faudrait dépolitiser les fonctions publiques africaines, mondiales ou tchadiennes afin qu'elles deviennent apolitiques. C'est dans ces conditions que les réformes de ces fonctions publiques prennent effet de manière objective. Les limites de la dépolitisation sont les exercices objectifs des droits d'expression, d'opinions politiques.

A. Dépolitisation, une exigence pour la fonction publique tchadienne

1374. Si la dépolitisation devient une exigence pour la fonction publique tchadienne, c'est parce que la politique actuelle gagne beaucoup de terrain et

---

[35]-*Ibid.*

[36]-Voir en ce qui concerne le licenciement pour insuffisance professionnelle sur le site suivant : http://www.ac-aix-marseille.fr/.[Consulté le 16/12/2018].

empêche réellement la modernisation souhaitée pour cette institution. La modernisation de la fonction publique passe donc par une dépolitisation.

1375. Sami SALHAB affirme que la dépolitisation de la fonction publique *« s'opère par une séparation entre le politique et l'administratif*[37] *»*. Comment se défaire d'une administration politisée, en particulier en Afrique ? Quelles sont les chances pour le Tchad de mener à bien la lutte contre la politisation de sa fonction publique ?

1. Nécessité de la dépolitisation de la fonction publique

1376. La dépolitisation de la fonction publique prévient toute crise de perte de moyens techniques. Il est important de souligner que cette dépolitisation est un moyen de rendre la qualité des prestations de service administratif performante.

1377. En effet, les réformes de la fonction publique ne peuvent s'engager en Afrique et au Tchad en particulier, sans évoquer la question de sa dépolitisation. Lorsque le président Idriss Deby pointait le faible rendement de l'administration publique au Tchad, dans son discours lors de la promulgation de la constitution de la 4e République, les médias, lui ont répondu, que s'il *« a besoin d'un rendement meilleur, il doit dépolitiser l'administration tchadienne en général*[38]*»*. Cette dépolitisation de l'administration publique rencontre d'énormes difficultés dans sa mise en œuvre.

a. La dépolitisation de la fonction publique pour éviter toute crise de déperdition des ressources techniques

1378. Si l'administration publique tchadienne ne parvient pas à se débarrasser de manière effective de sa politisation par les acteurs politiques, la conséquence initiale qui en découle est la perte considérable de ressources humaines. Il s'agit essentiellement d'une diminution des compétences techniquement qualifiées. En effet, lorsque ces compétences sont affectées par les frustrations liées à l'ingérence politique, il devient préférable pour elles de se tourner vers le secteur privé pour mieux valoriser leurs aptitudes. Ainsi, on assiste concrètement à une fuite des cerveaux ou du capital humain qui choisit désormais d'exercer ses activités dans le secteur privé, que ce soit sur le territoire national ou à l'étranger, dans le but d'être traité de manière plus adéquate en termes de gestion des ressources humaines et de rémunération. C'est dans ce contexte que de nombreux travailleurs qualifiés africains optent pour l'émigration, privant ainsi leur pays d'une des ressources les plus précieuses : le capital humain[39].

1379. D'après Frédéric DOCQUIER, *« l'ampleur du phénomène est importante. Plus de 20 000 professionnels africains s'exilent chaque année*[40]*»*.

---

[37]-SAMI(Salhab), « Les composantes rationnelles d'une réforme administrative », *Confluences Méditerranée*, 2003/4 (n° 47), p. 79-95. DOI : 10.3917/come.047.0079. URL : https://www.cairn.info/. Consulté le 16/12/2018].

[38]- Idem

[39]-DOCQUIER (Frédéric), Fuite des cerveaux et inégalités entre pays. Revue d'économie du développement 2/2007 (Vol. 15) , p. 49-88

[40]-Ibid.

Le départ des cerveaux africains est influencé par la politisation de l'administration. Cette politisation, qui suscite des frustrations chez les professionnels, est d'autant plus ressentie en Afrique noire.

1380._Au Tchad, comme dans de nombreux autres pays d'Afrique, les cadres utilisent fréquemment les moyens d'émigration pour échapper aux découragements ou aux frustrations de l'administration en raison du privilège de la politisation. La qualité des services fournis ne peut jamais satisfaire l'intérêt général dans ces conditions difficiles. Il est nécessaire de dépolitiser la fonction publique pour assurer une performance générale.

b. Nécessité de la dépolitisation de la fonction publique pour sa performance

1381. Lorsque la recherche de sa performance devient un défi, il est nécessaire de dépolitiser la fonction publique. Et dans ce cadre, c'est essentiellement un appel à la modernisation de l'administration publique. La professionnalisation et la valorisation des ressources humaines qualifiées favorisent, entre autres, *« la performance dans la fonction publique »*. Dans le même sens, Manoëlle Joos de ter BEERST écrivait que *« la performance doit être le principe à accepter pour la fonction publique dans la gestion de son personnel*[41] *»*.

1382.Étant donné que l'administration publique ne vise pas le profit, son premier objectif est la recherche du bien commun. Elle doit faire en sorte que sa performance soit quelque chose de nécessaire dans la conduite de l'administration publique afin d'aboutir à *« une efficacité du système pour tous*[42]*»*. Il faut, en réalité, convenir avec Jim LAPIN qui soutient que *« ces objectifs de performance prennent des dimensions multiples. Ils se traduisent d'abord par la recherche de l'efficience et de l'efficacité de la dépense publique, en orientant la gestion vers des résultats prédéfinis. Ils désignent aussi les exigences de qualité de service rendu à l'usager. Enfin, ils visent l'efficacité socio-économique qui indique l'impact de l'administration sur l'environnement économique, social, écologique, sanitaire ou encore culturel*[43]*»*.

1383. Il apparaît important que des réflexions soient orientées sur la lutte pour la dépolitisation de l'administration. Cette dépolitisation est une voie sûre pour faire émerger la fonction publique vers un modernisme. Mais de façon très spécifique, il convient de se demander quels sont les fondements réels de la dépolitisation de l'administration au Tchad en guise de justificatif ?

2. Fondements de la dépolitisation de l'administration au Tchad

1384. Si l'administration publique fonctionne en s'attachant aux principes de la neutralité politique, tels que garantis par la constitution, cela veut dire alors

---

[41]- JOOS DE TER BEERST(Manoëlle), Démocratie ou particratie ? 120 propositions pour réformer le système belge. Moderniser l'administration publique pour une meilleure performance. Pyramides, 8 | 2004,191-197.

[42]-*Ibid.*

[43]- LAPIN(Jim), Performance et fonction publique de l'État : les récentes réformes. Revue française d'administration publique, 3/2009 (n° 131), p. 601-614

que la réclamation de la dépolitisation, se fait sur des fondements légaux. Ainsi, ces valeurs constitutionnelles constituent des bases légales pour la lutte contre les discriminations politiques dans l'administration publique.

1385. La politisation de l'administration fait partie de la discrimination. Alors que les principes constitutionnels prônent la non-discrimination[44]. Selon une étude de la francophonie, *« le premier grand chantier de réforme administrative auquel l'Afrique devra faire face est celui de la dépolitisation de l'administration*[45] *»*.La dépolitisation s'impose constitutionnellement, et par conséquent, elle doit s'appliquer afin de favoriser l'installation des réformes administratives.

a. La neutralité politique

1386. Déjà mentionné, l'article 56 de la constitution du Tchad est constitutionnellement le fondement juridique ou le principe de la dépolitisation de l'administration. Cet article, affirmant que *« l'État garantit la neutralité politique de l'administration et des forces armées et de sécurité*[46]*»*, veut, en effet, insister sur une administration, qui doit être *« apolitique »*. En outre, l'État garantit la dépolitisation de l'administration. Ce principe constitutionnel exige que le service public soit dirigé par l'intérêt général, sans pour autant être influencé de manière générale ni par les intérêts privés, ni par les hommes politiques qui gèrent le pouvoir.

1387. Si l'administration est dépolitisée, il va de soi que même les personnes chargées de sa gestion devront se comporter conformément au principe constitutionnel qui établit l'apolitique de l'administration publique. C'est alors nécessairement un climat d'encouragement du côté des agents, qui s'acquittent désormais de leurs tâches administratives dans l'impartialité. Il a toujours été démontré que la lutte pour la neutralité politique de l'administration consiste à protéger les fonctionnaires contre les discriminations politiques.

b. Garantie de la neutralité politique de l'administration, une forme de protection des fonctionnaires contre les discriminations politiques

1388. Il faut combattre les discriminations politiques dans le cadre de la dépolitisation de l'administration. La lutte se déroule sur des bases légales. Les fonctionnaires sont protégés contre ces discriminations politiques par le statut de la fonction publique et par les valeurs constitutionnelles. Les fonctionnaires sont protégés par le principe de l'égalité devant la loi, établi par la Constitution tchadienne dans ses articles 13 et 14 et incorporé à l'article 5 de la loi n°017/PR/2001 portant statut général de la fonction publique en matière d'accès aux emplois publics. L'article 10 de la loi n°017 ci-dessus prévoit également la lutte contre ces discriminations politiques. C'est en particulier une lutte contre les discriminations liées aux libertés d'opinion politique. Est-ce qu'il faut aussi

---

[44]- STENMANS(Alain), « Pratiques de politisation des administrations publiques », *Pyramides*, 3 | 2001, 31-54.

[45] -Voir : article : Les cinq réformes nécessaires dans l'administration publique en Afrique, développé par Louis-*Marie KAKDEU*, PhD & MPA – *Libre Afrique*, http://www.imanifrancophone.org/. Consulté le 16/12/2018].

[45]-*Idem*

[46]-Idem

aborder les discriminations tribales en Afrique, y compris la neutralité politique de l'administration ? Les textes cités ci-dessus, protègent valablement les agents publics contre la discrimination tribale ou par rapport à l'appartenance de la tribu.

1389. Même s'il était juridiquement possible d'implanter la dépolitisation dans la fonction publique afin de lutter ainsi contre les discriminations politiques, il faut, à un moment donné, identifier les limites de ses actes ou de ses attentes et reconnaître les exigences du droit d'expression aux opinions politiques. Comment pouvons-nous reconnaître les limites de la dépolitisation et les exigences de droit d'expression aux opinions politiques ?

B. Les limites reconnues à la dépolitisation et les exigences de droit d'expression aux opinions politiques

1390. Certaines impositions politiques ne peuvent jamais être mises en évidence même si le principe de la dépolitisation de la fonction publique est défendu pour des raisons fondamentales. En d'autres termes, l'action de dépolitisation de l'administration ne peut être contraire au principe de la subordination de l'administration au pouvoir politique. Conformément au *« principe du respect des droits des citoyens*[47] *»*., cette dépolitisation ne peut pas enlever le droit d'adhésion aux partis politiques reconnu aux fonctionnaires.

1391. La lutte contre la dépolitisation de l'administration est faible en raison du subordination de l'administration au pouvoir politique. Il est important de préciser que le droit d'adhésion aux partis politiques reconnus aux fonctionnaires renforce encore plus la politisation de l'administration dans ce contexte.

1. Subordination de l'administration au pouvoir politique

1392. La subordination de l'administration *« au pouvoir politique*[48] *»* est un principe constitutionnel qui ne peut être contesté. L'administration est donc soumise, en général, aux orientations et aux actions des autorités politiques qui se revendiquent du suffrage universel et qui représentent le pouvoir exécutif. Le Premier ministre est le chef du gouvernement.

1393. Pour la question de la subordination de l'administration au pouvoir politique, le droit constitutionnel et la mondialisation ne se développent pas seulement au Tchad. Pour que le principe de légitimité démocratique soit respecté, il faut nécessairement que l'administration soit soumise aux organes politiques élus.

---

[47]-Une protection des droits plus proche des citoyens : le médiateur aux niveaux local et régional : actes, Messine (Italie), 13-15 novembre 1997. Council of Europe, 1998 – 118 pages, p. 8.

[48]- GOOSSE(Jean-François), Réaction du GERFA : l'idéologie managériale contre l'État, ou l'ultime réforme de l'administration fédérale belge. Pyramides, 2 | 2000, 191-207.

a. Soumission aux autorités politiques tirant la légitimité du suffrage universel et incarnant le pouvoir exécutif

1384. Le président de la République exerce le pouvoir exécutif au Tchad. L'unité nationale est représentée par le président de la République, qui est l'élu de la Nation. L'article 84 de la constitution de 2018 précise que le président de la République est le Chef de l'État, Chef du gouvernement et de l'administration. Il exerce le pouvoir réglementaire en déterminant et en menant la politique de la Nation. Il désigne, à leur tour, les responsables du gouvernement. Il définit leurs responsabilités et met un terme à leurs mandats. Le Conseil des ministres est présidé par le président de la République qui promulgue les lois. En règle générale, le président de la République a recours à ses hommes politiques de confiance pour faciliter la mise en œuvre de son programme d'action au profit de la nation, dont l'exécution est effectuée par l'administration. Ainsi, les orientations et actes du président de la République touchent profondément les activités de l'administration publique, c'est-à-dire les nominations, les recrutements, etc. Mais il faut préciser qu'à l'heure actuelle, avec une situation agressive politique qui conduit à la mort le président en avril 2021, le Tchad fonctionne avec un premier ministre et un président du conseil militaire de transition, sans nouvelle constitution. Il fonctionne pour le moment sur la base d'une charte politique.

1395. En effet, il est à noter que l'administration en tant que telle relève du gouvernement et qu'il lui appartient de définir les grandes lignes de la politique de la nation, qui doivent normalement être adoptées en Conseil des ministres sous la responsabilité du président de la République. Les membres du gouvernement ont des statuts politiques, car ils représentent leurs partis au sein du gouvernement. Dans ces conditions, il est nécessaire d'adhérer aux analyses, qui montrent que *« dans les démocraties durables et fonctionnelles, les partis sont en général solidement enracinés dans des sous-structures spécifiques de la société. Ils assurent le lien entre la société civile et les institutions gouvernementales et sont vus comme des composantes nécessaires de tout système démocratique moderne*[49]*»*. Même s'il avait été prévu un système de subordination de l'administration au pouvoir politique, les réflexions ont tout de même aidé à reconnaître une exception à ce principe.

b. Exception au principe de la subordination de l'administration au gouvernement

1396. Dans la théorie du droit administratif, le principe de la subordination de l'administration au gouvernement découle du principe de la soumission de l'administration au politique[50]. Malheureusement, des informations relevant du

[49]-Source du site de réseau du savoir électoral ACE : http://aceproject.org/.[Consulté le 16/12/2018].

[50]-Voir : Fiche de niveau 2, d'Anne Gazier d'Institutions administratives / 29 décembre 2007, dans le site suivant : www.france-jus.ru/ /. [Consulté le 05/04/2018].

domaine de l'administration, prouvent que cette subordination administrative se réduit considérablement, face à certaines administrations qui bénéficient d'une autonome telle que : les collectivités et les personnes publiques spécialisées qui fonctionnent comme des personnes morales du droit public distinct de l'État. Une telle autonomie permet, cependant, d'éviter une soumission au gouvernement, produit politique. Et les agents publics peuvent bénéficier facilement des règles et des droits qui les protègent du pouvoir politique.

1397. Il est donc vrai que le principe constitutionnel de la soumission à l'administration au gouvernement rencontre des difficultés à s'appliquer par les autorités administratives autonomes. En particulier dans les collectivités territoriales, l'influence politique du gouvernement ne peut être réduite que si elles ont une fonction publique territoriale qui s'inspire des principes de la fonction publique d'État.

1398. Une mission constitutionnelle contrôle la légalité des actions des administrations autonomes du moins pour les collectivités locales. Dans cette mission constitutionnelle, Mustapha EL AMRANI estime que *« le contrôle administratif exercé par le représentant de l'État dans les collectivités territoriales est invoqué comme corollaire du principe de libre administration locale. Il traduit, en réalité, le caractère fortement affiché d'un État jacobin et unitaire, bien que constitutionnellement décentralisé*[51] *».*

1399. Bien que les collectivités locales, personnes morales de droit public ayant la personnalité morale et l'autonomie financière, s'appuient sur le principe de libre administration, sont néanmoins soumises, dans leurs décisions, au contrôle des représentants de l'État pour s'assurer du respect des lois et règlements[52]. Il est également important de protéger le droit d'adhésion aux partis politiques reconnus aux fonctionnaires en reconnaissant les limites de la dépolitisation et les exigences de droit d'expression aux opinions politiques.

2. Droit d'adhésion aux partis politiques reconnus aux fonctionnaires

1400. L'adhésion à un parti politique n'est pas interdite aux fonctionnaires de l'État tchadien. La Loi Constitutionnelle n°017/PR/2020 du 14 décembre 2020 du Tchad, en son article 28, prévoit, que *« les libertés d'opinion et d'expression, de communication, de conscience, de religion, de presse, d'association, de réunion, de circulation, de manifestations sont garanties à tous*[53] *»*. Selon l'article 10 de la loi n°017/PR/2001 portant Statut Général de la Fonction Publique, *« la liberté*

---

[51]- EL AMRANI(Mustapha), Le contrôle de légalité du préfet sur les actes des collectivités locales : quelle efficacité ? Master « administration publique » parcours « administration publique spécialisée », Université de Strasbourg, École nationale d'administration, CIP promotion Jules VERNE (2013-2014), p. 2.

[52]- BAGUENARD(Jacques), Introduction. La décentralisation, Paris, Presses universitaires de France, « que sais-je ?», 2004, 128 pages

[53] -Voir : article 28 de la Constitution de la république du Tchad promulguée le 04 mai 2018.

d'opinion est reconnue aux fonctionnaires[54]*».* Mais il faut, que cette adhésion se fasse en conformité avec les lois en vigueur.

1401. S'il est reconnu un droit d'adhésion aux partis politiques reconnus aux fonctionnaires, comment doit-il être exercé ? Et face à cette liberté, quelles sont les conditions imposées à l'exercice de ce droit d'expression aux opinions politiques ?

a. Pourquoi adhérer à un parti politique ?

1402. Des analyses pertinentes entendent par *« parti politique tout groupe organisé de particuliers partageant au moins généralement les mêmes visées et opinions politiques, et cherchant à influer sur les politiques publiques par l'élection de leurs candidats à des charges publiques*[55]*».* D'autres prennent pour des partis les groupes qui se revendiquent « partis[56] ». Cette définition, simple, appelle deux objections contradictoires. Toutes les organisations partisanes, n'endossent pas le terme « *parti* » dans leur sigle et tous les groupements politiques ne sont pas considérés par les commentateurs et les protagonistes comme également dotés d'objectivité partisane[57] .

1403. Le dictionnaire Larousse donne une définition de synthèse, en considérant un parti politique comme *« un groupe de personnes réunies par une communauté d'opinions, d'intérêts. En fait, ils sont du même parti ; ils ont les mêmes idées*[58]*».*Ainsi, les fonctionnaires tchadiens ont cette liberté garantie par la constitution et les textes de base de la fonction publique d'adhérer à un parti politique de leur choix, dont l'importance est de soutenir des partis en concurrence dans le cadre des systèmes politiques compétitifs. C'est un droit d'adhésion qui permet à ces agents publics de participer librement à la réflexion du parti en question pour défendre des intérêts, des idées ou des visions face à la politique.

1404. Selon un manuel d'information et de formation imprimé par Friedrich Ebert au Cameroun *« l'engagement au sein d'un parti politique, bien qu'il puisse être spontané ou consécutif à une expérience personnelle marquante se doit d'être le résultat d'une démarche construite, réfléchie et guidée par des motivations bien comprises et bien cernées »*[59]. Toutefois, ce droit s'exerce dans la légalité, c'est-à-dire en respectant les textes en vigueur, et c'est ce qu'il faut d'ailleurs aborder dans la prochaine étape.

---

[54] - Voir : article 10 de la loi n°017/PR/2001 portant sur le Statut général de la Fonction publique, article précité, supra n°1073.

[55]-Source : aceproject.org › ... › Lois et règlements sur les partis politiques

[56]-Voir l'article de Michel OFFERLÉ : professeur de sciences politique, université de Paris-I, Centre de recherches politiques de la Sorbonne, Laboratoire de sciences sociales de l'École normale supérieure, concernant : partis politiques dans le site suivant : https://www.universalis.fr.

[57]- OFFERLÉ(Michel), Partis politiques – théorie. EncyclopædiaUniversalis [en ligne], consulté le 3 mars 2016. URL : http://www.universalis.fr/.[Consulté le 16/12/2018].

[58]-Dictionnaire de français Larousse, Éditions Larousse, 2021.

[59]-Manuel d'information et de formation : les jeunes et l'engagement en politique, by Friedrich Ebert Stiftung, Yaoundé (Cameroun), 2014, p 16,

b. Conditions imposées à l'exercice de droit d'expression aux opinions politiques

1405. Même si le droit constitutionnel reconnaît aux fonctionnaires et aux citoyens tchadiens en général, le droit de la jouissance des libertés publiques, il doit s'effectuer en considérant certaines limites de ce droit. Ainsi, la constitution qui donne ces libertés publiques, et même les textes de la fonction publique en vigueur qui donnent aussi le droit d'adhérer aux partis politiques de leur choix se font encadrer, juridiquement. À cet effet, l'article 28 de la Constitution qui autorise « les libertés d'opinion et d'expression, de communication, de conscience, de religion, de presse, d'association, de réunion, de circulation, de manifestations sont garanties à tous », impose, que, ces libertés *« ne peuvent être limitées que par le respect des libertés et des droits d'autrui et par l'impératif de sauvegarder l'unité nationale, l'ordre public et les bonnes mœurs*[60]*»*. La Loi n°017/PR/2001 portant Statut Général de la Fonction Publique qui reconnait aussi *« la liberté d'opinion »* particulièrement aux fonctionnaires. Mais ces fonctionnaires expriment *les « opinions politiques, philosophiques ou religieuses en dehors du service*[61]*»*. Sur cette base, aucune discrimination ne peut être faite entre les fonctionnaires ou à leur égard par leurs autorités administratives hiérarchiques en raison de leurs opinions politiques. Cependant, même si ces fonctionnaires disposent alors de ce droit de liberté d'adhésion à un parti politique, ils doivent se conformer aux règles de droit qui leur demandent d'exprimer leurs opinions politiques en dehors de l'administration. Dans ces conditions, les ministères ne peuvent aussi être considérés comme des bases des cellules politiques.

1406. L'objectif général de la dépolitisation de l'administration est de démontrer son importance dans une fonction publique. Une politique en faveur de la réforme de l'administration des douanes tchadiennes ne peut mener à ce genre d'action.

Section II.
De l'administration des douanes tchadienne

1407. La dépolitisation de l'administration des douanes tchadienne est une exigence pour sa modernisation et pour qu'elle mobilise énormément de ressources. Elle ne peut s'inscrire sur les voies de la modernisation sans pour autant accorder une attention particulière à ce sujet. Dans cette section, il convient d'aborder, en premier lieu, les facteurs facilitant la dépolitisation et les voies de sauvegarde de l'intégrité (**Paragraphe.1**) et ensuite, les buts de cette dépolitisation en faveur de l'administration des douanes (**Paragraphe. 2**).

---

[60]-Voir : article 28 de la Constitution promulguée le 04 mai 2018 et révisée par la Loi Constitutionnelle n°017/PR/2020 du 14 décembre 2020 du Tchad, article précité, supra n° 1033

[61]-Voir : article 10 de la loi n°017/PR/2001 portant sur le Statut général de la Fonction Publique.

§1.Facteurs facilitant la dépolitisation et voies de sauvegarde de l'intégrité

1408. L'un des facteurs clés pour moderniser l'administration de manière générale est la dépolitisation en tant que telle. Elle devient une contrainte pour les douanes tchadiennes qui souffrent aujourd'hui, des conséquences de la politisation. Il est utile de réfléchir sur les facteurs qui facilitent la dépolitisation de l'administration des douanes, considérée comme difficile, ainsi que sur les moyens de préserver son intégrité dans ces conditions.

1409. Comme il avait été démontré, la dépolitisation des administrations en général, fait partie des étapes de leurs réformes. Il existe de nombreux facteurs qui facilitent la dépolitisation de l'administration des douanes. Les mesures de dépolitisation sont également considérées comme des moyens de préserver l'intégrité de l'administration des douanes.

A. Facteurs facilitant la dépolitisation de l'administration des douanes

1410. De nombreuses études montrent l'importance de la dépolitisation en faveur des réformes des administrations. Elle est encore davantage sollicitée dans les administrations douanières pour le fait qu'elles sont des services publics spécialisés et sensibles. Quels en sont alors les facteurs facilitant cette dépolitisation dans les administrations des douanes ?

1411. Il existe deux facteurs, qui sont considérés comme déterminants, facilitant la réalisation de la dépolitisation de l'administration des douanes. Il s'agit, des facteurs internes et externes qui sont souvent visés.

1. Facteurs internes facilitant la dépolitisation de l'administration des douanes

1412. Des analyses ont permis de dégager deux types de facteurs internes facilitant la dépolitisation de l'administration des douanes. Il s'agit de mettre l'accent sur les luttes syndicales[62] et la volonté politique.

1413. Les luttes syndicales sont indispensables dans les changements socio-économiques. Selon Cheik Faty FAYE, *« les luttes syndicales jouent indéniable dans le développement socio-économique de l'Afrique*[63] *»*. Si l'accent est mis sur le syndicalisme, c'est parce qu'il apparaît comme une voie à travers laquelle la lutte contre la politisation de l'administration des douanes peut s'engager. Les syndicats se mobilisent souvent face aux réformes en Afrique[64], et dans les secteurs

---

[62]- ANDREW(Brown), « Un contexte institutionnel et politique défavorable au mouvement syndical », *Chronique Internationale de l'IRES*, 2016/4 (n° 156), p. 21-33. DOI : 10.3917/chii.156.0021. URL : https://www.cairn.info/.[Consulté le 03/07/2018].

[63]- FAYE (Cheikh Faty), Les luttes syndicales dans le développement socio-économique de l'Afrique - Le cas du Sénégal, Paris, France, Editions L'Harmattan (Septembre 14, 2020).

[64]- RUBBERS(Benjamin), ROY(Alexis), Entre opposition et participation, les syndicats face aux réformes en Afrique. Introduction , *Revue Tiers Monde*, 2015/4 (n° 224), p. 9-24. DOI : 10.3917/rtm.224.0009. URL : https://www.cairn.info/. [Consulté le 05/04/2018].

administratifs. La dépolitisation peut provenir par la conscience de la volonté politique.

a. Luttes syndicales

1414. De façon générale, les organisations syndicales sont apolitiques et ont pour objectif de défendre ou de faire la promotion d'intérêts professionnels communs. Pour le dictionnaire Larousse, *« un syndicat est un groupement constitué pour la défense d'intérêts professionnels ou catégoriels communs*[65]*»*. Au Tchad, l'UST[66] dont fait membre le syndicat de la douane tchadienne, dénonce souvent la mauvaise gouvernance de l'administration, mais en mettant un accent particulier sur celle de la douane. Selon l'UST, *« la douane est un cas particulier parmi les autres services de l'État*[67]*»*. Ces luttes syndicales peuvent, en réalité, aider à obtenir les meilleures conditions de travail, dont font partie les frustrations ou les stress au travail créés par le fait de la politisation.

1415. Le syndicat de la douane tchadienne est resté longtemps inefficace. Il vient de se réorganiser, mais n'aborde pas encore les véritables difficultés liées à la lutte contre la politisation de cette institution. Il est nécessaire d'agir, comme les organisations syndicales douanières en Afrique qui font de la dépolitisation des administrations douanières leur cheval de bataille. Cependant, il est assez objectif de souligner que la dépolitisation effective doit être accomplie par la volonté politique.

b. Soutien de la volonté politique en faveur de la dépolitisation

1416. Il est crucial de soutenir la volonté politique en faveur de la dépolitisation de l'administration de la douane. Bien que les réformes des douanes aient été annoncées avec de bonnes intentions, la volonté politique n'a pas été exprimée pour dépolitiser cette administration. Certaines concluent, comme celles de Guy Dabi GAB-LEYBA montrent, qu'il *« est permis de douter du succès de ces réformes du fait principalement du manque de la volonté politique. Ce cas particulier de la douane peut être généralisé à l'ensemble des actions de réforme des finances publiques du pays. Leur réussite est conditionnée à une volonté au sommet de l'État*[68]*»*. La dépolitisation de l'administration suscite d'ailleurs une mobilisation politique très importante, notamment des détenteurs du pouvoir politique. Cette volonté politique est une condition sine qua non de la lutte contre les manœuvres politiques, souvent organisées, dans les administrations des douanes. Et cette volonté, doit s'accompagner, en réalité, par une prise de responsabilité.

1417. L'effort de dépolitisation de l'administration des douanes participe cependant au succès du projet de réformes douanières, lancé par les responsables politiques. L'engagement de soutenir la politique de modernisation des douanes

---

[65]-Voir au sujet du syndicat sur le site : http://www.larousse.fr/.[Consulté le 03/07/2018].

[66] - Union des syndicats du Tchad(UST)

[67]-MEMORANDUM/UST/2015 au Tchad

[68]-Voir : article sur les FAITS : à la découverte de la douane tchadienne consultable dans le site suivant : www.croset-td.org/.[Consulté le 03/07/2018].

sur le plan financier, matériel et technique est aussi logique que la question de la politisation, qui constitue un obstacle majeur à ce projet, soit un sujet de préoccupation auxquels doivent faire face les dirigeants politiques. La confiance réciproque entre le pouvoir politique et l'administration est également nécessaire au bon fonctionnement de l'appareil étatique.

1418. De tout cela, pourquoi, n'est-il pas aussi important, de s'appuyer sur certains éléments extérieurs qui peuvent contribuer à cette dépolitisation de l'administration des douanes ?

2. Facteurs externes facilitant la dépolitisation de l'administration des douanes

1419. La dépolitisation de l'administration des douanes peut également être favorisée par des facteurs externes. Les stratégies pertinentes ont été mises en place grâce à des analyses. L'objectif est de faire de la dépolitisation de l'administration des douanes par les partenaires au développement une des conditions de l'aide aux réformes douanières.

1420. Étant donné l'importance de la dépolitisation, n'est-il pas également indispensable de penser la mise en place d'un cadre de réflexion sur ce problème ? L'OMD pourrait appuyer cette réflexion sur la dépolitisation de l'administration des douanes en Afrique Centrale.

a. Imposition de la dépolitisation des douanes par les partenaires

1421. Les partenaires financiers pourraient voir dans la dépolitisation de l'administration des douanes une des conditions d'aide aux États aux réformes douanières. Il s'agit d'une voie restrictive, qui peut se développer particulièrement dans les pays africains dont le budget public ne dépend, d'ailleurs que des douanes.

1422. Si les partenaires ou les bailleurs de fonds s'intéressent à investir dans des projets de réformes douanières en Afrique, en particulier au Tchad, ils doivent également s'assurer de leurs réalisations concrètes. La politisation de l'administration des douanes est d'autant plus préoccupante qu'elle met en péril *« la gestion des ressources humaines au sein de la fonction publique »*[69] . La dépolitisation de l'administration des douanes pourrait être imposée comme une condition liée à l'aide des partenaires ou des bailleurs de fonds pour lutter efficacement contre cette politisation.

1423. Les partenaires extérieurs à la sphère publique, aux côtés des administrations et des douanes, devraient contribuer à mettre en place une politique efficace en faveur de leur réforme. Ceci permettrait, par exemple, de prendre en compte les compétences ou la gestion efficace des ressources humaines, facteur de performance des administrations publiques. Il s'agit de la prise en compte du financement des formations et des dotations des moyens nécessaires pour le bon fonctionnement de l'administration des douanes. En plus de tous ces éléments mentionnés, dans le cadre de la facilitation de la

---

[69]- DUVILLIER(Thibaut),, Administration du personnel ou gestion des ressources humaines au sein de la fonction publique ? Pyramides, 2 | 2000, 57-66.

dépolitisation de l'administration, pourquoi ne pas envisager la constitution nécessaire d'un cadre de réflexion sur cette dépolitisation très largement étendu en Afrique central ?

b. Création d'un cadre de réflexion sur la dépolitisation des douanes en Afrique centrale

1424. Il est très important de créer un cadre de réflexion sur la dépolitisation de l'administration des douanes. Le problème de la politisation en Afrique en général et au Tchad en particulier est inquiétant et ne facilite pas la modernisation des services douaniers.

1425. Des séminaires importants ont eu lieu dans plusieurs régions de l'Afrique pour discuter des stratégies à adopter pour avancer ces projets de modernisation. Cependant, parmi les problèmes réels de la douane, la politisation, perçue comme un problème préoccupant, ne suscite pas une attention suffisante. Il est nécessaire de créer un cadre de réflexion sur la dépolitisation, en particulier en Afrique centrale. Il peut s'agir d'un regroupement d'unions des syndicats des douanes Africaines ou de cadres douaniers qui se réunissent autour de ce phénomène, se constituant comme un blocus face aux progrès de la réforme et de la modernisation des douanes dans cette sous-région.

1426. Il s'agit d'un cadre de réflexion qui, techniquement et objectivement, doit montrer aux autorités politiques les effets graves que la politisation d'une administration telle que la douane peut avoir sur les pertes de recettes douanières. Il est possible de mettre en place tous les points de vue et propositions pour faciliter l'administration des douanes tchadiennes dans la mise à jour ou la sauvegarde de leur intégrité.

B. Voies de sauvegarde de l'intégrité de l'administration des douanes

1427. La politisation de l'administration des douanes concerne en fait deux aspects. Elle s'adresse principalement au système de l'embauche et de la nomination qui sont pourtant les piliers sur lesquels s'appuyer pour assurer la performance ou la modernisation des douanes. Il est recommandé de préserver l'intégrité de l'administration des douanes en mettant en avant la dépolitisation du système de recrutement, les nominations partisanes et la professionnalisation des agents de la fonction publique en général, en particulier ceux de la douane.

1428. L'instrumentalisation du recrutement et des nominations partisanes dans l'administration des douanes tchadiennes remet en cause les réformes en cours dans ce domaine. Il est nécessaire que les luttes syndicales et les autorités supérieures mènent une dépolitisation efficace pour assurer les progrès des réformes douanières au Tchad. De nombreux rapports indiquent que les mêmes problèmes se posent dans d'autres pays africains. Les voies de préservation de l'intégrité de l'administration des douanes sont compromises par cette dépolitisation.

1. Dépolitisation du système de recrutement et des nominations partisanes

1429. La modernité de l'administration des douanes nécessite la dépolitisation du système de recrutement et de nomination. Il s'agit d'un service technique qui exige des compétences professionnelles. Le recouvrement des marchandises et des douaniers litigieux se fait sur une base hautement technique. En cas de contestation, les agents qualifiés sont tenus de défendre les intérêts de l'administration. Les douaniers doivent avoir une grande connaissance de la législation et des règlements douaniers en général.

1430. Il est démontré dans toutes ces démonstrations que les aspects techniques de la douane nécessitent une certaine rigueur lors des recrutements et des nominations des agents.

a. Recrutement des fonctionnaires tchadiens sur des critères objectifs

1431. Le recrutement effectué dans la fonction publique doit nécessairement se faire selon des critères objectifs. Les critères sont liés aux règles de droit et de bonne gouvernance. Il est important de respecter les principes d'égalité devant la loi, de mérite et de transparence. Le principe d'égalité est fondamentalement constitutionnel et sacré. L'article 5 de la loi n°017 mentionné précédemment est repris dans les textes de la fonction publique. La loi garantit l'accès aux emplois publics en respectant le principe de l'égalité de droits.

1432. Le recrutement de la fonction publique devrait être effectué par concours, conformément au système de mérite. Et c'est d'ailleurs ce que prévoit la loi n°017 dans son article 41 qui précise que *« les recrutements s'opèrent par voie de concours »* [70], tout en reconnaissant qu'il y a eu *« recrutement sur poste en vue de répondre à des besoins ponctuels et clairement identifiés, notamment sur des emplois très techniques, pour lesquels le nombre de candidats s'est avéré inférieur au nombre de postes à pourvoir »*[71]. Il est nécessaire de respecter les règles de la fonction publique en ne recrutant que des agents publics par concours pour améliorer les compétences méritantes, afin que l'administration douanière puisse fournir un service de qualité.

1433. En ce qui concerne la transparence, c'est un aspect essentiel de la bonne gouvernance qui est discuté dans les parties suivantes. Cependant, il est important de noter que si la fonction publique met en place le recrutement par le mérite et de manière transparente, les fonctionnaires seront très incités à appliquer leurs connaissances professionnelles de manière objective. L'administration publique devient plus *« méritocratique »*[72] en appliquant la logique de transparence. Si le recrutement des fonctionnaires tchadiens est basé sur des critères objectifs, la dépolitisation du système de nomination partisane doit également être imposée.

---

[70]-Loi n°017/PR/2001 portant sur le Statut général de la Fonction Publique, Tchad, article 41.

[71]-Ibid.

[72]-Centre d'études d'Afrique noire: L'Afrique politique, 2001 : réformes des États africains, Paris, France, Éditions Karthala 2001, p. 37.

b. Dépolitisation du système des nominations partisanes

1434. La pratique des nominations partisanes par le gouvernement ou les autorités douanières est très répandue dans les administrations des douanes d'Afrique en général et surtout dans les douanes tchadiennes. Les incompétents ont souvent pour but de garantir les intérêts du parti dans de telles situations. L'intérêt général n'est pas entretenu objectivement dans ces conditions. Les cadres qualifiés de leur profession sont frustrés et découragés par ces types de nominations.

1435. Les cadres, découragés, ne sont pas disposés à appliquer le savoir-faire réellement dans l'intérêt du service. Il s'agit de dépolitiser le système de nomination qui s'appuie trop souvent sur l'appartenance politique. Cette dépolitisation vise à ramener les véritables techniciens à leurs fonctions, à leurs occupations. Il y a donc lieu de mettre l'accent sur la professionnalisation des agents de la fonction publique.

2. Professionnalisation des agents de la fonction publique

1436. Selon Richard WITTORSKI, *« le thème de la professionnalisation rencontre aujourd'hui un vif succès non seulement dans le champ de la formation mais aussi dans celui du travail. Les raisons régulièrement avancées insistent notamment sur la nécessité de finaliser davantage les apprentissages par rapport aux situations de travail, d'articuler plus étroitement travail et formation, de développer des expertises multiples,... dans des contextes d'activité qui changent de façon quasi-permanente »*[73]. Il démontre par ailleurs, que *« le mot professionnalisation est apparu successivement dans des espaces et à des époques différentes (groupes sociaux dès la fin du 19ème siècle, entreprises et milieu de la formation depuis quelques décennies, singulièrement en France) pour signifier des intentions variées : entre volonté d'un groupe d'individus partageant la même activité de s'organiser sur un marché libre, intention des organisations/institutions de "faire bouger" les salariés de manière à accompagner une flexibilité grandissante du travail et souhait de contribuer au développement des compétences des individus par la formation tout en augmentant l'efficacité de l'acte de formation*[74]*»*.

1437. La professionnalisation des agents de la fonction publique en général et des douanes en particulier est de plus en plus nécessaire. L'objectif est une révision des RH et une formation de qualité des fonctionnaires.

a. Valorisation des ressources humaines

1438. Une définition assez intéressante, que donne Ali SERHANI attire énormément l'attention. Selon ce consultant, *« la valorisation des ressources humaines est l'acte par lequel l'entreprise permet à chacun, homme ou femme*

---

[73]-Voir : notion de la professionnalisation Selon Richard WITTORSKI sur le site suivant : http://www.philippeclauzard.fr/.Consulté le 03/07/2018].

[74] -*Idem*

exerçant en son sein, de retrouver sapropre valeur »[75]. Ainsi, pourquoi, une telle définition ne peut-il pas aussi concerner les agents de l'administration publique ?

1439. Pour valoriser les ressources humaines dans l'administration publique, il est important de mettre en avant les logiques professionnelles et de reconnaître l'importance de la gestion des ressources humaines. Il est important de bien utiliser ces ressources humaines, en reconnaissant leurs droits aux avantages financiers et en les encourageant à évoluer dans leur carrière administrative.

1440. Actuellement, il est nécessaire de valoriser les ressources humaines dans l'administration des douanes tchadiennes, car le personnel qualifié est stressé et frustré, estimant qu'il est mal géré et que ses compétences ne sont pas prises en compte dans le plan professionnel. La perte de cette performance professionnelle pourrait être causée par ce découragement. Tandis que la gestion des ressources humaines est la clé du succès et de la performance à long terme de toute entreprise.

1441. Dans les analyses pertinentes de Serge VALLEMONT, il faut alors considérer d'une part, *« la valorisation des ressources humaines, comme point de passage obligé de toute modernisation »*[76], d'autre part, *« la rénovation de la gestion des ressources humaines indispensables pour répondre aux attentes des fonctionnaires »*[77]. Sur ce chemin de la valorisation des ressources humaines, il a été question de soulever le problème de la formation continue des fonctionnaires.

b. La question de la formation continue des fonctionnaires

1442. Selon les analyses de Goran VUKOVIC, Bruno ZAVRSNIK, Blaz RODIC et Gozdana MIGLIC, *« la définition d'un système administratif moderne et avancé et l'établissement d'une fonction publique professionnelle passent par une formation continue des agents de l'État afin de développer la capacité nécessaire, une nouvelle culture administrative et une éthique professionnelle. La définition et la mise en œuvre d'un système de formation efficace sont par conséquent devenues l'une des priorités de l'administration publique »*[78].

1443. En plus, des formations professionnelles initiales reçues à partir des écoles ou des universités avec lesquelles les fonctionnaires ont accès à la fonction publique et particulièrement dans les douanes, doivent être relayées par des formations continues. Ces formations sont accordées aux douaniers dans le cadre du renforcement des capacités, des compétences.

1444. Après avoir abordé et démontré de long en large les principes de la dépolitisation de l'administration et de son importance dans la modernisation de l'administration de douanes, il convient également d'aborder également ses buts.

---

[75]-Voir article d'Ali SERHANI dont le titre est intitulé : valorisation des ressources humaines, quelques pistes pour réussir, dans le site de la vie éco presse SA suivant : http://lavieeco.com/. [Consulté le 03/07/2018].

[76]- VALLEMONT(Serge), Le nouveau rôle des directions de ressources humaines : de l'intendance au stratégique, TÉLESCOPE, en France mai 2005, p.37.

[77]- VALLEMONT(Serge), Le nouveau rôle des directions de ressources humaines : de l'intendance au stratégique. Op.cit, p.38.

[78]- Vukovic (Goran), et al. « La formation des fonctionnaires dans l'administration publique slovène. Les questions liées à l'instauration d'évaluations des formations », *Revue Internationale des Sciences Administratives*, vol. 74, no. 4, 2008, pp. 695-721.

Ses buts sont assez nombreux qu'il faut nécessairement y songer dans cette réflexion.

§ 2. Buts de la dépolitisation des douanes

1445. L'administration se fixe fondamentalement plusieurs objectifs de dépolitisation. Les réflexions ont permis de comprendre que sa mise en œuvre dans l'administration des douanes vise à garantir avec sincérité la neutralité, l'équilibre, la stabilité, la technicité, la promotion et la bonne gouvernance, en tenant compte de toutes les démonstrations faites autour de la dépolitisation des services publics.

1446. Les buts de la dépolitisation sont loin d'être atteints, lorsque la volonté politique ne se sépare pas de l'administration. Selon Sami SALHAB, *« la séparation – entendue au sens de non-confusion du pouvoir politique et de l'administration »*[79].La politisation de I « administration publique, instaure véritablement une dictature administrative, alors que les réformes de l'administration se développent de plus en plus dans les États, qui s'inscrivent sur la voie de la démocratie.

A. Assurer la neutralité, l'équilibre, la stabilité, la technicité et la performance des douanes

1447. Même si l'administration publique doit respecter les principes de neutralité du service public, qui sont *« corollaire du principe d'égalité »*[80], la lutte en faveur de la dépolitisation exige principalement *« une neutralité politique »*[81]. L'équilibre, la stabilité, la technicité et la performance de l'administration en général et de la douane en particulier sont assurés grâce à cette dépolitisation.

1448. Si les administrations publiques en général et les douanes en particulier sont politisées, il est préférable de les moderniser. Il est nécessaire de rechercher la modernité administrative en se basant sur la dépolitisation qui a longtemps été réclamée dans les États africains, en particulier au Tchad. Yokhanan MANOR montre *« qu'en règle générale le concept de politisation de l'administration publique ne se déduise que de celui de dépolitisation, c'est-à-dire d'un modèle idéal correspondant aux notions de neutralité, de l'égalité, de rationalité, d'objectivité, d'impartialité, d'absence d'arbitraire, de traitement égal »*[82]. La neutralité, l'équilibre et surtout la stabilité des recettes douanières sont garantis

---

[79]- SAMI(Salhab), « Les composantes rationnelles d'une réforme administrative », *Confluences Méditerranée*, 2003/4 (n° 47), p. 79-95. DOI : 10.3917/come.047.0079. URL : https://www.cairn.info/.Consulté le 03/07/2018].

[80] -GOLDMAN(Henri), Le rejet français de l'islam, Paris, Presses Universitaires de France, « souffrance et théorie », 2012, 200 pages.

[81]- CUSSO(Roser) et GOBIN(Corinne), « du discours politique au discours expert : le changement politique mis hors débat ? », Mots. Les langages du politique [En ligne], 88 | 2008, mis en ligne le 01 novembre 2010, consulté le 21 mai 2018. URL : http://mots.revues.org/ Consulté le 03/07/2018.

[82]-MANOR(Yokhanan), Pour l'abandon du fétichisme, de la dépolitisation. Source : Canadian Journal of Political Science / Revue canadienne de science politique, Vol. 7, n°. 1 (Mar., 1974), pp. 32-51

par cette dépolitisation. Il est évident qu'elle assure la compétence technique et la promotion de l'administration.

1. La dépolitisation assure la neutralité, l'équilibre et la stabilité des recettes douanières

1449. Il est possible de maintenir la neutralité politique de l'administration publique en général et en particulier des douanes grâce à la lutte contre la dépolitisation. Il s'agit d'une méthode efficace pour maintenir l'équilibre et la stabilité des entrées douanières.

1450. La neutralité est une des valeurs du service public. Nous l'avons évoquée plus haut, comme un outil de construction des règles de la fonction publique. Il s'agit d'une valeur fondamentale de la confiance qui existe entre les fonctionnaires ou les services administratifs et les pouvoirs publics. La promotion des administrations publiques modernes et dépolitisées en Afrique et au Tchad en particulier passe par la mise en œuvre de certaines valeurs de la fonction publique, en vertu desquelles le principe de neutralité des services publics demeure fondamental. Cette dépolitisation permet effectivement de réaliser l'équilibre et la stabilité des recettes douanières abordées.

a. La dépolitisation assure la neutralité devant les services publics

1451. Les pressions en faveur de la dépolitisation et la neutralité envers les services publics s'opposent aux implications politiques dans ces domaines. La neutralité politique est défendue à deux niveaux par les textes de la fonction publique tchadienne. D'une part, l'article 18 de la loi n°017 stipule que *« dans l'accomplissement de leurs tâches, les fonctionnaires sont tenus de respecter le principe de neutralité politique. Ils doivent exécuter leur tâche respective de manière impartiale et objective...»*[83]. Ils doivent accomplir leur mission respectivement de façon honnête et objective... L'administration elle-même doit respecter les libertés publiques reconnues aux fonctionnaires, ce qui empêche toute discrimination en raison de leurs opinions politiques.

1452. Dans les réformes de l'administration, la neutralité des services publics se développe de manière minutieuse, car elle est l'élément central de la bonne gouvernance dans la fonction publique. Dans ses réflexions, Sébastien Van DROOGHENBROECK s'interroge sur *« la neutralité des services publics : outil d'égalité ou loi à part entière ?* »

b. La dépolitisation assure l'équilibre et la stabilité des recettes douanières

1453. L'idée d'équilibre, se retrouve dans de nombreux domaines. En général, cette notion est considérée comme une position stable d'une personne ou d'une institution, comme l'administration publique. La dépolitisation, qui garantit l'équilibre de l'administration, se présente donc comme une des principales raisons de sa stabilité. Camille Welepele ELATRE estime que *« la dépolitisation*

---

[83]-Article 18 de la loi n°017/PR/2001 portant sur le Statut général de la Fonction Publique, Tchad.

de l'administration assure l'équilibre et la stabilité des institutions administratives en dépit des fluctuations des institutions et des idéologies politiques telles qu'elles existent dans les pays de vieille démocratie »[84].

1454. Dans un service comme la douane au Tchad, qui a pour objectif principal de moderniser sa performance, la recherche de l'équilibre et de la stabilité de l'administration est vivement souhaitée. La douane doit être dépolitisée pour retrouver son équilibre et sa stabilité et pouvoir gagner suffisamment de recettes. C'est ce que recherche, au fond, un pays comme le Tchad qui veut équilibrer ses finances publiques. Cette dépolitisation est également importante, car elle garantit réellement la compétence technique des cadres douaniers.

2. La dépolitisation assure la compétence technique et la promotion des douanes

1455. La compétence technique dans l'administration est plus efficace que si elle est dépolitisée. Il y a beaucoup de difficultés pour assurer la mise en œuvre complète du caractère technique de l'administration des douanes ou l'obtention de sa promotion ou de sa performance au Tchad. Les techniques douanières sont, en fait, une formation à part entière. Elles se dirigent vers les différentes branches de ce secteur. Il est nécessaire de suivre des formations appropriées dispensées par des spécialistes pour accéder aux métiers de la douane.

1456. Il est crucial de comprendre le niveau technique de ce service, qui ne peut être lié à un parcours politique d'un agent. Il doit plutôt acquérir une compétence technique pour les agents d'un corps assez spécialisé dans ce service. La qualité de l'administration est assurée par le développement de cette compétence technique.

a. La dépolitisation assure la compétence technique des douanes

1457. La dépolitisation de l'administration voulue doit contribuer à établir en elle-même une véritable pratique de la compétence technique. Cette compétence technique, c'est faire preuve de professionnalisme[85]. La qualité du travail est définie par le professionnalisme en fonction de son expérience et de ses compétences. Matthieu GATEAU affirme que tout le monde doit être professionnel ou plutôt être un "bon" professionnel[86].

1458. Les administrations en général, les douanes en particulier, doivent faire preuve de professionnalisme. Les agents qualifiés des professionnels doivent être privilégiés, c'est-à-dire ceux qui peuvent mettre en valeur leurs compétences et expériences professionnelles. L'administration publique est professionnelle et

---

[84]--ELATRE (Camille Welepele) et LUKUNGA(Hubert Ntumba), Les réformes du secteur public en République démocratique du Congo.. Dakar, CODESRIA, 2013, p.22.

[85]- GATEAU(Matthieu),, L'injonction au professionnalisme. Analyses d'une dynamique plurielle. Sociologie [En ligne], Comptes rendus, 2012, mis en ligne le 30 mai 2013, consulté le 20 juillet 2018. URL : http://sociologie.revues.org/1053

[86]-Idem

efficace[87] grâce au professionnalisme, ce qui contribue à sa modernisation. En raison de la nécessité de moderniser les douanes, elles doivent compter sur le professionnalisme pour réussir ce projet.

1459. La réalisation du caractère professionnel des activités douanières ne peut être envisagée que si cette administration est véritablement dépolitisée. Cette dépolitisation garantit la compétence technique de l'administration des douanes. En intégrant cette approche techniquement professionnelle, favorisée par la dépolitisation au sein d'une institution telle que les douanes, il est indéniable qu'elle acquiert une efficacité accrue.

b. La dépolitisation assure la performance de douanes

1460. La notion de performance occupe une place centrale dans toutes les démarches d'évaluation des entreprises[88] et des organisations. La quête de cette performance au sein de la fonction publique d'État, et plus particulièrement au sein de l'administration des douanes, qui est l'objet de cette réflexion, implique également une dépolitisation concrète. Il est essentiel de souligner que la dépolitisation constitue un élément fondamental à mettre en œuvre pour instaurer les conditions nécessaires à la performance dans l'administration des douanes tchadienne. Dans le cadre des réformes douanières, la dépolitisation devrait être envisagée comme une composante intégrale de la stratégie relative à ces réformes.

1461. Autour de la question de la performance, A. Bourguignon cherchait à savoir comment *« peut-on définir la performance ?[89] »*. Il démontre ici qu'il y a des difficultés à obtenir une définition de la performance faisant l'unanimité. Dans un article développé par Claire GAUZENTE, il est démontré qu'aux origines étymologiques, *« le terme français et le terme anglais sont proches et signifient l'accomplissement pour évoquer, par la suite, l'exploit et le succès[90] »*. Pour certains auteurs, la performance, considérée comme un concept, se définit à partir de ses critères d'appréciation que sont l'efficacité et l'efficience.

1462. Dans l'efficacité, c'est la recherche de la réussite. Selon Denis PIERET, elle *« semble en effet pouvoir être définie nettement, sans écart et sans question : c'est l'adéquation des moyens choisis et appliqués en vue*

---

[87]-OCDE : promouvoir l'efficacité et le professionnalisme dans la fonction publique. Documents SIGMA, No. 21, Éditions OCDE, 1997

[88]- SALGADO(Melchior), La performance : une dimension fondamentale pour l'évaluation des entreprises et des organisations. 2013. p.1. <hal-00842219>. L'archive ouverte pluridisciplinaire HAL, est destinée au dépôt et a la diffusion de documents scientifiques de niveau recherche, publies ou non, émanant des établissements d'enseignement et de recherche français ou étrangers, des laboratoires publics ou prives.

[89]-BOURGUIGNON(Annick), Peut-on définir la performance ? Revue Française de Comptabilité. no 269, juillet Août, (1995). pp. 61-65.

[90]-GAUZENTE(Claire), Mesurer la performance des entreprises en l'absence d'indicateurs objectifs : quelle validité ? Analyse de la pertinence de certains indicateurs. Correspondance : faculté de droit, d'économie et des sciences sociales, Université d'Angers, finance, contrôle, stratégie – volume 3, n° 2, juin 2000, p. 145 - 165. p.147.

d'atteindre une fin »[91]. Dans ces conditions, c'est l'obligation de résultat qui se solde par le succès qui est alors intéressante. Alors que la notion d'efficience s'intéresse au *« rapport entre les résultats et les ressources utilisées pour les atteindre. L'efficience sera qualifiée d'opérationnelle dans le cas où les biens et services produits sont considérés*[92]*»*.

1463. En mettant en avant les aspects positifs de la dépolitisation, tels que la garantie de la neutralité, l'équilibre, la stabilité, la technicité et l'efficacité de l'administration des douanes, il est manifeste que celle-ci cherche à souligner les éléments témoignant d'une bonne gouvernance au sein de cette administration.

B. Assurer la bonne gouvernance

1464. Si la bonne gouvernance, dans le domaine des services d'intérêt général, peut être considérée comme l'un des buts de la dépolitisation, c'est parce qu'elle favorise la modernisation de l'administration des douanes. Cette modernisation impose la technicité et la transparence dans le contexte de la gouvernance administrative. C'est l'une des catégories de gouvernance qui lutte contre les mauvaises pratiques administratives, parmi lesquelles pourrait être citée la pratique de la politisation de l'administration. Cette gouvernance administrative, qui se développe à côté de la gouvernance politique et économique, impose des éléments nécessaires qui favorisent la modernisation de l'administration, parmi lesquels il convient de citer la professionnalisation et la neutralité de l'administration.

1465. Aujourd'hui, la bonne gouvernance, de façon générale, devient une exigence adressée par les grands bailleurs de fonds internationaux (FMI, Banque Mondiale, etc.) aux États candidats[93]. Ainsi, dans un premier temps, les réflexions portent sur les définitions et les éléments fondamentaux de la bonne gouvernance. Ensuite, il sera intéressant de considérer que la bonne gouvernance est un instrument favorisant la transparence, la paix, la stabilité et la croissance économique.

1. Définitions et éléments des principes universels de « bonne gouvernance »

1466. La notion de bonne gouvernance est soulevée dans le contexte de la modernisation, non seulement de l'administration de façon générale, mais il s'agit de l'aborder en la comprenant, surtout dans les réformes douanières. Toutefois, sa compréhension est utile pour toutes les administrations publiques qui aspirent à une modernisation. Des experts de l'administration démontrent que *« la bonne gouvernance est considérée comme la clé de voûte pour une*

---

[91]-PIERET(Denis), Efficacité et efficience selon François Jullien.Dissensus [En ligne], Dossier : efficacité : normes et savoirs, n° 4 (avril 2011), URL : http://popups.ulg.ac.be/ .[Consulté le 05/04/2018].

[92]-Glossaire des termes usuels en mesure de performance et en évaluation pour une gestion saine et performante, Gouvernement du Québec, 2013

[93]-MOREAU DEFARGES(Philippe), la gouvernance, que sais-je ? n°3676 – PUF, 2015, France.

action efficace. Les pays qui ont fait preuve de bonne gouvernance ont généralement beaucoup plus de succès dans la réalisation des Objectifs du Millénaire pour le développement que les pays qui ont des institutions publiques plus faibles[94] *».*

1467. Trois catégories de gouvernance sont définies par les recherches : la nature économique, la politique et l'administration. Une telle idée, qui doit rendre l'action de l'administration efficace, vaut la peine d'être comprise. C'est pourquoi il semble nécessaire de s'intéresser aux définitions du concept de bonne gouvernance et à ses composantes des principes évoqués ci-dessus.

a. Définitions du concept de la bonne Gouvernance

1468. Le terme *« gouvernance »* est devenu omniprésent. Cette notion, qui s'épanouit depuis les années 1990, semble marquer la victoire de la technique, de la gestion sur la politique, le gouvernement[95]. Selon le dictionnaire, des sciences politiques et des institutions politiques élaborées par Guy HERMET, la gouvernance *« désigne l'ensemble des procédures institutionnelles, des rapports de pouvoir et des modes de gestion publics ou privés formels aussi bien qu'informels qui régissent notamment l'action politique réelle*[96] *».* Cette gouvernance est considérée, comme *« l'ensemble des mesures, des règles, des organes de décision, d'information et de surveillance qui permettent d'assurer le bon fonctionnement et le contrôle d'un État, d'une institution ou d'une organisation qu'elle soit publique ou privée, régionale, nationale ou internationale*[97] *».*

1469. Le concept de gouvernance est généralement perçu tout simplement comme la bonne gouvernance. Il est bien vrai qu'il n'existe pas de définition unique de la bonne gouvernance qui fait l'unanimité. Diverses définitions sont données soit par certains auteurs ou par des organisations internationales. Mais ces différentes définitions font du *« développement, l'intérêt principal de la bonne gouvernance »*[98]. C'est pourquoi aujourd'hui, certains auteurs se permettent de considérer la bonne gouvernance comme *« une nouvelle éthique du développement*[99] *».*

1470. Pour les organisations internationales, la bonne gouvernance et le développement sont indissociables. Il faut, en réalité, s'appuyer sur le principe de « *bien gouverner* »[100] en se conformant au contexte social, politique et économique

---

[94]-Voir actualité Nations Unies : Les experts de l'administration publique pour la bonne gouvernance, 23 avril 2015, New York,https://www.un.org/.[Consulté le 03/07/2018].

[95]- DEFARGES (Philippe Moreau), La gouvernance, document précité supra n°1714.

[96]- HERMET(Guy), Dictionnaire des sciences politiques et des institutions politiques, 3e édition, Paris: Armand Colin, 1998, p. 114.

[97]- LAFONT(Pascal) et PARIAT(Marcel), Penser l'État, penser l'université, séisme et gouvernance universitaire en Haïti. Sciences humaines, France, Paris, Publibook 2011, p.228.

[98]- EGOUME(Philippe), représentant résident du FMI en Côte d'Ivoire : rapport : thème : bonne gouvernance et croissance économique. p. 4. Voir ces informations sur le site suivant : https://www.imf.org/. [Consulté le 03/07/2018].

[99]-DUAULT-ATLANI(Laëtitia), La « bonne gouvernance », nouvelle éthique du développement ? L'expérience des pays d'Asie centrale et de Transcaucasie postsoviétiques. Autre part 4/2003 (n° 28), p. 165-179

[100]-Voir article sur gouverner ou communiquer : il faudra choisir ! (édito 09/05) publié le 30 mars 2009 dans le site suivant :http://archives.polemia.com/.[Consulté le 03/07/2018].

moderne, pour se lancer sur le chemin du développement. Et c'est dans ce souci que Philippe EGOUME, qui présentait une communication sur la bonne gouvernance et la croissance économique, démontre, que *« l'État et les administrés sont donc concernés par la problématique de la gouvernance* [101] *»*.

1471. Par conséquent, la réussite, dans la manière de bien gouverner, dépend donc de l'État et des administrés dans le contexte de la démocratie. C'est aussi, dans ces conditions, que certains auteurs soutiennent qu'*« il n'y a pas de développement sans démocratie* [102] *»*.

1472. Les organisations internationales s'intéressent à la question de la bonne gouvernance en raison de leur intérêt pour imposer des principes garantissant la bonne gestion et la protection des droits de l'homme dans un État aux institutions qui gèrent les affaires publiques et les ressources sur le plan national.

1473. En s'intéressant à la réflexion sur la gouvernance, les organisations internationales ont donné leurs définitions. C'est pourquoi, le PNUD la décrit dans ces termes : *« la bonne gouvernance est, entre autres, participative, transparente et responsable. Elle est également efficace et équitable, et favorise l'État de droit. La bonne gouvernance s'assure que les priorités politiques, sociales et économiques sont basées sur un large consensus au sein de la société et que les voix des plus pauvres et des plus vulnérables sont entendues dans la prise de décisions sur l'affectation des ressources pour le développement* [103] *»*.

1474. Pour la Banque mondiale, la bonne gouvernance pouvait être définie comme *« la manière dont le pouvoir est exercé dans la gestion des ressources économiques et sociales d'un pays pour son développement »*[104]. Du côté de l'OCDE, Organisation pour la coopération et le développement économique, dont le siège est à Paris en France, elle définit la gouvernance comme *« l'exercice de l'autorité et du contrôle au sein d'une société dans le cadre de la gestion de ses ressources en vue du développement social et économique* [105] *»*.

1475. Après la perception du concept de la bonne gouvernance, il convient alors de s'attarder sur ses principes fondamentaux.

b. Les principes fondamentaux de la bonne gouvernance

1476. Les principes de la bonne gouvernance, qui visent à favoriser un développement économique et social réel, sont respectés. Ces principes généraux, jugés indispensables, constituent le fondement de la bonne gouvernance et s'inscrivent dans le débat sur la gouvernance mondiale.

---

[101]- DJOSSOU(Raymond), Gouvernance et performance des projets publics. Programme de formation en gestion de la politique économique, mémoire professionnel, Université de Cocody, août 2009, p.7.

[102]- AMBOULOU (Zéphirin Sédar) , La marche difficile du Congo vers un développement socioéconomique harmonieux et durable, Paris, France, Éditions, Publibook, 2009, p .127.

[103] -World Bank (1994) Managing development: the governance dimension, World Bank: Washington DC.

[104]- LACROIX(Isabelle) et ST-ARNAUD (Pier-Olivier), La gouvernance : tenter une définition. Université de Sherbrooke, Vol. IV, Numéro 3, Automne 2012

[105]- SCHNEIDER(Hartmut), Gouvernance participative : le chaînon manquant dans la lutte contre la pauvreté », centre de développement de l'OCDE, cahier de politique économique n° 17, Paris, France, OECD 1999, p. 7.

L'objectif est, en gros, d'insister sur les principes et les pratiques dégagées dans un Rapport des M. François FELLOUS[106].

1477. Ainsi, parmi les principes fondamentaux de la bonne gouvernance figurent les cinq principes suivants :

- Le premier principe est celui de *« légitimité »* : cette notion désigne la légitimation démocratique des décisions de politique financière. Elle englobe également une participation appropriée, équilibrée et non discriminatoire de la population (égalité entre femmes et hommes) ;

-Le second principe réside dans *« l'obligation de rendre compte »* :ce principe comprend la responsabilité et l'obligation des instances étatiques de rendre compte aux citoyens de leurs actes et passe par la transparence sur les activités de l'État. L'efficacité et l'efficience de l'administration des finances publiques dépendent en effet de la possibilité dont bénéficient et usent la société et ses citoyens de demander des comptes à l'État ;

- Le troisième est celui de *« légalité »* : ce principe oblige la politique et l'administration financière publique à respecter un cadre légal valable pour tous, équitable et impartial (obligation de l'administration de respecter le droit).La légalité des finances publiques garantit principalement leur prévisibilité et leur contrôle en toute fiabilité ;

- Le quatrième est ce qu'on appelle *« efficacité »* : ce principe décrit la volonté et la capacité des organes et institutions publics d'accomplir leurs tâches. L'amélioration de l'efficacité dans le cadre de la bonne gouvernance financière passe avant tout par le renforcement des capacités des institutions publiques à gérer les ressources publiques ;

- Enfin, le dernier est l'*« action de l'État axée sur le développement »* : ce principe se réfère aux valeurs fondamentales qui régissent l'activité étatique : justice sociale, durabilité écologique et économie de marché.Ces valeurs doivent transparaître non seulement dans les recettes, mais aussi dans les dépenses de l'État.

1478. Cette bonne gouvernance, mentionnée parmi les conditions de dépolitisation de l'administration, est considérée comme un outil, permettant la transparence, la stabilité, la paix, la sécurité dans l'administration et la croissance économique.

2. La bonne gouvernance, instrument de transparence, de stabilité, de paix, de sécurité et de croissance économique

1479. Les réflexions sur la bonne gouvernance montrent assez bien que cette pratique favorise réellement la transparence, la stabilité, la paix et la sécurité dans l'administration. Elle est également considérée comme un outil efficace qui favorise la croissance économique.

1480._La transparence devrait se manifester dans l'administration. La réussite de la réforme des administrations, y compris celles des douanes, est renforcée

---

[106]-Étude réalisée par M. Gérard FELLOUS, expert, pour l'association des ombudsmans et médiateurs de la francophonie (AOMF) sur les médiateurs, acteurs de la bonne gouvernance. Association des ombudsmans et médiateurs de la francophonie (AOMF), janvier 2007

par la transparence administrative. Le professeur Didier TRUCHET qualifie la transparence administrative de *« droit du citoyen de savoir ce qu'ont fait, font ou vont faire les autorités administratives[107] »*. Cette transparence administrative est généralement protégée par les exigences constitutionnelles[108]. Et aussi, en ce qui concerne la paix, des réflexions montrent qu'elle doit être bâtie sur le principe de la bonne gouvernance. Concernant ce problème, Yoshihiro SAITO écrivait dans son analyse que *« ne bonne gouvernance peut assurer une paix durable en s'attachant à régler les causes profondes des conflits et en veillant à ce que tous les citoyens se sentent équitablement représentés dans leurs besoins ou dans leurs intérêts[109] »*.

a. La bonne gouvernance, instrument de transparence, stabilité, paix et de sécurité

1481. Selon Pierre CALAME, *« le premier objectif de la gouvernance est d'apprendre à vivre ensemble et à gérer pacifiquement la maison commune ; d'y assurer les conditions de la survie, de la paix, de l'épanouissement et de l'équilibre entre l'humanité et la biosphère[110] »*. Un point de vue intéressant décrit l'importance de la bonne gouvernance dans une gestion commune qui favorise la transparence, la stabilité, la paix et la sécurité dans un service.

1482. L'instauration de cette transparence et de cette confiance est très utile pour le fonctionnement général de l'administration. La confiance supprime les frustrations et le stress du travail et impose ainsi la paix, la stabilité dans l'esprit du travailleur et la sécurité dans son milieu. Et aussi, une telle ambiance est un moteur de motivation pour les agents.

1483. Il est normal que les partenaires sollicitent la bonne gouvernance dans le contexte de la modernisation des douanes, compte tenu de tous les éléments mentionnés ci-dessus. La bonne gouvernance ne procure pas seulement du réconfort social ou relationnel, elle dépasse le cadre de la croissance économique.

b. Instrument de croissance économique

1484. La question de la bonne gouvernance est d'actualité dans le débat sur la croissance économique[111], définie comme *« l'évolution, à moyen et long terme, du produit total et surtout du produit par tête dans une économie donnée. C'est un concept étroit et exclusivement quantitatif, auquel on préfère parfois le*

---

[107]-TRUCHET(Didier), Droit administratif, PUF, 2008, p. 147

[108]-AUBIN(Emmanuel), la protection constitutionnelle de la transparence administrative, Lextenso | « Les Nouveaux Cahiers du Conseil constitutionnel » 2018/2, n° 59 | pages 35 à 45

[109]-L'analyse de Yoshihiro SAITO, Une bonne gouvernance est-elle un préalable nécessaire à la paix ?, développement, https://www1.undp.org/.Consulté le 21 /02/2020

[110]-Voir citation de Pierre CALAME sur le site suivant : http://www.le-developpement- durable.tv/.[Consulté le 03/07/2018].

[111]- MTIRAOUI(Abderraouf), Gouvernance, capital humain et croissance économique dans la zone OCDE : Application sur les données de panel dynamique (GMM). Université de Sousse-Tunisie, faculté des sciences économiques et de gestion de Sousse-Tunisie, Institut Supérieur de finances et de fiscalité de Sousse-Tunisie, 5 March 2014. Voir la partie de l'introduction.

concept beaucoup plus étendu de développement qui prend en compte les aspects qualitatifs (humains, culturels, environnementaux, etc.) que l'approche quantitative néglige par nature [112]». Ainsi, il existe une relation très étroite entre la gouvernance et la croissance économique. Autrement dit, le gouvernement qui est à la recherche de la croissance économique doit privilégier la voie de la bonne gouvernance. C'est dans ce contexte qu'Abdeslam NADA rassure que *« la bonne gouvernance est un élément vital pour l'accélération du rythme de croissance économique* [113]».

1485. Pour les bailleurs de fonds, il y a *« nécessité d'améliorer la qualité de la gouvernance impérativement, à cause de la rareté des sources de financement et des exigences de la compétitivité des économies dans le cadre de la mondialisation* [114]». S'il faut ramener la question de la mise œuvre de la bonne gouvernance dans l'administration des douanes tchadiennes, cela impose le respect d'un code d'éthique et de déontologie et d'autres textes prévus à cet effet.

---

[112]-Voir : http://junon.univ-cezanne.fr/.[Consulté le 05/04/2018].
article écrit sur la croissance économique par Jean Magnan de Bornier, sur le site suivant :

[113] - NADAH(Abdeslam), ingénieur en chef, haut commissariat au plan – Maroc : gouvernance, croissance économique et lutte contre la pauvreté : liens et éléments de politiques. XXVIe de congrès international de la population, poster n° 5, août 2009, p.10. Voir site suivant :https://iussp2009.princeton.edu/papers/92671

[114]-. AHOU(Bernard K), gouvernance et croissance économique : une analyse des effets de seuil, ENEAM – Université d'Abomey-Calavi (UAC), Revue d'Économie Théorique et Appliquée, Volume 5 – Numéro 2 – Déc. 2015 pp 167-194. Voir site suivant : https://retanet.org/ .[Consulté le 05/04/2018].

Conclusion générale

1486. L'auteur examine les réformes entreprises par les douanes et les organismes publics dans le monde en général et en particulier au Tchad. Ils assurent la gestion et le contrôle des flux de marchandises à l'échelle mondiale. Il est nécessaire aujourd'hui de réformer les administrations douanières grâce au libre-échange soutenu et développé par l'OMC, l'OMD et les États en général. Ce libre-échange s'avère alors infranchissable des barrières tarifaires ou non tarifaires. Il est essentiel d'associer les administrations douanières, y compris les États respectifs, dans la lutte pour le progrès du libre-échange. Les pays en développement, dont l'économie dépend uniquement des revenus douaniers, bénéficieront de plus en plus de cette réforme douanière. Celle-ci est demandée, pour améliorer la collecte des recettes.

1487. La lutte contre la corruption dans le secteur douanier peut être facilitée par la réforme, afin de garantir la transparence de l'action de la douane. L'objectif de l'automatisation douanière est de stimuler l'utilisation des technologies de l'information et de la communication (TIC), de réduire le coût du dédouanement de la marchandise, d'équilibrer la nécessité du contrôle douanier avec la facilitation des échanges, de permettre à la douane de participer à la compétitivité économique[1], au développement économique et social sur le plan national et de mettre en place un système de contrôle. Cette réforme favorise l'émergence de bonnes pratiques dans le domaine du renforcement des capacités des Administrations des douanes. Selon l'OMD, *« le renforcement des capacités vise le développement ou l'acquisition d'aptitudes, de compétences, d'outils et de ressources nécessaires à l'amélioration des capacités d'une administration pour remplir ses fonctions et atteindre ses objectifs »*[2]. À travers la réforme, la douane peut se permettre de suivre, dans la transparence, l'évolution des carrières de ses agents. Elle peut orienter désormais ses services au client de façon claire, en restant attentive à ses préoccupations et faire en sorte que, les technologies modernes prennent de l'ampleur, non seulement pour la facilitation des procédures douanières, mais aussi du commerce international, etc.

1488. Quant à la compétitivité économique, dont il faut y revenir, elle semble dépendre ou être stimulée par l'efficacité et la performance des douanes

---

[1] -GAFFARD(Jean-Luc)., Concurrence et innovation en Europe : Le dilemme de la compétitivité. *Revue de l'OFCE*, 3(3), 353-379, 2007.

[2] -OMD : Stratégie en matière de renforcement des capacités douanières http://www.wcoomd.org[consulté le 16/12/2018].

frontalières. Le Dossier de l'OMD sur la compétitivité économique (DCE) montre encore que la douane est un facteur de compétitivité économique. Le terme *« compétitivité économique »* est souvent mal défini ou mal compris dans les débats. Elle n'a pas le même sens dans le cadre des entreprises proprement dites, qui sont en concurrence pour la recherche de clients[3], mais au plus haut niveau des États, la compétitivité n'est pas une compétition entre eux, sur des bases économiques ou commerciales. La compétitivité économique relève davantage du renforcement de la croissance et de la productivité d'un État que de la concurrence bilatérale, régionale ou multilatérale[4].

1489. Les réformes douanières dans les pays francophones d'Afrique subsaharienne (PFAS) entre 1990 et 2010[5]. Le Bénin, le Burkina Faso, le Burundi, le Cameroun, la République Centrafricaine (RCA), l'Union des Comores, la République du Congo, la République Démocratique du Congo (RDC), la Côte d'Ivoire, le Gabon, la Guinée, Madagascar, le Mali, la Mauritanie, le Niger, le Sénégal, le Togo et le Tchad sont les pays concernés par ces initiatives. Certes, le problème des réformes douanières est international, car les douanes ont de plus en plus de missions dans le cadre du commerce international. Et ces obligations se sont encore étendues, du rôle traditionnel de collecte des droits et taxes du commerce international à l'exercice de contrôles et d'activités répondant à une série d'objectifs plus larges du gouvernement, tels que la protection de la société et de l'environnement. Ces réformes sont soutenues par les instances internationales telles que : l'OMD, la Banque Mondiale, le Fonds Monétaire International, l'Organisation mondiale du commerce, l'Union européenne, etc. pour obtenir la douane du futur capable de répondre avec les instruments internationaux aux défis auxquels sont confrontés les États et les sociétés. La préoccupation réelle de ces instances est d'encourager les douanes à rompre avec les anciennes pratiques et à se conduire vers une forme de normalisation des pratiques douanières, par l'intermédiaire de conventions internationales, de guides de meilleures pratiques[6] , etc. Particulièrement, ces institutions internationales insistent sur ces réformes dans le but, d'une part, de placer les douanes au cœur de l'économie africaine[7] et, d'autre part, de faciliter le commerce international. Pour cela, il faut alors placer la performance au cœur de ces réformes.

---

[3] - Document, qui vise à soutenir l'élaboration du Dossier de l'OMD sur la compétitivité économique (DCE), http://www.wcoomd.org

[4] -Idem

[5] - GILLES (Montagnat-Rentier), GILLES(Parent), Réforme et modernisation des douanes en Afrique £ subsaharienne francophone. Article déjà cité.

[6] - CANTENS(Thomas), RABALLAND(Gaël), BILANGNA(Samson), DJEUWO(Marcellin) , (2012). Comment la contractualisation dans les administrations fiscales peut-elle limiter la corruption et la fraude ? Le cas des douanes camerounaises. Revue d'économie du développement, 3(3), 35-66. https://doi.org/10.3917/edd.263.0035

[7] - RABALLAND(Gaël) et CANTENS(Thomas), « Introduction thématique » Réforme des douanes et Développement en Afrique subsaharienne, Afrique contemporaine, Dans Afrique contemporaine 2009/2 (n° 230), pages 19 à 31 Éditions, De Boeck Supérieur.

1490. Les Douanes Tchadiennes ont l'ambition d'être une Administration moderne, modèle et performante grâce à ces démarches. Cependant, dans la pratique, cette vision ne correspond pas à la réalité. Car une administration douanière moderne, exemplaire et efficace est celle qui répond à la dynamique de la douane du 21ème siècle, une conception élaborée par l'Organisation Mondiale des Douanes (OMD) Les douanes tchadiennes doivent respecter les normes internationales qui favorisent la croissance et le développement en facilitant les échanges et en renforçant la sécurité aux frontières. Elles doivent, sur le plan technique, se concentrer sur les dix piliers de la douane du 21e siècle : des douanes réseau international, une gestion plus efficace des frontières, une gestion des risques basée sur le renseignement, un partenariat douane-entreprises, des méthodes de travail, des procédures et des techniques modernes, des technologies et des outils efficaces, des pouvoirs d'action douanière, une culture de service professionnelle basée sur le savoir, le développement des compétences, l'éthique.

1491. Le Tchad a particulièrement intérêt à s'investir dans cette réforme douanière, afin de faire face aux caprices de la chute des cours du pétrole, qui selon Michel Abdelouhab a eu des *« répercussions sur les finances publiques des pays producteurs qui n'ont pas constitué des réserves financières »*[8]. Alors que depuis 2003, le Tchad est devenu fortement dépendant de ces ressources pétrolières ou du *« boom pétrolier »*[9]. Mais à partir de 2015, il se sent touché profondément par cette chute des cours du pétrole en se référant, aux *« chiffres tout frais de la Banque Mondiale (8,5 %en2014et7,7 %en2015), ainsi que ceux du FMI(6,9 %en2014et7,6 % en 2015.) »*[10.]

1492. Des études ont estimé que cette baisse des cours du pétrole pouvait être perçue comme une occasion pour le Tchad de revoir son économie, en se tournant vers d'autres domaines. Il est important de mettre l'accent sur ses recettes traditionnelles, y compris les recettes douanières. C'est une des principales raisons qui poussent le Tchad à adopter des réformes douanières.

1493. Comme dans d'autres pays francophones d'Afrique subsaharienne[11], les réformes douanières sont déjà en cours au Tchad avec l'appui de l'OMD et de donateurs. A quel point ces réformes ont-elles commencé à évoluer avec ces divers efforts ? Il est important de se demander comment mesurer concrètement

---

[8] -Voir : article de Michel ABDELOUHAB sous le thème : les causes de la chute du cours pétrole et ses effets macroéconomiques au Tchad dans le site suivant : http://www.croset-td.org/2015/11/les-causes-de-la-chute-du-cours-du-petrole-et-ses-effets-macroeconomiques-au-tchad/[consulté le 17/04/2018].

[9]- NAKOUMDE(Ndoumtara), Boom pétrolier et risque d'un syndrome hollandais au Tchad : une approche par la modélisation en équilibre général calculable. Sciences de l'homme et société. Université d'Auvergne, 2007. Français. Clermont-Ferrand I, faculté des sciences économiques et de gestion, école doctorale des sciences économiques et de gestion, centre d'études et de recherches sur le développement international, CERDI. Thèse de doctorat nouveau régime en sciences économiques. Voir page de garde

[10]-Source:http://www.alwihdainfo.com/La-chute-du-petrole-une-opportunite-pour-le-Tchad_a15592.html/[consulté le 17/04/2018].

[11]- SOUBAHIMBANE(Sambou), Afrique subsaharienne francophone : Des textes constitutionnels en vigueur à leur(s) révision(s). Afrique contemporaine, 2(2), . (2012). , 115-116. https://doi.org/10.3917/afco.242.0115/[consulté le 17/04/2018].

le niveau de satisfaction de ces réformes engagées, même si une telle préoccupation peut être résolue tout au long de cette réflexion.

1494. Comme cela avait été fait dans ces travaux de recherche, les autorités douanières tchadiennes ont clairement manifesté leur soutien à la réalisation de la réforme douanière au Tchad. Ces autorités se sont rapprochées de l'OMD en raison de leurs compétences techniques et de leurs avantages. Pour ce faire, l'OMD devrait suivre chaque étape des réformes douanières, en utilisant ses instruments et instruments. C'est le Cadre de diagnostic, la Convention de Kyoto révisée, la Convention d'Istanbul, le Cadre des normes SAF, la déclaration d'Arusha révisée et les directives sur le retrait immédiat des marchandises, etc. Tous ces outils et mesures visent à aider les douanes du monde à s'adapter aux défis du 21ème siècle[12]. Avec la sollicitation de l'expertise technique par les douanes tchadiennes, les experts de l'OMD, ont été dépêchés pour la mise en œuvre de leurs outils et mesures de réforme douanière au Tchad. C'est ainsi, qu'ils ont entamé une mission de diagnostic conduite en 2011, dans le cadre du Programme Columbus au Tchad et qui comporte trois phases. Cette mission, qui vise à développer le renforcement des capacités, doit réaliser la première phase de ce programme. Malheureusement, elle se solde par un constat réel des insuffisances énormes dans la réforme douanière au Tchad.

1495. Les difficultés évoquées dans le rapport des experts de l'OMD comprennent la gestion des ressources humaines, l'organisation interne du service, le manque d'éthique et la mise en œuvre de pratiques inappropriées dans l'administration des douanes. La réforme douanière engagée ne peut pas réussir en raison de la politisation de l'administration, du clientélisme, de la corruption qui la gangrène et surtout de la présence importante de pseudos-douaniers qui se sont substitués aux véritables douaniers et qui sont mieux connus sous les noms de *« bogo-bogo » ou « karang-Karang*[13] *».* Les anciens combattants des mouvements rebelles ont été renversés dans le corps des douanes[14] et ne peuvent plus partir de cette administration.

1496. En 2019, les deux parties redynamisent leur coopération après une rupture de contact entre l'OMD et l'administration des douanes tchadiennes. Du 10 au 13 septembre, la Douane tchadienne a été envoyée par le Secrétariat de l'OMD au siège de la Direction générale des douanes et droits indirects à Ndjamena, la capitale du pays. L'objectif de cette mission était d'évaluer l'état et le fonctionnement de cette Administration qui a actuellement 1818 agents et de voir comment renforcer la coopération avec l'OMD et soutenir la réforme douanière. Les experts reconnaissent les faibles progrès réalisés dans le domaine de la modernisation de l'Administration depuis la mission de diagnostic entamée en 2011 au Tchad dans le cadre du Programme Columbus et des infrastructures

---

[12] -Revue semestrielle des douanes sénégalais, n° 53 – janvier 2016

[13] -http://www.croset-td.org/2016/03/faits-a-la-decouverte-de-la-douane-tchadienne/

Faits : À la découverte de la douane tchadienne, 13 mars 2016. Voir le site suivant : http://www.croset-td.org/2016/03/faits-a-la-decouverte-de-la-douane-tchadienne//[consulté le 17/04/2018].

vétustes, malgré ce temps écoulé. Ils ont également observé le faible niveau de dématérialisation et d'informatisation de cette Administration, marquée par une rotation très fréquente des cadres et du personnel[15].

1497. La réforme de la douane s'appuie également sur les efforts nationaux du Programme d'Appui à la Réforme des Finances Publiques (PAMFIP) financé par la Banque Mondiale et l'Union européenne. Ce plan, qui comporte une partie sur la réforme des douanes, se traduit par la mobilisation d'un important soutien technique pour moderniser cette administration.

1498. Malgré les efforts consentis par l'OMD et les bailleurs de fonds, la réforme douanière n'a pas encore été réalisée au Tchad, car les mêmes difficultés sur le plan de gestion des ressources humaines, la corruption et la politisation de cette administration persistent jusqu'à présent. D'autres obstacles au développement de l'informatisation douanière continuent d'exister et ne se développent pas suffisamment. Certaines analyses estiment que les réformes dans le secteur douanier au Tchad progressent à pas de tortue[16] dans ce contexte. Cependant, elles peuvent encore réussir au Tchad. Mais comment, alors, faire pour qu'elles atteignent réellement ce succès ? Quelles pistes doivent être explorées pour réussir ces projets ?

1499. Il est vrai que de nombreuses propositions ont été faites en faveur de la construction d'une douane moderne, parmi lesquelles la volonté politique occupe une position dominante. En Afrique, d'ailleurs, le succès du développement, en général, est conditionné par la politique. Autrement dit, c'est une question de volonté politique[17]. Il est important d'attirer l'attention des autorités politiques, étant donné qu'elles sont à l'origine des difficultés liées à la réforme douanière, l'empêchant de se développer. Le grand problème à relever ici est la politisation excessive du secteur douanier. Cette politisation est maintenue par les pouvoirs politiques, que les retombées affectent négativement la gestion des ressources humaines de l'administration douanière au Tchad. Ces autorités imposent donc, dans cette administration, des nominations ou responsabilisations qui ne sont pas basées sur des critères de compétences ou de qualifications dans ce domaine. Cela crée des frustrations, en écartant des cadres formés dans l'évolution de leurs carrières. Il faut, que les autorités politiques, au plus haut niveau, s'engagent véritablement à accompagner cette réforme douanière, en renonçant aux pratiques de la politisation. Il faut, plutôt, qu'elles considèrent la réforme de la douane au Tchad, comme une priorité de l'action du gouvernement. Elles doivent, dans ce contexte, prôner le principe de neutralité de l'administration, une valeur essentielle permettant d'assurer la confiance entre l'usager et l'administration, un gage de l'efficacité, mais aussi, de l'effectivité du service public.

---

[15] -http://www.wcoomd.org/fr/media/newsroom/2019/september/chad-customs-and-wco-reinvigorate -their-collaboration.aspx, consulté le 16/12/2018]..

[16]-Draft, VOLUME 1, TCHAD, Étude diagnostique sur l'intégration commerciale, 18 octobre 2006, https://enhancedif.org/fr/system/files/uploads/chad_dtis_fr_0.pdf?file=1&type=node&id=2902,141

[17] -ROCARD(Michel), Le développement de l'Afrique, affaire de volonté politique. Études, 1(1), . (2003). , 21-31. https://doi.org/10.3917/etu.981.0021/[consulté le 17/04/2018].

1500. Les autorités politiques peuvent aider la douane à se conduire vers la réforme de la gestion de ses ressources humaines. Autrement dit, elles peuvent permettre que la gestion des ressources humaines soit placée au cœur de cette réforme douanière. C'est en considérant, l'importance de la gestion de ces ressources humaines, que dans son discours du Trône 2000 **SM le ROI MOHAMMED VI** a annoncé cette vision en ces termes :*« d'où notre choix de valoriser les ressources humaines, sachant que le capital humain est le levier du développement et la source des richesses. Il est également le vecteur de transformation et de gestion des autres ressources et leur intégration au processus de développement... »*[18]. Ainsi, une politique de valorisation des ressources humaines doit s'imposer dans la réforme douanière au Tchad. La valorisation des ressources humaines, dont il s'agit, consiste à accorder une importance capitale aux corps de la douane tchadienne, à l'intérieur desquels s'exercent toutes les branches douanières.

1501. La mise en valeur de l'élément humain pourrait être un aspect spécifique de la réforme douanière au Tchad. La politique de mise en valeur consiste en la mise en place d'une politique de la gestion des ressources humaines des cadres. En général, elle assure le respect des professions douanières et, plus spécifiquement, des compétences et qualifications douanières. Les nominations, promotions et affectations doivent être conformes aux compétences et qualifications des douaniers et aux textes de la douane pour mettre en valeur la gestion de ces ressources humaines dans la douane. La promotion est un droit fondamental reconnu aux fonctionnaires. Elle vise à améliorer la situation des fonctionnaires en améliorant leur salaire et leur carrière administrative. Elle est encouragée à travers deux systèmes : avancement d'échelon par rapport à l'ancienneté et avancement de grade par rapport à la formation. C'est pourquoi, il est indispensable, d'encourager les douaniers de toute catégorie, en leur accordant des périodes de formation. Il faut aussi réfléchir sur le bon traitement des agents des douanes en augmentant leurs salaires qui sont un peu faibles. Le recrutement à la douane s'opère en principe sur la base d'un encadrement juridique prévu par les textes de la fonction publique. Et surtout, n'est pas important de recruter les cadres douaniers parmi les meilleurs dans les écoles des douanes ? Il convient, en effet, de tenir compte de cette appréciation, dans la mesure où ces futurs cadres sont susceptibles d'occuper plus tard des plus hautes fonctions dans cette administration douanière.

1502. La réforme douanière repose aussi sur l'apport des ressources politiques et administratives à la douane. Outre les ressources humaines déjà mentionnées, il s'agit des ressources matérielles et financières. Il est important de se pencher sur les avantages financiers accordés aux douaniers dans leurs activités. Il s'agit d'un moyen de combattre la corruption dans la douane tchadienne. Aujourd'hui, les douaniers tchadiens qui travaillent dans les bureaux

---

[18]-SA MAJESTÉ LE ROI MOHAMMED VI, Discours du trône, 30 juillet 2000,SA MAJESTÉ LE ROI MOHAMMED VI - Académie Africaine des Collectivités Territoriales (uclgafrica-alga.org) Consulté le 16/12/2018].

des douanes ne reçoivent plus leurs TEL et ceux qui travaillent dans les services centraux ne reçoivent plus leurs fonds communs régulièrement. La corruption est souvent favorisée, ce qui a un impact négatif sur la réforme du secteur. Sans accorder ces avantages financiers aux douaniers, ni améliorer leurs salaires, la douane ne peut pas évaluer et lutter contre la corruption. Il faut qu'il y ait l'ouverture de dialogue entre douane et usagers et entre douaniers eux-mêmes.

1503. La réforme douanière au Tchad est axée sur la volonté politique et les ressources humaines. L'absence de volonté politique ne peut en rien contribuer à la réalisation de cette réforme. Certains obstacles à la modernisation douanière comprennent l'interdiction des programmes de lutte contre la corruption, la politisation de ce secteur et le découragement en bloquant les paiements de leurs différents avantages financiers. Pour un tel programme de réforme, il est nécessaire de faire preuve de volonté politique et de considérer la réussite de la réforme douanière au Tchad comme la principale clé. S'il y a volonté politique de réforme et de manière objective, la question des ressources humaines se pose également, à un prix raisonnable dans ce contexte. Les ressources humaines sont pourtant indispensables, comme disait Marcellin DJEUWO *« la douane ne peut se moderniser que si elle est animée par un personnel choisi avec soin et géré selon les règles de l'art. Un personnel mal formé peut entraver la réforme[19] »* . Il considère également, les ressources humaines comme clés du succès de la réforme[20]. Il faut moderniser la gestion des ressources humaines dans l'administration des douanes tchadiennes, avec l'aide de la volonté politique et les autorités administratives. Il faut, que le personnel de la douane, se sente suffisamment impliqué dans cette réforme à travers tous leurs besoins cités ci-dessus.

1504. Normalement, quatre éléments clés de succès de la réforme douanière au Tchad doivent être pris en compte. La volonté politique s'engage automatiquement en faveur de cette réforme, de la modernisation de la gestion des ressources humaines, un élément stratégique et pilier nécessaire des réformes. Il est nécessaire de créer un cadre de dialogue, de consultation et d'orientation pour rapprocher les responsables de l'administration, ainsi qu'un esprit de collaboration entre la douane et le client, dans un cadre bien défini. Les moyens doivent être mis à disposition pour cette réforme. Les technologies modernes doivent être prises en compte dans ces moyens. C'est ici une informatisation des opérations douanières vers une administration douanière numérique. Cette informatisation douanière décrit l'application des technologies de l'information et de la communication (TIC). Parmi les besoins à réunir pour la réforme douanière au Tchad, il faut mettre l'accent sur l'infrastructure, les moyens de fonctionnements matériels et financiers et d'autres moyens.

1505. En réalité, la réforme douanière au Tchad est une question qui concerne tous. Les autorités administratives douanières doivent s'efforcer de réorganiser la douane tchadienne administrativement au plan technique,

---

[19]- DJEUWO(Marcellin), Accueil Revues Afrique contemporaine, Numéro 2009/2 (n° 230) La corruption dans le management des ressources humaines de l'administration douanière, 2009/2

[20] -Idem

fonctionnel et technologique. Il est important de donner une chance à la modernisation de la gestion des ressources humaines. Concrètement, cette réforme doit être engagée de manière objective. L'Etat lui-même doit prendre ses responsabilités dans la politisation de l'administration. Il est nécessaire que l'administration des douanes soit complètement dépolitisée afin que les douaniers professionnels soient responsables de cette réforme. L'administration des douanes elle-même doit prendre ses responsabilités en instaurant une véritable politique de réformes, qui doit se baser sur l'éthique et la déontologie, qui n'existe d'ailleurs pas. Il faut, que le syndicat de l'administration des douanes, soit actif pour encadrer ce projet de réforme, en dénonçant ouvertement des mauvaises pratiques qui empêchent sa réussite. Les agents des douanes ont également une part de responsabilité, car ils doivent exercer leurs métiers par conviction. Ils doivent faire en sorte que l'intérêt de l'État prime dans toutes leurs activités quotidiennes, pour garantir l'esprit de corps.

Bibliographie sommaire

ALBERT(Jean-Luc), Douane et droit douanier, Paris, Presses Universitaires de France - P.U.F, 2013, 256 pages.

AMBOULOU (Zéphirin Sédar), La marche difficile du Congo vers un développement socioéconomique harmonieux et durable, Paris, France, Éditions, Publibook, 2009, 248 pages.

ANISZEWSKI(Stefan), Étude préliminaire concernant l'incidence sur la douane des négociations menées dans le cadre du programme de Doha de l'OMC pour le développement. Document de recherche de l'OMD n° 1, (juin 2009).

ASAKURA(Hironori), L'histoire mondiale de la douane et des tarifs douaniers, Publisher Organisation *Mondiale des Douanes*, 2003,304 pages.

AUBIN(Emmanuel), la protection constitutionnelle de la transparence administrative, Lextenso | « Les Nouveaux Cahiers du Conseil constitutionnel » 2018/2, n° 59 | pages 35 à 45.

AYISSI(Lucien), Corruption et pauvreté. Une relation de flux et de reflux. Ou comment la pauvreté explique la corruption qui l'explique. Démonstration, dans ECOVOX n°9 janvier-juin 2008, le magazine de l'écologie et du développement durable.

BAGUENARD(Jacques), Introduction. La décentralisation, Paris, Presses universitaires de France, « que sais-je ? », 2004, 128 pages

BAIROCH(Paul), Mythes et paradoxes de l'histoire économique. Les Éditions La Découverte 1994, Paris.

BAT(Jean-Pierre). Les archives de l'AEF , *Afrique & histoire*, vol. 7, no. 1, 2009, pp. 301-311.

BAUD(Jacques), Encyclopédie des terrorismes et violences organisées, in Renseignement Histoire et Géopolitique, Lavauzelle, mars 2009.

BAZEX(Michel), BUISSON(Jacques), CABANNES(Xavier), CAMBY(Jean-Pierre), La sécurité financière et l'État, bilan et perspectives, Édition L'Harmattan, 2004, France, 202 pages.

BEDET(Florian), Essai sur la définition d'un statut juridique de la procédure de dédouanement des envois postaux, Thèse de doctorat de l'Université, soutenue à Sceaux, le 9 décembre 2016, en Sciences juridiques. PARIS-SACLAY, 508 pages.

BENYAHLOU(Zohra), consultante nationale, Rapport sur les innovations dans l'administration et la gouvernance dans les pays méditerranéens : cas de l'Algérie. Avril 2004.

BERR(Claude J.) et TREMEAU(Henri), *Le droit douanier, communautaire et national.* Paris : Économica ; 2006, 621 pages.

BILANGNA(Samson*)*, La réforme des douanes camerounaises : entre les contraintes locales et internationales, Afrique contemporaine, 2009/2 (n° 230), p. 101-113.

BLIN(Olivier), La Communauté européenne, le GATT et l'Organisation mondiale du commerce (OMC) : contribution à l'étude des rapports institutionnels entre la Communauté européenne et les organisations internationales. Thèse soutenue en 1997 en droit public à Toulouse 1.

BOUNGOU BAZIKA(Jean-Christophe) et NACIRI BENSAGHIR(Abdelali), Repenser les économies africaines pour le développement. Dakar, CODESRIA, 2010.

BOURGUIGNON(Annick), Peut-on définir la performance ? Revue Française de Comptabilité. no 269, juillet Août, (1995). pp. 61-65.

BRUEL(Georges), L'Afrique Équatoriale Française. Le Pays - Les Habitants - La Colonisation - Les Pouvoirs publics, Paris, France, Larose, 1918, 558 pages.

BRULIN(Rémi), Le discours américain sur le terrorisme : Constitution, évolution et contextes d'énonciation (1972-1992), Thèse En vue de l'obtention du doctorat de l'université de la Sorbonne nouvelle – PARIS 3, soutenue le 19 Novembre 2011.

BIBEAU(Vincent), L'éthique et la déontologie dans la fonction publique québécoise : complémentarité ou confusion ? Éthique publique, vol. 13, n° 1 | 2011, 25-37.

BUZELAY(Alain), L'Union fiscale et douanière des douze : quels enseignements pour l'intégration régionale en Afrique centrale ?, *Revue Tiers Monde*, Vol. 35, n°. 140 (octobre-décembre 1994), pp. 875-890 (16 pages).

CAIDEN(Gérald), La réforme administrative. Revue internationale des sciences administratives, 1968, vol. ; 34, n°4, p.345-354.

Centre d'études d'Afrique noire : L'Afrique politique, 2001 : réformes des États africains. Paris, France, Karthala 2001,

CHADI(Mohamed), La douane face à la mondialisation du commerce international, L'économiste, Éditions n° : 1241

CHAPOULIE(Jean-Michel), Une révolution dans l'école sous la Quatrième République ? La scolarisation post- obligatoire, le plan et les finalités de l'école. Revue d'histoire moderne et contemporaine 2007/4 (n° 54-4), p. 7-38.

CHAUVEAU(Adolphe) et HELIE (Faustin.), Théorie du Code pénal, *Paris, France,* 5 éd., Editeur : *Cosse*, *Marchal* et *Billard*, 1872.

CISSE(Ali), Une démocratie à renforcer, Paris, France, L'harmattan, 2006, 206 pages.

CLINQUART(Jean), L'administration des douanes en France de 1914 à 1940,. Éditeur :Institut de la gestion publique et du développement économique, Comité pour l'histoire économique et financière de la France, Paris, année d'édition 2000, 482 p.

*CLINQUART(*Jean*),* La douane et les douaniers, Paris, France, Editions Jules Tallandier, 1990, 300 pages.

Code pénal, une codification du droit pénal français, entré en vigueur le 1er mars 1994.

Constitution promulguée le 04 mai 2018 et révisée par la Loi Constitutionnelle n°017/PR/2020 du 14 décembre 2020.

CORNU(Gérard), Vocabulaire juridique, Paris, France, Presses universitaires de France – P.U.F, 13e édition, 2020,
1 152 Pages.

CREN(Rozen), Poursuites et sanctions en droit pénal douanier, Thèse de doctorat en droit privé spécialité droit pénal, soutenue le 16 novembre 2011, Université Panthéon-Assas école doctorale de Droit privé, France, 363 pages.

CROZET(Matthieu), Commerce et géographie : la mondialisation selon Paul KRUGMAN. Revue d'économie politique 4/2009 (Vol. 119), p.513-534

DA COSTA(Avelino Gomes), Réforme d'État et modernisation administrative en Guinée-Bissau., Paris, Édi livre,2016, 128 pages.

DANET(Jean) et GAUTRON(Virginie). Réflexions sur les fondements de l'incrimination d'usage de stupéfiants, *Archives de politique criminelle*, vol. 31, no. 1, 2009, pp. 43-78.

DARRACQ-PARIES(Matthieu), PIERSON(Jean-Hugues), Des statistiques douanières aux échanges de biens, de la balance des paiements et des comptes nationaux. Économie & prévision, 1/2002 (n° 152-153), p. 207-214.

DE CASTELNAU (Pauline)et MARTEAU(Jean-François), Quel accompagnement des douanes par la Banque mondiale en Afrique subsaharienne ?, Afrique contemporaine, 2009/2 (n° 230), p. 115-134.

Déclaration des droits de l'homme et du citoyen de 1789.

DEGRAVE(Elise) et VANDEROSE(Benoît),Privacy by design et e-gouvernement : un modèle inédit en Belgique, Pyramides, 26/27 | 2016, 71-86.

DELAVALLADE(Clara), Corruption publique : facteurs institutionnels et effets sur les dépenses publiques. Économies et finances. Thèse pour obtenir le grade de docteur de l'Université de Paris I Discipline : Sciences Économiques, France, 2007, 294 pages.

DENNERY(Marc), Réforme de la formation professionnelle : les clés pour réussir sa mise en œuvre, Montrouge (France), Éditeur ESF .2004.,
DESTREMAU(Blandine), DEBOULET(Agnes) et IRETON(François), le travail dans la fonction publique est bien entendu synonyme de sécurité de l'emploi. Editions Karthala et URBAMA, 2004.
Dictionnaire encyclopédique des finances publiques, (nouvelle édition sous la direction du Professeur de Gilbert ORSON), Économisa, 2017, 984 pages.
Dictionnaire de l'économie sous la direction de Pierre BEZBAKH et Sophie GHERARDI, Éditions Larousse, 2000, France,
Dictionnaire de français Larousse, Éditions Larousse, 2021.
Directive n°1/99/CEMAC-028-CM-03 du 17 décembre 1999 portant Harmonisation des Législations des États Membres en matière de T.V.A et de Droit d'accises (D.A),
DIALLO(Ousseini), Oui, le développement est possible en Afrique, Paris, Éditions L'Harmattan, 2011, 360 pages.
*DIOP (*Momar Coumba*),* Le Sénégal à l'heure de l'information : technologies et société, Paris, France, Éditions Karthala, 2002, 388 pages.
DISLE(Emmanuel) et SARAF(Jacques), Droit fiscal, Paris : Dunod, 2004, 248 pages.
DJEUWO(Marcellin), Accueil Revues Afrique contemporaine, Numéro 2009/2 (n° 230) La corruption dans le management des ressources humaines de l'administration douanière, 2009/2.
DJEUWO(Marcellin),La mesure de la performance des administrations fiscales et douanières dans les pays en développement : Quels enseignements pour les praticiens ? Quelles futures orientations pour la recherche. Clermont-Ferrand12 et 13 juin, 2014.
DJIGDJAM DIOP(Pape), Le droit douanier des pays africains et la mise en œuvre de la Convention de Kyoto révisée et du Cadre SAFE de l'OMD, Sénégal, Côte d'Ivoire et Bénin. Éditeur :L'Harmattan, Collection :Sénégal, 2020, 364 pages.

DJOSSOU(Raymond), Gouvernance et performance des projets publics. Programme de formation en gestion de la politique économique, mémoire professionnel, Université de Cocody, août2009.
DOCQUIER(Frédéric), Fuite des cerveaux et inégalités entre pays. Revue d'économie du développement 2/2007 (Vol. 15), p. 49-88.
Douane Magazine. 5 : La douane mobilisée pour la protection de l'environnement. Direction générale des douanes et des droits indirects, France, novembre 2005.
DUAULT-ATLANI(Laëtitia), La « bonne gouvernance », nouvelle éthique du développement ? L'expérience des pays d'Asie centrale et de Transcaucasie postsoviétiques. Autre part 4/2003 (n° 28), p. 165-179.
DUVILLIER(Thibaut), Administration du personnel ou gestion des ressources humaines au sein de la fonction publique ? Pyramides, 2 | 2000, 57-66.
EARL CAVES(Richard), ALEXANDER FRANKEL(Jeffrey), WINTHROP JONES(Ronald), Commerce et paiements internationaux, Paris, Bruxelles, Éditions Deboek Université, 2003.

EDELMAN Bernard), La propriété littéraire et artistique, Paris, Presses universitaires de France – P.U.F, Que sais-je ?, 2008, 128 pages.
-« Éditorial », Afrique contemporaine 2/2009 (n° 230),
EL AMRANI(Mustapha), Le contrôle de légalité du préfet sur les actes des collectivités locales : quelle efficacité ? Master « administration publique » parcours « administration publique spécialisée », Université de Strasbourg, École nationale d'administration, CIP promotion Jules VERNE (2013-2014).
ERALY(Alain), *Administration et gestion du personnel,* Bruxelles, PUB, 1996/97.
ESPACE DOUANE n° 25 /11, Cinquantenaire de la douane congolaise, une célébration réussie. n°025, 2015.
EYMERI-DOUZANS(Jean-Michel), Les stratégies de réforme administrative en Europe : essai d'évaluation comparative, dans un document intitulé : les réorganisations administratives. Bilan et

perspectives en France et en Europe. Institut de la gestion publique et du développement économique Paris, 2008, p. 115-140

FAURE(Yves), Le contentieux de la contrefaçon, La réponse du droit français à l'atteinte aux droits de propriété intellectuelle, Thèse En vue de l'obtention du Doctorat de l'Université de Toulouse, France, 2014, 637 pages.

FAYE(Cheikh Faty), Les luttes syndicales dans le développement socio-économique de l'Afrique - Le cas du Sénégal, Paris, France, L'Harmattan (Septembre 14, 2020), 128 pages.

FAYE(Malick), Le droit douanier sénégalais, Paris, France, l'Harmattan, 2015, 320 pages.

FONTAGNE(Lionel), Spécialisation et protection en présence de biens intermédiaires échangés. Revue économique Année 1991 42-1 pp. 51-74.

France(Jérôme), Quadragesima Galliarum. L'organisation douanière des provinces alpestres, gauloises et germaniques de l'Empire romain : 1er siècle avant J.-C.-3er siècle après J.-C, École Française de Rome (15 février 2001), 498 pages.

France(Jérôme), Administration et fiscalité douanières sous le règne d'Auguste : la date de la création de la *QuadragesimaGalliarum*[article],Mélanges de l'école française de Rome, Année 1993105-2pp. 895-927.

GADJIYAO(Abraham), Libéralisation du commerce international et protection de l'environnement, Thèse de doctorat en droit nouveau régime, présentée et soutenue à l'Université de Limoges, faculté de droit et des sciences économiques, CRIDEAU, France, le 26 janvier 2007, 724 pages.

GAËL(Raballand) et THOMAS(Cantens), Réforme des douanes et développement en Afrique subsaharienne, Afrique contemporaine, 2009/2 (n° 230), p. 19-31.

GAFFARD(Jean-Luc)., Concurrence et innovation en Europe : Le dilemme de la compétitivité. *Revue de l'OFCE*, 3(3), 353-379, 2007.

GARANT(Patrice), Le statut de la Fonction publique au Québec :à la frontière du droit administratif et du droit du travail . Les Cahiers de droit, vol. 12, n° 3, 1971, p. 361-417.

GAUZENTE(Claire), Mesurer la performance des entreprises en l'absence d'indicateurs objectifs : quelle validité ? Analyse de la pertinence de certains indicateurs. Correspondance : faculté de droit, d'économie et des sciences sociales, Université d'Angers, finance, contrôle, stratégie – volume 3, n° 2, juin 2000, p. 145 - 165.

GÉRARD-LIBOIS(Jules), VERHAEGEN(Benoît),Le Congo. Du domaine de Léopold II à l'indépendance, Courrier hebdomadaire du CRISP, 1985/12 (n° 1077), p. 1-34.

GEVART(Pierre), Le président de la République et les institutions françaises. Éditions L'Étudiant, 2007, France, 164 pages.

GOOSSE(Jean-François), Réaction du GERFA : l'idéologie managériale contre l'État, ou l'ultime réforme de l'administration fédérale belge. Pyramides, 2 | 2000, 191-207.

GOY(Raymond), Du droit interne au droit international, Le facteur religieux et l'exigence des droits de l'homme : mélanges, Raymond Goy, France, Publication Université de Rouen, Havre, 1998,

Grand dictionnaire Encyclopédique Larousse, éd. Larousse, tome 13, Lizy-sur-Ourcq, 1985.

HADJADJ(Djillali), Combattre la corruption : enjeux et perspectives. Transparency International, Paris, France, Éditions Karthala, 2002, 356 pages.

GROSDIDIER DE MATONS(Jean), Les instruments juridiques internationaux de facilitation du transport et du commerce en Afrique. Deuxième édition, Jean Gros Didier de Matons, Programme de politiques de transports en Afrique (SSATP), mars 2014, p. 16.Revue d'économie du développement, 2012/3 (Vol.) 20), p. 105-146.

HERMET(Guy), Dictionnaire des sciences politiques et des institutions politiques, 3e édition, Paris, France, Armand Colin, 1998.

HERRERA(Carlos-Miguel), Quelques remarques à propos de la notion d'État de droit. L'Homme et la société, Année 1994, volume 113, Numéro 3 pp.89-103.
HUETZ DE LEMPS(Xavier), L'archipel des épices : la corruption de l'administration espagnole aux Philippines (Fin XVIII [e] *siècle* –Fin XIX [e] *siècle*), Casa de Velázquez.2006.

IREH ASSIM(Thomas), La TVA en Afrique centrale, Paris, France, Harmattan, 2012, 620 pages.
JACOB(Fabrice), Les douaniers français aux frontières de la sécurité intérieure / Fabrice Jacob Déviance et Société, Genève, V.19,n.4(Déc. 1995), p.339-354.
JAMFA CHIADJEU(Moïse Léonard), Comment comprendre la « crise » de l'État postcolonial en Afrique ?: un essaie d'explication structurelle à partir des cas l'Angola, du Congo-Brazzaville, du Congo- Kinshasa, du Libéria et du Rwanda, Peter Lang, Éditions scientifiques européennes, 2005,Bern.
JEANNARD(Sébastien), Les transformations de l'ordonnancement juridique douanier en France. Thèse pour le doctorat en droit, soutenue à l'Université Paris I (Panthéon-Sorbonne), le 15 avril 2010, LGDJ 2011, 494 pages.
JEANCLOS (Yves.), Terrorisme et sécurité internationale, sous la direction de Stan Kirschbaum, Bruxelles, 2004, Collection Études Stratégiques Internationales, n° 2, pp. 13- 45.
JOOS DE TER BEERST(Manoëlle), Démocratie ou particratie ? 120 propositions pour réformer le système belge. Moderniser l'administration publique pour une meilleure performance. Pyramides, 8 | 2 004 191-197.
*KAMDEM(*Edwige*),* Incertitude et mise en œuvre de la politique monétaire dans la zone CEMAC. Thèse soutenue le 29 janvier 2016 à l'Université de Bordeaux, France, 317 pages.
KERVELLA(Amandine), Les discours de la presse écrite française sur le terrorisme perpétré dans le cadre du conflit israélo-palestinien et du conflit tchétchène, face à la « guerre contre le terrorisme », École doctorale EPIC (Éducation, Psychologie, Information et Communication), Thèse de doctorat de Sciences de l'information et de la communication,Université Jean Moulin Lyon 3, France, soutenue le 5 décembre 2008, 450pages.
KINZOUNZA (Kitsoro Firmin), Quel type d'administration publique pour accompagner le projet « Afrique, continent émergent en 2025 » ? VIIIe Forum sur la modernisation des services publics et des institutions de l'État (CAFRAD, Maroc, 25-27 juin 2012) : juin 2012.
KOBELA(Emmanuel Alain), L'impact des projets de développement sur la qualité de vie des femmes : l'exemple du PRODALKA au Tchad, École Doctorale Sciences Humaines et Sociales 507, Thèse préparée au Laboratoire du Centre de Recherche Bretonne et Celtique de l'Université de Bretagne Occidentale à Brest EA 4451 et soutenue le 23 mars 2017.
KOGEJ(Jean), Les mutations de l'économie mondiale du début du XXe siècle aux années 1970. Éditions Bréal, 2008,Paris (France), 271 pages.
LACROIX(Isabelle) et ST-ARNAUD (Pier-Olivier), La gouvernance : tenter une définition. Université de Sherbrooke, Vol. IV, Numéro 3, Automne 2012.
LAFONT(Pascal) et PARIAT(Marcel), Penser l'État, penser l'université, séisme et gouvernance universitaire en Haïti. Sciences humaines, Paris, France, Éditions Publibook 2011, 274 pages.
LAOUALISIDI SANI(Mahamane), Gouvernance et mobilisation des ressources fiscales au Niger : appréciation de l'influence des mutations socio-politiques sur le prélèvement fiscal dans un pays d'Afrique subsaharienne. Thèse de doctorat, Droit public, soutenance le 04/05/2017,École Doctorale Sciences Juridiques et Politiques (Aix-en-Provence), France.
LAPIN(Jim), Performance et fonction publique de l'État : les récentes réformes. Revue française d'administration publique, 3/2009 (n° 131), p. 601-614
LAVALLEE(Emmanuelle), RAZAFINDRAKOTO(Mireille), ROUBAUD(François) « Ce qui engendre la corruption : une analyse microéconomique sur données africaines », Revue d'économie du développement, vol. 18, no. 3, 2010, pp. 5-47.
LEGAULT (Georges-Auguste), Professionnalisme et délibération éthique, manuel d'aide à la décision responsable. Presse de l'Université de Québec, 2003
Le Petit Robert de la langue française de 1967.

Le Petit ROBERT de la langue française 2019.
Les cahiers d'ADMINISTRATION, hors-série de la revue ADMINISTRATION, Supplément au n° 264 : décembre 2019, imprimé en U.E.
LINHARDT(Dominique), L'économie du soupçon. Une contribution pragmatique à la sociologie de la menace. *Genèses* 3/2001 (n°44), p. 76-98
Les relations entre la Douane et les entreprises face à l'évolution du commerce mondial. Observatoire des Réglementations Douanières et Fiscales, Mai 2006,58 pages.
Lexique des termes juridiques. Éditions Dalloz, 2017.

LIPCHITZ(Anna),MEZOUAGHI(Mihoub),L'enjeu de la croissance économique. *Confluences Méditerranée* 4/2007 (n°63), p. 45-56.
Loi n°017/PR/2001 portant sur le Statut général de la Fonction publique au Tchad.
LUPPI(Philippe), Fiscalité et nouvelles technologies : étude de l'apport des nouvelles technologies de l'information aux missions fiscales des administrations financières. Thèse de doctorat en Droit, soutenue en 1999 à Aix-Marseille 3, 1092 pages.

MALTAIS(Daniel), LECLERC(Michel), RINFRET(Natalie), Le leadership administratif comme concept utile à la modernisation de l'administration publique. Revue française d'administration publique, 3/2007 (n° 123), p. 423- 441.
MASHALI(Behzad), Analyse de la corrélation entre grande corruption perçue et petite corruption dans les pays en développement : étude de cas sur l'Iran. Revue internationale des sciences administratives, 4/2012 (Vol.) 78), p. 827-840.
MASSABIE-FRANCOIS(Martine), Lexique du commerce international, Paris, France, Éditions Bréal 2002
MEDARD(*Jean-François*), Les paradoxes de la corruption institutionnalisée. Revue internationale de politique comparée, 4/2006 (Vol. 13), p.697-710
MFOUT (Aline Florence Nji), L'épanouissement de l'enseignant et son engagement au travail : cas des enseignants de quelques établissements de Yaoundé, Université de Yaoundé I — master en psychologie sociale, 2010.
MIKURIYA(Kunio) secrétaire général de l'organisation mondiale des douanes, assiste ses membres à renforcer le partenariat douane-secteur privé sur l'éthique, Lancement d'un Observatoire pour préserver l'éthique et lutter contre la corruption au Maroc, Casablanca, 19 janvier 2010.
Ministère des Finances, Mécanisme de fiscalisation des marchés publics, guide du soumissionnaire. Volume 1, édition 08/2000, TCHAD.

MOÏSESCU(Dan) et LANG(Marc), Le système de transit communautaire dans la perspective de l'élargissement. Série affaires budgétaires, BUDG 112 FR 09-2003, rapport final — traduction FR, communautés européennes, octobre 2003, PE 328 722.
MONTAGNAT-RENTIER(Gilles) et PARENT(Gilles), Réforme et modernisation des douanes en Afrique subsaharienne francophone, 1995-2010, revue d'économie du développement, 2012/3 (Vol. 20), pages 105 à 146.
MVELLE(Guy), L'Union africaine face aux contraintes de l'action collective, Cameroun, Harmattan, 2013, 156 pages.
NAKOUMDE(Ndoumtara), Boom pétrolier et risque d'un syndrome hollandais au Tchad : une approche par la modélisation en équilibre général calculable. Sciences de l'homme et société. Université d'Auvergne, 2007. Français. Clermont-Ferrand I, faculté des sciences économiques et de gestion, école doctorale des sciences économiques et de gestion, centre d'études et de recherches sur le développement international, CERDI. Thèse de doctorat nouveau régime en sciences économiques. 300 pages.
NATAREL(Elisabeth), La Douane face aux enjeux de la protection de l'environnement. ITCIS éditions, 2012, Alger, 200 pages.

NDOLOUM(Casimir), De la problématique du système de recrutement des agents à la professionnalisation de la Fonction publique au Tchad, Université de Strasbourg, École nationale d'administration, juin 2018 : Master spécialité Administration et finances publiques, parcours Administration Publique Spécialisée

NGOUPANDÉ(Jean-Paul), Crise morale et crise éducative en Afrique subsaharienne, *revue internationale d'éducation de Sèvres,* 05 | 1995, 119-132.

NGUEDA NDIEFOUO(Gustave), La douane camerounaise à l'ère de la facilitation des échanges commerciaux, Paris, France, L'harmattan, 2011, 287 pages.

Nomenclature par nature des ressources et des charges du budget de l'État, réactualisée par arrêté du Ministère de l'Économie et des Finances du 17 juillet 2000, Tchad, p. 8-9.

Office des nations unies contre la drogue et le crime, Vienne, Les Conventions internationales relatives au contrôle des drogues, Convention unique sur les stupéfiants de 1961 telle que modifiée par le Protocole de 1972 Convention de 1971 sur les substances psychotropes Convention des Nations Unies contre le trafic illicite de stupéfiants et de substances psychotropes de 1988, Édition révisée, 2013, Nations Unies, mars 2014.

OGIEN (Albert)« L'usage de drogues, un "problème social" ? Quelque chose a-t-il changé depuis vingt ans ? », *Après-demain,* vol. 44,nf, no. 4, 2017, pp. 5-7.

Par le Conseil de l'Europe. Assemblée parlementaire : compte rendu des débats, tome II. Éditions de l'Europe, Strasbourg, 1987.

PASCAL(*Lionel),* La privatisation des missions douanières en République Centrafricaine (RCA) : une opportunité d'amélioration des finances Publiques ? Doctorat en Droit soutenu à l'Université de Bordeaux, France, le 10 juillet 2 014 600 pages.

PAULIN(Élisa), La libéralisation commerciale en concurrence imparfaite. Dans Vie & Sciences de l'entreprise 2006/3 (n° 172).

PERISSERE(Michèle) , La mémoire de la lutte contre la contrebande et la contrefaçon au Musée national des Douanes , Gérard *BÉAUR, éd, Fraude, contrefaçon, contrebande de l'Antiquité à nos jours.* Librairie Droz, 2007, pp. 739-745.

Plan Stratégique des Douanes élaboré par la Direction Générale des Douanes du Tchad avec l'assistance de l'OMD-2012-2015.

RADU*(*Ghenadie*),* L'origine des marchandises : un élément controversé des échanges commerciaux internationaux. Thèse en droit soutenue à l'Université Pierre Mendès-France - Grenoble II, 2007. 411 pages.

Rapport annuel 2020, Réclamations - Médiations - Dossiers du Défenseur des droits, Direction Générale des Douanes et Droits Indirects, Inspection des services, France.

Rapport de Recherche du FR-CIEA n° 68/13, L'incidence des Politiques Fiscale et Douanière sur les PME dans la CEMAC : Une Analyse Comparative du Congo et de la RCA. Centre d'Études et de Recherche sur les Analyses et Politiques Économiques (CERAPE), Congo, Brazzaville. 68/13. Fonds de Recherche sur le Climat d'Investissement et l'Environnement des Affaires, Dakar, octobre 2013.

Rapport final approuvé par UNDP, Tchad, Étude diagnostique sur l'Intégration Commerciale, 18 octobre 2006.

Rapport des réunions des Nations Unies, Assemblée Générale, troisième commission, soixante-treizième session, 5e & 6e séances – matin & après-midi, AG/SHC/4228, 4 Octobre 2018.

Rapport d'information, fait au nom de la commission des affaires sociales (1) par la mission d'information (2) sur le mal-être au travail, Tome I : rapport par M. Gérard DÉRIOT, Sénateur. n° 642 Sénat, session extraordinaire de 2009-2010.

Région de l'Afrique centrale, Communauté européenne, Document de stratégie de coopération régionale et Programme indicatif régional, pour la période, 2003-2007.

RENOUE(Jean-Claude), La Douane, Paris, France, Presses Universitaires de France - P.U.F,1992, 128 pages.

ROCHE(Catherine), L'essentiel du Droit de l'environnement, Paris, France : Gualino, 2020, 11eédition, 176 pages.

SABLÉ(Véronique), Les échanges dans l'Antiquité : le rôle de l'État. Textes rassemblés par Jean ANDREAU, *Pierre* BRIANT et Raymond *DESCAT*, 1994 [compte-rendu]. Topoi, année 1996, volume 6 numéro 1, pp. 291-295.

SALHAB(Sami), Confluences. Méditerranée - n°47, Automne 2003.

SAMANSOU(Jean-Bernard), Passage de Hollande, Pied de nez de la société civile au régime MPS, Abba Garde, trimestriel d'informations Générales n° 077du 30 à l'aout 2014, Tchad.

SANSFAÇON(Daniel), BARCHECHAT(Olivier), LOPEZ(Dominique) et VALADE(Chantal), drogues et dommages sociaux revue de littérature internationale, Observatoire français des drogues et des toxicomanies (, OFDT), juillet 2005, France.

SENOUSSI (Hassana Abdoulaye), Le développement du contrôle et de l'audit internes dans l'administration publique au Tchad. Master « Administration publique » Parcours « Administration publique générale » soutenu Promotion Jean de La Fontaine (2013-2014) le 20 mai 2014, Université de Strasbourg Ecole nationale d'administration.

SÉROUSSI(Roland), Introduction aux relations internationales, Paris, France, Éditions Dunod 2010, p. 182 – 224 pages

STEENLANDT(Marcel), Douanes Françaises, Luc DE WULF, Consultant Banque Mondiale, douanes pragmatisme et efficacité, philosophie d'une reforme réussie, Banque Mondiale, octobre 2003.

STENMANS(Alain), « Pratiques de politisation des administrations publiques », *Pyramides*, 3 | 2001, 31-54.

TERTRAIS(Bruno), La guerre mondiale contre la terreur, 2001-2004. Politique étrangère. Année 2004, volume 69 Numéro 3pp. 533-546.

TRUCHET(Didier), Droit administratif, PUF, 2008, 460 pages.

TULIPE(Simon), Le bassin tchadien à l'épreuve de l'or noir. Réflexions sur la *"nouvelle donne pétro-politique" en Afrique centrale,* Politique africaine, vol. 94, no. 2, 2004, pp. 59-81.

Une protection des droits plus proche des citoyens : le médiateur aux niveaux local et régional : actes, Messine (Italie), 13-15 novembre 1997. Council of Europe, 1998 – 118 pages,

VALLEMONT(Serge), Le nouveau rôle des directions de ressources humaines : de l'intendance au stratégique, TELESCOPE, en France, mai 2005

VIGOUROUX(Christian), Déontologie des fonctions publiques. Éditions Dalloz 2012.

VLAMYNCK(Hervé), Droit de la police, Paris, France, Vuibert Sup Droit, 6e édition, 2017, 496 pages.

VUKOVIC(Goran), ZAVRSNIK(Bruno), RODIC(Blaz) et MIGLIC(Gozdana), La formation des fonctionnaires dans l'administration publique slovène. Les questions liées à l'instauration d'évaluations des formations. Revue internationale des sciences administratives, 4/2008 (Vol.) 74), p. 695-721.

WALINE(Marcel), *Droit administratif, 9e* éd, Paris, *Sirey, 1963,* XVI et 934 pages, comparé Année 1963,15-3, pp. 639-640.

WALSH (James Thomas), nouvelles douanes. Finances & Développement mars 2006.

WELEPELE ELATRE(Camille) et LUKUNGA (Hubert Ntumba), Les réformes du secteur public en République démocratique du Congo, Dakar, CODESRIA, 2013.

World Bank (1994) Managing development: the governance dimension, World Bank: Washington DC.

ZBINDEU(Bernard), DELATTRE(Richard) et KOFFI KOFFI(Frédéric) , Rapport au gouvernement du Tchad concernant le diagnostic (COLOMUBS, Phase I) de l'organisation Mondiale des Douanes sur la mise en œuvre du programme SAFE, (cadre de normes visant à sécuriser et à faciliter le commerce mondial), janvier-février 2011

Et bien d'autres documents et actes non cités.

Sites consultés

www.bruno-bedaride-notaire.frwww.legavox.frwww.sice.oas.org

www.concours-douane.frwww.leganet.cdwww.douane.gov.dz
http://publications.ut-capitole.frwww.lemondedutabac.comwww.musee-douanes.fr.
https://archeologie.culture.frhttps://hls-dhs-dss.chhttp://www.vie-publique.fr
www.enerlex-avocat.frhttp://jumieges.free.frwww.larousse.fr
https://tchadinfos.com www.midimadagasikara.mghttps://unctad.org
www.regards-dafricains-defrance.comwww.dw.comhttp://lautrefraternite.com
https://blogs.worldbank.orgwww.wto.orghttps://ec.europa.eu
www.wcoomd.orghttp://douane.gov.km/frwww.libe.ma
www.banquemondiale.orghttp://actutchad.over-blog.comwww.croset-td.org
www.alwihdainfo.com www.douane.gouv.frwww.interieur.gouv.fr
http://www.izf.net/http://qcmtest.comwww.lexpressiondz.com
www.inpi.frwww.glossaire-international.com www.journaldutchad.com
http://aad.revues.orgwww.cairn.infowww.mediapart.fr
https://ciaotest.cc.columbia.edu www.wucwo.org www.lefaso.net
www2.ohchr.orgwww.douanes.sn http://actutchad.over-blog.com
www.jeuneafrique.comwww.lemonde.fr https://enhancedif.org
www.croset-td.org www.croset-td.orghttps://retanet.org
http://junon.univ-cezanne.frhttp://popups.ulg.ac.behttp://www.larousse.fr
www.universalis.frwww.ac-aix-marseille.frhttp://sociologies.revues.org
http://institut.fsu.frwww.revuegeneraledudroit.euwww.ebanque-pdf.com
www.tamtaminfo.com www.sydonia.cemac.intwww.oecd.org/.
www.financestchad.org/www.lemoci.comhttp://europa.eu
www.dictionnaire-commercial.comwww.anafide.org www.entreprendre.ma
http://fr.wikipedia.orgwww.myrhline.comworkspace.unpan.org
www.libreafrique.org/. www.lanouvelletribune.info/ -unpan1.un.org
www.lefigaro.frwww.lesoir.bewww.dictionnaire.enap.ca
www.vie-publique.fr www.enabel.bewww.lisapoyakama.org
www.etudier.comwww.journal-adjinakou- benin.infohttps://fr.unesco.org
http://osp.revues.orgwww.omdaoc.orghttp://mediadix.parisnanterre.fr
https://pensetoimeme.wordpress.comwww.lopinion.mahttp://ethiquepublique.revues.org
www.med.uottawa.cahttp://france-jus.ruwww.conseil-constitutionnel.fr
www.enqueteplus.comhttp://anicetlepors.blog.lemonde.frhttp://journals.openedition.org
www.cm-minsante-drh.comhttp://www.iteco.bewww.docteuraudit.com
www.world- psi.org www.novethic.frwww.banquemondiale.org
www.agence-francaise-anticorruption.gouv.frwww.unodc.orghttps://worldscholarshipforum.com
www.kalata.cmwww.justice.gouv.frwww.lemondepolitique.frl
http://bibliotheque.pssfp.netwww.dcaf.chwww.cnrtl.fr
http://www.contrefacon-riposte.infowww.lexpress.frwww.voaafrique.com
www.inseedtchad.comhttp://aspd.revues.orgwww.aisccuf.org
www.operationspaix.netwww.memoireonline.comhttp://aei.pitt.edu
www.ssatp.orgwww.faq-logistique.comhttp://revdh.revues.org
http://ceriscope.sciences-po.frwww.cameroon-info.netwww.lorientlejour.com/.
www.seneweb.comwww2.ulg.ac.be www.faq-logistique.com
www.soget.frwww.intracen.org**www.france5.fr**
www.monde-diplomatique.frhttps://perso.univ-rennes1.frwww.ceim.uqam.ca
http://sabbar.fr www.fao.org
Et bien d'autres sites non cités.

Index alphabétique

Annexe

Textes en proposition

Proposition de statuts particuliers du personnel des douanes

N.B : PROPOSITION DU SCHEMA DE STATUT PARTICULIER DU PERSONNEL DE L'ADMINISTRATION DES DOUANES AU TCHAD.

Proposition des statuts particuliers du personnel de la Direction Générale des Services des Douanes et Droits Indirects-TCHAD

Décret n°.Portant Statuts particuliers du personnel de la Direction Générale des Services des Douanes et Droits Indirects

TITRE I

DES DISPOSITIONS GÉNÉRALES

- Le présent Décret fixe le Statut particulier du personnel de la Direction Générale des Services des Douanes et Droits Indirects ;
- La Direction Générale des Services des Douanes et Droits Indirects est rattachée au ministère des Finances et du Budget ;
- Le Décret n°787/PR/MFB/2019 Portant définition de port de tenues, galons et équipements spécifiques de la Douane et le décret n°053/MFB/SE/DGDDI/2013 Portant Code D'Éthique et Déontologie Douanièrecomplètent les dispositions de ce présent Décret :
- Ainsi, les agents des douanes régis par le présent statut particulier sont astreints au port de tenues, et de galons lors de l'exercice de leurs fonctions.
- Sont dispensés du port de tenues, et de galons, les agents exerçants dans les services suivants :

- les services centraux, à l'exception des agents chargés de la surveillance douanière,

-les services déconcentrés, à l'exception des agents chargés de la surveillance douanière et des bureaux des douanes

- Les agents régis par le présent statut particulier sont astreints au port de tenues et galons au cours des cérémonies officielles, manœuvres en temps de guerre et cas similaires.
- Le directeur général des douanes, peut, à titre honorifique, se disposer de port de tenues et galons des douanes, en portant le plus haut grade des corps des douanes, et ce, en cours des cérémonies officielles, manœuvres en temps de guerre et cas similaires.
- Le port d'arme est reconnu aux fonctionnaires des agents des Douanes au Tchad. Toutefois, ils peuvent en être dispensés par I « autorité hiérarchique compte tenu de certaines raisons ou missions particulières.
- L'Administration des douanes est hiérarchisée et développe l'esprit du respect hiérarchique, des lois et règlements, de dignité, de probité, d'intégrité, de neutralité politique, d'impartialité et de laïcité. Elle est paramilitaire ;
- La douane assure les missions économiques, fiscales et de protection ;
- L'Administration des douanes est composée des fonctionnaires dépendant de la loi 017-PR-2001 Portant StatutGénéral de la Fonction Publiquedu 31 décembre 2001. Les autres agents relèvent du code de travail institué par la loi n°038/PR/96 du 11 décembre 1996 ;
- L'expression« personnel des douanes » désigne l'ensemble des agents de l'Administration des douanes. Les agents de l'Administration des douanes se composent des fonctionnaires titulaires, recrutés à des emplois permanents et régis par le statut général de la

fonction publique, et des agents publics non-titulaires, recrutés sous contrat de la fonction publique et relevant du code de travail ou de la convention collective.

- L'ensemble du personnel des douanes est soumis au respect des principes énoncés ci-dessus. Il est aussi tenu au respect des règles de l'éthique professionnelle et de la déontologie douanière. Il est astreint au principe de port de tenues, galons et équipements spécifiques de la Douane.
- Les agents des douanes de carrière prêtent serment
- Nul ne peut accéder aux corps spécifiques des douanes, s'il ne possède une formation douanière pour y intégrer ou reclasser sur la base des principes de la fonction publique, sauf le corps des personnels techniques et administratifs composés des fonctionnaires recrutés à la douane sans formation douanière, des contractuels et des décisionnels.

Chapitre I : Organisation des corps des agents des douanes au Tchad

Les corps de la douane au Tchad sont classés dans trois (3) catégoriesdésignées dans l'ordre hiérarchique décroissant et alphabétique A, B, Cainsi qu'il suit :

-CatégoriesA-correspond aux : inspecteurs divisionnaires des douanes (rang de général, proposition) ; inspecteurs principaux ou officiers supérieurs des douanes (Colonels) ; et inspecteurs des Douanes ou officiers des douanes (Commandants ou Capitaines)

-CatégoriesB-correspond aux : contrôleurs principaux ou officiers des douanes (Lieutenants) ;contrôleurs ou officiers des douanes (Sous-lieutenants).

-CatégoriesC-correspond aux : agents de surveillance douanière (préposés, brigadiers et brigadiers-chefs) et agents de constatation.

Section première : inspecteurs divisionnaires des douanes (Général), inspecteurs principaux ou officiers supérieurs des douanes (Colonels) et inspecteurs des Douanes ou officiers des douanes (Commandants ou Capitaines)

Les inspecteurs divisionnaires des douanes, les inspecteurs principaux ainsi les inspecteurs des douanes sont des hauts fonctionnaires de l'ÉTAT de la catégorie ou de la hiérarchie A de la fonction publique.Ils sont chargés de la conception, direction, de la coordination, de commandement, d'administration, de contrôle, d'audit et vérification.Ils peuvent également, dans le cadre de collaboration entre services publics, servir à titre vacataires comme enseignants dans les universités, école et centres de formations publiques au Tchad, tout en gardant le statut de douanier.Ils encadrent et forment des élèves douaniers, ils peuvent être employés dans les organismes communautaires ou internationaux.

Les inspecteurs divisionnaires des douanes, les inspecteurs principaux ainsi les inspecteurs des douanes ont vocation pour occuper des emplois comportant des fonctions de haut niveau dans l'administration générale, dans les opérations commerciales et dans la surveillance douanière au sein de l'administration des douanes en rapport avec leurs grades définissant leur position des fonctionnaires des Douanes dans la hiérarchie de leur corps.Le grade est le titre qui confère, à son titulaire, la vocation à occuper l'un des emplois qui lui correspondent.

Propositions des postes correspondant aux grades - (Catégorie A — cadre supérieur).

Officiers supérieurs des douanes

Postes à occuper par les inspecteurs divisionnaires ou à défaut par les inspecteurs principaux des douanes. Les inspecteurs divisionnaires des douanes sont dans la catégorie **A3/BAC+8 ans.** Ils ont rang de Général de classe exceptionnelle ou hors classe. Il s'agitdes douaniers qui mènent des recherches dans le domaine lié au droit douanier ou gestion douanière	-Conseillers du Directeur Général -Directions techniques -Inspections des Finances -Directions du Centre de Formation -fonction de conception administrative et d'organisation générale du service

	des douanes
Postes à occuper par les inspecteurs principaux des douanes : Les inspecteurs principaux ou officiers supérieurs des douanes (Colonels)**A2/BAC + 5** ansde formation douanière	-Chefs de circonscription -Chefs de division -Chefs des bureaux des douanes de plein exercice
Postes à occuper par les inspecteursdes douanes : Les inspecteurs des Douanes ou officiers des douanes (Commandants ou Capitaines)**A1/BAC +3 ou 4 ans** de formation douanière.	-Chefs des bureaux des douanes secondaires -Chefs de section inspection et visites -Inspecteurs de visite des bureaux des douanes de plein exercice -Chargés d'encadrement et ducommandement général du personnel des brigadiers et de la liaison entre les brigadiers (inspecteurs des douanes, commandants)

Section deuxième : Les contrôleurs principaux ou officiers des douanes (Lieutenants) ;les contrôleurs ou officiers des douanes (Sous-lieutenants).

Les contrôleurs principaux ou officiers des douanes (lieutenants) et les contrôleurs ou officiers des douanes (sous-lieutenants) sont des agents de l'État de la catégorie ou de la hiérarchie B de la fonction publique au Tchad et constituant un corps de commandement.Ils se chargent des emplois d'encordement, d'application ou d'exécution des travaux administratifs de la Direction générale des douanes ou des activités douanières territoriales.Ils peuvent mener des activités de vérification et d'investigations de terrain en matière douanière et de rédacteur spécialisé.

Propositions des postes correspondant aux grades - ((Categorie B - cadre intermédiaire)).

Officiers des douanes

Postes à occuper par les contrôleurs principaux des douanes contrôleurs principaux ou officiers des douanes (Lieutenants)**B2/BAC + 2 ans** de formation douanière.	- chefs de section : contrôle de recevabilité -Chefs d'équipe ou chefs d'unité (maître chien, motocycliste, contrôleur de maintenance aéronautique, etc.) -chefs d'équipe du service de la surveillance douanière

	-Chefs Brigade commerciale des bureaux de plein exercice
Postes à occuper par les contrôleursdes douanes contrôleurs ou officiers des douanes (Sous-lieutenants) **B1/BAC+1an** de formation douanière.	-Chefs Brigade commerciale des bureaux secondaires -Agents visiteurs des bureaux des douanes de plein exercice --Inspecteurs de visite des bureaux des douanes secondaires -chefs section : Contrôle de recevabilité (à défaut) — Chefs d'équipe ouchefs d'unité (maître chien, motocycliste, contrôleur de maintenance aéronautique, etc. (à défaut)) -chefs d'équipe du service de la surveillance douanière (à défaut) – Chefs de section comptabilité.

Section troisième : agents de surveillance douanière (préposés, brigadiers et brigadiers-chefs) et agents de constatation.

Les préposés, brigadiers, brigadiers-chefs et agents de constatations sont des agents des douanes qui exercent leurs activités d'une manière générale dans la branche de la surveillance douanière de la catégorie C de la fonction publique.Ils mènent leurs activités dans le cadre des services actifs de la douane.Ils portent l'uniforme et armes de service et ont pour missions de lutte contre la fraude et la contrebande en douane.Toutefois, les agents de constatations peuvent être affectés à des tâches purement administratives ou dans la branche contrôle des opérations commerciales.

Propositions des postes correspondant aux grades - ((Catégorie C - cadre inférieur)).
Sous-officiers des douanes

Postes à occuper par les agents de constatation des douanes Agents de constatation ayant un niveau minimum de formation de **BEPCT/C1**	- chefs de poste des douanes -chargé, dans les sections d'écriture, de la tenue des différents registres. -agents des douanes : fonctions de contrôle et de vérification pour la sécurité des frontières, des aéroports, des gares ou des ports -agents des douanes spécialité motocyclisme -magasiniers
Postes à occuper par les brigadiers-chefs des douanes **Catégorie : C2**	-chargés de « encadrement des brigadiers et préposés et chargés de la-recherche et de la poursuite de la fraude et la contrebande. -Chargés diriger des brigades a faible effectif.
Postes à occuper par les brigadiersdes douanes **Catégorie : C2**	-Chargés de l'encadrement des préposés. -Chargés diriger des brigades a faible effectif (à défaut) -Chargés d'assurer la surveillance des frontières terrestres, aériennes et fluviales dont la garde leur est confiée
Postes à occuper par les préposés des douanes	-Chargés d'assurer les taches d'exécution courantes dans les brigades. -Chargés d'assurer la surveillance des frontières terrestres, aériennes et fluviales dont la garde leur est confiée

Chapitre II : Recrutement, stage et titularisation

Section première : Conditions de recrutement

Le recrutement des douaniers en tant que fonctionnaires au ministère des Finances et du Budget est soumis à des générales conditions du Ministère chargé de la fonction publique.Ils sont intégrés sur la base des diplômes obtenus.Conformément aux dispositions des articles 36, 38, 40 de la Loi n° 017/PR/2001 du 31 décembre 2001 portant Statut Général de la Fonction Publique, nul ne peut être intégré comme fonctionnaire :

-s'il n'est pas citoyen tchadien à titre originaire ou s'il n'est pas naturalisé depuis au moins cinq (5) ans ;

-s'il ne jouit pas de ses droits civiques et s'il n'est de bonne moralité ;

-s'il ne remplit pas les conditions d'aptitudes physiques et mentales exigées pour l'exercice de la fonction ; un handicap physique ne peut être pris en compte en considération pour l'accès à la fonction publique si cethandicap n'affecte pas les capacités intellectuelles, morales et mentales de l'intéressé ;

-s'il n'est reconnu, soit indemne de toute affection incompatible avec l'exercice des fonctions publiques, soit définitivement guéri ;

-s'il n'est pas âgé de 18 au moins et 40 ans au plus.Toutefois, la limite d'âge maximum prévue ci-dessus peut être portée exceptionnellement à 45 ans et à titre individuel pour les emplois de la catégorie A, par le président de la République, sur proposition du Ministre chargé de la Fonction Publique.

Le candidat à un emploi de fonctionnaire doit produire des pièces suivantes :

-une copie d'acte de naissance ou un jugement supplétif en tenant lieu ;

-un certificat de nationalité tchadienne ou un décret de naturalisation ;

-une copie certifiée conforme des diplômes professionnels et/ou titres universitaires ;

-un certificat médical datant de moins de trois (3) mois ;

-un extrait de casier judiciaire datant de moins de trois (3) ;

-un curriculum vitae

Section deuxième : Modalités de recrutement, stage et titularisation

Comme les autres fonctionnaires de la fonction publique, les douaniers ont accès à la fonction publique par voie de concours au Tchad.Toutefois, il est prévu la base de la Loi n° 017/PR/2001 du 31 décembre 2001, une modalité de recrutement sur poste en vue de répondre à des besoins ponctuels et clairement identifiés, notamment sur des emplois très techniques, pour lesquels le nombre des candidats s'est avéré inférieur au nombre de postes à pourvoir.Un décret pris en Conseil des ministres définit les conditions et les modalités de recrutement sur poste.

Les fonctionnaires recrutés, nouvellement, subissent une période probatoire, un stage pratique d'une année, éventuellement renouvelable une seule fois.Le stage est une d'observation et de formation. Il se réalise dans le ministère d'origine ou d'affectation.À la fin de la période de stage, un avis d'appréciation est donné sur la valeur du stagiaire pour son aboutissement à la titularisation ou son licenciement, s'il ne donne pas satisfaction.

Chapitre II : Concours, formation professionnelle et déroulement de carrière

Section première : Concours et formation professionnelle

En principe, en dehors du cas exceptionnel pour le recrutement sur poste, l'accès à la fonction publique tchadienne comme fonctionnaire s'effectue par :

- Concours direct remplissant les conditions générales d'accès à la fonction publique

- Concours professionnel concernant les changements de corps et de classe.Les concours professionnels sont réservés aux fonctionnaires remplissant les conditions suivantes :

-avoir accompli au moins cinq (5 ans) de services effectifs dans la classe ;

-avoir obtenu, après appréciation, au cours des trois (3) dernières années, des notes supérieures à la moyenne ;

-avoir obtenu un avis favorable du ministère utilisateur et après consultation de la Commission Administrative Paritaire.De façon particulière, par rapport au présent statut, il faut que les candidats soient douaniers de carrière.

L'obtention du concours professionnel conduit vers une formation professionnelle spécialisée dans une école de la douane ou se liant aux activités douanières.La formation professionnelle donnant accès à un cycle d'enseignement supérieur est sanctionnée par un diplôme.Cette formation professionnelle s'accompagne par de formations militaires.Toutefois, des autorisations spéciales peuvent accorder aux douaniers de carrière de poursuivre des formations professionnelles sur titre.Après avoir :

-avoir accompli au moins cinq (5 ans) de services effectifs das la classe ;

-avoir obtenu, après appréciation, au cours des trois (3) dernières années, des notes supérieures à la moyenne ;

-avoir obtenu un avis favorable du ministère utilisateur et après consultation de la Commission Administrative Paritaire.

Après formation professionnelle, le fonctionnaire est reclassé et subit un stage probatoire d'une année à l'issue duquel il est soit titularisé dans une nouvelle classe ou nouveau corps, ou il réintègre encore son corps précèdent, s'il ne donne pas satisfaction.Par ailleurs et par rapport au présent statut, les lauréats des écoles professionnelles douanières organisées sur la base des besoins, sont en principe recrutés automatiquement à la douane.

Section deuxième : déroulement de carrière

Dans la carrière du fonctionnaire, il est soumis aux appréciations et aux notations obligatoires.Il bénéficie de son avancement, mais doit être fixé dans une position.Les conditions d'appréciation, de notation, d'avancement et de position du fonctionnaire sont celles décrites par l'article 63 de la Loi n° 017/PR/2001.

L'avancement du fonctionnaire intervient de deux manières dans sa carrière. Il s'agit de l'avancement d'échelon, de l'avancement de grade.L'avancement d'échelon est automatique, mais intervient d'échelon à échelon dans un grade donné chaque deux ans, sauf si le fonctionnaire a encouru une sanction disciplinaire majeure au cours de l'année.L'avancement au grade supérieur intervient après cinq (5) années au minimum passées dans un grade.

Enfin, tout fonctionnaire est placé obligatoirement dans une position suivante :

- activité ;
- congé de longue durée ;
- détachement ;
- disponibilité.

Certains fonctionnaires recrutés dans des domaines pointus autres que la douane dans le corps des personnels techniques et administratifs régis certes par la Loi n° 017/PR/2001, mais ne peuvent exercer les fonctions douanières.Ils sont recrutés pour être affectés qu'à des emplois relevant de leurs spécialités.

TITRE II

Dispositions relatives aux auxiliaires del'administration,obligations, droits et avantages des agents des douanes

Chapitre I : Auxiliaires de l'administration

Section première : statut

Les aux auxiliaires de l'administration recrutés par la fonction publique ne sont pas concernés par la Loi n° 017/PR/2001. Ils ne sont pas considérés comme des fonctionnaires, ce sont des agents contractuels ou décisionnaires de l'État.Ils sont régis par la Convention collective applicable aux agents contractuels des services publics de la République du Tchad.Conformément aux dispositions de la loi n°038/PR/96 du 11 décembre 1996 portant Code du Travail en République du Tchad, ils sont soumis à un régime contractuel de droit privé.

Section deuxième : conditions de recrutement et activités

Les auxiliaires de l'administration, sont recrutés à la douane par la fonction publique, selon les besoins, dans le corps des personnels techniques et administratifs.Ils sont recrutés sur la base du contrat et ne peuvent exercer ou occuper les fonctions douanières.Ils ne peuvent être titularisés comme les fonctionnaires douaniers.

Chapitre II : Droits, obligationset restrictions de droits des agents des douanes

Section première : Droits et obligations des agents des douanes

Les agents des douanes jouissent des libertés publiques reconnues par la constitution, les lois et règlements en vigueur.Ils sont libres de se constituer en syndicat ou en association.De même, qu'ils peuvent adhérer à une association ou syndicat professionnel légalement reconnu, en vue d'assurer la représentation et la défense de leurs intérêts matériels et moraux. À cet effet, ils sont autorisés à exercer le droit de grève dans le respect des lois.Les agents des douanes jouissent de liberté d'opinion.Pour ce faire, aucune discrimination ne peut se ressentir entre ces agents en raison de leur sexe ou de leurs opinions politiques, syndicales, philosophiques, religieuses.L'État ne peut prendre des mesures de sanction compte de l'appartenance d'un agent des douanes à une organisation syndicale, politique, philosophique, religieuse ou associative.L'État assure les conditions matérielles nécessaires à l'impuissance de ces droits, des libertés.Il protège les agents des douanes contre les menaces, outrages, injures, diffamations, violences et voies de fait dont ils peuvent être l'objet, en raison ou à l'occasion de l'exercice de leurs fonctions, et de réparer, le cas échéant, le préjudice qui en est résulté.

L'État est subrogé au droit de la victime pour obtenir de (des) auteur (s) des faits incriminés, la réparation des dommages au profit de la victime.Sa responsabilité civile se substitue de plein droit à celle d'un agent des douanes condamné pour faute professionnelle commise dans, ou à l'occasion de l'exercice de ses fonctions.Dans ce cas, l'État dispose de l'action récursoire à l'encontre de l'agent.

Dans l'exercice de leurs fonctions, les agents des douanes sont tenus de respecter le principe de neutralité politique.Ils exécutent leur tâche respective de manière impartiale et objective.Ils sont tenus de servir les intérêts de la nation avec efficacité, loyauté, dignité, dévouement et intégrité.Ils sont tenus d'être présents et ponctuels pour exécuter les tâches qui leur sont confiées et obéissent aux ordres de leurs dans le respect des lois et règlements.Toutefois, ils peuvent refuser les ordres des chefs jugés illégaux ou immoraux.

Les agents des douanes sont liés à l'obligation de discrétion pour tout ce qui concerne les faits et informations dont ils ont connaissance à l'occasion de l'exercice de leurs fonctions.Dans l'exercice de leurs fonctions, ces agents sont tenus :

-d'user de courtoisie et de politesse dans leurs rapports avec les usagers, les supérieurs, les collègues et les subordonnés ;

-d'éviter, dans la vie privée comme dans l'exercice de leurs fonctions, tout ce qui est contraire à l'honneur, la dignité, l'exemplarité et la confiance qui s'attachent à leurs fonctions.

Section deuxième ; restrictions, interdictions et mesures disciplinaires

Les droits de liberté et d'opinion accordés sont encadrés par la constitution, des lois et des règlements en vigueur. Dans l'exercice de ces droits, les agents des douanes sont tenus de se soumettre au respect de l'autorité de l'État, de l'ordre public. Ils sont d'exprimer les libertés d'opinion politiques, philosophiques ou religieuses en dehors du service. Aucune mention de ces opinions ne doit figurer dans le dossier individueld'un agent.

Il est interdit à tout douanier d'exercer à titre professionnel et de manière permanente une activité à caractère privé à but lucratif de quelque nature que ce soit. Ces mesures d'interdiction ne concernent pas :

-la production rurale ;

-la production desœuvres scientifiques, littéraires ou artistiques ;

-et les activités qui ne sont pas en conflit d'intérêt avec la mission du service public ou incompatible avec la déontologie administrative, confirmées par un décret pris en conseil du Ministre.

Il est interdit au douanier d'avoir par lui-même ou par des personnes interposées, sous dénomination que ce soit, des intérêts de nature à compromettre son indépendance dans une entreprise soumise au contrôle de l'administration des douanes ou en relation avec celle-ci.

Les mesures disciplinaires s'appliquant aux agents des douanes sont :

-l'interrogatoire écrit ou verbal ;

-l'avertissement ;

-le blâme ;

-le déplacement d'office ;

-la suspension avec retenue de solde ;

-l'abaissement d'échelon ;

-la rétrogradation ;

-la mise en retraite anticipée ;

—Révocation avec remboursements retenus au titre de pension.Toutes ces sanctions sont prises après avis obligatoire de la Commission Administrative Paritaire statuant en Conseil de Discipline.Les droits, obligations, restrictions et mesures disciplinaires des auxiliaires de l'administration sont définis par la Convention collective applicable aux agents contractuels des services publics, le Code du Travail en République du Tchad.

Chapitre II : Rémunération, avantages et cessation définitive des fonctions

Section première :Rémunération et avantages

Le personnel des douanes dans son ensemble (fonctionnaires, stagiaires, contractuels et décisionnaires) dispose d'un droit à la rémunération.Ce régime de rémunération, fixé par un décret pris en conseil des ministres, prend en compte (le traitement de base, les indemnités et les primes). Cette rémunération est accordée en fonction du grade.

Les agents des douanes, y compris les auxiliaires de l'administration, le corps des personnels techniques et administratifs, bénéficient des avantages financiers et matériels, mais en privilégiant les douaniers de carrière.

Les agents des services centraux reçoivent le fonds commun trimestriellement et de façon permanentent. Le fonds commun est alimenté par les produits des amendes et confiscation pour infractions aux lois et règlements douaniers. Les produits contentieux sont collectés pour être, redistribuer entre agents en tenant compte de l'alimentation de ce fonds. Les 15 % du fonds d'équipement sont réorientés pour compléter les 10 % accordés aux agents, leur permettant d'obtenir 25 % des produits contentieux collectés et distribués entre eux. Les 20 % accordés aux saisissants et aux intervenants sur la répartition des produits des amendes et confiscation constituent leurs droits acquis qu'il faut verser obligatoirement. Ces droits sont protégés par les autorités douanières et la justice. Les 50 % de ces produits sont versés au trésor public et les 5 % reviennent de droit aux chefs.

Les douaniers exerçant dans les bureaux des douanes bénéficient de primes de rendement mensuelles à partir extra-légales ou TEL, ainsi d'une ristourne sur les dossiers contentieux qu'ils traitent.

En application de ce présent statut, les agents de l'administration des douanes bénéficient de primes de rendement annuelles de2 % sur le budget national.

Les agents de l'administration des douanes bénéficient d'autres moyens matériels tels que :

-lettre de félicitation et d'encouragement ;

-témoignages de satisfaction ;

-honorariat ;

Décoration, etc.

Section deuxième : Cessation définitive des fonctions

La cessation définitive des fonctions des agents de l'administration des douanes intervient dans les cas décrits par la loi n° 017/PR/2001 pour les fonctionnaires.La situation des contractuels est liée au contrat et à la convention collective applicable aux agents contractuels des services publics de la République du Tchad, le code du travail. Il s'agit :.

-de la démission ;

-du licenciement ;

-de la révocation ;

-de l'admission à la retraite ;

-du décès.

Fait à N'djamena le......

Proposition de l'organigramme des services douaniers

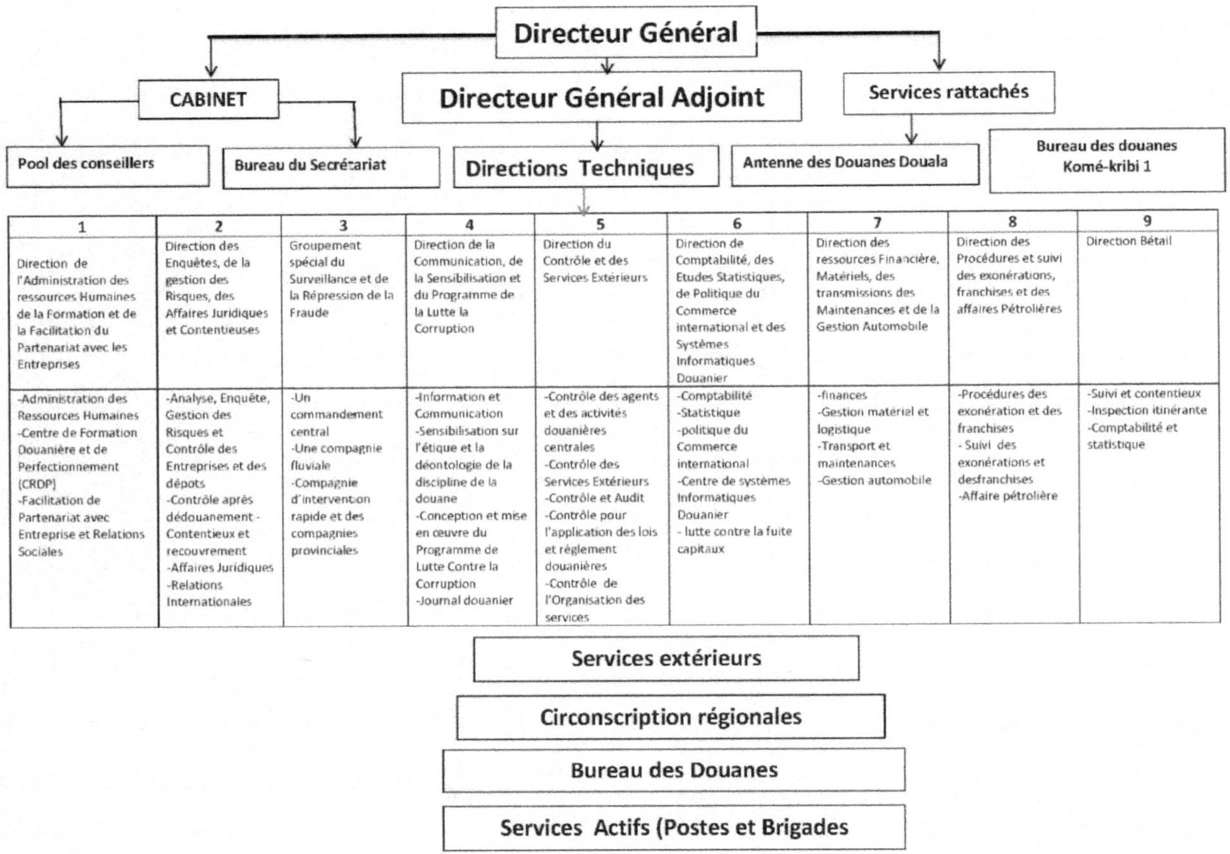

Table des matières

Structures éditoriales du groupe L'Harmattan

L'Harmattan Italie
Via degli Artisti, 15
10124 Torino
harmattan.italia@gmail.com

L'Harmattan Hongrie
Kossuth l. u. 14-16.
1053 Budapest
harmattan@harmattan.hu

L'Harmattan Sénégal
10 VDN en face Mermoz
BP 45034 Dakar-Fann
senharmattan@gmail.com

L'Harmattan Cameroun
TSINGA/FECAFOOT
BP 11486 Yaoundé
inkoukam@gmail.com

L'Harmattan Burkina Faso
Achille Somé – tengnule@hotmail.fr

L'Harmattan Guinée
Almamya, rue KA 028 OKB Agency
BP 3470 Conakry
harmattanguinee@yahoo.fr

L'Harmattan RDC
185, avenue Nyangwe
Commune de Lingwala – Kinshasa
matangilamusadila@yahoo.fr

L'Harmattan Congo
219, avenue Nelson Mandela
BP 2874 Brazzaville
harmattan.congo@yahoo.fr

L'Harmattan Mali
ACI 2000 - Immeuble Mgr Jean Marie Cisse
Bureau 10
BP 145 Bamako-Mali
mali@harmattan.fr

L'Harmattan Togo
Djidjole – Lomé
Maison Amela
face EPP BATOME
ddamela@aol.com

L'Harmattan Côte d'Ivoire
Résidence Karl – Cité des Arts
Abidjan-Cocody
03 BP 1588 Abidjan
espace_harmattan.ci@hotmail.fr

Nos librairies en France

Librairie internationale
16, rue des Écoles
75005 Paris
librairie.internationale@harmattan.fr
01 40 46 79 11
www.librairieharmattan.com

Librairie des savoirs
21, rue des Écoles
75005 Paris
librairie.sh@harmattan.fr
01 46 34 13 71
www.librairieharmattansh.com

Librairie Le Lucernaire
53, rue Notre-Dame-des-Champs
75006 Paris
librairie@lucernaire.fr
01 42 22 67 13

www.ingramcontent.com/pod-product-compliance
Lightning Source LLC
LaVergne TN
LVHW021142061026
849535LV00002B/324
* 9 7 8 2 3 3 6 4 7 0 5 8 0 *